中国人民公安大学外国警学译丛

刑事审讯与供述
(第5版)

Criminal Interrogation and Confessions
(Fifth Edition)

[美] 佛瑞德·E. 英鲍 (Fred E. Inbau)
[美] 约翰·E. 莱德 (John E. Reid)
[美] 约瑟夫·P. 巴克利 (Joseph P. Buckley)
[美] 布莱恩·C. 杰恩 (Brian C. Jayne)
著

刘 涛 等 译

中国人民公安大学出版社

·北 京·

著作权合同登记号　图字：01-2014-1265
图书在版编目（CIP）数据

刑事审讯与供述/（美）英鲍等著；刘涛等译．—5版．—北京：中国人民公安大学出版社，2015.8
（中国人民公安大学外国警学译丛）
书名原文：Criminal Interrogation and Confessions
ISBN 978-7-5653-2328-7
Ⅰ．①刑…　Ⅱ．①英…　②刘…　Ⅲ．①刑事侦察—预审—研究
Ⅳ．①D918.5

中国版本图书馆CIP数据核字（2015）第205720号

ORIGINAL ENGLISH LANGUAGE EDITION PUBLISHED BY
Jones & Bartlett Learning，LLC
5 Wall Street
Burlington，MA 01803

刑事审讯与供述（第5版）

［美］佛瑞德·E. 英鲍　［美］约翰·E. 莱德
［美］约瑟夫·P. 巴克利　［美］布莱恩·C. 杰恩　著
刘　涛　等　译

出版发行：中国人民公安大学出版社
地　　址：北京市西城区木樨地南里
邮政编码：100038
经　　销：新华书店
印　　刷：涿州市新华印刷有限公司

版　　次：2015年8月第1版
印　　次：2025年12月第11次
印　　张：28.5
开　　本：787毫米×1092毫米　1/16
字　　数：527千字

书　　号：ISBN 978-7-5653-2328-7
定　　价：110.00元

网　　址：www.cppsup.com.cn　www.porclub.com.cn
电子邮箱：zbs@cppsup.com　zbs@cppsu.edu.cn

营销中心电话：010-83903991
读者服务部电话（门市）：010-83903257
警官读者俱乐部电话（网购、邮购）：010-83901775
法律分社电话：010-83905745

序 言

在世界各国的刑事司法历史中，审讯方法大概都经历了“由硬变软”的发展过程。在很长一段时期内，司法官员和侦查人员审讯犯罪嫌疑人或被告人的方法都是很“硬”的，其基本特征就是刑讯逼供。例如，中国封建社会的诉讼原则之一是“断罪必取输服供词”和“无供不录案”，于是，审讯人员便发明了各种各样强迫被告人供述的方法。且不说贪官酷吏常假借刑讯草菅人命，就连包公等“青天大老爷”也把刑讯看作审案断狱的“看家手段”，声称“不用大刑，焉得实供”！中国古代的刑讯之酷、花样之多，确实令人瞠目。据《明史·刑法志》记载：明代锦衣卫镇抚司的刑具有18套，如挺棍、夹棍、脑箍、烙铁、一封书、鼠弹筝、拦马棍、燕儿飞、灌鼻、钉指等。对于重要犯人，这18般刑具“无不试之”。

刑讯逼供是封建社会野蛮统治的产物。虽然人们在长期的司法实践中早已认识到刑讯作为查明案情之方法的弊端，但是直到新兴资产阶级登上历史舞台的时候，直到保障人权成为一种社会潮流的时候，刑讯逼供才真正受到限制。18世纪末和19世纪初，欧洲许多国家都在法律上明令禁止了刑讯逼供。1911年，孙中山先生领导的中国辛亥革命成功之后，南京临时政府也曾颁布过废止刑讯逼供的法令。

然而，刑讯逼供作为查明案情的审讯方法，确实有着令侦查人员和司法人员难以抗拒的魅力。即使是在20世纪的现代文明社会中，这种“硬审讯法”也像幽灵一样时隐时现。虽然许多国家都在法律中禁止刑讯逼供，但在司法实践中仍然存在大量的秘密刑讯和变相刑讯。如果我们翻开20世纪各国法西斯统治的那页充满血腥味道的历史，那么映入我们眼帘的首先就是两个鲜红的大字——刑讯！灌辣椒水、坐老虎凳、十指钉竹签、烙铁烫身……各种野蛮残酷的刑讯方法，很难一一列举。

不过，到了20世纪中期，一些国家的审讯方法已经开始“变软”，首先表现为刑讯方法由肉体折磨转向精神折磨。例如，美国的审讯人员就开始使用各种被俗称为“第三级”审讯法的“软刑讯”（Soft Torture）方法，包括“疲劳审讯法”和“水板审讯法”（waterboarding）。前者的做法是长时间的轮番讯问且不许被审讯人睡觉，甚至不让被审讯人喝水、吃饭和上厕所。后者的做法是把被审讯人的身体以仰卧的姿势固定在一块长木板上，然后用持续的水流冲击面部。虽然这种方法不会直接造成严重的身体损伤，但是会让被审讯人感受到痛苦和死亡的威胁——那感觉比简单地把头浸入水中的做法更为“真切”！

“软刑讯”并不同于“软审讯法”，它仍然属于“硬审讯法”的范畴，因为它仍然是要通过精神折磨来强迫被审讯者供述。据报道，美国中央情报局自所谓的“反恐战争”以来，就经常对那些关押在关塔那摩海军基地的“恐怖分子”使用“软刑讯”方法以获取有关“基地组织”的信息，包括“水板审讯法”。前中情局局长波特·格斯（Porter J. Goss）曾经在2005年的一次讲话中把“水板审讯法”称为一种“专业审讯技术”（a“professional interrogation technique”）。美国前总统布什也曾经在2006年9月7日的一次关于“反恐战争”的讲话中声称“硬审讯发挥了作用”（Harsh interrogation works）。不过，在常规性司法活动中，美国的犯罪侦查人员已很少使用“硬审讯法”。据说，美国的联邦调查局就极力倡导使用“软审讯法”。

那么，究竟什么是“软审讯法”？由于这个概念没有成为法律专业术语，所以我们无法在法律词典中找到对它的权威解释。根据本人的理解，所谓“软审讯法”或“软审讯技术”（soft interrogation method or technique），是建立在心理科学和行为分析基础之上的审讯方法；其基本模式是在分析被审讯人的心理特征和行为特点的基础上，通过语言或其他人体行为来说服犯罪嫌疑人如实供述；其与“硬审讯法”的主要区别在于，它不使用强迫的方法让嫌疑人供述，不是“硬逼着”嫌疑人供述，而是以“软”的方式说服嫌疑人，让其自愿供述。笔者最早听说这种审讯方法，是在20世纪90年代初在美国留学期间。而且谈到这种审讯方法，我就要提到美国西北大学法学院的佛瑞德·E. 英鲍教授。

英鲍教授是20世纪中后期美国刑事司法学界和警察科学界最著名的学者之一。早在20世纪30年代，他就开始致力于犯罪侦查科学的研究和实践。1933年，他到西北大学犯罪侦查科学实验室工作。该实验室是美国最早建立的犯罪侦查科学实验室。1938年，该实验室转入芝加哥市警察局，他便担任了该实验室的主任。1941年，他离开警察局，开始从事诉讼律师职业。1945年，他到西北大学法学院担任法学教授。执教32年之后，他正式退休，但仍然是西北大学法学院的荣誉教授，仍然在法学院保留着自己的办公室，仍然参加一些学术活动，而且会偶尔给学生讲讲课。他创建了“美国执法效率协会”并担任过该协会的主席和总顾问。他还担任过美国《刑法、犯罪学和警察科学学报》与《警察科学和管理学报》的总编。

1990年初，笔者应美中法学教育交流委员会的邀请去美国西北大学法学院做访问学者。去美国之前，我就得知了英鲍教授的大名。到芝加哥之后，我很快就感受到英鲍教授是西北大学法学院的骄傲。凡是到过芝加哥的人，都知道密执安湖对于芝加哥的重要性。没有密执安湖，就没有芝加哥的繁荣和盛名。西北大学法学院就坐落在密执安湖畔，因此密执安湖也是西北大学法学院的骄傲。此外，西北大学法学院还有另外一个“密执安湖”，那就是英鲍教授。用该院教师的说法，“西北大学法学院若没有佛瑞德·E. 英鲍，那就好像芝加哥没有密执安湖一样”。

然而，初次见到英鲍教授似乎使我有些失望——他身材瘦小，言谈也不像其他美国教授那般风趣幽默。不过，几次接触之后，特别是在谈话涉及专业领域之后，他那敏捷的思维和精辟的见解便很快令我折服。何况他已是年逾八旬的长者！英鲍教授待人非常热情。他曾经请我到他的办公室一起讨论科学证据问题，还曾经请我到酒店吃饭并一起谈论人生……正是通过英鲍教授，我才认识了在美国很有名气的专门培训测谎和审讯人员的“莱德联合学校”。

莱德联合学校的创办人约翰·E. 莱德是美国审讯科学和测谎技术的先驱者之一。他与英鲍教授相识于芝加哥市警察局的犯罪侦查实验室，并在英鲍教授之后担任过该实验室的主任。后来他也离开了警察局，于1947年创办了一家私人测谎事务所，后来发展为专门培训审讯人员与测谎人员的莱德联合学校。自1974年以来，该学校在美国各地和世界上的许多国家都举办过培训班和讲习班，共培训了20多万审讯和测谎方面的专业人员。目前，它已成为北美最著名的审讯人员培训基地。1982年1月11日，莱德病逝。但是，莱德在总结大量审讯实践经验基础上创立的“莱德审讯技术”（The Reid Technique）和“九步审讯法”（The Nine Steps of Interrogation）仍然在美国的犯罪侦查实践中发挥着广泛的影响。

1992年9月21日，英鲍教授带着我去参观了莱德联合学校并受到约瑟夫·P. 巴克利校长的热情接待。巴克利博士是莱德的学生，在莱德去世后接任了莱德联合学校的校长职位。该学校位于芝加哥市中心区的一栋高大的办公楼内，旁边就是当时号称“世界第一高楼”的西尔斯塔楼。我参观了该学校的图书馆和教学设施。最令我感兴趣的是那一间间面积不大的审讯室。审讯室内的陈设十分简单，只有一张写字台和两把扶手椅，墙上没有任何装饰，但都有一个单向玻璃窗连接着旁边的观察室。有的审讯室的桌子上还放着一台便携式多参数测谎仪。这些审讯室主要供学员们模拟练习之用，但是教员们有时也在这里进行真正的讯问和询问——该公司也向美国各地的执法机关和其他机构提供讯问和询问的服务，当然都是有偿的。

午饭期间，我们谈到了与审讯关系密切的“米兰达告知”规则。英鲍教授和巴克利校长都认为该规则既有利也有弊。英鲍教授说：“我们应该采取必要的措施来防止不正当的审讯行为，但我们不能采取消极控制的方法，我们还应考虑审讯和执法的效率。我曾经说过，为了保证交通安全，我们是不是可以要求汽车生产厂家给每辆汽车都装上限速器，使汽车的时速都不能超过 20 英里呢?”

巴克利校长说：“美国的警察开始都对‘米兰达规则’很反感。他们认为这个规则会捆住执法人员的手脚并帮助犯罪者逃避惩罚。不过，现在的警察都习惯了。大多数警察机关都会发给警员们印有‘米兰达告知’的卡片，以便他们在审讯犯罪嫌疑人之前可以照本宣科。其实，警察可以采用其他方法来让嫌疑人张嘴说话，当然都是合法的审讯方法。这也正是我们学校要向学员们传授的方法。这些方法与传统的‘硬审讯法’不同，大概可以称为‘软审讯法’。”

这是我第一次听到“软审讯法”的说法，便好奇地请教。巴克利校长向我作了解释，但是因为他使用了许多大概属于心理学领域的专业术语，所以我没有完全听懂，只是大体上得知：这是建立在心理学基础上的审讯方法；这种方法可以说是“米兰达告知”等法律规则的产物，是审讯方法的进步；莱德先生从实践中总结出来的“九步审讯法”就很有代表性。

我知道“九步审讯法”中包含欺骗的成分，就谈到了审讯人员能否在审讯中使用欺骗策略的问题。巴克利校长告诉我，美国最高法院在 1969 年的弗雷泽诉卡普一案的裁决中含蓄地认可了包含哄骗因素在内的审讯方法。在该案中，弗雷泽作为谋杀罪嫌疑人被捕。警方侦查人员在审讯时哄骗他说，“有一名同案犯已经招供了”。于是，弗雷泽供认了自己的罪行。在审判中，法庭主要依据他的供述判定他有罪。后来他得知那名同案犯并未招供，于是他以审讯人员的欺骗为理由对该判决提出上诉。最高法院经审理后维持原判，其理由是“警察的这种作法，在我们看来不足以推翻这个供述的自愿性”。但是大法官又补充说：“对这类案件的裁定必须基于对‘全部案情’的综合考虑。”一般来说，法院在采用此类供述时有两个条件：其一是这种欺骗不得使法庭和社会受到“良心上的冲击”；其二是这种欺骗不会导致虚假供述。总之，审讯人员在面对可能有罪的犯罪嫌疑人时，既要讲文明，也要讲策略。

由此可见，“软审讯法”是刑事司法文明进步的产物，也是法律加强对审讯之规制的产物。在现代文明社会中，法律不允许侦查人员采用野蛮刑讯的方法去获取犯罪嫌疑人或被告人的口供。特别是在“米兰达告知”规则赋予犯罪嫌疑人明示的沉默权和随时随地会见律师的权利之后，侦查人员很难再使用刑讯折磨或者威胁恐吓等“硬审讯法”来获取口供。然而，犯罪嫌疑人的口供在犯罪侦查中往往具有重要的证明价值或线索价值，因此侦查人员只好改变对策，另辟蹊径。于是，“软审讯法”就应运而生了。

我在1990年初次访问美国之后就和几位青年学者翻译了英鲍教授与莱德和巴克利合著的《审讯与供述》（Criminal Interrogation and Confession）第三版，由群众出版社于1992年出版。如今，中国人民公安大学侦查学院的刘涛等教师又联手翻译了该书的第五版。在20世纪90年代初期，我国的犯罪侦查人员还没能充分认识到这本书的价值，尽管我也曾看到一些刑警在该书的空白处留下了密密麻麻的读书笔记。在20多年后的今天，这本书的价值可能会在中国有更加充分的展现，因为推广“软审讯法”具有了重要的现实意义。

文明和法治是刑事司法的大势所趋。近年来，我国也在这方面取得了长足的进步。2010年，由最高人民法院、最高人民检察院、公安部、国家安全部和司法部联合颁发了《关于办理死刑案件审查判断证据若干问题的规定》和《关于办理刑事案件排除非法证据若干问题的规定》。2012年，全国人民代表大会通过了《刑事诉讼法修正案》，新修订的《刑事诉讼法》及其司法解释和实施细则都从2013年开始生效。这些法律规定都对侦查和审讯提出了更高的要求。因此，审讯人员必须改变过去那种偏爱“硬审讯法”的行为习惯，认真研究并努力掌握“软审讯法”的技术和手段，提高“以柔克刚”的办案能力。有人建议，审讯人员应该在闲暇时多练习“太极拳”。笔者以为，此话不无道理。

是为序。

中国人民大学法学院证据学研究所所长

何家弘

2015年7月写于北京世纪城痴醒斋

翻译说明

2013年1月1日生效实施的新刑事诉讼法，对与侦查讯问相关的制度进行了诸多重大修改：规定了“不得强迫任何人证实自己有罪”；规定了完整的非法证据（尤其是非法口供）排除机制；对侦查讯问的时间和地点进行了严格限制，要求侦查讯问原则上在看守所内进行，严格限制了在侦查实践中通常发挥重要作用的“突审”；规定了对讯问过程进行全程录音录像的制度；全面强化了控方的证明责任；全面确立了侦查阶段律师辩护制度及辩护律师的执业保障机制；等等。毫无疑问，这些新内容的实施必然会对侦查讯问实践产生重大影响。事实上，近年来的侦讯实践已经逐步显现出了对符合新刑事诉讼法要求的、能够有效指导讯问实践的审讯理论和方法的迫切需要。正是基于这样的考虑，我们组织翻译了本书。

《刑事审讯与供述》是关于侦查讯问的一本经典名著，在学界和实务部门拥有极高的声誉，是该领域的权威著作。本书的作者之一，已故的美国西北大学知名犯罪学与刑法学教授佛瑞德·E. 英鲍被誉为“现代侦讯实务之父”。美国联邦最高法院曾在著名的米兰达判决［Miranda v. Arizona, 384 U.S. 436 (1966)］中直接引用了该书作为判决的依据。① 截至目前，该书共有五个版本，我国著名法学家、中国人民大学法学院的何家弘教授首先将该书引进国内，翻译了这本书的第三版，② 在国内产生了深远影响。本次我们翻译的是该书2011年最新修订的第五版。经过作者们精雕细琢的改进，该书第五版在体

---

① ［美］佛瑞德·英鲍、约翰·莱德、约瑟夫·巴克来著：《刑事侦讯与自白》，高忠義译，商周出版社2000年版，第9页、第17页。

② ［美］弗雷德·英博等著：《审讯与供述》，何家弘、郝宏奎、程良森、熊英、曹爱莲、徐晓波、王若阳译，群众出版社1992年版。

系上更加系统、完整，在内容上也有大量更新，全面介绍了关于询问和讯问技巧的莱德方法（the Reid Technique of interviewing and interrogation）。全书共分三个部分：第一部分“应当预先考量的事项”（第一章至第六章），主要介绍了询问和讯问前应当做好的准备工作；第二部分“询问方法”（第七章至第十二章），主要介绍了“行为分析询问法”；第三部分“讯问方法”（第十三章至第十七章），主要介绍了莱德的“九步讯问法”。

本书第五版的版权公司为琼斯 & 巴特勒公司（Jones & Bartlett Learning, LLC），本次翻译得到了该公司的授权。

本书的翻译分工如下：

刘涛：前言、导论、第七章至第十五章、第十七章及附录 A；

毕惜茜、张学文：第三章；

王铼：第一章；

彭玉伟：第六章；

黄靖斯：第四章；

高俊娟：第十六章；

宋宇：第二章；

柳林：第五章。

刘涛负责了全书的统稿，黄靖斯同学协助进行了校对。

本书在翻译过程中，参考了中国人民大学何家弘教授翻译的《审讯与供述》以及我国台湾地区学者高忠義翻译的《刑事侦讯与自白》①。翻译完成后，何家弘教授为本书（第五版）作了序。在此表示诚挚的感谢！

本书能够翻译出版，得到了以下单位和个人的支持和帮助，在此一并表示感谢！

2013 年我们向本书的作者之一——约翰夫 · P. 巴克利（Joseph P. Buckley）先生联系翻译本书的版权事宜，巴克利先生欣然同意将此书翻译成中文出版，并帮我们联系了本书的版权公司（Jones & Bartlett Learning, LLC）。

本书的翻译出版得到了中国人民公安大学科研处校级科研项目（“外国警学译丛”）的资助。

《中国人民公安大学学报》主编仇加勉研究员（原科研处处长），侦查学

① 这两本译著都翻译的是该书的第三版。

院院长戴蓬教授、副院长毕惜茜教授，科研处的毛媛媛老师支持、鼓励本书的翻译出版。

中国人民公安大学出版社法律分社杨玉生社长，江起宇、刘长青编辑为本书的出版付出了诸多劳动，图灵公司（Turing Book Company）的王越女士协助联系了本书的翻译版权。

由于译者水平所限，书中难免有错误和不妥之处，敬请读者批评指正。

中国人民公安大学侦查学院
刘　涛
2015 年 6 月 20 日

前　　言

约翰·E. 莱德（John E. Reid）先生在大萧条时期毕业于斯坦福大学法学院，毕业后开始私人律师执业。但随着客户变得越来越少，他选择加入了芝加哥警察局，成为了一名巡警。此时，佛瑞德·E. 英鲍（Fred E. Inbau）先生是美国西北大学一名年轻的法学教授。之后两人成为关系密切的朋友，并且两人都对以下事情感兴趣：研究科学方法以帮助执法机构了解刑事审讯中的真相。

1929 年 2 月 14 日，芝加哥两个帮派在芝加哥的一条小巷子里发生了激烈的枪战，现场遗留了大量的法医证据，但警方却无法利用这些证据去分析确定犯罪的真正凶手。作为对这场“情人节大屠杀”案的回应，当地成立了西北犯罪实验室协助警方对抗有组织犯罪。1933 年，佛瑞德·E. 英鲍成为该实验室的第一任主任。

虽然该犯罪实验室研究的重点是弹道学，但同时它也提供一些其他可用于法庭的鉴证业务，包括测谎。起初，伦纳德·吉勒（Leonarde Keeler）是该犯罪实验室的测谎师，但不久他就离开了实验室开始私人执业，同时他将自己研发的测谎方法传授给了英鲍。在之后的许多年里，英鲍教授一直积极主动地参与案件的审查与审讯，但他作为实验室主任的职责不允许他经常待在测谎实验室。他相信他的朋友约翰·E. 莱德先生将会是一名非常优秀的测谎师，所以将这一职位提供给了莱德。

在 20 世纪 30 年代，测谎技术非常原始，但它也或多或少地为取得犯罪嫌疑人的供述提供了支持。然而，莱德意识到严格基于犯罪嫌疑人的生理变化记录来判断其是否说谎这一观点具有潜在的价值。在试验了各种各样的提问方法之后，他研发出了可以说是测谎技术中一项最伟大进步的提问方法，即准绳问题测试法（CQT）。同时，莱德也认识到了记录犯罪嫌疑人胸部和腹部部位呼吸变化的重要性。他还申请了一个关于新仪器的专利，该仪器可以监测到那些想要“击败”测谎仪的犯罪嫌疑人不易被观察到的肌肉运动情况。

约翰·E. 莱德先生是一个富有同情心的人，并且他对研究人类行为很感兴趣。例如，他观察到那些诚实的犯罪嫌疑人与说谎的犯罪嫌疑人在测谎检测中的态度和行为有很大的差别。在经过多年一丝不苟的记录后，莱德将那些似乎能够显示出犯罪嫌疑人是诚实或欺骗的行为特征进行了分类，他将其称之为“行为症状”。莱德也对专门的询问问题，即他所称的“行为激发问题”（behavior provoking questions）进行了实验，因为无辜的犯罪嫌疑人与有罪的犯罪嫌疑人在回答这些问题时会体现出完全不同的方式。这些问题构成了本书中将会介绍的结构化的行为分析询问法的基础。

虽然测谎技术在排除无辜的犯罪嫌疑人方面非常有作用，但测谎结果却未被采纳为用于证明非无辜的犯罪嫌疑人有罪的证据。若想获得这份证据，需要从当事人那里获得供述。在20世纪30年代，侦查讯问通常是将犯罪嫌疑人的故事拆分成碎片，对其进行数小时高强度的、恐吓性的盘问，希望在犯罪嫌疑人走出房间时能获得其供述或部分承认。英鲍和莱德研究出一种完全不同的讯问方法——讯问人员对犯罪嫌疑人决定实施犯罪的行为表示理解和同情。与设法恐吓犯罪嫌疑人使其供认犯罪相比，这一种方法更好，即讯问人员通过设计好的陈述来说服犯罪嫌疑人，如实供述对他来说才是重要的。莱德能够熟练自如地运用此种方法，而且在他的职业生涯中，他共获得300多份杀人犯的供述。佛瑞德·E. 英鲍的主要贡献是，他发现说谎的犯罪嫌疑人在讯问过程中都会经过几个可预测的步骤或阶段，最后都通向了“讯问的九个步骤”。他的这一发现或许是长期在单向透镜后面观察莱德审讯的结果。

1947年，莱德离开犯罪实验室并创立了他自己的公司：约翰·E. 莱德联合公司（John E. Reid and Associates）。他继续了他在研究甄别谎言的方法和通过审讯程序来了解真相方面的兴趣。例如，为了了解罪犯们如何看待自己的罪行并且为什么要向警方坦白供认，莱德去监狱在死囚牢房里访谈了被定罪的罪犯。这个惯例延续了下来——我们已经在监狱里访谈了团伙犯罪成员、儿童猥亵者、强奸犯、抢劫犯以及其他类型的罪犯，去了解他们如何为自己的犯罪行为辩解以及他们在被讯问或审讯时的想法。

在20世纪90年代，约翰·E. 莱德联合公司被国家安全局（National Security Agency）授予了三份研究合同，用以研究识别谎言的方法。公司继续贡献其专业技能：在审讯和谎言识别领域发表研究成果和论文；与“无辜者工程”（Innocence Project）协同工作，将那些被错误定罪入狱的人从监狱里释放出来；以及组织培训研讨会来与大家分享我们的知识。

莱德式询问和讯问方法目前已经在美国、加拿大、欧洲及亚洲的研讨会上被传授。成百上千的侦查人员接受了此培训，他们迫切需要一本更新的、能够权威性地描述正确与错误应用该方法的教材。近些年来，侦查人员在法庭上更为频繁地被要求描述审讯的具体方法及莱德方法的基本原理。为了有效应对这些问题，新版《刑事审讯与供述》应运而生。约翰·E. 莱德先生于 1982 年去世。令人悲痛的是，在本书第四版出版的早期准备阶段，佛瑞德·E. 英鲍教授因在一次交通事故中受伤而去世。所以，本书由第三版的原合作者约瑟夫·P. 巴克利先生（Joseph. P. Buckley）继续进行修订。巴克利先生得到了布莱恩·C. 杰恩（Brian C. Jayne）先生的协助，杰恩曾在第三版中编写了附录中的心理学部分。幸运的是，巴克利与杰恩一直都在已故的约翰·E. 莱德的领导下展开研究，并且与佛瑞德·E. 英鲍在各个版本中都有过密切合作。

本书第五版不仅为侦查人员提供了关于询问及讯问（研究成果、新的判例法等）的最新信息，而且还从稍微不同的角度介绍了行为症状分析。在本书过去的版本中，我们已经列出了关于“诚实”与“说谎”的行为症状。虽然我们曾明确地指出，判定犯罪嫌疑人是如实回答还是说谎代表的是侦查人员作出的一种推论，这种推论包含了许多潜在的评价，但在过去的几年里，研究者们忽略了这些潜在的评价，呈现的结果是曲解了我们对“诚实”与“说谎”的行为症状的分类。但愿通过这种新的视角，侦查人员（以及研究者）将会对行为症状分析有更好的理解。这一版还包括了一些新的审讯技巧，这些技巧都是约翰·E. 莱德和他的同事在其为期一天的高级培训班中提出的。此版的确是莱德方法中最适合当代的版本。

在这里，作者要感谢詹姆斯·马拉克（James Manak）和德博拉·博尔曼（Deborah Borman）两位律师，他们编写了本书中的法律部分。我们也向约翰·E. 莱德联合公司中对本书中所用到的技巧的开发作出贡献的现任全体员工表示诚挚的感谢，他们分别是路易斯·塞内斯（Louis Senese）、丹尼尔·马洛伊（Daniel Malloy）、威廉·施里伯（William Shrieber）、詹姆斯·博布尔（James Bobal）、戴维·巴克利（David Buckley）、马克·莱德（Mark Reid）、迈克尔·马斯库斯（Michael Masokas）、迈克尔·阿达梅茨（Michael Adamec）以及已故的亚瑟·纽韦（Arthur Newey）。

（本书中所有照片的高分辨率、彩色版均可在如下网址免费下载：http：//www. jbpub. com/catalog/9780763799366。）

导 论

在导论中，我们认为此点是适当的：介绍一下关于侦查实践对审讯作为一个侦查步骤的需求的讨论。尽管那些直接参与案件或对执法部门、私人安保调查的实践操作非常熟悉的人并不需要听取这种讨论，但是，这种关于审讯某些方面的讨论可以缓和某些人和群体整体上对刑事审讯过程表现出的保留或者甚至是更为强烈的否定态度。

小说、电影以及电视往往制造和固化出一种严重错误的概念：它们以为只要犯罪侦查人员仔细地勘查犯罪现场，他们几乎总能找到侦破案件的线索，并使他们顺利发现犯罪行为人。然后，一旦犯罪行为人被拘捕，这些原本千方百计想要逃脱罪行的家伙，也会痛快地和盘托出犯罪经过或者揭露其他犯罪。但是，这纯粹就是天方夜谭。事实上，现在的犯罪侦查技术和科学还没有发展到这样的程度：仅凭指纹、毛发等物证的搜寻和检测，就能够获得可以确定犯罪者身份的线索或者提供定罪所必需的法律证据，在大多数情况下这是不可能的。在很多犯罪侦查中，甚至在那些高效侦破的案件中，根本就没有物证线索，而侦破此类案件的唯一方法就是审讯犯罪嫌疑人本人以及其他可能掌握重要信息的人。在大多数情况下，这些审讯，尤其是对犯罪嫌疑人的审讯，必须在保障其隐私的情况下进行，并且要持续一段合理的时间，而且在审讯中也经常会要求使用心理学的策略和技巧，如果依据普通的、日常社交行为来评价，这些心理策略和技巧很可能会被定义为是“不道德的”。

为了避免我们被误解，我们必须明确无误地指出，我们坚决反对使用所谓的“第三级”（third degree）审讯，[①] 即使犯罪嫌疑人的罪嫌非常明确却仍顽固地否认。而且我们也反对使用任何易于使无辜的人作出认罪供述的讯问策略和技巧。因此，我们反对使用任何形式的暴力、威胁使用暴力或者宽大处理的许诺。但是，我们确实赞成使用那些可能带有欺诈色彩的心理学策略和技巧。为了从犯罪嫌疑人那里获得能够使其定罪的证据，或者从一些不肯合作的证人或

---

① Third degree 指刑讯逼供（译者注）。

线人口中套出侦查线索，这些策略和技巧不仅很有帮助，而且经常是不可或缺的。

私人安保人员经常会面对与警察所碰到的相同类型的问题。商业企业常常因雇员内盗而蒙受巨额损失。此外，公司雇员从内部的蓄意破坏、纵火、性骚扰、非法吸食毒品等就显得司空见惯了。而这类案件，有很大一部分只能依靠讯问犯罪嫌疑人才能得以侦破。

下面用三个相互独立的观点来支持我们的立场，每一个观点都附带有案例说明：

1. 许多刑事案件的侦破，即使由最合格的警察部门来侦查，也只能通过有罪者的承认或供认才能实现，或者是依赖于查问其他犯罪嫌疑人获得信息。①

为证明上面这段论述的正确性，我们建议考虑下面这些案例中呈现的情况。一名男子在深夜步行回家的路上被人击中了头部。他没有看到袭击者，而且也没有任何其他的目击者看到。在犯罪现场经过仔细且全面地搜索之后，警方没有发现任何物证线索。或者，一名妇女夜晚在街面上被抢，然后又被拖进巷子里被强奸。同样，袭击者并没有在犯罪现场留下皮夹或任何有助于查出他身份的东西，也没有任何物证线索。警方唯一掌握的只有被害人自己对袭击者的描述。她称袭击者身高大约六英尺，是白人，穿着深色的慢跑服。再如，请再思考一下这起案件：三名女性在一个森林度假胜地度假，被发现时她们已经死于暴力伤害，除了尸体周边的足迹外没有任何物证线索。

这种类型的案件是警方经常遇到的具有代表性的侦查难题。除了讯问犯罪嫌疑人或询问其他可能掌握重要信息的人以外，还有什么方法可以侦破案件呢？

有些时候，警方审讯的结果不仅会导致犯罪嫌疑人被拘捕并被确认罪行，而且也能帮助无辜者从高度的怀疑中解脱出来。下面是我们职业经历中的一个真实案例。一名女性的尸体在其家里被发现。她的头盖骨碎裂，明显是遭到钝器打击。警方对其住所进行了仔细的现场勘查，但没有发现任何能够确定凶手身份的线索。现场没有发现指纹或其他有价值的证据，甚至连作案凶器也没有找到。没有邻居提供任何有用的信息。尽管陈尸现场有轻微的搏斗痕迹，但房子里没有任何曾遭强行侵入的迹象。死者的小女儿是这所房子唯一的另外一个居住者，命案发生时她正在学校上课。死者的小女儿也无法向警方说明家中有

---

① 研究表明，在警方侦查的案件中，只有不到10%的案件收集到了法医证据（forensic evidence），在收集到的这些法医证据中，又只有大约一半进行了科学分析。F. Horvath and Meesig, "The Criminal Investigation Process and the Role of Forensic Evidence: A Review of Empirical Findings" *J. Forensic Sci.* (Nov. 1996).

无任何现金或财物损失。

警方有多个理由怀疑死者的丈夫就是可能的犯罪嫌疑人。在案发前，死者正向法院起诉离婚，他知道他的妻子正计划带着女儿离开这个州，邻居们指证这对夫妻曾经常激烈地争吵，而且这位丈夫脾气暴躁。他住的地方也很便利——就住在与房子临近的车库里。于是警方审讯了他，虽然他提供的不在犯罪现场的证明并不确凿，但他的整体行为表现以及回答侦讯问题的方式使警方相信他是清白的。经过进一步调查，发现死者的妹夫曾欠死者的钱，他染有赌博的恶习，在有他参加的一些社交聚会中一些妇女钱包中的钱不翼而飞了，在他工作的地方也发生过一系列钱包失窃的案件。而在凶案发生的当天，他并没有去单位上班。警方拘捕了他并对他进行了盘问。经过几小时的适格讯问后，犯罪嫌疑人坦白供认了谋杀行为，整个讯问过程警方没有采用任何虐待手段，但讯问迟延了将犯罪嫌疑人提交给治安法官的时间。他交代说他当时到死者家里的目的是向她推销一台收音机，结果她指责他偷窃。然后他们发生了争吵，他就用原先放在外套口袋里的活动扳手击打了她的头部。随后他在房子里进行了翻找，并将在房子里找到的钱及一枚钻石戒指拿走。逃离现场后，他把作案用的扳手丢到河里，换了衣服，把杀人时穿的衣服分别丢到城市的不同地方处理掉。他把抢来的钻石戒指藏在他妈妈家里的阁楼中。在他招供后，警方在他所说的地方找出了那枚钻戒，失窃的大部分钱款也找了回来，其他的钱经查明是被他用于偿还一笔过期贷款了。

如果没有审讯的机会，警方恐怕难以侦破这起案件。凶手可能仍然逍遥法外，甚至继续为非作歹。

2. 除了那些在实施犯罪的过程中当场被抓的现行犯外，犯罪分子通常都不会承认他们的罪行，除非在保障隐私的条件下对其讯问，而且讯问可能会持续数小时。

对于那些有点犯罪侦查经验的人而言这一点其实很明显，不仅如此，对于那些平常守法的人而言，偶尔被怀疑或被指责干了点轻微违法的事，也会极力否认。自我谴责和自找毁灭并不是正常的行为特征，人们通常不会主动地、自发地作出供认，必须在就其犯罪行为受到盘问才有可能供认。在一些情况下，犯罪嫌疑人会不小心泄露出了一点儿案件信息，这就足以使优秀的侦查人展开一系列侦查工作并最终认定其罪行。在其他一些情况下，可能需要犯罪嫌疑人的全面供认才能查明案情，包括有关尸体、赃物、作案工具等细节的揭露。但是，无论可能的结果会是怎样，期待有罪的人未经审讯而是因为良心自责就将罪行和盘托出是不切实际的。此外，在不保障隐私的情况下就期待获得犯罪嫌疑人的承认或供认也是不切实际的。在此，可以再次用日常生活经验来证实对隐私需求的正确性。例如，当我们要求一个私人朋友透露某个秘密或糗事时，我们一定会小心避免有第三方在场时提出这种要求，并且会找个私密的时间和场所私下里谈论这些事情。在刑事审讯中也有相似的心理因素存在，甚至更为强烈。考虑到这些相关心理因素，讯问必须在与犯罪嫌疑人从容不迫的互动中进行，很多时候需要持续数小时，所需的时间长短取决于案件性质、犯罪嫌疑人的性格等多种因素。

3. 与那些守法的公民处理普通的日常事务相比，讯问人员在与罪犯，其中也包括可能实际上是无辜的犯罪嫌疑人打交道时，必须采取必要的非常手段。

为了说明这一点，让我们回顾一下前面提到的这名妇女被其妹夫杀死的案例。在该案中，口供的获得主要是由于警方在讯问犯罪嫌疑人时采用了友好的态度。虽然讯问人员对犯罪嫌疑人并没有真正的好感，但他们假装对他如此窘迫的经济状况表示了同情，推测被害人可能是做了什么事或讲了什么话而激怒了他，并指出其他任何人在那种情况下都一定会被激怒并会作出暴力反应。他们还运用了其他类似的表达手段，甚至运用一些动作来表示对犯罪嫌疑人的友善或者同情，如轻轻地拍拍他的肩膀。诚然，依照一般职场上、商业上或社会行为的标准来看，讯问中的所有这些做法都是“不道德的”，但是，本案中所涉及的问题并不是普通的、合法的、职场上、商业上或社会上的事件，而是事关一个人剥夺他人生命的问题，而且这个人在剥夺其同类的生命时没有遵守任何公平竞赛的规则。杀人犯不会因为给他宣读或讲解其行为违反了道德规范就会走向坦白供认之路。简单地给他笔和纸并相信他会因为良心受到谴责而供认罪行，根本就是徒劳的。因此，要让犯罪嫌疑人认罪必须要有其他的手段——就讯问人员而言，这些手段可能在本质上是“不道德的”——但在前面提到的这起案件的情况下，如果不采用这种手段，还有什么其他的方法能够确定犯罪嫌疑人的罪行呢？此外，我们要记住这个观点：从罪犯的角度来看，任何讯问对他来说都是不吸引人的、不情愿的。对他来说，讯问就是鼓动使他说出真相的“肮脏把戏”，因为这样做肯定不是为了他的利益。因此，任何讯问可能都会被贴上欺骗或不道德的标签，除非在讯问一开始就明确告诉犯罪嫌疑人讯问人员使用这些策略的目的就是要让他招供。

由此可见，讯问人员在对付犯罪嫌疑人时必然需要采用较低水平的道德标准，不能像遵守道德和法律的公民处理他们的日常生活事务时所期望的那种标准。为了保障无辜的犯罪嫌疑人的权益，这个标准需要遵守如下这个仅有的限制：虽然“光明正大的”（fair）和“非光明正大的”（unfair）讯问手段讯问人员都可以使用，但不能使用那些易于使无辜的人供认有罪的言语和行为的手段。

还有其他的方式可以防止侦查人员滥用权力虐待犯罪嫌疑人，如取消他们的特权，或者制定一些有可能导致审讯几乎完全无效的不切实际且毫无根据的规则。但是，就像为了使高速公路更加安全，法律要求汽车制造商在所有的汽车上安装调速器，从而使每辆汽车的时速不能超过 20 英里一样，我们承担不起这种消极控制的后果。

目 录

第一部分 应预先考量的事项

第二部分 询问方法

第三部分 讯问方法

第一部分
应预先考量的事项

第一章 询问与讯问的区别

为求简洁，本书的题目定为“刑事审讯”，并未提及通常在讯问之前进行的询问过程。实际上询问与讯问两个术语经常被侦查人员交替使用，取决于接受讲话的听众。但在法庭作证时，侦查人员必然会将他与被告人的会话描述成“询问”。即使庭审的时间持续四个小时而且明显涉及重复的犯罪指控，同样也是如此。相反，可能偶尔会听到一名新任警察告诉同事前晚他处理的一起交通违章：“没错，这个家伙最初声称他并不知道自己超速行驶，但经过一小会儿的‘讯问’之后，他就开始为自己的超速找一些没有说服力的借口——最终我让他坦白供认了。”

由于这些术语被频繁地交叉使用，以至于好像它们指的是同一过程，但事实上，二者之间存在着意义重大且重要的不同。本章的第一部分专门介绍询问过程，第二部分则重点介绍对犯罪嫌疑人的指控性讯问。在本书的开端，我们将详细描述询问和讯问之间的一些本质区别，以便它们在本书中出现时读者们能够更清楚地理解我们使用这些术语所指代的含义。

一、询问的特征

1. 询问是非指控性的。即使在侦查人员有明确理由相信犯罪嫌疑人涉嫌参与了犯罪或者对警方说谎的情况下，也应当对其进行非指控性的询问。侦查人员通过维持一个非指控性的语调，能够与犯罪嫌疑人建立起更为融洽的关系，这对询问之后的任何讯问都有帮助。用非指控性的方式提问，有罪的询问对象更有可能自愿交代一些有用信息：关于他的路线、机会、偏好和动机等。此外，当询问问题用会话的方式而不是质疑的方式提出时，犯罪嫌疑人对所提问题的行为反应能更真实地说明一些情况。侦查人员在整个询问过程中应该保持中立和客观。

2. 询问的目的是为了收集信息。在询问过程中，侦查人员应当套取调查性信息和行为性信息。揭露犯罪嫌疑人与受害者关系的信息、确定犯罪嫌疑人不在犯罪现场或者有机会到过犯罪现场的信息等都属于调查性信息。在询问过程中，侦查人员应当密切评估犯罪嫌疑人对询问问题的行为反应。犯罪嫌疑人的姿势、与侦查人员的眼神接触、面部表情、用词选择以及回复的风格等，都能揭露出他是在讲真话还是在说谎。最后，在犯罪嫌疑人对调查性问题进行回复时，侦查人员必须对其的可信度作出评估。这与对事实性信息进行独立的评估是一起进行的，评估犯罪嫌疑人的行为反应是询问时的主要任务。有时候，还没对询问对象作出任何指控性讯问，他就在询问过程中作出了归罪性承认或者全面的坦白供认。

3. 询问可以在侦查的早期阶段进行。由于询问的目的是收集信息，那么在分析证据或知晓所有关于侦查的事实性信息前都可以进行询问。很明显，侦查人员对犯罪和犯罪嫌疑人了解的信息越多，对犯罪嫌疑人随后的询问也就越有意义。然而，在实际情况中，无论所掌握的案件事实信息有多少、有无具体证据，侦查人员都应该利用一切机会进行询问。

4. 询问可以在多种环境中进行。理想的询问环境应当是在为了实施询问而专门设计的房间里。但是，询问经常是哪里便于提问就在哪里进行——可以在个人家里或办公室、警车的后座或街角进行。

5. 询问是自由进行的，相对无固定形式。虽然侦查人员在询问中会提及一些具体的话题，但犯罪嫌疑人对问题的回复可能会使侦查人员需要探究某个意料之外的领域。侦查人员必须准备好跟进研究这些领域，因为直到侦查的后期，这些信息的重要性可能才会被知晓。

6. 侦查人员应当在正式的询问中做笔录。在正式的询问中（在可控环境下由一人实施）做笔录有几个重要的功能：笔录不仅能记录犯罪嫌疑人对所提问题的反应，而且还能使侦查人员通过笔录更多地了解犯罪嫌疑人的行为。做笔录还能放缓提问的节奏。快节奏的提问方式更容易让犯罪嫌疑人对问题说谎。说谎的询问对象在每一个问题之间的间歇，以及在思考给出侦查人员欺骗性回复之前的时间段内，通常会经历更多的焦虑，并可能表现出更多的欺骗性行为症状。进一步而言，对无罪的犯罪嫌疑人使用快节奏的提问方式可能会使他变得非常困惑或慌乱。

零星做笔录会阻碍对信息的获取。举例来说，如果侦查人员在询问的早期阶段没有做任何记录，但后来突然记下犯罪嫌疑人说出的一些话，犯罪嫌疑人便会对那段陈述提高重视，并在接下来的回答中保持警惕。然而，如果侦查人员在询问一开始就建立起跟随犯罪嫌疑人的每个回答进行记录的工作模式，那么做笔录便不会阻碍任何信息的获取。

二、讯问的特征

1. 讯问是指控性的。说谎的犯罪嫌疑人不太可能会违背自己的利益而主动认罪，除非他们确信侦查人员已经确定他们有罪。因此，一种指控性的陈述譬如“乔（Joe），毫无疑问，你绝对就是纵火的人”，对于显现信心的程度是很有必要的。如果侦查人员仅仅是说“乔，我认为你与这场纵火可能有些关系”，那么犯罪嫌疑人立刻就会意识到侦查人员的信心不足，这会强化他否认涉案的决心。

2. 讯问包括积极的说服。事实上，讯问的进行意味着侦查人员相信犯罪嫌疑人并未在非指控性的询问中讲实话，对犯罪嫌疑人的进一步询问可能不会套出假定的事实真相。在努力说服犯罪嫌疑人说出真相的时候，侦查人员要使用策略使其进行陈述，而不仅是提出问题。这些策略将会控制整个会话，要说服一个人说出真相，那么这个人首先必须愿意去听侦查人员的陈述。

3. 讯问的目的是了解事实真相。讯问的目的是套取口供，这是一种常见的误解。不幸的是，有时在讯问那些无辜的犯罪嫌疑人时，只有当他们被控告有罪之后才能明显地看出他是清白无辜的。如果犯罪嫌疑人因其在讯问中的行为或解释被排除了嫌疑，那么讯问一定会被认为是成功的，因为通过讯问了解了事实真相。很多时候讯问也会导致供认，这又达到了解事实真相的目的。

4. 讯问要在可控的环境下进行。因为在讯问过程中要使用说服策略，所以讯问需要在一个不会使犯罪嫌疑人分心的私密环境下进行。

5. 讯问只能在侦查人员有理由确信犯罪嫌疑人有罪后进行。在直面犯罪嫌疑人前，侦查人员应该有一定的相信犯罪嫌疑人没说实话的事实依据。这种想法的事实依据可以是犯罪嫌疑人在被询问时的行为、犯罪嫌疑人的解释有矛盾、实物证据或者间接证据以及伴随进行的行为观察。讯问不是判断犯罪嫌疑人是否讲真话的主要手段，在大多数情况下，非指控性的询问就可以判断。

6. 直到犯罪嫌疑人说出了真相或者完全认罪后侦查人员才可以做笔录。在讯问中过早做笔录会让犯罪嫌疑人意识到他的陈述具有自我归罪的性质，因此会阻碍进一步获取对其不利的信息。只有当犯罪嫌疑人完全坦白供认后，或供认被另外的侦查人员见证后，才可以归档记录下供述的细节。

三、先询问后讯问的优势

大多数讯问都是在侦查人员没有优势证据指控犯罪嫌疑人的情况下进行的——事实上，进行讯问就是要尝试获得这种证据。通常在讯问之前，唯一能证明犯罪嫌疑人有罪的证据在性质上是间接证据和行为证据。在这种情况下，为了辨别犯罪嫌疑人实际上是否可能有罪，绝对有必要对犯罪嫌疑人开展非指控性的询问。再者，当缺少足够的归罪证据将犯罪嫌疑人与犯罪联系起来时，可以利用在询问中获得的信息进行讯问。

在具有明确可信的证据证明犯罪嫌疑人有罪的案例中，侦查人员可能更愿意跳过询问的环节直接进行讯问。一般情况下我们不建议采用此种方式，原因如下：

• 询问的非指控性特点为侦查人员提供了一个与犯罪嫌疑人建立一定程度的融洽关系和相互信任的机会，而这些无法在指控性的讯问中实现。

• 在询问过程中，侦查人员经常可以获取到对讯问有用的关于犯罪嫌疑人的重要信息。

• 不能保证有罪的犯罪嫌疑人一定会在讯问中供认。然而，如果同一名犯罪嫌疑人在询问时对他的不在犯罪现场、拥有特定武器、认识受害人或者具有机会接近某种类型的交通工具等情况说谎，在后续的审判阶段，侦查人员就可以证明犯罪嫌疑人在询问过程中的陈述是虚假的，从而为犯罪嫌疑人的最终定罪提供证据。

• 侦查人员在进行指控性的讯问前开展非指控性的询问，在心理上会有优势。为了讯问的成功，犯罪嫌疑人必须相信侦查人员的客观与真诚。而当侦查人员事先通过会话性提问的方法给犯罪嫌疑人说出真相的机会时，这一过程的实现将会变得容易许多。

前文所说的建议有一种例外情况，即可能存在犯罪嫌疑人在犯罪现场被抓获或者有清楚的证据表明犯罪嫌疑人在首次提问中就打算说出真相的情况。在这种情况下，立即进行讯问可能会更有保障。例如，一辆近期报失的车在经过一段短途追赶后靠边停了下来。在这种情况下，对司机进行非指控性的初步询问没有任何意义。如果犯罪嫌疑人放弃他的米兰达权利，实施逮捕的警察对被逮捕人即刻开展讯问是相当明智的，或许可以作出如下陈述："我们知道你偷走了这部车，你偷走车仅仅是想兜风还是想用把它作为抢劫后的逃离工具?"

四、结论

传统上，侦查人员对于询问与讯问甚少作出区别，甚至没有。但是，专业技术的进步表明二者之间确实存在显著区别而且应当被认识到。正如后文中将要呈现的，有些侦查人员天生就是优秀的询问人员，但在讯问中却不具有类似的固有才能——反之亦然。而一个高效的侦查人员应当掌握这两个相关却又明显不同的方法。

任何有效的询问和成功的讯问的基础包括：案情分析、实施询问与讯问的环境、侦查人员的素质以及在询问与讯问过程中的言谈举止等。在第一部分余下的章节里，将介绍这些与询问和讯问均相关的主题内容。

第二章 获取和评估案件事实信息

在实施任何询问或者讯问之前，侦查人员必须掌握开展侦讯活动所必需的背景情况信息。这些信息有多种来源：文件和记录、电脑数据、对被害者以及证人的询问，以及对调查结果的审查，包括DNA、弹道特点、指纹、血迹和其他痕迹物证。总的来说，这些信息被称为“案件事实信息”。

一、研究案件事实

“案件事实分析”是侦查人员应该培养的一种重要能力。“案件事实分析”是指一种能力，它能使我们从大量的案件事实信息中发现可能的犯罪动机、独有的作案条件（如获得某种独特的武器或工具的条件、知道安全密码、拥有钥匙等）、犯罪时间条件（创造作案时机）和罪犯的个性特点（如高智商、敏感多疑、吸毒）。基本上，我们可以利用这些信息锁定可能的犯罪嫌疑人，从而帮助确定谁最有可能实施了犯罪。研究表明，人们在案情分析领域的培训和经验积累能够显著提高其准确预测某人是有罪还是无罪的能力。①

接下来的有关收集和分析案件事实信息的建议适用于那些开展询问工作或讯问犯罪嫌疑人的侦查人员。“案件事实信息提供者”（a fact-giver）可以是任何提供案件事实信息的人，包括证人、告密者、被害人、雇员及另一个以前曾参与过这个案子的警员等。

---

① 一项研究表明，当评估者知道进行询问的语境时（即某些背景信息），“他们发挥得明显比碰运气和40多年来的研究所建议的要好得多。显然，关于欺骗发生条件的认识有助于对欺骗作出准确的判断，这会超过基于对非言语性漏洞的观察作出的可能判断”。Blair, J., Levine, T., and Shaw, A. (2010). Content in Context Improves Deception Detection Accuracy. *Human Communication Rasearch*, 36, 423-442.

在另一个研究中，包含2名犯罪嫌疑人的20个真实情境案例被分别交给26名事实上未经培训的大学生和7名对这种技巧受过专门培训的侦查人员，并同时进行分析。侦查人员在准确界定无辜者和有罪者上达到了91%的准确率，然而，未经培训的学生平均准确率只有79%。这种差异在统计学上有重要意义。Buckley, D. (1987). “The Validity of Factual Analysis in Detection of Deception” (master's thesis, Reid College of Detection of Deception).

1. 在询问之前，且尽可能在与犯罪嫌疑人有任何接触之前，侦查人员应当尽量全面掌握与案件相关的所有信息及背景情况。这些信息的来源必须可靠，因为任何不准确的信息都有可能严重影响询问及后续的讯问工作的效率。举例来说，若侦查人员被其他侦查人员先入为主的说法或者是在侦查中获取的错误信息误导，那么使用这样的信息将会使侦查人员陷入很大的劣势之中：如果犯罪嫌疑人有罪，意识到侦查人员的信息并不准确就会使他对撒谎更有信心；而如果犯罪嫌疑人是无辜的，则可能因为对侦查人员的态度缺乏信心而感到非常不安。

下面这个实例阐明了侦查人员接受不充分消息或其他侦查人员不实表述导致的困扰。多年前的一个冬天，在某个州立公园里发生一起三尸命案。三名死者都是年约五十岁的已婚女性，案发时她们正在公园旅馆中度假。她们沿着一条在当季没有多少人走的小径散步。当三具尸体被发现时，很明显尸体经过曝晒，三个人的手被捆在一起，内衣裤均被撕碎，性器官暴露在外。

由于无任何明显证据证明这是一起因劫财所导致的谋杀案，所以侦查人员将性侵害的动机作为本案唯一合理的解释。然而六个月过去了，案情仍然没有任何进展，因此另外一个执法机构开始介入调查。直到那时才发现，现场遗留的衣物中有一双死者之一所戴的手套。手套里有两枚戒指，一枚是订婚戒指，另一枚是结婚戒指。这个发现使全案的调查方向立刻从性侵害转向劫财，因为这表示受害人之一可能试图在摘下手套的同时也把戒指偷偷取下了，以向凶手证明她身上没有任何的珠宝首饰。

警方曾经审问过在公园旅馆里工作的一名二十岁的洗碗工，但他很快就被排除了犯罪嫌疑，主要因为他的年龄比被害人小太多，不太可能对她们产生性欲。当犯罪动机从性侵害转向劫财后，洗碗工又被传来问话。这次，他承认自己是为了劫财而杀害那三个妇女。因为怕被指认而杀人灭口，然后扯坏她们的内衣裤，制造奸杀的假象，他认为这样做警方就不会怀疑凶手是他。这个诡计确实一度奏效，因为原来的侦查人员的臆测过于草率。

另一个案例则说明，对某个物证的误判会对侦查人员造成极大的困扰。在这起凶杀案中，当男性死者的尸体被发现时，其内外裤都被拉到膝盖以下。后来犯罪嫌疑人交代说，他因为与死者在车里起了争执而杀害了死者，然后把尸体从车厢里拖出来，拖了一段路才到弃尸现场。由于在拖拉过程中犯罪嫌疑人一直拽着死者的脚，所以死者的内外裤都被扯了下来，变成警方所看到的样子，由此才推翻了警方最初猜测的情杀动机。实际上这起凶杀案与性毫无关系。

2. 侦查人员首先应该询问嫌疑最小的人，然后主攻嫌疑最大的人。侦查人员知道越多关于有罪嫌疑人的信息，在讯问中使其说出事实真相的可能性就越大。诚实的犯罪嫌疑人会提供许多关于有罪犯罪嫌疑人的有用信息。因为他们是无辜的，所以通常会毫无禁忌地说出其他犯罪嫌疑人可能有的犯罪动机、癖好或认罪的时机。即使还未获得这样的信息，有罪的犯罪嫌疑人也会意识到其他人可能已经被询问，并担心这些人可能向侦查人员透露了什么。

下面这个案例说明，在与犯罪嫌疑最大的嫌疑人谈话之前，先与很可能无辜的犯罪嫌疑人谈话的好处。一个饭店报案称有小偷入室盗窃，将保险箱中的美元盗走了。犯罪现场的证据显示，某个与该保险箱有联系的负责人筹划了该起入室盗窃案。警方认为六个经理有嫌疑，因为他们都与保险箱有联系。其中有一个经理嫌疑最大，因为他在盗窃案发生后很短的一段时间内就辞职了。于是，他是最后一个被询问的人。在与其他五位经理交谈的过程中，我们得知这名嫌疑最大的经理经常吸食大麻，并且经常与一名有盗窃汽车前科的饭店前雇员在一起厮混。而在询问这名有嫌疑的经理时，他否认自己最近曾吸食过任何非法的毒品，同时也否认自己与那名前雇员之间的亲密关系。

在讯问这名经理时，警方很好地利用了那些从无辜的嫌疑人处得到的信息。侦查人员指出他在自己的吸毒史和与前雇员之间关系的问题上撒了谎，因为他们在盗窃案发生之前的那个晚上曾被看见在一起。这个策略使该名犯罪嫌疑人丧失了进一步否认的信心。最终，当侦查人员提出可能是他的那位前雇员朋友提议并筹划了该起入室盗窃案，这不仅仅是经理一个人的主意时，经理终于承认了一切。

3. 在有被害人的抢劫或强奸案件中，被害人应当是第一个被谈话的人。被害人所提供的信息对于侦查来说是非常重要的。尤其是在一些案件中，当被害人的陈述不能被其他物证或目击者证实时，那么被害人陈述就成为提问可能的犯罪嫌疑人的唯一依据。

在某些案件中，受害者不完全讲实话，甚至有时候受害者可能会因为各种原因虚构一起犯罪。我们看到警方曾经因为从未正式地询问被害人而浪费上百个小时的审讯时间，而那些所谓的抢劫、强奸、尾随、性骚扰完全都是虚构的。还有一些案件，受害人确实被抢劫或侵犯了，但起初他们都会对自己的行为进行掩盖，从而改变因为自身的过失而造成被抢劫、被侵犯的事实，或者极力夸大凶手的违法行为。这种不准确的信息会极大地降低后续讯问的效率。接下来的例子就说明了这个问题。有个女孩向学校报案称她的导师对她有违背她意愿的性骚扰。在她的性骚扰指控中，她列出过去在学校的几个月内遭到的六次具体的性骚扰。这名导师被停职，并被代表学校的律师找去“谈话”。他从未被真正问及任何与具体指控有关的问题，而是被提问他是否能想清楚为什么一个学生会对他提出性骚扰指控。对于此问题，他回答："不知道。"

幸运的是，当我们介入这件案子时，我们要求先与这名学生谈话。在与其的交流中，我们得知她起初很喜欢她的导师，实际上，有一次她还自愿在导师的家中与他发生性关系。在那之后，她发现导师仅仅是对与自己发生性关系感兴趣，所以她告诉他不愿再与其约会。事实上，只有在她已经结束这段关系后发生的三次性关系才是非自愿的。获得这些信息后，我们得以对那位导师进行了一次有效的询问，询问达到了这样的程度：他承认了在那次交谈后他们的性关系已经终止。但他坚称自己是无辜的，因为在那次交谈后自己并没有与那名学生发生任何性关系。在接下来的讯问中，他承认发生过两次性关系，为的是"与那名学生恢复他们的关系"。我们与犯罪嫌疑人所进行的这场询问依靠的都是从学生的控告中提供的原始信息，而不是我们自己探明的事实。

4. 不要依赖法医对被害人死亡时间或致命伤发生时间的推断。对法医的依赖经常会使对犯罪嫌疑人的审讯变得徒劳无用。因为即使是最能干的、训练有素的病理学法医，在许多情况下都很难甚至不可能准确地推断出死亡时间或致命伤发生的时间。而不幸的是，那些没接受过这一领域专业培训的普通医生，往往只会进行毫无根据的猜测。举个例子，在一起案件中，一名老太太在自家后巷遇害，一名在验尸单位的兼职医生推测被害人的死亡时间大约在晚上十一点到午夜间。但据熟人讲，被害人平常在那个时间不会单独外出，而且在当天的那个时候，跟老太太住在一起的儿子也刚好在家，于是死者的儿子就成了主要犯罪嫌疑人并受到持续的提问。但是换了一个又一个的警探，还是没办法问出什么结果。

终于，一名资深的侦查人员被下令调查此案，他逐渐相信死者的儿子是无辜的。于是这名侦查人员提出了这样一种可能：命案发生在更早的时间，应该搜索其他的犯罪嫌疑人。最后行凶者被发现并作出供述，其中包含了只有凶手自己才知道的案件细节，证实了供述的真实性。命案发生的真正时间比法医推测的早了好几个钟头。

5. 应当记住当有充分证据尤其是物证指向某个特定个人时，通常这个人就是罪犯。当有充分证据所指向的犯罪嫌疑人是让人觉得不太可能实施该犯罪类型的人时，一些侦查人员可能会陷入困惑。举个例子，有充分证据表明某牧师涉嫌一起奸杀案。由于牧师崇高的地位，侦查人员只能很谨慎地提问题，甚至不敢提问题。然而部分神职人员确实会实施这样的犯罪是一个不争的事实。[①]

---

① 案例记录显示，某些个体展示其夸张的社区服务特征、乐于助人，或者遵守严刑峻法或宗教信仰，是弥补其隐藏相关犯罪行为的潜在内疚感。Jayne，B.（1986）. The Significance of Suspect Personality Traits in Behavior Analysis and Interrogation. *The Investigator* 2（4）.

下面这个例子充分说明，认为那种有身份、有名望的人“不会做出这种事”，是非常错误的想法。某个企业经理人的妻子兼职当银行柜台服务员，有一次某个客户的款项被盗用了 6500 美元，几乎所有的证据都指出她具有最大的嫌疑。侦查人员很难相信在同一家银行的户头还存有她自己的 1 万美元的贵妇人，会挪用其他客户的钱。然而，一位资深的侦查人员还是让这个女人认罪了，而且还让她交代了她那令人匪夷所思的犯罪动机。因为她丈夫非常瞧不起她的妈妈，而她的妈妈当时正需要一笔手术费用。她的丈夫无论如何也不允许她拿钱出来帮助妈妈。而如果她动用自己的户头，就会被她丈夫发现。结果她就挪用了另一个存款人账户里的 6500 美元。该存款人是她的朋友，而且她觉得这个朋友很有钱，应该不会很快甚至根本就不会发现少了这笔钱。这个例子说明，当许多强有力的证据指向某个犯罪嫌疑人时，不能仅仅因为他的职业地位、社会地位或任何其他类似的因素而排除其嫌疑。

6. 从案件事实信息提供者那里获取信息后，应当考虑到，他由于过于确信犯罪嫌疑人有罪或者太急于获取他的口供，从而过早地就对犯罪嫌疑人质以直接指控，或对其进行了言语上的暴力。这些行为会严重阻碍一个有能力的侦查人员随后进行的询问，尤其在某个冲动的侦查人员已经威胁犯罪嫌疑人使用肢体暴力的情形下。经过培训的侦查人员应该意识到犯罪嫌疑人当时产生的不满和愤怒，并且需要花费必要的时间去缓解其紧张的精神状态，侦查人员甚至需要像对待早期怀孕的妇女一样对待犯罪嫌疑人。

7. 应当考虑到案件事实信息提供者可能已经就一个案件工作了数小时甚至数天，他可能毫无恶意地隐瞒了一些相关的信息，甚至向讯问人员提供了一些无事实根据的信息。当最初的侦查人员在破案时变得感性，则很容易抛弃事实发现者的角色，转而假定自己为对抗性的公诉人角色，同时还会试图“构建一个案件”来指控自己认为有罪的犯罪嫌疑人。我们在作为侦查顾问时，进行了合法的、控辩双方都愿意接受其结果在法庭上使用的测谎。在收集事实信息的时候，我们分别会见了控辩双方的律师。在一些案子里，我们在听取两个不同的版本后，感觉双方在讨论不同的案子。因此，敏锐的侦查人员应当预料到这些带有偏见的情况报告，并且围绕自己所拥有的信息调整提问的方向，使其围绕着对犯罪嫌疑人有利或不利的信息进行。

8. 要考虑到两个或多个不同侦查机关之间在工作中的冲突问题（如地方警察局和司法官办公室）。遇到这类问题时，讯问人员必须分别和该案中分属不同机关的侦查人员会谈，这样才有可能较全面地掌握案件细节。有时确实会发生这种情况，即两个或两个以上的警察局在调查同一个案子，侦查人员或多或少地愿意各自独立工作。另外，自我意识的因素可能会阻碍两个机关之间或两个个体之间交换各自所得到的信息。

9. 当听取案件事实信息提供者就某个侦查中的案件作报告时，应迅速记下相关的日期、时间以及涉案当事人或证人的绰号，待整个报告结束后再加以追问以补充案情细节，而不要中途打断提供者的陈述。打断案件事实信息提供者的陈述话语，可能会影响其思维或记忆的连续性，从而使他在不经意间漏掉某些极为重要的信息。在获取原始案件信息时，行之有效的方法是侦查人员重申案件事实信息提供者告诉他的信息，并针对他叙述中遗漏的或不合逻辑的信息进行澄清性追问。这种描述方式能够激发必要的追问，反之会使他在精神上过分专注而完全吸收他人的陈述。

10. 在合适的情况下，鼓励正在描述案件细节的人画出一张案件发生过程的草图，并在图上标出全部的相关信息。如果能获得犯罪现场的照片，那么可以拿来使用，结合手绘的草图，将更有利于掌握案件的发生经过。通常一份虽然粗糙但已标出重点的草图，比单纯的现场照片更能满足讯问人员的需求。不附带侦查人员完整说明的照片可能不足以说明任何问题，甚至会造成误导，因为照片本身往往并不能全面地描绘出一个场景或一起事件。

11. 询问某个人关于案件事实的时候，应当询问他认为可能发生了什么事情、他认为谁是主要的犯罪嫌疑人以及原因。一名案件事实信息提供者，无论他是一名雇员还是一名防损专家，或是受害者的一个亲戚，通常都比侦查人员更了解可能的犯罪嫌疑人。举例来说，在这个案件中，提供者所作的观察在事后被证明是相当有价值的："吉姆（Jim）跟艾米（Amy）正在恋爱中，但乔一直与艾米鬼混，所以我猜是吉姆射杀了乔。"再如，在另一个案件中，侦查人员掌握了这个原则，所以案件事实信息提供者顺着他的提问做出这样的回答："街上的人都说，这件枪击案一定是法兰克（Frank）干的，因为就在案发后，他抱着一大堆钱在街上一闪而过。"在另一个案子中，在描述犯罪嫌疑人在案件发生后的行为时，案件事实信息提供者是这样讲的，"迈克（Mike）那个家伙太紧张了，都快站不稳了"。这些案例都证明，若侦查人员具体地使用一些策略或技巧，就能获得一些相当有帮助的信息。

12. 必须审慎评估付费线人所提供消息的可信度。很多时候，线人提供的消息只是线人的臆断，而不是基于事实和观察所得出来的结论。而且有很多时候，这些线人为了拿到钱或为了让自己在所涉及的案件中能够获得较轻的处分，会故意提供一些不真实的消息。虽然有许多线人确实提供了相当确实可信的信息，但是笔者只是奉劝侦查人员在评估信息时保持谨慎。

13. 用怀疑的眼光对待任何指控某人犯罪的匿名信。这在那些报告人与刑事被告人有私人恩怨的案件中尤为正确，如被配偶抛弃或遗弃。这些人很有可能会向警方匿名检举那些得罪她的人具体犯了什么罪。她们这种匿名检举行为可能是为了报复，或者是为了让她们的男人陷入需要她们帮忙的窘境，或者是为了阻挠她们的男人离开这个城市或这个国家。总而言之，就是想借此让他回心转意。简单地说，侦查人员最好以怀疑的眼光看待那些基于匿名报案得来的“内部情报”或指控。当然，很多检举是有根据的，但有更多的检举确实是源于检举人的特殊动机（当然，男性也可能为了报复某个女人遗弃他而打小报告，但男性的报复通常会用比较暴力的方式来表现，譬如破坏她的财产或对她实施身体虐待）。

14. 在询问被陌生人性侵害的未成年受害人时，应让其尽可能清楚地描述事情发生的地点。如果案件发生在某个人的房子里，应该要求孩子清楚地描述那个房间的样子，如窗帘的样式、墙壁的颜色、地毯的样子、床铺或其他的物品等。如果描述的情况与某个卧室相吻合，那么孩子的指控就相当可信。通常在这种情况下，骚扰者会否认孩子曾经在自己的车里或公寓里待过；如果小孩子对某些细节的描述非常符合某个犯罪嫌疑人的情况，那么这份证言在讯问中将会非常有用。

15. 在询问涉及财产犯罪而非身体伤害案件的假定受害人或其他报案人时，技能娴熟的侦查人员能够查明事实上根本没有发生的犯罪。举例来说，有个人报案称自己家里遭遇了小偷，丢了钱、珠宝或其他的财物，这时侦查人员应该先确定是不是物主自己忘了把东西收在哪里，或是为了骗取失窃保险而谎报盗窃案。这样的“受害人”在被技巧高超的侦查人员讯问后，通常会承认或透露自己其实是为了报复、勒索，或是其他不良的目的而报假案。

对讯问人员有价值的具体信息

在开始对确信有罪的犯罪嫌疑人进行讯问之前，讯问人员必须先掌握下列几类信息。在这些信息中，有些是通过侦查工作得来的，有些则是从讯问前的非指控性询问中得来的。

1. 关于犯罪行为本身的信息。下面这些关于犯罪本身的信息必须掌握：

- 犯罪行为的法律性质（例如，是涉嫌强奸还是强奸幼女，是抢劫、入室盗窃还是一般的盗窃）以及造成的损失的确切数量和性质；
- 事件发生的日期、时间及地点（必须准确、详细）；
- 犯罪现场本身及犯罪现场周边区域的描述；
- 实施犯罪可能的方式以及已知的犯罪细节（例如，使用的工具，进入或离开现场的地点）；
- 实施犯罪可能的动机；
- 怀疑某个特定的犯罪嫌疑人有罪的依据。

2. 关于犯罪嫌疑人或共同犯罪嫌疑人的信息。下面这些关于犯罪人的信息必须掌握：

- 个人背景信息（例如，年龄、教育程度、婚姻情况、财务状况、社会关系、帮派团伙，以及犯罪记录等，如果有的话）；
- 目前的身体及精神状态，以及医疗史，包括任何成瘾的记录，如毒瘾、酗酒或赌博等；
- 对警方调查的态度（例如，敌对、合作）；
- 与被害人或者犯罪现场的关系；
- 怀疑其有罪的原因，实施犯罪的可能动机；
- 不在场证明或者犯罪嫌疑人向侦查人员作出的其他说明（例如，口头的、书面的说明或者录音）；
- 所信仰的宗教、兄弟会的派别或是否存在偏见；
- 家庭环境；
- 对社会的整体态度；
- 嗜好；
- 与所调查案件直接相关的性偏好或性偏差；
- 是否具备实施犯罪的能力或机会。

3. 关于被害人或多名被害人的信息。下面这些关于被害人的信息必须掌握：

- 公司或其他机构：

对员工和社会公众的态度及具体做法；

财务状况（例如，对损失所投的保险）。

- 个人：

损失或受侵害的性质及其细节；

年龄、性别、婚姻状况以及承担的家庭责任（家庭中依赖于他的人数）；

对种族、民族或宗教等的态度；

所加入的帮派；

财务状况及社会背景；

生理及心理状态；

与所调查案件直接相关的性偏好或性偏差；

讹诈的潜在可能性。

如果讯问人员在询问后觉得自己所掌握的信息不够充分，可能影响讯问的效果时，他应当考虑推迟讯问、恢复调查，直到掌握了更多的案件细节后再开始实施讯问。当然，在某些案件中基于这种目的的延迟并不可行，这时讯问人员就只能根据已掌握的有限信息来进行讯问。

下面的例子就说明了上述这几类信息的价值所在：某公司的办公室夜间发生火灾，部分财物受损。经现场勘查发现这是一起蓄意纵火案件，起火点是公司的会计部门，凶手是用钥匙之类的工具进入现场而非以暴力破坏方式进入。不只是起火点在会计部门，甚至公司的财务报告也被从原来存放的橱柜中取出来并被烧毁，并且这场火灾刚好发生在受托的稽核公司预订前往查账的前一日。虽然所有的迹象都清楚地指出这是一场经过精心策划的纵火案，而且目的就是要隐匿贪污的记录，但侦查人员仍延缓了对会计职员的询问，直到调查清楚一些基本信息后才开始。调查发现，公司里一名新聘用的收银员在外面欠了一大笔债，而且他的妻子很能花钱。在与这个收银员的前一个雇主面谈之后，发现他所经管的账目有好几次都发生缺少的状况，但每次有人注意到时，他又很快地拿自己的钱填补缺口。之前的雇主甚至还发现自己丢了一大笔钱，没有人进行追查，更没有人解释这一情况。

掌握了关于这个收银员的相关信息后，与之前对这些信息一无所知相比，侦查人员站在了进行有效询问的更加有利的位置。而如果侦查人员不清楚收银员的这些信息，甚至不晓得纵火者的企图，那么即使对这个收银员有所怀疑，但可能仍然问不出纵火动机，也不知道在他之前工作的几个不同的地方都发生了财物上的损失，那样会对侦查人员相当不利。而且侦查人员在掌握了这些信息后，也会在讯问嫌疑人的过程中避免掉入某些对侦查人员产生不利影响的陷阱中。根据以往的经验，如果侦查人员不知道他的妻子挥霍无度，则可能会基于一些无端的猜测，问他是否是因为赌博或在外面养女人而挪用公款，而这两种猜测都有可能激怒犯罪嫌疑人。从另一方面来讲，掌握了关于犯罪嫌疑人妻子的信息，也使得侦查人员可以把犯罪行为的道德责任推给另一个人，在本案也就是他的妻子，这是一种相当有效的侦讯技巧。

在某些案件中，如果犯罪嫌疑人提出不在场证明，那么非常有必要核实一下这些不在场证明。如果可能，最好在开始讯问前就先确认一下。不在场证明中任何已知的缺陷都将给侦查人员带来极大的帮助。而且，如果该名犯罪嫌疑人的不在场证明成立，那么即使其他间接证据证明他有罪，也可以确认他是无辜的时。在这样的情况下，侦查人员必须全神贯注地从犯罪嫌疑人处获取关于其他可能性的线索，否则就先不要实施询问。有太多案例显示，当不在场证明足以表明犯罪嫌疑人是无辜的时，对其进行讯问根本就是时间、精力的无谓浪费。

另一个例子说明了有效的不在场证明的重要性。在一起谋杀案中，警方一直坚信该妓女涉嫌谋杀罪，接着很快就传她来问话，并且千方百计地想让她认罪。但后来，当被问及犯罪时间时，她说“你们是在我身上浪费时间，案发时我人在牢里”。后来经过查证，她的不在场证明是真实的。这类事件时有发生。

二、结论

当受害者、原告或犯罪现场发现者与警方建立了充分的信任后，那些从他们身上获取的事实信息对于后续在对犯罪嫌疑人的讯问中帮助很大。在某些特定类型的案件中（受害者将决定案件侦破方向的案件），如那起雇员盗窃的案件，侦查人员应该询问被害人对这一案件的态度：如果有可能，他会对罪犯采取什么措施。然而，侦查人员必须牢记，在某些司法管辖区，签署补偿或赔偿协议，即承诺不再深究或不再起诉该犯罪行为，这是一种刑事犯罪行为。但受害者对于自己受到的损失和伤害提起民事权利诉讼则是合法的。

警方必须严格遵循的一个原则是：在时间和环境允许的条件下，必须在对某个案件进行充分的调查后才能对犯罪嫌疑人进行审讯，而不是在调查前就进行审讯。因此，笔者认为“调查后再审讯”是一条很好的指导方针。

第三章 侦破案件的可行方法

在有了一定的案件线索后，侦查人员就应该开始思考破案的方法。侦查人员要提出一些重要的初步假设，如犯罪可能使用的方法；涉嫌犯罪的嫌疑人是单人作案，还是团伙作案；关于盗窃的案件是否存在虚假报案的可能性；失窃的单位内部是否有人曾经有过盗窃犯罪的前科；例如，如果一名经理向警方报案称有窃贼从他的保险柜里面偷了钱，那么应该考虑以下这些可能性：

- 犯罪现场是否有暴力入侵的证据？
- 保险柜是否上锁？
- 谁会知道或者有可能知道保险柜的密码，是否有人接近过它？
- 保险柜的密码是否被写下来并放在了其他店员可能看见的地方（密码是否可能已经被泄露）？
- 有无可能是店主或经理拿走了这笔钱？
- 店主是否有报假案的动机？例如，由于生意上的损失或收入的减少而试图通过保险理赔来减轻损失？
- 商店晚上是否锁门？
- 在商店歇业后，是否可能有顾客或外部人员藏身在店内？
- 是否有可能是店员监守自盗或内外勾结进行盗窃？
- 内部人员（店员）是否有可能偷走了钱，然后谎称将钱锁在了保险柜里？
- 钱是否被偶然地放在了保险柜外面？
- 为了折抵保险免赔额度，失窃的数额是否被夸大？

下面要讲到的例子列举了一些在破案中应当考虑到的可能性，以及需要遵循的基本原则。

一、评估可能的犯罪动机

要从几个方面考虑每个犯罪的犯罪动机。某些类型的犯罪，其动机是显而易见的。例如，在一起谋杀案中，犯罪现场的被害人身中 30 多刀，这暗示着犯罪嫌疑人作案时潜在的动机是愤怒，而且凶手极有可能是熟人。在一起爆炸案中，一枚小型炸弹被放置在被害人的邮箱中，这可以推断出犯罪嫌疑人的目的不是要伤害某人，而是为了报复或者反击，因为这是表示厌恶的信息。在一起精心设计的抢劫案中，珠宝商家有 40000 美元现金和钻石被洗劫，这反映出犯罪嫌疑人是贪婪的，并且是有预谋的。然而，许多案件的犯罪现场并没有暴露出如此明显的犯罪动机。

犯罪行为的动机传统上被分成三大类：需要、贪婪和力量（控制、暴力）。事实上，在盗窃犯罪中往往涉及前两种犯罪动机。在盗窃案件中，犯罪嫌疑人除了为了满足经济方面的需要外，就是为了满足其在经济方面的贪婪欲望而千方百计地创造机会去实施偷窃。一个出于需要动机而进行盗窃的犯罪嫌疑人可以通过以下情形去识别：有吸毒、嗜酒、嗜赌等不良嗜好，刚刚失业或由于不正常的花销而导致财务状况不佳。这些由于需要动机而实施盗窃的犯罪嫌疑人，可能曾经过着相当“老实”的生活，确实没办法了才会铤而走险。因此，可能并没有前兆或证据能反映出他们有犯罪的“癖好”。在盗窃案中，以下迹象表明可能是由需要动机而诱发的犯罪：

- 犯罪现场中值钱的东西并没有被全部偷走（例如，一个银行的柜员因为缺钱需要看病，从放有 5000 美元的抽屉中只偷走 800 美元）；
- 作案行为比较莽撞的盗窃案（例如，犯罪嫌疑人开着自己的车去抢劫，或者犯罪嫌疑人在路上伪造抢劫案件来窃取公司的钱财）；
- 一人单独作案的盗窃案件；
- 根据目击证人的描述，犯罪嫌疑人作案时表现得极度紧张和犹豫不决。

相比之下，即使是没有过任何犯罪记录，但基于贪婪而实施盗窃的犯罪嫌疑人往往具有更为明确的盗窃“癖好”，如窃取原雇主财物的窃贼、在商店盗窃的青少年、开着偷来的车的窃贼。在盗窃案中，以下迹象表明可能是由贪婪动机而诱发的犯罪：

- 偷走所有能看见的财物；
- 精心设计的盗窃案；
- 多人参与的盗窃案（团伙作案）；
- 在作案中表现出控制和自信的行为；
- 诡计多端且能够操纵受害者。

暴力动机诱发的犯罪通常包含性犯罪、人身攻击的犯罪（大多数）、纵火和侵财犯罪（部分），以及杀人犯罪（多数）。这些动机可以进一步细化为消极的暴力动机和积极的暴力动机。一些暴力犯罪嫌疑人的犯罪行为通常和他们的习性有关。例如，一个犯罪嫌疑人在某天早上醒来之后，自言自语地说，

“我想我今天会调戏我侄女”。那么，这一连串相关行为将不可避免地导致他的犯罪行为。[①] 因此，有过犯罪前科（曾经被拘捕）、被熟人描述为性格暴躁或好色，加上嫌疑人自己的承认，所有这些都会被看作构成其犯罪的潜在暴力动机。

在消极的暴力犯罪中，犯罪嫌疑人通常会通过语言威胁或虚假承诺来控制受害者。一般来说，在这种情况下，受害者不会遭到重大的身体伤害，但可能会涉及一些其他的因素：

- 这些罪犯往往是单独行动，尽管有时喜欢他们的人会怀疑他们是否会犯罪；
- 受害者往往是被犯罪嫌疑人精心挑选过的，有适合攻击的弱点；
- 由于罪犯的年龄较大或者体格较强，受害者通常是在醉酒状态下或者因受到威胁而被控制；
- 罪犯通常在之前遭受过感情创伤，如被遗弃，或者不能被父母或社会所接受；
- 罪犯往往有一定的不安全感，如来自伴侣、父母或职业的不稳定因素；
- 罪犯可能是有一定权力和地位的人，而且他们相信自己的权力可以控制受害者，如教师、牧师、警察（局长）或医生。

在积极的暴力犯罪中，受害者往往会受到不必要的残忍对待，有的甚至会导致死亡。罪犯会从犯罪中体验到“刺激”或“极度兴奋”。这类犯罪的特征有：

- 当受害者是随意挑选的时，罪犯往往会更倾向于选择团伙作案，或者加入团伙作案；
- 受害者多数是被随机挑选的；
- 强奸犯罪中会伴有不正常或不自然的性行为；
- 受害者会被羞辱，并且被迫做出不必要的丢脸或降低身份的事；
- 罪犯在之前曾经历过创伤带来的身体疼痛，如性虐待或身体虐待；
- 罪犯曾经有过长时间被严格管束的宗教背景，这意味着他可能会由于讨厌那些曾经信赖的人而实施报复，如对父母、祖父母或者牧师进行报复。

二、评估犯罪的特征

通过确定犯罪的特征或罪犯的特征，可以帮助侦查人员从特定的犯罪嫌疑

---

① 参见 Buckley, D. (2006). *How to Identify, Interview and Interrogate Child Abuse Offenders.* Chicago: John E. Reid and Associates。作者在该书第一章中对 8 名性犯罪者的访谈进行了分析，这些罪犯谈到了他们虐待行为的历史，以及他们会如何去物色和接近被害者的过程。

人中指明侦查方向。从罪犯的视角来分析犯罪现场往往可以发现问题，或者至少能够确定询问的范围，如为了实施犯罪，他需要做什么或了解什么。尽管下面的清单很难囊括所有的情况，但是可以在分析犯罪现场的基础上，明确哪些是侦查人员应该提出的问题。

• 是否有人用钥匙或者保险柜的密码等方法将常设的安保系统关闭？

• 伤口的性质是什么？他杀案件的被害人身上的伤口可以表明凶手是专业犯罪人（如一个执行杀人命令的杀手在被害人身后开枪击中其头部将其射杀）还是激情犯罪（如证据显示凶手在面对被害人时自己也形成多重创伤）。

• 犯罪用了多长时间？这是否表明罪犯非常熟悉作案计划，或者他是随机挑选的被害人？这是否表明可能有两个或更多的犯罪同伙参与犯罪？

• 犯罪嫌疑人是如何进出犯罪现场的？如果有目击证人证实曾看见现场有某一特殊的交通工具，那么犯罪嫌疑人是否也有类似的交通工具？

• 如果确认犯罪工具为特定的武器，如一把口径为 9 毫米的自动手枪，那么犯罪嫌疑人是否也有这么一把枪？

• 是否有迹象表明犯罪嫌疑人在犯罪时处于醉酒或者吸毒毒瘾发作的状态？此类证据包括这样一种情形：盗窃案在夜间发生，犯罪嫌疑人偷走了不值钱的物品，或者受害者描述攻击者有不正常行为。在讯问中，犯罪嫌疑人若一直坚称自己无罪，往往表明在犯罪时他们喝过酒或者吸食了毒品。

1. 不要忽略了那些最初发现案件的人或报案人，应注意其是否就是犯罪嫌疑人。因为某种原因，报案的人可能也正是犯罪的人。在某种情形下，一个在实施犯罪时差点被抓住的犯罪嫌疑人可能会对其他人辩称他刚刚目睹了犯罪经过或者从犯罪现场经过。而在另外一种情形下，他可能会为了避免受到怀疑而选择报案。在这样的案件中，如果他不是第一个报案的人，那么他与受害者或犯罪现场的关系十分明显，而容易首先被怀疑。也许在大多数情况下，一个有罪的犯罪嫌疑人可能会将主动报案作为一种转移自己犯罪嫌疑的策略。

有一起挪用资金犯罪的案例可以说明上述情况中的后一种犯罪动机。一个储蓄银行的经理向老总汇报发现一起窃案，损失多达 25000 美元。根据相关的票据显示，窃案和贷款发放有关，但这笔钱又不涉及现金交易。一名正在休产假的年轻的女性雇员立刻被列为怀疑对象。她单身还没有保险，因此具有强烈的经济动机。此外，挪用犯罪行为在她离开后不久便停止了。由于经理的身份和对案件情况的了解，侦查人员第一个询问了他。在询问过程中，他的行为有些不正常，侦查人员并没有完全排除他的嫌疑。因此，他们告诉经理可能还会继续对他进行后续的询问。接下来，其他所有的雇员都接受了询问，并全部被排除了怀疑。根据实际情况判断，侦查人员认为该经理在接受询问时的举止可能是因为涉及其他不相关的、涉案金额较小的窃案。

为了瓦解经理的侥幸心理，侦查人员再次要求他到审讯室接受调查，并让他直接回答是否与本案有关。侦查人员最初的目的是要逐步让经理承认其犯罪事实，查明他涉及的小窃案的实际数额，并对他展开讯问。然而，在整个讯问过程中，经理并没有否认他涉案。因此，侦查人员将审讯的重点放在了挪用案件上。大约30分钟后，经理承认是他自己挪用了这笔钱。

正如其他的挪用资金案件一样，经理解释挪用伊始是出于正当的理由。他说他的一批客户拖欠债务，作为经理他担心自己的职务保不住。为了保住他的工作，他故意从一些临时客户的账户中拿出一部分钱，用来支付拖欠客户的债务，他的这些行为都是通过银行系统做的单独的交易记录。他寄希望于拖欠的客户最终会还债，那样一切就都会被掩盖过去。在他操纵这些储户记录的过程中，他发现从中偷偷拿走一些钱太容易了。因此，他开始将更多储户的钱偷偷转移出来，供自己使用。在供述中，他不仅向警方提供了欠债账户记录，还承认自己担心即将开始的独立审计会使案件浮出水面。这个经理天真地以为如果自己是第一个报案的人，那么警方的注意力会直接转移到刚刚离职的怀孕女职员那里。案件真相大白后，这个女职员甚至从来没有意识到自己曾被列为头号嫌犯。

在一些案件中，犯罪嫌疑人作案后选择报案是为了引起注意或者出名。这些嫌疑人有时会被称作“梁山好汉”（骄傲的强夺者）。最常见的故事情节就是，一名保安或消防志愿兵自己放火，然后去报案，之后又积极进行灭火，成为了当地的英雄。

接下来要提到的这起案例讲的就是这么一个犯罪嫌疑人所实施的一起杀人案。一名正在休假的大学生被发现死于家中的床上，死因是枪杀。报案者是他的哥哥，其声称是自己发现了尸体。唯一的一名嫌疑对象是一个脾气古怪的小偷。他曾经在一家农场偷过东西，还有一次被怀疑企图从死者家的农舍里偷东西。然而，经过侦查，这名小偷的杀人嫌疑被排除了。

而死者的哥哥指责警方自满、疏忽，不尽力去破案。他还认为警方在“掩盖”谋杀案，并谴责政府养了一群无能的警察，不督促他们行使职责。为了更好地进行指控，地方检察官对所有嫌疑人进行了单独的测谎。在所有嫌疑人被测试排除后，技术人员要求死者的哥哥也接受测谎。他没有通过测谎检测。面对这样的测试结果，他交代了自己因为妒忌而枪杀了弟弟的行为。他声泪俱下地描述了他的父亲是如何疼爱弟弟胜过自己的，父亲把弟弟送去大学读书，在方方面面都对弟弟更好，甚至在听取两个人对许多问题的不同建议上都是这样。犯罪嫌疑人认为他完全被忽视了，甚至自己就像是别人家的孩子一样。他选择自己作案后报案并抨击警方，他真正的目的并不是为了破案，而是想通过公开他杀人的事实来换取父亲的关切和认可。

2. 在一些失主的损失可通过保险来弥补的盗窃案中，侦查人员必须考虑虚假报案的可能性。在启动侦查之时，侦查人员应该首先确定是否真的发生了财产损失或有犯罪攻击行为。这一原则在盗车案件的侦查中尤为适用，因为许多这样的虚假报案都是为了获得保险赔偿。甚至有一些报案者为了获利，使用假证件为根本不存在的车辆投保，然后报案进行保险诈骗。

接下来的要讲的也是因适用这一原则而被破获的一起案例。有一个人刚刚搬到郊区，他的邻居是一名保险推销员。这名推销员热心地向他推荐各种他可能感兴趣的保险。最后，他同意在推销员那里为一枚收藏的金币投保 40000 美元。推销员喜出望外，立即安排他签了保单。当投保人问到什么时候对投保的金币估价时，推销员说“最后再说吧”。投保人在保险的第一年支付了保费。11 个月之后（这期间也没有进行任何估价），投保人报案称这枚金币失窃了。这时，保险公司才发现并没有对这枚失窃金币进行估价。保险公司的理赔员认为投保时对金币的估值远远高于其本身的价值，于是要求投保人进行测谎，并安排了测试。测谎结果显示，这枚投保的金币根本不存在。投保人供述说，他的报案完全是假的，由于推销员的推销压力，他才“开玩笑式”地买了保险。尽管在这个案例中使用了测谎技术，但是在实践中仍应该注意，即使不使用测谎，也不能忽视存在报假案的可能性。

3. 在侦查共同犯罪案件时，要注意考虑犯罪嫌疑人是否了解内幕，以及是否有事先准备或预谋。有几个小偷是兄弟，他们事先和一些狡猾的商人商议好对商人的营业场所进行盗窃，然后，由商人报案，通过保险公司获得赔偿，小偷们则从中获利。其中有一次，一个毛皮商人找到了这几个小偷，让他们安排对自己的商店进行偷窃。这几个小偷顺利地进入了商店的仓库，拿走了保险价值为 40000 美元的毛皮。在毛皮商人收到全部赔偿后，他支付了小偷们 30000 美元。毛皮商人神不知鬼不觉地赚到了 10000 美元，而且事后还悄悄地从小偷那里拿回了价值 40000 美元的毛皮。这些毛皮在下个季度全部被卖掉了。这个家族犯罪团伙被称为“安排的窃贼”。

在本案中，侦查人员竟然没有考虑到会有这一类骗局发生的可能性。毛皮商店的雇员本就应该有较大的嫌疑，并且应该因为涉嫌盗窃案而接受调查和讯问。因此，在此类案件中，店主本人应该被列为嫌疑对象，他应该在店员被讯问之前接受彻底地询问。

店主或雇主通常会因为知情，而在一起实际发生的犯罪（如抢劫或盗窃）后，窃取真正的盗贼没有偷走的一些财物。下面要讲的是一起虚报案件损失的案例。窃贼用破窗的方式，窃取了一家大型供应公司价值 75000 美元的货物。这家公司连续被盗 2 次，第一次是公司的一名雇员报的案。不久之后，由于案件没有侦破，公司修好了天窗，并将损失的货物补齐。在这之后很短的时间内，窃贼又一次用同样的作案手法盗取了等值的货物。2 起窃案都是同一名雇员发现并报的案。

在第二起窃案的侦破期间，一名收银员报案称她放在一个文件柜中隐秘地方的一个钱箱失窃了 750 美元。这个案中案表明很有可能是该公司的一名雇员偷走了钱，此时，偷钱的人同时盗窃货物的犯罪嫌疑也上升了。最初报案的雇员接受了警方的讯问，他交代是自己偷走了 750 美元，但他并没有参与任何一起盗窃货物的案件。他解释说，他并不认识这名收银员，但偶然看到了柜子中的钱箱。他认为公司刚刚发生了 2 起盗窃案，自己偷偷拿走钱不容易被发现，而且公司的管理人员也会把这起案件与之前的其他窃案相联系。

4. 当所有可能接近失窃物品的犯罪嫌疑人被排除之后，应当考虑那些偶然有机会接触到失窃物品的人的犯罪嫌疑。一个盗窃团伙的成员为了帮助其同伙实施盗窃而受雇于一家服装零售店。他发现在经理办公室里有一个上锁的钱箱，于是有一天，他趁着经理外出吃午饭的时间，偷偷地配了经理的钥匙。在有了偷配的钥匙之后，他在 2 个月的时间内，分 3 次在下班时间偷偷潜回店中偷走了钱箱中所有的钱。每次案发后，经理都越发怀疑店里有钱箱钥匙的 2 名助理。当侦查人员对 2 名助理进行询问后，发现他们的表现十分诚实，因此，侦查人员开始怀疑有其他本不可能接近钱箱的雇员偷配了钥匙。在接受讯问的过程中，这个犯罪嫌疑人承认他不仅偷过钱箱里所有的钱，还偷过其他物品，包括：在卖衣服时作假进行偷窃，如在给同伙卖衣服时，将一件价值 3 美元的 T 恤扫 2 次码，而没有扫 250 美元的夹克衫；把衣物偷偷放在后门附近，事后再来取走；为同伙打掩护，伪造其试穿的数字，让其将衣服拿进更衣室内，然后堂而皇之地穿着试好的衣服离开商店。

5. 当有证据清楚地表明是一起内盗案件（如所有的现金都被偷走了），而且没有人想掩盖这起案件时，应该怀疑那些没有正当渠道接触失窃物品的人。类似的案例有很多：一名银行的清洁工，偶然发现一个办公室的保险柜没有上锁，便将里面的 18000 美元全部偷走；一名雇员的朋友在该雇员工作的商店内间，趁人不注意偷走了寄存在那里的一个包，包里有 3800 美元；一名汽车经销店的销售员发现经理把钱藏在展厅的一只鹿头展品后面，于是当天夜里他回去偷走了所有的钱。在上述的所有案例中，窃贼实施犯罪后并没有去想办法掩盖案件，因为他们确信自己平时无法接近失窃物品，因此不会被怀疑。

在盗窃案中，当有人试图通过虚假的证明来隐瞒案件或者承认违反了规定，如没有把放现金的抽屉上锁就离开、在没人注意的情况下一次处理好几笔钱等，此时最容易接近钱的雇员往往就是作案者。这类案件涉案数额通常都较大，如在1000至2500美元之间。因为需要这个数目的钱的人往往“手头紧”，如1000美元正好可以付清50笔20美元的账单。同样，当“失窃”的数额特别少时，大部分是因为记账的失误造成的。

当案件中有被害人存在时，应当考虑到其是否有夸大事实的情况。有一名妇女报案称她被一名在酒吧认识的男子强奸了。警方很容易就找到了这名嫌疑人，因为他长相酷似亚伯拉罕·林肯（Abraham Lincoln），而且他曾经在其所在的社区明星脸比赛中拿过冠军。在被带回讯问时，他很快就否认认识被害人，也不承认与她发生过性关系。在接下来的讯问中，犯罪嫌疑人承认与该名妇女发生过性关系，但否认使用过暴力。他解释说这名妇女并不漂亮，他当时也十分尴尬，之所以发生关系是因为他当晚喝了太多的酒，导致失去了判断力才会一时冲动。这名妇女被再次询问，她撤回了之前的控告，说自己是一名非常虔诚的教徒，因为自己的不慎发生了性行为，内心对将来会下地狱感到十分恐惧才想到要报案。

6. 对于有真实被害人的案件，在审查案件时应坚持对攻击者和被害人双方都按照“正常人的行为”标准进行调查。一名侦查人员在听过数十名真实的强奸案或抢劫案的被害人叙述后，会对这些真实报案的共同特征进行归纳，得出自己的判断。其中有一点就是，不管这些案件带来的创伤有多大，大多数被害人都会作出回应，但不管是出于情绪还是行为上的反应，他们最终还是会选择一种正常人的行为方式。有这样一起当事人的行为极其反常的案例。一名雇员报案称，他在晚上开车去仓库时，先是被一辆车拦截，然后被2个人抢劫了。这名雇员描述说在劫案发生前的10分钟，他就意识到劫匪的车一直在跟着他。他否认了拦截他的车和司机的嫌疑，并解释说他平时善于观察周围的车。他之后详细地讲了当时的情况，他说这辆车从前面拦住了他，当时路面有很多沙子，他为了避免撞到前车，踩了急刹车。当时，有一个人可能带着枪，摆脱了前面的车，冲他的车走了过来。他说当时并没有锁门，他试图倒车或者想办法逃走。劫案发生后，尽管他和他最好的朋友见过好几次面，但他都没有对其提起这件事。雇员解释这并不关自己朋友的事，没必要说。这些行为显然不符合正常人的行为特征。在之后的审讯中，他交代说自己编造了整个的抢劫案，目的是掩盖自己实施的盗窃案件。

有时候被害人在编造了犯罪之后并不会描述攻击者的行为，或者会假装像正常人一样情绪激动地陈述。一名16岁的女高中生报案称自己在浴室的更衣间内被强奸。按照她的描述，强奸犯尾随她进入浴室，然后在那里强奸了她。

她对强奸案的描述听起来有一定的可信度，感觉像是强奸犯威胁她说的。但是，她说在自己被强奸后，强奸犯仍然留在那里，让她穿好衣服后先离开了那里。在她离开浴室后，她直接去了隔壁班级，没有向任何人说起自己被强奸的事，也没有躲在远处安全的地方观察强奸犯是否离开了。在被强奸之后没有立即告知任何人实在是不常见。更不寻常的是，强奸犯竟然让被害人先离开犯罪现场。正如其他罪犯一样，强奸犯也不可避免地会在他们犯罪的时候感到紧张和害怕，因此，在警方到达之前，他们会选择尽快地远离被害人。在对这名女生进行讯问后，她承认自己编造了整个的强奸案。

当侦查人员在使用正常人的行为标准进行案件评价时，最有用的办法就是自己问自己“为什么犯罪嫌疑人会使用这个方法犯罪，或者为什么会在这个时候犯罪”。发现了这些问题的答案，或许就找到了破案的方法。有一起抢劫运钞车的案例，于上午 9 点 30 分案发，也就是在运钞车刚刚出发不到 30 分钟的时间即发案。劫匪抢走了 30000 美元现金，这在抢劫案件中极不正常。侦查人员根据常识可以知道，多数的运钞车在离开终点站的时候是空车，而在工作期间是往车上装钱。因此，几乎所有的抢劫运钞车的案件，都选择在运钞车装满钞票的最后一站之前动手。正因为本案如此特殊，侦查人员就问自己为什么会选择在刚刚开始装钱的时间作案。答案就是，这辆运钞车原计划接下来去拉自动取款机。鉴于外部人员不可能清楚地掌握哪一辆车在离开站点之前装着钱，侦查人员确信一定有内部人员参与作案。在对一名司机进行讯问之后，他承认自己参与了抢劫案。

7. 不要让一个间接证据成为主导整个侦查的关键，因此不能只围绕一名犯罪嫌疑人展开工作，而排除其他的可能性。下面的案例就说明了要在侦查过程中做好这种准备。有一个大城市的百货公司在某天后半夜被盗，许多珠宝都被偷了。小偷们砸坏了好几个珠宝展柜，显然当时会发出巨大的声响。一个夜间的值班员当时就住在附近，却说自己没有听见动静。这使他被列为嫌疑对象，并基于上述理论接受了审讯。他坚定地否认参与作案，但承认每天晚上，包括案发当晚，他都会偷偷出去到附近的餐厅要一杯咖啡和一个三明治。他的说法最后被真正的窃贼证言所证实。这些窃贼在企图销赃时被警察抓获了。他们交代其在作案之前认真地研究了这家百货公司，发现了值班人员有出去喝咖啡的规律，而且对商店的门锁动了手脚，使它在关上后不能自动上锁。

8. 在侦查过程中不要忽视任何信息，一些有可能在最初看起来毫不相关的线索可能具有极大的侦查价值。有这么一起案例，一对年轻的男子和女子在一个城市公园的“情侣走廊”被枪杀。案发当时，在场的人报案说曾经看见一个年轻的男孩骑着一辆自行车经过“情侣走廊”。同时，另一个年轻的男孩也向警察投诉，说一个年龄较大的男青年在离公园不远的地方把他撞倒，还抢走了自行车说要去公园。警察最初没有重视这个投诉，认为没有事实根据。然而，男孩在询问中指认了抢走他自行车的男青年。当男青年在接受有关枪击和盗窃案的讯问时，他承认自己不仅在公园里枪杀了这对情侣，还在之前偷窥并抢劫过另外 2 对情侣。在本案中，如果不将这条最初看起来不相关的线索追查下去，那么可能至今还不会破获这起被谋杀的情侣的案件。

在侦查一起一名 3 岁小女孩被杀的案件中，小女孩的尸体被扔在一条小河里。在这条河中，警察还发现了一双鞋，上面印有一个男人的名字。这个男人在几年后通过 DNA 检测被证实就是凶手，他本人也对犯罪事实供认不讳。然而，在案发当时，警察却坚信是女孩的父亲杀死了自己的女儿，根本没有追查鞋上的这个名字这条线索。

有一些对侦查人员的原则性建议。对于侦查人员而言，牢记一些平常容易被忽视的基本原则是很重要的。

• 在侦查开始之前要问三个问题：

首先，罪犯在作案时需要了解或掌握什么信息？（凶手是否认识被害人？作案人是否需要知道安全警报的密码？作案人是否知道被害人藏钥匙的地方？作案人是否拥有特殊口径的武器或者特定样式的交通工具？）

其次，罪犯为犯罪都做了什么？（作案人是如何进入犯罪现场的？作案人是如何打开保险柜的？为什么被害人会让作案人进入她的住处？是否罪犯不止一个？）

最后，为什么罪犯会采用这种犯罪方式，或者选择在这个时候作案？（为什么作案人会选择进入这一个特定的房间，而不是去他的邻居家？为什么窃案发生在上午 10 点 30 分，而不是更早或更晚的时间？为什么是这名特定的受害人遭到了抢劫？）

• 只要有可能，应在进行讯问之前对犯罪现场进行彻底的勘查。

• 当一个企业或个体商店连续发生一系列的盗窃现金案件时，通常是只有一人作案。盗窃物品的案件可能是个例外，特别是当被窃的物品数量很大，可能需要两个或更多的人把赃物运走的情况下，就可能不止一个人作案。

• 在现金失窃的案件中，若全部的现金都被偷走，那么侦查的方向很明显，侦查人员需要考虑到犯罪嫌疑人可能是具有不常见的进入现场的途径，即在正常情况下，他没有办法拿走这些钱。

• 罪犯可能会编造一个自己在犯罪现场的理由。在这种情况下，就需要侦查人员确定为什么这个雇员会在现场。譬如，在窃案发生的时候，雇员恰好去领薪水却发现经理办公室没人；一个雇员可能为了接某个同事而下班后在单位逗留，因此发现了难得的盗窃机会。

• 在一起盗窃现金的案件中，有雇员承认违反了公司的规定（如一次打开两个夜间寄存物品的袋子、没有将存有现金的抽屉上锁就离开了、没有核实钱是否捆好等），那么在通常情况下，这个雇员就是犯罪嫌疑人。犯罪嫌疑人声称自己没有遵守规定是策略性地将自己的嫌疑转移到其他可能的人身上。

• 应该考虑到原雇员也有可能是窃案的犯罪嫌疑人。因为他不仅知道经营状况，而且他的朋友很可能正是现在的雇员，可能会让他进入犯罪现场。

• 杀人案和纵火案在通常情况下是单人作案，只有团伙作案和恐怖分子杀人的情况属于例外。

• 在一些情况下，报案者或发现犯罪的人应该列为头号嫌疑人。同样，在一些类型的人身攻击犯罪中，应该在调查其他可能性之前，首先询问被害人的亲属或密友。

• 从经验判断，一个基于性满足而实施纵火的犯罪嫌疑人，通常会在纵火现场，或者伪装成旁观者来获取满足感。例如，在一起纵火案中，警察到达现场后警告一名围观者，“退后，如果再不退后，我将立刻逮捕你”。这名旁观者事后承认是自己放的火。

• 在开始讯问之前，应该了解犯罪嫌疑人是否曾被其他侦查人员就本案讯问过，同时要弄清楚犯罪嫌疑人在监禁期间处境如何。该犯罪嫌疑人是否被实际控告涉嫌本案犯罪或其他犯罪？他是否受到过任何虐待、威胁或者得到过宽大处理的承诺？他是否有充足的休息、饮食和使用卫生间的机会？犯罪嫌疑人是否曾经作出过任何供述，然后又翻供？他是否是在会见完父母、朋友、家庭成员或其他人之后翻供？如果侦查人员发现并无证据证明有虐待、威胁和承诺导致无罪的人作出有罪供述，那么犯罪嫌疑人之前的供述很可能就是真的。当一个嫌疑人在第一轮侦查中被排除嫌疑后，这个信息可以帮助评价嫌疑人的心理状态，进而可以有助于确定是否立即对其展开讯问或等待更适合的时机。

• 犯罪嫌疑人是否曾遭受过身体上、精神上或情绪上的伤害？他是否正在服用任何药物？这些信息至关重要，因为它们可以用来评价犯罪嫌疑人在接受询问或后续讯问中的反应。一个人身体上、精神上或情绪上的状况可能会影响他的行为。

• 侦查人员应当弄清楚嫌疑人在接受询问之前的态度。正如本书第九章所言，在侦查中，无罪的嫌疑人通常会表现出配合的大度，而有罪的嫌疑人通常不会配合，而且会尽量避免或推迟接受询问的时间。

三、结论

有的案件由于幸运可以轻而易举地被破获，如犯罪现场有确凿的物证指向犯罪嫌疑人，或者犯罪嫌疑人在案发后由于负罪感找到警察投案自首，但这种情况十分罕见。在大多数情况下，犯罪发生后查找犯罪嫌疑人是件困难的事。因为犯罪嫌疑人在犯罪后，通常会为了避免受到惩罚而掩盖犯罪行为。

本章所讨论的破案方法，列举了在侦查过程中如何运用逻辑、常识和经验（对犯罪行为的一种理解）将犯罪嫌疑人纳入询问的范围。然而，可以明确的是，一名真正的侦查人员应具备准确划定嫌疑人范围的能力。一名称职的侦查人员还应该能够通过询问犯罪嫌疑人，确定可以排除哪些人的嫌疑，哪些是真正的罪犯。在所有的犯罪侦查中，通过询问来发现犯罪真相是最基本的破案技能。

回顾一下本章所列举的案例可以发现，仅仅通过询问来确定犯罪嫌疑人不能代替所有的侦查工作。在这种情况下，检察官可能会在法庭上因为只有言词证据而排除其犯罪嫌疑。在大多数情况下，因为有正当理由，检察官不愿意起诉这类案件。多数案件因为没有明显的解决方案，只能依靠合法途径获取的供述，以及通过供述得到的衍生证据来证明犯罪事实。因此，一旦侦查人员在一起案件中准确地认定了犯罪嫌疑人，就需要用审讯技巧来查明犯罪事实。

第四章 保护无罪者的初步预防措施

犯罪调查应当以客观的方式进行，并且应当严格遵循与适当的询问和讯问技巧相关的指导准则，包括为了证实供述而作出合理的努力。如果调查存有任何偏见，那就要求在证明犯罪嫌疑人撒谎比证明犯罪嫌疑人讲真话方面要承担更大的举证责任。在这一章中，我们将研究那些可能会误导相关无辜者的证据。

一、证人辨认和虚假指控的动机

在有证人辨认的案件中，侦查人员应当记住，就这类辨认而言，即使是在涉及多名辨认人的案件中，其错误率也非常高。实际上，在所有造成无罪者被判有罪的各种因素中，证人辨认的易错性排在首位，而且远超其他任何因素。①

研究和经验证据都清楚地表明，目击证人证言一直存在问题。② 其中，对于犯罪侦查人员而言尤为重要的是以下这几项危险信号：

- 进行辨认的证人在开始时就曾声明其无法认出实施犯罪的人；

---

① 在2011年无辜者工程（The Innocence Project）的网站上有如下说明："目击证人的辨认错误是造成全国冤假错案的最大原因，其在超过75%的通过DNA检测推翻的有罪判决中扮演着重要角色。"参见 http://www.innocenceproject.org/understand/Eyewitness-Misidentification.php。

在一项研究（Wells et al，1998）中首次调查了40起经DNA检测证明被告人被错误定罪的案例。目击证人辨认错误在其中90%的案例里发挥了重要作用。在其中一个案例里，5名不同的证人都辨认出了被告人。Wells，G.，Small，M，Penrod，S，Malpass，R，Fulero，SD，and Brimacombe，C.（1998）. 参见 Eyewitness Identification Procedures：Recommendations for Lineups and Photospreads . Law and Human Behavior，22，603-647。参见 Bedau，A and Radelet，M.（1987）. Miscarriages of justice in Potentially Capital Cases，*Stanford Law Review*，40(21)，57。作者援引了350个案例，当中被指控的被告人极有可能或有可能是无辜的，且通常因谋杀罪受审。在对错误产生的原因进行分类时，他们相信有193名被告人是因为证人的失误而错误地受到牵连，相比较而言，只有49人（14%）的原因是虚假供述。

② 对这个研究的评论见 Ross，D. F，Read，J. D.，and Toglia，M. P.，eds.（1994）. *Adult Eyewitness Testimony：Current Trends and Developments*. New York：Cambridge University Press。另见 Gillen，J. J. and Thermer，C. E.（2000）. DNA-based Exonerations Warrant a Reexamination of the Witness Interview Process. The Police Chief，December，52-57. Publication of the International Association of Chiefs of Police。

• 进行辨认的证人在犯罪发生前就已经认识该犯罪嫌疑人，却未在警方初次询问时对他提出控告；

• 辨认证人对罪犯的原始描述与嫌犯的实际外貌存在很大的差异；

• 证人在指认当前犯罪嫌疑人之前，曾指认过其他的犯罪嫌疑人；

• 该案的其他证人都未能指认出此犯罪嫌疑人；

• 证人在案发前看见该犯罪嫌疑人的机会十分有限；

• 辨认证人与犯罪嫌疑人分属不同的种族；

• 证人最初注意到犯罪嫌疑人时并未意识到其与犯罪有关；

• 从证人看见罪犯到其辨认犯罪嫌疑人已间隔了相当长的一段时间；

• 多人共同实施了这一犯罪；

• 证人在其辨认过程中未能“主动”。

笔者在本书中提出如下额外的建议，以便说明或补充上述主张：

• 应当考虑到这样一种可能性，辨认证人可能指认的是他感觉看起来像是罪犯的人，而不是实际看起来就像是罪犯的人。

• 被害人或证人可能存在偏见，其原因不仅与种族有关，还可能因为国籍、宗教、团体或兄弟会的关系，又或者是受管理或工会地位因素影响的雇佣关系。

• 感知在心理上会受到普遍态度及环境因素的影响。证人在战俘营或集中营的痛苦遭遇，甚至是之前与警察间顺利或令人不快的交往经历，都有可能影响对犯罪嫌疑人辨认的正确性。

在性虐待案件中，如果受害的儿童能辨认出那个涉嫌虐待他的人，并且能说明整个案发经过，那么他的目击证人辨认往往就是可靠的。但侦查人员应当注意这种可能性，即该儿童可能已经被某个别有用心的成年人利用。下面这个案件就是最典型的例子。在此案中，一位对儿童有影响力的成年人伺机报复嫌犯。一个对儿童没有恶意的动作，可能会被这样一个成年人加以渲染，构成犯罪行为。举个例子来说，一个小女孩被她母亲所仇恨的某个人毫无恶意地抚摸了——尤其是分居或离婚的丈夫对小孩子行使探视权的时候，这个母亲可能就会以诱导的方式让女孩描绘出一个性行为犯罪的故事。笔者就看过不少这样的例子，要不是负责该虚假指控的侦查人员询问技巧相当纯熟，很有可能导致悲剧性的后果。

一些看似不合情理的动机也可能是虚假性犯罪指控的基础。在某个案例中，某国会议员的女儿指控一位先前跟她约会过的男人试图强奸她。被指控的男子坚决地否认自己有任何企图强奸她的举动，而且他也未曾跟原告发生过任何性关系。他说在其和那个年轻女子表明不能继续与她约会后，她就曾发誓要报复他，而且她也确实努力去这么做了。一天晚上，她躲在他的车子里，等到他开车之后才突然现身，然后挤进前座。他刚停下车，她就扑到他的身上。他阻止并试图强行推开她，在一番搏斗后才成功。然后这女孩就向警方指控该男子企图强奸她，并且向警方展示了她被扯破的衣服。于是这名被告被逮捕，并被正式起诉。被告坚持要做测谎审查，而结果证明他是诚实的。女孩也接受了测谎，结果表明她撒了谎。在随后的讯问中，她承认因为自己太爱那个男人，且无法忍受他的拒绝。她还进一步解释说是她自己撕坏了衣服，以便使她的虚假指控看起来更真实。

在青春期少女指控自己的父亲有性犯罪行为的案件中，应该留意女儿可能具有的动机。这类案件有一个真实的案例，虚假指控的动机是因为父亲限制女儿的约会且不得违反就寝时间。

简言之，侦查人员在评估目击证人辨认及那些除指控外无充分证据的性侵害案件中自称受害人的指控时，应当时刻保持警觉。

二、被压抑的记忆

人们在心理治疗或心理咨询的过程中首次提出的对过去性虐待或身体虐待的指控，被认为不如他们自发向喜爱的人或朋友叙述的那些信息可靠。事实是，正在回忆这些事件的个体被当作精神病患者来治疗，表明该个体可能属于容易思想扭曲这一类型的人。此外，当人们深受这种令人烦躁不安的思想或行为的折磨时，会积极地为这些事件寻找一个解释，这常常包括抛开自己的责任与责备。最终，一些健康专家——其疗法专注于用现有条件来鉴别潜在因素——可能会建议，鉴于前两个因素，患者认为自己之前所受到的虐待很可能是合法的。

并不是所有被压抑的记忆都作为治疗的结果显现。在一本名为《治愈的勇气》的书中，作者提出了下面这些建议："如果你认为自己被虐待且在生活中也表现出了症状，那么你确实如此。如果你不记得自己受到虐待，你也并不孤独。许多女人没有这些记忆，有些则从未获得过这些记忆。这并不意味着她们没有受到虐待。"① 显然，许多成年人都深受绝望、焦虑、自我价值被否定的折磨，而小孩子却从未有过这些症状。这意味着，缺乏这种与治疗师无任何互动的回忆是儿童受虐待引发自我怀疑怪圈的进一步证据，并会轻易导致错误记忆。

---

① Bass, E. and Davis, L. (1994). Courage to Heal: A Guide for Women Survivors of Child Sexual Abuse, 3rd ed. New York: HarperCollons.

童年受到的性虐待或身体虐待很显然是后来生活中心理问题的催化剂。有文献表明，这种受伤的经历会暂时或永久地被遗忘。精神疾病的诊断与统计手册（The Diagnostic Statistical Manual of Mental Disorders）（DSM-IV）被精神病学家广泛应用于界定精神诊断的类型，其认可被压抑的记忆（解离性失忆症）（dissociative amnesia）这一概念。[①] 此外，被压抑的记忆这一概念在民事诉讼中已被承认有效。[②]

对于受害者无法回忆起早年如儿时遭受性侵害这一情况，并没有单一的解释。压抑、分裂甚至心理原因均被认为在阻断记忆的过程中发挥了作用。[③] 然而专家也承认，单一的创伤事件比多个创伤事件更容易被遗忘。

当侦查人员面对这类指控时必须明白，被压抑的记忆通常并不是有意的伪造。甚至在出现完全错误的记忆时，“受害者”会对他儿时曾遭受性虐待或身体虐待深信不疑。因此，当调查指控作为被压抑记忆的产物出现时，我们提供以下建议：

1. 在询问受害者时，尽可能提问一些具体信息，如日期、地点、目击者、医生出诊、其他被虐待的人和其他被受害者揭露的施暴者。

2. 当受害者报告多起严重虐待事件时，会有相应的附带问题或病理变化的线索来支持该指控，如经常上课缺勤或者是在社交爱好、学术表现上有变化。如果缺乏这样的线索，那么相关恢复的记忆就应当值得怀疑。

3. 询问家庭成员、邻居、朋友或任何可能能够证实或驳倒受害者陈述的人。

在一个案件中，受害者称不仅她自己受到肉体虐待和性虐待，她的哥哥也有同样的遭遇。但是她哥哥坚决否认自己被虐待，并且指出妹妹的回忆中确实有前后矛盾的地方。

4. 当我们讯问某个指定的施虐者时，要关注具体的行为、日期和地点。一个有罪的犯罪嫌疑人在否认某个宽泛的指控时，其内心的焦虑要少得多。例如，“你是否曾与你继女的阴道部位有过性接触”就没有“当你继女五岁的时候，在给她洗澡时你是否将手指伸进她的阴道里”这个需要明确解释的问题好。

5. 在讯问一名被确信拥有错误记忆的受害者之前，应当寻求精神病治疗方

---

① 《美国精神疾患诊断标准》（DSM-IV）由美国精神病学协会发布。

② *Shahzade v. Gregory*, U. S. District Court of Massachusetts (May 1996).

③ Schacter, D. L. (2001). *The Seven Sins of Memory*. Boston: Houghton Mifflin. 关于恢复性侵害记忆的详细描述，参见 Schatner, D. (1996). *Searching for Memory, the Brain, the Mind, and the Past*. New York: Harpercollins, 248-279。

面的建议。受害者也许没什么好坦白的，因为在他们的脑子里那些记忆就是真实的。同样，侦查人员需要关注一下受害者未来的精神健康和可能与当局产生的民事责任。

三、目的问题

在一些案件的调查中，犯罪嫌疑人很轻易地就承认对某个行为负责，却否认具有不法目的。有很多例子可供参考，如一个犯罪嫌疑人承认“意外”引起火灾，一位父亲承认他是出于卫生的目的才触摸了孩子的生殖器，或者在一起凶杀案中犯罪嫌疑人声称他在开枪时不知道枪里有子弹。这种类型的案件对于侦查人员来说特别困难，并且在法庭上很难被证实。

一方面，有罪者否认不法目的，企图逃避因自己的实际罪行而导致的后果是正常的。事实上，正如本书第三章所讲，许多有罪嫌疑人会坦白其所有的犯罪行为，却不会完全承认犯罪背后的真实目的。另一方面，一些人还声称否认不法目的是合法的。

在讯问这种否认不法目的的犯罪嫌疑人时必须认真构思，而且侦查人员必须意识到，具有不法目的的有罪的犯罪嫌疑人，其欺骗行为可能不会通过言语或非言语行为显露出来，因为在他的陈述中会有95%的信息是真实的。更何况一个人的意图并非固定不变，而是会随时间的变化而变化的，行为亦如此。肢体动作或陈述可能同步进行，也可能不同时出现。可是，与信仰或主张相似，目的受制于感知的扭曲。因此，犯罪嫌疑人可能会开始部分地相信枪的确是意外走火，或真是出于卫生的目的才触摸女儿的生殖器。

在调查关于目的的问题时，我们提供如下建议：

1. 联系犯罪现场、受害人陈述以及主体的异常行为，对犯罪嫌疑人的辩解进行评断。真实的陈述将与物证、间接证据相符，并且还能体现该犯罪嫌疑人的常规行为。

2. 将询问的重心放在行为而非目的上。对于那个描述自己无意中触摸女儿生殖器的父亲，应该提问：他的手放在女儿生殖器上多长时间？有没有将手指伸入阴道？这种触摸发生的频率？发生此事的地理位置在哪？在接触过程中，他是否有射精？阴茎勃起了么？是否告诉女儿要对这种触摸保密？

3. 如果一个犯罪嫌疑人起初否认涉及任何犯罪，在实质性的审讯后才承认自己确实参与了被指控的行为，但在这种承认的同时又否认具有不法目的，那么在其缺乏目的性上的回复多半是撒谎。

4. 如果在审讯中使用测谎仪，要确保测谎人员是高素质的。因为这是测谎技术最难解决的问题之一。如果可以，测谎人员的问题应该避免使用诸如“目的、蓄意地”，或性满足之类的词语。相反，询问应当提出这样的问题，如“你将你的手指伸入你女儿格洛里亚（Gloria）的阴道中了吗”、“在离开商店之前，你知道那个CD在你的大衣口袋里吗”、“在离开仓库时，你知道里面着火了吗”、“在你开枪前你知道枪里装有子弹么”、“当你把DVD机放进车的后备箱里时你知道它会被偷吗”。

5. 由于目的问题的自然属性，侦查人员在证实陈述时需要格外小心。为了阐述这一点的重要性，让我们看一下这个真实的案例。一位母亲发现自己一个月大的孩子死在婴儿床上。经尸检显示，死因为双侧颈动脉对称性受压。这与把孩子举到胸口再施压造成的伤害一致，或者晃动孩子也可能造成这样的伤害。在询问中，父亲承认他举起孩子的方式同尸检报告里呈现的方式一致。但是，他否认举起孩子后施加了额外的压力，并且否认其知道举起孩子会导致孩子的死亡。这位父亲坚称他离开屋子时，孩子还是活的。

如果这位父亲在经过审讯后承认自己是故意伤害孩子，那么确定他在举起孩子时的情绪状态则尤为重要（如父亲是否是因为孩子哭而生气）。犯罪嫌疑人如果还承认他在把孩子放回去的时候孩子没有动，也是大有益处的。如果父亲又在一小时后因为担心孩子的健康起来看孩子，发现孩子没有了呼吸却没有立即跟孩子妈妈说此事的话，那么他很难说服陪审团这份供述是虚假的。

四、间接证据

有很多案例表明，经过侦查，似乎在犯罪现场中最先发现或存在的物证能够有力地指向实施犯罪的那些人。证据的形式可能是一件衣物（如帽子、外套、手套或围巾），或者是私人的财物（如钱包、一支笔、记事本、眼镜、钥匙甚至是枪械）。虽然这类证据通常足以确定罪犯，或者至少使他被定为犯罪嫌疑人，但有时候这类证据可能会引起一种完全错误的假设，侦查人员必须始终注意这种可能性。

关于调查结论依附于寻找间接证据的危险性，最值得一提的案例就是著名的苏珊妮·德格南（Suzanne Degnan）案。六岁的苏珊妮在自家的卧室被绑走，她被肢解的尸体随后在下水道中被发现。她的口中含着一条标有一组洗衣店编号的围巾，编号所指的物主是一名驻在芝加哥的士兵，并且围巾上名字缩写的字母也跟那个士兵的名字一样。此外，该名士兵的父母就住在德格南家附近，而就在其服兵役假期间，也就是在绑架案发生的前后，该名士兵正好与父母住在家里。于是警方传唤他问话，他说绑架发生时，他独自在一趟通往芝加哥的高速列车上，并且乘了几个小时的车——显然这并不是一个令人信服的不在场证明。后续的深入侦查彻底洗脱了他的嫌疑，并揭露了真正的凶手。该凶手是一名曾在小女孩所居住的社区里犯下数起窃案的惯犯，他实际上是抱着性侵害的动机进入女孩房间的。据警方推测，凶手正是在那名士兵的父母家中行窃时偷到了那条带有先前犯罪嫌疑人姓名缩写的围巾。

虽然不利于那名士兵的间接证据足以证明对其引发的怀疑，但在这起案件中，对于警方侦查人员提出的不利于另一名犯罪嫌疑人的某些间接证据，其评价却不同——这名犯罪嫌疑人是公寓地下室的守卫，苏珊妮·德格南的尸体就是在这个地下室被肢解的。第一，该守卫理所当然地有地下室的钥匙，正如他还有自己所服务的其他邻近建筑物的钥匙；第二，犯罪现场让警方回想起几年前在芝加哥发生的一起命案，公寓管理员在他所守卫的其中一栋公寓的地下室里杀死了一个妇人。然而，警方只根据这两个仅有的理由就推断该守卫在德格南一案中肯定有罪。他们是如此确信这名守卫有罪，以至于负责该案的一名警官为了开始企图逼供而对其使用了一种叫作“吊架”（trapeze）的私刑。这种吊架装置就是让该守卫双手跨过挂在他面前的一根可以调整高度的秤杆上，然后悬在半空中，只能用脚尖点地支撑身体重量。虽然受到这种不公的待遇，该守卫仍然没有认罪。后来，真正的凶手，也就是十七岁的威廉·海伦斯（William Heirens）被逮捕并被判定有罪。这名守卫向那些曾对他进行刑讯逼供的警官及其他探员提出了民事诉讼，并获得了一大笔赔偿以了结这起诉讼，不过后来他没活几年，无福享用这笔钱就过世了。那次“讯问”极有可能使他备受折磨，从而加速了他的死亡。

这起不幸的事件本来可以避免，如果警方能暂停足够长的一段时间到警察局新建的科学犯罪检测实验室进行几项检验，确定那个管理员的衣服、指甲或是身体的其他部位否留有血迹的话。曾经肢解过孩子尸体的人，其身上毫无疑问地会具有一些被害人血液的痕迹。况且，那时也已经可以使用测谎仪测试那名守卫是否有嫌疑了（在该案件中，包括前面提到的那个士兵在内的好几位嫌犯都已经接受过测谎）。然而，那名守卫并未经过测谎技术的检查。

第五章 隐私与询问室的设置

一、隐私

影响能否成功进行询问或讯问的一项关键心理因素是隐私——在提问过程中与犯罪嫌疑人单独在一起。侦查人员在处理其个人私事或进行社交活动时，似乎下意识地就会注意隐私的重要性；但在进行询问或讯问时，他们往往就轻视甚至忽略了这一点。在一般的交际过程中，在有他人在场的情况下，侦查人员会小心地避免向私人朋友或熟人提出要求对方透露其秘密的问题；相反，他会找一个适当的时间或地点在私底下谈谈。同样的，如果侦查人员个人有什么烦恼，他通常会发现向一个人比向多个人吐露秘密更容易一些。事实上，即使这件事关系到好几个不同的人，我们也会在不同场合分别与每个人探讨。当然，在询问或讯问的过程中，同样的心理机制也在发挥作用。而且，因为所要透露的事情是犯罪案件，所以整个过程对隐私的要求甚至会更高。但侦查人员常常忽视这样一个事实，即犯罪嫌疑人或证人只有在与侦查人员单独在一个没有第三者或其他一群人在场的私密房间里时，才比较容易透露秘密。

在前面讨论过的德格南（Degnan）谋杀案中（参见本书第四章），17 岁的凶手威廉·海伦斯（William Heirens）的行为清楚地说明了隐私的重要性。警方发现在德格南家中所找到的勒索字条上面留有海伦斯的指纹，而且字条的笔迹经过比对也确实和海伦斯吻合。还有证据显示他另外还杀害了 2 个人，而且还犯下 29 起入室盗窃案件。在他已经明确向律师认罪后，他的辩护律师建议他主动向检察官坦白，因为那样他还有机会不坐上电椅。于是，海伦斯的律师和库克县政府的检察官为海伦斯安排了坦白认罪的机会，但到了约定时间和地点，海伦斯却拒绝进行坦白供认。关于他在最后一分钟拒绝坦白认罪的原因，在 1946 年 8 月 2 日的《芝加哥每日新闻》（*Chicago Daily News*）的头条新闻中可以看到："年轻人在协商会上要求隐私权，凶手拒绝在大庭广众下坦白。"之后该报又进一步评论说：

海伦斯在上周二的会议当天突然退却，主要是因为州检察官邀请了近 30

位警政官员和其他人员出席……在会议期间，他首次告诉自己的辩护律师说周二当天到现场的人“太多”了。海伦斯表示，如果能在另外一种情境下进行协商，他会接受以坦白换取免除坐电椅的协议。但州检察官向记者表示，他邀请这些警官到会，是因为他们在整个侦查过程中都发挥了主要作用，所以他认为他们应该“有始有终”。

《芝加哥时报》（*Chicago Times*）是用下面这样的字眼来报导海伦斯的供述事件的：

原有的认罪计划的失败是有迹可寻的，因为那个年轻人在州检察官办公室里被拍电影般的场景所惊吓。而且，他也有可能是因为惊吓过度以至于失忆。所以对于每一个关于谋杀案的问题，他都回答：“我忘了。”据报道，他的自我意识因在场的几名警官得到强化，特别是那位随手将花盆当作武器从而致使海伦斯在那次夜盗中暴露行窃企图的警官。

在第二次安排海伦斯认罪的会谈中，旁观者差不多少了一半，但阅读他的认罪资料会给人以这样的印象：海伦斯虽然认罪了，但出于一些可以理解的原因，他仍隐瞒了将近50%的可怕细节以及他实施各种犯罪的真实作案原因，包括盗窃女性房间时的性动机。

在警方的讯问实践中，这确实是一个悲哀的错误示范，即由一名17岁的男孩传授给这些高级别的执法人员这样一个基本常识：期待某个人能在30名旁观者在场的情境中认罪，这本来就是个心理错误。

下面这个例子说明，即使没有很多人在场也依然会侵犯犯罪嫌疑人的隐私。一名雇员因在她的收银柜中发现其盗窃所得的1500美元，所以在警方的办公室里接受询问。在询问前，她先签了一份同意进行电子记录的表格。[①] 在这间特殊的询问室里，单向镜后面有一个相机，并且在询问对象视野范围外的桌子底部安装了一个扩音器。在询问过程中，她的行为显示出她撒了谎，这就需要继续讯问她以获得真相。在接下来的45分钟内，有迹象表明嫌疑人愿意如实供述，但她却继续保持沉默。直到最后一刻，她终于开口说：“我会说出我做的事，但不是在这间屋子里。”之后，她换到另一间没有单面镜的询问室里，欣然承认了是自己偷了那笔钱。

自从她签了那份同意进行电子记录的表格后，1个多小时过去了，尽管她没有看到任何记录仪器，但自己的陈述会被记录的想法一直困扰着她，这使其不愿意在这个环境中讲出事实。我们遇到过同样的经历，审问对象拒绝认罪是

---

① 在伊利诺伊州，未经谈话各方当事人的同意，禁止使用窃听装置记录或偷听当事人之间的对话。720 Ill. Compiled Stat. Ann. 5/14-1,-2.

因为父母与其在同一个房间里或其监管人在走廊。

笔者深知，即使侦查人员意识到隐私的不可或缺性，但安排一次具有高度私密性的讯问在实践中也会遇到很多困难。无论一个案子有多重要，每个侦查人员都希望能参与审讯，或者至少当犯罪嫌疑人认罪或证人、目击者提供重要信息时自己能够在场。每个侦查人员都希望证明自己的工作效率，另外还想证明自己对整个部门或整个办公室的价值。除此之外，他们还希望引起公众的注意——更不用说个人的自我满足了。所有这些都可以理解，而且也都是人之常情，但是为了询问与讯问的整体效率，这些都应该有所节制。

负责侦查工作的人员或者指挥人员，应该要求讯问在确保维护隐私的条件下进行。若所有的侦查人员级别大致相当且每个人都想参与审讯时，他们应该彼此协商以满足保证隐私的要求。审讯应该由那些有经验的审讯者进行，或者最好由那些受过专业训练的人进行。

在询问室里保护隐私的做法并不会否认其他为案件侦查付诸努力的侦查人员的应有功绩。参与办案的侦查人员之间应该达成这样一种共识：若这种保护隐私的做法使案件取得重大“突破”，则那些为了确保侦查人员与犯罪嫌疑人或者证人之间的隐私而离开询问室的侦查人员，应与那些直接参与询问或讯问的侦查人员一起共享这个成果带来的荣誉。

在某些私人调查中，安保人员或者其他代表雇主的侦查人员在保护隐私方面可能会遇到一些法律方面的障碍。《国家劳动关系法》（The National Relations Act）规定，无论何时，雇员在面对任何可能给其带来纪律处分的盘问时，他都有要求其所属工会代表陪同在场应讯的权利。

二、尽量不提及后果

本书作者之一曾经参与协助调查一个损失数额达 500000 美元的仓库失窃案。损失预防部门新设立了一个特殊房间，专门用来询问雇员。这个私人房间是定制的，它有一面用来观察的镜子和一台记录仪，并遵循了其他的建议标准。然而，在询问的过程中，没有一名员工承认他曾参与或知晓这次偷窃。如果踏入这个房间，你就会明白为什么在这里的询问如此没有成效：在被询问者的正对面的墙上挂了一幅长 4 英尺宽 2 英尺的海报，上面写着“我们将控诉行窃商店者”，画面里描述的是 1 个戴着手铐的人，身旁站着 2 个押解他的警察。

我们必须谨记，犯罪嫌疑人所有欺骗的动机都是为了逃避如实供述后所面临的结果。犯罪嫌疑人为了逃避被控告、坐牢、自己不光彩的行为在亲朋好友面前曝光而撒谎。但显而易见的是，依然有侦查人员会时刻提醒犯罪嫌疑人他所面临的控告的严重性、如果他认罪后会坐多久的牢、他的亲朋好友知道他的罪行后将会如何唾弃他。当侦查人员描述了犯罪嫌疑人如实供述后将会发生的种种阴暗且可怕的后果后，居然还纳闷为何犯罪嫌疑人认罪认得如此勉强！显然，在询问时尤其是讯问过程中，如果犯罪嫌疑人决定如实供述，此时提及任何其可能遭遇的负面后果从心理学上讲都是不合时宜的。

并非只有在语言上才能暗示结果如何，前文提到的海报表明，视觉上的提醒对询问和讯问同样会带来毁灭性的影响。在询问过程中，警察应该遮盖或根本不携带手铐、警棍、警徽等随身携带的警用装备。关于安全问题，我们将在本书第六章中讨论。在询问或者讯问犯罪嫌疑人时，侦查人员不应该佩带手枪。询问室的墙上更不应该有关于警察的大事件记载，如犯罪现场的照片、警察机构的标志或某些暗示已进入审讯研讨环节的凭证。①

三、关于询问室设置的一些建议

1. 营造隐私的氛围。询问室里应该安静，不能像一般的警察局那样嘈杂；而且在犯罪嫌疑人的视线范围内，不应该摆设会让其分心的东西（如果现有条件允许，应该另外安排一间或几间作为独立的询问室）。房间的隔音效果必须非常好，而且必须保证在询问过程中外人没有机会进入或经过此房间。这将营造出一种非常注重隐私的感觉，而且在环境中显示的警用监禁性设施越少，真正有罪的犯罪嫌疑人或者被捕者就越容易认罪。同理，这样的环境也能使无罪的犯罪嫌疑人消除顾虑。此外，窗户上不应该安装栅栏（但应该有其他的设施，防止犯罪嫌疑人企图逃跑）。在一个没有空调和窗户的房间里，可以安装一个鼓风机或排风系统来改善通风，消除或者至少可以减少噪音干扰（询问室应该有套自己的温度调节系统）。

2. 去除掉门锁及其他有形的障碍。未羁押犯罪嫌疑人的警察或安保人员进行询问时，询问室的门不应该上锁，也不应该在出口设置任何障碍物以阻挠被询问者离开。这有助于避免犯罪嫌疑人提出任何受到“非法拘禁”的指控。而且房间内应该避免摆设庞大的柜子或屏风之类的家具，以防止犯罪嫌疑人怀疑后面是不是躲着第三人在偷听他和侦查人员的对话。

3. 移走所有会分散注意力的物品。询问室应该色调朴素、墙壁光滑，而且

---

① *National Labor Relation Board*（*NLRB*）*v. Weingarten*, 420 U. S. 251（1975）. 在 2000 年 7 月，NLRB（国家劳资关系委员会）将这项权利扩展到不属于工会成员的雇员，即雇员在接受询问时必须要有同事在场，这种询问是指可能会导致非工会成员的雇员受到纪律处分（Epilepsy Foundation of Northeast, in 331 *NLRB* 134［2000］）。但是，NLRB 推翻了其原有立场，宣称“Weingarten 权利没有扩展到那些场所……对那些工会所不代表的雇员并不适用”。*IBM Corporation*, 341 NLRB No. 148, at 7（June 9, 2004）.

屋内不要有任何的装饰、图片，或者其他任何会让被询问对象分心的物品。就连一些零散的小东西诸如回形针、铅笔等，也应该放在犯罪嫌疑人接触不到的地方，以避免其在被询问过程中随手拿起这些东西把玩。这类减缓压力的小动作有可能会降低讯问的效率，尤其是在有罪的犯罪嫌疑人试图拼命压制认罪冲动的关键时刻。如果屋内有任何挂图或装饰物，也只能放在犯罪嫌疑人背后的墙上。同理，如果房间有窗，也应该让犯罪嫌疑人背向它。

4. 选择适当的灯光。照明器材的灯光亮度应该控制在能够清楚地看清犯罪嫌疑人的脸孔，但又不过于刺眼的区间内。当然，任何会干扰侦查人员充分观察犯罪嫌疑人面部特征及表情的光线都应该避免。同样，也不应该有过于耀眼的灯光打在侦查人员的脸上。那样不仅会影响侦查人员对犯罪嫌疑人的观察，而且还可能使犯罪嫌疑人曲解侦查人员做出的同情、理解等面部表情。在头部以上扩散开来的灯光比较合适。

5. 尽量减少噪音。询问室里不应装有电话，尽管没有电话会带来诸多不便，但电话铃声及使用电话会让人烦躁不安。如果侦查人员带了一个 BP 机或手机，应该把它们调成振动模式，或者在讯问过程中关机。而且应该尽可能地将加热系统或排风系统发出的噪音降到最低，以避免让人分心。

6. 正确地安排椅子。侦查人员和犯罪嫌疑人的座位应该相隔约四到五英尺，直接面对着，而且中间没有书桌、台桌或其他的东西阻隔。椅子应该选用那种一般办公场所使用的椅子。在非羁押性的询问中，犯罪嫌疑人的椅子应该如下图所示放置，以方便其出入（参见图 5-1）。

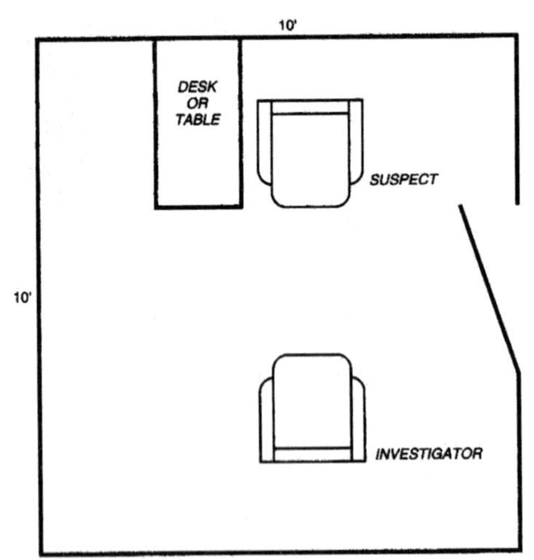

图 5-1　针对未被羁押的犯罪嫌疑人的询问室设置

侦查人员及犯罪嫌疑人都应该使用直背椅。其他类型的椅子容易让人懒散或后倚，这种姿势会使人心里不舒服。犯罪嫌疑人在讯问时如果过于放松，就没办法将注意力集中在侦查人员身上，从而产生不必要的阻碍。同理，侦查人员也不应有放松的时候，他有必要保持高度的专注及警觉。此外，应尽可能地调整座椅，以保证侦查人员和犯罪嫌疑人在坐着的时候视线高度保持一致。尤其要避免让犯罪嫌疑人坐那种前脚较低或有其他倾斜度的椅子，以免使犯罪嫌疑人觉得自己“地位低下”，或使他不能作出正常的坐姿调整。

7. 监视询问或讯问的过程。过去监视询问或讯问的唯一方法就是在紧邻询问室的地方设置一间观察室，用单面镜将这两个紧邻的房间隔开。现在这种方法几乎已被利用录音录像系统进行电子监控的方式所取代。无论用哪种方法，监控询问或者讯问会有以下几点好处（参见图5-2）：

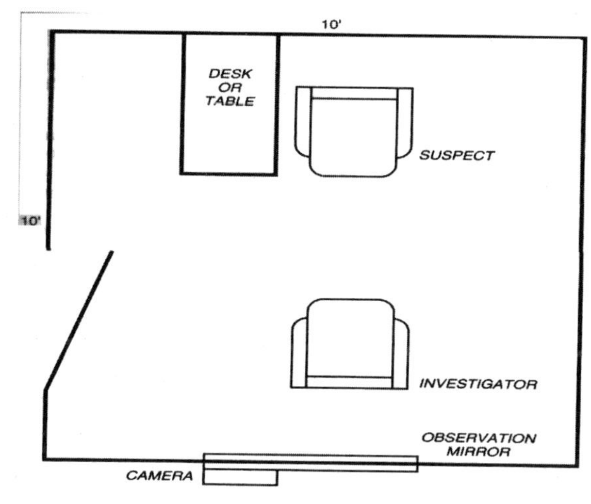

图5-2 有电子监控的询问室设置

（1）在保证隐私的情况下，为侦查人员提供了可以观察和听取询问情况的机会。

（2）可以让准备后期参与侦查的人员了解犯罪嫌疑人的行为特征（本书第九章将详细介绍）。

（3）如果犯罪嫌疑人是女性，应该安排一位女警察或其他女性在观察室里或在监控室里见证审讯的过程，以避免犯罪嫌疑人诬告侦查人员有不当的行为。无论嫌疑人是男是女，有这类见证人在场都有助于避免侦查人员在任何情况下受到施暴、威胁或者利诱的诬告。

（4）当我们把犯罪嫌疑人单独留在询问室里时，我们可以监视他，以防止其企图逃跑或发生概率非常渺小的自杀。此外，观察室中单向镜的设置以及电子监控系统能保护侦查人员免受有暴力倾向的犯罪嫌疑人的身体伤害。

（5）当2名犯罪嫌疑人被关在同一间屋子里时，侦查人员可以观察他们的行为，下面这个案例解释了这一点：

2名仓库保管员涉嫌盗窃公司轮胎。当他们分别接受讯问时，他们的行为特征已经表明他们是有罪的。但是在接下来的讯问过程中，2个人均未作有罪供述。因此，警方决定让他们待在同一个询问室里，然后对他们进行观察。很快，其中一个犯罪嫌疑人把手指放在嘴唇上，暗示对方要保持沉默。当警方从观察室里看到这个手势后，便把他叫出来并警告他说，他们已经在隔壁房间透过镜子看到了他这一暗示性的行为。随即，他只好认罪。之后，另一个犯罪嫌疑人在得知事态发展后，也承认自己参与了这起盗窃案。

（6）也许电子监控系统最大的优点就是它可以将询问或讯问过程中的会话转变为电子证据，将其作为呈堂证供。

最近的调查显示，已经有11个州通过法规或法院裁决规定了电子记录。在那些还没规定电子记录的州，也有400多个部门把电子记录作为一种标准业务规程。① 如果你所在的州还未规定电子记录，那在将来一定会予以规定，因为这是一种国家性的未来发展趋势，执法机关在将来也会接受这种规定。

在询问或讯问中规定电子记录并不受执法部门的青睐。塔斯马尼亚警察局的一项早期研究表明，当讯问被录音时供认概率会大幅度降低。② 这项调查的早期版本显示出警方对记录设备出现机器故障和家用录像系统或录音技术会造成其他事故的担忧。在数字时代，这类问题已得到解决。然而，最大的担忧变成电子记录式讯问会为辩护打开一扇门，从而导致无法得到合法供述。事实证明，这些担忧完全是不必要的。

1993年，全国司法协会（National Institute of Justice，NIJ）资助了一项国内调查，调查了2400个执法机关利用录像技术审讯犯罪嫌疑人的频率以及他们对此项技术的体验。③ 作出回复的大多数机构表达了使用录像的积极体验。具体来说，录像带：①有助于在法庭中建立信任并显现出供认是出于自愿的；②

---

① 参见 Sullivan T. and Vail. A.（2009）。近期发展——关于执法人员未能按照法律要求记录羁押性询问的结果。*Journal of Criminal Law & Criminology*，99，215-234.

② Inbau，Reid，Buckley and Jayne；Published by Jones and Bartlett. *Scientific and Technical Aids to Police Interview-Interrogation*，4th edition Criminal Interrogation and Confessions，p. 394. 塔斯马尼亚警方的探长 Luppo Prins 作出了这项调查报告，他于1982年至1983年在美国和英格兰广泛推广在实践中对询问或讯问中进行记录这一做法。

③ Geller，W. A.（1993）. *Videotaping Interrogations and Confessions.* National Institute of Justice Research in Brief，Washington D. C. March.

有利于侦查人员准备证词；③有利于对不当讯问方法指控作出辩护。

10 年后，当接受莱德询问与讯问方法培训的 112 位侦查人员完成对规定的电子记录体验的普遍调查时，我们得到了相似的结论。① 这些侦查人员来自明尼苏达和阿拉斯加的执法机关。它们是最先规定对羁押性讯问进行电子记录的2 个州。大多数侦查人员都报告了运用电子记录的积极体验，包括：

- 只有 7%的侦查人员认为电子记录非常有利于辩护；
- 93%的侦查人员认为电子记录既没有缩短也没有影响审判的长度；
- 95%的侦查人员说他们支持法律的规定，或者说他们的审讯并没有受到法律规定的影响。

在此项调查中，有一项在询问与讯问中有关保证隐私的重要性的重大发现。这项调查不仅引出了调查对象的主观感受，也收集了很多难以得到的数据。例如，在过去的 12 个月里讯问了多少名犯罪嫌疑人，其中有多少犯罪嫌疑人认罪，有多少供词在庭审中受到质疑以及被质疑的结果怎样等。对这些数据与其他调查的相关问题的回答进行交叉分析得到如下结果，参见表 5-1。

表 5-1 记录仪器的可见度对供认率的影响

条　件	供认率
完全不可见	82%
有时可见	53%
经常见到	50%
总能见到	43%

这项发现与塔斯马尼亚警察局（Tasmanian Police Department）的早期报道一致，即以电子记录方式进行询问或讯问将阻碍犯罪嫌疑人如实供述的进程。毫无疑问，当犯罪嫌疑人看见录音设备、相机或者第三个人在房间时，就很难让他们讲真话。如果在询问过程中，一位侦查人员将嫌疑人的回答即刻输入笔记本电脑里，将产生同样的效果。总之，虽然电子记录式询问或讯问有很多优点，但只要犯罪嫌疑人看见记录仪器，这些优点有可能会完全消失。

关于以电子记录方式进行询问或讯问，我们可以有无数的话题。例如，最佳拍摄角度是多少？应该怎样对记录进行备份？应该告知犯罪嫌疑人正在进行电子在记录吗？为适应电子记录程序应作出哪些改变？尽管如此，下面这些基

① Jayne, B. (2003). Empirical Experiences of Required Electronic Recording of Interviews and Interrogations on Investigators′ Practices and Case Outcomes. *Law enforcement Executive Forum*, 4(1), 103-112.

本建议可能会有所帮助:①

(1) 应优先选择高品质的录音机，而非低品质的录音机。

(2) 记录仪器（摄像头、麦克风）应该被隐藏或掩饰。

(3) 从警告犯罪嫌疑人米兰达法则到其供述结束的一切均需记录。

(4) 所有记录均需备份。

8. 关于在询问室里的其他人。以前我们提过，在某些特定情况下，因为没有观察室、电子监控系统或出于其他的原因，所以不得不让第三者待在询问室里。例如，在雇员案件的调查中，某个雇员可能在审讯时主张要有工会代表在场。在这类案件中，男性雇主会采取一些预防措施，即要求自己的女性雇员在接受男性讯问时能有另一名女性在场。某些没有合适的观察室或电子监控系统的警察局，特别是在遇到那些品格不好或者容易诬告侦查人员性侵害的女性犯罪嫌疑人时，往往会效仿此类做法。有些州的法规特别规定青少年犯罪嫌疑人须有父母或监护人在场才能接受审讯。在所有这类案件中，第三方都应该坐在犯罪嫌疑人的侧后方，参见图 5-3。

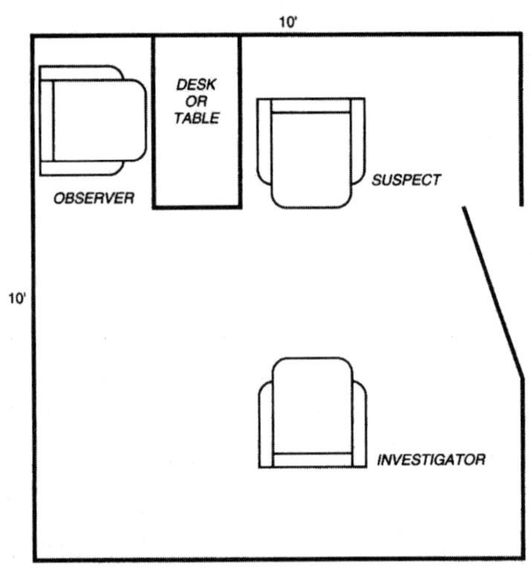

图 5-3 有观察者在场的询问室设置

在询问中如果需要翻译人员，那翻译人员应该坐在侦查人员的旁边，而侦查人员则应该直接面对犯罪嫌疑人（参见图 5-4）。翻译人员最好不熟识犯罪嫌疑人，并且可以流利使用犯罪嫌疑人所使用的语言。翻译人员应该以第一人

① 这些及其他相关问题的介绍详见：Buckley, D. & Jayne, B. (2005). *Electronic Recordings of Interrogations.* Chicago: John E. Reid and Associates。

称逐字翻译，而不是总括性地翻译所有的问题和回答。在询问的一开始，侦查人员就要告诉犯罪嫌疑人应该回答他的问题（用眼神接触及姿势），而不是回答翻译者的问题。因为在这种不自然的状态下，应讯者会不自觉地与翻译人员进行对话。当这种情况发生时，侦讯者应该提醒嫌疑人直接回答自己的问题而非翻译者的。

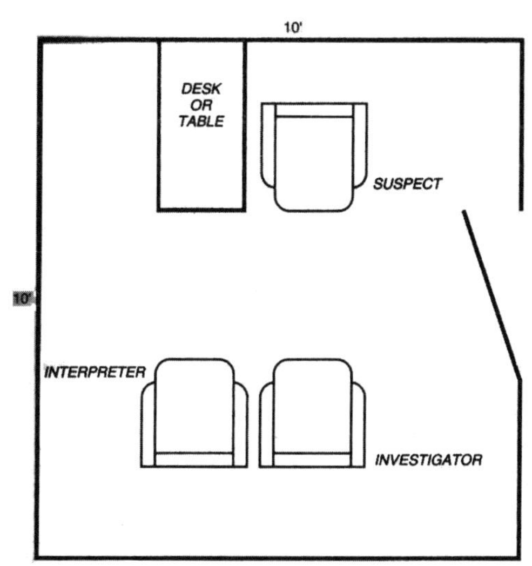

图 5-4　有翻译人员的询问室设置

最后，根据上述几项原则，犯罪嫌疑人自己的住处或办公室显然不适于作为讯问场所。因此，应避免在住所或办公室进行审讯。对于那些没被羁押且不愿意来警察局的犯罪嫌疑人，可以说服他在一些中立的地点和侦查人员见面，如为了进行询问和可能的讯问而租用的一间会议室。

第六章 侦查人员的资格、态度与一般行为

从理论上说，每个警察部门和私人安保单位都应在其人员中专门培训能够进行专业询问和讯问的侦查人员。因为询问和讯问的职责不应自动地由执行逮捕的警察来承担，也不应由那些可能不具备有效开展询问或讯问所必备的人格特征的人员或缺乏这方面专门培训的人员来承担。具备同样人格特征的警察或私人保安，在寻找证人、收集证据和执行其他侦查任务方面可能会干得相当出色，但是在进行询问和讯问犯罪嫌疑人的方面可能就会做得逊色很多。例如，急于完成任务对于侦查工作而言，可能是一种优秀的品质，但是在询问和讯问过程中，却是一种不利的条件；攻击性的、命令式的举止可能对于街头生存来说是必要的，但是在询问或讯问活动中却是有害无益的。

此外，如果一位以询问和讯问为主要职责的专业人员与被害人或其家庭没有建立密切情感联系的话，那么他在评价询问对象的诚实性上将会更加客观。一名执行逮捕的警察在这个问题上可能也是一样。最后，这样一位专业人员将会频繁地在法庭上就讯问和供述进行作证。这种反复的经历将会增强其作为法庭证人的技能和可信性。被选作进行职业询问人员和讯问人员培训的侦查人员通常应当满足以下一些条件。

第一，他应该具有某些特殊的个人特征。例如，他应该是聪明的，应该能够对人性有一个透彻的了解。他还应该拥有适合的人格特征，具备与他人特别是来自不同背景和阶层的人“友好相处”的一般能力。前面提到的耐心也是必不可少的特征。另外，高水准的质疑是成功的询问人员的一个重要特征，但这种高水准的质疑不应与嘲讽相混淆。嘲讽型的侦查人员相信每个人都会撒谎，而质疑型的侦查人员虽然会积极寻找欺骗行为或不一致的地方，但是会认为大多数被警察问话的人讲的都是实话。

第二，他应该对自己所从事的事业具有强烈的兴趣。他应当学习有关行为分析的教材和论文，学习心理学和精神病理学的相关知识以及讯问技巧。同时，他应当懂得如何开展一次适当的讯问，并且能够向法官或陪审团解释讯问过程每一阶段所囊括的基本概念。此外，职业的询问人员同样应当参加由能力

突出、经验丰富的讯问人员主办的培训研讨会。

第三，他有必要通晓规制讯问程序的法律规定，以及在供述获取中被证明是富有成效的讯问策略（讯问方面的法律规定将在本书第十七章中讨论）。

在警察部门内部促进询问和讯问的职业化将会带来三个方面的益处：①从罪犯那里获取供述的比例将会有大幅度的增加；②获取的供述将会更有可能地符合法律规定的要求；以及③并未犯罪的无辜的人被羁押的可能性将会更小。

一、询问人员的资格

开展一次适当的询问不只是提问题这么简单。两名侦查人员询问同样的犯罪嫌疑人，其中的一名侦查人员可能会比另一名从犯罪嫌疑人那里发掘出更多有意义、有价值的信息。对此，询问人员的人格和举止在其成功的询问中发挥了重要的作用。

一个人往往更有可能向看起来友好的、有风度的人透露自己有罪的或敏感的信息。我们大多数人都碰到过这样一位教师或监考官，他接近每个人好像每个人都有违纪行为一样。对此，我们自然的反应就是要提防和戒备那个人。询问人员有必要被看作客观公正、不偏不倚的。一般来说，仅对获取事实真相感兴趣的侦查人员是差劲的询问人员。优秀的询问人员有着真正的好奇心，关心无论是有罪的还是无辜的人，真诚地喜欢与他人交谈。也许最重要的是，优秀的询问人员能够将犯罪嫌疑人从他涉嫌的犯罪中分离出来，并且视其角色为查明事实真相，而不是评判犯罪嫌疑人的行为或态度。

成功的询问人员在提问题上的感觉必须是轻松的。如果不是这样的话，那么就会从他的非言语行为和副语言行为中暴露出这样的信息。例如，当询问一名声称被强奸的被害人时，侦查人员必须轻松地询问关于强奸犯与她性接触方面的具体问题。当询问社会地位高的人时，如医生或律师，侦查人员必须轻松地询问打探性的问题。侦查人员在询问过程中明显不轻松地提出问题，会给诚实的询问对象带来更多的不安，而给撒谎的询问对象送去更多的信心。因此，出色的询问人员应当有这样一种胸有成竹的自信，即他所询问的对象可以轻松地说实话，但决不可以自在地撒谎。

二、初始询问程序

在犯罪侦查的早期阶段，侦查人员掌握的信息经常是不充分的，甚至难以据此作出犯罪嫌疑人是否有罪的尝试性决定。在这样的案件情况下，对于侦查人员来说，有三种方法可以加以使用：

1. 基于有罪假定询问犯罪嫌疑人。

2. 基于无辜假定询问犯罪嫌疑人。

3. 基于中立态度询问犯罪嫌疑人，克制作出任何暗示，直到犯罪嫌疑人泄露出一些指向有罪或无辜的信息。

我们建议，最好的使用方法就是侦查人员基于中立的、客观的立场开展询问。如果侦查人员带着先入为主的有罪或无辜的预期去询问，那么这种偏见会影响询问期间所问的问题，也有可能会影响对于询问对象在这些问题上的行为反应的理解。从本质上说，侦查人员带着先入为主的预期进行询问，可能只会听到和看到那些符合他们主观预期的行为。

询问人员保持客观的重要性可以通过下面的案件予以说明。在这起案件中，一名公司雇员向警方报告了各种各样遭到威胁的事件，如收到威胁电话、电子邮件，甚至她的车上都有威胁的纸条。最初与这名被害人谈话的侦查人员基于她肯定说实话的预期着手进行侦查，因而他们从未问过她是否在编造故事或者探究她虚假报告的可能动机。她所在的这家公司安装了隐蔽的监控摄像机，侦查人员还从她同事处取来了许多笔迹样本，但这些都未能辨识出骚扰者。在侦查的这一阶段，我们被邀请来询问可能的犯罪嫌疑人。经过询问，排除了差不多60名可能的犯罪嫌疑人之后，我们要求询问被害人。在对被害人进行了客观的询问之后，我们判断她显然是在编造故事。在随后进行的简短审讯中，她承认了自己是在编造故事，因为她的男朋友同事之前被公司调动到别的地区，她之所以这么做是想让公司把她也调动到同一地区。

三、侦查人员在询问中的举止

1. 要着便装，不要穿警服。不然的话，犯罪嫌疑人将会被持续地提醒处于警方的羁押之下以及泄露罪行带来的可能后果。侦查人员如果不能换掉整套警服的话，那么在与犯罪嫌疑人的接触过程中应去掉外套、徽章、手枪以及枪套。侦查人员应当穿着传统式样的衣服，如西装、夹克或连衣裙，避免系鲜艳的领带或佩戴其他引人注目的衣物饰件。除非天气条件要求，否则男性侦查人员在与犯罪嫌疑人接触期间应始终穿着外套或夹克。身着短袖衬衫、衣领扣子大开的侦查人员往往不能得到在该场合下所应得的尊敬。

2. 为了恰当地给询问打好基础，应由不参加询问的人员护送犯罪嫌疑人进入询问室。在侦查人员进入询问室之前，此人还应安排犯罪嫌疑人在他应当就座的椅子上坐好等候，然后跟犯罪嫌疑人说：“某某（侦查人员的姓氏）先生（夫人或小姐）将会马上过来见你。”（此人还可以向处于羁押状态的犯罪嫌疑人宣告米兰达权利，宣布医学检查数据表或自愿同意接受询问的声明。）这种事先介绍身份的做法具有两个方面的优势：①它免除了侦查人员在与犯罪嫌疑人见面时进行自我介绍的必要；②这种正式的手续会因为凸显侦查人员的高贵地位而趋向于加强有罪的犯罪嫌疑人的忧虑，并且会在一定程度上削弱他逃避侦查的信心，无论他的这种自信能力之前有多强。与此同时，这种专业性的安排将会给无罪的犯罪嫌疑人留下不错的印象，进而消除他对于有可能被错误认定有罪的任何担心。

3. 在询问期间，侦查人员应当坐在询问对象面前大约 4.5 英尺到 5 英尺的位置上。如果侦查人员把椅子移开到询问对象的一侧，那么有可能会影响他的正面感知线路，造成他注视的中断（这方面内容将会在本书第九章介绍）。侦查人员的身体姿势应当是放松的、自在的，而不是前倾的或僵硬的。侦查人员在询问过程中身体前倾的姿势可能会被犯罪嫌疑人当作威胁。图 6-1 描述了一名侦查人员在询问过程中放松的、自在的姿势。

图 6-1　侦查人员在询问中的位置

4. 不要在犯罪嫌疑人面前抽烟。首先，如果犯罪嫌疑人是不抽烟的人，那么侦查人员抽烟可能是冒犯无礼的。而有罪的犯罪嫌疑人会积极寻找侦查人员具有的他所讨厌的特征——因为从心理上讲，对一个令人讨厌的人撒谎要比对一个令人尊敬和钦佩的人撒谎更容易。侦查人员绝不能从事任何给予有罪的犯罪嫌疑人通过合理的愤怒或不满情绪来发泄他们内疚和忧虑的活动。其次，如果侦查人员不抽烟的话，那么抽烟的犯罪嫌疑人就不太可能试图通过抽烟来努力缓解紧张情绪或增强对如实供述的抵制。如果犯罪嫌疑人提出抽烟的要求，那么侦查人员可以正当合理地建议他暂时忍耐一下，等到离开询问室再去抽烟。其中正当合理的理由可以是：楼里禁止抽烟，侦查人员患有哮喘，等等。为了便于避免犯罪嫌疑人抽烟，不在询问室内放置烟灰缸是有帮助的，因为放置烟灰缸往往表示对于抽烟行为的默许。

5. 侦查人员询问的问题应当以一种交谈的语气提出来，并且始终是非指控性的。侦查人员说话的语气、提出问题所用的措词，或者侦查人员的面部表情，尤其是眼神接触，都可能会让犯罪嫌疑人将询问的问题看作指控性的。询问人员在提问时保持与犯罪嫌疑人的眼神接触是重要的，但是应当避免盯着犯罪嫌疑人看，因为这可能会被理解为一种威胁。在眼神接触方面，侦查人员不应戴深色的眼镜。如果询问对象戴着深色眼镜的话，那么侦查人员应当问它们是否是处方镜片。如果不是的话，那么侦查人员应当礼貌地让他在询问过程中把眼镜摘下来。

有些犯罪嫌疑人（一般是说谎的犯罪嫌疑人）可能会带着圣经、念珠或其他宗教制品参加询问。其他询问对象可能会使用公文包、钱包或者报纸作为屏障，在询问过程中用手拿着这些物品放在膝盖上。在询问开始时，侦查人员应当礼貌地要求询问对象把任何这样的物品放到边上去。

6. 侦查人员应当对询问对象的每一次回复作书面记录。对于侦查人员来说，在询问过程中积极作记录会产生两个方面非常重要的作用。首先，这放慢了提问的节奏，犯罪嫌疑人每次回答之后会产生 5~7 秒的停顿。反之，如果侦查人员不作任何记录，简单地一个问题接着一个问题地快速提问，那么有罪的犯罪嫌疑人对于侦查的畏惧感就会大大降低，进而会使有罪的行为症状降至最少。此外，一个问题接着一个问题的快速提问方式会造成无辜的犯罪嫌疑人感到困惑和慌乱，由此导致他们产生前后不一致或有误导性的反应。

对于侦查人员作记录产生的停顿，诚实的犯罪嫌疑人的表现是轻松的。他们会告诉侦查人员实话，简单地等待下一个问题。说谎的犯罪嫌疑人对于这种停顿的表现是不自在的。当侦查人员记录他们的回答时，他们常常通过言语上修改之前的回答或者采取降低焦虑的非言语行为（在本书第九章介绍）来打破这种沉默。

作记录产生的第二个优势就是它对询问过程进行了记载。这对于撰写侦查报告、准备证据或单纯地审查犯罪嫌疑人询问后的行为都是有帮助的。在这点上，侦查人员不应试图将犯罪嫌疑人的回答一字不差地记录下来，而应记录关键的信息（如否认、时间、名字、日期等）以及犯罪嫌疑人在回答时出现的行为症状。为了在 5~7 秒间获取这些信息，在作记录时采用缩写的形式是有帮助的。例如，侦查人员的问题可以缩写为几个字母，并且可以在这些字母下画线，从而与下面没有画线的犯罪嫌疑人的回答相区分。下面是一些可以用来记录犯罪嫌疑人关键行为症状的缩写形式。这些行为的术语和重要性将会在本书第九章进行探讨。

…（延迟回答，每个点代表一秒钟）

↑（注视中断）

D I-I（直接的眼对眼接触）

SIC（改变坐姿）

X lgs（交叉双腿）

X arms（交叉双臂）

Rpt Q（重复问题）

L（笑，无声）

Q（快速回答）

Cl（要求澄清）

RPQ（重复这个问题）

S/S（停顿和开始）

GRM（修饰）

Ill（说明者）

7. 使用与犯罪嫌疑人日常所用语言相符并且能被其理解的语言。在对待没有受过教育或智力低下的犯罪嫌疑人时，侦查人员应当使用简单的词汇和句子。例如，如果犯罪嫌疑人使用粗话或寻常的表达方式，并且表现出不熟悉广泛使用的术语，那么侦查人员应当采用与犯罪嫌疑人相类似的表达方式。这可以通过有所保留的方式实现，不能失去犯罪嫌疑人对侦查人员身居职位的尊重。不管怎样，侦查人员绝不能试图去仿效犯罪嫌疑人的说话风格（也就是说，侦查人员不应违背常规尝试使用街头粗话或其他文化的说话风格）。

当询问社会经济地位低的犯罪嫌疑人时，要称呼他们“先生”、“夫人”或“小姐”，而不要直呼其名。对于社会经济地位或职业地位高的犯罪嫌疑人，直呼其名或称呼其姓而不加“先生”、“夫人”或“小姐”，效果常常会更好。尽管如此，为了避免看起来不礼貌的行为，在有些情况下——特别是当犯罪嫌疑人比侦查人员年纪大时——最好在以称呼其名作为开场白时问道：“如果我叫你海伦（或约翰），你不介意吧？”其后，如果犯罪嫌疑人没有提出反对，侦查人员就可以直呼其名。

对于社会经济地位或职业地位高的犯罪嫌疑人，直呼其名或只称其姓（而不加“先生”、“夫人”或“小姐”）可能会有助于消除他平日里的优越感和自恃心。然而，在称呼社会经济地位低的犯罪嫌疑人时冠以“先生”、“夫人”或“小姐”对询问工作是有利的，因为这会取悦犯罪嫌疑人，使其从这种不寻常的礼貌中产生一种满足感和自尊感。通过给予犯罪嫌疑人这种尊敬，侦查人员在随后的询问中无论说什么或做什么都会增强询问效果。

不过，对于前面提到的做法，下面的这起案件是个例外。在这起案件中，被询问的犯罪嫌疑人是一名已知与其他男人有性关系的已婚妇女。在称呼她时，侦查人员直呼其名比称呼她“夫人”效果会更好。因为“夫人”的涵义就是妻子，而侦查人员直呼其名可以在某种程度上减轻犯罪嫌疑人可能出现的罪责感或尴尬情绪。

侦查人员即使确信犯罪嫌疑人是娼妓、毒品贩子、帮派成员、儿童性侵犯者或其他有着坏名声的人，也不可利用询问的机会对其进行轻视或贬低。事实上，当侦查人员轻视或贬低犯罪嫌疑人时，他也就无法实现自己的询问目的了。下面的2起案件是本书作者之一多年前亲身经历的，能够很好地说明这一点。

在第一起案件中，一名大约60岁的妇女涉嫌在她的出租屋里谋杀一名男性房客。她曾打电话报警称这名男子已经死亡，而且显然是自然死亡。然而，尸检情况表明，他是被一颗小口径子弹击中后背致死的。谋杀嫌疑指向这名妇女有几个原因，其中一个就是她曾经是已被害的男房客的性伴侣。本书的作者之一被安排对这名妇女进行询问。在预定的询问时间，一名有着大约20年从警经历的警长把她带了进来。在这名犯罪嫌疑人还坐在另外一个房间等候询问的过程中，这名警长向本案的侦查人员介绍了全部案情。然后，当侦查人员做好进行询问的准备工作后，这名警长叫犯罪嫌疑人到询问室来。当犯罪嫌疑人走过来的时候，警长指着询问室对她说道：“快点进去，你这个老娼妇，这个人想和你谈谈！”当她进入询问室时，她用一种非常鄙视的眼神看着这名警长。警长离开后，侦查人员称呼她“某某夫人”，并请她坐下。接着，侦查人员问她在被警方羁押期间或在此之前的盘问过程中是否吃过东西。她回答说“没有”，并欣然接受了侦查人员叫人拿进来的一杯咖啡和一份三明治。此后，侦查人员把她作为一位“女士”而不是“妓女”来对待。她很快承认是自己杀害了房客，并且提供了能够明确认定其有罪的信息。此外，在谈话结束之前，她还承认多年前杀害了自己的丈夫，而当时她丈夫的死亡被认为存在可疑的情况。

在第二起案件中，一名妓女涉嫌给酒吧里的一名男子下药并实施了抢劫。在询问室里，这名犯罪嫌疑人把外套脱掉后，侦查人员发现她连衣裙的一条肩带断了，从而使她的一个乳房露了出来。在进行询问之前，侦查人员拿来一条毛巾披在她的肩上。在审讯期间，侦查人员称呼其为“小姐”，而不是直呼其名。经过相对短暂的审讯，她就承认了罪行并且揭露了同伙的身份。毋庸置疑，侦查人员把她作为一位“女士”来对待的做法帮助了审讯任务的完成，因为这里的这名女子更喜欢对其称呼中所表明的地位。

当询问的对象是同性恋者时，有些警察倾向于把他们称为“怪物”、“下流坯子”或使用其他带有侮辱性的称号。结果是这种做法激起了他们的愤怒，从而大大增加了询问工作的难度。在对待这样的犯罪嫌疑人时，更为有效的做法是，要让他们觉得侦查人员在道德上好像是接受他们的性偏好的。当对待同性恋者或他们的同伴时，侦查人员绝对不能使用带有侮辱性的称号。①

8. 询问中识破犯罪嫌疑人的谎言之后，侦查人员不要用下面这样的话来斥责他。例如，“你究竟为什么要对我撒谎”或“既然你已经骗了我一次，你就还会再来骗我的”。这个时候对于侦查人员来说，隐藏自己的愤怒甚至惊讶的反应是更为明智的。事实上，对这种情形更为有效的处理方式是，只需向犯罪嫌疑人传递这样的印象，即侦查人员自始至终都知道他并没有说实话。

四、难问的犯罪嫌疑人的询问方法

（一）询问紧张的对象

在涉及重要问题的询问过程中，询问对象神经紧张是普遍存在的现象。诚实的询问对象如果与侦查人员交谈起来感觉很舒服的话，那么将会向其提供更多的信息。在缓解询问对象普遍存在的紧张情绪的问题上，侦查人员可以利用的一种行之有效的技巧就是，摆出一副轻松的姿态并且说话语气平和。侦查人员向后靠着舒适地坐在椅子上，跷起二郎腿，与询问对象进行初步的闲聊，这样的表现向询问对象传递的信息是：侦查人员是放松的，因而他也是可以放松的。

当询问一名紧张的对象时，侦查人员在进行询问的最初几分钟不要专门指向正在调查中的问题，而应用来获取询问对象的背景信息或向他解释询问的目的。在尝试建立融洽关系的过程中，我们建议询问人员提出的问题看起来要与询问的目的有一定的联系，如获取询问对象姓名的拼法、住址和目前的职业。相反的，如果侦查人员提出的开放性问题看起来和侦查工作没有关系的话，那么这种强制建立融洽关系的尝试可能会在事实上增加询问对象的紧张或怀疑。这种类型问题包括：“你有什么业余爱好”、“你最近一次看的是什么电影”或者“你最喜欢城里的哪家饭馆”这种不相干的交谈。如果是用来建立融洽关系的话，那么就应当适时地关联起来，如讨论天气、当地球队的表现或国内新闻事件。

---

① 在对待来自社会上任一特殊群体的成员时，侦查人员应当通过听取犯罪嫌疑人的语言使用情况，注意使用能让该特殊犯罪嫌疑人感觉舒适的术语。例如，一名同性恋者可能会自称为“同志”，称他重要的另一半为“情人”或“同伴”；一名街头黑帮成员可能会明确地区分他不是一名“少年犯罪集团成员”。在询问过程中，侦查人员应当尽可能多地迎合犯罪嫌疑人所偏好的术语。

（二）询问愤怒的对象

在询问过程中，犯罪嫌疑人在愤怒的情绪状态下是不可能提供有意义的信息的。因此，一旦犯罪嫌疑人在询问过程中出现愤怒的情绪，侦查人员就需要立即进行处理。当犯罪嫌疑人表现出愤恨或敷衍但并未公开表达愤怒时，侦查人员应当问他："你是怎么看待与我交谈的这个问题的？"这个问题为犯罪嫌疑人公开表达和发泄情绪提供了机会。侦查人员应当恰当地同情询问对象，并且尝试通过解释来消除他的愤怒。有时候，简单但足以让询问对象消除疑虑的方法就是，让他知道他只是在这个问题上将要被询问的众多人员中的一位。有些询问对象可能因为之前被对待的方式而愤怒（例如，犯罪嫌疑人在工作岗位上被逮捕并戴上手铐，在同事面前被带走）。在上述情况下，询问人员可以通过谴责逮捕警察冷酷无情的对待方式来缓解询问对象的愤怒情绪。

侦查人员应当意识到愤怒和敌意通常会被说谎的询问对象用来取代他们因欺骗而带来的焦虑，并且帮助他们对自己的谎言进行辩解。从心理学角度看，对我们不喜欢的人撒谎往往更容易。在询问过程中，说谎的犯罪嫌疑人可能会挑衅或激怒侦查人员，试图建立一种敌对关系。如果侦查人员通过运用权力或进行威胁来对这些挑衅进行回应的话，那么犯罪嫌疑人的目的就已经实现了。当面对一名愤怒的犯罪嫌疑人时，一条可以遵循的很好的规则是，说话尽量软一点、慢一点，并且总是保持心态平和。如果侦查人员对犯罪嫌疑人发出的挑衅无动于衷的话，那么犯罪嫌疑人佯装的愤怒情绪就会很快烟消云散。

（三）询问自恋的对象①

在询问过程中，有些询问对象给人的印象是表现得高高在上，并且对侦查人员傲慢无礼。这可能是由于他们的社会地位形成的（例如，医生、律师或者著名的政治家），或者可能只是简单的人格特征使然。这种自恋的询问对象会与侦查人员争夺控制权，可能会试图使询问工作草草收场。因此，侦查人员不能在他们的办公室或家里等他们感觉拥有完全心理掌控的地方进行询问。我们的经验表明，保持情感超脱和专业态度是对这一类询问对象的最好手段。侦查人员应当避免为"不得不提问"而道歉，因为这将只会增加询问对象的优越感。由于具有自恋型人格特征的人更可能通过省略而非捏造来撒谎，因此，侦查人员应当坚持不懈地对询问对象含糊的或不完整的回答进行追问。

来自社会高层、因涉嫌犯罪被调查的犯罪嫌疑人，可能会提醒侦查人员他的职位，表明其可能会对侦查人员的盘问进行隐蔽的报复威胁。侦查人员不必

---

① 参见 *The Investigator Anthology*（1999，published by John E. Reid and Associates，Inc.），该书作者探讨了针对一些不同人格类型的询问和讯问策略，包括正常的、属于偏执狂的、分裂型的、精神分裂症的、表演型的、边缘型的、反社会型的、回避型的、依赖型的、强迫型的和被动攻击型的。

对这种恐吓作出针锋相对的反应。更为有效的反应是，以一种非挑衅的方式对犯罪嫌疑人说道："你已经不是我第一个询问的（医生）了，并且可能也不会是最后一个。我确信你非常胜任你所从事的工作，我们的调查将会明确地表明这一点。但是为了让我能够对你的可靠性和诚实性作出一个公正的评价，我需要你的完全配合。对我所从事的工作来说，我需要你与我和警察部门合作，以便我们能够查明有关这件事情的全部真相。"

五、讯问人员的资格

理想地说，对同一名对象的询问和讯问应当由同一名侦查人员负责进行。这样做的理由是，非指控性的询问容许侦查人员发展与询问对象之间的相互信任关系，而这种相互信任关系对于指控性的讯问中的说服工作也大有裨益。这一技巧会更有效率，因为单一的侦查人员不仅对于案件本身是完全熟悉的，而且对于该对象的背景情况也很了解。

为了讯问能够成功地进行，侦查人员必须具备这样的能力，即能够将他可能怀有的对犯罪嫌疑人或其所犯罪行为的任何个人的恶感或憎恨感搁置一边。因此，平和的性情、大量的情绪控制是讯问人员应当具备的重要条件之一。强烈关注于"使某人为犯罪付出代价"的侦查人员，将不会从想要知道事实真相的角度去着手开展讯问。虚假供述也正是在这些情况下产生的。例如，在一起广为人知的案件中，一座佛教寺庙里的9名僧侣被射杀，侦破该起案件的公共舆论压力是如此强大，以致侦查人员从4个人中套取了供述，而后来证实他们是无辜的。①

除了能够将个人情感搁置一边之外，合格的讯问人员必须能够轻松地使用可能会被一些侦查人员在道德上视为令人厌恶的说服策略。这些说服策略包括：同情犯下了令人发指罪行的犯罪嫌疑人；欺骗犯罪嫌疑人有关针对他的证据的强度；或者为了试图引出真相，给予傲慢的或可憎的犯罪嫌疑人以尊重和尊严。在随后将要讨论的章节中，这些说服策略中的每一种有时都是查明事实真相所需要的，讯问人员有时为了达到目的必须扮演演员或推销员的角色。

成功的讯问人员必须对于自己在查明真相或识破谎言、从有罪的人那里获取供述以及坚持决定的真实性方面的能力拥有强烈的自信心。有罪的犯罪嫌疑人承认罪行常常仅仅是因为他察觉到讯问人员看起来是知道他是有罪的。虽然犯罪嫌疑人可能不是那么确切地知道为什么讯问人员对于他的犯罪行为是如此

① 关于这起案件的报道请参见 Johns C.，"Untrue Confessions." *The Arizona Republic.*（February 7，1993. Section C）。

的自信，但是他会根据讯问人员明显的自信作出如实供述的决定。在其他的情况下，讯问人员可能会确认犯罪嫌疑人在审讯中的行为是诚实的表示，并且决定犯罪嫌疑人是无辜的。在这样的情况下，合格的讯问人员必须具有坚持这一决定的信心，不能在上级施加的将这个人作为犯罪嫌疑人追查的压力下妥协。[①]

合格的询问人员是一名经验丰富的倾听者，合格的讯问人员则是一名技能娴熟的交流者。这些并不是必然直接对立的特征，但是许多侦查人员简直并不知道什么时候该说、什么时候该听。保持讯问主题、耐心进行交谈直到犯罪嫌疑人呈现出准备如实供述的症状这一技能，要求讯问人员在保持犯罪嫌疑人注意力的同时能够展示持续 1 个小时或者更长时间的独白。有些讯问人员是低效率的，因为一旦他们有一个不得不听的听众，他们就喜欢大谈特谈，以致忽视犯罪嫌疑人明显的想要供述的行为。而对询问和讯问交流过程极为重要的就是，侦查人员监控犯罪嫌疑人行为的能力以及对动态局面作出有效反应的能力。

六、讯问人员在审讯中的举止

对于讯问人员在审讯中的态度和行为而言，制定或建议任何固定的规则是困难的，因为它们在很大程度上取决于各个不同案件的具体情况。不过，一般而言，以下的这些建议应当是有帮助的，特别是对于犯罪嫌疑人的审讯来说。

1. 在审讯的初始阶段，讯问人员应坐在犯罪嫌疑人正前方大约 4 英尺的位置上（过后，这一距离可以缩短）。同样，如前所述，讯问人员与犯罪嫌疑人之间不能摆放办公桌、写字台或其他家具。讯问人员远离犯罪嫌疑人坐着或站着，或者双方之间放置任何种类的障碍物，都会形成一种严重的心理交流障碍，同时也会给予有罪的犯罪嫌疑人一定程度的宽慰和信心，而这是他通过别的方式无法获得的。与询问过程中侦查人员呈现出轻松、自在的姿势不同，在审讯过程中，讯问人员应当坐在椅子上身体前倾，双脚平放在地上，双手向前伸展。这个姿势如图 6-2 所示，刻画了讯问人员高度的自信心和集中的注意力。

近距离的座位安排也会使人想起像“主动接近”某人或“热情接待”顾客这种常见而又有意义的表述。这样的术语意味着一个人与另一个人不仅在身

---

① 在一起系列强奸案的调查过程中，侦查人员对他们最初的犯罪嫌疑人库柏是有罪的判断非常确信。尽管库柏拒绝宣布放弃米兰达权利并且反复要求与律师商量，但是侦查人员仍然决定对他进行审讯。经过 4 个小时的讯问，侦查人员确信库柏是无辜的，并且将他的看法向警察局局长进行了报告。尽管如此，警察局局长却告诉媒体警方已经准确地将库柏认定为犯罪人。后来的证据排除了库柏实施了强奸，他成功地控告警察部门造成了他相当大的损失。*Cooper v. Dupnik* 963 F. 2d 1220(9th Cir. , 1992).

图 6-2　讯问人员在审讯中的姿势

体距离上靠近，而且在心理距离上也同样靠近。而在讯问人员与犯罪嫌疑人之间摆放像写字台或办公桌这样的物品会挫败这种意图的实现，因而应加以避免。

为了维护和保持这种近距离座位安排的优势，讯问人员应避免发出任何令人反感的呼吸气味，不论这种气味是源自食物还是由于某种其他的因素，这是很重要的。一种明智可行的预防措施是，讯问人员在进入询问室之前，先与同事进行近距离的谈话。通过这种方式，讯问人员可能会意识到自己令人反感的呼吸气味。如果发现有这样的气味，那么可以通过使用漱口剂或呼吸清洁剂加以去除。对此，更为明智可取的预防措施是，避免吃一些会产生令人反感气味的食物。例如，人们在食用大蒜后的数小时内都会发出令人反感的气味，因此应避免食用大蒜。显而易见，专业的讯问人员在进行审讯之前也不应使其呼吸中含有酒精或烟草的气味。

讯问人员和其同事之间应当普遍具有这样的认识，即如果任何一人发出令人反感的口气或体味，那么其他人应当及时将这种情况告诉他。对于一些精神涣散的面部表情或衣着凌乱的穿着情况，也同样如此。讯问人员被同事告知这种情况远比使犯罪嫌疑人恼火或分心进而妨碍说服犯罪嫌疑人如实供述要好得多。

2. 保持就座状态，不要在室内踱来踱去。当讯问人员将注意力全部集中在犯罪嫌疑人身上时，犯罪嫌疑人说谎想要不被发现往往是更为困难的。再者，忽起忽坐、走来走去是讯问人员不耐烦的表现。这种表现随之会强化说谎的犯罪嫌疑人的侥幸心理。他会认为，如果他继续撒谎或坚持的时间再长一会儿，那么讯问人员将会放弃。而讯问人员在整个审讯过程中保持就座状态，会给犯罪嫌疑人造成一种完全不同的印象。讯问人员也应避免摆弄铅笔、钢笔或其他物件。因为这趋向于使犯罪嫌疑人产生这样的印象，即讯问人员对此缺乏信心或者严重不感兴趣。

3. 避免使犯罪嫌疑人产生讯问人员在追求供述或定罪的印象。对于讯问人员来说，担当仅仅追求事实真相的角色要远远好于追求供述或定罪的角色，因为这涉及案件的一些相关的方面（例如，犯罪是否完全是犯罪嫌疑人的主意，这是否是犯罪嫌疑人第一次做像这样的事情，或者犯罪嫌疑人是否仅仅是在一时冲动之下所为）。

4. 审讯期间应保持铅笔和纸张在视线范围之外。与询问过程不同，审讯期间并不鼓励制作笔录。审讯过程中对犯罪嫌疑人的陈述或意见进行录音或制作笔录，可能会严肃地提醒犯罪嫌疑人相关的法律意义或自我归罪意见的含义。避免制作笔录，或者至少推迟到审讯后期再制作笔录，这样的效果会更好。如果侦查人员想要确保记住犯罪嫌疑人提到的人名或地址的话，那么他可以暂时使用铅笔和纸张把该信息记下来，但是随后应当把它们从犯罪嫌疑人的视线中拿走。

5. 除了在特殊的情况下，不要使用诸如谋杀、强奸、勒死、刺伤、偷窃这样形象逼真的词汇。从心理学角度出发，讯问人员最好使用一些含蓄的术语来指代犯罪行为，如“这件事”、“它”或“发生什么事”。因为这种隐含意义比起刺耳的法律称谓对犯罪嫌疑人的心理刺激要小。当然，犯罪嫌疑人要能够理解讯问人员提及的就是犯罪行为。基于同样的原因，讯问人员也不应向犯罪嫌疑人出示那些恐怖地展示被害人受伤情况的照片。①

6. 用体面和尊重的方式对待犯罪嫌疑人，不论其犯罪行为的性质如何。不管犯罪嫌疑人涉嫌的犯罪行为多么令人厌恶或令人恐惧（如出于性欲满足动机，残忍地杀害一名儿童），讯问人员也不应以“卑鄙可耻”、“没有人性的东西”来对待或指代他。对此，同情、理解的态度和审讯方法会更为有效。可以用来说明这一点的案例有很多，在其中一个案例中，一名性犯罪者在其供述后说道：“如果警察开始能够给予我一些体面和尊重，那么我早就把这件事告诉他们了。”

7. 审讯期间不要给犯罪嫌疑人戴上手铐或脚镣。因为这不仅会显现出讯问人员对犯罪嫌疑人的惧怕，而且在这样的情况下获取的供述可能会因强迫而被

① 在审讯过程中也应避免使用犯罪现场的照片，因为它们可能会泄露只有有罪的犯罪嫌疑人才会知道的关于犯罪性质方面的有罪信息。保留这种信息对于证实犯罪嫌疑人提供的供述细节会发挥非常关键的帮助作用。

拒绝采用。一名因谋杀被判处终身监禁在监狱里服刑的犯人，涉嫌刺死了一名同监舍的犯人。本书的作者之一被请来对他进行询问。考虑到他涉嫌犯罪的性质，他被监禁在监狱数层下的地下室里一个确保最大安全的区域范围内。本书的作者一走进询问室就发现犯罪嫌疑人坐在一把用螺栓固定在地上的椅子上，双手和双脚被手铐和脚镣束缚住。见此情形，他立即要求（果断地在犯罪嫌疑人面前）把犯罪嫌疑人的手铐和脚镣打开。在他的要求下，看守不情愿地答应照做。这一“顽固分子”之所以最终承认了刺杀案件，在很大程度上是由于讯问人员对罪犯拥挤的居住条件和受到的非人道对待所表现出的同情。在查明事实真相方面，同情的行为表现往往会比恐吓的行为表现更加富有成效。

8. 不要携带武器。讯问人员应当以“人与人”的关系而不是警察与犯人的关系对待犯罪嫌疑人。另一个不要携带武器、但与审讯效果不相关的理由是，存在着这样的可能性，即在近距离接触中，犯罪嫌疑人可能会夺取讯问人员的武器，用来对付讯问人员或其他可能试图阻止他逃跑的人。

另外，关于武器的问题，讯问人员应当在某些类型的情况下采取预防措施，以确保犯罪嫌疑人自身没有武器。如果犯罪嫌疑人是一名警察或武装警卫的话，那么讯问人员应当立即处理有关解除犯罪嫌疑人武装的问题。在这些情况下，我们会要求犯罪嫌疑人把他枪（或弹夹）里的子弹都退出来，允许他保留剩下的壳子。然后，我们再把退了子弹的枪从询问室拿走，放在一个稳妥的地方保管。

虽然犯罪嫌疑人在警方羁押之下拥有武器的可能性很小，但是下面的这个案例突出强调了采取这样的预防措施的明智性。在这起案件中，一名城市的见习警察因对邻居家的小孩实施了猥亵行为而被逮捕。警方当时正在调查附近地区另一名儿童被谋杀的案件，因而怀疑该起案件可能也是由被逮捕的这名警察干的，于是让他接受测谎仪的检测。两名警察和一名副局长把他带到测谎实验室。犯罪嫌疑人在询问室里就座后，测谎人员开始将呼吸扫描机器软管放在犯罪嫌疑人胸部的位置，这时发现他的腋下藏着一支手枪。测谎人员迅速将枪从犯罪嫌疑人腋下夺走，在旁边观察室目睹这一幕的警察也立即过来帮忙。在这一阵骚乱过后，测谎人员严厉地指责了那几名事先没有对犯罪嫌疑人进行搜身的警察，然后进行了测谎。

如果测谎人员没有偶然发现那支枪的话，那么可能会发生什么情况呢？犯罪嫌疑人可能会：①在一个人时开枪自杀；②射杀测谎人员；③用枪成功逃跑。事后查明，由于犯罪嫌疑人也是警察，他的同事在把他带来接受测谎之前只是对其进行了草率的搜查。警察的同事情谊在这个例子中差点招致了一起严重的枪击事件，也差点为犯罪嫌疑人逃跑提供了必要的工具。

为了避免犯罪嫌疑人逃跑事件的发生，也为了确保侦查人员免遭犯罪嫌疑人的身体伤害，我们应采取各种其他的替代预防措施，而不是让侦查人员在询问或讯问期间携带武器。例如，条件允许的地方可以在询问室门外安排警卫保持警戒状态，以防止犯罪嫌疑人试图逃跑或可能对没有携带武器的侦查人员实施暴力行为。

9. 要承认每个人身上都有一些优点，尽管可能会显得微不足道。侦查人员应当在询问的开始阶段就寻求确定这个特定的犯罪嫌疑人可能具备什么可取的特征和品质。在这之后，侦查人员可以利用那些特征来努力实现审讯的成功。下面的例子可能看起来令人难以置信，但是它事实上发生了。这是对一个作案手段残忍的犯罪分子的审讯，并且最终取得了审讯的成功。讯问人员通过有关材料了解到他对待他的宠物猫非常友善！在掌握这一情况之后，讯问人员对犯罪嫌疑人说道：如果他本人能够被身边的人像这样对待的话，那么他也不会形成使其陷入目前困境的态度。事实证明，这番话对于获取他的有罪供述是很有帮助的。

七、结论

如前所述，并非执法行政部门或私人安保单位中的每个人都具备有效开展询问或讯问的资格条件。反之，有些人在询问或讯问这一专门领域是合格的，却不能胜任其他侦查人员的工作。因此，任何人都不会不愿意承认存在这种差别，不论他是负责分配任务的管理人员，还是表示乐于从事这种工作的人。本书作者认为，被分配或选拔作为询问人员或讯问人员的警察，必须要按照上述方式来行使职责。

第二部分
询 问 方 法

第七章 询问的准备与开始

随后我们将要讨论的是询问与讯问的方法和技巧，在此之前，作为序曲，笔者需要先准确地澄清有罪与无罪这两个词的意义和用法。从法律上说，一个人只有在法官或陪审团依据犯罪事实作出了判决之后，才能被确定为有罪。他们以无罪推定为前提，只有在相关证据达到了排除合理怀疑的证明标准后，有罪结论才会被确立。显然，这并非侦查人员的权力。因此，本书中所使用的有罪和无罪这两个词，更多的是意味着侦查人员的看法（有时候仅仅是一种试探性的设想）。这只是意味着侦查人员相信，犯罪嫌疑人要么实施了谈及的罪行（“有罪”），要么没有（“无罪”）。无论如何，其用法都不具有法律意义。

本章第二部分会涉及第六章中介绍的询问技巧。在本章中，我们要讨论的第一个话题是询问的准备工作，随后则是询问时的问题规划与选择。然后是提供被评估对象对询问问题的行为反应这样的细节信息，目的是评估该对象的可信度与真实性。接下来要介绍的，是被称为行为分析询问法（Behavior Analysis Interview）的一种结构化询问技巧。最后，以对专业性提问技巧的探讨来结束本单元。

一、正式与非正式询问

一场正式的询问应当在可控的环境下进行，理想的环境是不为被询问人所熟悉的，如警察局、安保室或者一个中立的场所。在正式的询问中，侦查人员拥有许多优势，其中最重要的是，询问能够被精心设计成用以收集最有价值的信息的形式。另外，在这种受控制的环境下，使询问后紧接着开展指控性的讯问成为可能。这里所列出的步骤主要与正式询问有关。

正如本书在法律部分所详细讨论的那样，在对在押的犯罪嫌疑人进行询问前，必须告知其享有米兰达权利［美国联邦最高法院在1966年米兰达诉亚利桑那州（Miranda v. Arizona）一案中以5：4的表决结果决定授予的一项宪法性权利],[①] 即使该询问只为达到一种有限的目的，如试探性地确定犯罪嫌疑人在犯罪发生时的去向，或者是与犯罪有关的其他信息。

在向犯罪嫌疑人宣读米兰达警告以后，除非他放弃米兰达警告所规定的保持沉默的权利和有律师在场的权利，否则不能对被警方羁押的人实施询问或讯问。因此，这一部分讨论的询问程序仅在以下情况中可以采用：①犯罪嫌疑人未受到羁押，或者②犯罪嫌疑人已受拘禁但放弃了沉默权和律师在场权。[②] 所有对本程序的效仿均以满足这两个条件为前提。

警察或安保人员与犯罪嫌疑人、证人、受害人的初次接触往往是非正式的。虽然隐私始终应该是首要考虑的问题，但在非正式的环境中，极少允许进行系统、深入的询问。在这些情况下，只有在有明确的证据证明被盘问的人想要坦白，或者时机与证据表明具有坦白的可能性之时，我们才应当考虑实施讯问。例如，警察接到商店老板的电话报警，指控顾客在商店盗窃其商品。在这种情况下，警察较为合适的做法是：将顾客带至一个私密的环境中（可能是保安室，甚至是在警车的后座上），在告知其米兰达权利后，进行询问或讯问以了解真相。

非正式的询问通常应当在犯罪现场进行，或者在后续的调查中，在犯罪嫌疑人的家里、工作场所进行，询问仅限于获取此人可能掌握的关于犯罪的基本事实。这种在调查早期及非正式环境下获得的信息，对后续开展的调查极为有利，根据询问对象所提供的关于事件不同版本之间存在的矛盾，可以帮助我们确定有罪当事人。与此相类似，犯罪嫌疑人若是在犯罪后不久的非正式询问中提供了虚假的不在场证明，则很容易被发现。

二、安排正式询问

只要有可能，询问就应当在非羁押状态下进行。这样就无须告知犯罪嫌疑人米兰达规则这样的宪法性权利。有些侦查人员一直都能成功地邀请犯罪嫌疑人自愿地接受询问。而其他的侦查人员虽竭尽所能地尝试建立自愿性询问，但仍面临强烈的抵触。很明显，接近犯罪嫌疑人的方式是影响侦查人员成功的重要因素。关于这个问题，以下建议必须牢记。

1. 不要告诉犯罪嫌疑人他是本案的主要嫌疑人。如果有罪的犯罪嫌疑人认为侦查人员还未确定不利于他的有力证据，那么他更有可能答应与侦查人员会面。初次接触时，侦查人员应当避免提及不利于犯罪嫌疑人的具体证据，或者

---

① *Miranda v. Arizona*, 394 U. S. 436 (1966).

② 所要求的四个警告以及口头弃权的充分性将在本书第十七章讨论。

犯罪嫌疑人早期言论的矛盾之处。询问的借口应当是比较含混模糊的，如“我想澄清一些你先前报告的信息，明天早上是否方便在车站停留一段时间”？但是，一旦邀请了犯罪嫌疑人接受询问，侦查人员就不应当隐瞒询问的真实目的。应当坦率地告知犯罪嫌疑人调查所要了解的问题，以便犯罪嫌疑人就是否与侦查人员合作作出理智的决定。这表明，如果以质疑或命令式的方式接近犯罪嫌疑人，他是不大可能自愿接受询问的。

2. 以一种似乎有利于犯罪嫌疑人的巧合方式突然停止询问。例如，调查人员可以这样说：

托尼（Tony），我刚刚对从你工作的经销处带回来的车辆作了调查。碰巧有机会和那儿的一些员工会面，我希望你今天下午下班后能过来一趟，帮助我们补充一些细节问题。4点半的时候你能到这儿来吗？

可以考虑使用的其他方式如下：

汤姆（Tom），通过谈话，这个案件我已经排除了很多人。我也很希望能和你约个时间见面谈谈。明天9点左右你是否方便过来和我见个面呢？

3. 暗示调查所涉及的其他人已经同意见面或者已经被询问过。这时候，犯罪嫌疑人会处于两难境地，如果他不同意接受询问，这有可能会被看作他有罪的证据。这种方法对询问无辜的犯罪嫌疑人同样有用，犯罪嫌疑人除了合作别无他法，因为他们相信一点，他们是被当作有罪的人挑选出来的。

当犯罪嫌疑人自愿接受询问时，我们的建议是，告诉犯罪嫌疑人他并未受到拘禁，并且可以随时自由地离开。虽然这些话并非法律所要求，但是，如果辩护律师试图主张询问是在羁押情况下进行的，因此侦查人员应当已经宣读了米兰达权利且犯罪嫌疑人放弃了该权利时，上面提到的那些话在法庭上就是对侦查人员有利的证据。

在可能导致讯问的自愿性询问过程中，侦查人员应当尊重犯罪嫌疑人离开或者随时终止讯问的权利。威胁或暗示犯罪嫌疑人可能会被逮捕的言论将会使讯问的自愿性质无效。例如，一名侦查人员说：“听着，汤姆，我们要是弄不清楚这些事情，你就不能离开。”事实上，调查人员这时候必须告知犯罪嫌疑人他享有米兰达权利。在私密安全的环境中，侦查人员应当避免使用任何类似的威胁语言。例如，像“你不说出真相就别想离开这个房间”这样的言论，会被当作指控侦查人员试图非法拘禁的不利证据。

由于在排除证据的听审中，常常遇到围绕米兰达规则这一问题进行的争论，尤其是当涉及犯罪嫌疑人在讯问时的理解时，因此，我们建议侦查人员提醒自愿接受讯问的犯罪嫌疑人，他有权要求终止讯问。大约在进行到讯问步骤的第六步时（在本书第十三章中讨论），就可以作出类似的提醒了。在讯问过程中，过早地提醒犯罪嫌疑人他可以自由地离开，只会起到方便有罪的犯罪嫌疑人逃离指控性环境的作用。另一方面，如果在犯罪嫌疑人坦白供认后才作出关于讯问自愿性质的提醒，那就会让犯罪嫌疑人对于在坦白供认前终止讯问的理解能力这一问题悬而未决。因此我们建议，在讯问过程中，犯罪嫌疑人一旦显露出想要说出真相的行为迹象，侦查人员就应当作出类似于如下的声明：

吉姆（Jim），你今天是自愿到这里来的，没有人强迫你和我们谈话，你也知道，门没有关，你随时都可以选择离开。但事实上你是自愿到这里来告诉我，你本质上是一个诚实的人，犯了错误且想要把这些事情说清楚。

在法庭上，这种在犯罪嫌疑人坦白供认前所作的声明，对证明讯问的自愿性质具有很强的证明力。

三、询问的准备工作

在与犯罪嫌疑人会面进行询问之前，侦查人员应当让自己熟悉见面的时间、地点、对方的名字以及犯罪嫌疑人的背景。将这些信息综合起来制作成索引附在案件卷宗当中，以便侦查人员能够快捷地使用。在询问的时候，若侦查人员还在翻阅未整理的警方报告或其他文件，以确定名字或特别的日期，会给犯罪嫌疑人留下这样一种印象：侦查人员并没有准备好，因此他可以轻易地达到撒谎的目的。

应当对询问的关键话题进行概括并制作成询问表，以提醒侦查人员哪些需要向犯罪嫌疑人提问。这一步骤能让侦查人员在与犯罪嫌疑人会面前做好进行询问的精神准备，同时在询问中也能起到“路线图”的作用，以确保侦查人员的问题不会偏离正轨。

询问笔录不需要细化到在上面逐字逐句地写下侦查人员打算提出的所有问题。因为这样做既限制了信息的自由收集，也限制了与犯罪嫌疑人之间自然的互动，可以提出一些恰当的紧随问题。表 7-1 是一份关于涉嫌强奸犯罪的询问提纲样表，里面的问题比较适合向接受询问的犯罪嫌疑人提出。虽然有些问题的指向很明显（如与受害人的关系），其他问题［例如，目的、你（询问对象本人）、可信度］看起来则不那么常见。这些都是行为激发问题（behavior-provoking questions），将会在本书第十一章介绍。侦查人员询问时的书面笔录应当反映出所问的每一个问题（这是必须强调的），以及犯罪嫌疑人对问题回复的关键点。

表 7-1 询问提纲样表

米兰达忠告______ 是 否
姓名______ 住址______
出生日期______ 社保号码______
职业______ 婚姻状况______ 子女______
其他参考信息______
目的______
你（询问对象本人）______
知情______
怀疑对象______
可信度______
与受害人的关系______
那晚是否看见过她______
和她说的话______
不在场证明______
态度______
想法______
反对______
结果______
惩罚______
改过的机会______
告诉亲近的人______
其他调查信息______

总体来说，可以为大部分侦查询问所采用的问题有三种类型：无威胁性的问题，用以培养融洽关系和建立行为基线；调查性的问题，用以从询问对象处挖掘与正在调查中的问题有关的信息；行为激发问题，用以获取相关的行为反应。上述每一种类型的问题都将会在接下来的几章中讨论。

四、建立融洽的关系

在向犯罪嫌疑人直接提问正在调查的相关问题之前，侦查人员应当与犯罪嫌疑人建立起一种融洽的关系。融洽在不同的情形下有不同的意义。可以理解为建立起一定程度的缓和或信任，也可能意味着两个人之间具有一定的共同基础或相似度。对于在询问中被怀疑实施了犯罪的人，融洽最精确的定义应该是“一种以遵从为特征的关系”。

在询问伊始建立融洽关系的目的：

1. 给予犯罪嫌疑人一个评估侦查人员的机会。希望犯罪嫌疑人能得出结论：侦查人员是专业的、不偏不倚的和知识渊博的人。

2. 侦查人员可以对犯罪嫌疑人作一个初步评估。包括各方面的观察数据，如犯罪嫌疑人的智力、对英语的理解能力、情感及身体状况、眼神接触的正常水平，以及其他行为基线。

3. 侦查人员能够建立起问答式的询问模式。

有些侦查人员擅长闲聊，他们几乎可以和任何人讨论运动、新闻事件、嗜好等。对于一部分犯罪嫌疑人而言，这是建立融洽关系的有效方法。但是，有一个警告需要牢记，当犯罪嫌疑人认定侦查人员故意想要创建一种共同基础时，这种技巧使用的结果可能事与愿违。事实上，它会让犯罪嫌疑人更加怀疑侦查人员的动机。

建立融洽关系的努力应当做到看起来自然且谦逊。想要达到这种效果，最简单的方法之一是，以提出非威胁性问题作为询问的开场，如从他姓氏的拼写开始，确定犯罪嫌疑人的背景信息。然后可以提问更进一步的个人事务信息，如犯罪嫌疑人的住址、家庭电话号码，移动电话号码等。侦查人员稍后可以提问犯罪嫌疑人现在或过去的职业；如果犯罪嫌疑人是学生，侦查人员可以提有关课程或学校活动的问题。在从犯罪嫌疑人处获得背景信息时，侦查人员应当作好附随的每一个回答的书面记录。这就为余下的询问确定了一个模式。

五、引导性陈述的使用

在同意接受询问以前，讯问对象就已经知道他是否参与了犯罪，是否打算对所发生的事情或者自己所掌握的犯罪方面的情况等说实话。关于哪些是要承认的，哪些是要撒谎的，有罪的犯罪嫌疑人也已经有了一个初步的决定。通常而言，一旦在正式询问中建立起了融洽的关系，侦查人员就可以使用引导性陈述。作出这种引导性陈述的目的有以下几个方面：

- 明确正在调查的问题；

• 使侦查人员客观地对待犯罪嫌疑人的诚实或欺骗；

• 让犯罪嫌疑人相信，如果说谎，他的诡计终将被发现。

我们的经验表明，无论是诚实的人还是说谎的人，作出这种引导性陈述都能显著地增加他们表现出来的行为症状。这种做法对于侦查人员在询问后实施的讯问同样也有益处。因为，①侦查人员在询问之初就确立了他自己的客观性，以及②侦查人员自己已经建立起识破谎言的信心。

（一）针对犯罪嫌疑人所作的陈述

1. 侦查人员应当安抚犯罪嫌疑人：如果他是无辜的，警方的调查能够还其清白；反之，如果他实施了涉嫌的犯罪行为，通过调查也能确定。无罪的犯罪嫌疑人最担心的事情之一就是侦查人员不相信其否认有罪的说法。当无罪的犯罪嫌疑人相信了侦查人员的客观性以后会感觉到放松。但是，当侦查人员坚定地说调查将会清楚地表明他是否涉嫌犯罪时，抱着“打败”侦查人员这种心态进入询问室的有罪的犯罪嫌疑人会更加担心自己被揭穿。下面这个引导性陈述的例子适用于任何犯罪嫌疑人：

乔（Joe），在询问过程中我们将讨论一件［事情］，我将向你提出的问题中有一些我已经知道答案。但是，更为重要的事情是，今天，在你离开前对我所说的是完全诚实的。如果你和那件［事情］无关，我们的调查会证明这个事实。但如果你做了那件［事情］，我们的调查同样会清楚地证明这一点。

2. 在许多案件中，侦查调查人员应当说或暗示有独立的方法可以查明任何谎话。在上面那个例子中，侦查人员说他将提出的问题中有一些是已经知道答案的，这增加了说谎的犯罪嫌疑人的忧虑，因为犯罪嫌疑人并不确定侦查人员已经了解了真相的哪些方面。另外一种也能达到同样目的的有效陈述是提及某些短期内就可以获得的实物证据。例如，“今天早上我们就能从罪证实验室里拿到那些现场发现的毛发及纤维的分析结果了。到那个时候，我们就能掌握（实施犯罪的）那个人的确切信息了”。

3. 当询问的犯罪嫌疑人十有八九就是犯此罪的人时，侦查人员应当强调自己在调查中所扮演的角色的客观性。下面这些引导性陈述可以适用于询问涉嫌儿童性侵害案的犯罪嫌疑人，当然是在受害人的陈述看起来真实的情况下：

乔治（George），在这次询问过程中，我们将讨论一项针对你的指控。我需要确保你能理解我在这起事件中所扮演的角色。我今天唯一关心的就是查明真相——发生了什么或没有发生什么。当我询问某人的时候，只要对我说实话，不管怎样，他做了什么对于我来说都没有什么差别。有时候，有些人可能会害怕承认某些特定的话或行为，因为在他心里，他担心其他人因为这个事情可能会怎样看待他。但是，问题在于，如果事实证明，一个人在小事情上都不说真话的话，那么大家会很自然地倾向于认为这个人在重要问题上也会撒谎。所以再说一次，今天在这里，对你而言最重要的事情就是告诉我全部实情。

（二）针对受害人所作的陈述

1. 对于那些通常不愿意谈论犯罪细节的性犯罪受害者，应表现出关心和理解。这种受害人通常难以准确地叙述犯罪嫌疑人在实施犯罪过程中的行为及所说的话。在作引导性陈述时，侦查人员可以通过提出建议的方式来减轻这种心理负担，让受害人感到侦查人员如同那些能够咨询敏感问题的医生一样。这样有助于减少受害人的局促不安。基于同样的理由，侦查人员应当是第一个在这样的询问中使用性术语的人。例如，侦查人员可以这样说：

由于这起事件本身的性质，我们的谈论将涉及性术语，如阴茎和阴道。我经常在这种情形下与女人谈论这类事情，所以在讨论性方面问题时我不会感到不舒服。但是，我能理解同一个陌生人谈论个人问题将是困难的。所以，你可以把我当成一位想要与之谈论敏感问题的医生，这对你或许有所帮助。

侦查人员应当允许成年的受害人不受打扰地连续地谈论她所经历的事件，而后就所发生的事情里不够清晰或完整的方面，巧妙地向她提出一些具体问题。必须注意，侦查人员在向被害人表示安慰的时候应当尽力避免说出让受害人感到心烦的话，如在提出主要的问题时说，“我相信你跟着他走是因为被他的体型所威慑，对吗”。另外，对受害人说一些表示同情的话也是不合适的，如“哦，你一定感到很恐惧”或“我真不敢相信，这家伙对你做了这种事”。这样的陈述会向受害人传递一个清晰的信号，即侦查人员会相信她所说的一切都是真实的，并且还会极大地增强假受害人说谎的信心。同样，侦查人员应当避免点头表示同意受害人所说的话，因为这也会传递一种信息，即受害人的陈述被信以为真。侦查人员应当保持警惕性，也应当在完成查明真相的目标上保持客观性。

2. 考虑让受害人独处，并要求受害人写下罪犯对她所作所为的细节。当声称受到伤害的受害人的主张的有效性受到强烈质疑的时候时，借助于书面的犯罪报告或指控报告在这种情况下是非常有价值的（当然，这是假定受害人有必要的书写能力）。受害人可能被要求书写一份详细的报告，内容是关于其在声称的事件发生前后与发生过程中，合理时间内的行踪、活动及言论。例如，如果一个人声称被抢劫，侦查人员应要求他写下（如果他有能力）所有发生在他身上的事情。如果获取了这样一份书面陈述，就可以将其作为随后在询问时的提问和分析其是否诚实的基础来使用，这些将在本书第八章讨论。

侦查人员不应将受害人的报告当作一份“陈述”或“故事”：前面的术语具有法律内涵，而后者则暗指受害人的报告是虚构的。以上述抢劫案为例，恰当的引导性陈述应当是这样的：

迈克（Mike），我发现在这种情况下，有时候人们将所发生的事情写出来会感到舒服些，因为这样他们就不用感受回答一连串问题所带来的压力。如果你也能接受这种方式，我希望你能将上周六晚上发生的所有事情写下来。我将离开房间一会儿，以便你可以专注于在报告里写下的所有事情。

3. 对于性犯罪案件中的儿童受害人，侦查人员在引导性陈述中应当清楚地表明自己的身份和询问的目的。侦查人员应表现出平静、耐心和随意的态度，通常在开始的时候，将询问与儿童的兴趣爱好、日常活动、兄弟姐妹的名字等结合在一起讨论是非常有利的。询问人员一旦与儿童建立起融洽的关系，并基本理解这个孩子的语言水平及所用词语后，就应当用提问的方式鼓励孩子使用他自己的语言描述该事件。

开始提问儿童受害人时的一个重要问题是："你还和谁谈论过了这件事？"当回答中包含一些在询问孩子方面没有经过专业培训的人员时（父母、教师或亲密的朋友），侦查人员应当作出类似如下的声明：

朱莉（Julie），我的工作就是和人交谈。和我谈话的一些人曾做了一些错误的事情，另外一些和我谈话的人则曾被别人伤害或殴打。做这份工作，对我来说重要的是和我谈话的人应当告诉我完整的真相。我接受的一部分训练就是分辨某人什么时候没有告诉我完整的真相。你知道什么是说谎，对吗？你也知道什么是完整地说出真相，对吗？在我们的今天谈话中，重要的是你只给我说了实话。为什么你认为那是很重要的？我知道你已经将发生的事情告诉了其他人，这没有问题。有时我发现，有些人会将某些事情告诉他们的母亲或好朋友，并根据别人的反应对真正发生的事情做出一点儿改动。对于别的人来说那没有问题，但现在对于我而言，你告诉我真正发生的事情是非常重要的。你觉得有道理吗？

与引导一位成年受害人作开放性陈述不同，对于儿童的询问，"一点一点"地获取信息而不是通过一次性的完整陈述来获取信息是十分必要的。但是，有一点至关重要，即在侦查人员的提问中不要暗示儿童被侵害。因此，以下的提问是不恰当的："安妮（Anne），这个男人在什么地方触摸了你？"相反，恰当的提问应当是："安妮，这位先生是否做了什么让你感到不舒服的事情？"

当探讨身体的部位时，使用一个洋娃娃或书中的图解来作为参照是非常有帮助的。但是，这个使用过程必须非常谨慎，应当避免：①暗示对身体的这些部位做了什么或者用这些部位做了什么；以及②过度地提问一个儿童，特别是几个人在不同的场合下提问，因为孩子最后会感到自己被迫提供提问人所想要的信息。

4. 在对证人进行引导性陈述时，开诚布公地说出证人的担忧并提供适当的保证。一个诚实的证人可能会出于一系列原因而隐瞒相关信息。这些原因主要有：①对于作证的恐惧；②害怕那个被他指出名字的人或其同伙对他进行报复；以及③不愿意让其他人受困。在对证人进行询问时，有一个必须牢记在心的要点是人多势众（safety in numbers）。也就是说，如果能引导证人相信还有其他人已经主动前来提供了相似信息，证人就会出于“从众心理”而感到舒服些，并且会极大地减少作为证人的相关恐惧感。

下面的引导性陈述对于一个帮派成员驾车枪击案的证人来说比较适合：

玛丽（Mary），我确实很感谢你愿意告诉我那天你所见到的事情。已经有很多人告诉我或其他侦查人员他们所见到的，因此你能提供的信息或许没有我们已经掌握的多，但是我希望能听到完整的和全面的信息。我们已经掌握了大量指向犯罪嫌疑人的信息，在我们的努力和像你这样的良好公民的配合下，我保证这件案子将很快结案。

正如这个引导性陈述所阐释的那样，侦查人员不仅要暗示其他证人已经主动来过，而且要强调公民有协助警方的义务。侦查人员对于罪犯很快就要被逮捕表现出乐观的心态，也能让那些有顾虑的证人感到心安。在证人口头揭露他所知道的所有事情之前，绝对不要提及将来有可能需要作证这个问题。对证人提出的关于可能被报复的具体问题，侦查人员应当基于已知的案件情况诚恳地回答。电影和电视描绘的罪犯报复不利于自己的证人的事件通常过于夸张，但这只是偶尔发生。因此，侦查人员应当基于自己的判断如实说明。

六、结论

在对犯罪嫌疑人、证人或受害人进行正式的询问时，侦查人员应当事先花时间做准备并为询问定一个计划。在这一点上，准备一张列有具体问题及主题范围的询问提纲是非常有用的，这些内容应以缩写的方式涵盖整个询问过程。该询问提纲应当预留足够的空间让侦查人员能以书写的方式记录询问对象对每个问题的回答要点，并且应当留下足够的空间以增添额外提出的问题。

询问开头的几分钟是非常关键的，因为在此阶段询问对象会对侦查人员的客观性、自信心和整体个性形成第一印象。因此，侦查人员在提出想要调查的主要的问题之前，应花费几分钟的时间与询问对象建立起融洽的关系。

在提出主要问题时，使用引导性陈述让询问对象对询问形成一种适当的心态是大有益处的。引导性陈述的变换取决于案件的具体情况，但在本质上，它们应当能够让无罪的人感到宽慰，同时能够增加有罪者对其罪行的忧惧。

第八章 规划实施询问的问题

在询问中，侦查人员提出问题的表达方式能够增加或者减少询问对象对于所提问题的反应的价值。在询问过程中，一些提问事实上会招致欺瞒而且明显不受欢迎。然而，对于欺瞒的询问对象而言，如果他选择撒谎，其他一些问题却能够对他造成更多的压力，并因此成为更加富有成效的询问。例如，在下面所列举的两个问题中，第二个问题更有可能获得有意义的信息。

1. 在最近这十年里，你逃避过你的纳税申报单吗？
2. 在最近这十年里，你得到过多少你最为关注的税收减免？

值得关注的是，社会阅历教会询问人员通过微秒且敏感的方式提问，提问时暗含的假定使作出回应的人将会如实回答并且会自愿提供所需的信息。例如，两个关系很好的朋友在分享饮料时，其中一个问另外一个："你和格洛里亚（Gloria）（这个朋友的妻子）之间的关系怎么样了？"在朋友之间，此人用这种不具有攻击性的问题引入这个敏感的话题——过去众所周知的婚姻问题——是很好的。这一问题十有八九将会激励该朋友提供具有重要意义的信息并展开进一步讨论。但是，侦查人员所询问的证人、被害人以及嫌疑人，他们既不是私人朋友，通常也没有强烈的欲望使他们自己或者其他人归罪。基于此，侦查人员必须学会与那些在朋友之间或者家庭内部惯常使用的不相同的提问技巧，而且在整个询问过程中，他必须仔细思考以规划如何精确地提问。

本章中将会讨论对问题的规划以及开放性问题、直接性问题和后续问题的价值。在本书后面的第十一章和第十二章中，额外的专业化的提问技巧将会呈现给读者，这些专业化的提问技巧将会拓展侦查人员在询问过程中提出问题的全面技能。

一、提出初始的开放性问题

在审查一个陈述，如被害人遭遇了什么、犯罪嫌疑人的不在场证明或者证人看到或者听到什么时，侦查人员在询问中应当通过在询问初期提出一个初始性的开放性问题以引出这类信息。开放性问题是指要求询问对象作出陈述性回应的问题。如下这些就是开放性问题的例子：

- 请告诉我你所知道的关于在你的仓库中发生的这场火灾的全部情况；
- 请告诉我上周五晚上你下课后遇到的所有事情（问题针对的是关于强奸、殴打或抢劫的控告）；
- 请告诉我你看到的关于这起事故的所有情况；
- 请告诉我你从周五中午开始直到晚上上床睡觉这期间做过的全部事情。

在大多数情况下，侦查人员可以通过提出封闭性问题以引出这种类型的信息。例如，在一起涉及晚上 7 点 45 分发生的抢劫案件中，侦查人员可以向犯罪嫌疑人提出问题："上周五晚上 7 点 45 分你在哪里？"有罪的犯罪嫌疑人对于这个高度关注的问题可以通过提供一个捏造的陈述来撒谎，但对于侦查人员而言，则是留下了依据一个简单的行为去观察识别嫌疑人欺骗的艰难的任务。

在询问初期提出一个初始性的开放性问题有一系列优势。首先，由于询问对象在其回应中可以自由地提供或者排除任何他想要的内容，除非是在处理一份捏造的被害人陈述，否则询问对象在其回应中不太可能提供虚假信息，因为开放性提问通常不会导致询问对象捏造事实回应。询问对象在回应中对于开放性问题自愿提供的信息——例如，嫌疑人不在现场的证明——可能全部都是真实的，尽管此信息的内容尚不够完整。其次，询问对象对于开放性问题的回应可用于评估是否剪辑了特定内容，尤其是在询问对象在其陈述中故意排除了特定信息的情况下。最后，对于开放性问题的回应通常不会致使欺瞒的询问对象进入否定的状态，相反，一系列封闭性问题可能会导致询问对象在询问过程中坚持他在询问初期所陈述的谎言。①

为阐明这几点，请思考下面询问对象对与犯罪嫌疑人不在现场证明相关的一个开放性问题作出的回应，此处侦查人员调查的问题是嫌疑人涉嫌从行驶的汽车上射击，发案时间为下午 6 点 45 分。向犯罪嫌疑人提出的开放性问题是："请告诉我你从周五中午开始直到晚上上床睡觉这期间做过的全部事情。"

---

① 已有研究证明了使用开放性问题的价值。纽芬兰纪念大学心理学系的布兰特·斯努克（Brent Snook）和凯西·基庭（Kathy Keating）博士实施的一项研究结果表明：在一定程度上，"询问证人的执法人员在询问过程中往往一直潜在地减少从询问对象那里获取的信息量，其方式为交谈过多，提出了过多的封闭性问题以及未能坚持采用科学的方法去挖掘证人的记忆"。研究人员进一步指出，"在询问人员提出的问题中只有大约 6%的问题属于开放性问题"。换句话说，应当鼓励询问对象作出更大范围内的回应而不是简单的"是"或"不是"，也不是其他范围狭窄、限定严格的回答。研究人员指出，"我们估计，在询问人员提出的所有问题中，有 20%至 30%的问题应当是开放性问题"。布兰特·斯努克和凯西·基庭博士发表了该研究结果，即关于加拿大警察机构中对成年证人询问实践情况的实证研究。参见 *Legal and Criminological Psychology*（《法律和犯罪心理学》），16（1）February 2011，160-172。论文首次在网上公开发表：17 JAN 2011，DOI：10. 1348/135532510X497258。

在中午的这段时间，我和几个朋友在用枪射击水桶，并且我们决定去森塞特（Sunset）的麦当劳吃午餐。到达后我们围着麦当劳闲逛了一会儿，然后去一个朋友的房子那里看看谁在那儿。我们在她的家里待了一会儿，坐着并聊天。此后，我们想去看场电影。电影大概在7点钟结束了。最后，我们去了保罗（Paul）的房子，在保罗处我们聊天并填饱了肚子，而后大约9点左右我从保罗的房子离开步行回家。当天晚上的其他时间我在我的房间里打电话和听CD。大约11点左右我睡着了。

上述不在现场的证明并不包含任何虚假的信息，甚至询问对象承认卷入了这起枪击案件（注意：询问对象从未声称他去看了这场电影）。正如将要简要描述的那样，对于询问对象提供的这个不在场证明可以分析审查，并且可以通过提出澄清性问题进行分析，侦查人员或许能够确定犯罪嫌疑人在犯罪发生时事实上并没有不在场的证明。如果侦查人员通过提出一个直接问题如“上周五晚上6点45分你在哪里”来套出询问对象的不在场证明，询问对象则可能撒谎，并且信誓旦旦地说明其位置：在驾车枪击案发生时，他在电影院。如下的对话可以说明此问题：

Q（问题）：上周五晚上6点45分你在哪里？

R（答复）：我和保罗以及格雷格（Greg）在电影院。

Q：当时放映的是什么电影？

R：《勇闯夺命岛》（The Rock）

Q：你们什么时候离开电影院的？

R：电影大概在7点钟结束，因此大概是在7点10分或者7点15分离开电影院的。

Q：然后你们又做了什么？

R：然后我们上了保罗的车，他开车到他的房子。在他家我们闲聊了一会儿，而后9点左右我就步行回家了。

通过上面的方式去套出询问对象的不在场证明，实际上是在迫使一个有罪的犯罪嫌疑人对侦查人员提出的问题撒谎。关于询问有一项明确的准则，仍值得提及：让一个询问对象省略掉部分事实真相始终比让他撒谎来捏造信息更为有利。从询问对象的回复中分析发掘被其省略掉的真实信息，远比从已回复了谎言的询问对象那里获知真相更为容易（对这种询问对象通常需要进行讯问）。开放性问题不会导致有罪的犯罪嫌疑人对侦查人员提出的问题撒谎。

（一）开放性问题的措辞

我们的社交本能教会我们用非侵犯性的方式提出开放性问题（例如，“你一天的工作怎么样”或者“今天在学校怎么样”）。这些问题肯定适合提供给一个愿意去披露工作或学校中问题的人，以揭示该信息。然而，这些问题对于具有欺骗动机的人而言显然是不会有效的。

在对涉嫌参与某一起犯罪或者制造某一事件的人的询问过程中，最初的开放性问题的措辞应当尽可能采用最为宽泛的方式（例如，“告诉我你所做的全部事情……”）。侦查人员也不需要在问题中加入任何限定性因素，因为那有可能会限制犯罪嫌疑人的回复。因此，在询问一位妻子有关家庭暴力的问题时，下面的问题 1 是不合适的，而问题 2 是恰当的提问。

1. 为什么你不从你丈夫对你所做的事情开始呢？

2. 请告诉我今天晚上此处发生的所有事情。

第一个问题的不当之处在于，它假定了丈夫用某种方式伤害了妻子，而且也限定了她的回复是针对她丈夫的身体行为。第二个问题则没有为妻子提供方向，使她能够选择任何内容进行回复。

在一般情况下，真实的陈述将会及时地从主要事件之前的某一点开始，但是，在对某一开放性问题作出回应之前，说谎的询问对象有可能会向侦查人员提出问题，如“你想我从哪里开始”或者“你想知道什么”。侦查人员应当这样应答，如“从任何你想开始的地方开始讲”或者“发生的所有事情”。

（二）套取询问对象的完整回复

一旦询问对象开始对最初的开放性问题作出回答，侦查人员应当允许他持续作出回应而不要提出任何问题。如果侦查人员提出问题打断询问对象的陈述，愿意讲真话的询问对象就有可能会剪辑其陈述以提供他自认为侦查人员想知道的内容。而且，侦查人员提出问题打断询问对象的回应会破坏询问对象思维的连贯性和陈述的连续性，这会限制侦查人员审查评估询问对象在陈述中剪辑信息的能力。

为鼓励询问对象对最初的开放性问题作出完整的回复，侦查人员可以使用一种被称为“强迫性沉默”（forced silence）的技巧。在询问对象回答暂停的时候，侦查人员可以说一些“行”或者“好的”之类的话，而后则应保持沉默。最终，询问对象将会打破沉默并继续他的回答。当询问对象的回答完结时，询问对象通常会用一个声明来让侦查人员知道，如向侦查人员说“那就是我所做的全部事情”。

（三）评估对开放性问题的回答

如果与一起事件相关，如是一起抢劫或者性攻击案件的受害人，真实的陈述几乎总是包含三个部分的内容。[①] 此类陈述将会从一个为主要事件提供平台的导言开始；陈述的第二部分将会是事件本身；陈述的最后一个阶段将会是一个收场白，在收场白中询问对象会解释在该起事件之后他的所作所为或者解释该事件在情感方面如何对他造成了影响。在一个真实的陈述中，询问对象会因该事件引起的活动、思考以及言行举止变得犹如动作性部分一样具有意义。下面这份关于劫车的陈述是一个典型的真实陈述。

好的，我当时是在赶往学校接我的两个小孩戴夫（Dave）和劳拉（Laura）的路上。我大约是在6点15分下班，我必须在7点之前经过莱克（Lake）大街去接他们。由于是交通高峰时间，拥堵很厉害，我担心我可能会迟到。上周二我去接孩子时就迟到了，为此老师让我灰头土脸地难堪了一阵子，因此我决定抄近路，走临近的伦巴第（Lombard）路过去。[导言]

我因时间紧迫分散了注意力并且对于我所处的位置确实没有考虑太多。无论如何，我在伦巴第路上的保罗（Paul）街遇到一个红灯停了下来，一辆在我后面的轿车碰到了我。我受到一点惊吓，但由于只是碰撞，我并没有想到可能会有什么伤害。当我转身时我看到这个家伙靠近了我的车窗，于是我打开车门和他交涉。他告诉我刚才的碰撞对我的车造成了一定的损害，于是我下车去查看造成的损害。他在那个地方抓住我的肩膀对我说“滚开”并将我推开。而后他进入我的车里，启动车子做了一个U型转弯，沿着保罗街的车道朝另外一个方向行使。他开得很猛，轮胎发出尖叫声，我不得不跳离道路。碰到我的那辆车紧接着调头跑了。[事件的主要内容]

整个事件的发生只是持续了数秒钟。我觉得我自己像个傻子一样，因为我已经知道劫车的事情但我认为它永远不会发生在我身上，你懂的。我没有受到身体伤害，但是有点儿眩晕。那时我处在一个不熟悉的街区中，我不能确定该怎么办。我沿着街区走到一家华尔格林（Walgreens）药品零售店，他们有一个付费电话，在那里我先用电话报了警然后给托儿所打了电话。托儿所的老师同意等我。和警察谈完话之后，我叫了辆出租车去托儿所接到了我的两个孩子。这就是所发生的全部事情。[收场白]

一份编造的陈述通常不会包括这三个部分。说谎的询问对象不需要作出不必要的撒谎，他会提供导言和事件的主要内容部分，但只会提供一个收场白的梗概或者将整个收场白漏掉。如果关于事件细节的数量从一个部分到另一个部分后发生了变化，这种陈述同样是值得怀疑的。例如，假如一名被害人在其回

---

① 一些针对审查判断开放性陈述的建设性指导规则融合了从内容进行分析的概念，这是一种审查评估被害人、证人或者犯罪嫌疑人的书面陈述的一种技巧。我们将这些建设性指导规则运用到审查判断口头陈述中来，从我们的实证经历来看，在此种情形下，这种技巧也是有用的。

复中花了90%的量去针对导言部分作出详细的解释，但对事件的主要内容予以掩饰，这是值得怀疑的。请对比前面的真实回答陈述和下面这个编造的陈述。

好的，当时我在去托儿所接我孩子的路上，决定抄近路走伦巴第路到保罗街。正如你所知道的，那是个很糟糕的社区。当我在等红灯的时候，我感觉到了一下震动，像是有人从后面碰撞了我。随后这个家伙出来抓住我，把我从车里拉出来，然后急匆匆地跳进我的车里并开走了。事情发生得很快，我都没来得及看清他。这差不多就是全部的事情经过。

1. 诚实的指征。

除了审查判断询问对象对最初的开放性问题的回复中的三个部分，侦查人员还应当仔细听取如下这些关于诚实陈述的指征。

（1）类似的细节贯穿于整个陈述之中。取决于事件的重要性和新近性，以及一个人的背景、教育程度和常用技能，一些人将会在其陈述中提供比其他人更多的细节。但是，如果陈述是实事求是的，类似的细节会贯穿于整个陈述之中。

（2）有顺序混乱的信息。人的记忆不会用摄像机记录图像时那样的方式实时存储相关信息。相反，我们有主要的记忆，这种主要的记忆会刺激次要的记忆。在一个陈述中，这些不重要的记忆可能会被询问对象不按顺序地想起来。蕴含在询问对象回复时所包括的顺序混乱的信息中的事实，往往能够支持源于真实回忆的陈述。在前述劫车事件的第一份陈述中，关于上周二接孩子时迟到了的陈述就属于顺序混乱的信息。询问对象决定将此信息包含在她的陈述中，因为该信息是真实的。在对侦查人员提问的回复过程中，真正有罪的嫌疑人往往不愿意作出不必要的撒谎。

（3）有思考和情绪的表达。在涉及造成伤害的事件中，如果嫌疑人的陈述没有包括思考及情绪方面的陈述，那么该陈述的真实性是值得怀疑的。因为，心理学研究表明，思考和情绪与行为人的关系是非常密切的。在前述劫车事件中，真实的陈述包括了一系列此类思考的表达，包括“我从未想过会有任何伤害”、“我感觉像个傻瓜”以及“我有点晕眩。”

2. 欺骗的指征。

相反的，在审查判断嫌疑人对开放性问题所回复的三个部分时，侦查人员应当仔细听取如下这些关于欺骗的指征。

（1）细节程度有变化。在一份陈述中，如果为了引导出事件的主体部分而包含大量的细节，但在描述事件的主体部分时却缺乏对细节同样水平的描述，侦查人员对此陈述应当持怀疑态度。与此相类似，在一份陈述中，如果导言和收场白部分的内容很概要，但询问对象对于事件的主体部分进行了详细地描述，这一陈述也应当被视为是可疑的。

（2）陈述中的时间顺序完全一致。在一份陈述中，询问对象按照时间顺序，把事情经过从A至Z地描述出来而没有任何跳跃性回忆，此陈述的真实性在一定程度上是值得怀疑的。此种情况或许表明该陈述是经过事先排练的或者是不由自主地形成的，因为询问对象是在按照他所被告知的内容编造故事。在陈述中缺乏顺序混乱的信息，暗示了询问对象在回复时没有按照正常的回忆模式进行。然而，需要注意的是，已经被重复讲述过很多次的真实陈述在时间顺序上是一致的。

（3）缺乏思考和情绪的表达。欺骗性陈述通常完全集中在行为上面：发生了什么、何时发生的、如何发生的以及说过什么等。由于该陈述是捏造的，因此询问对象所报告的这些行为脱离了亲历者亲身体验时思考或情绪产生的正常过程。在一起涉及捏造的抢劫案件中，嫌疑人被问道，“当你看到作案人靠近你的车辆时你的反应是什么”？嫌疑人的回答是他将财物移向了一边。侦查人员再次通过提问尝试探出询问对象当时的思考或情绪，遂问道：“当他靠近你的时候你的想法是什么？”对此提问，询问对象回答道：“我正好将脚踩在刹车上并且移动了袋子。”询问对象在任何时候均没有说到他感到害怕或者他认为会受到伤害或被杀死。在紧随询问之后的审讯过程中，询问对象承认是他自己偷了这笔钱并编造了自己被抢劫的故事。

（4）有表明时间间隙的措辞。在开放性陈述过程中，有一些关键措辞表明询问对象有意识地从陈述中剪辑了某些信息，这些措辞应当认真听取。这种措辞的例子包括：“我记得紧接在后的事情……”、“在我知道它之前……”以及“最终……”。下面是包含时间间隙措辞的两名被害人的陈述。在这两份陈述中，“被害人”很明显地剪辑了主体事件之前的信息。

例1：我从椅子上起来进入他的房子里。当我返回房子外面时，他已经铺了一张毯子在地上并邀请我加入。我在毯子的一个角落坐了下来，我回想到的紧接在后的事情是，他在我的后面用我的衣服围住我的脖子并爱抚我。

例2：我质问警官为什么我们被要求停下，他告诉我如果我再多说一个字，他就会踢我［咒骂］。我说我很抱歉而且我只是问问。我记得紧接在后的事情，那就是我在地上被踢。

在这两份陈述中，尝试揭示出询问对象对于这些攻击行为的原因在叙述中被省略掉了。这并不必然意味着这些陈述是捏造的，相反，被害人在其陈述中选择把将会立即导致所声称的性攻击和警察殴打的事实不包括在内。这种省略可能是由于被害人觉得尴尬或者感到羞愧，这种情况可以表明其陈述可能是真实的，或者是由于被害人应当对此种行为承担责任，这种情况可以否定其指控。要点是：时间间隙的措辞有助于指引侦查人员去注意在询问对象的陈述中需要澄清的部分。

(5) 有不明确的行为措词。说谎的询问对象广泛依赖于侦查人员作出的关于可能发生了什么的假定。一项值得遵守的好规则是，如果询问对象不特别说明所发生的事，侦查人员就不应当假定事情确实发生了。与不明确的行为相关的主要措辞包括："我认为……"、"他开始……"，以及"我想要……"。在一起我们办公室调查过的案件中，一名年龄16岁的女学生声称，在一个浴室的小隔间里面她被强奸了，浴室就在她所在的高中。在回复侦查人员提出的开放性问题时她说："他开始威胁我并告诉我如果我尖声叫喊或者不配合他，他就会伤害或者杀死我。"随后她说："他开始把我推到小隔间的背部，因此，你知道，我有点被压住。"具有重要意义的是，这名学生从不说这个男人确实说了这些话或者确实将她推到小隔间的背部。相反，她说他"开始"实施这些行为。在这个陈述中，同样具有重要意义的是，被害人还在使用现在时态的动词讨论那些应当在过去已经发生了的事情。① 在随后的审讯中，该询问对象承认她是为了辩解逃学的原因而完整地编造了被强奸的故事。

(四) 澄清开放性陈述

一旦询问对象完成了对开放性问题的回复，侦查人员应当回顾询问对象的回复并提出澄清性问题。如下这个清单可用作此方面的指南，其有助于指导访谈人员进入那些需要进一步澄清的领域。

1. 不完全的各种细节。
2. 不合逻辑或者未解释的行为。
3. 时间间隙措辞。
4. 暗示性行为措辞。
5. 未确定身份的人员（我们去购物中心）。
6. 会话内容（我打了一会儿电话）。
7. 限定性措辞（我相信、我认为、我记得）。

澄清性问题属于开放性问题，可以被分为三类：①套出更多信息的问题；②寻求对事件作出解释的问题；以及③用于探究关于询问对象的情感和想法的信息的问题。

设计第一类问题的目的是在询问对象的陈述中的某个部分套出更为深层的信息。例如：

① 对于开放性陈述的评价以及从语义学方面更为深入的讨论，参见 W. Rudacille. (1994). *Identifying Lies in Disguise*（《辨识谎言伪装》）. Dubuque, Iowa: Kendall/Hunt; D. Rabon. (1994). *Investigative Discourse Analysis*（《调查性谈话的分析》）. Durham, N. C.: Carolina Academic Press。

- 请告诉我更多的关于靠近你的车的这名男性的情况。
- 请描述碰撞到你的车的情况。
- 他们驱车离开后你做了什么？
- 告诉我关于这部电影更多的情况。

第二类澄清性问题是寻求对事件的解释。例如：

- 你能更为全面地解释一下你在那个临近街区的原因吗？
- 你最初离开车的原因是什么？
- 你决定去看那部电影的原因是什么？
- 为什么你等了三天才来报告这些？

最后一类澄清性问题用于探究关于询问对象的情感和想法的信息。例如：

- 当你看到这名男性靠近你的车时你的第一反应是什么？
- 对于这名男性偷走了你的车你的感受是什么？
- 你曾经与谁讨论过这起事件？

在侦查人员提出一系列澄清性问题以及询问对象自愿提供了他计划提供的所有信息之后，侦查人员应当提出直接性问题，以探究尚未包括在询问对象针对开放性问题所作的回复中的事件或情况的细节。

二、提出直接问题

正如标题的名称所表明的，直接问题通常是封闭性问题，提出封闭性问题的目的是从询问对象那里套出某种特定的态度或者答案。尽管直接问题是一种掌握信息的有效方式，但是说谎的询问对象同样也有可能针对这些问题撒谎。从实质上讲，直接问题是在强制说谎的询问对象要么提供归罪的证据要么撒谎。因此，在询问过程中，侦查人员除了应当恰当地提出直接问题以及评估询问对象所作的言语性回复外，也必须仔细监视询问对象的非言语行为。在询问中需要观察的特定行为症状将在本书第九章中介绍。

1. 如果试图获得某种可能的承认，可以使用非描述性语言提问。如果侦查人员提出的问题包含描述性术语或者法律术语，如偷窃、强奸、谋杀或者抢劫，那么询问对象将会本能地采取否定态度。因此，在如下两个提问中，第一个问题不太可能套出有价值的信息，而第二个问题则有可能套出有价值的信息。

- 你认为谁参与了这起抢劫案件？［不恰当］
- 你认为谁有可能参与了从加油站拿走钱的这件事？［恰当］

2. 如果要提出一系列与某个核心问题相关的问题，应当从最为狭窄的问题开始并以最为宽泛的问题结束。例如，在一起杀人案件中，一名叫作杰夫

(Jeff) 的被害人于上周五晚上在自己的家中被射杀，侦查人员可能将会需要向一名犯罪嫌疑人提出如下这些询问问题：

(1) 上周五你和杰夫曾有过任何联系吗？

(2) 上周五你曾看到过杰夫吗？

(3) 上周五你曾和杰夫交谈过吗？

(4) 上周五你曾在杰夫家里待过吗？

(5) 上周五的任何时候你曾持有过枪支吗？

(6) 上周五你曾开枪射击过吗？

(7) 你开枪射击了杰夫吗？

按照该顺序提问呈现出来的问题是，如果询问对象对于第 1 个提问的回答是“没有”，那么对于第 2 个、第 3 个以及第 4 个问题，他也必须回答“没有”。对于案发当天犯罪嫌疑人与被害人可能有联系的任何问题，犯罪嫌疑人都会致力于予以否定。事实上，许多侦查人员甚至不愿意提出那些会对第一个问题进行否定的问题。类似的，先向询问对象提出上周五他是否持有过枪支这个问题，会迫使他对第 6 个和第 7 个问题作出否定回答。提出这些问题恰当的顺序应当是：

(1) 你开枪射击了杰夫吗？

(2) 上周五你曾看到过杰夫吗？

(3) 上周五你曾和杰夫交谈过吗？

(4) 上周五你曾在杰夫家里待过吗？

(5) 上周五你和杰夫曾有过任何联系吗？

(6) 上周五你曾开枪射击过吗？

(7) 上周五的任何时候你曾持有过枪支吗？

在询问过程中，相较于只对一两个孤立的问题撒谎，在犯罪嫌疑人对提出的多个问题撒谎时，查明犯罪嫌疑人的欺骗常常更为容易一些。通过提出上述清单中的所有问题，这起杀人案件中有罪的犯罪嫌疑人被迫在询问过程中多次撒谎，于是极大地增加了侦查人员查明询问对象在欺骗的机会。对于诚实的犯罪嫌疑人而言，提出同样系列的问题也是为他提供了多个展示其诚实性行为症状的机会。

3. 不要基于询问对象在某个先前的时间点提供的信息断定某一个问题。即便侦查人员对于询问对象通过口头或书面方式向其他侦查人员所告知的内容已大量地了解，侦查人员也应当逐个提出问题，仿佛他并不知道询问对象对这些问题已有回答一样。侦查人员基于先前的信息断定某个问题，不仅会使询问对象回想起他以前所作的回复的内容，而且也会使询问对象改变他先前的陈述变得困难，进而有可能会使有罪的犯罪嫌疑人作出进一步否认。举例来说，在一起攻击伤害案件中，如果被害人被问道，“我在这里看到在你的陈述中，攻击你的这名男性身高 6 英尺，对于他的体貌特征你能够给我作出更为完整的描述吗”，她（被害人）不可能这样回复：“好的，我认为，在思考了一些事情之后，他的身高是接近 5 英尺 6 英寸。”相反，如果向被害人提出的问题能这样措辞，“请描述一下关于攻击你的这名男性的全部情况”，这名被害人会回顾事情的经过，如果她相信攻击她的男性身高不足 6 英尺，则可能改变其原来对攻击她的男性的身高的描述。此处，还有另外一个关于提问措辞恰当和不恰当的例子。

- 你曾告诉另外一个侦查人员，你离开电影院的时间大约是在那天晚上 7 点 10 分。你离开电影院的时间接近 6 点 30 分是可能的吗？［不恰当］
- 你离开电影院是什么时间？［恰当］

如果侦查人员掌握了关于犯罪嫌疑人过去事项（例如，之前曾经被拘捕过）的特定信息，或者掌握了能够将犯罪嫌疑人与犯罪现场联系起来的特定信息（例如，有目击证人看到犯罪嫌疑人离开火灾现场），那么这种信息直到在向犯罪嫌疑人提出涉及此信息内容的问题之前不得泄露，如“你曾经被拘捕过吗”、“上周五晚上，你在着火的建筑物外面吗”。对此类事项（例如，否认任何曾经被拘捕过的事或者否认案发当时在犯罪现场），撒谎的犯罪嫌疑人更加有可能参与了正在被调查的事件。①

4. 在同一个提问中不要组合两个问题。考察这个复合性提问——“那天晚上你看到过吉姆（Jim）或者与他交谈过吗？”如果询问对象的回答是“没有”，其是指询问对象将两种行为均予以否认还是只否认其中的一个，侦查人员就会没有了主意。对于有罪的询问对象而言，如果他通过电话与吉姆进行了交谈但没有亲自和吉姆碰面，对于侦查人员提出的问题，为了使查明欺骗更加复杂化，该询问对象将会从心理上集中于他正在说实话的那一部分（那天他通过电话与吉姆进行了交谈）。作为一种结果，犯罪嫌疑人的行为看起来将会是诚实的。下面的会话说明了通过用不同的提问将两个独立的问题表述出来的优势：

Q：那天晚上你看到过吉姆吗？

R：没有，根本没有。

---

① 在《警察询问中的证据使用策略：培训辨别欺骗的用书》一书中，作者报道了在上文描述过的询问策略的如下价值：在一起模拟犯罪的情形下，他们发现，当询问人员要求询问对象讲述他们的事情的时候，询问人员隐瞒不利于询问对象的归罪证据（指存在目击证人以及在被偷窃的物品上发现了询问对象的指纹），比他们向询问对象揭露已掌握的证据信息，然后给他们一个机会用不会自陷于罪的理由为去这些证据进行辩解更为有效。

Q：那天晚上你和吉姆交谈过吗？

R：嗯……没有当面交谈。

5. 直接问题应当短小且简洁。侦查人员可以通过提出一个短小且贴题的问题开始询问。然而，如果侦查人员察觉到犯罪嫌疑人这边的犹豫不决，侦查人员可以继续交谈以努力减轻犯罪嫌疑人的焦虑。侦查人员提出的结果性问题通常比最初提出的问题更加具体。这被称为“标记”一个直接问题。考察下面这个会话：

Q：安德莉亚（Andrea）曾经看到过你那赤裸的阴茎吗？

R：嗯……没有，根本没有。

Q：你知道，那个年龄的小孩自然充满好奇心，而且有时候他们会在你正在淋浴的时候走进来，或者在你正准备上床睡觉的时候进来，因而在那种场景下看到你的裸体。那种情形有没有发生过？

R：没有，根本没有。

在这起案件中，据称询问对象未经许可走进被害人房间并将其阴茎暴露给她。侦查人员的第一个问题是恰当的并且向犯罪嫌疑人说明了那种可能性。然而，一旦侦查人员用特定的例子（在淋浴时或者准备睡觉时被看到）标记提出的问题，这个提问就变得如此具体，以至于询问对象能够针对该问题讲真话而不会自陷于罪。

6. 不应在提问中包含记忆性修饰词。对于侦查人员的提问，说谎的询问对象在其回答中将会使用记忆性修饰词以减轻其个人责任。关于这一点的一个例子是：“不是我能回忆起的那样。”但是，如果在侦查人员的提问中包含记忆性修饰词，说谎的询问对象就会在其否认中感到更加自信，正如下面这个例子所表明的：

Q：那天晚上你和詹姆斯（James）有过争吵，你还记得吗？[不恰当]

R：记不得了。

Q：那天晚上你和詹姆斯有过争吵吗？[恰当]

R：不是我能回忆起的那样。

在第二个提问中，通过移出记忆修性饰词，询问对象的回复发生了实质性改变。事实上，他现在已经承认了在犯罪发生的当天晚上，他与被害人发生争吵的可能性。

7. 不要提出否定性问题。否定性问题是一种期望获得对包含在问题中的言外之意予以同意的问题。在询问过程中，这些提问是最容易被撒谎的，但经常被侦查人员提出。如下这些是各种否定性问题的样本：

- 你不知道是谁干了这事，是吗？

- 因此你从未与你的继女讨论过性问题？
- 那天晚上你并没有正在使用毒品，是吗？

通常而言，否定性问题是在询问对象作出含糊其辞的回复后被提出的一种不恰当的后续问题。这说明，侦查人员能够意识到询问对象的初步回复是不完整的，但是却通过提出一个否定性问题来不正确地总结询问对象的态度，如下面的例子所示：

Q：这位女士恰好居住在你楼下，无论出于何种原因你曾经进入过她的公寓吗？

R：我确信如果我去过她的公寓我会记得。

Q：因此你从未进入过她的公寓，是吗？

R：当然是。

8. 不要提出质疑性问题。实施询问的过程应当是非控诉性的，对于一些询问对象而言，遵从这一指导性规则是困难的。但是，侦查人员应当记住，一旦采用质疑或者控诉性的方式提出问题，询问对象提供的信息将会越来越少。不仅如此，用威胁或者进攻性的语调提问可能导致来自于询问对象的误导性行为。[①] 下面是一个不恰当提问的例子：

Q：那天晚上，在任何时候你都在第五大道上的一辆车里吗？

R：我告诉过你，这件事发生的时候我在电影院里。

Q：那不是我所问你的问题，听清我的问题！你是在第五大道上的一辆车里吗？

R：我已经告诉过你我当时在哪里，如果你还有任何其他的问题，你可以和我的律师谈。

对于询问对象这种推脱性回复更好的提问方法是："我明白，但是我想弄明白的是，那天晚上你是否在第五大道上的一辆车里，任何时候？"对于询问人员而言，另外一种保持在询问过程中提出非质疑性问题的方法是，表现出对自己未能理解询问对象的回答的责怪。侦查人员可以这样说，"对于某件事情我有点糊涂了"或者"或许是我误解了你先前的陈述"。

三、提出后续问题

提出恰当的直接问题当然不能保证说谎的询问对象对于所提的问题讲实

① 关于控诉性提问导致的误导性行为性质的一个好的例子是一项实验室研究，该实验是一起模拟犯罪的实验，大学生被"询问"到他们不在犯罪现场的证明。参见卡辛（S. Kassin）和方（C. Fong）（1999）：《我是清白的！针对讯问室中鉴别真实和欺骗行为的培训效果》（I' m Innocent！：Effects of Training on Judgments of Truth and Deception in the Interrogation Room）。

话。当然，对所提出的问题予以恰当的规划会使询问对象在其回复中的欺骗更为明显。尽管特定行为的欺骗迹象将在本书第九章予以介绍，但是领会2个用于评估询问对象对于询问问题所作的行为反应的不同原因也是重要的。首先是形成关于犯罪嫌疑人可能是诚实的观点，其次是利用行为症状有助于指导对后续所提问题的选择。下文中所提供的建议正是基于这一点。

由于后续问题是专门针对询问对象最初回复中的某个方面提出的，因而他们在澄清询问对象的行为方面是有帮助的。因此，在鉴别询问对象是在说实话还是在欺骗方面，询问对象对于后续问题的回复通常较其对于最初的提问所作出的初步回复更具价值，如下的这个例子说明了这一观点。在这个案例中，1号询问对象对于后续问题的回复属于更为典型的讲真话，而2号询问对象对于后续问题作出的回复更有可能象征着欺骗。

Q：你认为对这个偷了2000美元的人应该怎么处理？

R：嗯，那确实不是我所能够决定的。

Q（后续问题）：我明白，但是，如果你能够作出决定，你认为对这个偷钱的人应该怎么处理？

R（1号对象）：好的，由于这个贼损害了我分到的利润，我首先希望抓到他。我认为送他去坐牢可能是最好的解决方案。

R（2号对象）：我认为你们应当看看这个人的记录和相关资料。你知道，应查明他为什么这么做并且考虑所有情况。

（一）处理闪烁其词的回复

闪烁其词的回复是指对于一个直接性提问，询问对象没有提供明确的回答。通常而言，闪烁其词是欺骗的一种症状，但是会有一些讲实话的询问对象出于一些原因而对侦查人员最初提出的问题避免作出一个直接的回答。如果遇到闪烁其词的回复，侦查人员应当简单地复述同一个提问，如下面的会话所示：

Q：你最后一次见到萨利（Sally）是什么时候？

R：就如我说的，我开车去她家，大约7点30分她下车了，大概吧。

Q：我明白你大概是在7点30分左右把她送回了家，但你实际上最后一次看到她是什么时候？

R：好的，她邀请我去她家喝杯饮料，我接受了。但是我没有停留太长的时间，我不得不说那是我最后一次见到她，时间或许是8点或者8点30分——差不多是那个时间。

（二）对修饰性回复作出回应

修饰性回复在询问对象的回复中含有降低其个人所承担的义务程度或者减

少其回复的欺诈性的单词或者短语。询问对象使用此类修饰性回复时，侦查人员应当考虑提出一个假定性的后续问题以澄清询问对象的态度。假定性问题通常采用这样的短语引出——“这是可能的”或者“或许你认为”，下面的会话可说明此点：

Q：你随时都有这个保险柜的密码吗？

R：就我所知，我从未拥有过这个保险柜的密码。

Q：在某个时间点，你可能会被给予这个保险柜的秘密吧？

R：好的，经你提及，我想起来了。曾经有一次，当时吉姆打电话请了病假，由于那天早上我必须打开保险柜，我就打电话和他交谈。我认为，在我给他打电话的时候他确实把保险柜的密码给了我。

（三）对可能的省略作出回应

在询问过程中，有罪的询问对象有可能通过省略部分内容来避免对侦查人员提出的问题撒谎。也就是说，犯罪嫌疑人在其回复中所提供的内容是真实的，但其所说的只是事实真相的一部分。侦查人员在向某一询问对象提出关于行为结果或者日期的问题时，应当自始至终地注意听取其中可能存在的省略。在下面的例子中，第1个犯罪嫌疑人讲出了全部真相，但是第2个犯罪嫌疑人却省略了一些重要的信息。

Q：你的驾驶执照曾经被暂扣过吗？

R（1号嫌疑人）：我的驾驶执照唯一的一次被暂扣是在以前，我19岁的时候，当时我没有足够的钱去支付好几个停车费单据，因此我的驾驶执照被暂扣了3个月，直到我付清了这些单据。

R（2号嫌疑人）：是的，曾经被暂扣过。以前，在我19岁的时候，因为没有付清停车费单据而被暂扣了几个月。

尽管第2个询问对象在其回复中没有撒谎，但他也没有说出全部的真实情况。事实上，他的驾驶执照已经被暂扣过3次。无论何时，如果询问对象承认发生了某件事情，侦查人员应当向其提问：“除了那一次，其他时间还有（发生过）吗？”这应当成为一个自动的后续性问题。下面的对话来自于一起案件，侦查人员向犯罪嫌疑人提出关于他涉嫌参与抢劫/杀人案件的问题，在该案中，店主被人用一支0.38英寸口径的手枪打死。

Q：你最后一次用手枪射击是什么时候？

R：好几年前，我和一个好友去玩标靶射击，我使用了他的枪——那支枪口径大概是0.22英寸的，但那是很长时间以前的事情了。

Q：除了用那个0.22英寸的手枪进行过标靶射击外，在最近这几年当中，你还使用过其他的手枪射击过吗?

R：嗯，在那之后还有另外一次，我与一个朋友使用过0.38英寸口径的左轮手枪射击过。

Q：除了这2支手枪外，最近你还使用过其他的手枪射击过吗?

R：实际上我没有开枪射击过，但是在11月下旬，一个朋友有一支点38英寸口径的手枪，我只是开了几下空枪，这没什么。

这个提问的思路在解决案件的过程中很重要，因为它确定了犯罪嫌疑人有机会接近与在犯罪过程中曾被使用的同样口径的武器。一旦犯罪嫌疑人向侦查人员提供了这个“朋友”的姓名，就可以查找到犯罪嫌疑人是否从此人手中购买了这种0.38英寸口径的手枪。本案后续的调查揭露出，这把0.38英寸口径的手枪正是询问对象在抢劫被害人的过程中杀害被害人的凶器。

四、结论

侦查人员从犯罪嫌疑人、证人或者被害人那里发掘有价值的信息的能力，直接与他设计规划出恰当问题的技能以及在需要的时候及时提出适当的后续问题的技能密切相关。对于这一点，我们提出如下建议：

1. 在询问过程中的初期，向询问对象提出开放性问题以探出他关于事件的说法或者让其叙述事件的细节。应当允许询问对象对所提的开放性问题作出完整的回复，不要打断询问对象的回复，与此同时将关键信息书面记录下来。

2. 提出能够将询问对象针对最初的开放性问题作出的回复向后联系起来的澄清性问题。这些澄清性问题应当是开放性的，允许询问对象在向侦查人员已经提供的信息的基础上进行扩展。

3. 在仍然不够明确的领域或者仍需挖掘的尚未被讨论过的信息方面，向询问对象提出直接问题，以探出其一个明确的态度。

4. 如果询问对象对一个直接问题的回复含有可能存在欺骗的症状，侦查人员应当提出适当的后续性问题以进一步挖掘信息或者通过谈话了解其行为。

第九章 行为症状分析

你们掩饰不了你们良心上的惭愧，这已经从你们的脸色上显露出来了。
——哈姆雷特（Hamlet）对罗森格兰兹（Rosencrantz）和吉尔登斯吞（Guildenstern）所说
莎士比亚（Shakespeare）:《哈姆雷特》第2幕第2场

一、概述

医生，包括精神病医生、心理医生、治疗人员以及许多其他的专业人士长久以来就已经认识到，评估一个人的行为在辅助进行诊断、辅助判断治疗效果以及辅助实施其他的评价方面具有价值。作出这种临床推理的前提是沟通交流存在着多种层次或多种渠道，以及口头语言的真实含义可以通过其他的途径予以扩大或者修改，这些途径包括讲话的迟疑、身体姿势、手势、面部表情以及其他的身体活动。换句话说，一个人在说一件事情的同时，他的身体动作、面部表情或者语调能够揭示出与他所说的完全不同的事情。

众所周知，在犯罪审讯领域中的先驱们很少考察人的行为症状。早期的侦查人员忽略了专业的重要性和此类个体特征的潜在价值，他们几乎完全依赖于犯罪嫌疑人所说的内容。一些侦查人员只是通过“直觉”来确定犯罪嫌疑人讲的是真话还是在撒谎。讲真话和撒谎的犯罪嫌疑人之间的行为差异证据被认为是有些可疑的特征的，并且通常不会被有意识地予以考虑。然而，更为确定的是，一些侦查人员已经开发出了一些用于评价人的行为的技巧。但是，这些技巧鲜有披露，或者也许是这些侦查人员缺乏清晰表达或记录他们所观察到的东西的能力。对于他们中的一部分人而言，相信他们被赋予了某种“第六感”并非是不同寻常的。实际上，他们的技能源自于对他们的五种自然感官的特殊运用，是通过讯问实践发展起来的，并且是源自于对良好的记忆库的信赖。

自1942年开始，约翰·E. 莱德——本书头三版的合作作者，开始系统地记录所有犯罪嫌疑人的行为症状，这些犯罪嫌疑人当时是在芝加哥警察局应用科技犯罪侦查实验室接受的测谎测试。在这一研究中，他比较了行为症状和测谎测试的结果，得出了合理的结论：由于测谎仪记录的是犯罪嫌疑人在被提问期间的生理变化特点，而人的行为症状是伴随着人的生理变化而出现的标记，因此，在犯罪嫌疑人的测谎检测结果与其所作的言语和非言语回复之间可能存在着某种关联。这些犯罪嫌疑人在接受测谎测试之前的询问过程中的回复、在接受测谎测试时的反应以及在随后进行的审讯过程中的反应被记录了下来。也有人作出了观测资料，在测谎检测对象处在测谎检查室的整个期间，观测人员单独或者与测谎人员一起通过一个单向透明的墙面镜观察每一个测试对象。当测谎结果得到有罪的证据（例如，嫌犯的坦白或者发现了得到证实的事实）证实或者被无罪的证据（例如，侦查人员对结果作出确定判断或者查实了其他人有罪）确认时，这两种结果与被观察到的犯罪嫌疑人的行为症状之间就可以作出对比。

通过对核实过的案例的汇编以及对测谎测试对象所展现出来的行为症状进行统计分析后，有了令人鼓舞的发现：大多数经核实确定是讲真话的人在测谎人员测谎之前的询问中已经尝试性地被识别为讲真话的人，而且有相当数量的经核实确实是在撒谎的人员同样在测谎人员对其测谎之前的询问中已经尝试性地被识别为撒谎的人，有些甚至在测谎开始之前就被初步确定了。无论如何，已经可以确定的是，讲真话的犯罪嫌疑人更容易单独从行为症状中被识别出来，而撒谎的犯罪嫌疑人更难以从其行为方式中被识别出来。①

尽管这一初步研究提供了前途光明的结果，但是许多变量可能会影响到研究结果，尤其是人的行为症状在测谎环境中可能会比在测谎环境之外更为明显。进一步而言，对人的行为评价可能是带有偏见的，因为审查人员掌握了每一名测谎对象的侦查信息和背景信息。在 20 世纪 90 年代，约翰·E. 莱德及其同事得到了来自于国家安全局（NSA）的 2 项联邦拨款资助，用于专门研究在

① 对此问题的详细讨论有一个类似的后续研究，参见 Reid, J. and Arther, R. （1953）：Behavior Symptoms of Lie-Detector Subjects(《测谎对象的行为症状》), *Journal of Criminal Law*, *Criminology ? Police Science*, 44,104-108; Horvath, F. (1973)：Verbal and Nonverbal Clues To Truth and Deception During Polygraph Examinations （《测谎过程中真实和谎言的言语和非言语迹象》）, *Journal of Police Science ? administration*, 1, 138-152。

测谎环境之外的情况下讲真话的犯罪嫌疑人与撒谎的犯罪嫌疑人之间的行为差异。① 在那2项研究中，总共有80名真实的犯罪嫌疑人的询问过程被录像，这些询问过程被设置在不同的条件下。这样安排允许接受过培训的评估人员能够对询问对象的言语行为、副语言行为以及非言语行为进行单独评价和整体评价（具体将在下文探讨）。在后来的研究中，当评估人员接触到全部3种交流沟通途径后，他们的平均准确率在不包括非确定性意见的情况下，对于讲真话的犯罪嫌疑人是86%，对于撒谎的犯罪嫌疑人是83%。② 应当指出的是，这一研究结果的基础是在每一场询问中只向询问对象提出15个行为刺激问题的统计评估，并且评估人员未被提供任何案件信息或者关于询问对象的背景信息。

前面提到的研究活动全部使用了在观察人的行为症状方面拥有多年经验的侦查人员。一个需要说明的重要问题是，没有此类经验的人是否能够通过培训后完成对犯罪嫌疑人的行为评估？为调查这种效果，53名在行为症状分析方面没有经过训练或者没有经验的大学生接受了测试，他们被要求评估10个已经经过核实的有欺骗性的或讲真话的犯罪嫌疑人的录像询问资料。然后，这些学生中的27人接受了6个小时的关于行为症状分析的培训。随后，这27名接受过培训的学生与其他没有接受过培训的26名学生一起再一次对这些询问录像进行评估。这些没有接受过任何关于行为症状分析培训的学生未能提高他们在鉴别犯罪嫌疑人讲真话或者欺骗方面的能力，相反那些接受过训练的学生则显著提高了他们在鉴别犯罪嫌疑人讲真话或者欺骗方面的准确性，这些学生的平均准确率为84%。③

近来努力完成的研究成果更加紧密地尝试了反映真实生活情况下的询问情景，这些研究已经论证了在侦查人员准确评估询问对象行为症状的能力方面能够显著提高。主要有以下这些要点：

---

① Horvath, F. and Jayne, B. (1990): A Pilot Study of the Verbal and Nonverbal Behaviors of Criminal Suspects during Structured Interviews（《结构化询问过程中犯罪嫌疑人的言语和非言语行为初步研究》），NSA资助，89-R-2323。Horvath, F., Jayne, B., and Buckley (1992): Trained Evaluators' Judgments of Behavioral Characteristics of Truthful and Deceptive Criminal Suspects During Structured Interviews（《经过训练的评估人员对结构化询问过程中讲真话和欺骗的犯罪嫌疑人的行为特征的评价》），NSA资助，904-90-C-1164。

② Horvath, F., Jayne, B., and Buckley (1994): Differentiation of Truthful and Deceptive Criminal Suspects in Behavior Analysis Interviews（《在行为分析询问中诚实和欺骗的犯罪嫌疑人之间的差异》），*Forensic Journal of Science*, 39 (3), 793-806.

③ Blair, J. P. (1997):《在评估犯罪嫌疑人的行为症状方面的培训效果》(The Effect of Training in Assessing Behavior Symptoms of Criminal Suspects)，硕士论文，西伊利诺伊州大学(University of Western Illinois)。

• 高风险的谎言比低风险的谎言被发现的概率更高；①

• 如果侦查人员了解实施询问时的具体语境（例如，案件事实以及相关的背景信息），评估询问对象行为症状的准确性将会大幅度提高；②

• 用实际生活中的犯罪嫌疑人来进行谎言识别，其准确性显著高于研究报告所得出的，因为研究报告使用的是模拟犯罪场景中的询问对象来进行谎言识别；③

• 在行为症状分析领域中接受的训练和积累的经验会显著增强识别真实和虚假陈述的能力。④

并不是所有在行为症状分析领域已经实施的研究均得出了此类有利的结果。有许多实验室性质的研究表明，非言语行为（以及在较小程度上的言语行为）在评估嫌疑人的可信度方面几乎不能提供有价值的线索。这些研究利用了模拟犯罪范例，典型的模拟犯罪是，大学生被分派扮演无罪或者有罪的角色，然后这些学生被询问并且被要求在询问过程中讲真话或者撒谎。此后，对询问过程的录像资料被用作确定行为评估有效性的数据来源。⑤

---

① O'Sullivan, M., Frank, M. G., Hurley C. M., and Tiwana, J. (2009). The Effect of Lie Scenario (《警察发现谎言的准确性：谎言情景的影响》), *Law and Human Behavior*, 33, 6, 530-538 published February, 2009. 作者指出，他们的研究结果表明，“警方专业人员在对高风险欺骗的材料进行判断时完成得明显更好，因而在行为上更类似于他们的工作经历……他们的研究结果表明，归纳从大学生中获得的识别谎言的平均准确率估算是个错误”。

② Blair, J., Levine, T., and Shaw, A. (2010): Content in Context Improves Deception Detection Accuracy(《特定语境中的内容提高识别欺骗的准确性》), *Human Communication Research*, 36, 423-442. 该研究证明，当评估人员掌握了询问（访谈）的来龙去脉之后，评估人员的表现会明显地优于随机的情况，他们的表现甚至比我们40多年来研究预测的一般表现还要强。显然，对于欺骗发生的整体环境和情况的掌握，有助于评估人员在基于非言语的漏洞之上作出的推测之外，作出更精准的判断。

③ 在他们撰写的标题为《发现真正的谎言：警察识别犯罪嫌疑人谎言的能力》[Detecting True Lies: Police Officer's Ability to Detect Suspects' Lies, (*Journal of Applied Psychology*, 2004) Mann, S.; Vrij, A.; Bull, R., 137-149]的研究论文中，要求99名警察去“对现实中人们的各种各样高风险情景作出判断。”据作者描述，该研究是很独特的，因为他们测试了“警察在现实情境（在警察询问犯罪嫌疑人的过程中）而不是人造的实验室情景中辨别真实和谎言的能力”。结果是，准确性显著高于那些关于欺骗的研究报告的典型发现。

④ Hartwig, M., Granhag, P. A., Strömwall, L. A. and Kronkvist, O. (2006): Strategic Use of Evidence During Police Interviews: When Training to Detect Deteception (《警察询问中使用证据的策略：训练发现谎言的著作》), *Law and Human Behavior*, 603-619, 作者的报告称受过训练的询问人员“与没有接受过训练的人员相比，在发现谎言的准确率方面获得了大幅度地提高（85.4%）”。对此问题的研究，也可参考 Mann, S. and Vrij, A. (2006): Police Officers' Judgments of Veracity, Tenseness, Cognitive Load and Attempted Behavioral Control in Real-Life Police Interviews(《在真实的询问中，警察对诚实、紧张、认知负荷以及尝试性的行为控制的判断》), *Psychology*, *Crime? Law*。

⑤ Bond, C. and De Paulo, B. (2006): Accuracy of Deception Judgments (《判断谎言的准确性》), *Personality and Social Psychology Review*, 10(3), 214-234.

对于这些实验室性质的研究得出的惨淡结果，有一些可能的理由对其进行了解释说明，具体包括：

• 询问对象的动力不足难以被相信（就无辜的犯罪嫌疑人而言）或者避免被发现的动力不足（就有罪的犯罪嫌疑人而言）。但在真实的询问中，不被相信的结果或者被发现为有罪的结果事关重大。

• 对这些对象的询问并不是由在询问犯罪嫌疑人方面接受过训练的侦查人员实施的。

• 这些实验室性质的研究没有使用在这一领域侦查人员经常使用的那种结构性询问程序中。

• 在大多数实验室性质的研究中，都没有尝试去为每一名询问对象建立行为基线，建立这些行为基线的目的是辨别某一特定个体的独特行为。

• 这一研究是建立在错误的前提基础之上的：对于讲真话或者欺骗而言，存在着一些独特的行为症状。

• 几乎没有考虑应当在特定的语境中评估人的行为。例如，鉴别犯罪嫌疑人在其回复的言语内容中是否给出了特定的非言语行为，通过时间和已知的证据来鉴别犯罪嫌疑人陈述的一致性，等等。

这里有一些早期的实验室研究范例。在一项克劳特（Kraut）和坡（Poe）公布的研究中，[①] 62 名志愿者犯罪嫌疑人的询问录像由 49 名陪审员和 39 名海关检查人员审查评估，其中一半的“犯罪嫌疑人”被要求在持有违禁品方面撒谎，另外一半则被要求讲实话。统计结果表明，陪审员和海关检查人员均未能有效地从说谎的人员中鉴别出说真话的人，其鉴识能力没有超出机会性水平。

在一项类似的研究中，科恩肯（Kohnken）要求 80 名警察审查对大学生的询问录像，这些大学生被要求对他们所看到的一个犯罪现场进行撒谎或者说实话。即使接受了关于行为症状分析的特定培训，这些警察也不能够鉴别出哪些大学生是在讲真话哪些大学生是在撒谎。

在第三项以实验室为基础的研究中，埃克曼（Ekman）和奥沙利文（O’Sullivan）选取了 10 段 1 分钟长的关于女性在看到有关伤心事件后的情感反应的录像，这些女性被告知可以讲真话也可以撒谎。[②] 这些录像由各种对辨别谎言有专业兴趣的群体成员来审查评估，包括美国特勤局（U. S. Secret Service）、联邦测谎人员，警察，法官以及精神病医生。结果表明，只有特勤局的特工能

---

① Kraut, R. E. and Poe, D. (1980): On the line Customs inspector and Layman（《高度风险：海关检查员和外行的欺骗性判断》）, *Journal of Personality and Social Psychology*, 39, 784-798.

② Ekman, P. and O’Sullivan, M. (1991): Who Can Catch a Liar?（《谁能抓住说谎者》）*American Psychologist*, Sept., 913-919.

够辨识出这些女性是在讲真话还是在撒谎，其能力超过了机会性水平，达到64%。

从整体而言，基于人为地促使询问对象去撒谎或者讲真话的研究无法确定接受过适当训练的侦查人员去评估人的可信度的能力，或者去评估在恰当的结构性侦查询问过程中他们从真实的询问对象处所获得的信息的可信度的能力。

二、行为症状分析的基本原则

行为症状分析包含了从观察其他人的行为中得出的推论性结果。以天为基准，我们作出了数以十计——如果不是数以百计——的以行为观察为基础的推论。例如，那个男人在生气，那个女孩喜欢我，我的孩子饿了，我儿子某件事做错了，那驾驶员迷路了，那两个人彼此不喜欢，玛撒（Martha）阿姨没有服用她的药物，等等。这是如此自然的现象，以至于容易忘记还存在着形成这些推论的内在过程。例如，听到一个6周大小的婴儿在育儿室哭喊，这名婴儿上一次喂食是在4小时以前而且他需要每隔4小时左右的时间喂食一次。过去的经验是，通过给这名婴儿喂食能够缓解他的哭喊；因此得出的推论是，这名婴儿饿了。为了完全精确，当在作出这些行为评估的时候，我们的头脑中应当这样思考，如“那个男人可能饿了”、“我认为那个女孩喜欢我”、“我想我的小孩饿了”。

本章将介绍与发现欺骗相关的行为性推论，主要是在临床、受控制的环境下进行。在适用于发现欺骗的这个范围内，有两个通过行为观察得出的明显结论。第一个涉及有罪或无罪的推论，这就是：“这个人实施了某个特定的犯罪行为吗?”第二个涉及询问对象是在讲真话或者是在说谎，这就是：“当这个人说如此这般的时候，他讲的是真的吗?”基于处理案件的目的，对于侦查人员而言，理解“有罪”和“撒谎”的区别是很重要的。请看下面这个询问过程中的交谈：

Q：你曾经思考过关于与你的继女发生性接触的事情吗?

R：这个当然，任何处于我这种位置的人都会有那些想法。

这名犯罪嫌疑人对侦查人员的提问所作的言语性回复是真实的。然而，这名犯罪嫌疑人所回复的内容暗示了他在性侵害其继女方面是有罪的。在行为症状分析领域的研究普遍表明，在辨别询问对象是有罪或无罪方面的准确性要高于辨别其是在讲真话还是在撒谎方面的准确性。①

① Horvath, F., Jayne, B., and Buckley (1994): Differentiation of Truthful and Deceptive Criminal Suspects in Behavior Analysis Interviews (《在行为分析询问中诚实和欺骗的犯罪嫌疑人之间的差异》), *Forensic Journal of Science*, 39 (3), 793-806.

最后，明确一些行为性推论比其他方式具有更高的正确可能性具有重要意义。考察以下案例：犯罪嫌疑人被视频监控清晰地拍摄到离开了一个宾馆的房间，而在这个房间中发现了被害人被强奸并被杀害。对于盘问，犯罪嫌疑人否认曾经进入过这个房间。但是，他的言语行为内容与视频监控证据相矛盾的事实强烈暗示了在实施犯罪方面他是有罪的。在询问过程中，犯罪嫌疑人的身体姿势是呆板且僵硬的，并且在被问到他是否曾经遇到过被害人时，他从他的裤子上掸去根本不存在的毛絮。再者，在询问过程中犯罪嫌疑人绞扭双手，甚至在询问室房间的温度被设定在很舒适的情况下大汗淋漓。尽管这些行为对于犯罪嫌疑人的欺骗和可能实施了犯罪而言是提示性的，但是它们远远少于得到记录的撒谎，如同视频监控录像所证实的那样。

为了更好地理解这些推论的性质，必须认识到侦查人员和询问对象之间的沟通交流发生在三个明显不同的层次上：

1. 言语渠道——选择单词并组成语句以传递信息。

2. 副语言渠道——在说出来的词汇之外的语音的抑扬顿挫特征。

3. 非言语渠道——姿势、手臂和腿的动作、眼光接触以及面部表情。

在基于发现欺骗的目的而分析评估犯罪嫌疑人的行为时，为提高后续推论更加准确的可能性，有五项基本原则必须得到遵守。如果不遵守这些基本原则，则会增加从犯罪嫌疑人的行为中作出错误推论的可能性。

1. 不存在与讲真话或欺骗相关的独有行为。侦查人员对犯罪嫌疑人作出的行为观察不会专门地联系到讲真话或者欺骗。然而，所观察到的这些行为反映了询问对象在回复过程中的内在情感状态、认知过程以及内在的生理反应经历。与欺骗联系最为紧密的情感状态通常是恐惧、愤怒、尴尬、愤慨或者期望(愚弄)。与针对犯罪行为提供不切实际的解释、狡辩或者过度的有礼貌相对应，认知过程可以揭示出关注、乐于助人以及自信。也有一些内在的生理反应会导致外在的行为反应，如喉咙干燥、皮肤发白、瞳孔扩张或者脸红。如果只是孤立地进行观察，在这些行为症状中毫无疑问没有任何一种应当导致侦查人员得出询问对象正在讲真话或者正在撒谎的结论。

2. 评估三种沟通交流渠道之间的一致性。在三种沟通交流渠道中，如果犯罪嫌疑人传递的行为信息是完全一致的，侦查人员对于询问对象所作回复的可信度的评估能够更加自信。但是，如果在这三种沟通交流渠道之间存在不一致，侦查人员需要去评估造成这种不一致的可能原因。

假设下面图 9-1 和图 9-2 两个插图中的两个询问对象均被提出了这样的问题："对于我们的调查给你带来的结果，你是怎么想的?" 如果这两个询问对象均这样回复，"我确信调查结果将会表明我是无辜的"，那么：图 9-1 中所描绘的询问对象正在用言语行为传递着高度自信的信息；图 9-2 中询问对象的非言语行为则反映了不确定，因为这名询问对象正用言语行为和非言语行为传递着不一致的信息。

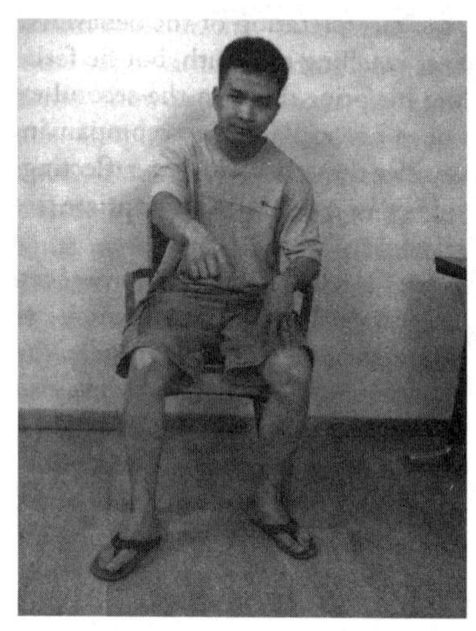

图 9-1　非言语行为对言语回复的支持

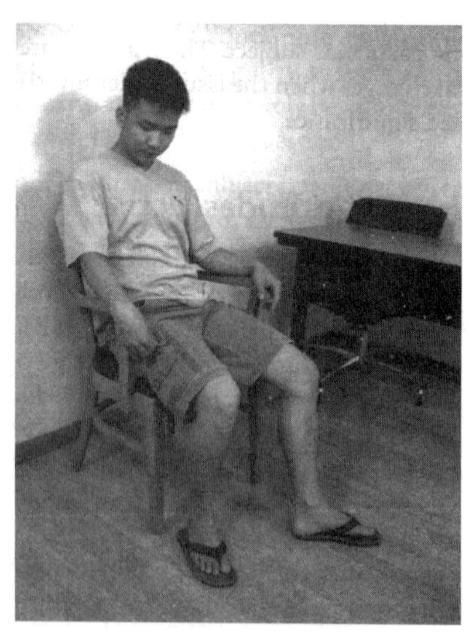

图 9-2　非言语行为与言语回复相矛盾

3. 用询问对象的言语信息来评估他的副语言和非言语行为发生的语境。在评估某一询问对象的情感状态的可能含义时，询问对象的副语言和非言语行为必须自始至终地被放在询问对象的言语信息所确定的语境里面来考虑。请看下面这两个例子：

Q1：迈克（Mike），关于从雇主那里偷窃的事情，你以前曾经被问询过吗？

R1：好的，嗯，2 年前我在一家五金制品店里工作，由于他们出现了库存短缺，因而所有的员工都接受了问询。[询问对象交叉了他的腿，眼睛看向地面，并掸去了衬衫上的灰尘。]

Q2：乔（Joe），是你偷了那失踪的 2500 美元吗？

R2：不，我没干那事的。[询问对象交叉了他的腿，眼睛看向地面，并掸去了衬衫上的灰尘。]

这两个询问对象在其回复过程中展示了完全相同的副语言行为和非言语行为。但是，对这些行为的解释则是完全不同的。在第一个例子中，询问对象是在讲真话，但他同时感到尴尬并且甚至可能感到受到威胁，因为所提问题是在揭露他以前的偷窃行为。在第二个例子中，询问对象所回复的言语内容不能够解释其同时伴随着的非言语行为，因此，在所回复的言语内容的前提下，侦查人员应当将这些行为看作反映了询问对象可能存在恐惧或者存在着相互矛盾的情感状态，这些恐惧或相互矛盾的情感状态不能被看作讲真话的犯罪嫌疑人应有的适当反应。

4. 评估在整个询问过程中发生的优势行为。在本书前面所提及的研究中，有一项具有重要意义的研究结果，即作出结论性意见应当基于对犯罪嫌疑人在整个询问过程中的行为进行评估后得出。在前面引用过的 NSA 的研究中，如果评估人员只是被展示了询问过程中的个别问题，他们作出的判断意见的准确性将大幅度低于他们在被展示了询问对象针对全部 15 个问题所作的回复的情况下作出的判断。同样，依据 5 分钟时长的询问过程进行的行为评估和分析，其可信度也会显著低于依据 30 分钟或者 40 分钟时长的询问过程作出的行为评估和分析。

5. 建立询问对象的常态行为模式。可以肯定的是，对于犯罪嫌疑人而言，存在一些并非出于欺骗的原因而显示出的与侦查人员目光接触少、回复提问时或快或慢、抓耳搔腮、打呵欠、清清嗓子或者更换姿势等行为。在将这些行为中的任何一个行为看作欺骗的判断标准之前，侦查人员必须首先建立起询问对象的正常行为模式。因此，在每一次询问开始的时候，侦查人员应当花上几分钟的时间与询问对象讨论一些不具有威胁性的温和信息（闲谈或者收集询问对象的履历资料信息），其目的是针对这个特定的询问对象建立起他的行为基线。然后，随着询问活动的展开以及调查中的问题被讨论，询问对象会展现出行为变化，这些行为变化会呈现出额外的意义。

三、评估询问对象的态度

正在机场通过安全检查的人清楚地知道他自己是否是在试图将爆炸物或者毒品走私上飞机。同样，一旦侦查人员向询问对象宣布了询问他的目的，该询问对象也会知道他自己是否实施了正在被调查的犯罪行为。这一潜在的“有罪”或“无辜”的认知将会导致犯罪嫌疑人形成适当地可预测的想法和观念，这些集合在一起被称为这个人的态度。这些态度形成了作出有罪或无辜的推论的主要基础。它们也会影响询问对象的言语行为、副语言行为和非言语行为。

为了说明态度和行为二者之间的关系，请看下面这个例子：在牙科医生办公室门前的候诊大厅前面坐着两个人，一个是一位排队等候治疗的病人，另一个则是一位为其孩子排队等候的母亲，她的孩子需要洁牙。对于他们出现在候诊大厅这件事情这两个人有着截然不同的态度，也正是由于此，可以预测他们将会实施不同的行为。这位母亲可以同前台接待护士轻松地聊天，或者用舒适放松的姿势坐在椅子上阅读杂志上的文章。然而，这名病人则可能会在候诊大厅踱来踱去，拿起一本杂志，漫不经心地翻阅几页杂志而不阅读任何特定的文章。听到诊疗室的门打开的声音，这名病人会作出令人惊奇的反应，如看看医生的房间并不断地查看自己的手表。只需要观察这两个人的行为，人们就可以准确地推断出哪个人是父母和哪个人是病人。

有一些态度对于无辜的犯罪嫌疑人和有罪的犯罪嫌疑人而言是共同的。例如，在询问过程中，无辜的犯罪嫌疑人和有罪的犯罪嫌疑人都有可能表现出紧张焦虑或者害怕，即使是出于不同的原因。有罪的犯罪嫌疑人害怕侦查人员会发现他的罪行，而无辜的犯罪嫌疑人可能是害怕侦查人员将不会相信他，或者他可能害怕受到来自有罪的人的报复，因为是他把有罪的人的情况提供给了侦查人员。明显的愤怒情绪也同样可以从无辜的犯罪嫌疑人和有罪的犯罪嫌疑人那里观察到。一方面，如果一个无辜的人以前曾经被指控实施了某个犯罪，对于他而言，在后面的再次针对这个行为实施的询问过程中表露出愤怒情绪是恰当的。另一方面，对于欺瞒性的犯罪嫌疑人而言，通过假装愤怒竭尽全力地使侦查人员相信他是无辜的则并不是不同寻常的。关于询问和评估紧张的、害怕的或者愤怒的询问对象的特定信息，在本书第六章中已经做了介绍。

基于我们多年的观察以及一些特定的研究结果。我们得出的结论是：在询问过程中，下文所描述的这些态度在诚实的或者说谎的询问对象身上能够最为普遍地观察到。

- 自然的 vs 警惕的。无辜的询问对象在询问过程中通常会提供长时间的、流畅的回复并自愿提供一些信息。有罪的犯罪嫌疑人则可能会提供短小的、只包含有极少信息的回复。这种警惕的态度或许象征着有罪的犯罪嫌疑人对于可能被抓住保持着戒备，其方式是用自相矛盾的陈述，或者在回复提问时仅仅用缓解焦虑的精力以避免讲出不必要的谎言。

• 真诚的 vs 伪善的。无辜的询问对象会公开地表达适当的情感状态。真诚的询问对象如果感到沮丧、紧张焦虑或者烦恼，这些情感将会在所有三个沟通交流渠道中体现出来。在询问过程中，有罪的询问对象也许碰巧是一个骗子，通常会表现得对侦查人员过于友好和礼貌。他可能会通过握手的方式开始询问，并且通过某种方式奉承一下侦查人员，如通过称赞侦查人员所穿的衣服或者提及侦查人员某个警官同事的名字的方式。伪善的询问对象会在询问过程中将他的无辜予以兜售，就像对待某个产品一样；相反，真诚的询问对象会说明其无辜是无可辩驳的事实。

• 愿意帮忙的 vs 不愿意帮忙的。无辜的人在通过安全检查点的时候明白与不太便利的筛查系统合作以获得一个安全灯是最符合其利益的。没有走私违禁品的旅客会遵循安检流程并直接回复筛查问题。另一方面，那些企图走私违禁品的有罪之人在经过安全检查时会表现得不自在和紧张。当被问及安检问题时，他可能会戒备或者闪烁其词。

同样，大多数无罪的询问对象是愿意对犯罪调查提供帮助的。在犯罪侦查过程中，大多数无罪的犯罪嫌疑人会经历一个被称为“充当精神侦探”（“playing mental detective”）的思考过程。他们知道他们自己没有实施犯罪，因此他们会问自己“可能是谁干的”、“我知道谁不会干这事”、“为什么这时会发生”、“这事是如何发生的”。因此，在侦查询问过程中，无辜的犯罪嫌疑人会轻松地与侦查人员讨论可能的犯罪嫌疑人、推测关于实施该犯罪行为可能的动机或者该犯罪行为可能实施的过程。另一方面，有罪的犯罪嫌疑人则不会充当精神侦探，因为他们已经知道是谁实施了犯罪行为。基于此，他不会与侦查人员理论可能的犯罪嫌疑人或者可能的作案动机。即使以假定性含义的方式提出问题，他也不喜欢讨论他所实施的犯罪行为的具体细节。

• 切合实际的 vs 不切实际的。无辜的犯罪嫌疑人在他们对犯罪行为的评价中是务实的。对于他们而言，认定失踪的商品可能被偷窃了、隔壁着火是人为的纵火，或者某个人确实与其侄子发生了性接触，这些认定结论并不是一种威胁。另一方面，有罪的犯罪嫌疑人喜欢使侦查人员相信失踪的商品被错误地装船运到了另外一个地方、隔壁着火是由于电路的原因，或者他的侄子没有受到性虐待。请看一起杀人案件，在该案中，案发现场没有暴力进入被害人家中的迹象，也没有证据表明存在过打斗。对于这起犯罪切合实际的评价是被害人可能认识凶手。对于犯罪嫌疑人而言，如果他作出这种建议则是不切实际的：凶手是个陌生人，他不知怎么搞的获得了一把被害人家前门的备用钥匙，用某种方法突袭并制服了被害人。

• 关注的 vs 不感兴趣的。无辜的犯罪嫌疑人在询问过程中看起来是非常关注所调查的事情的。他用严肃的方式对待询问并且密切注意询问中提出的问题——毕竟，他的声誉、可能的谋生之道以及人身自由面临着危险。但是，有罪的犯罪嫌疑人会用非常漠不关心的态度以及淡化在调查中犯罪嫌疑人的作用方式对待询问。有罪的犯罪嫌疑人会举止轻浮或者不恰当地回答问题，因为他并没有密切关注询问人员提出的问题。在有罪的犯罪嫌疑人和无辜的犯罪嫌疑人之间，一个显著的区别是，无辜的犯罪嫌疑人会给出大量的关于他对有罪的人的看法——犯罪行为人可能是谁？他为何以及如何实施犯罪行为？无辜的犯罪嫌疑人会针对实施这起犯罪行为的罪犯发表严厉的评价。相反，有罪的犯罪嫌疑人没有经历过那种类似的思考过程。当被要求推测一下谁会实施这起犯罪的时候，有罪的犯罪嫌疑人只会声称他对这个问题没有太多的思考。在提供关于对他实施的这起犯罪的看法的时候，他会感到不自在。在很大程度上基于那个同样的原因，他不太可能针对实施这起犯罪行为的罪犯发表严厉的评价。

• 合作 vs 抵触。无罪的讲真话的犯罪嫌疑人会将询问理解为一次证明自己无罪的机会，在询问过程中他会如实回答侦查人员的提问或者提供在抓住有罪的人方面有用的信息。因此，无辜的犯罪嫌疑人通常会同意接受询问，会遵守他们的询问约定，并且会提供合理的证据资料（如电话账单、停车券、银行对账单、电脑记录等）来支持他们的陈述。在询问过程中，他们会坦率地回复侦查人员的询问并且不会试图催促询问程序尽快结束。有罪的犯罪嫌疑人会提供一些说服力不足的借口去解释他不能接受询问的原因或者他不能按照既定的时间来接受询问的原因。在询问过程中，有罪的犯罪嫌疑人会提出各种各样的抱怨，一会儿说询问时间过长，一会儿又会说询问室的温度过热或者过冷。有罪的犯罪嫌疑人不太可能兑现自己允诺的侦查人员所要求的证明文件。

四、评估言语行为

在撒谎的时候，适当社会化且精神正常的询问对象将会体验到焦虑。这种焦虑可能是由于犯罪嫌疑人所经历的内在冲突引起的，因为他知道撒谎是错误的，或者是由于他的谎言会被发现这种畏惧感引起的。无论是哪种来源，在询问过程中撒谎会导致焦虑，而且欺瞒性犯罪嫌疑人暴露出来的许多行为症状表明他在有意识地或者下意识地努力缓解这种内在的焦虑。这一基本概念构成了评估询问对象的言语行为、副语言行为和非言语行为的基础。从本质上讲，心智和附随的身体是在共同作用以缓解与撒谎有关的焦虑。

我们都能够将上文所述与不得不通过电话向某人撒谎的普遍经历联系起来。例如，一位老板会要求他的秘书，如果是某个特定的人打来的不要接通电话。当这个人来电话的时候，秘书当然不想告诉这个人全部真相——“巴克利先生不想和你通电话”——于是她必须撒谎。她可以讲述任意数量的谎言，如“今天早上他住院了”、“他与这公司不再有关了”、“他已经出城了。”但是，这些是“大的”谎言，会产生大量的不必要的焦虑，尤其是如果需要提供补充性的详细信息的话。最为可能的是，她将选择使用造成最少内在焦虑的言语进行回复，如“我很抱歉，他在接另一线电话”，或者更好一点的“现在他没有时间接电话”。但是，即使这些回复造成的轻微的焦虑也会导致泄露其内情的副语言行为，如在回复之前略微迟疑，或者在回复之前做出一个想改变一下姿势或用手摸一下脸之类的非言语行为。这些行为中的每一个，都在用它自己的方式帮助这位秘书减少其内在的正在经历的焦虑，因为她没有讲出全部真相。

在询问过程中，当说谎的询问对象被要求回复一个直接性问题的时候，他有四个基本的言语性回复选项可以从中选择：欺骗、逃避、忽略或者讲真话。图 9-3 阐释了这些选项以及其与在选择言语性回复的过程中扮演着重要角色的内在焦虑之间的关系。

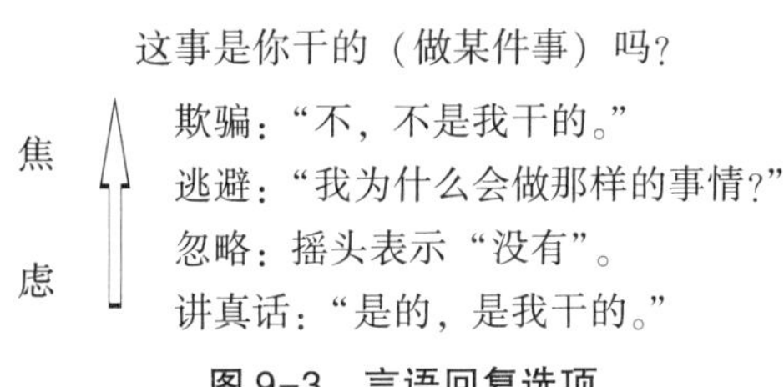

图 9-3　言语回复选项

真实的回复（“是的，是我干的”；“不，不是我干的”）不会导致内在的焦虑。但是，随着询问对象的回复逐步远离真相，作为欺骗的结果，他会体验到越来越多的内在焦虑。

忽略性回复暗示没有介入但没有使用言语。犯罪嫌疑人会坐在椅子上，非言语性的来回摇头回复侦查人员提出的问题。这一行为的含义是犯罪嫌疑人没有参与相关犯罪行为，实际上没有说出谎言。非言语词汇如“嗯嗯”的使用也代表忽略，因为犯罪嫌疑人正在用不明说的方式暗示没有参与相关犯罪行为。

下一等级是逃避，犯罪嫌疑人使用言语来暗示没有参与相关犯罪但又没有明说。犯罪嫌疑人并没有撒谎但也没有在其回复中接受任何身体上的责任。因此，相对于忽略而言，逃避使询问对象经历了更多的内在焦虑。

最后一种情况是，询问对象选择对提问直接撒谎。欺瞒性回复与内在焦虑的最高等级直接相关。

人类行为的一项基本准则是：焦虑是不受欢迎和不需要的。因此，在询问过程中任何可能的时候，询问对象会实施一些行为以降低他在回复中所经历的内在焦虑水平。就言语性回复选项而言，如果让其作出选择，有罪的询问对象会更加愿意选择逃避或者忽略的方式而不是直接的欺骗。诚实的询问对象在其回复中没有经历冲突或者畏惧，他会用含义明确并且着重强调的方式表达他的回复。在评估询问对象对某一询问问题所作的言语性回复的时候，下文提供了一些有益的参考准则。

1. 诚实的询问对象会直接回答问题，说谎的询问对象会逃避问题。请看下面两个杀人案件的犯罪嫌疑人对所提问题的回复，侦查人员提出的问题是："最后一次你看到汤姆·史密斯（Tom Smith）是什么时候？"

第一个嫌疑人回答："时间是周五的 5 点 30 分左右。我开车从工作地点送汤姆（Tom）回家，因为我们是合伙拼车，周五那天晚上应该我开车。正好在 5 点 30 分左右到他家门口他下车。这是最后一次我看见他还活着。"

第二个嫌疑人回答："汤姆和我合伙拼车，周五那天该我开车，于是我开着车从工作单位送他回家，到达他家大约是在 5 点 30 分左右。"

第一个回复对于侦查人员的提问提供了明确的答案。从这个回复中，侦查人员确切地知道了询问对象所声称的最后一次见到被害人的时间。第二个回复则只是暗示了询问对象最后一次见到被害人的时间是 5 点 30 分。这个回复留下了一些悬而未决的可能性：那天晚上晚些时候他见到了被害人，他与被害人一起进入了被害人的房子，或者他实际上根本就没有开车载被害人回家。在言语回复过程中，说谎的询问对象普遍依赖于暗示。询问对象希望侦查人员会作出一些关于他可能的意图的假设或者企图说出来的假设。对此，一项前面曾经提到过的准则值得再次重申——如果询问对象没有说某件事情发生，侦查人员不得作出那件事情已经发生了的假设。①

第二种常见类型的逃避性回复是用一个问题来对侦查人员的提问作出回答。当询问对象回复"为什么我会那样做"、"你认为我会冒着坐牢的危险去干那事"或者"难道你不认为那对我有点可笑吗"等内容时，侦查人员必须认识到询问对象并没有作出明确的否认。

最后一种类型的逃避性回复被称为"引用性撒谎"。请看下面关于一个询问对象涉嫌偷窃了一辆汽车的会话。

---

① 关于对调查逃避的研究，参见 Rudacille，W.（1994）. Identifying Lies in Disguise（《识别谎言伪装》），Dubuque，IA：kendall/Hunt，59-76。

Q：上周六晚上你偷了一辆蓝色的蒙特卡罗（Monte Carlo）车吗？

R：其他的警察已经问过我这个问题了。就像我告诉他的那样，关于这件事我不知道任何东西。

即使这位询问对象确实偷窃了这辆车，但在他的回复过程中他全然没有撒谎。另外一名警察确实问过他这个问题，他也告诉了这个警察他不知道关于这辆被偷的车的任何情况。犯罪嫌疑人在他的回复中没有包括的是，他对另外一名警察撒了谎。因此，无论何时，只要询问对象的回复是基于早前的沟通交流而作出的，如“就像在我的书面声明中所说的”、“正如我前面证实的……”、“你已经问过我而且我之前已经告诉过你……”，那么侦查人员应当怀疑询问对象是在引用性撒谎。

2. 诚实的询问对象会全面否定，说谎的询问对象会作出一些特定的否认。诚实的询问对象比说谎的询问对象感到更加自信，在否认过程中他会使用广泛和描述性的语言进行。因此，下面这些用语会更加常见地被诚实的询问对象使用：

- 我绝对确信；
- 我没有偷窃任何东西；
- 我绝对有把握；
- 在我的一生中，我从未强奸过妇女；
- 绝对没有办法；
- 我与这起抢劫案件完全没有关系。

关于这一观点的附加说明是，应当认识到此处这种行为症状仅仅适用于自然状态下的询问。包含概括性语言的准备好的陈述，如那些提交给媒体访谈人员的陈述，只不过是有罪的犯罪嫌疑人经过仔细思考的回复或者是接受过提示的、复述性的回复。

在一个自然状态下的询问过程中，说谎的询问对象可能会否认询问人员所提问题中的一些细微方面，必须要记住的是，说谎的询问对象准确地知道事实真相。如果他能够准确地否认犯罪中的某个细小方面，说明他想由此表明他是完全无辜的。此时，侦查人员应当仔细听清那些询问对象没有否认的地方。下面是一些从有罪的人那里听到的关于细节否认的例子。

Q：你偷了那个夜间金库吗？

R：我没有偷那个存款袋！

Q：你从即停即走站（Stop and Go）外面的一个男人那里偷了钱吗？

R：我没有拥有那个男人的钱！

Q：你在即停即走站（Stop and Go）外面用手枪对准了一个男人吗？

R：我根本不拥有任何手枪！

在第一个例子中，询问对象可能在盗窃之后已经处理了存款袋，他这样说并没有否认他盗窃了袋子中的钱。在第二个例子中，询问对象可能已经花光了这笔钱，因此当他否认拥有这个男人的钱的时候，他说的这句话是真话。在第三个例子中，这把作案用的手枪可能是询问对象偷来的，或者是从某个朋友那里借来的。他并没有否认使用这把手枪，他只是否认他拥有这把手枪。

3. 诚实的询问对象会给出自信且明确的回复，说谎的询问对象会作出有限制的回复。诚实的否认能够自圆其说，而且询问对象在他所作出的回复的范围内承担全部责任是很明确的。说谎的询问对象会使用一些修饰性措辞限制其回复，由此弱化他的回复。关于这些限制性措辞的一种类型被称为泛化陈述。如果侦查人员专门向询问对象提出一个问题，如在某个特定的时间点他在干什么，说谎的询问对象会使用下面这些短语使他的回复看起来更为诚实：

- 一般说来；
- 通常的；
- 典型的；
- 实际上；
- 我愿意；
- 政策规定。

请看被提出这样一个问题的询问对象及其回复。侦查人员提问："星期六晚上你一直都待在这个酒馆里面吗？"他的回复是："在周六晚上如果我外出，我通常是去布莱克威（Breakaway），因为那里是我的大多数朋友闲逛的地方。"由于询问对象的回复中包含了泛化陈述"通常"，他这样说就避免了向侦查人员撒谎。

限制性措辞的第二种类型是包含责备记忆。由于记忆不会以可以测量的感觉存在，而且当然也不可能被看到，所以说谎的询问对象会通过责怪自己的记性差来缓解其焦虑，因为他意识到不可能证明在某个特定的时间点一个人所做的事情或者不记得的事情。在这种类型中，一些常见的短语包括：

- 就我所能回想起来的；
- 在这个时间点；
- 据我所知道的；
- 如果我没有记错的话；
- 据我所知；
- 我想不起来是否。

对于记忆的修饰限定词，侦查人员必须将其与所提的问题联系起来进行评估。如果所提的问题要求询问对象依赖他的长时间记忆进行回复，或者是让其讲述每天发生的事情，对于一个诚实的询问对象而言，使用一些记忆限定词或许是适当的。但是，如果所提的问题是与某个特定且不同寻常的行为相关，则诚实的询问对象的回复中不应当有修饰限定词：

Q：你曾蓄意破坏过那家公司的任何一台电脑吗？

R：就我所能回忆的看，没有。

第三类这种类型的回复被称为省略限定。这些修饰限定词表明，询问对象在其回复中省略了他的回答中的部分内容。例如：

- 几乎从不；
- 不经常；
- 不完全是；
- 大部分；
- 很少；
- 非常少；
- 差不多；
- 无关紧要的。

如果侦查人员向询问对象提出这样的问题："上周五晚上你和格洛里亚（Gloria）曾有过一场争吵？"询问对象这样回复："我们很少争吵。"询问对象的这一回复不仅逃避了作出直接的回复，而且他也承认他们之间会发生争吵，至少偶尔他和格洛里亚确实会争吵。

作为最后一类的修饰限定词，请看下面这两句陈述：

- 我将不得不说没有；
- 我的答案将会是我没有。

这些限定词被称为估测性措辞，因为这些措辞告诉侦查人员询问对象正在提供一种估测而非一个确切的陈述。从诚实的询问对象或者欺瞒的询问对象所作的回复中都有可能会听到这种估测性措辞。审查这种回复的关键在于评估这些措辞与所提问题的类型之间的关系。例如，如果侦查人员这样提问："昨天晚上你回家是什么时间？"询问对象回复说："我将不得不说是10点15分。"这一回复的不恰当之处在于询问对象使用它的时机。在回复一个更加具体的提问的时候，如"昨天晚上你一直待在一辆偷来的车里面吗"？对于这一提问，询问对象回复说："我的答案将会是没有。"询问对象应当知道他是否在一辆偷来的车里，他在估测的事实是他不应当被怀疑性地看待。

4. 欺骗性的否认会得到一定的强调以使其听起来更加可信；诚实的否定将会直言不讳地说出来，如"我与纵火的事情没有任何关系"。欺骗性的否定或许只会暗示，询问对象会说“嗯，是啊”或者他只是用摇头表示“没有”以及只是在非言语层次上表示否认。

有时候，说谎的询问对象感觉需要加强或者强调他的否认，以使其听起来更加令人信服。诚实的询问对象将会使其否认能够自圆其说。在非指控性的询问过程中，下面这些短语常常被用于强调欺骗性的否认。

- 上帝能够为我作证；
- 我发誓；
- 我拿人格担保；
- 坦率地说。

应当被指出的是，无辜的犯罪嫌疑人被错误地指控实施了犯罪行为，在审讯过程中，如果他的回复中出现了强调性措辞，这是不恰当的。

说谎的询问对象可能会使用的用以降低其在虚假陈述中的焦虑感的另外一种策略是，用一个不利己的陈述引入谎言。我们中的每一个人都曾遇到过另外一个人作出这样一个声明的会话：“并不是想变更这个主题，但是……”显然，这个人打算做的事情就是变更这个主题。不利己的声明用于缓解来自于这个人打算作出的陈述所带来的罪责感或者焦虑。请看下列各句：

- 听起来很疯狂……
- 并不是想要回避你的问题，但是……
- 我不知道这是否是真实的，但是……
- 我并不想牵扯到任何人，但是……
- 可能你不会相信这，但是……

不利己的陈述通过提醒侦查人员关注陈述背后的真正目的来减少焦虑。例如，在上述最后一个例句中，询问对象向侦查人员作出解释，他将作出的回复是不可靠的。因此，当询问对象撒谎的时候，他会感到较少的焦虑。

5. 诚实的询问对象会提供自然的回复，说谎的询问对象则会提供经过事先演练的回复。在接受询问的准备过程中，诚实的询问对象和说谎的询问对象经历了不同的思考过程。正如本章前面关于评估态度的部分所解释的，诚实的询问对象的思考会集中在诸如谁有可能实施了这起犯罪、犯罪行为人实施这起犯罪的动机是什么以及犯罪是如何实施的等问题上。但说谎的询问对象的思考却是集中在他在作案后可能留下了什么样的证据、其他的人对他可能会说些什么以及他的谎言是否能够令人信服等问题上。针对他避免被发现的能力，说谎的询问对象在接受询问前会花大量的时间在头脑里演练他对侦查人员提问的各种回复。主要有两种与经过事先演练的回复相关的言语行为。

第一种是非缩略形式的否认。在自然的会话过程中，缩略动词的使用是常见的习惯（例如，“No，I didn’t”、“I don’t know”或者“I wouldn’t have”）。但在询问对象不使用非缩略动词进行回复的时候，尤其是在询问过程中的多个场合均不使用时，就表明这是一种经过事先演练的回复，正如下面摘录的来自于一名承认有罪的纵火犯的询问记录所阐释的：

Q：是你在当今酒吧（Dungeon Lounge）点的火吗？

R：不，我没有。（No，I did not.）

Q：你知道是谁纵的火吗？

R：不，我确实不知道。（No，I do not.）

Q：上个星期日，你一直待在当今酒吧里吗？

R：不，我没有。（No，I was not.）

另一方面，在指控性审讯过程中，如果出现了非缩略性否认则表明犯罪嫌疑人是无辜的。因为无辜的犯罪嫌疑人将会变得越来越沮丧和愤怒，他们将会通过使用非缩略性短语来强调他们的否认，如“我确实没有（did not）篡改那份文件”。

第二种经过演练的回复被称为列举式。如果询问对象的回复是提供了一份多种可能性的清单——a、b、c 或者 1、2、3 等，这表明询问对象对于侦查人员所提的问题进行了预测，并且花时间构想了可信的解释，尤其是在初次询问中就出现了这种情况。在上述这起纵火案例中，询问对象被问到：“为什么你不会纵火？”询问对象的回复是：“嗯，第一，酒吧的几个主人都是我的朋友。第二，我已经处在缓刑期，我不需要再从警察那里招惹更多的麻烦。第三，我知道那样做我什么东西也得不到。”在后续的审讯中，询问对象承认在酒馆老板的儿子同意从保险理赔费中支付给他费用后，他实施了纵火。

五、评估副语言行为

在询问对象的言语回复过程中，有许多言语特征能够改变他所说话语的含义。常见的一个例子是，我们都听说过一个朋友或者同事作出过讽刺性评价。基于这个评论的音高或者语调，我们知道这个人的真实含义并不是他言辞上所说的内容。与言语渠道相比，辅助沟通交流渠道较少受到意识的控制。它也不像非言语渠道那样容易受到外在因素的影响。因此，对于犯罪侦查人员而言，询问过程中的副语言线索可能是发现欺骗的最好来源。

1. 回复等待的时间。回复等待的含义被界定为询问人员说出所提问题的最后一个单词与询问对象回复时说出第一个单词之间的时间长度。在前面所提到的 NSA 的研究中，回复等待的时间得到了测量：诚实的询问对象的平均回复等待时间是 0.5 秒，而说谎的询问对象的平均回复等待时间是 1.5 秒。显然，对于一个直截了当的问题推迟回复应当被认为是可疑的。询问对象不应当对于如何回复诸如这样的一个问题深思熟虑——“你曾经与你的任何一个继子发生过性接触吗?”

由于正常的回复时间对于不同的讯问对象而言存在较大差异，侦查人员应当在询问的开始确定询问对象会花多长时间来对那些明确的问题作出回复，这些问题包括：他的住址、他老板的姓名以及他有几个孩子等类似的问题。一旦询问对象回复等待时间的“正常值”得到确定，侦查人员就能够辨别出特定的询问对象在回复问题时是否存在反常的长时间等待。

说谎的询问对象通常会意识到，对于侦查人员的提问他们的回复存在拖延等待，因此会尝试通过搪塞的策略来掩盖这种拖延。在这方面，常见的一种策略是重复询问人员的提问或者提出一个简单的措辞问题要求澄清。下面的会话可以说明这种行为：

Q：你曾经与你的任何一个继子发生过性接触吗?

R：……我与他们发生性接触？嗯，没有。

Q：你向他们出示过裸体女孩的照片吗?

R：嗯……什么？你的准确意思是什么?

在这两个回复过程中，询问对象已经获得了一些时间去构想他应当如何确切地去回复询问人员的问题。诚实的询问对象将不会去尝试获得这种时间。

2. 提前回复。与回复时间有关系的另外一种副语言行为是提前回复，即在询问人员完成提问之前询问对象就开始回复。在一定程度上感到紧张的诚实的询问对象会作出提前回复，尤其是在询问开始的时候，这不过是询问对象整体焦虑引起的结果。这种来自于诚实的询问对象的提前回复在询问人员完成提问之后还会被他重复。

来自于说谎的询问对象的提前回复通常不会被他重复。当询问人员还在提出问题的时候，一旦询问对象说出了他的否认，在他的心目中，他已经回复了这个问题，即使侦查人员还没有完全结束提问。尤其是当提前回复出现在询问过程的中间或者询问的末尾时，这是一种可靠的欺骗迹象：因为在那个时候，诚实的询问对象所具有的整体的神经紧张应当已经平息下去了，因此提前回复更有可能来自于有欺瞒性的人，他迫切地想把已经准备好的谎言从嘴里抛出去。

3. 回复的长度。统计表明，诚实的询问对象对于询问问题作出的回复比说谎的询问对象作出的回复更长。诚实的询问对象希望对所提问题作出完整的回复，并且会自愿提供比问题本身所要求的更多的信息。诚实的询问对象所作的长度更长的回复，其内容遵循了询问人员所提问题的轨迹；诚实的询问对象不会开始说某件事情，并且不会通过胡吹乱侃来分散询问人员对他所作的最初回复的注意力。

相反，对于侦查人员的提问，一些说谎的询问对象会通过提供正好足够满足侦查人员所提问题的信息来作出回复。这种询问对象关注的是，如果他提供的信息太多，可能会与他自己所说的自相矛盾，或者与其他已经存在的证据自相矛盾。下面这两个实际存在的回复能够说明这一问题，第一个来自于一名诚实的询问对象，第二个则来自于一名说谎的询问对象：

Q：对于今天你和我之间进行的询问的目的，你的看法是什么？

R：嗯，在25号那天，我清点我的现金抽屉，发现短缺了1000美元。我检查了我的全部交易记录但没有发现任何错误。然后我打电话把我的主管彼得（peter）叫过来，我们一起检查了每件事物。我甚至拆开了这个抽屉的后部去查看是否是这些现金以某种方式被卡在了抽屉后面，但是我们仍然没有发现这笔钱。至此，我想是有人偷了这笔钱。他们需要知道我对他们是否是诚实的。那就是我在这里接受询问的原因。并不是他们不信任我，只是，实际上，我很高兴能够接受询问，因为我能够向他们证明我没有偷这笔钱。

Q：对于今天你和我之间进行的询问的目的，你的看法是什么？

R：一些钱从凯斯·琼斯（Keith Jones）的抽屉里丢失了，他们正在询问当天工作过的每一个人。

交谈是一种缓解焦虑的自然行为，一些说谎的询问对象会在他们的回复中闲扯。在这种情况下，在询问对象的回复结束的时候，其回答可能已经离开了询问的主题。

4. 讲话方式。询问对象在回复过程中讲话的速度、音高以及清晰度要么与正在被说出的言语内容相一致，要么不一致。例如，处于真正愤怒状态下说出来的回复通常会用非常短促的方式表达，这被称为“词语缩略”。在一场审讯中，犯罪嫌疑人声称“听清楚，我没有偷任何钱”。在说这句话的时候，犯罪嫌疑人将每一个单词分隔开以示强调，这种讲话方式提供了一个无辜的人的典型行为特征。

作为一种普遍性的指导准则，当询问对象在讲述一个真实的能够激发情感的事件的时候，他讲话的速度和音高将会增加，如同他在再次经历这个事件。但是，如果讲话的速度或者音高降低下来，这有可能意味着询问对象在剪辑处理信息或者表示他不太确定实际上发生了什么。某个声称其家中遭到非法侵入的被害人在描述犯罪的时候声音单调，甚至在一些关键点上降低了他回复讲话的速度，在这种情况下，他并非是在提供一个自然的关于犯罪事实的叙述，应当怀疑他在捏造事实或者省略了一些事实。

诚实的询问对象希望侦查人员能够理解他的回复，因此，他会清晰地表达出来并且在讲话时会使用恰当的音量。说谎的询问对象会在询问过程中嘟囔，或者说话的声音很小以至于侦查人员听清他的回复都会有困难。

5. 连贯性。诚实的回复是自在的，并且可以无拘束地发挥，但在某一句话或者某个观点上会保持连贯，而且会自然地根植于前面的某一点。但是，有一种关于欺骗的具有重要意义的副语言行为，它被称为“停停走走”的行为。在这种情况下，询问对象往往在某个方面开始了他的回复，但突然停了下来并且再次从另外一个完全不同的方面开始。下面是一个关于“停停走走”的行为症状的例子，来源于先前提到过的纵火犯罪嫌疑人：

Q：你明白警察正在说的是，你被要求做这件事。

R：他们［警察］告诉我，据推测是我和托马斯（Thomas）一起干的这事，那是假的。我甚至从未［停顿］，我星期六晚上没有看到托马斯。

我们不能确定询问对象将会说出的内容是什么，或许是“我根本没有纵火”或者“我甚至根本就没有见到托马斯”。我们能够知道的是，这名询问对象在完成这个陈述时感到不自在。为缓解他因即将作出的回复带来的焦虑，他突然停顿下来并改变了他的陈述，作出了一个星期六晚上他根本没有见到托马斯这样一个特殊的否认。在这个陈述中，正如结果所证明的，他所说的是真实的。询问对象在酒吧见到托马斯是在星期天凌晨 3 点钟，托马斯同意给他支付 2000 美元。随后，凌晨 4 点 30 分，这名犯罪嫌疑人实施了纵火。

6. 行为。我们都会使用一些非言语行为向听者传递信息：“我只是开个玩笑——别把我说的话当真。”这些是对眨眼和微笑的使用。在谈话过程中增加一个眨眼或者微笑具有消除所作陈述中暗含的言外之意的效果。如果一个同事对一名侦查人员作出这样一个评价，“我听说你昨天晚上强迫另外无辜的犯罪嫌疑人作出坦白”，那么讲这话的人的面部表情将会告诉侦查人员他所说的这句话是否是在开玩笑。

在副语言的沟通交流中，有一些与眨眼或者微笑具有同样效果的特定行为。这些行为包括紧随在具有重要意义的否认之后的笑、咳嗽或者清理嗓子。下面的询问会话来自于一个银行雇员，他最终承认了从同一个客户的现金账户里偷走了 4600 美元。

Q：你偷了那位客户的 4600 美元吗？

R：没有。［笑］

Q：你知道是谁偷了那位客户的钱吗？

R：我根本不知道那钱被偷了。［笑］

Q：你认为会是某个银行雇员偷了这笔钱吗？

R：这很难说，你知道的。客户有可能刚好在他的存款单上犯了错误，你知道。[清了清嗓子]

Q：我们针对你的调查结果将会出来了，你怎么看？

R：嗯，我希望结果出来，你知道的，行，因为我知道我没有偷那笔钱。[笑]

这些笑和清理嗓子的行为是重要标志，因为在犯罪嫌疑人作出的回复中，他们紧随在重要的否认之后。当然，诚实的询问对象在询问过程中也会出现笑声、清理嗓子或者咳嗽等，其原因是各种各样的，从一般的紧张到感冒症状均有可能。因此，如果这些行为紧随在具有重要意义的否认之后出现，只应当被看作一种欺骗的可能症状。

六、评估非言语行为

非言语行为有两种来源。一种是通过后天学习获得的行为，如怎样骑自行车、弹钢琴或者将手从一个烫热的平面移开等。其中，由于我们拥有高度的敏捷性和发达的智力，一些通过学习获得的行为相当复杂，如绘画或者撰写著作。但是，其他一些行为则是非常基本的，并且很微妙地受到所处文化背景和环境的影响。这些行为的包括目光接触、人际距离①以及一些手势，如 OK 的标志、敬礼的手势、举拳头的姿势、挥手的姿势等。

另一种非言语行为则是遗传下来的。鸟类没有受到在什么地方以及如何搭建一个鸟巢的教育但天生就会。例如，东非比霸翁这种鸟知道将其巢搭建在受到保护的柱桩的顶部，黄鹂鸟确切地知道如何修建一个像袜子一样的深巢。这些同类的鸟能够立即识别出猫是一种威胁，即使之前它们从未见过一只猫。鲑鱼具有内在驱动力促使它们按照固定的时间和路线返回出生地产卵，而玫胸白斑翅雀每年固定地飞到伯利兹越冬。一些动物意识到数量多会更安全，因而成群地跋涉旅行。其他一些动物则具有主张和保护一块领地的遗传基因，维持着种群的独立存在。通过遗传基因传承的行为不胜枚举。

经遗传获得的行为不仅限于低等动物，人类也有影响着非言语行为的内在固定编程。例如，所有的人都会用一只手捂住自己的嘴对某种令人震惊的或者未曾预料到的事情作出回复。这种非言语行为在不同的文化传统区域都能够看到，而且显然不是通过后天学习获得的。同样，人类有一些特定的与痛苦、悲

---

① “Proxemics”这一单词已成为一个专门术语，通常译为：身势语言学或者距离效应学，是研究人际间相互作用的空间距离效应和研究人际间相互对待态度的影响的科学。（此解释来自金山词霸，译者注。）

伤、愤怒、恐惧、焦虑、得意、惊奇、困惑、不确定、蔑视、厌恶以及诸多其他内在状态相关的非言语行为。出于甄别欺骗的目的，侦查人员的主要兴趣点应当是能够反映出这些症状的非言语行为：宽慰 vs 焦虑、自信 vs 不确定以及问心无愧 vs 有罪或羞耻。

在此有必要再次强调一下本章前面所提出的一项原则：必须记住的是，不存在与诚实或者欺骗相关的特定行为。对可信度的评估是通过推理来实现的。在观察了某个特定的非言语行为之后，侦查人员必须问自己："犯罪嫌疑人正在经历的恐惧、罪责感或者信心减弱是适当的吗?"当答案是"不是"的时候，这种行为症状就意味着他可能在欺骗。

尤其是在撒谎和实施错误的行为导致内在焦虑的情况下，人的心智和身体会共同工作以缓解这种焦虑。在身体上，对于有威胁的情景人们通常有三种回复：他可以与之对抗、逃避压力或者等待观望（可能是在等待威胁过去）。前面两种回复——对抗或者逃避——包含通过身体活动来缓解焦虑的行为。运动在降低整体应力水平方面具有益处就是一个关于身体活动缓解焦虑的很好例子。运动这种身体活动在某些方面能够替代焦虑。第三种是等待观望的回复，在强烈的威胁之下，作出这种回复的人处于感情麻木和情感冷漠的压力体验之中也是普遍存在的。在这种情境下，心智"将身体活动停止下来"后集中在智力活动方面，造成的结果就是这个人的沟通交流活动仅限于言语层次。

说出来的话语的真实含义可以被一个或者多个非言语信号放大或者改变，如身体姿势、手势、面部表情以及其他的身体活动等。因此，有一些常见的谚语表达，如"行动比语言更有说服力"、"如果你在说实话，请直视我的眼睛"事实上，根据多方面的社交研究结果，人与人之间的信息沟通交流差不多有70%发生在非言语层面。

这一统计数据并不意味着对非言语行为的解读比对另外两种沟通交流渠道的理解更为准确。相反，它意味着与另外两种沟通交流渠道相比较而言，非言语行为对于最终的信息交流所作的贡献是不成比例的。因为，非言语信息交流距离某一信息的言语内容是最为遥远的。就行为分析而言，非言语行为是一把双刃剑。一方面，有经验的说谎者或许不能够通过非言语行为隐藏他们的欺骗行径；另一方面，非言语行为在很大程度上受制于外部因素，如个性特征、文化以及健康问题等，而且非言语行为可能会提供一些误导性的信息线索，尤其是在脱离讲话人所传递信息的言语内容的情况下孤立地看待时。①

① 在前面提到的 NSA 资助的研究中，受过训练的评估人员对犯罪嫌疑人的诚实性作出判断，条件之一是他们在听了询问人员所提的问题之后，只是向其展示犯罪嫌疑人的非言语行为（音频声道没有打开）。在这种情况下，评估人员发现讲真话或者欺骗的平均准确率为 72.5%。

1. 评估身体姿势。在询问和审讯这种特定环境下，犯罪嫌疑人的身体姿势会泄露评估犯罪嫌疑人内心的三个重要指标：①他的自信程度；②情感投入程度；以及③兴趣程度。下面这些方面的身体姿势反映了较高的自信程度、情感投入程度和兴趣程度，因此应当将其与诚实联系起来。

(1) 开放且放松的姿势。询问对象没有将两只手臂交叉，并且看起来很舒服地坐在椅子上。如果他的腿是交叉的，那应当是一种自在的交叉，而不涉及收缩肌肉。

(2) 正面面对。询问对象与侦查人员舒适地维持着直接面对。

(3) 偶尔前倾。在强调某些陈述的时候，询问对象的身体向侦查人员这边前倾会感到舒服一些。

(4) 身体姿势将会是动态的。询问对象对身体内部产生的改变姿势以适应身体内的血液循环和肌肉紧张的需要这种内部信息作出回应会感到舒服一些。在一场持续时间为 30 至 40 分钟的询问过程中，询问对象应当展示出一些不同的身体姿势。

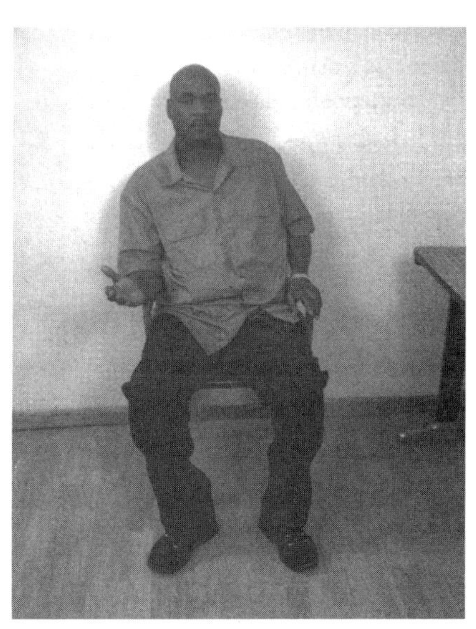

图 9-4　诚实的开放性姿势

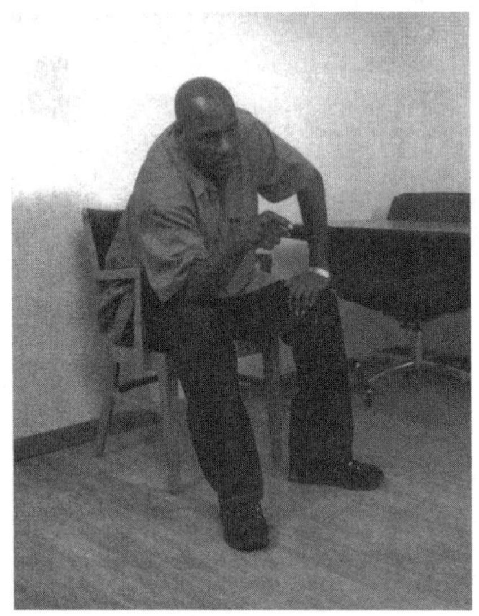

图 9-5　诚实的偶尔前倾姿势

图 9-6　诚实、放松、舒服的姿势

与之相对应的是，在询问过程中，下面这些身体姿势与兴趣减弱、情感介入减少以及缺乏自信相关。在这种特定的情景下询问，应当将它们与询问对象可能存在欺骗联系起来。

(1) 封闭、退却性姿势。在这种环境下手臂交叉是不恰当的，因此，这种

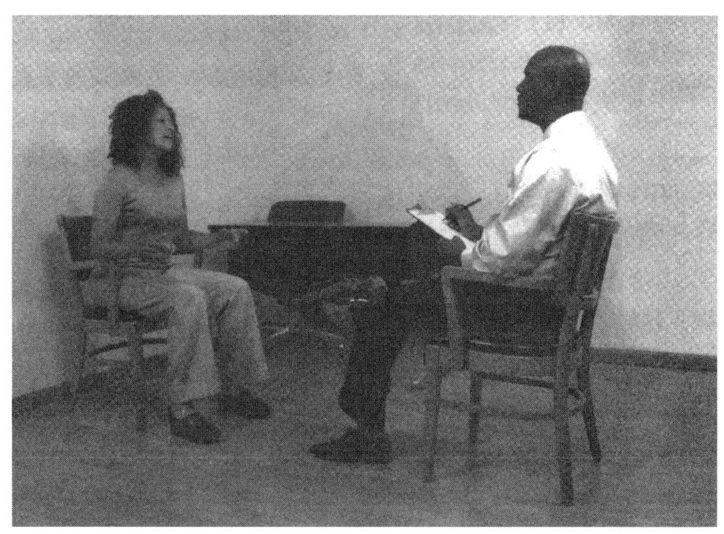

图 9-7 诚实的正面面对姿势

行为反映了询问对象信心减弱或者缺少情感介入。询问对象会交叉他们的双腿，通过收缩肌肉这种方式来缓解焦虑。退却性姿势看起来似乎是在从侦查人员那里往后撤。他会尽量坐在椅子的后部，将其手臂放在椅子的背面，并且收起脚挤进椅子下面或者将肘部收缩到胃部。

（2）不愿正面面对。询问对象直接面对侦查人员会感到不自在，因此他将自己的身体调整到较低的位置以避开侦查人员。

（3）持续的前倾。在整个询问过程中，询问对象的身体向前倾向侦查人员并呈现出一种支配性和防御性姿势。通常询问对象的手臂会伸至他的两个膝盖之间，而且询问对象会“用目光压制侦查人员”。

（4）冻结和固定不变。一心想不作出关于自我归罪的陈述或者专注于作出不合逻辑的陈述的询问对象在非言语行为方面基本上会“停止下来”。一旦询问对象呈现出某种最初的姿势，他会在整个长达 30 至 45 分钟时间的询问过程中保持同样的姿势。这种类似的现象在一些针对车辆的检查站也能观察到，正经历着极端害怕的驾驶人员在接近检查站的时候，眼睛会在挡风玻璃后直视着前方，双手牢牢抓着方向盘上 3 点钟和 9 点钟的位置。

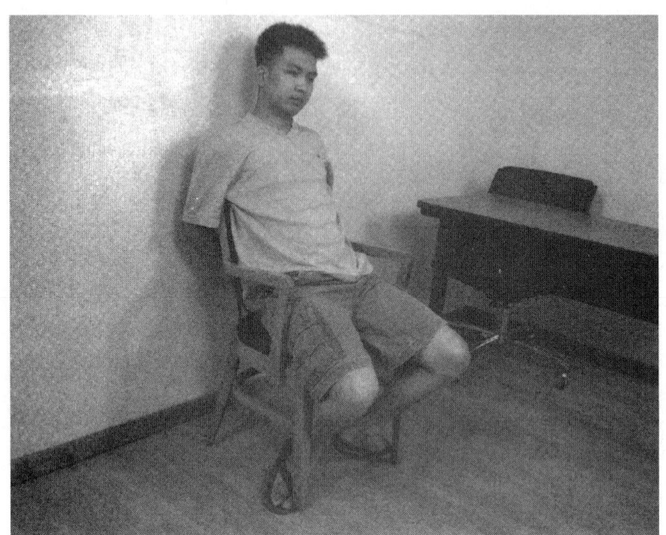

图 9-8　欺骗性的后撤姿势

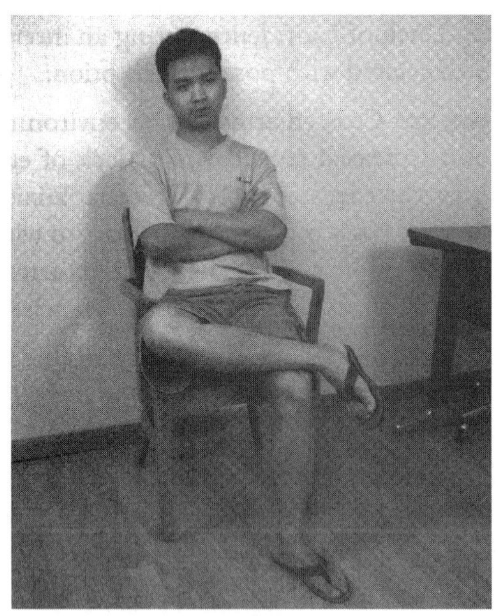

图 9-9　欺骗性姿势——屏障

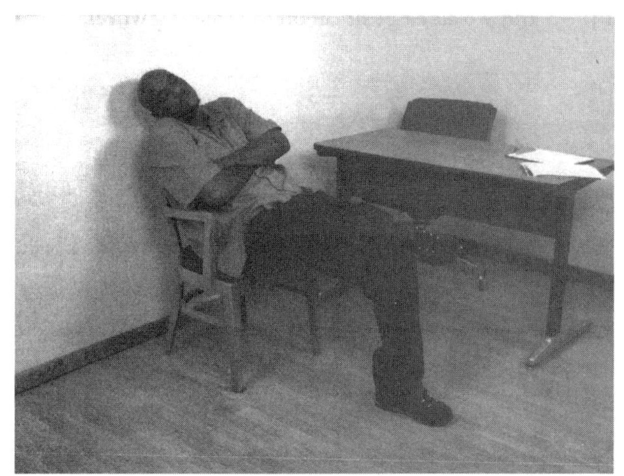

图 9-10 欺骗性的无精打采姿势

图 9-11 欺骗性的不愿正面面对姿势

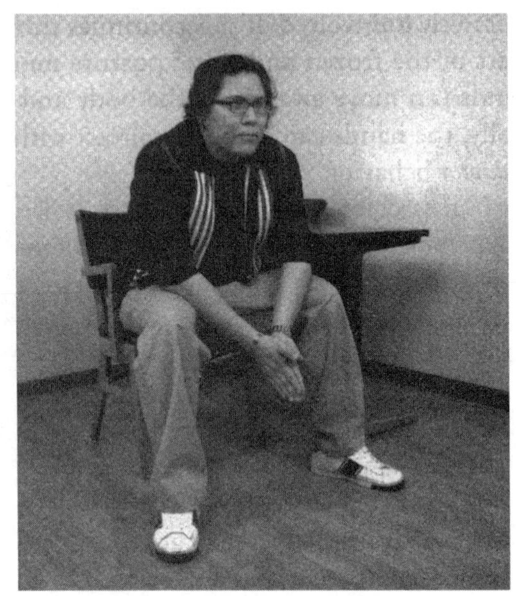

图 9-12　欺骗性的身体固定前倾

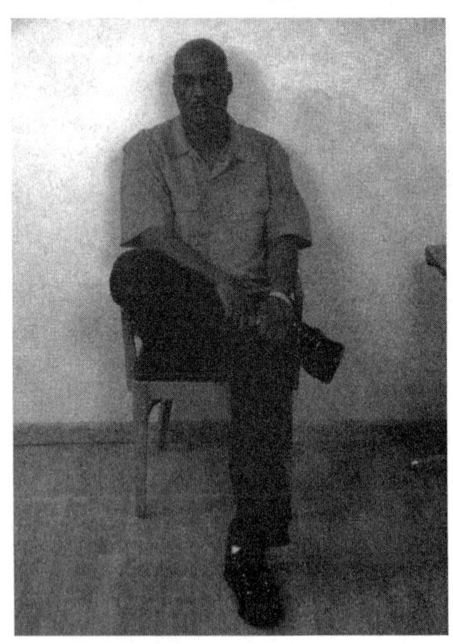

图 9-13　欺骗性的封闭、两腿交叉、收缩肌肉

2. 评估询问对象的手。在一个回复过程中，询问对象的手应当能够做出以

下三种情形中的一种。第一种是，他们保持消极不参与的姿势。如果在整个询问过程中询问对象的手保持这种姿势不变，则很有可能是属于冻结和固定不变的身体姿势的特征之一，在大多数情况下与欺骗有关。第二种是，他的手从身体上移开并做出某种姿势，这种情形被称为说明性行为。最后一种是，他的手与身体的某个部位接触，这被称为适配性行为

说明性行为通常与诚实相关。在回复情感性事件（如被提供贿赂物品或者与强奸犯的搏斗）的过程中，询问对象在解释某个身体动作的时候，侦查人员应当预料到会看到说明者。事实上，在这种情况下询问对象不仅是在通过言语交流所发生的事情，而且也是在用非言语行为再现这一事件（参见图 9–14）。

图 9–14 说明者

伸手耸肩是一个说明者用以表示“我不知道”或者“我不关心”这一特定含义的动作（参见图 9–15）。这一行为包括一只或者两只手轻轻地从身体向外展开，并且手掌向上摊开。通常询问对象的肩膀也会随之升高。伸手耸肩的行为会强化询问对象的言语回复或者驳斥他所作的言语回复。请看下面两个言语回复，每一个言语回复都伴随一个伸手耸肩的行为。第一个伸手耸肩行为是诚实的标志，第二个则表示在欺骗。

Q：你认为她说是你对她做了这些的原因是什么？

R：我一点儿也不知道。[伸手耸肩]

Q：一旦我们完成我们的调查，你认为将会对你带来什么样的结果？

R：我自信地认为调查结果将表明我与这件事没有任何关系。[伸手耸肩]

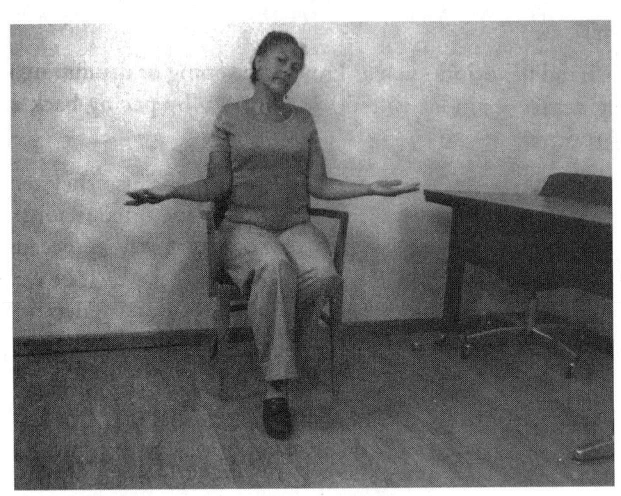

图 9-15　伸手耸肩

在抢劫或者强奸案件中，如果被害人关于案件事实的叙述缺少解释性说明行为，那么被害人的陈述是值得怀疑的。① 在一场询问中，询问对象描述了一名男性如何接近他的汽车然后拿走了他正带往银行的现金存款。询问对象解释了他如何首先尽力将车向相反的方向倒走以及后来他紧紧抓住车的门把手阻止劫匪进入车内。劫匪打开车门后，询问对象描述他自己与劫匪围绕现金包展开搏斗。在作出这个非常令人感动的陈述的整个过程中，询问对象的手一直消极地放在他的膝盖下面。在后续的审讯过程中，询问对象作出了坦白，他编造了这个被抢劫的故事，而且是他自己偷了这笔现金存款。

适配性行为分为三种不同的类型。第一种类型是个人的手势。侦查人员应当将个人手势与焦虑或者可能的恐惧联系起来。正如前面所讨论的，在询问过程中，对于无辜的犯罪嫌疑人而言，他在讲真话的时候会感受到焦虑甚至是恐惧也并不是不同寻常的。但是，基于特定的回复语境，焦虑和恐惧也能够与欺骗联系起来。下面列举了与个人的手势相关的各种实例：

- 手紧握，两只手交叉在一起相互摩擦（也可能与焦躁或室温过低有关）；
- 拉扯鼻子或者耳垂，手与面部接触（在作出回复之前触摸嘴唇或者轻抚下巴或许是一种在深思熟虑或者作出判断的指征）；

① 如果罪案中的被害人仍然处于因这个犯罪事件而导致的震惊中或者仍然感到心理或情感上的伤害，在任何试图将言语行为或者非言语行为评估为诚实或者欺骗的行为指征的时候必须极为谨慎。

- 刮擦身体的任何一个部位，如面部的一边、颈部、前臂、腿等；
- 手的重复性行为，如不断敲击指关节或有规律地敲击指头通常是用于取代焦虑（类似的还有通过在询问室里来回踱步或者吸烟的方式来减少焦虑）。

上述列举的行为之所以被称为“个人的”，其原因是这些行为对于某个人而言往往是独一无二的，类似于扑克牌玩家在虚张声势唬人的时候无意识展示出来的“泄密”。他们是最为普遍存在的适配性行为（因为诚实的和欺瞒性的犯罪嫌疑人在询问过程中都会有焦虑感），应当被仔细评估。在将某种个人姿势视为欺骗的一种可能的指征之前，这一行为必须：①在犯罪嫌疑人所陈述的言语内容的范围内是不恰当的；以及②对于某个特定的犯罪嫌疑人而言是始终如一的。

图 9-16 个人的手势——刮擦某个部位

第二种类型的适配性手势是整饰性手势，因为这些手势的目的是证明一个人的存在。这些行为显然是来源于遗传，侦查人员应当将他们与罪责感或羞愧感联系起来。当一个人撒谎的时候，他们对于被发现的恐惧会增加，而且对于侦查人员会如何询问他们拥有高度的认知。因此，犯罪嫌疑人会不合时宜地感到他需要实施一些如下这样的行为以证明他们的存在：

- 整理一下衣服、首饰或者配饰；
- 摘掉衣服上的毛絮、掸去衣服上的灰尘或者拉扯衣服上的线状物；
- 整饰头发、胡须或者小胡子。

图 9-17 整饰性行为——检查指甲盖

与所有的非言语行为相同，对整饰性手势的评估也必须放在特定的言语回复语境之下，对此下面两个例子可以说明。第一个案例涉及询问一名出纳员关于内盗的事情，她被问到："你认为会是谁偷了这笔钱?" 她将两个可能是犯罪嫌疑人的同事的名字说了出来。在她的回复过程中，她用手拭拂了她裙子上的毛絮并整理了她的衬衫袖口。第二个案例涉及询问一名女性关于她声称被人用刀劫持的事情，当被问到关于劫持的细节的时候，她变得对她的项链很感兴趣，并且最后两只手都参与进来整理和调整她的项链。在这两个案例中，整饰性行为的存在表明这两个询问对象在其回复过程中都感受到了罪责感或羞愧感。这两情形哪一种是不适当的呢？在第一个盗窃案件中，怀疑询问对象所提供的人有罪是恰当的，原因在于询问对象感到羞愧而且她可能会对是她将嫌疑引向了自己的同事而感到忧惧，基于她提供的信息，她的同事可能会承担纪律处分后果。另一方面，对于声称被绑架的被害人而言，当她向侦查人员讲述她的故事的时候，她所作的这种整饰性手势相对于她感受到的罪责感是不适当的。因为，她所感受到的罪责感和焦虑是由于她正在编造一个完整的劫持故事。

最后一种类型的适配性行为由支持性或者保护性手势构成。侦查人员应当将这些行为与询问对象的自信心减弱联系起来。下面列举的是一些支持性或者保护性手势的例子：

- 在对问题作出回复的时候，犯罪嫌疑人将他的头放在手掌上休息；
- 在回答某个问题的时候，犯罪嫌疑人用手捂住他的嘴或眼睛（图 9-

18)；

• 在回答问题的时候，犯罪嫌疑人隐藏他的手或者脚（坐在手上面、把手放进衣兜里、收回脚坐在上面）（图 9-19）。

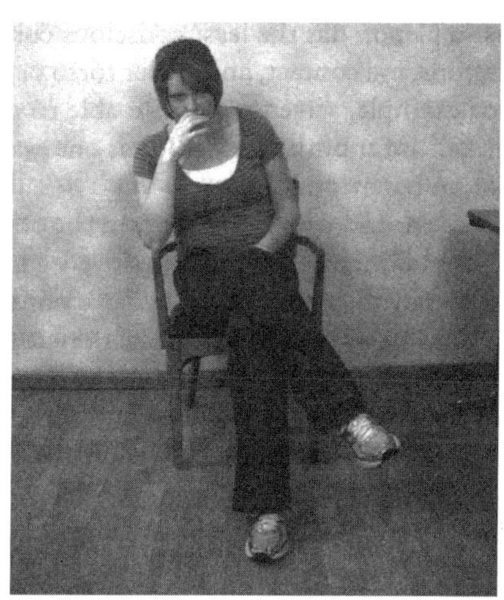

图 9-18 保护性姿势——回答问题的时候捂住嘴

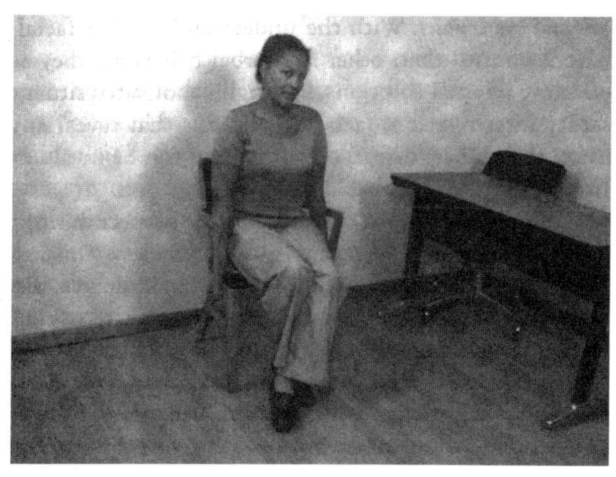

图 9-19 保护性姿势——隐藏手

应当注意的是，仅仅因为一个人缺乏自信并不能断定他在撒谎。例如，当青少年初次在他们的牙齿上装上牙齿矫正器的时候，如果他们开口说话，他们会自然地用手把嘴捂住。一旦他们适应了这个新东西在其嘴里的存在，这种保护性的手势终究都会消失。同样，当没有经验的演讲者在向听众发表演讲的时候，他们会将他们的手隐藏在讲台的后面或者会将一只或两只手放进他们的衣服兜里，这种现象也并不罕见。但是，当一名询问对象被问到他是否将车停放在属于他自己的私人车道的时候，该询问对象将他的手放在嘴上并回复说："是的，那是我的。"对此行为，侦查人员应当将其识别为询问对象缺乏信心，而且在这一特定的语境下是不恰当的。

3. 评估询问对象的脚。在非言语行为领域内，脚和腿的行为具有特别重要的意义，因为无论如何每个人都会有意识地控制他们的身体下部。面部表情、眼神接触以及身体上部躯干的行为是身体上相对容易控制的部分。例如，只要剧本有要求，演员都能够展现出令人信服的任何类型的情感。但是，当人们审查评估位于身体下部末端的脚的时候，存在发现行为漏洞的更多可能。

当询问对象用一条腿的膝盖跨在另一条腿的膝盖上时，他会持续地上下晃动他的脚。但脚的持续晃动或者其他的重复性腿部运动并不是开始回答某个问题的暗示，只是对焦虑的取代，而且也不是欺骗的指征。然而，脚的行为变化——上下晃动、左右移动、拱起成为弓形或者摇晃，无论是开始还是停止——如果刚好发生在某个言语回复的时候，这通常表明犯罪嫌疑人在询问的那个点上感到了焦虑。无论哪种情况，脚的这种行为变化将会持续一到两秒的时间，随后询问对象将会使他的脚的活动恢复到常态。

脚也会参与到具有重要意义的、被称为"椅子内的变化"的姿势改变中。通过这种行为，询问对象放稳双脚并自然地直起身体，使身体轻微地离开椅子以呈现出一种新的姿势。这种身体姿势的变化频繁出现在做出回复之前表明询问对象在采取拖延策略，试图通过这种策略"赢得时间"以便对侦查人员提出的问题构想出一个舒适的或者可信度高的回复。如果"椅子内的变化"发生在询问对象作出一个具有重要意义的陈述过程中或者紧接在这个具有重要意义的陈述之后，如否认，通常则表明询问对象对于被发现存在担忧或者应当将其与欺骗联系起来。

4. 面部表情和眼神接触。相对于其他非言语行为，面部表情更容易受到有意识地控制。基于这种理解，就反映内部情绪而言，在被高度激发的情况下，它们是更加值得信赖的。例如，在指控性的审讯过程中，展现出愤怒、怨恨、厌恶、犹豫、赞同、挫败或屈从等情绪的面部表情在帮助侦查人员确认或者否认某个可能有罪的犯罪嫌疑人方面是非常宝贵的。

犯罪嫌疑人在询问过程中展现出来的眼神接触的程度和性质是一项可以信赖的关于其自信心、确定性、有罪或焦虑的指标。当然，这一结论成立的前提是假定了犯罪嫌疑人的眼神接触没有受到文化、神经功能紊乱、内向型性格或者药物的影响（参见本章前面所讨论的“建立询问对象的正常行为模式”）。

在西方文化中，有一些后天学习获得的行为准则：控制注视和相互注视。例如，盯着看另外一个人被认为是不礼貌的。当在进行会话的时候，保持与另一个人之间的相互注视是符合社交礼仪的，而且当一个人的讲话是诚实且直率的时候，可以期望他会维持着直接的眼神接触。作为这些“社交规则”的结果之一，如果一个人在会话过程中减少了他应当提供的相互注视的数量，这表明他对会话中所讨论的话题已不再有什么兴趣。同样，如果一个人的诚实性和直率性不足，在会话过程中他不会维持直接的眼神接触。侦查人员应当认识到缺乏眼神接触与欺骗相关，一些有欺瞒性的犯罪嫌疑人会尝试通过做一些补偿性的动作（如揉揉眼睛、拾起某个物品、检查一下指甲盖、掸掸衣服等）来掩盖他们缺乏眼神接触。其他一些有欺瞒性的犯罪嫌疑人则可能会通过采取盯视侦查人员这种质疑性的方式过度地弥补眼神接触。

诚实的犯罪嫌疑人在他们的眼神或动作方面不是防御性的，并且能够很容易地维持着与侦查人员的眼神接触。即使是在他们忧心忡忡的时候，他们也不会显示出对于他们所回答内容的可信度的担心。尽管很专心，但他们可以采取的轻松随意的方式是不受限制的。回答前他们不需要准备，因为他们的回答是诚实的。

在利用眼神接触来审查评估犯罪嫌疑人诚实与否的时候，下面这五条准则应当得到遵循：

（1）一般来说，没有直接的眼神接触的犯罪嫌疑人可能隐瞒了一些信息。但是，侦查人员在审查评估时，应当考虑存在眼睛残疾、自卑情结或者情绪障碍这些因素的可能性，因为这些因素中的任何一个都可以用于解释犯罪嫌疑人避免眼神接触的原因。同样，一些文化或者宗教习俗也认为一个人用眼睛直接盯视“权威人物”是不尊敬的表现。关于犯罪嫌疑人的背景信息会提醒侦查人员去考虑缺少眼神接触的这些或者类似的不是欺骗的因素。

（2）在任何情况下，侦查人员都不要盯视犯罪嫌疑人对他的“眼睛直视”。许多犯罪嫌疑人会接受这种盯视，并且会毫不迟疑地准确地那样做。他们可能会在整个审讯过程中持续地盯视侦查人员。这样一来，盯视和后续的盯视将会破坏展示犯罪嫌疑人的任何其他有意义的行为症状的机会，甚至会使一场持续的审讯变得徒劳无用。

（3）不应当盯视犯罪嫌疑人，侦查人员应当在表面上显得有些漫不经心地观察他的眼睛和其他行为症状，以避免使犯罪嫌疑人感到不自在。随意地瞥上一两眼犯罪嫌疑人的眼睛，紧接着立即移开与犯罪嫌疑人的眼神接触，便足以判断出他是否是在故意地避开眼神接触。这种做法提供了一种有效的观察眼球运动的方法，并且不会使犯罪嫌疑人意识到他的行为正在被研究。否则，询问对象会对他的行为动作保持警惕，如此一来，就剥夺了侦查人员进行行为观察的机会。

侦查人员不应当期望犯罪嫌疑人会持续不断地盯着自己看。事实上，在正常的会话过程中，对于双方当事人而言，彼此间持续地盯着对方看是不自在的。但是，对于侦查人员而言，至关重要的是，应当与犯罪嫌疑人保持故作随意的眼神接触，因为撒谎的犯罪嫌疑人自己由于感到不安全或者缺乏自信，或许正在注视着侦查人员。

(4) 在询问或者审讯过程中不应当允许犯罪嫌疑人佩戴深色的眼镜，除非他的身体疾病要求他在室内使用。在询问或者审讯开始的时候，如果犯罪嫌疑人戴着深色眼镜，侦查人员应当要求他摘除，并将其放到犯罪嫌疑人够不着的一边。在询问过程中，深色的眼镜会将眼神接触隐藏起来，并会因此让犯罪嫌疑人滋生出在竭尽全力避免被发现方面的自信感。侦查人员也不要佩戴深色的眼镜，因为犯罪嫌疑人应当能够观察到侦查人员外表上的诚意和眼神中的兴趣点，尤其是在审讯活动中。

(5) 特别重要的是——实际上是至关重要的——对犯罪嫌疑人行为症状的评估应当根据下面这些普遍性准则进行：

• 从犯罪嫌疑人的常态行为中寻找反常的行为。常态行为可以通过调查犯罪嫌疑人的背景建立起来，也可以通过询问犯罪嫌疑人一些与正在调查的犯罪无关的事项建立起来。对犯罪嫌疑人常态行为的评定应当依据他的说话风格、习惯、手势以及眼神接触等因素。常态行为建立起来后，当犯罪嫌疑人被问到与犯罪有关的事项时，附随发生的行为变化能够得到更加有效地审查评估。

• 以行为指征发生的时间（时机）和他们发生的频率（前后一致性）为依据，审查评估犯罪嫌疑人所有的行为指征。

• 关于诚实或者欺骗的可靠指标的要求是，行为变化应当是在对侦查人员所提问题进行回复之后立即发生，或者与犯罪嫌疑人的回答同时发生。而且，无论何时，只要同样的主题事项被讨论，类似的行为性回复发生的依据应当是前后一致的。

• 对某一询问对象行为症状的评估应当自始至终地结合案件中的事实和证据来考虑，行为分析在决策过程中只能作为其中的一个因素。

第十章 评估诚实与非诚实询问对象行为症状时的预防措施

虽然行为症状对区分诚实者与说谎者有所帮助，但它们对最终结果不具有决定性。这也同样适用于所有涉及人类行为的诊断结果，无论该诊断结果是精神方面的还是医学方面的。询问对象的行为必须结合调查结果以及询问对象的背景、个性和态度来解释，这才是有意义的。

在本章中，我们将首先介绍在诚实的询问对象和说谎的询问对象中都普遍存在的某些态度，然后将讨论造成行为症状被误解的一些因素。只有当侦查人员对这些能够作用于询问对象行为症状的可变因素的潜在影响进行了谨慎评估后，他才能决定是否对询问对象的行为评估给予信任。这一决定还将作为标准，用于排除询问对象的嫌疑，或者决定对其进行进一步的调查或讯问。

一、对询问对象的初步评估

侦查人员在对询问对象进行提问的过程中根据其行为作出的推论是基于一种假定，即询问对象无论在情感方面、精神方面、认知方面还是在身体方面都处于一个“正常范围”。虽然这些领域的正常范围非常宽泛，但侦查人员仍需对这些会影响询问对象行为的变量的潜在因素给予足够的认识。

明白这一点后，在一开始询问时确定某个询问对象的标准性行为就显得尤为重要，如通过提出一些不具有威胁的背景性的问题（来观察询问对象的行为）。初步评估所涉及的问题领域举例如下：

- 智力水平：口头沟通能力、词汇量、理解能力；
- 药物影响：口齿不清、瞳孔扩张或缩小、方向障碍、不适当的情绪反应；
- 一般性的精神紧张：频繁变换姿势、紧张的笑、视线的快速改变、绞手、重复地指手画脚；
- 神经障碍：脸部抽搐、快速眨眼、手震颤。

为了便于评价和记录询问对象是否适合行为分析（或讯问），如果实际情况允许，在询问前让询问对象填写一份数据表会很有用处。如果询问对象没有完成这份表格，侦查人员最好在询问的开始阶段（在与询问对象的接触中）获取这些信息。表10-1复制了一份数据表样本。

表10-1　询问对象的数据表

姓名：________　日期：________　时间：________
1. 在最近的这24小时内，你服用过任何酒精、药物或非法毒品吗？ 是的　没有 如果有，请说明________
2. 目前你在服用任何处方药吗？ 是的　没有 如果是，这是什么药以及它是治疗什么的？________
3. 你完成的最终全日制教育是什么： 6 7 8　9 10 11 12　13 14 15 16　17 18 19 初级中学　高级中学　大学　研究生
4. 在刚过去的这24小时里，你睡了多少个小时的睡？________
5. 你吃正餐是什么时间？________
6. 你现在身体上有任何不舒服吗？有　没有 如果有，请解释说明________
7. 在最近这12个月里，你曾接受过任何手术或者医学检查吗？ 有　没有 如果有，请解释说明________
8. 在最近这12个月里，你曾咨询过医生、精神病专家、心理学家或者情绪或心理健康咨询顾问吗？　有　没有 如果有，请解释说明________
9. 在最近这12个月里，你曾有过试图自杀或者威胁自杀吗？ 有　没有

这份询问对象数据表有几个重要作用。该表格向询问对象提出并讨论其医

学和精神病学背景，这通常能够使得关心这些情况的询问对象安下心来。通过该表格，侦查人员也在诸如生活方式、受教育程度以及整体健康等方面对其即将进行询问的对象有了一个大概的了解。最后，通过这种对表格上的医学和精神病学信息的客观的跟进了解，侦查人员可以将数据表上的信息作为一种与询问对象建立更进一步融洽关系的手段。

从该数据表中获得的信息不仅有助于行为分析，还有助于在询问的结果表明（询问对象）在说谎时，决定是否对询问对象进行审讯。侦查人员在个人执业实践中一旦将询问对象置于审讯的压力之下，必须特别注意相关责任问题。在审问下列询问对象时应尽量小心谨慎，如询问对象是孕妇、近半年内曾做过心脏搭桥手术、近期内有心绞痛发作，或者显示出心理承受能力有限，情感或心理上不稳定。

最后，这份数据表格记录的重要信息在之后的证据排除听证阶段可能有助于驳斥对证言合法性提出的质疑。这些信息的例子包括，对询问对象生理需求（如睡眠、食物、某些特定药物）的满足、询问对象在接受询问或讯问时的身体状况，以及戒毒对询问对象的潜在影响、询问对象的精神病学背景和智力水平。询问对象的这一信息表也体现了侦查人员为了能够获得询问对象适合接受讯问的相关信息而作的适当努力。

二、在诚实与说谎的询问对象中都普遍存在的行为

（一）沉默寡言

在询问的开始阶段，沉默寡言是有罪的和无罪的询问对象普遍的行为表现。有罪的询问对象由于担心中计而害怕开口，他们发觉尽可能地不说话是保护自己的较为简便的方法。他们的解释通常都很简短。对问题的回答通常是简洁的“不”、“我不知道”或“我不能说”。询问对象或许会试图显得对此（询问）不在意，他们通常不会对问题进行充分的思考。诚实的询问对象可能会因为担心被误认为有罪或害怕不能准确而清楚地表明自己的处境而沉默。如果侦查人员能够给予耐心和理解，即使是最沉默寡言的诚实者，也能够逐渐打消其顾虑，并随着时间的推移作出更加自然的回复。

（二）紧张

无论是无罪者还是有罪者，在受到执法部门或者安全机构的调查人员的盘问时，表现紧张的迹象并不少见。无罪者可能因以下一些原因而紧张：①担心可能被误认为是罪犯；②担心调查人员会如何对待自己；或是③担心提问者会发现一些自己以前曾犯下的与（此次询问）无关的罪行或不当行为。第三个原因在那些之前的罪行较现在的罪行更为严重的案件中显得尤其重要。而有罪者

的紧张完全能够解释为对现有罪行的个人意识，担心罪行被查出以及随之而来的起诉和惩罚。无罪者的紧张与有罪者的紧张最大的区别，就在于紧张行为持续的时间。随着询问的进行，无罪者认识到提出的问题是非指控性的，于是渐渐放松并镇定下来。与此相反，说谎者的紧张会持续整个询问过程有时甚至还会有所加剧。

（三）鲁莽无礼

诚实与说谎的询问对象都有可能表现出鲁莽无礼。这种反应通常限于年轻的询问对象，他们大多憎恶当局而且可能表现得虚张声势，尤其当询问时有同龄人在场或者有同龄人知道其被询问时这种无礼更加突出。因此，这种特殊的行为在区分这类询问对象（年轻人）是否说谎方面意义较小。而鲁莽无礼的行为却可以成为成年询问对象躲避侦查人员提问的挡箭牌。诚实的询问对象很少表现出鲁莽无礼这种行为特征，而一名说谎的成年人有可能由于担心被抓住而且觉得有必要显示出藐视与无畏，于是表现出鲁莽无礼。

（四）愤怒

愤怒是一种难以评价的行为反应。例如，一个充满愤恨的皱眉行为有可能来自有罪的询问对象的假装愤怒，但也有可能是无罪者真实反应的结果。虽然侦查人员区分起来具有一定的难度，但通常只要注意到有罪者的“愤怒”较无罪者的真实愤怒更容易平复，这一问题就迎刃而解了。无罪者会持续其愤怒的反应，而有罪者在意识到他的假装愤怒不能吓住侦查人员时，通常会转变为新的情感状态。

一旦询问对象对自己受到怀疑这一事实产生反感，侦查人员就应当允许这一感情得到发泄。这样做能使询问对象感到侦查人员关心其情感状态，从而有利于建立起更为开诚布公的交流关系。侦查人员应该对这种怨言报以合理的解释，解释为何必须询问他。如果有可能，还应向询问对象解释他是否涉嫌犯罪还未有定论。

对于无罪的询问对象来说，由于认为自己很明显地是被当作罪犯挑选出来的，因而表达出由衷愤怒的也不在少数。侦查人员应该向这样的询问对象保证，他只是关于该项调查事件的众多的询问对象之一。在其他一些案件中，询问对象可能会表达出对询问开始前受到的来自其他人的不公对待的怨恨（例如，在其家人、邻居面前将其铐上手铐带走，或者作为询问对象被另外的侦查人员以辱骂和贬损的方式询问）。当条件适合时，侦查人员应当对询问对象给予同情，并使自己远离那些造成询问对象难堪和粗鲁对待他的“那些人”。

（五）绝望和放弃

如果询问对象采取绝望和放弃的态度（这通常在有罪者中更为常见），并且说出一些诸如“我不在乎你相不相信我”、“我反正很快就会坐牢”、“我反正也没什么可指望的”之类的话，这时就应当邀请他广泛地聊聊他的苦恼和不幸。侦查人员应当采取同情和理解的态度倾听和劝慰询问对象，侦查人员可以这样说：“乔（Joe），我知道你的生活很艰辛，不是吗?”这样的问题可能会使询问对象敞开心扉畅谈。他可能以一句简单的“是啊”开始，然后侦查人员就可以用涉及童年和其他困难的具体问题对事情进行挖掘。经过一段相对较短时间的倾听后，侦查人员就可以把讨论的话题引向犯罪本身。

正在调查的罪行的严重性对询问对象行为症状的表现程度和性质有影响。例如，一名有罪的询问对象在被问及关于强奸时表现出的行为症状要比被问及小偷小摸或其他一些相对较轻的犯罪时更显著、更可靠。

三、可能导致行为症状被误解的因素

（一）压倒性的调查结果

在前面讨论过的有罪的询问对象的行为症状中，有许多都是询问对象在心理上努力避免谎言被识破的产物。从本质上讲，在询问过程中询问对象会积极地努力“逃脱罪责”，而这些努力可以导致某些能够表明他在欺骗的指征出现。然而，我们确实曾遇见过这种案例，在案件中有罪的询问对象在心理上的“放弃”达到了一定程度，以至于他们没有表现出罪犯常有的态度，他们的行为症状也不一定对欺骗有所指示。

有一个案例就属于这类情况，这是一起盗窃案的调查，案件涉及一名银行职员，她报告称她抽屉中的现金少了2100美元。所有的证据都清楚的显示就是这名职员简单地拿走了那2100美元。她没有试图对盗窃进行掩饰，也没有努力使此次盗窃难以追踪到她自己。尽管雇主出示了压倒性的证据，她仍然坚称她没有偷钱。

在我们的办公室对这名职员进行询问时，她表现得相当诚实和现实。她坦率地承认她应该有最佳的机会偷钱。她叙述称，偷钱的人应该被解雇而且可能会被起诉，而且她不会给偷钱的人第二次机会。除了表现得镇定和超然，她在询问过程中没有任何明确的欺骗指征。然而，基于对她不利的压倒性证据，侦查人员还是对她进行了审讯，在最初的对抗阶段过后不久她认罪了。由于她在询问过程中表现出了前后不一致的行为，侦查人员为该询问对象设置了一次认罪后询问.

在这次询问中侦查人员了解到，在她偷钱的当晚，她把偷窃的事告诉了她的丈夫，而他也表示支持她的偷窃动机（付不起账单）。她供述称她也知道自己是逃不脱盗窃罪责的，但同时认为自己有权占有这笔钱。尽管侦查人员对她解释说她确实有可能被起诉，但她仍然对银行会起诉她表示怀疑。

这个案例给我们的教训是，侦查人员不应允许行为分析胜过案件中的事实和证据。这一点在询问对象知道有强有力的证据对其不利的情况下显得尤为重要。在这种情况下，询问对象在心理上可能不会从积极避免谎言被识破的立场出发去考虑问题，因此关于行为评估的标准指导方针可能并不适用。

（二）药物的使用

由于身体或心理的疾患而合理用药会扭曲无罪的询问对象的行为。例如，一种旨在缓解神经紧张的处方镇静剂会使人显得超然和冷漠。同样，对其他药物、毒品或酒精的有意滥用可能导致询问对象在提供不在犯罪现场证明或披露事实譬如事件的先后顺序时显得混乱和迷失方向。类似的因素也可能导致具有误导性的行为症状的出现。例如，对毒瘾的戒断作用可能使询问对象出现紧张、出汗或颤抖。某些药物的使用（无论是否出于治疗需要）可能导致“口干”，而一些特定的处方药可以使使用者出现“滴答口干”。相同的药物还可能影响喉结的运动，使其上下移动。总的来说，应当仔细评价这些反应以避免将它们误解为欺骗的指征。

（三）精神疾病

侦查人员应当高度怀疑有精神病史的人的行为症状。无论症状有多明确，仍然要非常小心谨慎。这样的人即使犯了罪也有可能表现出暗示其无辜的行为，而一个有心理问题的无罪者却可能显得有罪。侦查人员尤其应当注意临床抑郁症对询问对象行为和思维过程的影响。尽管是无辜的，严重抑郁的询问对象在询问过程中仍有可能显得无精打采、冷漠、不积极主动以及精神不集中。他对询问中问题的回答缺乏条理性和自发性。这并不是说临床抑郁症应与诚实联系在一起。事实上，我们已经从许多患有抑郁症的询问对象处获取了有效供认，在其中的某些案件中，可能就是抑郁症导致了询问对象的犯罪行为（如虐待儿童、纵火或盗窃）或者其犯罪本身就是抑郁症的表现。

在询问对象有妄想或幻觉的精神病史的实例中，要减少对询问对象行为症状的考量。下面的案例说明了由此类因素（精神病史）导致的风险。一名年轻女士向警察报案称她接到了几次不雅电话，而且最后一次电话还邀请她去打电话者所居住的酒店房间。警察于是说服她去那个酒店房间，并承诺会跟着她为她提供足够的保护。她去了那个房间，敲了门，然后被一名男士领了进去。不久，警察进入房间并逮捕了这名男士。他激烈地否认曾打过那些骚扰电话，并说他以为敲他门的这位女士是个妓女，而且自己也有兴趣购买她提供的服务。由于他是一个著名的商务人士俱乐部的成员，也是一个有名的石油公司的职员，他的俱乐部伙伴和他公司的行政官员都来为他辩护，并向警方保证他不可能是那个打电话的人。当他接受讯问时，其行为症状显示他在说真话，并且他一直严正地坚称自己是无辜的。鉴于这些间接证据，警方的侦查人员决定对这名男子的背景进行一次彻底的调查。结果显示，他有打本案这种类型的性动机电话的病史而且还曾在几家精神病院接受过治疗。但所有的这一切都不被为他的良好品行作证的人们所知。基于调查所揭露的事实，被指控人再次受到审讯。当就其过去的记录受到对质时，他才承认了这起案件的电话是他打的。

下面的案例却展示了相反的效果。一名女警察被怀疑给一个罗马天主教会打猥亵电话。怀疑的根据是案件中这个教会的一名修女向警务部门举报称在这名女警走访该教会后不久又接到一个女人打来的骚扰电话，电话中女人的声音听起来很像这名警察。由于这一情况和其他客观事实都无法排除这种可能性，该名女警官受到了讯问。她显得高度紧张，尽管她显示了某些不诚实的行为症状，但由于其情绪过于狂乱致使导致审讯不得不暂时停止下来。然而不久后，警务部门根据另一个电话追踪到了另外一个人，这个人声称对所有的骚扰电话负责。那名女警的既往史记载了她有一种“不稳定人格”，这无疑导致了她表现出易受误解的行为症状。

一名专业的询问人员/讯问人员应当熟悉精神病理学领域——并不是要对该领域的疾病作出诊断，而是要认识这类疾病的症状，这样有助于评估患有精神疾病的询问对象接受询问的适宜性（如是否有可能，及其可信性）。侦查人员尤其要警惕证人或受害人由于患有精神分裂症或未经治疗的精神失常（如躁狂抑郁症）而可能作出虚假的叙述。这种人很自然地对权力机构的人员如刑事犯罪侦查人员或测谎员感兴趣。我们遇到过许多这样的人，在重要的刑事案件中他们要求对其进行测试。编造故事的真实例子包括：在少年时期曾遭受体罚或性侵犯、亲眼目睹威斯康星州政府官员贩毒、揭露在密歇根州立大学外经营的犯罪团伙，以及指认一名给病人投慢性毒药的牙医。在这类人主动讲述他们的故事时，他们在行为上显得非常可信。毕竟，在他们看来，他们是在讲述他们认为是真实的事实。耐心的询问能够拨开妄想的迷雾见到光明。在这方面，一个有效的方法就是，询问有罹患妄想症嫌疑的询问对象，问他是否还有关于其他未被侦破的罪行或犯罪活动的进一步信息。询问对象经常会再次以很可信的行为方式提供关于另一件毫不相关的案件的详尽信息，而这一案件通常都很严重。询问这种询问对象导致的另外一个会有收获的问题是，他们是否曾受到过权威人士（如父母、警察或法官）的错误指控。很多妄想，无论以哪一种方式，其中心都是患者将自己看作一名无助的受害者，因此这个问题经常能够为获得更有用的信息开辟道路。

（四）反社会人格（精神变态者）

虽然精神变态者的发病率在整个人群中相对较低（男性3%，女性1%），但具有这种人格紊乱的个体在狱中服刑群体中却占有不成比例的百分比。据估计，约40%的被判定有罪的罪犯都有精神变态或有精神变态倾向。一些用于精神变态的诊断标准如下：

• 在青少年时期以及成年后重复出现反社会行为（虐待动物、旷课、旷工、偷窃、打架斗殴、性侵犯、纵火、诈骗）；

• 体现出缺乏责任感的冲动行为（无法维持工作或无法维系人际关系，糟糕的信用记录、经常说谎）；

• 不能体会罪恶感或愧疚。

诊断标准清楚地显示出为什么很多罪犯都被包括在精神变态的统计学范畴中，原因是诊断标准之一的习惯性的犯罪行为。但重要的是，要了解并不是所有的惯犯都是精神变态者，反过来说，也并不是所有的精神病变态者都是惯犯。有一些精神变态者是成功的推销员、政客及商人。在此讨论的信息描述的是那些被明确诊断为精神变态的个体，与其相对应的则是只有精神变态倾向的数量更多的群体。

要充分认识和了解精神变态的诊断，需要对反社会行为有影响的动机加以理解和区分。举例来说，大多数偷钱的人之所以去偷，是因为他们想要或需要钱。而后来当这人就偷盗一事说谎时，他是为了避免由于说真话而导致的负面结果。这些结果可能包括入狱、失业，或者失去他人的尊敬或自尊。

精神变态者采取反社会行为是为了增加他自己的自尊。例如，当精神变态者偷钱时，偷窃行为的动机主要来源于偷窃带来的纯粹的兴奋，即精神变态者去犯罪是为了寻求令人兴奋的经历。在实施这些行为的过程中，他会表现出比受害人更强的优越感。当精神变态者在事后就罪行说谎时，他并非想要通过说谎而避免进监狱，而是因为他正在通过愚弄侦查人员、法官或陪审团，再一次表现出智力上的优越性。换句话说，侦查人员在处理精神变态者的案件时，必须将传统的犯罪动机及说谎原因摒弃。

如前所示，精神变态者通常对其所犯罪行的种类没有选择。虽然一些众所周知的精神变态者，如查尔斯·曼森（Charles Manson）、埃德蒙·肯珀（Edmund Kemper）或者赫尔曼·戈林（Hermann Goering）犯下了令人发指的罪行，但侦查人员仍不能将残忍的罪行与精神变态者作必然的联系。据估计，在遭受社会排斥时，精神变态者在60分钟内就会表现出某些反社会行为（如说谎、盗窃或好斗）。这种联系描述了精神变态者犯罪行为的最具特征的方面，即其冲动性和习惯性。

精神变态者犯罪的另一方面是，受害者常常感到被愚弄和羞辱了。精神变态者在其“智胜”受害者或者说服受害者做出某些非常不理智的事，如交出毕生积蓄或搭完全陌生人的便车等时，体验着一种成就感。另一个例证是在抢劫中使用水枪并将枪遗留在犯罪现场，这样受害人在被告之抢劫所用武器是水枪时就会感到尴尬。有时会有媒体报道可能患有精神疾病的人使用假证件取得了责任重大的岗位（如律师、大学教授或是监狱长）的聘用。保持这一伪装的挑战对于精神变态者具有极大的吸引力，因为他们再一次显示了他们在智力上优于受害者。

精神变态者在行为分析询问过程中会显得能言善辩且信心满满。他具有非凡的能力，能够说出他人想听的话以及能够一眼看出他人的弱点。由于精神变态者是老练的说谎者，侦查人员应将重点放在其身体下半部（姿势、脚、腿）流露出的肢体行为，而对其身体上半部的非言语行为（眼神的接触、面部表情以及手势）给予较少关注。精神变态者还有可能装出某种对调查漠不关心、无所谓以及丝毫不感兴趣的态度。当然，那种在询问过程中过度友善、总能适时地微笑和赞美、非常乐意取悦侦查人员又很难被激怒的询问对象，毫无疑问应当以高度怀疑的眼光去看待。

在询问过程的早期，为了尝试估计侦查人员的有益性，精神变态者可能会采取测试行为。我们遇到的类似的询问对象有过此类行为，如与侦查人员初次见面就立即询问去某一确定地点的指示、要求使用电话，或请求为其停车券盖戳。对于犯罪嫌疑人来说，与侦查人员初次见面就立即要求帮助并不典型。这种测试行为在诈骗犯中有所记录，诈骗犯用这种行为来测试目标的易受骗程度。

另一种测试行为是，精神变态者可能会在受询问过程中对某些看起来微不足道的事实说谎，如其地址、年龄、教育水平或婚姻状况。虽然这些方面与正在调查的事件没有直接的联系，但这些细微的谎言使精神变态者能够试探出侦查人员对错误信息的接受程度。因此，当某一询问对象被发现对看似无关的问题说谎时，应怀疑其患有精神疾患的可能。在询问中通过向询问对象提问他是否曾冒充过另一个人（如警官、律师或室友）亦可以发现同样的患病倾向。冒充他人是一种常见的精神变态行为，而且如果不涉及正在调查的事件，询问对象会承认有这种行为。

精神变态者可能会在询问过程中对其以往的不诚实行为非常坦诚，甚至会达到自夸的程度。例如，我们曾询问过一名声称是某一杀人案目击者的询问对象，他骄傲地告诉侦查人员他是如何通过让停车管理员相信他是我们这座大厦的工作人员从而免交了停车费的（利用简单的冒允的方法来逃费）。在另一个调查中，询问对象提供了许多关于数年前他实施的一起未被侦破的持械抢劫案的信息，而同时却坚持否认自己参与了正在进行调查的这起抢劫。当询问对象供述出有关过去的不诚实行为的信息时，侦查人员应当鉴别询问对象是由于对这些行为感到悔恨而一吐为快，还是在强调自己在逃脱罪责时所展现的聪明才智。若为后者，应怀疑询问对象患有精神疾患。

由于精神变态者犯罪是冲动性的，事实分析常常表明其参与了犯罪行为。因此，侦查人员必须做到不因表面看起来诚实的言语和非言语行为而扭曲其对调查结果的分析。对任何询问对象都适用的原则是，当事实分析显示欺骗而行为分析显示诚实时，事实分析正确的可能性更大。

（五）智力水平、社会责任和成熟度

就诚实或是说谎这一方面来评价行为症状时，需要全面地考虑询问对象的智力水平、社会责任感和成熟度。通常来说，询问对象越聪明，其行为症状就越可靠。聪明的人通常更关注调查的重要性和调查的结果，他对是非的评判更敏感；而如果他说谎，他将承受更大程度的内心煎熬和焦虑。社会责任，如此人的家庭、工作和名誉，会影响其在询问过程中情绪作用的程度；但对于缺乏社会责任的个体而言，这种影响基本没有或程度非常小。这一点在曾有过酒精或药物依赖的询问对象中尤为准确。丧失了通常的价值观，他们便很少有顾忌从而很少显现出侦查人员或许由此能够评价有罪或无罪的情绪反应和行为症状。类似的特性在青年或其他有欠成熟的询问对象中也很常见。通常来讲，对这些询问对象来说他们是否讲真话根本不重要，他们倾向于认为他们不需要为自己的行为负社会责任。有鉴于此，他们的行为症状并不可靠。

（六）对儿童的行为分析

在评价儿童（约9岁以下）的行为症状时需要特别小心谨慎。这一年龄组的儿童在调查中通常不会作为犯罪嫌疑人被询问，而是作为身体被虐待或性侵害的可能的受害者或者他人行为的目击者而接受询问。任何为人父母者都会知道，儿童们会不断地讲述一件令人信服的事，但最后证实这些全是编造的。这些编造的心理学基础从幻想到对事情的错误理解都有。因此，这些编造的情节对儿童来说并不是其故意要描述虚假的信息（也就是说，他们不是有意要说谎）。

如同儿童讲述的某些虚假故事表面看起来很可信一样，他们讲述的另一些真实的事情从行为观察的角度来看则像是虚假的。在这种情况下，儿童会因罪恶感，对正在讨论的不熟悉或者敏感的话题感到不确定，或者缺乏适当的沟通技巧，而表现出误导性的行为。于是，来自于儿童的陈述会呈现出假阳性和假阴性评价结果都是有可能的两难境地。因此，儿童陈述的真实性不能仅凭其行为进行评估。

（七）情绪状况

除了有针对犯罪嫌疑人行为症状的预防措施以外，当对假定受害者所报告的某一罪行的真实性的怀疑加剧时，一定要考虑到该罪行本身对（受害者造成的）创伤性经历可能导致紧张和不稳定的反应，这些反应有可能被误认为是因说谎而紧张的指征。例如，一名平时就属于神经紧张型的受害者，刚刚在枪口下被抢劫了，肯定会混乱不堪或者晕头转向，其对该事件的报告也会因此而显得不诚实。又如，一位妻子，其丈夫在她在场的情况下刚刚被枪击死亡，她有可能被她的所见吓坏了，刚刚经历这种骇人事件会使她对该事件的叙述显得并不真实，虽然她实际上是在诚实地报告所发生的事件。

下面是另外一个行为症状如何可能产生误导的例子。一名女性受害者的男朋友因她的死亡而受到讯问。根据最初的侦查人员的报告，他显示出许多有罪的症状。据报告，他不能直视他们的（侦查人员的）眼睛，总是叹气，外表凌乱，看上去似乎精神上正备受折磨。一名侦查人员甚至报告称“他看上去恶贯满盈”。在接下来由一位有资质、有能力的专业侦查人员主持的询问中，查明的事实是，该询问对象是由于那位年轻女子的死而心慌意乱而且还因此一直失声痛哭。他只是没有用言语或是其他显而易见方式向侦查人员表达自己的悲伤。侦查人员们错误地将他的情绪行为看成有罪的指征，他因此而成为头号嫌犯。案件随后的进展产生的事实证据彻底将其排除在谋杀嫌犯之外。

（八）文化差异

某些行为症状是由于心理上的改变而直接导致的身体上的变化（例如，肤色变苍白、颤抖、瞳孔扩张），是强烈的情绪状态的结果，而另一些则是受基因编码的影响（例如，打扮行为、保护性姿势，或“惊呆”的反应）。然而，还有一些行为能够清晰地了解到是根源于文化传统的，一个例子就是眼神的接触。在东方文化环境中长大的个体被这样教导，与权威人士直接的眼神接触是不礼貌的。而与此相反，西方文化教导人们直接的眼神接触代表直率、真诚和诚实。在越战后的几年中，取得身份的越南籍移民在找工作方面遇到了困难，因为他们很少与人对视而让人力资源面试官觉得他们不可靠。

社交空间也是与文化有关的。西方社会中陌生人之间互动的舒适距离大约为 3 至 4 英尺，在中东长大的人会在 1 至 2 英尺的距离与陌生人互动。没有文化差异的意识，侦查人员便很容易将这种人与人之间很近的空间关系误解为一种挑衅或愤怒的指征。

因此，侦查人员必须认识到文化因素对询问对象行为可能造成的影响。考虑到许多可能对询问对象行为造成影响的因素，建立起一条行为基线将对于准确地评价询问对象的行为甚为重要。如果某一询问对象很少与人对视而且又有相关的背景信息，那么他在谈论正在进行调查的问题时所表现出的缺乏眼神交流是不能被视为欺骗的表征的。

(九)接受过行为症状分析训练

在某些调查中，询问对象本人以前可能接受过行为症状分析或审讯方面的训练。我们偶尔会遇到的这方面的案例并且得出以下的总体观察结果：这种训练偏重于使指示欺骗的副语言和非言语指征得到强调。原因可能是，询问对象对欺骗标志的了解使其对询问过程中的侦查更加惧怕。我们经常见到警官或是其他类似的对询问和审讯的实施程序十分熟悉的询问对象，表现出诚实或欺骗的戏剧性行为。相类似的现象可以在医学的学生中观察到，医学学生们根据他们所学到的各种疾病的症状，倾向于对自己正常健康的生理状态作出过度诊断。

在一起案件中，一家零售店安保的负责人成为了该 抢劫案的询问对象。他工作的商店遭到了一名女性的抢劫。在抢劫过程中，助理经理试图逃走并被该女性劫匪刺伤。这名在公司内部的逮捕行动中以勇敢和积极进取著称的询问对象，在这次抢劫中被同事们描述成罕有的配合。劫案发生后一天，那位受伤的经理打电话到询问对象的公寓，而接电话的一名女性解释称他不在家。经理听出这个声音就是那个抢劫商店的人。当受到警方询问时，该询问对象最初否认与人同住。但在随后的监控中发现，他有一名同居的女友，其体貌特征与劫匪相符。而且，这名询问对象曾经参加过我们关于行为分析的训练课程，对询问中所用的技巧以及我们的九步讯问法非常了解。

在询问过程中，询问对象对行为激发问题的言语答复显示为诚实。然而，他的坐姿非常僵硬而且即使是在描述那起令人激愤的抢劫案时他的手也一直都放在膝盖上不动。在对抢劫案件的回忆过程中，他的副语言行为揭示了他的犹豫、走走停停的行为以及持续降低的回复频率。最终，询问人员通过下面这一问题得出了结论：“当劫匪刺伤助理经理时你怎么想?”对此他的回答是：“她试图逃跑是很愚蠢的。她没有理由受伤的。”

这些想法都是以劫匪的视角为中心展开的，这就表明该询问对象是认识劫匪的。一个不认识劫匪的人一般会从他自己的角度出发来作出答复（例如，“我吓坏了，她可能磕了药或是其他什么东西——她就是个失控的疯子。我吓呆了根本反应不过来”）。

根据事实和行为分析，该犯罪嫌疑人接受了审讯。审讯持续了不到 10 分钟就以这名犯罪嫌疑人走出房间而达到高潮。他离开前所说的最后的话是：“在承认做了这件事前我真想用子弹打穿自己的脑袋!”之后，他的罪行随着他女友的被审讯并且招供而得到证实。这名犯罪嫌疑人在行为分析方面的知识和所受的训练并未使他模仿出在诚实的询问对象身上较为常见的那些态度、副语言以及非言语行为。但是，这种培训可能使他不易受到在审讯时使用的说服技巧的影响。

四、结论

综上所述，虽然询问对象在询问中表现出的言语和非言语行为能够为可能的无罪或有罪提供有价值且准确的指示，但侦查人员应当根据在本书第九章中提到的指导方针来对行为进行评估。此外，还应当考虑到下列可能影响行为症状的因素：对罪行严重性的认知、询问对象的精神和身体状况、任何潜在的精神和人格障碍、智力水平、成熟程度、社会责任感存在或缺失的程度。

第十一章　行为分析询问法

一、引言

前面几章讨论了进行询问的基本原则，如营造适当的询问环境、用非指控的方式进行询问，以及评估犯罪嫌疑人的行为。这些讨论为我们提供了构成询问过程的“零件”但并没有为我们造出“豪车”。要想高效地使用这些素材，就应当把这些询问的基本概念运用到一种结构化的询问模式（structured interview format）情境中。

这些年来，已有许多询问结构陆续提出。在 20 世纪 70 年代，爱德华·盖泽尔曼（Edward Geiselman）实施的研究达到顶峰，形成了一种结构化的询问方法——他称之为“认知询问法”（Cognitive Interviewing）。[①] 认知询问的原理是凭借迅速发展的记忆重拾科学以及利用这一技术让证人用倒序的方式或从不同人物的视角来回忆信息。研究表明，认知询问技术让受害人和证人的回忆更为准确，即使在跨越文化或语言障碍的情况下。[②]

记忆重拾的资料是如此可观，以至于在 20 世纪 90 年代，盖泽尔曼和费希尔（Fisher）利用认知询问的概念研发出了一种询问方法，他们称这项技术为“和平”（PEACE）模式。这一首字母缩写代表了计划与准备（Planning and preparation）、参与和解释（Engage and explain）、陈述（Account）、澄清（Clarification）、质疑（Challenge）、收尾（Closure）以及评估（Evaluation）。这种方法的目的是在最短的时间内从被询问人处获取最多的信息。虽然这一方法的设计初衷是从配合的证人处获得线索和信息，但其也可用于有犯罪行为嫌疑的人。

本章将会呈现另外一种叫作行为分析询问法（The Behavior Analysis Inter-

① Fisher, R. and Geiselman, E. (1992). *Memory-Enhancing Techniques for Investigative Interviewing: The Cognitive Interview*. Springfield: Charles C. Thomas.

② Stein, l. and Memon, A (2006). Testing the Efficacy of the Cognitive Interview in a Developing Country. *Applied Cognitive Psychology*.

view，BAI）的结构化询问技巧。BAI包括建立融洽关系、提出开放性问题以获取调查信息、澄清回复以及其他（包含在PEACE模式中的一些元素）。但是，BAI还含有一些被称为行为激发问题（behavior-provoking questions）的特殊问题，这些问题经过专门设计用以引发有罪或无罪的犯罪嫌疑人的行为症状。

二、行为分析询问法

在20世纪40年代，约翰·E. 莱德在测谎技术的范畴内采用多种方式进行实验时发现，以激发生理上的变化为基础来推断诚实与否是不精确的。为了提高检查者诊断的准确性，他想要开发出一种独立的方法来印证测谎仪的结果。为此，他根据自己对无罪和有罪的犯罪嫌疑人在询问过程中倾向于表现出的不同态度和行为所作的观察，着手设计出一些特殊的问题，这些问题能够引发无罪和有罪的犯罪嫌疑人作出不同的反应。莱德称这些问题为“行为激发问题”，这些问题被编入莱德的准绳问题测谎技术（control question polygraph technique）中，成为预询问不可缺少的部分。

到了20世纪70年代，起初是个别的州，最后是整个联邦政府，均禁止绝大多数私人雇主使用测谎技术，于是，莱德和同事们开发了一种替代性调查方法，把被称为行为分析询问的结构化询问形式提供给委托人。这种询问包括三种类型的问题：①不具威胁性的问题；②调查性问题；③行为激发问题。为时30至45分钟的非指控性询问在一个受控的环境中进行，调查人员坐在嫌疑人的正对面距其约4.5至5英尺。在整个询问期间，调查人员在嫌疑人每次作出回复后都要记下书面笔录，这样做没有别的原因，只是要在问题之间制造安静（参见本书第一章）。询问应以一系列不具有威胁性的问题、关于讯问对象的背景信息以及随意的谈话开始。在询问过程中，在案件信息发展的逻辑流程外，关于行为激发问题的提问不要求有特定的顺序。调查性问题可以与行为激发问题混合在一起，同样也不需要有特定的顺序。

在本书第八章我们曾讨论过许多制定调查性问题的指导方针。虽然标准的调查性问题的主要目的在于获取信息而非激发反应来进行行为分析，但对其反应仍可从分析的角度给予考虑。换句话说，调查人员应从询问的一开始就要寻找诚实或是欺骗的线索了。

这些年来，已有超过25个行为激发问题被陆续开发出来，但本章只涉及其中的14个，这些问题对于区分无罪和有罪的嫌疑人显得非常有效。第15个行为激发问题（诱惑性问题）会在本书第十二章介绍。行为分析询问的目的在于发掘出特定的调查性和行为性信息以使调查者能够：①排除无罪的犯罪嫌疑人以及②集中调查未能排除嫌疑的犯罪嫌疑人。[①]

研究表明，无罪的询问对象倾向于对行为激发问题与说谎的询问对象作出不同的反应。正如本书第九章所提到的，在每次询问中，评估人员根据对这15个行为激发问题的评价能够准确地分辨出无罪或有罪的犯罪嫌疑人，其概率远高于偶然作出的评价。[②]

三、行为激发问题的反应模式

下面这一假设案件说明了在关于一桩纵火案的行为分析询问中使用行为激发问题的过程（同样的过程也适用于其他所有类型的犯罪案件，从杀人案到员工盗窃案）。[③] 行为激发问题应当通过使用简短的介绍性术语描述此次询问想要从询问对象处得到的信息来引入，这样我们就能够将无罪的和有罪的询问对象典型的反应模式呈现出来。

假设某个仓库着火，而且大多数库存被烧毁。纵火者是撬开一个侧门进入的仓库。安保系统显示，这一切发生在9月12日晚上9点40分。警方在9点50分到达时，仓库已被吞没在火海中。随后的调查揭示，该案有使用助燃剂纵火的痕迹，可能为汽油，起火源头就是存放货物的箱子。

对仓库员工档案的审查显示，两名仓库雇员可能有纵火的动机。其中一名叫吉姆（Jim），最近被拒绝升职为助理主管；而另一位叫约翰（John），刚刚因为违反打卡规定而被停职一周。因此，似乎有恰当的理由对这些雇员进行询问，但还明显缺乏逮捕的依据。

在询问开始的时候，侦查人员应该用几分钟时间向询问对象提出一系列背景信息问题，如其全名、年龄、住址、婚姻状况、当前就职地点，以及其他一般性的背景问题。这样做的目的有两方面：①使询问对象适应环境，并且同时能够②为侦查人员提供一个机会来评估询问对象正常的言语、副语言以及非言语行为的模式。

当询问对象未受羁押（因此也就不需要宣读米兰达警告），但仍然需要知晓关于该调查的一般性质时，侦查人员应当提出目的性问题，可作如下表述：

目的（Purpose）：吉姆，你对今天要配合我做的这个询问的目的作何理解？

---

① 行为分析询问不是一种关于诚实或欺骗的临床心理测量评估。关于如此使用是谬论的阐释，参见 Vrij, A.（2006）, An Empirical Test of the Behavior Analysis Interview. *Law and Human Behavior*, 30(3)。

② 参见 Horvath, F., Jayne, B., and Buckley, J.（1994）. Differentiation of Truthful and Deceptive Criminal Suspects in Behavior Analysis Interview, *Forensic Journal of Science*,39(3),793-806。

③ 杀人案件中行为分析询问的例子，参见附录A。另见莱德公司参与制作的关于行为分析的几盘录像资料。详细内容请访问 www.reid.com。

因为吉姆肯定是知道这场火灾的，所以如果他对目的性提问作出天真或闪烁其词的回答应视为可疑。例如，吉姆说他不知道这次询问的目的是什么，或者他给出一个模糊的意见如“我想你是想跟我聊聊仓库里发生了什么”。但是，如果他直言不讳地说“我肯定你是想了解关于这场火灾我所知道的情况”，那就应当对他另眼看待了。后一种回复直接并且包含了现实的语言（纵火），更有可能是无罪的人的特征。

对于侦查人员来说重要的是，要认识到这种目的性问题的使用只限于针对没有受到羁押的犯罪嫌疑人。对于那些受到羁押的犯罪嫌疑人，作出米兰达警告和获得弃权书是必需的，而且只有当犯罪嫌疑人知晓他将要因何事被提问以及同意被提问时，弃权书才是有效的。

在目的性提问之后，侦查人员应当开始引导犯罪嫌疑人说出一般性的调查性信息。这些问题可以判断犯罪嫌疑人案发时在哪里（不在犯罪现场）。如果时机适合，可以询问他与受害人的关系。

为了发掘不在犯罪现场的信息，应向询问对象提出一个宽泛的问题，例如，“请告诉我9月12日下午6点直至你上床睡觉这段时间你做的所有的事”。如果吉姆是清白无辜的，他会因此而得到一个机会来说出一些可能对其有帮助的信息，而这些信息可能不会被一些具体的提问（例如，“9月12日9点至9点45分这段时间你在哪里”）诱导出来。有罪的犯罪嫌疑人在被问及这种非常具体的问题时可能会说出一个早已排练好的不在犯罪现场的理由，并且不会显示出特定的说谎症状。在每一次询问中，还要补充提问许多与正在调查的具体事件有关的调查性问题。①

下面是BAI中包含的一系列行为激发问题。侦查人员以何种顺序将调查性问题混入行为激发问题取决于多种因素，包括询问对象已经受到询问的频率，以及如果接受过询问，是否是因目前正在调查的事件而接受的。

在询问过程中，侦查人员应当提出往事回顾与你（history/you）这一问题。从实质上讲，侦查人员需要简明扼要地陈述正在调查的具体事件（往事回顾），然后问询问对象他本人是否参与实施了犯罪（你）。在这起假设的纵火案件中，这类问题应像如下这样提出：

往事回顾与你（History/You）：吉姆，正如我们之前已经谈论过的，两天前第六大街的仓库着了场大火。如果是你放的火，我们的调查能清楚地查明。如果你与这场大火没有关系，我们的调查也一样能够证明。在我们还没有采取

---

① 参见Horvath, F., Blair, J. P. and Buckley, J. (2007). Behavior Analysis Interview: Clarifying the Practice, Theory and Understanding of its Use and Effectiveness. *International Journal of Police Science & Management*, 10(1)，对BAI、调查性问题的使用以及关于BAI效果的研究进行了详细的讨论。

任何进一步的措施之前，我只想说，如果你与这起纵火有关，请你现在就告诉我。(这一问题也可以这样直接来问："是你放的火吗?")

这个直接的问题经常会使说谎的询问对象措手不及，他们搪塞的、迟疑的或是闪烁其词的回复使他们暴露无遗。欺骗者对此问题回复的典型示例是"向上帝发誓，我没做——我发誓"、"是我放的火吗?不，我没做"或者"那是我工作的地方，我为什么要做那样的事"。与言语上的回复相伴随的还有一些暴露性的非言语行为，如跷二郎腿、在椅子上改变位置，或者修饰行为。

诚实的询问对象则很高兴在询问的开始就能够有机会表明其清白。当被问及是否是他实施的犯罪时，诚实的询问对象会立即斩钉截铁地予以否认，如"绝对没有。我与放火绝对没有任何关系"。在回复过程中，无罪的询问对象通常会在椅子上把身体往前倾，建立起直接的目光接触，而且还会举出例证来增强其陈述的可信度。

接下来，询问对象会被专门问及他是否知道是谁作的案。

知情 (Knowledge)：吉姆，你知道是谁放的火吗?

说谎的询问对象的典型反应是在距离上和情感上撇清自己与犯罪的关系，从而很有可能对该问题不假思索地回答称对于谁是纵火者毫不知情，欺骗者的典型的回复包括，"不，我不知道"；或者简单而快速的回复"不"；或者是一句闪烁其词的回答，如"我甚至都不知道是有人故意放火"。

诚实的询问对象一定曾花时间去考虑过谁可能是罪犯，而当被问及知情问题时，其可能会说出一些怀疑，如"嗯，我不能确定，在工作时脑子里曾闪过一些名字，不过我并不能肯定"。或者对其否定回答抱以真诚的歉意，如"我真希望我知道，但无论如何我也不知道"。在行为上，无罪的询问对象在回答问题时听上去是真诚的，而且经常会表示自己之前曾考虑过谁可能会犯下这一罪行。

大多数询问对象都会否认自己知道谁是罪犯。随后恰当的询问是，要求询问对象回答在他心目中谁是可能的犯罪嫌疑人。由于对询问对象来说，说出可能的犯罪嫌疑人的名字是很困难的，因此侦查人员应当向其保证会保密，绝对不会向被提及名字的人透露，如同下面的例子所示。

怀疑对象 (Suspicion)：吉姆，你怀疑可能是谁放的火?现在让我来解释一下，这个怀疑只是你内心的感觉，而你有可能是完全错误的。不过我想，在这种情况下，几乎所有的人都会对其他人有所考虑。你说出的名字绝对不会被那个人知道。你怀疑这件事可能是谁做的?

当被问及这个怀疑问题时，说谎的询问对象不太可能说出他知道其实是清白的人的名字，因为这是个不必要的谎言。因此，说谎的询问对象通常会否认自己对谁有可能是罪犯产生过任何怀疑。对此有一种例外是，实施犯罪的机会限定在两个人之间。在这种情况下，有罪的询问对象很有可能将怀疑投向自己以外的另一人。而当被问及他怀疑的理由时，他却说不出任何令人信服的依据。

诚实的询问对象常常会说出一个或多个他们怀疑可能是罪犯的人的名字。他们为其怀疑能够举出可信的依据："我会想到两个人。一个是约翰·怀特(John White)。我知道在着火的前几天他被停职了，而且他在工作中的态度有问题。他曾经跟主管吵过架并且还特别容易发脾气。另一个人是比利·威廉姆斯（Billy Williams)。我怀疑比利唯一的原因是我知道他在警察那里有麻烦。我想他是因为从汽车或别人家里偷东西之类的事情正处于缓刑考验期。我据此猜想，此时并没有什么依据，他也许是从仓库里偷了库存的东西，然后放火来掩盖他的偷窃罪行。"

随后，询问对象会被问到他能够为谁的清白担保。提出担保问题的目的是评价询问对象的有用性，以及评估询问对象关于案件的想法是更典型的有罪型还是无罪型。

担保（Vouch)：吉姆，在仓库工作的人员中，有没有你认为肯定没有放火的人，你怎么能保证此人的清白？

这类担保性的问题是暗示性地邀请询问对象参与对案件的协助调查。如果吉姆是诚实的，他会轻松明确地说出他认为是无可指责或是他能够担保没有实施放火的人的名字。如果吉姆是有罪的，他的回答将会是态度暧昧的。有罪的询问对象通常不愿意将任何人排除在嫌疑之外，他们更愿意有其他可能的犯罪嫌疑人陪着自己。有罪的犯罪嫌疑人对这一问题的典型回答是，"还真是不太清楚……我对别人不是很了解"或者"我担保每个人"。如果犯罪嫌疑人只是为他自己担保，不能因此作出确定性的推断，但需要注意的是，有罪的询问对象作出这种回答比无罪的询问对象作出更具代表意义。

询问对象接下来要被问及可信度的问题，该问题旨在评估询问对象对案件的评价是否现实。

可信度（Credibility)：吉姆，你认为是否有人故意纵火？

在雇员盗窃案件的调查中，该问题可以这样措词，"你认为这些钱真的是被偷了吗"；在凶杀案中可以这样表述，"你认为杀死受害者的人是他的熟人吗"；在强奸案中可以这样表述，"你真的认为有人强迫受害人与其发生性关系吗"诚实的询问对象通常会认可有犯罪行为发生，如"是的，我认为是这样。这火刚好在通道中间烧起来，那里没有电线啊或者其他什么可能导致意外起火的东西"。

可信度问题为说谎的询问对象提供了一个扰乱案件调查的机会。他会提出不切实际的可能，如电线短路起火或是乱丢烟头导致起火。在盗窃案件的调查中，询问对象可能会提出是对账错误或者钱被意外丢弃的可能。在性侵指控案件的调查中，说谎的询问对象会对受害人的声誉进行诋毁，质疑其诚实性或者提出错误指控的可能性。

另一个评价询问对象对案件的评估是否现实的问题是，问他们认为谁有最好的作案机会。

机会（Opportunity）：吉姆，谁最有可能纵火，如果他想这样做的话？我并不是说火就是这个人放的，而是说谁最有可能纵火？

如果诚实的询问对象有机会去作案，他通常会坦率且现实地公开此信息。最起码诚实的询问对象会将自己归入可能有作案机会的人中。典型的诚实的询问对象对机会问题的回答包括，“我们这些有仓库钥匙的人都有机会”或“我跟其他五个雇员三班倒，我们都有机会”。

说谎的询问对象可不想将怀疑的矛头对准自己，因此当被问及机会问题时，会说出不切实际的犯罪嫌疑人来扩大调查的范围。例如，“天呐，在那儿工作的任何现任职员还有前职员都有可能。甚至有可能是公司外部的人作案”。某些说谎的询问对象会声称没有人有机会作案。例如，“他们每晚都要把仓库锁上。我觉得没有人有机会放火”。

无罪的和有罪的询问对象处理询问的态度不同。当询问对象被问及对被询问的感受如何时，无罪的询问对象通常表现出积极的态度，因为他将询问视为使自己摆脱嫌疑的一个机会。与此相反，有罪的询问对象视询问为威胁而更有可能表达出对此的负面情绪。

态度（Attitude）：吉姆，你对因这次大火而受到询问的感觉如何？

对这一问题典型的诚实回答包括，“我一点儿都不介意……，我愿意尽全力配合帮助查出真相”或者“我很乐意在我力所能及的范围内全力配合——我可不想总受到怀疑”。

说谎的询问对象更倾向于表达对询问的消极情绪。典型的有罪者的回答可能是“我感觉自己像个罪犯”、“我感到紧张和害怕”或者“我不明白你为什么要问我这些问题——很多人都可能会做这件事”。这是个典型的回答，即使是在询问对象受到了充分尊重的对待而且没有对其进行任何有罪指控的情况下。

问一问询问对象他是否曾经想过去做与正在调查的事件相类似的事也是很有帮助的。

想法（Think）：吉姆，你是否曾经想过针对公司去做一些类似的事呢？

这种想法性问题依赖于有罪的犯罪嫌疑人内心需要通过某种方式倾诉其罪行以缓解焦虑，而同时又要逃避需承担的后果。每个人都知道，想法、幻想或信仰都无法在法庭充当证据。它们毕竟只是头脑中的影像，与记忆相类似，都是无法被捕捉和整理为证据的。正因为这些想法或幻想并不具有现实意义，说谎的询问对象才有可能会承认他们曾经有过这样的想法，以此来缓解与其罪行相关的压力。

乐意承认自己曾有过实施犯罪想法的犯罪嫌疑人（例如，“哦，当然了。我敢打赌大多数雇员都时不时地有过这种念头”），与坚决否认有过这种念头或主意的犯罪嫌疑人相比，应当被看作更有可能是有罪的，尤其是在关于纵火这种严重事件的情况下。对此问题作出这种限定回答的犯罪嫌疑人也应该被认为可能是有罪的（例如，“没真正想过”或者“没认真想过”）。

对此问题的回答，典型的诚实者会毫不含糊地否定可能有过这种想法（例如，“绝对没有，没有”）。即使是在正在调查的事件可能是在常人看来是很平常的一件事，情况仍会如此。这里所涉及的原理是，无罪的犯罪嫌疑人会认为该问题与正在调查的事件有关。在更为随意或非正式的环境下，无罪的询问对象可能会跟朋友或是亲近的人讨论与正在调查的事件相类似的一些模糊的想法。但是，在接受侦查人员正式的询问时，当时被激发的动机状态通常会使无罪的人对此问题作出迅速而坚决的否定回答。

应当注意的是，在某些犯罪中，尤其是情节极其恶劣（如与儿童进行变态性交或对被害人进行肢解）的案件中，如果用这样的措词提出这种想法性问题就会更加有所帮助，如“你是否曾幻想过（这样的事情）”或者“你是否曾经梦想过有关（这种事情）”毫无疑问，一个声称梦想过与儿童进行变态性交或用刀子切割女性受害人的犯罪嫌疑人应受到非常仔细的审查。

部分无罪的询问对象在准备接受询问时，思考了为何有罪的犯罪嫌疑人要去犯罪。为发掘这方面的信息，就需要提出动机性问题了。

动机（Motive）：吉姆，你认为某人为什么会放火？

在大多数案件中，无罪的犯罪嫌疑人都有望能够提供一个合理的犯罪动机。在纵火案中，一个合理的回答可能是愤怒、报复或保险诈骗。也许更有意义的是，无罪的犯罪嫌疑人在讨论其他人实施犯罪的可能动机时显得很自在。

相反，动机问题对于有罪的犯罪嫌疑人是极具有威胁的，因为他很清楚他自己为什么犯罪而且不想向侦查人员坦白。正因为如此，有罪的犯罪嫌疑人可能不愿意去推测可能的动机，他会回答说“我怎么会知道？有可能是任何原因”、“我不清楚”或者“我对此没想过太多”。在回答问题时，有罪的犯罪嫌疑人会在椅子上变换姿势，还会做出其他缓解焦虑的行为。然而，有些有罪的询问对象确实会对此问题作出自我反省式的回答来谈论或坦白他们真实的犯罪动机。每当询问对象对动机性问题的回答非常具体时，如“也许他受到了公司的不公平对待而且喝醉了，所以出于报复做出了这件事”，侦查人员应当怀疑该询问对象实际上就是在说他自己的罪行。

当被问及对罪犯的适当惩罚时，无罪的询问对象会考虑到该罪行的严重性，通常会建议对罪犯施以合理的、严厉的处罚。

惩罚（Punishment）：吉姆，你认为在这个纵火者身上会发生怎样的事？

无罪的询问对象的典型回答是，“他应该被送进监狱”或者“我希望他们起诉他并把他送进监狱”。在私人安全调查中，诚实的询问对象会作出的典型答复是“他应该被烧死（或被解雇）”。

有罪的询问对象在讨论其罪行的可能的严重后果时，会觉得时间是很难熬的。因此，他对惩罚问题的回答倾向于更加仁慈一些，如“嗯，我认为这得视情形而定”或者“很明显，他需要心理咨询辅导”。在私人安全调查中，说谎的询问对象可能会回答，“我觉得他应该赔些钱”或者“我觉得这个人应该受到谴责”。说谎的询问对象经常会避免谈论任何形式的惩罚，而仅仅回答“那不是由我决定的”或者“那要由法官来决定”。在这种情况下，侦查人员应追问下面的问题：“如果由你来决定，你觉得应当如何处罚那个（实施犯罪的）人？”

无罪的询问对象在被问及是否应再给罪犯一次改过自新的机会时，通常会作出否定的回答。

改过的机会（Second Chance）：吉姆，你认为在何种情况下可以给放火者一个改过自新的机会呢？

一个知道案子是别人做的而自己正为此受到盘问的询问对象，是不会给案犯改过的机会的。因此，对该问题典型的诚实的答复是，“决不。我受了这么多罪，我希望他们对他严惩”或者“当然不！无论这事是谁做的，都导致仓库停业了——因为这场火我正遭受损失呢”。

而一名说谎的询问对象则更倾向于同意给予其改过自新的机会的建议。其回答经常是闪烁其词的（“那很难说……”）或是包含条件性语言的（“嗯，我认为重要的是查出导致这事发生的所有的客观情况”）。当询问对象在其回答中提到客观条件或客观情况时，侦查人员应追问如下问题：“在什么样的情况下你会考虑给那个人改过自新的机会呢？”无论该询问对象提到怎样的减轻情节，在任何后续的审讯中，该情节都应被视为首要的审讯主题。

向询问对象提出他为什么不会去犯罪这一问题经常会使其暴露。这个问题会使有罪的询问对象进退两难，因为他很清楚罪行是他犯下的，却还要他提出他不会去犯罪的令人信服的理由。

反对（objection）：吉姆，告诉我你为什么不会去做类似的事情？

无罪的询问对象对这一问题的回答有以下两个特征：第一，他可能会使用第一人称描述自己的特点，如“因为我不是个纵火犯”或者“我肯定不能容忍自己做那样的事情”第二，无罪的询问对象还会提到当前的责任或过去的成就，如“我决不会拿我努力获得的一切来冒险去做那种事的”。

说谎的询问对象对这一反对性问题会作出第三人称的回答，或者说出包含未来后果的回答，如“那是违反法律的”、“我可不想丢了工作”或者“我不会做任何会让我进监狱的事”。最后，一些欺骗的回答会提到外部因素。在假设的纵火案中，询问对象可能会这样回答：“他们到处都安了监控摄像头——我会被抓到的。”在虐待儿童案的调查中，如果提出反对性问题：“告诉我你为什么不会与你的某个学生发生性关系？”可能会引出这样的回答：“我知道她可能会告发我。”

有一个问题可以用来评估询问对象对其已宣称过的无罪的信心，那就是让询问对象来预测本次调查对于其本人的结果将会如何。

结果（Results）：吉姆，一旦我们结束整个调查，你认为关于你是否与纵火有牵连将会是怎样的结果？

无罪的犯罪嫌疑人会表达出对自己会被排除嫌疑的信心。诚实的犯罪嫌疑人作出的典型回答包括，“最好显示我与这事无关”、“我知道我没有放火所以我不担心”或者“事实会证明我跟你们说的一切都是真实的”。

有罪的询问对象对自己会被澄清嫌疑的信心就没有这么强了，毕竟其心思都集中在避免被查出来上。因此，说谎的询问对象通常只会用必要的一个字来回答这一问题，如“清白”、“没事”或者“还好”。或者带有不确定的感觉，如“我希望结果没事”或者“我不知道，我想我们会知道的”。有些有罪的询问对象会对此作出闪烁其词的回答：“嗯，我确实无法掌控你们的调查，所以我不知道。”令人吃惊的是，很多有罪的犯罪嫌疑人会预测调查会显示出对其不利的结果。这一回答不可避免地伴随着对其他人或其他事的指责，如“我总是因为自己没有做的事而受到责备，这次大概也不例外”或者“我确实是个容易神经紧张的人，所以即使我没有说谎人们也认为我在说谎”。

成为某次犯罪调查中的嫌疑人确实是一种不寻常又可怕的经历。通过询问询问对象都跟谁谈起过这一案件，能够窥探到一些对结果有价值的领悟。

告诉亲近的人（Tell Loved Ones）：你把今天要接受询问这事告诉了谁？

在这种时刻，从亲近的人那里寻求温暖与抚慰是人类的天性。因此，如果询问对象没有把正在进行的调查以及即将到来的询问告诉过任何亲近的人，就非常可疑了。理论原理是这样的，对亲近的人隐瞒这些信息，是在尽量避免对亲近的人说谎，因为他们一定会问他案子的事。

然而情况也不尽然，一些有罪的询问对象也会与亲近的人谈起关于询问的事。因此，当询问对象承认告诉了亲近的人时，侦查人员应该问："当你把这事告诉你的妻子时，她的反应如何？"无罪的询问对象可能已经与某一位亲人详细讨论过正在调查的事件了，而这通常会在其回答中明显地表现出来。说谎的询问对象经常会在与亲人的讨论中对即将到来的询问轻描淡写，一带而过。当被问及亲人对询问的反应时，典型的欺骗式回答是："嗯，她对发生的事感到很好奇，还说了些废话，不过也并没有什么真正的反应。"

如果询问对象已经与某一位亲人说过即将到来的询问，通常这样来提问他较为有利："当你跟你的父亲提及此事时，他有没有问是不是你做的？"对此问题，从无罪和有罪的询问对象处同样都能够听到否定的回答。但是，那些承认被亲人问了案子是否是其所为的询问对象，会表现出明显的有罪的行为症状。没有人比其父母、配偶或亲属更了解该询问对象了。因此，就连亲人都对该询问对象的有罪与否没把握以至于要直接去问他，至少说明在此亲人看来，该询问对象是有可能实施犯罪的。

四、真实案例报告

为了更进一步举例说明行为激发问题在询问中的价值，下面将呈现 2 份关于一个真实案件的询问笔录。该调查是关于一名银行出纳员的抽屉报失的 1000 美元。凯斯·琼斯（Keith Jones），一名在该银行工作了 3 年的职员，在当天营业结束为其现金抽屉平账时发现钱少了。在凯斯（Keith）一侧工作的是一名叫凯西（Kathy）的出纳，她在该行工作 12 个月了。在凯斯另一侧的是一名叫艾琳（Irene）的新员工。由于是凯斯发现钱少了，也由于他在该行工作时间较长，他被安排第一个接受行为分析询问，然后是凯西，最后是艾琳。下面这份笔录只是呈现了在对凯斯的询问中对其所问的行为激发性问题。除了询问对象的言语回答之外，关键的非语言行为也在方括号内标示出来。除这份报告外，还有调查性问题，也会在实际的询问中提出。

目的：凯斯，你对今天我要对你做的这次询问的目的怎样理解？

[身体前倾] 嗯，在 25 日我给现金抽屉平账时发现少了 1000 美元。我核对了我办理的所有的交易业务，没有发现错误。于是叫了彼得（Peter），我的上级过来，我俩一起把所有的账再次核对了一遍。我甚至把抽屉的背板都拆了下来，看看是不是有钱卡在抽屉后面了，但是都找不到。这个时候，我意识到有人把钱偷走了。他们（银行）需要知道我对他们是不是诚实的。而这就是为

什么我会在这里。这并不是说他们不相信我，只是，事实上，能这样做（被询问）我非常高兴，因为我能够向他们证明我没有偷钱。[真诚，轻松，良好的眼神接触]

回顾与你：我已经跟南希（Nancy）说过了，而且你是对的，我们就是要谈谈关于你那里少的那1000美元。在我们这次询问中，我将会就少钱一事对你进行提问，其中有些问题的答案我已经知道了。重要的是，你要全部如实回答我的问题。凯斯，如果你偷了那笔钱，我们的调查能够清楚地查出来。如果你没偷，我们一样也能查明。在我还没有更深入之前，只问你一句，是你偷了那1000美元吗?

不是，我没偷。[目光直视，身体前倾]

知情：你确切地知道是谁偷的吗?

不太确定，不。[犹豫不决，陷入沉思]

怀疑：你怀疑钱是谁偷的?

我不能肯定所以我不能坐在这里指控任何人，因为我没有亲眼看到有人偷钱。

追问：要知道，怀疑只是你个人心底的一种感觉，而你有可能是错的。

嗯，我想到的那个人是艾琳。她是个新员工，我和其他人一样不了解她。我和其他所有的人都一起工作过相当长一段时间，而经过一段时间你就开始了解并信任他们。艾琳是新员工，我只是不像了解别人那样了解她。[真诚]

担保：有没有什么人，你可以为他们担保，你会说他们绝不可能偷钱?

彼得……还有南希。我觉得我可以信任他们两个。[沉思]

可信度：你确实认为这笔钱是被某位职员偷走的吗?

是的。虽然我不想这么说。我更愿意相信我是在与诚实的人一起工作，但是恐怕有人并不诚实。[跷二郎腿，镇定]

态度：你对就丢失的这1000美元受到询问作何感想?

嗯，一开始我觉得他们不信任我，你知道的。不过后来我转念一想，哦，是啊，很显然他们确实应该从我查起，因为钱是从我的抽屉里丢的。我对此没

有问题。如果我只是在其他接受询问的人中排第一个我没什么问题。不过被排在第一个，他们好像还真是信任我。[真诚]

结果：一旦我们完成整个调查，你认为对你来说结果将会如何？

嗯，我知道我没拿那笔钱，所以结果肯定没事。我并不担心。[真诚，目光直视]

动机：你觉得这个人为什么偷这笔钱？

我不知道。我对此真的没有多想过。我想到艾琳时我猜也许是花费超支了？或者想用钱买衣服或其他什么东西？我确实不知道。[沉思]

想法：你有没有想过从这家银行拿走些钱，虽然你没有真的这么做？

没有，绝对没有。[直截了当，良好的眼神交流]

反对的理由：为什么不？告诉我为什么你不会从这家银行拿走钱？

嗯，首先，这是不诚实的；其次，这是不对的。我拿到了我的薪水，虽然每个月都没有那么多（1000 美元）。但他们能够很信任地把钱交给我，而对我来说这种信任是比任何东西都重要的。我觉得我不会拿我所为之工作的一切来冒险，去做些类似的傻事。[真诚，深思熟虑，举例说明]

惩罚：你觉得在偷了这 1000 美元的人身上会发生什么？

解雇他们。我的意思是，先要跟他们说清楚，但要解雇他们。我不认为应该有什么例外。[直截了当，真诚]

改过的机会：你认为在什么样的情况下可以考虑给那个偷钱的人改过自新的机会呢？

不给。如果他们来找我并给我解释说他们需要那笔钱去办很重要的事情，我想我可以理解。但事实是，他们根本没有考虑那个要为此承担责任的人，而直接把钱拿走了。他们拿钱的时候就突破了底线，因此再怎么说他们不会再这么做了也于事无补了。我不愿意与这样的人在一起工作。[真诚，举例说明]

告诉亲近的人：你对家里人提起过这次询问吗？

是的，我告诉了我父亲。我有点担心想找个人聊聊，就对我父亲说了。

追问：他是什么反应？

嗯，他的想法跟我差不多，还说他们不太像是会解雇你，这只是一次询问，你知道的。因此，我（对询问）感觉就好些了。

追问：当你把这件事告诉给你父亲时，他有没有问过钱是不是你拿的？

哦，没有！［直截了当］

在询问的早期阶段，凯斯表现得有些紧张，但随着询问的进行他放松了下来。在询问开始后最初的几分钟里，他坐姿前倾而且较为敏感。渐渐地，他靠向后面并逐渐放松下来，还不时举例证明自己。他显示出了连贯一致的真诚态度，对此事的关心并给予帮助。根据调查信息，结合凯斯对行为激发问题的回答，他被排除了嫌疑。我们接着安排了对凯西的询问。

目的：凯西，你对我们正在进行的询问的目的作何理解？

凯斯·琼斯的抽屉里丢了些钱，所以他们在询问每一个在那天上班的人？［犹豫不决，调子拉长］

回顾与你：凯西，我今天要就那笔丢失的钱对你提出一些问题。其中一些问题的答案我已经知道了，但最重要的是，今天在你离开前请完全如实回答我的问题。让我来问个问题作为开始，是你偷了那1000美元吗？

不，不是我偷的。［回答准时，目光直视］

怀疑：你怀疑谁有可能拿了这笔钱。要记住，怀疑仅仅是你的感觉而你可能是错误的。你说给我的任何名字都不会被泄露给那个人，那么那个你怀疑的人是谁？

事实上，没有。［快速地，不假思索］

可信度：你认为是某个职员偷了那笔钱吗？

我认为钱是被某个员工偷的吗？不，我不认为钱是被偷的。［漠不关心］

追问：你为什么不认为钱是被偷的？

我只是没有看到在那里工作的任何人在那天从别人的抽屉里拿钱。

机会：谁有机会或时机拿那笔钱，如果他们想拿的话？

我认为没人有机会。我的意思是，总有一个或两个人在身旁。［眼神交流

不良]

担保：你可以为谁担保或者可以肯定地说这个人没有偷钱？
没有。我不认为钱是被偷的。

追问：这不是我所问的。
哦，我能为谁担保，嗯……彼得。[混乱，心不在焉]

态度：你对就少钱一事受到询问作何感想？
我不清楚，只是……你知道的……就像……嗯，我理解他们的立场，如果这样能够搞清发生了什么，我愿意做任何事情……一直到帮助查清真相。[犹豫不决，说到最后声音几乎听不到]

结果：一旦我们结束调查，你认为对于你来说结果将会怎样？
清白。[发笑]

动机：你认为这个人为什么偷钱？
我不知道。贪心。[在椅子上变换姿势，往下看]

想法：你有没有曾经想过从这家银行拿走钱？并不是说你一定会这么做，只是你脑子里是否曾经闪过这种念头？
不，没有。[发笑]

反对：告诉我你为什么不会去拿钱？
那是不对的。我不会偷不是我的东西。这样做从道德上或伦理上都是不对的。[直截了当]

惩罚：他们已经核对过所有手续，而且根据我们的经验，一旦他们无法找到资金失踪的原因就意味着有人偷了那笔钱。你觉得在那个偷了这 1000 美元的人身上会发生怎样的事？
被解雇，把钱补上，受到谴责。我不知道。[沉默，眼神交流不良]

改过的机会：凯西，在何种情况下你会给这个人改过自新的机会？
我不知道。也许，也许如果…… [回答的声音渐弱]

追问：在什么情况下？

在什么情况下？也许可以再次把他们安排在不处理现金的岗位上。我不知道。[发笑]

告诉亲近的人：你有没有跟什么人说起过今天在这里的询问？

很多人，我的男友，我的父母。很多人都知道的。

追问：你有没有告诉他们丢了什么？

当然了。父母都好奇到底发生了什么，这就是为什么他们想跟你聊天而且啰唆废话。

追问：你知道，我发现当一个人告诉父母类似的事时，其父母都会问他们钱是不是他们拿的。你双亲中的任何一位有没有问过你钱是不是你拿的？

没有。[大笑]

在整个询问过程中，凯西的腿一直保持交叉，而且除了偶尔做出些修饰行为外，她的手一直放在膝盖上。她的姿势呆板僵硬。她表现出了冷漠和不愿意帮助的态度。根据她的态度和由行为激发问题引出的特征性回复，她被审讯并供认偷了那 1000 美元用来支付医疗费。她并不是从凯斯的现金抽屉里偷走的那 1000 美元，而是从金库里多领了 1000 美元没有上报。艾琳，在本案中最初假定有罪的嫌疑犯，未再受到询问。

五、分析犯罪嫌疑人的回复

正如本文中行为分析所展现的所有信息一样，并不是每一个对行为激发问题的行为或回复都会一贯地符合有罪的或者无罪的模式或描述，因此，侦查人员必须评估询问对象在整个询问过程中占优势的反应。

在进行的大多数询问中，当问过犯罪嫌疑人一系列行为激发问题（可能有 10 到 15 个）后，侦查人员通常都能够对这些问题的回复作出总体的分类来看他们是符合无罪的还是有罪的描述。[1] 侦查人员应当以客观的方式完成询问，

① 从法庭审判的角度来看，不建议侦查人员将犯罪嫌疑人对每一个行为激发问题的每一次回复划分成要么是诚实的要么是虚假的这两类。这种做法可能会导致辩护律师要求侦查人员准确地解释他对每一个回复作出这种分类的原因，并对回复作出不同的诊断进行评价。这种类型的证词最好留给行为分析方面的专家来提供。

之后步出询问室，然后回顾犯罪嫌疑人在整个询问过程中表现出来的全部行为——他的姿势、流露出的态度、对行为激发问题的特有回答，以及与调查性问题有关的行为。在完成对犯罪嫌疑人行为的整体评估后，再结合对将询问对象与罪行联系在一起的事实证据和间接证据的评价，侦查人员就应当能够作出以下三种决定中的一种了。

第一种决定就是排除对犯罪嫌疑人的怀疑。在这种情况下，侦查人员应回到询问室并对犯罪嫌疑人的配合表示感谢，但不要告诉他他清楚地说出了正在调查的事情的真实情况。这样做的危险在于，在一些案件中，后续调查出的信息会揭示出，侦查人员最初对犯罪嫌疑人诚实性的判断也许是错误的。一份过早消除犯罪嫌疑人的嫌疑、称其与本案无任何牵连的声明，在该犯罪嫌疑人一旦需要被再次询问时会造成不必要的困难。相反，侦查人员应该这样来陈述："吉姆，我非常感谢你今天能够抽出时间配合我们。如果我们有什么其他的事情需要澄清，我会再来找你。"

根据 BAI 的结果，侦查人员可能会作的第二种决定是，不能排除对犯罪嫌疑人的怀疑，但是由于种种原因，还不能进行审讯。在这种情况下，推迟审讯的原因可以围绕以下因素：还有另外的犯罪嫌疑人需要询问、对公司士气的考虑、等待对物证的附加分析、对犯罪嫌疑人提供的不在犯罪现场的证据进行核实等。在这种情况下，犯罪嫌疑人应当这样被告知："吉姆，感谢你今天能抽时间配合，不过你也知道，我们还要询问其他人关于（此事）。也许有必要再找你谈。你会乐意回来跟我谈话的，不是吗？"

在这种情况下，最重要的是引导犯罪嫌疑人用言语说出一个再次与侦查人员谈话的社交承诺。这样一个社交承诺会使犯罪嫌疑人很难在之后的某个日期拒绝与侦查人员会面，并且也为侦查人员提供了打追踪调查电话的基础。侦查人员应当这样向犯罪嫌疑人提出要求其同意另一次会面要求的问题："吉姆，正如我之前提到的，我们正在等待另外的法庭实验分析结果，等结果一出来，我相信你一定会同意回来与我更深入地交谈，对吗？"那么以第二次询问/讯问为目的的追踪调查电话就可以这样打："吉姆，上周我们谈话时我说过，我们正在等待另外的调查结果出来，而且你答应一旦我们有了结果你会回来跟我深入交谈。结果已经出来了，我在想，你今天下午是不是能顺便来一下，跟我一起回顾一些事情。"

侦查人员根据 BAI 的结果可以作出的第三种决定是，直接与犯罪嫌疑人对质并实施讯问。当侦查人员无法根据行为评估或调查结果排除对犯罪嫌疑人的怀疑时，我们强烈建议，在 BAI 之后的短时间内就实施讯问。遵循这一建议的好处在于：

• 犯罪嫌疑人对询问室和侦查人员不偏不倚的个人特征都已经熟悉了，而这两点都有利于向控诉性的讯问过渡。

• 有罪的犯罪嫌疑人在询问之后立即进行的讯问中最容易招供，因为他认为侦查人员识破了他的谎言。推迟讯问可能会给犯罪嫌疑人留下这样的印象，即在询问中的谎言开始被相信了，因此就会增强其在讯问中说谎的信心。

• 如果犯罪嫌疑人已处于羁押中，由于询问开始时他已经放弃了他的米兰达权利，因此侦查人员在讯问开始时就不需要重新作出米兰达警告。

第十二章 特殊提问技巧的使用

大约在公元前250年，印度人发明了一种询问策略来协助从一群可能的犯罪嫌疑对象中找出那个真正有罪的犯罪行为人。这群嫌疑对象被要求在谷仓外排队等候，并被告知里面有一头具有神力的驴子。侦查人员向他们解释称，这头驴子具有神奇的力量，如果有罪的人拉扯了它的尾巴，它就会嘶叫。然后，每个嫌疑对象都被要求单独进入谷仓并拉扯驴子的尾巴。自然，无辜的嫌疑对象为了证明自己无罪会急于拉扯驴子的尾巴。但有罪的嫌疑对象和驴子单独相处时，会因为害怕驴子嘶叫而不敢拉扯它的尾巴。

这些嫌疑对象没想到的是，驴子的尾巴上事先被涂上了灯黑，如果有人扯了驴子的尾巴，他的手上就会粘上这种黑色粉末。侦查人员通过观察哪一个嫌疑对象从谷仓里出来后手还是干净的辨别出了真正有罪的人。这种早期的谎言检测技巧有着合理的根据，那就是无辜的嫌疑对象和有罪的嫌疑对象在面对能够证明其犯罪行为的可能证据时，其反应是不同的。这种理念可以用被称为“诱惑”（baiting）的讯问技巧来阐释。

一、诱惑技巧的使用

诱惑性问题是在行为分析询问（BAI）中所使用的标准化的行为激发问题之一。这种问题在性质上并不具有指控性，但在提出的时候会向询问对象传递出一种貌似合理的可能性：存在一些能够证明他涉嫌犯罪的证据。提出这种问题的预期目的旨在诱使说谎的询问对象改变，或者至少是考虑改变之前作出的，关于自己没有机会或者不可能实施犯罪的否认性辩解。下面的例子阐释了这种技巧的具体应用。

在本书第十一章中介绍的纵火案件中，我们假定询问对象，也就是吉姆（Jim），声称案发当时他正在家。侦查人员可以这样问：“吉姆，据你的邻居反映，那天晚上大约10点左右他们看到你开车从外面回来进入了你的私家车道，你能想到他们这样说的原因吗?”询问人员不用等他回答就应该马上再说：“现在，我并不是指控你实施了犯罪，或许你不得不外出是为了某个重要的事情。”

如果吉姆真的是无辜的而且整晚待在家里，他就会着重否定自己曾经外出的可能性。如果吉姆是有罪的，他一定会沉默片刻以便评估他那晚纵火之后开车回家被人看到的可能性。他必须要作出选择，到底是彻底否定当晚曾经外出还是碰碰运气承认自己当晚曾外出的事实并找一个合适的借口进行解释。无论哪种情况，他的回应都会有延迟。在大多数情况下，前者的回答虽然是否定的，但通常情况下此时都会伴随着本书第九章讨论过的具有重要意义的非言语行为。然而，处于吉姆这种境地的有罪的人有时候会改变之前的否认而回答说："抱歉，我忘了，我现在想起来了，那晚我确实离开了家一小会儿，我开车去了商店。"

（一）提出诱惑性问题

基本上在任何类型案件的审讯中都会用到诱惑性问题。在提出这种问题时，侦查人员应当避免任何正面的、挑战性的表述，如"有人看到你当时从后门出来"。首先，这类问题带有明显的指控性，因此在询问中是不太恰当的。其次，这种直接性问题的前提可能是不准确的，因而难以从有罪的询问对象那里揭露出具有重要意义的行为症状。例如，上述有罪的询问对象也许是从侧门而不是从后门出来的。同样，如果直接告知盗窃案件中的一名询问对象，卧室的梳妆台上发现了他的指纹，这将会促使他作出真实的否认，因为他知道他并没有碰过梳妆台。如果审讯人员提出这种未经推敲的问题，那么询问对象就会轻易识破审讯人员的伎俩，因为他知道所谓的指向他犯罪的证据并不存在。另外，一旦侦查人员的谎言被识破，之后的侦讯工作效果也将事倍功半，因为询问对象已经不信任他了。不过，提出一些不确定的、无挑战性问题的风险就很小，如可以问"你能解释一下在那个人的家里发现你的指纹的原因吗"。

诱惑性问题只能在询问对象已经作出了一个适当的否认之后使用，否则会缺乏明确目的性。例如，在一起仓库纵火案中，如果在吉姆辩解称他整晚都一个人在家之前，侦查人员就提出诱惑性问题，其效果就不如这样处理：让他先辩解整晚他都一个人在家，但在被问到诱惑性问题后又改变先前的说法而承认那晚他曾离开过家。

当提出诱惑性问题时，侦查人员必须表现出是在貌似真实、真诚地询问。提出诱惑性问题时还应伴随有能够让询问对象察觉到的可以用于进行无罪辩解的内容，让其解释在诱惑性问题中提出的归罪性证据。在下面的例子中，通过询问，询问对象最终作出了供认，这说明了诱惑性问题的有效性。

一名女学生指控一名老师在货运电梯里对其实施了非其自愿的性侵犯，这名女学生的说法是，老师将电梯停在楼层之间并对她说："谁先脱掉衣服，你还是我？"而后他把她顶在墙上亲吻她，并把手放到了她的衬衫上。在对这位老师的询问中，他承认他在楼层之间停下了电梯，出于两人的自愿才亲吻了她。但他否认自己说过关于脱衣服的话。下面就是侦查人员提出的诱惑性问题：

杰夫（Jeff），你熟悉大厦里面的安保系统吗？电梯里一般都装有麦克风，如果电梯意外停止工作，安保控制台那里就会有灯亮起，安保警卫就可以听到电梯里是不是有人需要帮助。我们正在问安保警卫那天下午是谁在值班。如果那天他打开麦克风听到了电梯里有人说“谁先脱掉衣服，你还是我”，你该如何解释？我并不是说你强迫她做了什么，但是万一他确实听到了，会怎么评价你的说法？

经过一段时间的沉默后，这位老师回答说：“好吧，我说……我不记得说过谁先脱掉衣服这句话了。事实上，我确信我从来没有告诉她让她脱衣服。是的，我从来没告诉她让她脱衣服。”侦查人员注意到这名教师最终的否认包含了他之前没有说过的内容。

在另外一起案件中，一个没有上锁的银行保险箱被盗走了 18000 美元。一名外聘的合同工马上成为了嫌疑对象，因为他用真空吸尘器打扫过存放保险柜的办公室。在对他的询问过程中，他否认自己曾经碰触过保险箱，并解释说自己在打扫办公室期间手里一直拿着吸尘器，从来没有碰过别的地方。他被问了下列几个诱惑性问题：

吉姆（Jim），警方已经从保险柜的外面提取了一些指纹，其中一些已经匹配上了银行的职员。一旦等他们完成了所有的匹配工作，又在那个保险柜上发现了你的指纹，你该如何解释？我现在并没有说你拿走了这笔钱，但有可能是你在用吸尘器打扫的时候，你的手不小心碰到了保险柜。你觉得他们会在保险柜上面找到你的指纹吗？

大概过了几秒钟，这名清洁工在椅子上变换了一下坐姿，他回答道：“你的意思是说我的指纹会在保险柜上面吗？好吧，哎呀，我不记得了……我觉得在我打扫的时候也许倚靠在了保险柜上面，这很难说。”他承认这一点就和他之前的否认出现了实质性矛盾，从而增强了他的嫌疑。

一个农场边的丙烷存储罐被从底部点燃，引发了一起剧烈的爆炸。出于多种原因，调查集中到了一群居住在这一区域的青少年身上。在其中的一次询问中，在询问对象否认自己那天曾出现在爆炸燃烧的丙烷罐附近后，他被问了以下的几个诱惑性问题：

卡尔（Carl），你对间谍卫星了解多吗？这些东西在地球上空几英里的地方围着地球运转，拍摄地球的照片。拍的照片非常清晰以至于你都能够阅读报纸上的文章或者很容易地看清车牌号码。现在的间谍卫星不再只是用于间谍活动，还用在了统计人口和研究经济问题上。每年春天的时候，卫星都会飞过农场上空寻找还没出土的杂草，帮助农场主们播种和施肥。我已经请求调取丙烷罐爆炸的农场周围的照片，很快就可以拿到。一旦我拿到那些照片，会在上面看到在爆炸之前你就在那个丙烷罐附近吗？我并不是在暗示你和爆炸有什么样的关系，但是，如果那天下午你正好在那个罐子附近闲逛，这就能解释拍到的照片了。你现在觉得照片里可能会显示你那天就在那个丙烷罐附近吗？

沉默了几秒钟之后，询问对象又问是哪一天发生的爆炸，然后他解释说那天下午他可能和几个朋友在那里，不过他不太确定（爆炸仅仅发生在这次询问的三天前）。在后续的审讯中，受审对象承认了丙烷罐底部被点燃的时候他在场。

正如上面这些案例所示，诱惑性问题既能够使用真实的证据也可以使用根本不存在的证据。诱惑性问题中可以提到下面这类真实的证据，如脚印、轮胎印、咬痕、留在现场的私人物品以及对于污渍、毛发、DNA、纤维的痕迹分析鉴定意见，这些都是可以指向询问对象曾在犯罪现场的证据。虚构证据的样本包括：来自于间谍卫星的高分辨率照片；即使在戴着手套的情况下也能够识别指纹的激光技术；或者是能够判断性交行为是出于被迫还是自愿的精密的血液分析技术，这种技术是根据电泳来确定体内荷尔蒙的成分比例的。诱惑性问题的效果取决于两个条件：①实施犯罪的人可能留下的证据，以及②侦查人员用貌似合理可信的方式展示出这些可能的证据。此外，在一场询问中，侦查人员只能提出一个诱惑性问题。经验表明，如果针对同一个询问对象多次提出诱惑性问题，这种技巧就会丧失有效性。

（二）评估询问对象对诱惑性问题的回复

一个无罪的询问对象会仔细聆听诱惑性问题中所暗示的内容，在最终被问起这个证据是否指向了他时，他会立即明确且断然地否认这种可能性。如果他之前就在讲真话，他自然会知道证据根本就不存在，也就没什么好担心的，因此会果断地否定与实施犯罪有关的任何可能的机会和途径。

当一个有罪的询问对象在思考将他关联到犯罪现场的证据的可能性时，他首先必须要决定的问题是如何完美地回复这个问题。因此，从有罪的询问对象那里听到的行为性回复通常都会表现出迟疑或者采取了其他延缓策略，如自己复述一遍问题或者要求侦查人员进一步阐明问题。有罪的询问对象在最终回复诱惑性问题时会使用一些措辞来修饰自己的信心，如，“就我所知……”、“我相信……”或者“在我记忆中……”。换言之，询问对象的描述不能百分之百地确定不存在这样的证据。

依据我们的经验，大约有20%的有罪询问对象完全接受了诱惑性问题中的暗示，并且为了尽力解释对自己不利的证据以证明自己无罪，而改变了之前的否认。然而大部分有罪的询问对象不会改变之前作出的否认犯罪的说法，但会呈现出前面提到的一种或几种行为症状。

（三）使用诱惑性问题评估不在场证明

毋庸置疑，检验不在场证明的最好方式是通过实地调查的方法。换句话说，如果询问对象声称案件发生的时候他曾在某个其他的地方，对于侦查人员来说，认定他所说的是真还是假的最好的方法就是让他说出那个地方的名字，侦查人员据此去获得信息或证据，看看这些信息和证据究竟是支持还是否定这一不在场证明。然而，在某些情况下这种调查程序是难以做到的，甚至是不可能的，所以有时候只能依靠询问技巧来加以考察。

无论何时，如果不在场证明是用比较宽泛的词语表达的，如“那天晚上我在外面开车”，则侦查人员应要求询问对象说出不在场证明所涵盖期间的全部活动是合理可取的，如让他说出去过了哪些地方、按照什么样的行驶路线开车以及作出每个行为的大概时间，或者什么时候去过哪些地方、什么时间经过哪些路线。换言之，假设犯罪行为是在晚上 8 点发生的，而询问对象说他在 7 点到 9 点都在开车。那么就要问他具体的行车路线、到过的地点以及他到达或离开那些地点的时间。采用这种方式，询问对象会被置于一种难以对整个 7 点到 9 点间的事情作出解释的境地，或者此时他就会感到有必要提供一些虚假的细节，而这些细节很容易被发现并被证明是捏造的。

另外一种用来检验用宽泛的词语表达的不在场证明的方法是，向询问对象提问他有没有看到在某时某地发生的某件特定事情，但这件事情是侦查人员假定出来的。如果询问对象认为侦查人员所指的是一件真实发生过的事情，他可能会承认看到了这件事情，如此一来他就会暴露出是在欺骗并且可能是有罪的。例如，在商店纵火案中，假定吉姆声称案发当时他一直在外面开车而不是说着火的时候他整晚都在家。在这种情况下，侦查人员在问明了吉姆所说的开车的相关细节之后，就应告诉吉姆他要调查核实一些情况，然后离开询问室几分钟。侦查人员在回来之后，就应该向吉姆描述某个编造的事情，而这个事情就发生在吉姆说的他曾开车经过的路上。对于这件事情的描述可以按照下面的方法：

吉姆，根据你所告诉我们的，你大概在 9 点 30 分的时候沿着 66 号公路经过了中心城市（Central City），据我所知当时有一辆半拖车翻车了，交通堵塞了将近一个小时，你在那里堵了多久？你当时是怎么处理这些事情的？

如果吉姆在撒谎，他就会因此陷入一个窘境。他一定会在承认或者否认这件事之前停下来思考一番。此时他有三种回复方式，但只能从中选择一种：

①说自己并没有看到这个事故，据此暗示侦查人员提供的信息是错误的（这是一种大胆的行为）；②说自己之前忘了说了，他是在沿着66号高速公路开，但在到达中心城市之前转弯了；③说在交通堵塞畅通前不得不等了一小会儿。选择第二种和第三种说法在很大程度上意味着他是有罪的。无论如何，即使吉姆足够机智，能够察觉出来这是一个陷阱，他在作选择时的犹豫本身就意味着他是有罪的。但是，如果吉姆是无辜的，他会毫不犹豫地说他并没有在快到中心城市的66号高速公路上看到关于交通事故的证据。

二、其他特殊提问技巧

（一）提出基于假定的问题

在一些案件中，侦查人员必须考虑提出一些基于假定的问题。顾名思义，这类问题的措辞采用了带有强烈暗示的方式：给人感觉答案是已知的，但实际上答案并非已知。提出这类问题的目的在于阻止询问对象作出虚伪的反应，并鼓励其揭露案件真相。例如，当侦查人员有理由相信询问对象拥有或者知道可能与犯罪存在某种联系的某件工具或物品的下落时，仅仅提出“你拥有这样那样的（东西）吗”或者“你知道这样那样的（东西）在哪里吗”一类的问题，远不如在所提问题中假定询问对象确实拥有或者知道这类工具或物品在什么地方。下面的案例很好地阐释了这种方法的有效性。

在对一名涉嫌强奸杀人的询问对象进行询问的过程中，基于通过与其他人的访谈获得的信息，侦查人员对询问对象形成了这样一种印象，即无论他是有罪还是无辜，他是一个性变态者（非常确信的感觉）。这名侦查人员对于询问各种类型的性变态者有着丰富的经验，直觉告诉他询问对象有可能用日记记录了他的各种性活动。由于这样一份材料对于审讯至关重要，侦查人员对于找出这本有可能存在的日记有着浓厚的兴趣。在询问快要结束的时候，他提出了这一问题：“你把日记放在哪里了？”询问对象沉默了片刻然后回答道：“在我家，藏在了桌子下面。”之后侦查人员被允许拿到这本日记。警察迅速赶到他家并找到了那本日记，日记里面记载了大量的性行为事项，其内容非比寻常，令人难以置信。其中记录的一些事项提到了他在把一些女孩弄进他的汽车的时候和她们发生了“打斗”，这些场景多发生在恶劣的天气情况下，这些女孩当时在等公交。日记还记录了他和一些自愿与他发生性关系的女孩之间的打斗事项，这些女孩假装拒绝以满足他的特殊癖好。日记记录的其他事项集中在他在家时仅仅通过阅读这些日记就能达到性高潮的行为。

当询问对象面对他的日记中记录的关于把一些女孩弄进他的汽车的时候和她们发生了“打斗”的事项时，他很快就承认了强奸过这些女孩。尽管日记中并没有提及最近发生的这起强奸谋杀案，但是侦查人员完全确信就是询问对象实施了这起犯罪行为。在后面的审讯中，侦查人员指出了犯罪嫌疑人之前的犯罪行为，尤其是其中有一起案件的作案手法与这起强奸杀人案件在许多方面非常相似。侦查人员还指出，从道德上讲，犯罪嫌疑人最近这一次实施犯罪行为的恶劣性并“不亚于”他以前实施的非致命强奸行为。通过这一讯问技巧与其他技巧的结合使用，最终使他供认了强奸杀人的犯罪事实。

在上述的案例中，可以有充分理由相信的是，如果不是侦查人员针对日记本这个问题采用这种方式提问——“你把日记放在哪里了”，询问对象很可能就不会说出这本日记确实存在以及日记本的藏匿地点。如果这样的话，侦查人员就会失去一个套出该犯罪嫌疑人对强奸杀人案件供认的有价值的手段。如果侦查人员只是提问“你有日记本吗”，询问对象就有可能推断出侦查人员还不知道日记本的存在，然后他就会顺势否认他有日记。然而，通过这种措辞方式的提问暗示询问对象那个日记本确实存在，对于询问对象来说，他要作出否定回答就会变得很困难。因为在询问对象看来，侦查人员或其他调查人员可能已经知道了日记本的存在或者可能已经拿到了这个日记本。

基于假定的提问还可以应用于在案件中确定同案犯或其他与所调查的犯罪存在一定关联的人员的身份。与其把提出范围限定在“这个人是谁”这样的询问问题上，倒不如在所提问题中补充一些“零碎”（piecemeal）的细节，或者直接用细节问题替代，如“他住在城市的哪个区”或者“他叫什么名字”。用这种方式提出的问题似乎更为温和，更容易被询问对象所接受，并按照侦查人员的要求透露其他相关人员的完整身份信息。

基于假定的提问也可以适用于在案件中确定询问对象是否了解某个人这类相关的问题。与其问“你认识约翰·琼斯（John Jones）吗”，不如这样提问“你认识约翰·琼斯多久了”更具潜在的价值。前面那种提问的方式暴露出侦查人员并不知道询问对象是否认识琼斯，对于询问对象而言，很容易据此作出一个否定的回答。但用后面这种方式提问的话，企图在认识琼斯这个问题上撒谎的询问对象就会陷入进退两难的境地，他会担心侦查人员已经掌握了他和琼斯熟识这一事实的证据，因此会更容易承认。同样，在一起案件中，询问对象在一个特定的时间里出现在约翰·琼斯的公司对于认定他有罪具有重要意义，但侦查人员不知道询问对象当时是否确实就在那里，他这样提问是合理可行的：“那天晚上你和约翰·琼斯一起待了多久？”这种提问更容易获得真实的回复，如他可能会回答“就几分钟”。但如果这样措辞提问，“那天晚上你和约翰·琼斯待在一起了吗”，就有可能只会得到一句简单的“没有”。

在询问过程中，在决定是否提出基于假定的问题时要注意两点。首先，想通过提出这种问题得到的信息，不应当要求询问对象对犯罪事实完全招供。因此，不恰当的问题是“你强奸那个女人之后去了哪里”（询问对象并没有承认他强奸了受害人），或者“你拿着捅了人的刀子做了什么”（询问对象还没有承认他捅人）。在询问对象还没有供述的情况下，用某种假定的方式提出这些归罪性问题，只会导致询问对象对侦查人员的暗示矢口否认并产生对侦查人员的敌意。在这些案件中，关于假定的问题更好的选择是，“那天晚上，你大概是几点到达假日酒店的”（假日酒店就是强奸案的发生地）或者“那天晚上你和拉里（Larry）在争论什么”（调查表明，在捅死被害人之前曾有过争吵）。

其次需要注意的是，只有在侦查人员较为确定询问对象有罪时才能提出基于假定的问题。当一个无辜的询问对象被问到这样的问题时，“曾经有人看到你有额外收入，你这些钱是从哪里来的”（在针对抢劫案的犯罪嫌疑人的询问过程中），他可能会对侦查人员所提问题中的暗示表现出厌恶。在这种情形下，询问对象对于侦查人员的愤怒和不信任就会严重干扰对其行为症状的后续评估。

作为辅助措施，在假定的问题提出之前，可以这样告诫询问对象：“你在回答下列问题时要仔细考虑清楚。”这个告诫提出后，有利于促使有罪的询问对象作出真实的回复，因为他担心侦查人员已经知道了真相。如果侦查人员在作出告诫的时候，手中拿着一些书面文件或者开始浏览他的文件，则会使这个告诫更加有效。

无论何时，如果使用“仔细考虑”这一告诫没有产生侦查人员想要得到的承认，那么侦查人员可以通过这样提问来表达对询问对象回复的怀疑：“你确定是这样的吗？”通过这种方式，向说谎的询问对象提供了一个机会，让他重新考虑自己对于那些看起来侦查人员已经知道了的事实没有说真话而可能承担的风险。

（二）诱使询问对象说谎

另外，还有一种特殊的提问技巧，那就是当询问对象有撒谎的倾向时，诱使其在回复相关问题时撒谎。这种技巧适用的情形是，侦查人员知道某个特定问题的真实答案，但他却采用暗示自己完全不知道的方式提问。例如，假定在一起抢劫案件中，侦查发现在案发后不久询问对象就为购买的汽车支付了大额资金，偿还了一大笔借款，或者以虚假的身份在银行账户里存钱。与其向询问对象直接透露这一情况并让其作出解释，侦查人员不妨自然地问：“除了你的工资（或者其他正常的收入）外，你最近还有其他的资金进账吗？”如果询问对象迅速作出回答说他最近有其他收入，并给出了令人满意的解释，这样的开诚布公有助于免除对他的进一步怀疑。相反，在这个问题上说谎则强烈地暗示了询问对象很可能是有罪的，同时对于审讯工作的展开也将有很大的帮助。

下面的案例就说明了上述提问技巧的使用方式。警方怀疑一个商店的店主在晚上 10 点左右的时候点燃了自己的商铺。调查发现，有人在晚上 9 点 45 分的时候看到他从后门离开自己的家，走进了他商店后门那个方向的小胡同里。在这起案件中，上述信息并不能让他供述什么，因为即使他确实有罪，他也可以为自己的行为作出虚假的辩解。例如，他甚至可以说他之所以回商店是因为之前商店关门的时候他忘了把一样东西带回家。更好的提问方法是，给他提供一个为他的行为进行说谎的机会。例如，侦查人员可以要求他说明他在商店关门后什么时候到的家，以及在有人告诉他商店着火之前这段时间里做了什么(例如，在吃晚饭、看电视)。只有当询问对象声称自己那天晚上一直在家后，才能向其出示有人看见他在晚上 9 点 45 分走进胡同这一证据。询问对象的谎言一旦被识破，他就不得不说出全部事情的真相。

（三）对询问对象的记忆进行评估

如果想在询问过程中证实询问对象不在场证明的真实性，侦查人员可以考虑使用以下特殊的提问技巧：要求询问对象详细描述他在案件发生之前、之后以及发生期间的活动。律师们在对证人的交叉盘问中有时也会用到类似的询问技巧以削弱证言的可信度，具体方式为：通过表明尽管证人对于发生在受到调查的事件之前及之后的活动具有非常模糊（或非常清楚）的记忆，但是，与他对犯罪发生时所发生的事件的记忆相比较，出现了不合理的异常清晰（或者异常模糊），因此，这种反差明显地表明了证言是不可靠的。刑事案件的侦查人员也可以通过运用这种技巧来获得能够表明询问对象是有罪或无罪的行为迹象(但是，侦查人员需要注意这种可能性，即存在一些特殊事件，如某人的生日或者父母去世，可以解释询问对象为何能清楚地回忆起在那一天或者那段时间他的活动详情)。

对于询问对象在案发前的活动轨迹，在一般的案件中，并不需要过多的追溯，通常追溯到案发前几个小时或者前几天即可。但在个别情况下，追溯询问对象在案发前更长一段时间里的活动会对侦查有较大帮助。在所有案件中，侦查人员都应该逐步引导询问对象回忆案发的日期和具体时间，并继续让他深入回忆，一直回忆到侦查人员认为有价值的那个时间点的情况。

如果询问对象对于案件发生前后的情况作出了详细的回忆，但对于案发期间相关事情的回忆却缺乏类似的质量，这样对比出现的反差可以表明询问对象是在试图撒谎。同样，对于案发当时的情况作出了详细的回忆，但对于案发之前和案发之后的情况却缺少详细的回忆，这种对比出现的反差也具有重要意义。还有一种情况的出现最终会有利于侦查人员，即询问对象在伪造一份详尽的不在场证明时，会意识到他需要编造一些相匹配的关于案发前后事情的回忆来提高其可信度，于是他就会着手编造一系列细节。但这些细节很容易被发现是虚假的，并且能够被前期侦查中的侦查人员已掌握的事实或者后续侦查将发现的情况证实。

侦查人员在审查不在场证明的真实性或者受害人对某一可疑犯罪的描述时，还可以考虑使用另外一种询问策略，那就是首先引导询问对象使其按照先前所做的那种先后顺序详细描述其活动，然后侦查人员应当要求他按照相反的顺序把事情再叙述一遍。叙述真实事件的人在这么做时不会有多大困难，因为他们的记忆是基于真实发生的场景。[①] 但提供虚假不在场证明的询问对象或者编造犯罪经历的受害人在转述这种经过事先演练的信息时就很难做到这一点。通常来说，说谎的人在按照倒序叙述的时候，与原来的顺序叙述相比，往往会出现大量的省略以及颠倒先后时间顺序等情况。

一些侦查人员在实践中采取了这样的操作流程：在询问的早期阶段，如果询问对象给出了不在场证明，就让他将所说内容写成一份详细的书面说明并签字。如果侦查人员的后续侦查不能够获得任何确切的证据表明其有罪还是无罪，在询问终结阶段，可以重新获取一次该不在场证明。将这次获取的不在场证明与之前的书面陈述进行对比。如果这两份陈述在各个细节方面大致吻合，则可以说明询问对象没有说谎，因为很少有人能够记住他们之前所说谎言的全部细节。如果出现了前后不一致，这一事实本身就有利于后续的讯问工作。

与主流的观点不同，当两个或两个以上的询问对象为他们自己作出了善意的不在场证明或对某一事件给出了真实的说法时，他们的描述在细节方面仍有可能存在一些差异。这是因为不同的人对于同一事件在观察、回忆、描述等环节上通常都会有一些不同。因此，当两个询问对象对于不在场证明、事件的描述或发生经过在细节上完全一致时，侦查人员反而应报以怀疑的态度。下面是一个例子。在一起谋杀案中一对夫妇有作案嫌疑，案发数周后他们被询问，在询问中两人均声称有不在场证明，说他们当时在附近的餐馆里吃饭。两人分别描述了那天晚上到达餐馆的时间、前往餐馆的交通方式和点的菜品。他们的描述在细节上完全一致，但他们的描述过于完美而让人难以置信。后来的调查发

---

① 倒叙的技巧在被称为“认知询问”（cognitive interviewing）的活动中常被使用。研究结果表明，诚实的证人或受害人在按照相反的顺序叙述其看见或经历的事件时，能够回忆起一些新的事件或更多的细节。因此，如果证人或受害人在倒叙中回忆起了在最初的陈述中没有包含的额外事件或情节，这不应当被看作欺骗的表现。参见 Fisher, R. P., Geiselman, R. E., and Amadir, M. (1989) Field Test of the Cognitive Interview: Enhancing the Recollection of Actual Victims and Witnesses of Crime. *Journal of Applied Psychology*, 74, 22-727。另见 Fisher, R. P. and Geiselman, R. E. (1992). *Memory Enhancement Techniques for Investigative Interviewing*. Springfield, IL: Thomas。

现，二人确实就是谋杀案的凶手。夫妻二人之所以决定编造在餐馆吃饭的不在场证明，是因为他们经常在这个餐馆吃饭，他们熟悉一周内餐馆提供的不同的菜品。他们知道餐馆的经理、服务人员或者其他人根本就不会记得那天晚上他们俩有没有在餐馆里吃饭，因此他们不在场证明的谎言就不容易被戳穿。

另外一个能够解释这种心理学原理的例子是一起装甲运钞车里的大量现金失踪的案件，当时安排了四个警卫负责押运这笔钱。调查显示，现场并没有暴力侵入运钞车的情况，因此这四个人有很大的作案嫌疑。在刚开始调查的时候，他们每个人都承认他们曾违反公司规定离开需要警戒保护的运钞车，一起去某个餐馆吃午饭。但是这四个警卫对于用餐期间发生事情和活动的描述并不一致，侦查人员据此认为这四个警卫在说谎。然而，本书的作者之一在询问了这些警卫之后，却认为这些警卫描述中的细微差异并不是虚假陈述的证据，反而证明了这些不在场证明的真实性。此后不久，一名最近被解雇的警卫受到询问，他承认了是他干的。当他还在运钞公司任职的时候，他就设法私自复制了运钞车门的钥匙，并一直在等待一个合适的机会用这把复制的钥匙来偷些钱。他很清楚负责押运运钞车的警卫们有时候会不看守运钞车而一起去吃饭，这就给他提供了恰当的偷钱机会。根据他的供述，他带领侦查人员找到了藏钱的地方，钱款分文不少。

第三部分
讯 问 方 法

第十三章 莱德的九步讯问法

作者希望再次明确这一点：本文中所使用的有罪一词，仅代表侦查人员的看法，绝非意指基于排除合理怀疑之证明标准得以证实的法律上的有罪。因此，在这样的语境下，本文这部分介绍的针对有罪的犯罪嫌疑人的讯问策略和技巧，是指在侦查人员看来，这些犯罪嫌疑人看起来是明确地或者已被合理地确定有罪。在这些策略和方法中，九步讯问法正是其中之一。

一、罪犯的一般分类

审讯步骤的选择在相当程度上依据的是犯罪嫌疑人本人的个人特点、犯罪类型、实施犯罪的可能动机，以及犯罪嫌疑人对提问所作的初步的行为性回复。基于这些考虑，犯罪行为人可以相当宽泛且富有弹性地分为两类：情感型罪犯或非情感型罪犯。

情感型罪犯是指这样的罪犯：可预料的是，他可能经历过巨大的悔恨、极度的精神痛苦，或者对他所犯罪行的后果感到愧疚。这种个体都具有强烈的道德负罪感——换言之，都有一颗“不安的良心”。在审讯过程中，情感型罪犯可以通过其行为识别出来，因为他们往往会由于侦查人员的言辞和行为而产生情绪波动。随着审讯的深入进行，情感型罪犯可能会逐渐泪眼汪汪，他的身体姿势将会变得不再那么僵硬而且会逐渐放开，不会再抱臂或者跷起二郎腿。犯罪嫌疑人与侦查人员的眼神接触频率将会降低，最终只是茫然地盯着地板。正是由于存在着“良心不安”的情感，对此类犯罪嫌疑人最有效的审讯策略与技巧主要就是使用同情的方法——对犯罪嫌疑人实施的犯罪行为及其当前的困境表示理解和同情。

非情感型罪犯是指，通常不会因为实施了犯罪行为而感到良心不安的人。这种情感的冷漠可能是因其反社会人格障碍而造成的，是在犯罪嫌疑人先前有过的多次通过撒谎而成功逃避惩罚的经历影响下形成的一种条件反应，或者可能是由于该人为职业罪犯，他把犯罪理解成为一种职业，认为实施犯罪与合法商人售卖某件产品差不多。在后一种情况下，犯罪嫌疑人会因其职业性危害被逮捕、起诉，甚至可能被定罪，但对其盘剥利用受害人却没有感到丝毫后悔或自责——他会将自己与受害者在心理上隔绝开来。

非情感型罪犯实施犯罪的动机可能带有情感性，但在被询问时，他的典型表现通常是一种漠不关心、超然的态度。在审讯过程中，非情感型罪犯可能会象征性地、轻度地否认其罪行，而且可以轻易停止（在犯罪嫌疑人看来，审讯就是一场游戏，他很乐意接受侦查人员对他的有罪假定）。非情感型犯罪嫌疑人满足于让侦查人员说话，但对侦查人员说的话似乎又置若罔闻，他维持自己的防御性、封闭性姿势，包括双臂交叉、昂头以及冷淡且强硬的注视。非情感型罪犯有一个显著特点，即避免自己在审讯过程中变得情绪化。

对付非情感型罪犯最为有效的审讯策略和技巧是依据事实进行分析的方法。这种方法意味着要把工作诉诸犯罪嫌疑人的常识和推理，而非针对其情感。设法说服犯罪嫌疑人：他的罪行已被确定或是很快就会被确定，因此他最明智的选择就是说出真相。

很多侦查人员都会犯的一个常见错误是，在制定讯问策略时，仅根据罪犯的犯罪记录或询问期间的行为举止就假定他肯定是一名非情感型罪犯。一般来说，不论是情感型还是非情感型，罪犯中的大多数人都会有一定程度的情感特征。正是因为这个原因，同情法和事实分析法通常应当混合使用。然而，由于罪犯类型不同，肯定会有一种方法得到重点运用。

不管使用何种审讯方法，侦查人员的目的是说服犯罪嫌疑人说出真相。在很大程度上，由于受到电影和电视剧对审讯活动描绘的影响，对于说服有罪的犯罪嫌疑人作出不利于自身利益的有罪供述这样一种说服性努力，普通民众很难能够理解。然而，关于审讯的基本概念却是任何消费者都熟知的，因为它存在于人们的一些共同经历中。例如，作家的一个儿子想要挣些额外的零花钱，所以他成了一名报童。在任职培训会上，路线经理解释道，这孩子想要多挣钱的唯一办法就是增加自己线路上的顾客数量。然后他勾勒性地描述了劝说新顾客订报的五步法：

1. 进到前门里面。如果你隔着纱门和他们交谈，人们肯定不会买你的报纸。一旦你进到家里面，你就获得了他们的关注。

2. 使用已准备好的商品推销用语，并保持交谈。用买我们家而不是对手家报纸的好处来包围消费者。强调你的报纸的所有好处，即使你卖的报纸比对手的要贵。

3. 克服反对理由。消费者总是会提出一些关于他们不想买你的报纸的借口和理由。准备好如何回应这些问题，并将话题转变成他们应当购买你的报纸的原因。

4. 用强制性决定结束销售。给消费者两个选择：要么签订试用一个月的协议，要么签订报价更便宜的六个月的特惠产品。但绝对不要问："你想要购买我们的报纸吗？"

5. 取得消费者在签约卡上的签名。消费者一旦签名，就意味着他同意了这笔交易。

只需要将术语做些小小的改动，男孩在参加任职培训会的同时，就也将得到刑事审讯的基础培训。事实上，挨家挨户销售产品所蕴含的原理，与本文中所描述的那些用于引导犯罪嫌疑人作出供认的策略和技巧是相似的。侦查人员的"产品"就是案件真相，一名成功的侦讯人员以非常类似的方式在进行销售，就好像这个男孩被教导怎样推销订阅报纸。

二、九步讯问法的简要分析

基于多年来的经验，主要是约翰·E. 莱德公司的职员在已故的约翰·E. 莱德曾经的指导下，将讯问过程系统地阐述为九个结构性组成部分——犯罪审讯九步法。这里提出的九步法适用的环境是用于讯问那些罪行看起来明确或者能够合理地确认有罪的人。[①] 必须记住的是，任何一个步骤都不会使无辜的人承认有罪，而且，所有步骤都是合法的，在道德上也都是正当的。对于那些在使用九步讯问法时对某些步骤心存疑虑或有所保留的侦查人员人而言，我们关于讯问过程的讨论将包括，解释为什么这些方法对于说服一名有罪的人供认真相是必要的，以及为什么这些方法不会轻易地导致无罪的犯罪嫌疑人供认有罪。

用九步法的形式介绍讯问过程，不仅有利于学习相关概念，也是因为说服基本上发生在可预测的阶段。最终作出坦白的有罪的犯罪嫌疑人，往往在开始作言语陈述时，会试图劝阻侦查人员相信其有罪，在努力与侦查人员长时间对峙之后，会出现心理上的退缩，然后会经历一个对说出真相可能带来的利益进行权衡的思想斗争的阶段。在使用九步法实施高效的审讯时，侦查人员应当在心中牢记两点：

1. 数字顺序并不意味着每一个案件的审讯都要涵盖所有的九个步骤，或者在使用它们时必须遵照某种特定次序。

2. 侦查人员在任何一个步骤中都应当保持警觉，以便评估犯罪嫌疑人可

---

① 有人指出这一准则的理由在于，这里介绍的讯问技巧在心理学上已经如此成熟，以至于可以诱使无辜的人作出有罪供述（20/20，ABC news，June 18，1999）。这还不是关键。更为重要的是，这一准则阻止了讯问人员将指控性讯问技巧当作主要的方法来使用以制造一个真实的犯罪嫌疑人。在大多数情况下，非指控性的询问也能完成那个目标。

能表现出的任何行为性回复；这种回复或许为恰当地使用下一个步骤提供了启发，在某些情况下，还有可能揭示出犯罪嫌疑人事实上是无辜的。

第一步包括直接对犯罪嫌疑人提出正面指控，即告知犯罪嫌疑人他被认为是实施了这起犯罪的人。在这一阶段，侦查人员应当停下来评估犯罪嫌疑人的言语性和非言语性回复。处理那些一言不发、向下看地板的犯罪嫌疑人，与处理那些双臂交叉抱胸、向后倚靠在椅子上并同时声称“你一定是疯了。我发誓，我没有做过那事”的犯罪嫌疑人是有所不同的。无论犯罪嫌疑人对侦查人员的直接、正面指控的初始反应如何，侦查人员接下来都应当向犯罪嫌疑人提供一个理由，解释说出事实真相对他具有重要意义的原因，并通过该过渡性陈述引入讯问的主题。

在第二步中（讯问的主题），侦查人员会向犯罪嫌疑人表达对实施犯罪的原因的推断，凭此给犯罪嫌疑人提供一个为自己实施犯罪进行开脱的道德上的借口。为了实现这一目的，侦查人员通常会尝试将该罪行的道德责任转嫁到某个其他人身上（如同案犯或受害人），或者将其归咎于某种特殊情况，如犯罪嫌疑人对金钱的迫切需求是出于生活所迫，需要维持他自己或者支撑他的家庭。如果犯罪嫌疑人看上去是在专心地听侦查人员所表明的“主题”，或者看起来对此若有所思，即使时间很短，这种反应也是强烈的有罪迹象。如果这种推测意见刚一提出，犯罪嫌疑人听到后就表现出愤怒不平，那么这种反应可能意味着嫌疑人是无辜的。

在讯问主题展开期间，可以预计的是，不管是有罪者还是无辜者，都会否认自己与犯罪有关。这时讯问人员应当着手开始第三步，它包括了用于对付最初否认有罪的犯罪嫌疑人而建议使用的方法。大体而言，这一步骤包括阻止嫌疑人对否认有罪的重复和详细的说明，并使讯问回到构成第二步主要内容的道德借口主题上来。一个无辜的人不会允许他对犯罪的这类否认解释被打断；此外，他会或多或少地尝试“控制”形势，而不是继续消极被动地忍受侦查人员继续讯问。有罪者往往会停止否认自己无罪，或者减弱这种否认，并顺从讯问人员回到前一步骤的主题。

第四步涉及的任务是克服犯罪嫌疑人在否认犯罪之后作出的第二层辩解防线——他提供的关于他不会或不能实施犯罪的理由。这些辩解理由可以被看作由犯罪嫌疑人的“异议”（objections）构成，其表现形式是犯罪嫌疑人围绕经济、宗教或道德理由来解释其没有犯罪。这种辩解通常只会由有罪的犯罪嫌疑人提出，尤其是会发生在讯问中否认有罪的阶段之后。这些辩解的重要意义在于，它通过以不那么大胆的声明来解释自己为何没有或不能实施正在调查中的犯罪行为，形成了对直接否认犯罪的规避。这种异议给犯罪嫌疑人带来的内心焦虑比直接表达出对犯罪的否认要小得多。

当有罪的犯罪嫌疑人的口头努力（否认和异议）不能有效地劝阻讯问人员时，犯罪嫌疑人很有可能在精神上出现退缩，并“不再理睬”讯问人员提出的主题。第五步由获取并维持犯罪嫌疑人的全部注意力构成，如果不能获得并保持犯罪嫌疑人的注意力，意味着审讯只不过是徒劳的。在第五步中，讯问人员应对犯罪嫌疑人明确表示自己所说的都是真诚的。为达到此目的，不断拉近讯问人员与犯罪嫌疑人之间座位的距离是有益的，这种位置安排在前文中已经介绍过。同时，讯问人员还可以使用一些肢体动作，如保持与嫌疑人的眼神接触。

第六步是识别犯罪嫌疑人的消极情绪。在这个阶段中，犯罪嫌疑人正在权衡说出真相可能获得的好处，而且此种心理通常会反映在犯罪嫌疑人的非言语性行为变化中（流泪、崩溃的姿势、眼睛看着地板）。

第七步是利用一组选择性的问题——建议犯罪嫌疑人在犯罪的某些方面作出选择。一般而言，此选择通过“可以接受”或“可以理解”的方式提出来会比其他方式好一些。这一选择应当采用问答的形式进行，如“这是第一次，还是之前已经发生过很多次了”。无论犯罪嫌疑人作出哪一个选择，他这一选择的最终效果都是等同于承认自己实施了犯罪。

在犯罪嫌疑人作出选择之后，第八步是让犯罪嫌疑人对犯罪的各个细节作口头叙述，这些叙述将最终用于在法律上确认其有罪。这些细节包括抛弃致命凶器、隐藏赃款的地点以及实施犯罪行为的动机等。

最后，第九步是关于供述本身的。这一步包括将口头供述转化为书面或电子记录形式而建议使用的工序和方法。

图 13-1 是关于九步讯问法的演示。作者希望再次明确的是，并非所有案件都要求使用所有这九步方法。一些有罪嫌疑人在讯问的早期阶段非常能说会道，然而一旦讯问人员揭穿他那些否认无罪的借口，他就会迅速地进入到消极阶段。其他嫌疑人则可能一言不发，一旦遇到正面指控就立刻产生心理退缩，并且在很长一段时间内保持这种状态。不过，成功的关键在于，讯问人员应当迅速意识到嫌疑人正处在哪一个阶段，并且在做到讯问过程中的任何一个既定阶段，都能够对嫌疑人的行为和心理取向作出恰当的反应。

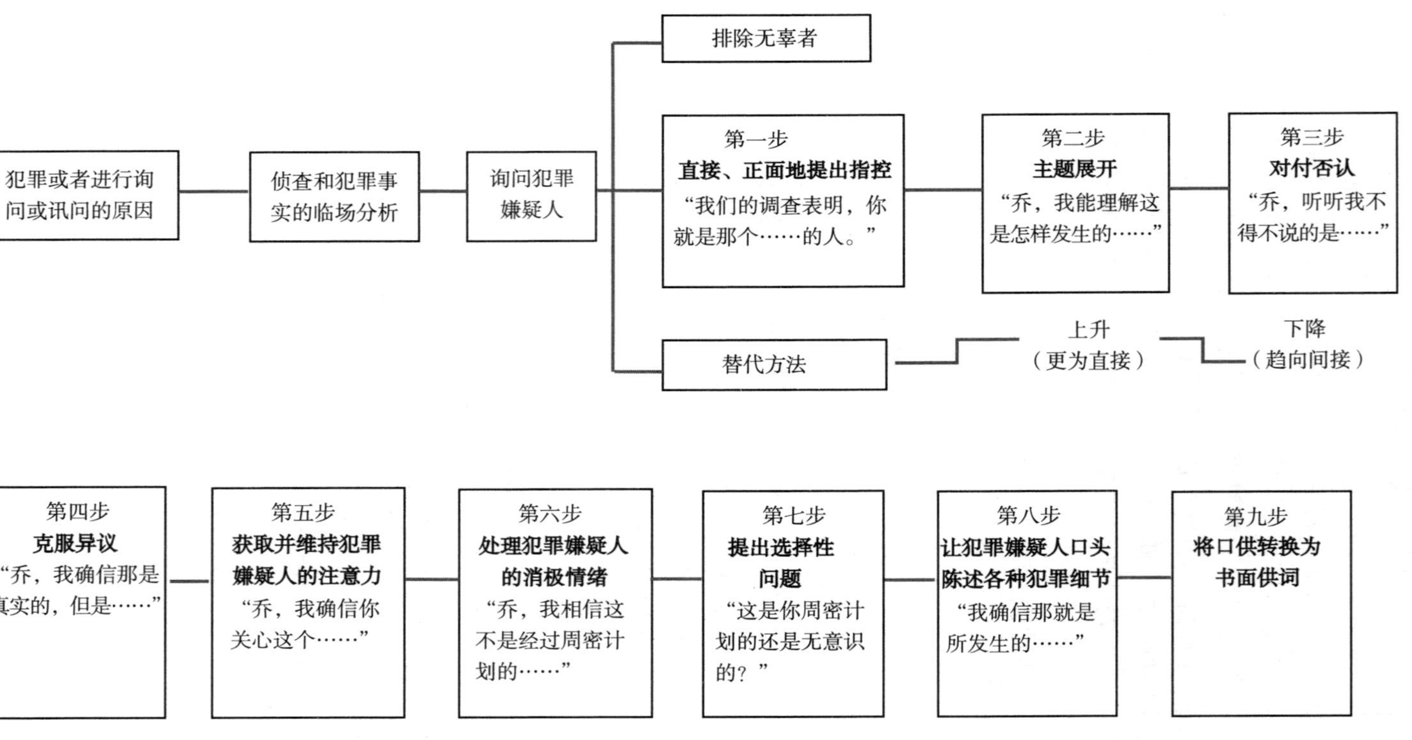

图13-1　莱德的九步讯问法

三、运用九步讯问法的前期准备工作

在着手运用九步讯问法的任何一个步骤之前，应当向被羁押的犯罪嫌疑人宣布米兰达警告，而且必须得到犯罪嫌疑人放弃此权利的表示。在犯罪嫌疑人被羁押的案件中，米兰达警告和犯罪嫌疑人的弃权必须在发生询问之前。除非讯问人员知道这些已经被为询问而提审犯罪嫌疑人的人完成了，或者拥有询问职权的其他人在询问前已经完成了这些事，否则讯问人员都应该提出这个警告并得到犯罪嫌疑人的弃权。但是，最好不要由讯问人员来承担这项责任，以便使讯问人员能够立即开始对犯罪嫌疑人进行行为分析询问和讯问，而不会因为这些警告程序分散注意力（这里所要求的警告和弃权的形式与性质将在本书第十七章中详细介绍）。

此处有两点值得强调：

1. 在涉及有罪或无罪方面的问题时所使用的有罪、无罪、明确的、“合理确定的”等词语，只是出于审讯的目的而贴的标签。最终确定犯罪嫌疑人在法律上有罪与否是法官或陪审团在刑事审判中的职责。

2. 在讯问开始以前，讯问人员应当掌握所有能够获得的与侦查相关的信息，包括与犯罪、证人、犯罪的发现者或指控人，以及被怀疑的人，包括即将被讯问的人相关的信息。我们强烈建议，在大多数案件中，在讯问犯罪嫌疑人之前应当对他进行一次非指控性的询问。

在着手开始真正的讯问之前，让犯罪嫌疑人独自在询问室呆上 5 分钟左右的时间是适当的。有罪的犯罪嫌疑人在房间内独处的时候，会思考他自己实施的这起犯罪，讯问人员可能会有哪些证据把他和犯罪联系起来，以及因为这起犯罪他可能面临的结果。这个自省的阶段往往会提高犯罪嫌疑人在讯问开始时感受到的忧虑和恐惧的程度。一些有罪的犯罪嫌疑人会陷入沉思，并对其困境感到非常担忧，以至于讯问人员进入房间时他们会大吃一惊，而且他们的眼神和整体外观立即显示出他们认为自己的瞒骗会被揭穿。另一方面，无罪的犯罪嫌疑人即使有一些担忧，在讯问人员进来时通常也会轻松地转过来面对讯问人员。尽管理所当然地存在着关切，但他们的目光看起来是“轻松自在的”（at ease），而且他们的外观会给人好感。

在进入询问室前，讯问人员应当准备一个装证据的案件材料夹或是类似的文件夹，并放在手头。然后，在讯问开始的时候，以及在初次正面指控后讯问各个阶段中的适当时间，讯问人员可以做出查看这个证据文件夹的样子，目的是为了引导犯罪嫌疑人相信文件夹里装有能够证明其有罪的重要信息和材料，即使文件夹里实际上除了装有一叠白纸外什么都没有。单单查看文件的动作对有罪和无罪的犯罪嫌疑人都能产生令人满意的效果，因为它能给犯罪嫌疑人形成一种印象，即讯问人员这边已做好了充分的准备。

除了证据文件夹以外，根据案件的性质，讯问人员还可以考虑把其他一些视觉性道具带进询问室，如 DVD 光盘、只读光盘、录音磁带、指纹卡、装有毛发或其他纤维的证据袋、用过的弹壳、装着有色液体的小玻璃瓶等。① 对于这些明显的实物证据物品，讯问人员根本不需要用言语提及。看到这些不言而喻的证据后产生的视觉冲击，会在有罪的犯罪嫌疑人身上产生令人满意的效果。

在犯罪嫌疑人等待 5 分钟左右的时间后，讯问人员应当带着从容不迫和胸有成竹的神态进入询问室。讯问的成败与否在很大程度上取决于讯问人员与犯罪嫌疑人的初次接触，以及给犯罪嫌疑人塑造的第一印象。如果犯罪嫌疑人还没有坐下，讯问人员应该命令他坐下。如果嫌疑人已经坐下但打算站起来，讯问人员应该示意他继续坐着。

在讯问前进行一次非指控性的询问的好处之一在于，讯问人员可以使在询问期间展现出的友好、随和的态度与讯问开始时呈现出的更加严肃、坚决的态度形成鲜明对比。讯问人员这种行为举止的明显反差有助于向犯罪嫌疑人灌输一种自信与真诚的意识，而这是一次成功讯问的基本所在。

在进入审讯室的时候，讯问人员应当在彬彬有礼的同时保持一定程度的职业尊严，在一定程度上效仿那些忙碌的内科专家的行为举止是比较好的。例如，医生会查看事先已确定的住院病人，病人们则期待医生的到来。尽管医生会给予病人简短的问候，但通常不会握手或发生其他社交礼仪。医生仅仅是履行其专业职责，如查看病人的病历，然后询问病情和检查病人的身体。这是一种非常严格的专业性活动。

在那些少量的事前未经询问即进行讯问的案例中，讯问人员进入审讯室时不要主动和犯罪嫌疑人握手。但是，如果犯罪嫌疑人已经向讯问人员伸出了手，后者也应当以随便的握手作为回应。如果犯罪嫌疑人询问讯问人员的姓名，讯问人员应当只告知他自己的姓，如金斯顿先生（Mr. Kinston）。如果讯问人员的告知中包括了自己的官方头衔，如金斯顿侦探，这样处理不仅会提醒犯罪嫌疑人他所犯罪行的严重性，而且还会在心理上使讯问人员和犯罪嫌疑人处于不同的层面——但这两种效果都是我们所不愿看见的。此外，如果讯问人员在介绍自己时用的是全名，如杰克·金斯顿（Jack Kinston），这可能会促使

① 但是，讯问人员不应该准备那些看起来像是通过官方渠道作出的虚假的、控告其有罪的文件（例如，从罪证实验室、联邦调查局等处获得），原因是担心这些伪造的文件可能会流入法院系统，参见 *State v. Cayward*, 552 S. 2d. 971 Flo. 1989。

犯罪嫌疑人称呼其为“杰克”（Jack），进而使得审讯氛围在情感上变得友好随意，这对讯问人员是一种不利的心理障碍。

四、第一步——直接、正面提出指控

（一）处理原则

在讯问开始时，有罪的犯罪嫌疑人会仔细地评估讯问人员对认定其有罪具有何种程度的信心。如果犯罪嫌疑人觉察到讯问人员并没有确定自己有罪，那么他不大可能会坦白供认。因此，我们建议讯问人员应以直接的指控作为讯问的开场，非常肯定地指出犯罪嫌疑人的罪行。同时，当一个无辜的犯罪嫌疑人面临犯罪的直接指控时，他会立即意识到讯问人员的说法是错误的，并会做出一些有利于证明自己是诚实的行为。

在庭审证据调查阶段，辩护律师可能会主张，以这种指控性的方式接触他的当事人会妨碍其当事人站在自己的角度介绍这个案件。如果讯问是在询问之后进行的，那么讯问人员应该这样回答：我们在讯问前已经进行了非指控性的询问，而且在询问期间我们已经给了犯罪嫌疑人足够的机会以说明真相。辩护律师也可能会主张讯问人员为了确定真相而对其当事人作出的有罪推定是不恰当的。讯问人员对此应该这样解释，根据所有能够获得的证据，他认为犯罪嫌疑人已经涉嫌实施了这起犯罪，而且根据经验可知，说服是了解真相的必要手段。

过渡性陈述是直接、正面指控的一个重要部分，这种陈述为讯问提供了一个除诱使犯罪嫌疑人坦白以外的理由。自讯问开始，在讯问人员告诉犯罪嫌疑人其涉嫌犯罪已是毋庸置疑的之后，讯问人员就必须为讯问提出一个新的除诱使嫌疑人坦白以外的理由。例如，讨论（讯问）的目的在于确定犯罪嫌疑人实施犯罪的原因，就是过渡性陈述的例子。

（二）处理程序

正面指控：

在事先未接触过犯罪嫌疑人那些情况下，讯问人员应当用案件材料夹充当道具，平静地走到还坐着的犯罪嫌疑人面前，参照如下思路，明确且简要地说：“你就是乔·伯恩斯（Joe Burns）吧？我在这儿是要和你谈一谈上周发生在杰森（Jason）珠宝店的入室盗窃案。”在说这些话的时候，讯问人员应当用手指一下那个案件材料夹，以便给对方制造一种印象——材料夹里装有能够证明犯罪嫌疑人有罪的材料。

虽然在这种情况下讯问人员没有使用自己的名字，但他通过直接称呼犯罪嫌疑人的名字而获得了一种心理上的优势，尤其是在犯罪嫌疑人是具有专业技术职称，或者是在社会、政界、商界中赫赫有名的人物时更加具有这种效果。由此，这类犯罪嫌疑人被剥夺了凭借其社会地位而可能拥有的心理优势。这是一种解除对方防御武器的策略。当然，也有一些例外。当年轻的讯问人员与较老的犯罪嫌疑人之间的年龄存在显著差距的时候，直呼犯罪嫌疑人的名字就不那么合适了。还有，正如先前所讨论的，讯问人员如果对那些社会经济地位较低的人称呼其姓（并在姓前面冠以相应的先生、夫人或小姐），也可以增加一些心理收益。

在上文假定的入室盗窃案件中，讯问人员应当这样提出直接的正面指控："乔，我们调查的结果清楚地表明上周你曾经闯入杰森的珠宝店。"如果在讯问之前已经对犯罪嫌疑人实施过行为分析询问，在这种情况下，再次回到审讯室时，讯问人员可以这样说（以先前假定的纵火案为例）："迈克（Mike），我手中的这个文件夹里装着整个调查行动的结果，经过和你谈话以及审查我们的调查结果之后，毫无疑问，就是你在那个仓库实施了纵火。"直接的正面指控应该用平缓、从容不迫且充满自信的语气着重强调。讯问人员和犯罪嫌疑人各自的位置安排可用下面的照片说明（图 13-2）。此时，闯入和点火这两个词汇有着明确无误的含义，同时，讯问人员应当避免使用入室盗窃或纵火这类法律性或实务性词汇（如前所述，使用那些会让犯罪嫌疑人在脑海中浮想关于供认有罪后的法律后果的词语或表达方式，这在心理上会给犯罪嫌疑人带来一定的不利影响）。

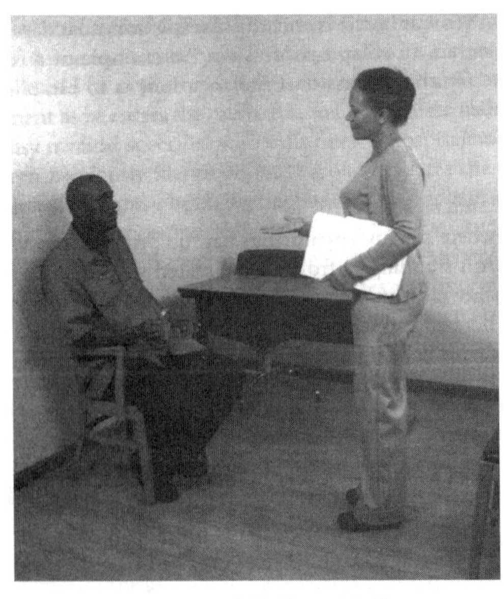

图 13-2　直接的正面指控

需要注意的是，在提出直接指控的这一案例中，讯问人员在正面指控时使用的是“我们的”调查。“我们的”这个词语暗示了有多名侦查人员为本案调查收集证据，并且都相信犯罪嫌疑人是有罪的。因此，如果讯问人员只是说“看来你曾经闯入……”或是“我相信是你点的那把火”，这种说法就不如前面那种说法让人印象深刻。

如果第一步中的正面指控看起来太过强硬而不适用于某个既定场合（例如，私人性质的安保人员——可能出于告诫性的公司政策，安保官员与有犯罪嫌疑的雇员间的私人关系，或者是出于某种其他的原因），则可以用下面的方式改变措辞表达，如“乔，我们的调查结果清楚地表明，关于丢失 2000 块钱的事，你没有完全说实话”或者“乔，正如你所知道的，就起火这件事我们已经询问了这儿的多名人员，目前，你是唯一一个让我们无法排除嫌疑的人”。

当讯问人员无法确定嫌疑人是否犯罪，是否在案发时出现过，或仅仅是具有简单的犯罪知识时，我们建议在警察讯问时使用这种变通后的正面指控。同样的，在羁押性讯问中，讯问人员应该考虑到，如果直接指控嫌疑人涉嫌犯罪，嫌疑人又立刻要求行使其米兰达规则下的权利时，这种变通的指控或许更为合适。

（三）行为暂停

在提出直接的正面指控后，讯问人员应该这样说：“我想和你一起坐下来，以便我们能够好好地解决这一问题，好吗?”在无法再进一步交谈时，讯问人员应该把证据材料夹和其他配套的道具放到一旁，然后把他的凳子挪到犯罪嫌疑人前面大约 3 至 4 英尺处。这一举动能够造成一段时间刻意的沉寂，即所谓的行为暂停（behavioral pause）。暂停只应当持续 3 至 5 秒，即使对犯罪嫌疑人而言似乎很漫长。

做出这种刻意的沉寂的目的在于评估犯罪嫌疑人在面对直接的正面指控时的初始反应。这种行为暂停有两个重要目的。首先，它为讯问人员提供了关于犯罪嫌疑人事实上是否实施了正在调查的犯罪的初步迹象。其次，通过观察犯罪嫌疑人对直接的正面指控的最初反应，讯问人员通常可以洞悉接下来应该如何继续进行讯问。

如果在第一次告知指控后，犯罪嫌疑人的回复是反问讯问人员，“你这是什么意思”或者“你说什么”，那么他可能是在拖延时间，或者是在设法重新整理他那被直接指控打乱的思路（当然，只有在该指控清楚无误时，这种推论才是合理的）。相反，无辜的人通常没有理由去反问讯问人员在说什么或者这样的问题是什么意思，并且可能会立即表达自己对这种指控的愤怒。

在行为暂停期间，有罪的犯罪嫌疑人可能会把目光投向地板或尽可能地投向两侧，以避免与讯问人员发生眼神的直接接触。这会给他争取时间以编造一个言语性的回复，在很多情况下，他的这种行为可能实际上根本就不代表一个回答。在这一阶段，犯罪嫌疑人也可能会表现出一些有罪的身体迹象——变换姿势、跷二郎腿、掸掸衣服（似乎上面有灰尘）、无精打采地坐在椅子上，或者往后靠着椅子以尽可能地远离讯问人员。无罪的犯罪嫌疑人正好与之相反，他们可能在椅子上身体前倾，且不会出现上述任何一种姿势。无罪的犯罪嫌疑人可能脸色发红，眼神集中在讯问人员身上，而且可能会作出愤怒、生硬的言语回复。他们不会掩饰自己对指控的不满。不过，有些无罪的犯罪嫌疑人也可能看上去对指控十分意外或者大吃一惊，有些人还会表现出短暂的怀疑神态。接下来他们会诚恳地、自然地甚至是激烈地否认自己有罪，同时伴随着直视讯问人员的眼睛。无罪的犯罪嫌疑人看上去是真的被触怒了，他会试图阻止错误的指控。有罪的犯罪嫌疑人则往往表现得比较被动，他们的反应可能是带着一些恳求的表情、温和的否认回答，或者是向讯问人员提出一些含混不清的问题。

有罪的犯罪嫌疑人可能会试图做出一些戏剧性的肢体动作来逃避审查——前后摇头并用他们的手指抓头发以努力造出一种完全绝望的形象。通过这种方式，犯罪嫌疑人也可以避开讯问人员的目光直视。他们也有可能大声叫喊，自以为这样能够恐吓讯问人员并让其停止进行审讯。讯问人员不应当被这些假象迷惑和误导。

过渡性陈述：

正如前面所指出的，有罪的犯罪嫌疑人不会轻易被说服，进而作出有可能导致其失业或被处以监禁的有罪供述。因此，为了让犯罪嫌疑人坦白供认，讯问人员必须向其提供一种可感知的利益。这种利益绝不涉及坦白从宽的承诺，也不会以防止不可避免的后果为核心① （参见第 15 章）。因此，在直接的正面指控后立即提出的这种过渡性陈述，必须要为想要说出真相的犯罪嫌疑人提供一个法律许可的理由。

此外，如果讯问人员看起来太急于诱使嫌疑人坦白供认，最初提出来的直接正面指控的可信度就会丧失。毕竟，如果犯罪嫌疑人涉嫌犯罪是毫无疑问的，讯问人员就不应该要求犯罪嫌疑人作出进一步的供述以自证其罪。因此，过渡性陈述不仅必须为犯罪嫌疑人坦白供认提供一个法律许可的理由，而且必

① 用不可避免的后果威胁犯罪嫌疑人的危险性已经在“诺福克四水兵”（Norfolk Four）案中得到说明。在该案中，这四名无辜的犯罪嫌疑人都作了有罪供述，其中两人在法庭上答辩认罪，以避免被判处死刑。The Confessions，PBS 2010.（该案的详细情况可访问关于该案的专题网站 http://www.norfolkfour.com/index.php，译者注。）

须为讯问找到一个除了诱使嫌疑人坦白以外的借口。下面所述的是一些能够有效地用于为讯问制造借口的例子。

1. 评论犯罪嫌疑人的可取之处。不论犯罪嫌疑人有什么样的背景，他身上总有一些正面的东西是可以拿来说说的。可能是他没有冗长的前科纪录，或者犯罪嫌疑人看起来是个正派聪明的人。在另一些情况下，犯罪嫌疑人可能是一位富有责任心的父母，或者是一个勤奋工作的人。其实，讯问人员可以告诉犯罪嫌疑人，正是因为他的这些可取之处，让自己感到有责任给他提供一个讲述他这边故事的机会。下面就是一个过渡性陈述的实例：

约翰（John），在调查的这个阶段，我有个选择。我可以把我的报告交上去并同意我的主管依据这些证据采取行动，我也可以坐下来和干了这件事的人谈谈，给他一个在我的最终报告里增加一些内容的机会。在我处理某个人的时候，如果他在回答我的问题方面配合，并且没有让我感到为难，我就会认为他值得我给他一个机会去讲述他这边的故事。现在，我对你的感觉就是这样。你是一个正直的人，这点打动了我。当然，今天你也很尊重我。反之，如果你今天抱着咄咄逼人的做派来这里并且采取这样的态度——“嘿，如果你觉得是我干的，那你就拿出证明来啊”，我现在甚至都不会和你坐下来纠缠。

2. 讲解现在唯一没有解决的问题是犯罪嫌疑人实施犯罪的原因。尤其是在对付情感型罪犯时，讯问人员应当将审讯的焦点围绕在导致犯罪嫌疑人实施犯罪的特定环境方面。情感型罪犯的犯罪动机在某种程度上是具有道德正当性的，这种讯问技巧通常能够让他们有所回应。下面是一个这种过渡性陈述的例子：

彼得（Peter），正如我所说的，你和你的继女的确有过性接触绝对是毫无疑问的。我愿意坐下来和你谈论这件事的原因在于，我想知道这件事是在什么情况下发生的。一个人为什么做某件事的原因往往比他所做的事情更为重要。

3. 说明讯问人员需要了解犯罪嫌疑人是哪种类型的人。不诚实的犯罪嫌疑人，即使是最顽固的人，也会以积极、正面的态度看待自己。实施犯罪行为的人，只要他心智健全，他都不会认为自己从根本上就是个一无是处的罪犯。讯问人员可以通过在犯罪嫌疑人心里创建这样一个关注点来利用他这种扭曲的认知：如果不能了解到事实真相，其他人可能就会相信犯罪嫌疑人本质上就是不诚实的，是个儿童性骚扰者、一个小偷，或者是个犯罪骨干。下面举例说明使用这种过渡性陈述的方法：

萨姆（Sam），根据我的经验，那些拿别人钱的人分两种。第一种是普通罪犯，他贪婪并且不会思考他自己的行为。他行事冲动，因为他自己是他所关心的唯一的人。不过，第二种人本质上是诚实的，他们做出类似这样的事情并非本性使然，而是出于生活压力。这些人行事通常是不由自主、一时冲动，在事情发生以后，他们的确会为其所作所为感到懊悔。你看，萨姆，这事是你干的已确定无疑。如今，我需要确定的是你是属于哪一类型的。

4. 解释讯问人员需要确认的是犯罪嫌疑人参与案件的程度或者实施犯罪的频率。在讯问时，对于犯罪嫌疑人的犯罪活动频率使用一个过渡性陈述是很有效的，尤其是当调查的问题属于正在发生的犯罪时。利用这种策略，讯问人员令人信服地夸大了犯罪嫌疑人可能参与的其他犯罪行为。这种方法适用的案件类型有入室盗窃、盗窃机动车、贩卖毒品以及侵吞公款等。下面是关于这种方法的举例说明：

乔（Joe），现在我和你谈话的唯一原因是，我们不知道在那一带你还潜入了多少间其他的房屋。上周末你潜入了威尔逊（Wilson）大道的一户人家里，这是毫无疑问的。我关心的是，在那所房子半径2英里范围内有20多起未破获的入室盗窃案。这些房屋被侵入的方式与威尔逊大道那件案子一样，而且每天的作案时间接近。坦白说，如果你和其他这20多起入室盗窃案都有关系，我不会期望你能说什么。但是，乔，如果你和所有其他的案件无关，或者是远少于20件，我们就必须搞清楚具体情况，因为这意味着外面的其他人应该对那些案件负责。我最不希望发生的是你为自己没有做过事情的负责。这就是现在我和你谈话的原因。

在为讯问制造借口时，讯问人员不应提及关于对所有20起入室盗窃案提起指控后而可能产生的后果。设计这种方法的目的并非是将犯罪嫌疑人置于不得不作出选择的两难境地，如让犯罪嫌疑人在监禁3年还是15年这两者间进行选择。这种技巧是不适当的，并且在随后关于证据禁止的听证程序中会受到质疑。相反，这一技巧的目的是尝试通过让犯罪嫌疑人驳斥对其提出的虚假指控来激发他说出真相（见第六个主题）。

（四）控诉性指控后的误导性行为症状

正如本书第九章所提醒的，讯问人员在评估犯罪嫌疑人是有罪还是无辜的时候，对于仅仅以犯罪嫌疑人最初的行为症状为依据所包含的风险必须始终保持警惕。尽管有罪的犯罪嫌疑人对于控诉性指控的反应方式通常是消极、逃避、和不诚恳的，而无罪的犯罪嫌疑人的反应则往往是诚恳、积极主动，甚至有时可能是敌对的，但正如下面案例所阐述的，二者均有例外。案例一和案例二涉及无辜的犯罪嫌疑人，案例三和案例四则涉及有罪的犯罪嫌疑人。

案例一：

在本案中，调查所得信息强烈地暗示犯罪嫌疑人是有罪的。一名银行女职员涉嫌从银行窃取了2000美元，看起来她显得忧心如焚。她的眼神躲闪不定，在交谈时有些语无伦次。她的整体表现与一个有罪的人无异。在面对正面指控时，她开始哭泣。然而，在哭泣的时候，她擤了鼻子，直视着讯问人员的眼睛，并且坚定地说："但是我没有偷那些钱!"每作一次否认，她都变得更加认真，但她从头到尾看起来都很沮丧。然而，由于她是如此的直率，而且在说"我没有偷那些钱"时极为认真，所以讯问人员问道："你心里有事，到底是什么事?"犯罪嫌疑人回答："我不能告诉你，我不能，我不能!"在劝说后，她终于道出实情——她和男朋友发生性关系并且怀孕了，她的男友也在这家银行工作并答应和她结婚。但是，她男朋友的母亲并不知道她已怀孕，打算在几个月后举行一场隆重的教堂婚礼。犯罪嫌疑人对于自己未婚先孕一事感到羞愧，加上男友的母亲坚持在数月后才举行隆重的教堂婚礼，这些似乎才是犯罪嫌疑人显得疲惫不堪和沮丧不已，并且担心整件事情，而出现一副有罪者样子的原因。

进一步的审讯被推迟后，犯罪嫌疑人和她的男朋友把怀孕的事情告诉了男方的母亲，这件事得到了圆满的解决。在后续的询问中，犯罪嫌疑人的行为症状符合无罪人的表现。而且，经过深入侦查最终也确实发现了真正窃贼的身份。

案例二：

在下面这个案例中，犯罪嫌疑人在被正面指控后的行为症状也容易让人被误导。某公司的一名高级职员涉嫌贪污 150000 美元。他的行为症状强烈地暗示其有罪。但出现这些行为症状的原因在于，犯罪嫌疑人 20 年前曾因盗窃而被判有罪并在监狱里服刑了一段时间，这一犯罪前科后来也得到了核实。在获释后，犯罪嫌疑人受雇于这家公司并且干得非常成功，因此被提拔到经理级的位置。这家公司的董事长是唯一一个知道他有前科的人，董事长曾为他说情并使他得到谅解。这件事从来没有被人揭穿，直到讯问人员怀疑该犯罪嫌疑人贪污了那 150000 美元，董事长才秘密地将犯罪嫌疑人的前科记录一事告知讯问人员。在讯问人员知晓这件事情后，以及在犯罪嫌疑人被告知了这些相关事情之后，他的整个行为发生了明显的改变。他变得很轻松，目光清澈，随后就被认定为是无罪的。后来，另外一名雇员的坦白供认也证实了这种看法。

案例三：

一位有钱的律师家被入室盗窃，被盗现金高达 350000 美元。这名律师家里的所有工作人员都接受了测谎检查，只有一名曾当过警察的受雇司机被测谎认定有犯罪嫌疑。面对测谎检测结果，犯罪嫌疑人坚决否认自己与此案有关，并用各种无罪的表现支持其愤怒的咆哮。讯问人员拒绝撤回这一指控。虽然犯罪嫌疑人的咆哮前后一致并且声音很大，但看起来并不像无辜者所表现出来的那种真诚。此外，犯罪嫌疑人还用一些夸张的姿势来渲染他的否认。讯问人员基于有罪推论继续讯问，该犯罪嫌疑人最终坦白供认自己的罪行，并急忙补充道：因为他常和朋友一起大把花钱纵情玩乐，他只能退回69000美元的现金。幸运的是，其余被盗现金中有一部分以赃款购买的财物作了补偿。

案例四：

一家银行的自动柜员机里丢失了数额很小的180美元。一名有着7年工龄的员工在测谎检测中被发现说了谎，然后受到与丢失的180美元有关的指控。他的回答大声而清楚："我没有拿那些钱！"讯问人员坐到犯罪嫌疑人对面，再次告诉他，毫无疑问是他拿了那些钱。犯罪嫌疑人用手使劲拍了一下桌子，再次愤怒地说道："我没有拿那180美元！"在作出再次否认的时候，他盯着讯问人员的眼睛，然后厌恶地环顾了一下房间，那神情就像在说："我简直不敢相信！"然后，讯问人员开始为犯罪嫌疑人的盗窃行为提出一些正当的理由，但被犯罪嫌疑人的大声回复打断："你正在毁掉我的生活和工作，我并没有拿那些钱！"讯问人员没有理睬他的辩解，继续说道："我确信如果你是一个不诚实的人，那你从上班的第一天就会做这种事情了，但是你本质上是个正直的人，你就像我或任何其他陷入困境的人一样，不加思考就做出了这种疯狂的事。而且我确信你现在一定为此感到后悔。"这时犯罪嫌疑人几乎要哭了，他突然从椅子上起身并朝门外走去。讯问人员继续对着空椅子说话，犹如犯罪嫌疑人还没离开——"乔，如果你因为一些合理的开销而需要那180美元，那么你这样做我是能够理解的。"犯罪嫌疑人依然站着并盯着门，靠着墙把头埋到双臂里，大声喊道："我没有拿那些钱。"接着用拳头击打墙壁，事实上也确实对墙造成了一些损坏。但很快他就跪倒在地说："对不起！"讯问人员兴奋地回答："看看你把墙都弄成什么样了。现在坐下来我们一起把事情搞清楚吧。"犯罪嫌疑人再次说了声他很对不起，并顺从地坐了下来。他再次否认自己偷了那180美元，但语气温和了些。犯罪嫌疑人含着泪，承认几个月以前他在自动柜员机里偷了500美元，但是他仍然否认偷了那180美元。讯问人员根据犯罪嫌疑人前面的行为症状采取行动，加上犯罪嫌疑人用拳头击打墙面与口里说"对不起"之间相互矛盾的行为指征，继续对犯罪嫌疑人提出关于盗窃那180美元的指控，但是没有产生任何效果。然而，后来对这件案子的调查清楚地证明了犯罪嫌疑人确实偷了这180美元，而且除了已承认的盗窃500美元以外，他还另外偷过钱。在本案中，犯罪嫌疑人一直坚持自己最初作出的关于这180美元的否认，不愿意推翻自己先前说过的话。在讯问人员允许嫌疑人重复否认的情况下，这样的反应并不少见。

（五）正面指控的免责理由

在本文的开始我们就指出，审讯的目的在于了解事实真相。如前所示，在有些情况下，即使相关调查情况表明犯罪嫌疑人是有罪的，但讯问人员在对其提出控诉性正面指控后会认为在所调查的案件中他是无辜的。实际上，通过讯问程序，我们已经遇到了很多这样的实例——最初被认为是有罪的犯罪嫌疑人最终被排除了嫌疑，而且通过进一步的调查又确定了真正的犯罪行为人。

尽管如此，无论是基于一般情况的广泛考察，还是针对某个特定的犯罪嫌疑人个人，这种指控性策略都具有合理性。首先且最重要的是，对于无罪的犯罪嫌疑人而言，必须承认这样一个事实：如果没有通过审讯最终达成无罪的结论，这个人可能始终处在被怀疑有罪的疑云之中。在一些情况下，有罪的间接证据被成功地用于对无辜的犯罪嫌疑人定罪。此外，作为雇员的犯罪嫌疑人，很可能会因为雇主出于人员安全的考虑而被解聘，即使不是发生在当时，也会在不久后的某日发生。在后者的可能性与被错误指控造成的感情伤害（在严格的私密场合下的指控）之间，作者认为，被审讯的经历相对而言是较为轻松的一个。

再次重申，构成第一步的指控只适用于那些讯问人员认为犯罪嫌疑人的罪行看起来是明确的或者已被合理地确定有罪的讯问。同时，这些指控必须在完全私密的条件下进行，这样可以使嫌疑人的不舒服感降到最低。附带说一下，这种私密因素也是对讯问人员个人的一种保护，因为它能使讯问人员免于因口头诽谤或侮辱人格而受到民事起诉。通常这种民事责任只会在提出错误指控且有第三者在场的情况下才会产生。①

在很多情况下，公共利益要求放弃部分个人的舒适，甚至是牺牲一些能够防止政府侵犯的手段。例如，法律授权警察拦截甚至拍身搜查那些他们有理由怀疑正在实施犯罪或将要实施犯罪行为的人。即使后续调查获得的事实明确表明被拦截和拍身搜查的人是无罪的，也不具有追溯警方的行为是非法的效力。同样，警察基于合理理由（合理根据）而实施了正式逮捕，包括暂时将某人扣留在某个拘留设施里直至法院下令释放为止。即使后来证实被拘捕者是无罪的，也不能要求警方为此承担任何责任。警方必须满足的唯一要求是其行动必须基于合理理由。

不仅警方基于合理理由采取的强制行动能得到公共利益的认可和鼓励，即使这些行动存在会给可能无罪的人带来不适与困窘的危险，而且在私营部门中

---

① 但是，关于第三方当事人，有一个在法律上称为“授予性特权”（qualified privilege）的术语，这种权利可以保护说话者，其条件是第三方当事人是一名或多名官方参与调查的人员（如是一名警察同事或者一名安保职员）或者是与正在调查的主要事项有经济利益的人（如一位商人或者他的一名合伙人或者其他代理人）。这种第三方在无意中听到的讯问人员的指控性言论不会被视为构成了诉讼上的口头诽谤或其他以侮辱为目的的“公开”。支撑这一法律原则的参考文献将在本书第十七章介绍。

的安保人员也被允许采取一些类似的法律制裁措施。例如，成文法及判例法均允许店主或安保人员对那些可以合理怀疑其在商店里偷窃商品的人予以暂时扣留，以确定商品是否就是他合法拥有的。许多州的法规特别授权店主或安保人员在具有合理理由（合理根据）相信某人确实实施了偷窃商品的行为时，可以对其正式逮捕。许多没有类似成文法规定的州也将这种做法视为习惯法。

关于审讯犯罪嫌疑人，有一个经常被忽视的因素，即无论警方具有多么先进的科学技术辅助侦查手段或者经验丰富的侦查人员或私人性质的安保调查人员，许多犯罪案件还是只能通过审讯来解决。[①] 在许多类型的案件中，如果取消了审讯犯罪嫌疑人的机会，侦查工作的进程将会被严重影响。例如，在一起残忍的夜间强奸案中，一名妇女在深夜被犯罪分子拖进一条小巷中强奸。如果她无法精确地描述攻击她的罪犯的特征而只能作一般性描述（白人或黑人，高或矮，穿着一件外套或没穿外套，衬衣是蓝色还是白色，等等），那么将没有办法能够合法地确认某个在案发现场附近被逮捕的犯罪嫌疑人就是这起强奸案的罪犯，除非通过询问和审讯程序。因为，仅凭犯罪嫌疑人与受害人对罪犯的一般性描述相符这一事实，尚不足以达到逮捕犯罪嫌疑人或让其接受强制性的法医鉴定（如 DNA 检测或毛发纤维分析）所要求的合理根据。与此类似的是，在那些涉及多名有可能的犯罪嫌疑人的案件中，如果没有机会对犯罪嫌疑人（们）进行审讯，那么这些案子常常会成为悬案。

对于警方侦查的案件和私人安保官员调查的案件，公共利益都要求这些审讯活动具备绝对必要的法律许可，而且在具体案件的实际情况下，要始终对这些活动进行合理的限制约束。社会公众难以承受剥夺警方或工商企业经营者对犯罪嫌疑人进行审讯的机会。不管是社会公众还是私营部门，都无法忍受为犯罪行为提供审讯豁免。

关于这种正面指控技巧的使用，特别是针对那些后来被证实为无罪的人，还有一个需要考虑的额外因素，即在恰当进行的审讯中，讯问人员提出的正面指控对犯罪嫌疑人造成的精神压力不能超出合理的限度。然而，对于那些设计并用于说服有罪者说出真相的控诉性正面指控不应当被禁止使用，这种正面指控可以避免发生无辜者作出错误供认的危险。[②]

---

① 关于法医证据在确定犯罪嫌疑人有罪方面的价值，在公众心目中，也可能在司法系中，存在着一种严重的误解。对此问题的全面探讨可参见：Horvath，F. and Meesig，R.（1998）. A Content Analysis of Textbook on Criminal Investigation：An Evaluative Comparison to Empirical Research Findings on the Investigative Process and Role of Forensic Evidence. *Journal of Forensic Science* 43(1)：133-140。

② 本书第十七章详细探讨了故意引起的精神损害与相对较小的精神压力之间在法律上的差异，其中后者是在对犯罪行为的调查过程中由于合法、善意的审讯而引起的。

五、第二步——主题展开

（一）处理原则

在提出第一步所描述的直接的正面指控后，讯问人员应当立即展开一个“主题”（theme）。这在很大程度上是为犯罪嫌疑人实施的犯罪行为提出一个“道德上的借口”或者最大限度地减少其犯罪行为的道德责任。一些“主题”可以为犯罪嫌疑人提供一根帮助他走向供述的“拐杖”。

大部分讯问主题增强了有罪的犯罪嫌疑人自己实施犯罪行为的合理性和正当性。在部分罪犯决定实施犯罪，或者在那些出于本能而实施犯罪的情况下，他们在犯罪后自然会以某种方式为其犯罪行为进行辩解或者寻找合理理由。[①] 普通人在回想自己上一次超速驾驶时就会将它与这种本能机制联系起来。这种超速驾驶的违法行为可能会被搪塞性地解释为限速标志设置得不够明显或者是遇到某种可以理解的紧急状况，如安排好的约会不能迟到。也可能会作出这样的辩解，即驾驶员并没有超速太多以及其他司机的超速比他的超速多得多，还有的驾驶员会将自己的超速归咎于乘客不断与其对话而导致其分心。此处所要表达的原则是：推卸自己的责任以及为导致其焦虑、有损自尊或有罪的行为寻找借口是人类的本能。

与此类似的是，对犯罪行为感到内疚的犯罪嫌疑人会认识到自己实施犯罪是错误的，因此，他也需要减少罪责感、焦虑或有失自尊的感觉。这种进行辩解的过程就是有罪的犯罪嫌疑人和无罪的犯罪嫌疑人之间最为明显的区分标志之一。有罪的犯罪嫌疑人会以某种方式为其的犯罪辩解，相反，无罪的犯罪嫌疑人是不会这么做的。在为犯罪辩解的过程中，有罪的犯罪嫌疑人所体会到的良心不安感比之后他对与犯罪有关的事项进行撒谎时体会到的要小得多。

由于大多数主题会增强犯罪嫌疑人为自己实施犯罪进行辩解的正当性和合理性，所以在讯问过程中相对比较容易克服的是那些欺瞒性犯罪嫌疑人对犯罪的否认——因为与犯罪嫌疑人有关的主题概念是已经设定好的。无罪的犯罪嫌疑人不会为犯罪行为开脱，不会顺着讯问人员为他建议的关于实施犯罪的正当性和合理性进行辩解，而会主动地否认这类荒谬的说辞，并且在否认时变得更

---

① 心理学家把这种内在过程称为中和技巧（techniques of neutralization）。这种说法与我们所说的主题很类似（例如，“否认责任”、“否认伤害”、“否定被害人”、“谴责那些谴责他们的人”）。参见 Lillyquist, M.（1980）. *Understanding and Changing Criminal Behavior*. Englewood Cliffs, N.J.: Prentice-Hall, 153-160。另见 Copes, H., Vieraitis, L., Jochum, J. M.（2007）. Bridging the Gap Between Research and Practice: How Neutralization Theory Can Inform Reid Interrogations of Identity Thieves. *Journal of Criminal Justice Education* 18(3):444-459。

加强硬和越发坚定。不过，讯问人员将主题概念限定为关于犯罪的道德正当性与合理性则是有必要的。如果在主题中提到了必然后果的威胁以及宽大处理的承诺，这将危及供述的有效性。同样，审讯主题绝对不要涉及试图说服犯罪嫌疑人相信他就是有罪的（这些及其他可能影响供述自愿性及可靠性的因素将在本书第十七章中介绍）。

辩护律师可能会主张，在讯问中讯问人员提出主题的目的在于努力在当事人的心目中植入错误观点，类似于洗脑。[①] 无罪的犯罪嫌疑人拒绝讯问人员提出的主题概念可以证明，讯问主题并没有在犯罪嫌疑人的脑中植入新的观点。有罪的犯罪嫌疑人之所以与该主题产生关联，是因为这些观点或与其性质类似的观点作为实施犯罪的一种天然副产品已经在其身上产生。正如无罪的犯罪嫌疑人会拒绝相关主题概念是由于他没有为实施犯罪进行开脱，如果讯问人员提出的主题不适合有罪的犯罪嫌疑人为自己的罪行开脱，犯罪嫌疑人也会拒绝该主题。

（二）讯问情感型犯罪嫌疑人的程序

由于情感型犯罪嫌疑人常常感到羞耻和内疚，围绕着为他们的犯罪行为找借口的主题往往会是非常有效的，因为这样的主题允许犯罪嫌疑人在为其犯罪行为承担有形责任的同时减轻他们在情感上的负罪感。主题的选择可以以分析犯罪嫌疑人的背景及引发犯罪行为的可能动机所得出的简单、普遍的认识为基础。通常在行为分析询问过程中，当犯罪嫌疑人在回复行为诱因的问题时，有罪的犯罪嫌疑人会透露出有关为自己的罪行开脱的观点。下面的问题和回复为在审讯过程中关于如何选择主题提供了可能的方向：

Q（问题）：你觉得一个与年轻女孩发生了性接触的人会发生什么事情？

R（回复）：好的，如果那是一位很年轻的女孩，我想那个家伙可能有严重的心理障碍，而且非常需要心理咨询。（建议主题：如果犯罪嫌疑人是和一位九岁的女孩发生性接触就会比和一位两岁的女孩发生性接触更能让人接受。）

Q：在任何情况下，你认为应该如何看待那个杀死乔治（George）的人？

R：噢，或许这取决于它发生的原因了。（建议主题：犯罪嫌疑人本没有杀害受害人的计划，除非当时被害人的行为刺激了他。）

---

① 关于这一问题的深入讨论，参见 Jayne，B. and Buckley，J.（1990）. Interrogation Techniques on Trial. *The Prosecutor*（Fall）。

Q：你是否曾经想象过强迫一名女性与你发生性关系？

R：嗯，当然，我的意思是所有男人都有过这样的想法。（建议主题：被害人先走向犯罪嫌疑人，然后犯罪嫌疑人做了任何男人在这种情形下都会做的事。）

Q：在什么样的情形下你可能会试图用枪指着一个人然后拿走他的钱？

R：必须是我确实不得不为钱而孤注一掷了。（建议主题：犯罪嫌疑人实施抢劫是由于对金钱的迫切需要或者可能是毒瘾发作。）

Q：是否曾经有人建议你从仓库拿走那里的商品？

R：嗯，当然有。一些员工曾经讨论从这里拿走商品是多么简单，因为那里的安保措施太差了。（建议主题：抱怨另一个员工劝说犯罪嫌疑人去盗窃仓库的商品以及公司安保措施差的情况。）

Q：你认为为什么会有人蓄意破坏电脑系统？

R：可能是公司没有更新他们的平台，让他们感到失望——我们用的那个确实太过时了。（建议主题：抱怨公司没有跟上科技进步的步伐，并因此使公司员工感到沮丧。）

1. 提出主题时应避免的做法。

讯问人员在以道德因素为基础提出任何主题的时候，应小心地避免作出任何关于道德责任的减少能够减轻犯罪嫌疑人刑事责任的暗示。（在本书第十七章中，我们将探讨应该如何应对这种情况，即犯罪嫌疑人向讯问人员提出这样的问题：“如果我告诉你是我做了这些事情，对我会发生什么样的后果？”）

在一些情况下讯问人员应避免在提出一个主题上花费过多的时间，特别是当犯罪嫌疑人已显现出处于供述边缘的早期迹象时。如果出现这种情况，讯问人员应立即进入第七步（提出选择性问题）。从另一方面来说，如果犯罪嫌疑人在否认时看起来非常坚决，那么可能需要讯问人员用相当多的时间来对适当的主题予以展开。

讯问人员经常犯的一个错误是，在审讯的一开始就将所有涉及犯罪嫌疑人的特定证据全部泄露给他。一旦讯问人员泄露了这些证据，犯罪嫌疑人就会了解到该案不利于他的程度（或者案件的弱点）。如果这些证据非常有说服力并且是非常充分的，犯罪嫌疑人可能会在心理上产生退缩并持这样的态度：“继续，然后起诉我。”如果这些只是间接证据，那么犯罪嫌疑人可能会就这些证据的意义或不可靠性与讯问人员进行争辩，而且其焦虑感会在争辩中得到减轻。此外，在审讯的早期阶段就引入证据，会妨碍讯问人员发挥其展开审讯主题的能力。

这方面一个很好的例子就是在测谎检测后进行审讯。如果测谎人员展开审讯仅仅是以不太可靠的测谎图为前提依据，通常犯罪嫌疑人会对测谎技术的有效性及可靠性与讯问人员争辩。

然而，在一些情况下，讯问人员顺带评论一下证据可能会有利于审讯，但这不应该是审讯的焦点，讯问人员也不应将所有已知证据透露给犯罪嫌疑人。例如，在一起撞人后驾车逃逸的交通肇事案中，讯问人员可以提及在犯罪嫌疑人车辆前部的挡泥板上发现了一块凹痕，而且在凹痕四周发现了人类的毛发和血迹。一旦这些评论吸引了犯罪嫌疑人的注意力，讯问人员应当直接转移主题，并阻止犯罪嫌疑人对该证据作出任何解释。如果讯问人员将审讯建立在那些单个的间接证据上，那么犯罪嫌疑人很有可能会以其他人驾驶他的车为借口来反驳这些证据；他会要求查看犯罪实验报告，或者说他想要和律师会面，在这之前他不回答任何额外的问题。有罪的犯罪嫌疑人通常需要一个体面的借口才会说出真相。用犯罪嫌疑人有罪的证据去质问他们这种威胁性的方法可能会激起犯罪嫌疑人或“战或逃”的反应：他们要么进行坚持不懈地否认，要么援引米兰达规则下享有的权利或终止自愿性的审讯以达到逃避审讯的目的。

以证据为中心的审讯还会倾向于导致讯问人员以不可避免的后果来威胁犯罪嫌疑人，或者作出给予宽大处理的承诺。讯问人员大体上会告诉犯罪嫌疑人该案不利于他是铁定的，而且肯定他会被证明是有罪的，唯一需要解决的问题是犯罪嫌疑人会被判处的刑期长短。以“提供全面配合”为幌子，讯问人员告诉犯罪嫌疑人法庭在量刑时会从优看待犯罪嫌疑人的坦白供认。但这样的言论会导致随后的供述不被法庭采纳。

另外一种不会产生效果的讯问主题展开形式是“强行推销”的做法，即讯问人员用连珠炮式的长篇大论展开主题，大肆讲出指控的内容及其掌握的有关案情的材料和证明犯罪嫌疑人有罪的间接证据。在这种情况下，犯罪嫌疑人易于通过否认来作出防御性回应，而且讯问人员所说的话对于说服犯罪嫌疑人几乎不会产生影响。

对于讯问人员而言，运用任何主题时的基本要求是应当充满自信的。更为重要的是，在说任何话的时候都要向犯罪嫌疑人表现出真挚诚恳的态度。关于讯问人员的自信这一点，即使犯罪嫌疑人事实上是个有前科的人员甚至是一名惯犯，讯问人员也不应当假设在获取坦白供认的过程中会出现无法逾越的障碍。即使审讯对象是那种人，在使用本书所介绍的审讯策略和技巧后，其也常常会被说服并说出真相。在任何案件中，如果讯问人员过于担心犯罪嫌疑人是一个有犯罪前科的人，且很有可能太“聪明”而难以让其供认，那么该讯问人员或许实际上在开始审讯前就已败下阵来。

还有一个与讯问人员自信相关的问题，即审讯对象是一个曾经担任过执法人员的犯罪嫌疑人，但审讯这种对象通常也不会比审讯其他的人更难。事实上，比起那些没有类似背景的人，这种人对于审讯技巧更为敏感。这种人十分了解虚假陈述中的相互矛盾或口误所具有的意义，即使这种矛盾或口误并不明显，并且他们还能通过自己的职业经历知道，一个有罪的人的行为和一般举止都会表现出欺骗的症状。这种犯罪嫌疑人甚至可能了解某个讯问人员在获取口供方面所用的特殊技巧。总而言之，作为一个说谎者，有着执法背景的犯罪嫌疑人可能比普通的犯罪嫌疑人更缺乏自信。

在展开主题时，讯问人员绝不应采取或逐渐陷入冷漠、消极或懒散的态度。在犯罪嫌疑人接受审讯的过程中，讯问人员必须在整个说服过程中保持精力高度集中。在审讯过程中出现暂停甚至是时间间隔都会造成一种危险，即审讯持续的时间可能变得过长，以至于后来犯罪嫌疑人会声称自己受到了强迫。如果一名有罪的犯罪嫌疑人被讯问人员使用本文描述的技巧说服并讲真话，他一般会在几个小时内就作出供述。在经历三到四个小时之后，除非犯罪嫌疑人表现出明显的即将供述的迹象（例如，改变原来的说辞、承认知道犯罪事实但不是参与犯罪的主犯，或者声称自己是出于对外部因素的担忧而不能说出真相等），否则讯问人员应当考虑终止这一场审讯，并考虑在以后采用不同的技巧重新审讯该犯罪嫌疑人。

在审讯过程中，讯问人员最为有效的态度通常是表现得沉着自信。其中，一方面要对了解真相展示出必要的耐心及强烈的兴趣，但另一方面也要对犯罪嫌疑人表现出理解、关心体谅和同情。在表达理解和同情态度的过程中，讯问人员不要语速太快或显得不够诚恳。除非是在假装不耐烦或不高兴，否则讯问人员的语速都应该是慢条斯理的——甚至在尝试构思某个主题的过程中也要达到间或的犹豫不决，甚至看起来说话结巴的程度。

2. 确定恰当的主题。

在展开主题的过程中，讯问人员应当密切地监视犯罪嫌疑人对于所提出的主题的行为反应。如果讯问人员提出的道德上或心理上的辩解理由在犯罪嫌疑人的心目中尚不存在，犯罪嫌疑人通常会拒绝该主题所暗示的含义。显然，如果向一名无罪的犯罪嫌疑人就其没有实施过的犯罪提出开脱的辩解理由就会发生这种情况。当然，一个有罪的犯罪嫌疑人可能也会拒绝某个主题，因为他为他的犯罪行为辩解的方式与讯问人员提供的主题是不一致的。在下面的例子中，一名有罪的犯罪嫌疑人拒绝了讯问人员提供的“错误”主题。

一名体重超标且不受欢迎的高中学生曾告诉她的一位朋友，并且最后才对警方说，她在一所中学的浴室隔间里被强奸了。当地警察部门根据她对强奸犯的描述展开了调查。当调查工作还在努力进行的时候，她变得不太合作并开始改变她对强奸犯的描述。就在那时，本书作者的一名同事对她进行了询问，在询问过程中，她的行为反应清楚地表明了她被强奸的故事是捏造的。

在对她的讯问中，讯问人员确定了一个围绕她编造的被强奸的虚假诉求来获得家人及同学关注的主题。该主题被强调的时间超过 30 分钟，但犯罪嫌疑人仍然坚称她被强奸了的故事。于是，讯问人员尝试用了一个将责任归咎于她朋友的主题，这个朋友就是那个她最先告诉自己被强奸的人，是她的朋友导致了犯罪嫌疑人夸大了自己的故事。在这个时候，犯罪嫌疑人的行为发生了明显的变化，不久后她就坦白供认了。这名犯罪嫌疑人最终供认的内容是：那天早上她在走廊里遭到了性骚扰而且她不能很好地应对这种骚扰，所以那天她在第一节课的时候就躲到了一个浴室隔间里哭泣。在她参加下一节课的时候，她的一位朋友问她为什么那么难过。由于性骚扰引起的情绪反应使她感到尴尬，她告诉她的朋友那天早上在她身上发生了“一些事情”。而她的那个朋友的不断追问最终导致她编造了被强奸的虚假诉求。

能够表明犯罪嫌疑人与讯问人员提出的主题无关的一个相当可靠的行为症状是：犯罪嫌疑人不断地努力否认犯罪。讯问人员需要评估犯罪嫌疑人否认的强度来判断他们的否认所代表的是真实的还是虚假的。这些指导准则将在第三步的讨论中涵盖。除了否认以外，言语上赞同主题概念，如“我明白”、“好吧”或者“行”，这些通常都是犯罪嫌疑人与讯问人员提出的主题无关的标志——犯罪嫌疑人在专注于某个主题时，往往可能会表现出平静或者在非言语层上表达自己的认同，如点头。

犯罪嫌疑人的姿势和眼神接触也会表明，他与讯问人员提出的主题概念是有关联的。犯罪嫌疑人作出交叉抱臂并向后靠在椅子上的姿势可能是对讯问人员提出的主题概念表示非言语性的拒绝。犯罪嫌疑人与讯问人员保持过长时间的眼神接触也可能表示该犯罪嫌疑人与这个主题无关。犯罪嫌疑人轻微地转身离开讯问人员的椅子并且盯着一边看时，可能意味着他与提出的主题有关。

必须意识到，几乎所有的有罪的犯罪嫌疑人在审讯的早期阶段都会表现出拒绝讯问人员提出的主题的症状。正因如此，讯问人员必须在一个单一的主题上花费足够多的时间，以便确定该主题概念是真的被犯罪嫌疑人拒绝了，还是犯罪嫌疑人仅仅是对说出真相表示抵触。但是，如果前面提到的拒绝行为持续的时间超过 10 分钟，讯问人员则应当考虑更换主题。

当切换到一个不同的主题时，讯问人员不得表露出对于已经提出过的第一个主题的失望情绪。相反，他应当迅速着手开始另外一个主题，始终维持甚至应当加强和犯罪嫌疑人的眼神接触，并且应当对达到自己的最终目标展示出自信——以确定这一特定的犯罪嫌疑人如何为其犯罪行为作辩解或找出合理的借口。

3. 第三者主题。

在第一步中的过渡性陈述之后，如果立即展开直接挑明犯罪嫌疑人的罪行这样一个主题可能会让讯问人员感到比较棘手。建议的方法是先展开一个第三者主题（a third-person theme），在这个主题中，讯问人员谈论与犯罪嫌疑人当下的案子无关但有相似之处的某个人或某种情形。这个第三者主题可以为最终提出以犯罪嫌疑人的罪行为中心的主题奠定基础。对于那些在第一步中大声叫喊表达意见的犯罪嫌疑人，使用第三者主题也是可取的——当讯问人员谈论一个与其犯罪行为并不直接相关的情形时，犯罪嫌疑人很少会倾向于作出否认。下面的例子阐述了一个第三者主题：

乔，今天我想和你谈谈的原因是你让我想起了几个星期以前我在这里遇到的一个小伙子。他很年轻、有抱负，并且确实是一个非常积极能干的人。他在一家银行通过勤奋的工作攀上了阶梯，在 8 个或 10 个月的时间内，他从一般职员开始，先是因工作出色被升职为出纳员，最后被晋升为审计员。他看起来一切都很顺利。他有一个贤淑的妻子和两个可爱的孩子，而且他们正在把家搬往一个环境优雅的新房子里。一天，他在平衡银行账簿的时候，注意到一名出纳员没有将一笔 6000 美元的存款入账。这笔钱刚好相当于我正在谈论的小伙子购买新居完成首期付款所需的差额。在一时冲动之下，他决定拿走这笔钱。对于后来发生的事情，我想我没有必要告诉你。这家银行在客户来电查询后发现了这笔款项的短缺。这名年轻的审计员很快受到了怀疑，我现在还记得他当时就坐在你现在坐的这个地方，告诉我他对拿走那笔钱的事情感到非常懊悔。你让我想起他的原因在于，和他一样，你很有前途。你很聪明、有抱负，而且从根本上说，你是个诚实的人。因此，我认为在你身上所发生的事情是由于一时冲动，你决定干这件事情的目的是支付你家买食物或者买衣服的账单。

正如这个例子所阐述的那样，第三者主题应当在某种程度上与当下犯罪嫌疑人的处境或动机类似。尽管这个故事应当有一个“愉快的结局”，如这名犯罪嫌疑人决定说出真相，但是，讯问人员不应当用其他犯罪嫌疑人的坦白供认得到了宽大处理来向当下这名犯罪嫌疑人暗示他可能会得到宽大处理。例如，在上述这个例子中，如果讯问人员这样说就是不恰当的：“在这个小伙子说出真相并解释了他自己这边的原委后，银行同意将这 6000 美元做成一笔给他的贷款，并给他加薪以帮助他的家庭。”

（三）可以使用的特定主题

本章中介绍的用于第一步的主题并没有构成全部的审讯过程；它们代表了贯穿剩余四个步骤的常见线索，直到提出选择性问题。此外，当讯问人员提出一个主题时，犯罪嫌疑人不太可能保持沉默或者只是聆听；相反，他可能会用否认、异议或者其他声明来打断。当这种情况发生时，讯问人员应当采用后面两个步骤（第三步和第四步）中任何一个步骤所描述的方法来处理犯罪嫌疑人的这种反应。在这些步骤得以成功运用之后，有可能会返回到先前第二步中的一个或多个主题，或者讯问人员可能不得不利用其他的专门策略。换句话说，这些主题仅仅代表了后续各种其他具体步骤中的一个一般性步骤。为了解释本章所介绍的这些主题，每个主题都将用一些例子加以说明，这些例子揭示了让主题产生预期效果的最佳审讯策略和技巧。这些例子本身看起来可能只需要花费几分钟的时间，但是，如果想要在基本观点的基础上适当地展开和详细阐述则可能需要相当长的时间。

在主题展开的整个过程中，讯问人员不得忽视这样一个事实，即向犯罪嫌疑人提出的道德上或者心理上的开脱借口不能够代表构成犯罪嫌疑人实施犯罪行为起因的真实动机。事实上，对于有罪的犯罪嫌疑人来说，实施犯罪行为的真实动机在心理上是难以接受的以至于其不愿意承认。这也正好是欺瞒性犯罪嫌疑人在审讯中常常通过歪曲真实目的的方法来为其犯罪行为寻找开脱理由的原因。

关于前述原则的一个好的例子是这样一起案件：在该案中，一家医院的一名男性护理人员涉嫌与该医院中的一名昏迷了的女性病人发生了性接触。这家医院在病人的病房里安装了一部隐形摄像机并拍下了性侵害的过程。在出示录像给该护理人员看后，他没有选择余地只好承认自己与这名病人发生了性接触。但是，他坚称他这么做的动机绝不是为了自己的性满足，相反，他是在设法刺激这名病人以便让她从昏迷中苏醒过来。

简单地说，就像当一个人不再为其违法行为竭力开脱时（如果不是对警察，至少会对自己如此）一样，需要为一个更为严重的犯罪行为承担责任的犯罪嫌疑人同样经历了为他所实施的犯罪行为减轻其个人责任的心理过程。就讯问人员而言，审讯主题代表的是一种说服犯罪嫌疑人的努力，即通过努力强化在有罪的犯罪嫌疑人脑子里已经存在的那些借口或合理化理由，以使其更为容易地说出真相。

主题1：通过说在类似的条件或情况下其他任何人都有可能做出相同的事情来对犯罪嫌疑人表示同情。

如果讯问人员令人信服地说明任何人在相似的条件或情况下都有可能做出

同样的事情，那么犯罪行为人尤其是情感型犯罪行为人，会感到自己的精神压力得到相当大的缓解和宽慰。由此，犯罪嫌疑人能够（至少有一部分）在头脑中为自己的犯罪行动或行为进行辩解或者寻找开脱理由。不过，他仍然会意识到他的失误或错误行为已经伤害或者损害了他人或社会公众的利益。因此，犯罪行为人的自我谴责并不能完全满足他对摆脱良心不安的渴望。事实上，来自对讯问人员保证（其他人可能也实施过类似的犯罪行为）中的这种安慰，只是提供了一个促使犯罪嫌疑人通过说出真相来获得更大程度上的缓解和宽慰的额外刺激因素。当犯罪嫌疑人处于这样一种思想状态时，表现得富有同情心的讯问人员的鼓动会使犯罪嫌疑人相信，如果讯问人员能够理解自己实施犯罪的原因，其他人或许会更加能够理解。

一起涉及交通肇事逃逸的案件可以说明应当如何有效地使用这一技巧。讯问人员告诉肇事逃逸的司机，在这种类似的惊恐状态下，任何其他的人都有可能逃离现场。由此，犯罪嫌疑人获得了一个用他自己的良知“调整自己”（square himself）的机会。同时，由于犯罪嫌疑人认识到讯问人员并没有把自己逃离现场的行为看作很残忍的行为，因此在这个案件中，让犯罪嫌疑人坦白供认就比没有这样处理容易得多了。下面的会话描述了如何向交通肇事逃逸的犯罪嫌疑人提出这一核心主题概念：

在我的心目中，我确信像你这样的人是不会故意干出本案中这种事情的。我想我知道发生了什么。你的车撞到了某个东西，你不能确定你撞到的是什么东西，而你又有些顾虑，因此你忧心忡忡地开车离开了。现在你已经认识到自己做错了。你与其他任何人相比没有什么不同，而且在同样的情况下，我可能也会和你一样干出这种事。现在这令人震惊的事情已经过去了，而你，作为一个好公民，应该说出所发生的事情的全部真相。你肯定不是故意这么干的！

在交通肇事逃逸的案件中，讯问人员记住可以用于解释一个人交通肇事逃逸行为的各种因素是有益的。在一部已经出版的关于机动车交通肇事逃逸案件的著作中，列举了一些交通肇事后逃离现场的可能原因，包括：①感到恐慌或因震惊而导致心理麻木；②处于酒后驾驶状态；③无证驾驶；④害怕受到经济损失或名誉受损；⑤当时车上还有其他乘客，在现场会使驾驶员或乘客感到非常难堪；⑥车上有被盗物品或其他的犯罪证据；⑦害怕会暴露其他犯罪行为。从这些原因中选取任意一个恰当的原因向犯罪嫌疑人提出，并一视同仁地指出包括讯问人员自己在内的任何人在这种类似的情况下都有可能做出同样的事情，这将极大地有利于审讯的成功。

在性犯罪案中，向犯罪嫌疑人指出，讯问人员有一个朋友或亲戚也陷入了与正在调查的案件中涉及的行为性质相同的行为，这往往特别有用。在一些情形下，讯问人员承认自己也曾受到诱惑而差点做出同样的行为可能会更加合适。在对一名涉嫌强奸的犯罪嫌疑人的审讯中，本书的作者之一用下面的对话成功地套取到了犯罪嫌疑人的供认。

吉姆，我认为当时发生的事情是这样的：这名女孩在酒吧里靠近你并和你打情骂俏，给你留下了想和你发生性关系的明确印象。但是，当你们即将发生性关系的时候，她在最后时刻改变了主意。我有一位姐妹，过去时常打扮得漂漂亮亮地出入这些单身酒吧。当一名小伙子买酒给她喝时，她挑中了这个小伙子并确实和他进行了亲密的交谈。当天晚上聚会结束的时候，那个小伙子自然会试图让他们两个人在他的车上或公寓里独处。但我的这位姐妹通常会在聚会结束后自己驾车回家，显然，她这样做会使这个小伙子感到很恼火。站在你的立场上来看，我认为，这个女孩能够接受的亲密关系程度远远超过我那位姐妹所能够接受的，而且我们都知道，小伙子们在这时候往往是到了一个难以自我控制的节点上。

需要再次提醒讯问人员的是，在使用此处所讨论的主题进行审讯时，不得作出免予起诉的承诺或者减轻处罚的承诺来诱导犯罪嫌疑人坦白供认。但是，为了尽量查明真相，法律并不反对讯问人员在犯罪嫌疑人为自己的犯罪行为进行自我开脱的过程中加入一些自己对犯罪嫌疑人的同情和理解，就像这里所描述的那样。①

主题 2：通过最大限度地减少犯罪行为的道德严重性来减轻犯罪嫌疑人的罪责感。

让有罪的犯罪嫌疑人相信他们所做的还可以更坏，而且许多其他的人也实施了类似的犯罪行为，通常能够使他们感到精神上的宽慰。这在性犯罪案件中尤为有效。在这类案件中，对于讯问人员而言，可取的办法是，寻求一种方法来使男性犯罪嫌疑人相信他那种特定的不正当性行为并不少见，相反发生的频率还很高，甚至在那些“正常的”以及受尊敬的人群中也是如此。关于这一点，讯问人员对犯罪嫌疑人作出下面这种评论是非常有效的：

我们人类习惯于认为自己在很大程度上不同于动物，但我们只不过是在自欺欺人。事实上，在性这个问题上，我们和大多数动物非常相似，所以不要认

① 值得注意的是，在女王诉奥克尔［*R. v. Oickle*（2000）］一案中，加拿大最高法院推翻了下级法院作出的关于排除一份纵火案供词的决定，并含蓄地表达了对利用莱德方法（The Reid Technique）中许多审讯技巧的认可。在奥克尔（*Oickle*）案中，上诉法院认为，讯问人员了解案件的行为方式不当地滥用了犯罪嫌疑人的信任。但加拿大最高法院对此持不同意见并指出：“事实上，法院（上诉法院）指责的是警方用这种温和、安抚的方式盘问被调查人以获得他的信任。但是，这种方式不会致使一份供词不具有可采性，否则就会给警方传达出一种有违常理的信息——他们应当使用敌对的、攻击性的方式来提问以确保他们从未得到嫌疑人的信任，以确保随后供词不会被排除。”

为你是唯一的一个——或者你是那些极少数人中的一个——曾经干过这种事情的人。有很多其他的人干过这种事情，这些事情每天都在很多人身上发生，而且，在未来许多许多年之后还将继续发生。

在性犯罪案件中，讯问人员告知犯罪嫌疑人，自己曾经听到过许多人谈及的性活动的恶劣程度远远超过犯罪嫌疑人自己可能讲出来的任何事情，这对于审讯而言也是很有帮助的。这可以用于鼓励犯罪嫌疑人承认某种特别“无耻”的性行为，他的窘迫感会得到最大限度的减轻。

无论何时，在审讯中谈及犯罪嫌疑人正在被盘问的特定的性行为时，讯问人员都不要使用粗俗下流的词汇，除非该犯罪嫌疑人不能理解更多的社会大众都能接受的专门用语。如果正在调查的犯罪行为与同性恋相关，当正在被盘问的这一方当事人的同性行为人成为议题的时候，绝对不要将其议论或者称为“变态”行为。相反，讯问人员应传递给对方一种印象（与他自己的价值观无关），即经双方同意的同性恋行为属于正常的行为范围。

下面这起涉嫌杀妻的案件阐释了最大限度地减少罪责感的应用。对该案件的前期调查表明，那位死去的妻子多年来对其丈夫一直极为不好。于是讯问人员开始这样说：

乔，恰好就在上一个星期，我老婆唠唠叨叨地纠缠让我非常生气，我觉得我再也不能忍受她了。但就在她最烦人的时候，门铃响了，我们的朋友从外地来了。我很高兴他们的来访！否则，我真不知道我会做出什么样的事情来。但是你没有像我在那个时候的运气。你的事不就是这样吗，乔？要么是你发现了她正和某个其他的男人鬼混？一定是发生了某个这类的事情触怒了你，也许是几件这样的事情凑到一块儿了。你以前从来没有遇到过这样的麻烦，所以一定发生了像我刚才提到的那样的事情——使你一时冲动而无法控制自己的事情。无论怎样，她已经走了，所以我们只能依靠你来查明事情发生的原因。你是能告诉我们事情真相的唯一一个人。

不仅将犯罪嫌疑人的行为与“许多其他人”的行为，包括讯问人员自己的行为相比较是行之有效的讯问技巧，而且，在条件允许的时候，将犯罪嫌疑人当前的犯罪行为与他自己之前的类似（或较轻的）犯罪行为相比较对于审讯也是很有帮助的。这两种比较都可以最大限度地减轻犯罪嫌疑人对当前犯罪行为所承受的道德严重性。在对一名涉嫌强奸杀人的案犯的审讯过程中，这种主题的应用对于促使犯罪嫌疑人供认自己强奸杀害最后一名被害人的犯罪事实发挥了有益作用。在该案中，讯问人员告诉犯罪嫌疑人，他这次强奸杀人的行为实际上并不比他以前实施过的那些非致死的强奸行为（在前面的审讯中已经供认了的那些强奸行为）的性质更为恶劣。讯问人员告诉他，在致人死亡的案中，他只是“交了噩运”——这在相当程度上是真实的。因为从各种迹象来看，他明显地只是想制服被害人的反抗而不是想杀害她（在激情中他掐住被害人使其窒息，这是他过去强奸其他妇女时常用的手段，但这一次情况特殊，因为女孩未能及时苏醒过来。结果，他以为这女孩已经死了，为了处理尸体，他就把她从他的车里扔了出去。如果他能够给该女孩足够的时间从先前的暴力强奸影响中苏醒过来的话，那个女孩的生命或许能够得到拯救）。在这个犯罪嫌疑人被执行死刑的前几天，本书的作者之一对他进行了访谈，这个强奸杀人犯说：在审讯的时候，就在他供认之前，讯问人员说出了关于他最后这一次犯罪行为并不比之前的犯罪行为更为“恶劣”的观点，这句话宽慰了他，所以他供认了。

如前所述，讯问人员必须避免向犯罪嫌疑人作出由于犯罪行为的道德严重性并不那么严重而会得到宽大处理结果的任何表示或特定的说明。运用这种道德责任减少的主题，犯罪嫌疑人会在他的头脑中满怀希望地猜测，他的犯罪行为没有原来想象中的那么严重，因此他理应在法庭上获得一定的宽大处理。讯问人员不能对有罪的犯罪嫌疑人这种满怀希望的想法负责，但在任何时候，讯问人员都不能够告诉犯罪嫌疑人他将获得这种宽大处理，即使暗示也不允许。①

尽管此处讨论的主题专门适用于情感型犯罪行为人，但对非情感型的那类犯罪行为人也是有效的。例如，在一起雇员盗窃的案件中，可以用公开发表的关于雇员中盗窃和侵占等发案率很高的报告来吸引犯罪嫌疑人的注意力。以下是一些可供参考的实际统计数据：

• 一份美国商务部的研究结果表明，1/3 的雇员在他们所供职的公司实施盗窃。

• 根据杰克·L. 海斯国际（Jack L. Hayes International）做的《21 世纪零售业失窃案年鉴》的调查，在 2008 年，22 家大型零售商因商店扒手和不诚实的雇员造成的损失超过 60 亿美元。

• 根据同一报告，在 2008 年，每 30 名雇员中就有 1 名因为盗窃他们的雇主而被捕。

• 小企业管理署指出，60%的企业倒闭的原因是由于内部盗窃。

• 司法部的一份名为“工作组织中的雇员盗窃”的研究报告指出，在过去的 12 个月中，至少有 1/3 的雇员曾经在其工作中实施过盗窃。

一项针对 345 名供述自己盗窃雇主的雇员所做的研究②揭示了以下这些统

---

① 在奥克尔一案中，上诉法院曾认定警方通过减轻犯罪嫌疑人的罪行严重性而不恰当地给予了犯罪嫌疑人从宽处理的承诺。但高级法院不同意该说法：“只要警方的行为是限定在只是淡化犯罪的道德责任的范围内，他们的行为就没有问题。”

② Urban，W.（1990）. *The Silent Partner*. Minneapolis：Preyes Publications.

计数据：

- 这些雇员供述的被盗钱物价值高达 1031970 美元。
- 兼职雇员实施盗窃的概率几乎是全职雇员的 2 倍。
- 年龄在 15 岁到 23 岁之间的雇员实施的盗窃占总数的 65%。
- 男性与女性之间实施盗窃的概率并无明显差别。男性更多地倾向于盗窃钱，而女性则更喜欢盗窃商品。
- 工作 2 年或 2 年以下的雇员实施的盗窃占总数的 76%。
- 工作 2 年以上的雇员盗窃的美元价值总额是那些新雇员及短期雇员盗窃的价值总额的 2 倍多。
- 在这些雇员谈到的盗窃原因中，最为普遍的是从雇主那儿进行盗窃很容易。
- 在审讯过程中，这些雇员报告的最为关注的是因承认盗窃行为而感到耻辱和羞愧。

主题 3：为犯罪嫌疑人提出一种比已知的或推断的更少令人厌恶且在道德上更能让人接受的作案动机或原因。

人们实施盗窃的真正原因是由于他们基本上都是不正直的人。一个男人对儿童进行猥亵的真正原因是他是一个性变态；一个犯罪帮派成员飞车枪击杀害敌对的另一个帮派成员的真正原因在于，他们还没有形成尊重生命的社会意识。然而，即使在每一个这些人的脑海深处，也几乎没有人能够接受他们犯罪背后的真实动机。相反，窃贼们认为他们实施盗窃是由于自己身处绝境才铤而走险；猥亵儿童犯认为他的行为代表了他对被害人的喜爱；而帮派成员认为，他是出于生存需要才迫不得已杀人。无论何时，如果一个人对他实施的犯罪行为撒谎，那么就可以有把握地假定，在他的心目中，他已经扭曲了他实施犯罪背后的真正动机。基于这个缘由，讯问人员应当时常考虑使用那些在道德上可以接受的方式来描述犯罪动机的主题概念。

利用这种主题对付性动机驱使下的纵火犯就是一个好的例子，尤其是在那些致人死亡的纵火案件中。经过一阵反思后，纵火犯会发现自己的行为应当受到严厉的谴责，他的良心开始受到极大的折磨。讯问人员可以通过提出一个主题来减轻他良心上受到的这种折磨，该主题可以围绕这样的话题展开：纵火是为了报复父母（起火点在父母的房间）或者纵火是为了让学校放一天假（起火点在学校里面）。让犯罪嫌疑人承认是出于这些原因纵火显然远比让他承认是为了获得性满足而纵火更为容易一些。而且，这样处理的目的也是让嫌疑人承认自己是故意纵火。

醉酒是一个减轻罪责的因素。这个因素可以用于审讯那些所实施的犯罪行为至少可以让其感到窘迫的犯罪嫌疑人。例如，在一起一个受人尊敬的公民涉嫌猥亵其邻居家孩子的案件中，讯问人员提出是酒精影响了他的判断能力，将他的不当行为归咎于酒精，这给了犯罪嫌疑人一个“保住面子”的机会。尽管醉酒通常不能作为法律上的辩护理由，除非在某些特定的需要故意才能构成的犯罪中（如盗窃），但是，讯问人员可以将其用于对某种犯罪行为进行合理的解释以及用于充当其他那些受尊敬公民的“面子保护工具”。这种方法可以为犯罪嫌疑人针对亲戚、朋友以及其他人得知其供认后的反应提供一些宽慰，尤其是在案件包含儿童受害人的时候。①

与醉酒差不多，犯罪嫌疑人吸毒的情况可以用于解释他实施犯罪的原因。因为将犯罪归咎于吸毒也可以减轻犯罪行为人头脑中关于应受谴责的压力。而且，毒瘾也可能被认定为是实施抢劫或入室盗窃犯罪的真实动机——推动他获取金钱以维持吸毒。② 换言之，也就是犯罪嫌疑人不得不去实施抢劫、入室盗窃或其他以金钱为目的的犯罪以维持身体的存活。讯问人员也可以指出，当一名吸毒成瘾者毒瘾发作而又没有毒品时，他的理解和判断能力是混乱的，这会使他做出一些在其他正常情况下不会做的事情。而且，讯问人员还可以告诉犯罪嫌疑人，他并不是那种寻求犯罪仅仅就是为了犯罪的人或者通过实施犯罪来谋生的人，他犯罪的原因是由于错误地成为了依赖毒品的瘾君子，而拿其他人的钱是他能获得毒品的唯一手段。如果犯罪嫌疑人接受了这种辩解，他就会更加顺从地说出真相。

当使用归咎于醉酒或吸毒成瘾的主题时，很重要的一点是，讯问人员要描述这种情形，即犯罪嫌疑人的沉醉状态影响了他的判断能力或者致使其一时冲动。但是，在使用这个主题或其他任何主题期间，讯问人员绝对不要暗示或者指出犯罪嫌疑人使用酒精或毒品后导致他“断电”（“black out”）并忘记了他实施的犯罪行为（具体参见本书第十五章“强迫内化型供述”）。

在一起抢劫杀人案中，讯问人员可以向犯罪嫌疑人指出他原本并不打算或计划杀死被害人，他唯一的动机就是得到一些急需的钱。然而，当受害人反抗他的抢劫企图时，开枪就是不可避免的了。另外一个针对在抢劫过程中开枪射击的有效主题是，将开枪的原因归咎于犯罪嫌疑人在实施抢劫时的情绪状态。

---

① 在提出醉酒可能是导致犯罪嫌疑人实施犯罪行为的一个因素时，可以参考由美国国家卫生研究院国立酒精滥用与中毒研究所开展的一项研究。该研究表明，38%的罪犯在实施其被判有罪的犯罪行为时正在饮酒。Greenfeld, L. A . and Henneberg, M. A. (2001). *Victim and Offender Self-Reports Alcohol Involvement in Crime.* http://pubs. niaaa. nih. gov/publications/arh25-1/20-31. htm。

② 一项研究表明：“在所有接受询问的被捕者中，有47%（华盛顿特区）到87%（芝加哥）的人在被逮捕时，其体内至少有一种物质（违禁麻醉品）经检测呈阳性。”ADAM Ⅱ 2008 Annual Report, Arrestee Drug Abuse Monitoring Program Ⅱ, April, 2009.

大体上，讯问人员可以向犯罪嫌疑人这样解释：他并不是一个顽固不化的犯罪分子，正因为如此，他感到害怕，而且在掏出枪的时候他的手可能是颤抖着的。也正是由于他处于高度紧张的状态，才导致他在还没有明确打算要去扣动扳机的时候枪就击发了。

当讯问一名贪污案的犯罪嫌疑人时，讯问人员可以指出，犯罪嫌疑人只是想“借”那笔钱而不是想窃取它，而且，如果不是这笔钱的缺口最终被发现了，他可能会用某种方式把它放回原处。针对这种贪污犯或任何其他偷钱的犯罪嫌疑人，另一种方法就是指出他拿钱的目的是为了配偶、小孩或其他人的利益。当讯问人员了解到另外那个人确实曾经需要经济上的帮助并且实际上也从某个来源获得了帮助时，这种方法特别有效。例如，在一起案件中，讯问人员知道受到怀疑的银行出纳员需要一笔钱来资助他儿子去神学院学习，但该出纳员依靠银行发的薪金负担不起他儿子的费用。尽管讯问人员知道贪污的那笔钱远远超过了所需的学费，他还是指出犯罪嫌疑人资助儿子上学的心愿就是其贪污的动机。无论如何，讯问人员通过指出这种保留颜面的动机使犯罪嫌疑人初步承认了自己的贪污行为，此后，犯罪嫌疑人最终说出了自己监守自盗的真实原因——他的赌博活动。

下面的表 13-1 列出了犯罪嫌疑人曾经使用过的、被扭曲了的犯罪动机，他们来源于作者与已经供认了的犯罪嫌疑人交流所得的经验和报纸文章、电视报道，以及其他讯问人员向我们讲述的犯罪嫌疑人供词。讯问人员可以发现，该表对于辅助了解犯罪心理是有帮助的。①

---

① 参见 Senese，L.（2005）. *Anatomy Interrogation Themes.* Chicago：John E. Reid and Associates，Inc.，有超过 60 个类型的犯罪行为之主题示例。

表 13-1　在犯罪嫌疑人供认中常见的扭曲动机

纵火案件

- 火灾开始的时候只是开个玩笑。
- 点火只是为了指出公寓中存在火灾隐患。

盗窃机动车案件

- 这个车里面有一个“待售”标记，我只是想在我购买它之前看看发动机状态怎么样。
- 我确实迫切地需要一个交通工具去上班，否则我将会被解雇。

贿赂案件

- 由于我当时正在做一个调查，然后担心人们可能不会相信我，所以我接受了他给的钱。

入室盗窃案件

- 我最初进入房间仅仅是想去问路（或使用一下电话）。
- 那个家伙欠我的钱，因此我只是拿走属于我的东西。

儿童性骚扰案件

- 我只是向那个小孩表达了我的关爱和喜欢。
- 我正在教给这个小孩一些性方面的知识，因为他的父母没有这样做。
- 是那个小孩实施了所有的性接触，不是我。
- 当我是个小孩的时候，我被性骚扰过，因此长大以后我觉得这是正常的行为。

交通肇事逃逸案件

- 在后视镜里我看到受害人好像还在移动，所以我认为受害人没有问题。
- 我继续往前开是为了召唤警察，但我意识到了离开了现场可能会使我陷入麻烦。

杀人案件

- 我只是打算吓唬一下被害人。
- 我只是想伤害被害人。
- 我估计火灾能够被控制在厨房区域。
- 尽管我协助购买了爆炸物并设计了炸弹，但我确实没想到他能够完成这件事。
- 如果我杀了她，只是因为我太爱她了。

有伤风化的暴露案件

- 孩子们看到的只是我在小便。
- 我认为不会有任何人能够看到我在手淫。
- 我只是在我的阴茎变硬的时候摩擦了它。

保险诈骗案件

- 我只是夸大了被盗的损失用于补偿免赔额。
- 我策划了那次事故，但是在秋天的时候我确实受到了这样的伤害。

强奸案件

- 她要求我对她动粗以满足她的性幻想。
- 尽管我的那把刀留在了床上，但我一直把它握在手里（在性交过程中），以确保她不会受到意外伤害。
- 许多妇女喜欢本能的性爱，包括使用一定程度的暴力。

盗窃案件

- 我拿这些钱的目的是用于帮助我的家庭。
- 我拿这些钱去支付账单。
- 我只是想证明从他们那里偷东西是多么容易。

看完这个表格的内容，读者可能会合理地提出疑问："讯问人员怎么会知道这些不是犯罪行为人作案背后的真实动机呢?"在很多情况下，想要证明或反驳犯罪嫌疑人的真实动机是不可能的。幸运的是，对于许多犯罪而言，犯罪嫌疑人的犯罪动机并不是证明其有罪成立所必需的法律要件。例如，犯罪嫌疑人承认与他 12 岁的继女发生了性交行为，其借口是向她介绍负责任的性活动，但他仍然被判性侵犯儿童罪及强奸幼女罪成立。

然而，对于一些犯罪而言，确定"犯罪意图"（criminal intent）是构成该罪的必备要件。在这些情况下，讯问人员应当在讯问过程的第八步中尝试套出足够的、确凿的犯罪细节，以证明犯罪意图这一必备要件。在一些案件中，这可以通过指出犯罪嫌疑人早期供词的性质是不合逻辑的来容易地完成。其他的犯罪嫌疑人则可能会致力于坚守他们原来的信念，以至于他们会抵制对他们实施犯罪的原因作出任何修正性的解释，并且会坚持先前表述过的那个更为体面的犯罪意图。在这种情况下，讯问人员应当意识到在犯罪嫌疑人随后提供的书面供词中可能包含着一个虚假动机，而且讯问人员应该能够通过证人证言轻易地确认这一点。但是，这种承认绝对不应混淆犯罪嫌疑人对其实施的犯罪行为所应承担的个人责任的真实承认。此类案件成立必需的一个组成部分是陪审团是否会相信被告人陈述的正当理由。在这种情况下，建议讯问人员向陪审团作出解释，该供词代表了犯罪嫌疑人在审讯期间愿意承担的责任程度。

获取犯罪原因准确解释的主要意义在于这样一个事实，即在一些孤立的案件中，犯罪的真实原因或动机可能需要通过后续的调查工作来证实（通过起诉和辩护两个方面）。因此，在庭审中，一个不真实的动机可能会得到确认而且不得不予以承认。如前所述，许多有罪的犯罪嫌疑人会坚持讯问人员为他提出的保留颜面的犯罪动机或原因解释。但是，这种风险并不严重，尤其是鉴于许多有罪的犯罪嫌疑人即使在讯问人员没有提出这一主题的情况下，也会诉诸这种保住颜面的手段——有罪的犯罪嫌疑人通常会在心理上歪曲他实施犯罪行为的真实动机，扭曲的程度几近于他自己都开始相信那个保住颜面的借口。与犯罪行为不同，犯罪意图代表的是信念和观点，不会以某种具体的感觉形式存在。例如，抚弄一个小男孩的阴茎代表着一种要么发生要么没有发生的行为；抚弄阴茎以表示爱意和情感（与更应受到谴责的获得权力或性满足的动机相反）则代表一种信念，这种信念不会以某种身体上的或物质上的感觉形式而存在，因此要受制于解读和认知上的偏差。

为进一步阐释这一概念，请看下面这个案例。有人在一辆载满前往棒球比赛地的老年人的巴士中报案称，有一男子驾驶小车与该巴士并行，该男子脱下裤子，并在车上的老年妇女面前手淫。几个老年人记下了该男子的车辆牌照信息，该男子后来被逮捕了。在对他询问的过程中，犯罪嫌疑人声称指控事件发生的当时他正驾驶车辆行驶在某条具体的州际公路上，可能正好经过那辆巴士。但是，他否认曾在高速公路上暴露他赤裸的阴茎或者曾经与他的阴茎发生了身体接触。在随后的审讯中，这名犯罪嫌疑人供认他在经过该巴士的时候用手对他裸露的阴茎进行了“挠痒”。该犯罪嫌疑人解释说，他的生殖器部位有引起了发炎的健康问题。他承认他的阴茎由于挠痒而勃起了，并猜测这些女士可能看到他裸露的阴茎长达一分钟。虽然他在供述中没有承认任何性满足意图，但只要与他先前的否认进行对比并考虑到他的解释根本就不可能后，就足够定罪了。

此外，如前所述，大多数犯罪性质严重的供认者会在案件的某些方面撒谎也是一个客观事实，尽管他们可能已经坦白供认了关于案件主要事实的全部真相。但对于案件中的一些细节他们会撒谎，因为这些细节比他们所经历的主要犯罪事实更令他们感到羞耻。例如，一个在性欲驱使下杀人的凶手可以对其杀人行为作出完整且真实的供认，但同时却可能会在他和被害人发生的性行为的性质方面撒谎。一个入室盗窃杀人的凶手可以轻松地说出与杀人相关的全部细节，但可能会对从被害人家中拿走金制的耶稣受难像这一事实说谎。

上述内容都是现实的心理活动，对于法官、检察官、辩护律师和犯罪侦查人员而言，在评估那些供述的可信度的时候意识到这些是有益的，这种供述是指明显缺少对已承认犯罪的细节的完整、准确的公开供述。①

在使用一个用以表明在道德上可以接受的犯罪动机的主题时需要警惕的是，正如前面所指出的，一个审讯主题不得免除犯罪嫌疑人对其所犯罪行应当

① 关于它的理性解释，心理学家 Michael Lillyquist 写道：“这种人（罪犯）扭曲了他所做的事情以及做此事的动机，直到行为与自我概念（self-concept）相一致。” Lillyquist，M.（1989）. *Understanding and Changing Criminal Behavior*. Prentice-Hall，Englewood Cliffs，NJ.，152.

承担的相应法律后果。因此，讯问人员不得提出实施犯罪是个意外，更不能将其作为主要的主题。这样的例子包括：将与未成年人发生性接触描述成是“不经意的”、将纵火犯的纵火行为描述成是粗心大意使用烟草制品的结果或者将杀人行为描述成是由于意外造成的。讯问的对手将这称为“意外事故情景”（the accident scenario）并会争辩称，一旦讯问人员将犯罪后果从行为中移出，许多无辜的犯罪嫌疑人将错误地为该行为承担责任，因为在他们看来，他们相信如果承认自己是无意地做了某事，就不会产生负面的后果。

也有一些有罪的犯罪嫌疑人，只有在讯问人员用尽了其他主题并向他指出在意外的情况下发生此事的可能性后，才会被说服而供述其罪行。尽管犯罪嫌疑人作出的承认（他是在意外的情况下做的某件事情）作为证据而言并无多大价值，但是，这可以成为从犯罪嫌疑人那里了解到与犯罪紧密相关的真实环境的全部真相的促进物。对于这种技巧更为详细的讨论，参见本书第 243 页，策略 3。

即使讯问人员没有提出犯罪是由于意外造成的这种可能性，有罪的犯罪嫌疑人也会自行作出这种解释。这对于有罪的犯罪嫌疑人来说并不罕见，尤其是在讯问那些罪行特别恶劣或者特别令人难堪的犯罪嫌疑人时，他们会接受因犯罪而产生的客观责任，但会通过声称他的行为是由于无意或者意外造成的来否认自己具有主观恶意。在这种情况下，犯罪嫌疑人已经作出了必须将其转化为成供认的承认，如何转化将在审讯过程的第八步中予以讨论。但是，在这里讨论的重要意义在于犯罪嫌疑人是根据他自己的意愿提出了实施犯罪的原因是出于意外这种解释。正是因为如此，接受该行为造成的客观责任十之八九是真实的。如果犯罪嫌疑人坚称其行为是由于意外造成的，那就应由陪审团来评估他这种解释的可信度。

主题 4：通过谴责其他人来表示对犯罪嫌疑人的同情。

这种主题分为三个方面：①谴责被害人；②谴责同案犯；或者③谴责任何其他可能会因为正在调查的犯罪行为而令人信服地承担一定程度道德责任的人。那些实施了非犯罪性质的违法行为而又不得不“坦白供认”的人很容易领会到这些方法的心理基础。作为承认错误的序曲，人们都有一种自然的心理倾向去指责那些受到损害的人或物，或者作出意图把部分甚至全部的道德责任推到其他人身上的声明。在涉及刑事犯罪的事件中同样存在这种精神力量——由于犯罪行为的性质更为严重，这种心理倾向的程度甚至会更为强烈。

基于这种类型的自我谴责通常伴随着供认有罪这一事实——犯罪嫌疑人会或多或少地试图通过这种手段在心里为自己的犯罪行为寻找正当理由或开脱借口——这似乎是唯一合理的推定，即讯问人员对被害人、同案犯或其他人的谴责对于说服犯罪嫌疑人说出真相而言是有效的。而且，实践经验也证明这种方法确实有如此效果。下面的案例情景阐释了这种技巧的应用方法。

1. 谴责被害人。做错事的人会把部分或全部的道德责任推卸到被害人身上，这一倾向在大多数人的幼年经历中会得到显而易见的反映。下面的事例可以说明这一点，我们假定有两名小男孩（其中的一位角色由读者扮演）参与此事件：

一个星期天的早晨，你看到隔壁邻居家的小男孩约翰尼（Johnny）正站在行人道上准备去主日学校或者教堂。仅仅是由于你自己心情不愉快，而没有其他任何可识别的原因，你上前把约翰尼推倒了。约翰尼摔倒时膝关节部位的裤子擦破了一个洞，他哭喊着跑向他的母亲。随后你的母亲把你叫到她面前让你对此事作出解释，而且你可能要受到训斥或惩罚。你的第一反应会如何呢？通常应当是全部否认，即否认你推到了约翰尼。但是在当前的情况下你不能这么做，因为他的母亲或者你自己的母亲看到你推倒了约翰尼，而且你的母亲只会盘问你："你为什么要这样做？"

如果你按照你自己通常的方式行事，在某种程度上你可能会作出如下回复，"妈妈，是他先推我的"或"他叫了我的绰号"。也有更巧妙的回答："妈妈，他叫你的外号！这就是我为什么推倒他的原因。"当然，所有这些都是不真的，但是你用这种方式为你的行为进行了辩解。你谴责了被害人，而且在这样做的过程中，你的反应是完全正常的方式。

即使是成年人，也会诉诸与此类似的谴责-逃避的策略。做了坏事的人这种指责被害人的典型做法的正常性和普遍性对于实现审讯目的有什么启示呢？它的启示就是，讯问人员在讯问犯罪嫌疑人时应当利用这一点。换句话说，在审讯的过程中，讯问人员应当展开这样的主题，即将犯罪嫌疑人所做的事情的主要责任，至少是部分责任归咎到被害人身上。

例如，在一起涉嫌杀害妻子的案中，调查表明妻子多年以来一直对犯罪嫌疑人非常不好。在这种情况下，我们的建议是，讯问人员应当让犯罪嫌疑人知道他已经知晓了犯罪嫌疑人所经受的虐待。讯问人员应当谴责妻子长期以来以来的恶行，并指出正是她自己的行为导致了她被杀害这一事件。

在上面描述的这种类型的案件中，讯问人员在叙述他知道这名被害人对其配偶的恶劣行为的时候采用带有情绪（如"哽咽"）的表达方式，会使审讯更加有效。对犯罪嫌疑人明显的同情和理解的态度可以通过下面这种换位思考的方式更为容易地呈现出来，即讯问人员把自己置于"对方的位置上"并权衡这样一个问题："在相似的情况下我会怎么做呢？"

在那些被害人是儿童的性犯罪案件中，能够看到一些关于这种技巧效果的典型案例。在这类案件中，一名成年男性犯罪行为人在供述时，通常会把责任归咎于被害人，即使被害人是一个很年幼的儿童。这一特征的存在本身就说明，应当把这种技巧用于审讯这种类型的罪犯——谴责被害人并将责任归咎于该儿童做出的、触发了犯罪嫌疑人情感爆发的某种行为。一些人可能会对这种建议使用的技巧持怀疑态度，他们要么无法想象他们自己会实施这种犯罪行为，要么即使突破了前面这个障碍，也绝对不会谴责一个孩子。但是，实施这种类型犯罪的人基本上都是道德懦夫，在他们的观念里，他们会认为该儿童至少应当为他们自己的性行为的某些方面承担部分责任。

在一起案件中，一名50岁的男子被指控涉嫌猥亵一名10岁的女孩。在审讯中，讯问人员告诉犯罪嫌疑人说："这个女孩看起来比她的实际年龄要成熟得多。她可能是从邻居家的男孩以及电影和电视中学到了很多有关性的知识；她明白她所做的是与性相关的，或许她是故意设法来挑逗你看看你会怎么做。"

随后这名罪犯供认了，但是，正如他这种群体的人所具有的特点一样，他进一步将责任推卸到了那个孩子身上。然而，即使他这样做，从法律的角度来说，他仍然会被确定为有罪。①

无论何时，对于涉及小女孩的性犯罪案件而言，若犯罪行为已经对女孩造成了某种实质性的身体伤害，讯问人员用这样的陈述将责任追加归咎到该女孩的身上是明智的：犯罪嫌疑人肯定只是为了设法取悦该女孩——只是尽量让她高兴——任何给她造成的伤害都仅仅是无心之过。

这种谴责被害人的审讯技巧也可以方便地运用在其他类型的性犯罪案件中。例如，在一起暴力强奸案件中，讯问人员可以向犯罪嫌疑人指出，受害人的着装或这样的行为不恰当地刺激了一个男人的情欲，她应当承担一定的责任。在某种程度上，讯问可以通过下面的对话展开：

乔，任何看上去像她那样性感的女人都不应该在夜晚独自待在街上。甚至在这里，今天她还穿着几乎要把胸部完全袒露出来的低胸连衣裙，这是不对的！对于任何一个正常的男人来讲，这都是很强烈的诱惑。如果她当时不是这样穿着打扮的话，你现在也不会在这个房间里了。

如果该暴力强奸案件发生在犯罪嫌疑人的车上或者发生在犯罪嫌疑人或被害人的住处，可以谴责被害人实施的激起了犯罪嫌疑人性欲的行为，即被害人的行为使他在那种情况下不得不寻找一个释放情欲的出口。例如：

---

① 对儿童的性虐待在医学上被称为恋童癖，是成年人针对儿童的变态性欲或色情渴求。参见U.S. Department of Justice.(1997). *Understanding and Investigating Child Sexual Exploitation.* Washington, DC: U.S. Department of justice; Buckley, D.(2006). *How To Identify, Interview and Interrogate Child Abuse Offenders.* Chicago: John E. Reid and Associates, Inc。

乔，这女孩当时正通过让你亲吻她以及让你触摸她的乳房来获得很多的乐趣。对于她来说，那可能已经足够了。但是男人的身体不是按照这样的方式设计的。他们能够承受的挑逗和刺激是有限度的，超出这一限度他们就会做出一些事情。一个女人应该认识到这些，而且如果她不愿意进行到底，她应当制止你，而不是像这个女孩那样允许你做。

只要情况允许，讯问人员还可以指出强奸案件中被害人的行为举止像是一名妓女，并且犯罪嫌疑人认为她是自愿的性伴侣。实际上，讯问人员甚至可以说警方知道她曾经在其他场合从事过卖淫的行为，然后可以这样提问："她打算从你那里拿些钱——她索要的钱可能比你实际带在身上的要多，但是你一旦那样靠近了她，你就情难自控，只能完成由她引发的事情，对吗?"对于犯罪嫌疑人而言，任何这样的谴责都会使他更容易承认存在性交行为或者至少承认他当时与该受害人曾在一起。

贬低受害人人格的方法也可以运用到其他案件中。例如，在讯问涉嫌杀害一名同伙甚至一名警察的犯罪嫌疑人时，可以将受害人描绘成一个"不怎么样"的人，而且是一个一直在参与不当交易和敲诈勒索的人。

在伤害案件中，受害人可以被说成是一个一直"把其他人差来遣去进行摆布"的人，最终受伤或许就是他应得的报应。此外，可以谴责是受害人先挑起了事端或者谴责是受害人先威胁要伤害犯罪嫌疑人的身体。

在许多案件中，讯问人员的首要目标是让犯罪嫌疑人承认自己当时就在犯罪现场或者以某种方式接触过受害人。一旦实现这个目标，讯问人员不久后就可以让犯罪嫌疑人说出发生的全部事实。例如，在一起伤害案件中，一旦犯罪嫌疑人承认他参与了此事件，那么无须投入太多耐心就可以最终查明有罪者对该事件的发生应当承担的全部责任。

在一起抢劫案件中，讯问人员可以谴责受害人之前曾经欺骗过犯罪嫌疑人，或者还有可能偷窃过犯罪嫌疑人的某些财物，这可以说明犯罪嫌疑人实施抢劫的目的只是解决这笔欠账。在一起假定受害人为陌生人的案件中，讯问人员可以谴责受害人"炫耀财富"或者在朋友面前奚落了犯罪嫌疑人，并将抢劫描述为仅仅是为了给受害人一个教训。

在涉及雇员盗窃的案件中，尤其是当罪犯是初犯或其作案动机源于确实需要钱而不是其他一些原因的时候，讯问人员可以谴责雇主支付给雇员的薪水不合适且太低，或者雇主的一些不道德或粗心的做法使雇员滋生了盗窃的欲望。例如，在审讯一名银行出纳的时候，讯问人员可以先这样提问犯罪嫌疑人："乔，你能赚多少钱?"之后，可以故意说出一个夸大了的数目。当犯罪嫌疑人说出其实际的薪资数目后，讯问人员可以这样说：

天哪！老兄，在当今这个年代，像你们这么多人的一个大家庭怎么能就靠那么一点点钱过日子呢？看看你每天面临的诱惑！你经手处理着成千上万的美元，却只领着那么一点薪水！你不仅要靠这笔钱维持生计，而且还要保持一流的着装。而穿着这种着装并不是普通劳动者必须要做到的。普通劳动者可以穿着又脏又旧的衣服去上班，但每天挣到的钱却是你的两倍。我知道你承受着怎样的经济压力。在如此窘境之下，除了干你所做的那种事情外你看不到任何出路。任何面对这种类似情况的其他人可能也会干出同样的事情，乔。你的公司有过错。你努力工作却无法靠你那点微薄的工资度日，所以你设法贷了一笔款。当然，为了还贷你的日子过得很艰难，但尽管这样有时也无法及时还贷。然后，你可能是想在另外一个地方设法得到另一笔贷款来还清先前的那笔贷款，但没有成功。所以你被迫做出了这种事情来支付账单，并因此而在这里接受盘问。我能告诉你的是——如果一开始你就得到一份像样的薪金，你肯定不会在这里而且我也不会和你谈话。乔，我确信这就是事实真相。现在请告诉我，乔，你是因为无法依靠这点工资维持生活，还是因为你在暗地里追求某个女人？我确信你仅凭工资无法维持生活。我也相信如果一开始你就得到一份像样的薪金的话，你就不会不得不去申请贷款，而且现在也就不会在这里。（最后这三句话实际上相当于将要在第七步中讨论的“选择性问题”技巧。）

在某些具体的案件情况中，讯问人员可以谴责雇主对犯罪嫌疑人有明显的不公平对待，如降职、增加了额外的责任却没有相应地增加工资、拒不兑现曾经许诺过的加薪。

下面这个例子说明了如何运用谴责雇主粗心大意的技巧，这种技巧可以用于家庭女佣人之类的雇员。假定需要调查的财物是一件丢失的皮大衣。

海伦（Helen），你的雇主有好几件皮大衣，我打赌她一定在房子里随便扔这些大衣，或者对待它们就像它们是廉价衣服一样。有很多次了，你可能不得不自己一个人将那些大衣捡起来并收好。你可能形成了这样一种印象，她并不是很关心这些大衣，甚至即使少了一件她也不会察觉到。那可能让你产生了这个念头。在你干完这件事之后，可能你又反思了你所做的一切，你想把它送回去，但还没有这么做。

接下来的这个案例阐明了运用谴责被害人这一原理的一种变形。一个男人被发现被斩首死在自己家的床上。多年来他一直酗酒，他与妻子及15岁的儿子在一起共同生活。他那位妻子变成了首要的犯罪嫌疑人，讯问人员尝试谴责了她的丈夫虐待她和他们的儿子：他把所有的钱都花在酗酒上，让他们的生活过得很悲惨。但这个妻子对此无动于衷，情感冷漠。作为最后的努力，讯问人员告诉犯罪嫌疑人说：“好吧，如果你说你没有做那件事情，那么一定是你儿子干的。”当讯问人员走向门口的时候，犯罪嫌疑人说：“别找我儿子，他和这件事毫无关系，是我自己干的。”随后，犯罪嫌疑人详细供认了谋杀的经过。

2. 指责同案犯。一个手持棒球棒的小伙子对球场边一所房子里盛怒的主人说“我们”（他和他的队友）打烂了那扇窗户，而不说是“我”打烂的（指击球打碎窗户的那个小伙子）。这在很大程度上是出于同样的原因，即犯罪行为人自然地倾向于让某个其他的人和自己分担罪责，甚至将正受到调查的他所实施的犯罪行为的罪责全部推卸到某个其他人身上。因此，在任何审讯中，注意将犯罪行为的部分罪责归咎到其他人身上的做法能够降低犯罪嫌疑人不愿供认的意愿。

对于那些干了恶作剧的孩子们来说，无论是他们单独干的还是在玩伴的协助下完成的，把全部或部分责任推卸给玩伴始终是一种诱惑，甚至是一种本能反应。例如，回想类似下面这样的一件事情。在某个夏日的午后，一个男孩和他的朋友们闲着不知道干什么事。这个男孩盯上了邻居家的一块番茄地，他突然冒出了一个有趣的想法，大家一起来打一场“番茄战”——摘下成熟的番茄并用它们相互攻击。他们都按照这个男孩的天才想法做了。但当这个男孩的父亲听完邻居的告状后开始盘问他这件事的时候，这个男孩会怎么回答？他会坦承自己的行为以及承担带领他的玩伴进入番茄地的责任吗？他没有！起初，他设法对整件事撒谎，否认参与了任何破坏性的行为。但他的父亲知道他扔了番茄，而且有人看见了这一幕。接下来他会怎么做呢？出于本能，他设法将责任推卸到“其他同伴”身上。“爸，我没有从番茄藤上摘下任何番茄。我所扔的番茄都是其他人扔向我的番茄。”在有其他人参与的情况下，因自己的错误行为而面临指责的时候，成年人通常也会用这种相同的方式寻求解脱。因此，在讯问的案件中有一名或多名同案犯的时候，将主要的或者至少是部分的罪责归咎到其他人同伙身上的建议是合理可取的。

下面介绍的这个案例恰当地阐释了使用这种谴责同案犯技巧的方法。在该案中，犯罪嫌疑人因纵火烧毁自己的财产受到指控后被讯问。犯罪嫌疑人在一个不动产项目上进行了大量投资，但在这个项目即将完工的时候，该项目的经济前景似乎注定要失败。负责看管这项不动产的杂务工受到调查，他是一个心智能力有缺陷的人。在一场起因不明的大火发生后，这栋投了高额保险的大楼被烧毁了。那位心智能力缺陷的杂务工按照讯问人员的提问，供认他是按照财产所有人的要求在那里放的火。依据杂务工的这一供述，以及大火系故意纵火引起的证据，那位大楼的所有人被逮捕了。起初他否认有罪，即使是在面对其雇员的证词时也还是如此。然后，讯问人员运用了上面介绍的谴责同案犯的讯问技巧。在这方面，讯问人员的表述如下：

我们都知道——你也知道——你的雇员所说的关于火灾的情况在很大程度上是真实的。我们还知道，如果没有某个其他人给你建议或暗示，像你这类人是不会做出这种事情的。在我看来，为你工作的这个家伙可能就是想出这个主意的人。他知道你正经历着经济上的困境，而他可能是想确保他的工资能够继续，甚至是期望得到更高的工资。就我所知，他也可能仅仅是为了让你陷入麻烦而这么干。也许是因为他认为你曾经对他做过什么事情，他想要通过这么做来报复你。但这是我不知道的，除非你能告诉我们，否则我们不会知道其中的真正原因。我们所知道的已经足够多了：那栋大楼是被故意放火烧毁的、是你的员工干的、他说是你让他这么做的。我们也知道你还没有说出全部的真相。

这名犯罪嫌疑人承认他事先知道这项财产将被纵火烧掉而且他同意点火。开始的时候，正如讯问人员所分析的一样，他坚称纵火是他这个雇员的主意，但这种说法肯定是假的。尽管如此，讯问人员还是允许犯罪嫌疑人沐浴在部分承认和反省罪责的阳光中，并让其从中获得精神上的安慰和放松，时间持续了数分钟。然而，一会儿之后，讯问人员就开始指出犯罪嫌疑人把主要责任固执地归咎于其雇员的说辞缺乏逻辑性和合理性。讯问人员告诉犯罪嫌疑人，他的神情仍然不具有说出真相以后的人应当具有的那种轻松。然后，讯问人员继续用同情的语气解释说，所有的人在类似的情况下都会像他在一开始那样只说出部分真相。最后，作为这类评价的高潮，讯问人员敦促犯罪嫌疑人说出全部的真相。听完这些之后，犯罪嫌疑人承认了纵火烧毁该大楼是他自己的主意。无论如何，为了引导犯罪嫌疑人开始供认，讯问人员以谴责同案犯作为开场白是必要的，而且是有效的。

另一个运用“谴责同案犯”技巧的案例是下面这起抢劫杀人案。在该案中，警方确信案犯是一个 72 岁的老头和一个 30 岁的男性同伙。在对年轻男子的审讯中，讯问人员告诉他：“那个老家伙常常使年轻人卷入麻烦当中。他这一辈子一直都处在麻烦之中，尽管他肯定应该对一些年轻人进监狱的事情负责，但他自己却从未被抓进过监狱。现在是他接受惩罚的时候了，他早就该进监狱了。”

还有一个运用“谴责同案犯”技巧的案例同样是一起抢劫杀人案。该案的受害人是一名老年隐居者，尽管警方确信应当为此案负责的是某个已知的不知悔改的惯犯和两名身份不明的年轻男性，但此案在二十年的时间里都未能得到侦破。警方最终查到了那两名年轻男性其中一人的身份。当他被逮捕的时候，警方注意到他的头发已经部分灰白了，并且似乎很紧张和忧虑。讯问人员了解到，多年以来，那名年长的、经验丰富的惯犯一直在引诱年轻人加入他的抢劫团伙，并训练他们如何进行抢劫，就如那位老年隐居者被开枪射杀的抢劫案一样。在审讯这名犯罪嫌疑人的时候，讯问人员首先评论了该犯罪嫌疑人过早出现的灰白头发并说道：

我敢肯定，从二十年前的那天起，那个老头就一直像个鬼魂一样站在你的床头，这使你夜不能寐而且怕得要命，以至于你都不想上床睡觉。吉姆，你对此一直感到痛苦不已，因为你一直不得不忍受着那位老人的死对你良知的折磨。若不是那个把你搞成这样的老“恶棍”，你的头发不会在这样的年纪就变得灰白，你也不会一直忍受那种良心的折磨。你的生活已经让那个狗娘养的老恶棍给毁了。他连累了很多像你这样的年轻小伙子。每个从那儿出来的人都知道，但你太倒霉了，在他射杀那个人时，你恰好在他身边。吉姆，你只有说出真相才能让你的良心得到安宁，你才会得到解脱。

在讯问人员对犯罪嫌疑人头发的颜色及其过早白头的原因多番评论，痛斥那个老“恶棍”同伙使犯罪嫌疑人陷入了困境之后，这名犯罪嫌疑人坦白了，并证实那个老“恶棍”带着他和另外一名年轻人去那位隐居者居住的小屋，在那里，由于那位隐居者没能按要求及时交出钱，那个老“恶棍”毫无预兆地就开枪射杀了他。然后，为尽量掩盖谋杀的事实，他们纵火烧毁了小屋。

关于如何在两个同案犯中选择第一个接受审讯的人，还有另外一个典型案例。一名男子在森林地带遭到抢劫，当他抵抗时，两名抢劫犯中更为高大强壮的那个抓起一把斧头劈在受害人的头上，被害人的头部破开了。一位目击者称，另外那个瘦小一些的抢劫犯对受害人进行了彻底搜查，并拿走了受害人的手表、钱包和戒指。由于在初步讯问那个更为强壮的犯罪嫌疑人的过程中，当讯问人员向他提出问题时，他总是不感兴趣地咕噜着回答或者只是流露出愤怒的表情，这清楚地表明他是个顽固不化的人，因而不适宜作为第一个接受讯问的对象。于是，讯问人员决定先审讯那个在受害人头部被击中并流血快要死亡时，从其身上搜走财物的那个小个子抢劫犯。

讯问人员直接向犯罪嫌疑人指明这样一个事实：他本质上只是一个小偷，但是因为他同伙的行为把他也弄成了杀人犯。讯问人员还说，世界上几乎每个人都偷东西，但没几个人是杀人犯。讯问人员说：“你的同伙是个杀人凶手，而你只不过是想拿些财物。但是，对于你来说，实事求是地说出你在此案中做了什么，并证明你自己没有杀那个人，这才是重要的事。”讯问人员将精力集中于让犯罪嫌疑人准确地说出他自己所做的事情这个主题。随后，这名犯罪嫌疑人交代了他在受害人倒地以后如何拿走了受害人的手表、钱包和戒指。紧接着，犯罪嫌疑人供述了他是如何处理这些手表、钱包和戒指的。然后，讯问人员要求该犯罪嫌疑人提供他的同伙用斧子砍杀受害人的情况。讯问人员开始以为那个使用斧子砍杀受害人的犯罪嫌疑人可能不会详细地供认自己的罪行，但是，在向他指出他对那个喋喋不休的同伙的厌恶之后，他不情愿地承认了自己的罪行，并证实了那个小个子犯罪嫌疑人先前作出的正式供词。

在运用这种谴责同案犯的讯问技巧时，讯问人员必须谨慎地进行，千万不要作出具有这种效果的评论：对同案犯的谴责可以减轻犯罪嫌疑人对于他自己实施的那部分犯罪行为所应负的法律责任。与这种讯问技巧相关的是，笔者强烈建议讯问人员避免使用任何“辩诉交易”的方式来交换犯罪嫌疑人提供证明同案犯的证据。任何对可能的减刑或其他优惠待遇的讨论都应由检察官来启动，而不是讯问人员。再次重申，在建议使用这项技巧时，笔者只是推荐进行道义上的谴责，即用对犯罪嫌疑人在某个“满脑子罪恶念头的同伙”的影响下遭遇到的“不幸经历”表示同情的方式。

3. 谴责任何其他的可以令人信服地被科以一定程度道德责任的人。除了受害人和同案犯之外，还有一些受到谴责后会有利于审讯的人。有时候，讯问人员会发现将责任归咎于政府和社会是很有效的，具体就是指出是政府和社会所允许的现存的社会和经济条件助长了人们实施犯罪行为人被指控的这类犯罪行为。在另外一些情况下，甚至还可以宣称犯罪行为人的父母应当对犯罪行为人的行为承担责任。讯问人员还可以提出许多其他可以受到谴责的对象，下面描述的这个案例就可以充分地阐释这一技巧的运用及其效果。

在审讯一名被指控杀妻的犯罪嫌疑人的时候，据了解，被害妻子的亲属曾经干涉过犯罪嫌疑人的婚姻事务，于是讯问人员就着手开始谴责那位被害妻子的亲属。讯问人员谴责这些亲属故意破坏他们的婚姻，使他们的婚姻生活不幸福。讯问人员一度评论说或许那几位亲属本身就应当被打死。在谈论的过程中，讯问人员表示不应饶恕那位妻子，也不应该饶恕像这位妻子这样的女人。犯罪嫌疑人的妻子被说成一名爱惹事、不讲理和让人无法忍受的人，并且被描绘成一个要么把男人弄得精神失常，要么令男人做出像本案一样的行为而她本人却是受害者的女人。但是，在这方面，讯问人员可以说该犯罪嫌疑人的妻子好像和大多数其他女人一样。讯问人员还可以告诉犯罪嫌疑人，很多已婚的男人为了逃避相似的困境而变成酒鬼、对老婆不忠的人和离家独居者，但不幸的是，犯罪嫌疑人设法用“坚持到底”的方式来做正确的事，这么做最终使他自己付出了惨痛的代价。向犯罪行为人说这些话能够减轻他思想上的罪责感，进而克服了他的拒供心理。

在一起纵火案件中，犯罪嫌疑人是一名有雄心壮志的年轻人，他曾经通过努力工作积攒了一笔数目相当可观的钱，他渴望在销售某种新产品上获得成功。一些推销人员让他相信这款新产品是“稳赚的”，他非常相信这些人，并购买了一大批这种产品，租了一个店面，还花钱长期租用了一个闲置的大型仓库。但是不久以后，这种产品就被证明是毫无价值的。这名年轻人试图解除仓库租赁合同，但房东拒绝了。这个年轻人的一个朋友建议他在那个仓库里浇满汽油并点火烧掉，以达到终止租赁合同的目的，他接受了这个建议。但是，在他点火的时候仓库发生了爆炸，爆炸将他从一楼的窗户抛了出去。他迅速脱掉身上着火的衣服幸存了下来，但身上留下了几处伤。他离开了这个小镇直到伤痊愈后才返回。但他刚回到小镇，就因为此事而受到审讯。讯问人员一方面谴责了仓库的房东不肯解除租赁合同的行为，另一方面称赞了犯罪嫌疑人的雄心壮志和渴望成功的正当愿望。讯问人员告诉犯罪嫌疑人，他应当为自己还活着且身体健康而感恩。而后，这名犯罪嫌疑人说出了放火烧毁仓库这件事情的全部经过。他还说，他使用过量汽油的一个原因是他对房东的怒气，结果导致了爆炸，并把他抛出了窗外。

在对一名涉嫌强奸的已婚犯罪嫌疑人进行讯问的过程中，有时候把责任推到犯罪嫌疑人妻子的身上也是有效的，可以谴责犯罪嫌疑人的妻子没有给予他必要的性满足。审讯时的对话可以使用下面这些台词：

如果你的妻子能够尽她的义务照顾你的性需求，那么你现在也就不会在这里了。你是一个身体健康的男性，你需要且有权利要求得到性生活。如果像你这样的男人在家里得不到性满足时，就会到其他地方去寻找。此外，由于你不能像单身汉那样可以随心所欲地追求并与女性约会，所以像你这样的人只能是找到什么就要什么了。但有些时候，出于欲望受到异乎寻常的压抑的原因，男人不得不用有些匆忙的方式来解决，就像你所做的一样。这就是原因，对吗，乔？

当犯罪行为是涉嫌盗窃或贪污的时候，花钱无度的妻子或者抚养小孩的经济负担可以用作指责谴责对象。讯问人员可以这样告诉他：

你的妻子（或女儿、或儿子，如果案件的情况如此）给你施加的经济压力一直超出了你赚得的收入。你非常在乎她，所以你希望她能够拥有她想要的一切东西——即使你没有能力给她提供这一切，乔。你在这所做的事情都是为了她，而不是为了你自己的私心杂念。她本就不该要求你给那么多东西。现在，她可能已经明白了，她应该支持你度过当前的困难。现在，乔，是你说出真相的时候了。

在对一个被指控猥亵小女孩的犯罪嫌疑人进行审讯的时候，讯问人员可以谴责该女孩的父母让该小女孩独自一个人四处闲逛。如果犯罪嫌疑人是通过提供糖果或某个其他东西作为礼物的方式来诱使小女孩到他的汽车上或其他地方进行猥亵的，讯问人员可以谴责小女孩的父母本身没有给女儿提供这些东西。在把责任推给小女孩父母的同时，也可以谴责小孩本人，如同在前面的讨论中介绍过的谴责受害人的技巧一样。一个这种类型的道德懦夫，在其行为得到考虑了一个或多个这种因素基础上的理解时，会感到安慰。

对一个入室盗窃的窃贼或抢劫犯讯问时可以这样告诉他，如果没有收售这类赃物的“贩子”，窃贼或许就不会去做那些事情了。在某种程度上，讯问人员可以参照下面的台词与犯罪嫌疑人交谈，尤其是当主要目标在于针对“贩子”确定事实依据的时候。

如果没有这些贩子，像你这样的人是不会干出这样的事情来的。那些贩子一类的家伙是在把你这样的人当猴耍。你冒着生命危险到外面去干这样的事情，随时有可能被人开枪打伤和打死。然后，你把你冒着生命危险获得的东西拿给他们其中的一个混蛋，但他只给了你大约只有这些物品10%价值的钱，买了你的东西之后他抛售，获取90%的利润，当然他还要减去一些不得不支付给警方的“报酬”。他得到了大量的赃物，你承担了风险，他赚到了钱。如果没有那样的贩子，像你这样的人可能就不会陷入这样的麻烦，因为如果你不能将物品出手，弄到的这些东西就没有价值了。但是，当你遇到麻烦的时候，这些贩子中的任何一个曾经帮助过你或其他像你这样的人吗？见鬼去吧，没有！当像你这样的人被抓进监狱之后，贩子就会去和某个其他的人开始做交易；而当这个人也被带走之后，他又会去找另外的人代替。每个人都知道这些，但当贩子被盘问的时候，他就会龇牙咧嘴地笑着说：“你们没有任何关于我的证据，我什么也没有做。”我们想查明这些家伙的犯罪事实。如果我们能将他们关进监狱，你还有其他许多人就不会有麻烦了。这些吸血鬼吸你们这些人的血已经很长时间了，现在是时候让他们失业了。他们开凯迪拉克（Cadillac）汽车的时间已经足够长了。那家伙的名字是什么，乔？

还可以谴责那些高利贷者（所谓的“借贷鲨鱼”），因为他们在犯罪嫌疑人没有能力还债的时候强迫他们偿还贷款。换句话说，就是犯罪嫌疑人的债主们“强迫”他去偷窃。在这种情况下，可以这样告知犯罪嫌疑人：

乔，我知道在当今社会中离开借贷人们是很难生活的。我自己也有欠债，但幸运的是我借的钱没有超过我的偿还能力，而且我的债主也不是“借贷鲨鱼”。但是，你遇到的这些家伙牢牢地勒着你的脖子，而且他们对像你这样的人毫不关心。他们只对获得高额的利息感兴趣。当他们借给你钱的时候，他们诱使像你这样的人相信他们正在给你提供一个非常好的、易于处理的交易。我不明白为什么会允许他们干的这种生意继续存在。他们在放贷的时候就已经很清楚地知道你不可能按时还钱。仅仅偿还那些高额的利息就已经足够困难了，根本谈不上偿还本金。到头来你一直都是在为这些“借贷鲨鱼”工作。最终，他们把你逼到了墙角上，你发现走出困境的唯一办法就是去做你那天所做的事。乔，我确信你就是这样被迫做这事的：你借钱借过了头，又不知道怎么做，所以你做出了这种事。

在纵火案件中，可以谴责保险公司允许被指控的人和其他人拿到额外的保险，并允许以远远超过其实际价值的金额为财产投保。讯问人员应当向犯罪嫌疑人指出，保险公司提供的这种超值保险的做法形成了巨大的诱惑，以至于会让人放火烧掉自己投保的财物以套取保金，尤其是在那些财产所有人处于经济困难压力之下的案件中。

当一个人因为要填补其赌博行为造成的损失这一明显的或臆测的需要而实施了贪污或盗窃时，建议讯问人员谴责警察、检察官或整个社会允许赌博机会的存在。例如，讯问人员可以对犯罪嫌疑人这样说：

乔，我知道你一直都参与一些赌博活动，你染上这种习惯很少是由于你自己的原因，或者说根本就不是你的错。有太多的诱惑摆在你的面前。警察和政治家们才应当受到谴责，因为是他们允许非法赌博的存在。现在甚至连政府组织的博彩及类似的赌博活动都得到了全面的支持。当局应当受到谴责，他们应当知道赌博只会增加人们偷拿雇主或他人财物的诱惑。不只是你爱好赌博，我们所有的人都有这种喜好。但是，一旦参与赌博，你就被迫去填补赌博造成的损失，因为赌博本身就是一种输钱的游戏。但如果政府禁止赌博，现在你就不会到这里来了。我们应当谴责那些本就应承担这一责任的人！

讯问人员可以告诉涉嫌贪污的犯罪嫌疑人如下这些内容，并予以突出强调：现在每个人都生活在一个对金钱的态度钱相当随便的时代，尤其是这个国家的政府。因此，过去那个时代曾有的尊重属于他人的钱或财产的传统已经丧失了。作为阐释性的例子，可以告诉犯罪嫌疑人：由于政府用繁重的税收压榨老百姓的钱，同时又把这些钱浪费在外国，因此像他那样的人自己丢掉了尊重他人的金钱和财产的价值观是不足为奇的。

如果一个犯罪嫌疑人的家庭或邻里的环境看起来是解释他实施犯罪的一个因素（像这种情况的案件很普遍），讯问人员应当指出这个事实。本章在后面讨论讯问青少年（未成年）犯罪嫌疑人的主题展开时将阐释这种技巧的运用。

在入室盗窃或抢劫的案件中，主题的展开可以以犯罪嫌疑人的生活环境为基础（例如，需要养家糊口但已经失业数月），指出是由于生活、工作上的挫折和绝望迫使他干出了这样的事情。

主题5：精选一些恭维之辞唤起犯罪嫌疑人的自豪感。

寻求并享受他人给予的赞赏是人类的一种基本特征。无论是在职业活动中还是在普通的日常生活中，大部分人都得了数量令人满意的赞许或恭维之辞。然而，那些从事犯罪活动的人，特别是那些单独作案的人，可能很难听到赞许和恭维之辞。不仅如此，这些人与其他人一样渴望得到关注和受尊重的社会地位，甚至更为强烈。因此，在审讯犯罪嫌疑人的过程中，使用一些赞许和恭维之辞有助于在讯问人员与犯罪嫌疑人之间建立起有效的、融洽的关系。

请看这样一起犯罪嫌疑人抢劫并杀害加油站一名雇员的案件，该案中的一名负责“驾车逃跑”的犯罪嫌疑人（青少年或成年人）受到了审讯。假设曾有一辆巡逻警车追缉过该作案车辆，但由于巡警不能冒着使无辜的行人或驾车人受到伤害的危险来追缉作案逃窜车辆而最终被作案车辆甩掉了。驾车逃窜的司机没有这种顾虑，而正是他这种胆大妄为的驾驶方式使得他们当时得以成功逃脱。在这类案件中，讯问人员在一定程度上照下面所述告知那个随后就被拘捕到的犯罪嫌疑人，会有助于讯问取得进展：“乔，追缉那辆逃窜车辆的警察告诉我，他们从警这么多年以来，从未见到过开车技术像那辆车的司机那么高超的。那辆车真的是只用两个车轮着地就急转弯了。”

为什么这类恭维之辞能产生积极的效果呢？原因或许是基于下面的这些因素，为了便于进行阐释，我们将再次用到上面谈到的关于“驾车逃跑”的这个司机的例子。该司机之所以变成一个犯罪分子，可能是有由于缺少父母的关爱或者其他类似的情况。在家里面，他得不到关注、爱护、同情或应有的地位。在学校里面，他能够吸引别人注意或得到尊重的唯一方式就是不守规矩和恶作剧。为了使自己更加引人注目，他会进行一些破坏性行为，如打碎窗户玻璃，然后他开始偷窃商店的商品，接着是偷窃汽车轮胎、汽车，等等。此后所做的自然会超出一般违法行为而发展成抢劫和杀人犯。发展到这一步，他可能已经成为了一个渴望得到关注、认可和尊重的人。这种犯罪嫌疑人在很多情况下，特别容易受到讯问人员的赞许和恭维之辞的影响。

讯问人员对犯罪嫌疑人的赞许也可以缓和二者之间存在的天然敌对关系。正如任何一个推销人员都会告诉你的那样，当某人对你表现出真心实意的恭维时，你很难不喜欢他。对犯罪嫌疑人的赞许可以用于减少有罪的犯罪嫌疑人将讯问人员看作他的敌人这样一种本能倾向。从心理学上讲，向我们憎恶的人所说的话比起向我们尊敬、欣赏和情感上依赖的人所说的话更容易被证实是谎话。

当然，这并不意味着犯罪嫌疑人在听到恭维之辞后就会立即供认。但是，结合讯问人员所有其他的所说和所做，对于获取犯罪嫌疑人的有罪供述应当是会有用的。即使没有立即获得犯罪嫌疑人的有罪供认，或者他始终就没有认罪，但只要其出现了明显的说谎迹象，讯问人员仍然可以算是取得了一定程度上的成功，因为随后的其他调查努力都可以集中在这个出现了明显撒谎迹象的特定犯罪嫌疑人身上了。

在一起抢劫案件中，讯问人员告诉犯罪嫌疑人下面这些内容将会产生很好的效果：

我从事侦查工作很长时间了，我同很多个和你做一样事情的人谈过话，但是我从没有见到过或者与一个像你那么有胆识的人谈过话。我不明白在那样的场景下你怎么能够像平常一样冷静。而且，对于一个单独作案的家伙来说，这是我所见过的计划最好的案件了。令人惊讶的是，你是如何发现那些东西（被盗的物品）存放的地方的？不仅如此，在你实施行动的时候，你的行为简直让约翰·迪林格（John Dillinger）看起来像是一个胆小鬼（这里提到的人是一个在20世纪30年代早期臭名昭著的枪手，但讯问人员还可以选择那些更接近当前的知名罪犯的名字）。因为，其他人为他提供了各种帮助，但你却是单枪匹马地单干。乔，在你顺利完成那件事情之前你有什么样的感觉？我猜想在你那钢铁般的意志里是不会容下任何紧张的。

在一起案件中，还在服兵役的犯罪嫌疑人涉嫌强奸，他一直渴望在军队里获得职业晋升。讯问人员称赞了他为公众服务的愿望，并指出他有志于军旅生涯本身就足以证明他的品质在本质上是值得尊敬的。然后，讯问人员敦促犯罪嫌疑人在本案所调查的事情上应当捍卫自己的名誉并且应当说出真相。此后不久，犯罪嫌疑人就供认了。

在另外一起猥亵儿童的案件中，犯罪嫌疑人是一名监狱的牧师，讯问人员称赞性地评价了这名牧师“献身上帝”的行为以及他作为一名“牧师”所做的一切牺牲。然后讯问人员指出，总的说来，他还是有和其他人一样的弱点，在那个不同寻常的场合，他仅仅是未能充分地压制住自己的情感。然后，讯问人员建议他进入这所监狱的教堂，去那里接受审讯，单独“和上帝在一起”，书面写出关于所发生的事情的说明。在一个小时内，犯罪嫌疑人就向讯问人员交上了一份全面详细的供词。（不管犯罪嫌疑人是否是神职人员，这种类型的结果是十分罕见的。不过，它确实说明了这种恭维之辞以及前面讨论过的主题之一所具有的潜能。）

当恭维之辞的内容是关于一个人的年轻外貌、着装打扮、家庭背景、良好声誉或者慷慨无私的时候会特别有效。另外，未受过教育的人和社会地位低下的人相较于那些受过教育的人或者拥有良好经济、社会条件的人更容易接受奉承。对于后面这种类型的人来说，应当有节制地慎重使用恭维之辞。

有时，犯罪嫌疑人也会尝试对讯问人员使用一些恭维之辞，其目的是制造一个对他有利的印象。他会用明显超出讯问人员实际拥有的职务头衔来称呼讯问人员，如用“长官”而不是“警官”、用“博士”而不是“先生”。在这种情况下，讯问人员应当立即纠正犯罪嫌疑人的行为。绝对不能让犯罪嫌疑人认为他可以操纵讯问人员。因此，当犯罪嫌疑人抬高讯问人员的职务头衔时，讯问人员应当给予适当的纠正——“我是警官”（或先生）——无须作出进一步评价。那些故意恭维的犯罪嫌疑人自然会明白其中的含义。

主题6：指出控告者或受害人言过其实或者夸大事件本身的性质和严重程度的可能性。

有罪的犯罪嫌疑人感觉自己是这个不公正体制的受害者是极为常见的。有罪的犯罪嫌疑人能够快速地指出受害人陈述中的任何错误，即使是微小的错误（例如，“她说干这事的家伙的眼睛是褐色的，但我的眼睛更接近黑色”）。有罪的犯罪嫌疑人经常声称他是因为“被设计”或“被陷害”才实施犯罪的。他们认为警察和法院系统是腐败的，并积极地从中寻找漏洞以逃避犯罪造成的尚未受到追究的后果。这种“受害者心态”也可以说明他们通过指责其他人来获得放松的原因。

在其他人明显的“毫无根据的指责”中的找到错误是人类的天性。这种本能是如此强大，以至于人们会尽力去证明其他人是错误的，甚至为了捍卫自己的立场还可能会作出自我归罪的承认。为了说明这一点，以本书其中一位作者的儿子的故事为例。该作者的儿子被学校赶回家，因为丢失了一份必须有家长签名的作业通知书。这个儿子坚称他已经上交了那份提到的作业给老师，而那位老师又老又健忘，应当被解雇。为了巩固他的立场，他甚至大胆地声称，他弄丢的那份作业实际上是前一天的。

类似的，当向一名确实有罪的犯罪嫌疑人提出关于他实施犯罪的某些要素或者对他可能实施的其他犯罪的指控存在错误时，他的受害者心态会使他容易供认他所做的事情，以努力证明讯问人员的指控是错误的。或许，犯罪嫌疑人这么做的原因在于，他愿意接受为其所做的事情受到惩罚的这种可能性，其目的是维护他的尊严（例如，“我通过拒绝接受自己没有做过的事情打败了这个体制”）。此时，这种动机与协商砍到“最优惠”的价格购买一辆新车没有什么不同。只要销售人员降低了原来的要价，消费者就会感到他已经获得了某种精神上的胜利，即使该车的最终价格远高于他原来预期的价格。无论何时，只要情况允许对犯罪行为进行可接受的夸张，讯问人员就应当考虑一个以此概念为中心的主题。

在某些有受害人或目击证人指控犯罪行为人的情况下，讯问人员应告诉犯罪嫌疑人，尽管指控肯定存在一定的根据，但也经常存在着控告人夸大其词的可能性，因此，只有首先听取了犯罪嫌疑人自己对案件的描述之后才能判定事实真相。例如，在一起案件中，犯罪嫌疑人被指控强奸，但他不仅否认强奸，而且还否认发生过性交这一行为。告知犯罪嫌疑人下面这些话语会有明显的效果：

你必须意识到的是，现在她所说的全部都指出你和她发生了实质性的性交行为，就像一位丈夫和他的妻子一样。我不希望看到的事情是，她开始主张那些会让你看起来更加糟糕的虚假事情。有时候，在这些女人身上发生的事情是她们开始寻求获得同情的信号并且试图来给她们的案子添油加醋，其方式是声称那个男人对她们实施了各种变态性行为以及让她们做那些完全应当受到谴责的事情。现在你面临的问题是无论她说什么，人们都将会相信她所说的。如果你现在不能从你自己这边来考虑，照这样下去，她会把你描绘成一个听起来像是来自外星球的某种性变态，而且人们可能会相信她。我不想让她撒了谎却不承担责任，因为那对你是不公平的。如果这只是有一点粗鲁的正常性交行为，现在就让我们来还原真相。还原真相后，如果以后她还继续夸大事实，我就可以打断她并说："嘿，那不是真的！"

指出控告人这一方有夸大其词的可能性不仅有助于获取犯罪嫌疑人的供述，而且也可以用于排除无辜者的罪嫌。下面的案例就很好地阐释了这一点。在该案中，一名警官35岁的女儿指控一名出租车司机对她实施了强奸。在犯罪嫌疑人否认他实施了强奸行为的时候，讯问人员对被指控的犯罪嫌疑人说出了真相表示满意，但讯问人员猜测出租车司机在否认那名控告人作为乘客坐过他的车这一点上撒谎了。于是，讯问人员对犯罪嫌疑人说了如下的话：

乔，你并没有告诉我全部真相。我们也知道这位女性至少说出了部分真相，只是很可能她严重夸大了所发生的事情。但是她曾坐在你的出租车上，而且她可能是自愿和你发生了性行为。然后当她离开时，她可能是害怕怀孕或者被传染上性病，或者可能有某种其他的原因，所以她编造了这个被强奸的故事。但是，除非你告诉我你所知道的事实真相，否则我们将不得不把她所说的视为真相。我给你的忠告，乔，就是说实话。

对此，犯罪嫌疑人回复道："好吧，既然你让我这么做，我会告诉你实际情况是怎么样的。"然后，他叙述道：在一家小酒馆的门口，这个女人招手叫停了他的出租车，她显然已经喝醉了；当他按照她所给的地址送她到达时，这个女人让他把车开进她家房屋后面的小路并要求他把车停在某个特定位置并关闭车灯；接着她就邀请他和她发生性关系，他做了。

在犯罪嫌疑人公开了这些之后，讯问人员用司机的陈述与那个女人对质，于是，她承认司机说的是真实的。她解释了自己为何要作虚假指控的原因：完事后，她一直担心她从小路上的那辆出租车里出来被家里某个成员看到的可能性，而且她那被弄皱了的衣服会引起家人的怀疑。此外，她没有想到这个出租车司机能被警方找到，因为她只是拦截了一辆路过的出租车，而不是让出租车公司派车到指定的地点接她，在后面这种情况下出租车公司才可能有依据电话叫车作出的派车记录。然而，一旦她开始说谎，对她而言就很难收回自己的指控了。因此，在这起案件中，如果没有使用这种指责控告人夸大其词的技巧，该犯罪嫌疑人可能就会因为根本就没有实施的犯罪而被起诉。

下面是一些讯问人员使用夸大事实的主题可能会产生积极效果的案例。在审讯一名涉嫌与一个在法定的同意年龄之下的女子发生了性行为（即“法定强奸”）的犯罪嫌疑人时，讯问人员可以指出，这个女孩已经说了她是被强迫顺从的。犯罪行为人通常会立即回复称没有使用任何强迫手段，但他这样回答相当于通过暗示的方式承认了存在性行为这一事实。同样的原理可以应用到针对儿童的性骚扰案件中，讯问人员可以向犯罪嫌疑人指出他使用了外力强迫儿童发生性关系的可能性。

在涉及通过盗窃、贪污或入室盗窃的手段窃取现金或财物的案件中，讯问人员在谈及犯罪造成的损失数量时应当夸大为报案数的2倍或3倍。例如，在报案数为500美元的情况下，讯问人员可以用1000美元或1500美元的措辞来谈论造成的损失。根据被害人报告的损失情况，讯问人员也可以说，在现金被偷走的同时，还有其他一些贵重的物品也被偷了（例如，一枚钻戒或一些可流通的债券）。然后，讯问人员应当指出实际造成的损失数量可能远小于被害人报案所称的损失数量，可能的情况是除了现金以外没有其他财物被盗，或者是报案的人或公司是在通过多报实际遭受的损失以规避风险的方式来设法欺骗保险公司。作为一种替代，讯问人员可以指出，或许是报案声称遭受损失的人——如一名公司的经理——自己曾偷走了一些属于公司的现金或财物，现在正试图用多报损失的办法来掩盖自己的偷窃行为。这种暗示经理或其他老板可能不诚实的方法往往会引起犯罪嫌疑人的共鸣反应，因为雇员可能会由于某种原因而不喜欢他的上司。在一些情况下，指出经理或其他老板可能是在通过夸大损失的方式掩盖自己的偷窃行为的推测很可能最终被证明就是真的。

在考虑如何使用夸大事实这种特殊的谈话技巧审讯一名涉嫌贪污的嫌疑人的时候，可以参考如下案例。一家公司在过去的几个月内持续发生大量商品丢失的情况。存货审计结果显示，损失的金额高达20000美元左右。该公司的仓库经理有重大嫌疑。有人看到他在某个星期天的晚上与另外2名男子出现在公司仓库，但当时仓库已经停止了营业，而且那时候通常没有人会为了公司的事情而去仓库。此外，审计员查明一些发货票的副本存根失踪了，而该经理正好负责保管这些发货票的存根。

基于充分的理由，可以假定该经理应对公司的全部或部分损失负责，在对该经理进行审讯时，讯问人员首先这样说：

乔，公司的商品出现了大量的短缺，而且看起来你也卷入其中。有人看见你在2月16日的晚上和另外2个男人出现在公司的仓库，而且审计员发现丢失了很多由你保管的发货存根。我知道你是个正派的人，而且你也想为你所做的事进行补偿。[在此，讯问人员应作短暂停顿，然后才继续提问：那丢失的总价值达40000美元的商品是不是你偷的（这里故意用了“偷”这一刺耳的词汇）？]

“见鬼，当然不是！”乔回答道。接下来的提问和回答如下所示：

Q：是30000美元左右吗？

R：不可能！压根儿就没有那么多！

Q：那是20000美元左右吧？

R：[现在不那么坚定地说道] 不是。

Q：难道只有15000美元？

R：那么多也没有。

Q：好吧，那到底是多少呢，乔？公平诚实地说，是不是14000美元？

R：那些东西甚至还不值10000美元。[依据这句话，乔实际上已经承认了盗窃。]

Q：乔，那些东西的价值肯定不止10000美元！

讯问进行到这个阶段时，讯问人员可以不再追究盗窃物品的数量问题，而要求乔讲述实施盗窃的细节——使用的方式和方法、拿走的具体物品、如何处理赃物或者这些物品现在的位置。而后，乔被正式告知了审计查证的真实损失价值——20000美元。讯问人员同时指出，由于所有商品被盗的方式相同，乔必须为所有的损失负责。此后，他很快就承认是自己盗窃了那些总共20000美元的商品。他还供认说，他自己开了一家商店以便廉价销售这些偷来的商品。

如果讯问人员当时并不清楚损失的确切数量，这种数字减级的步骤或许可以为查清嫌疑人所知道的总数提供线索。例如，在某个特定的案件中，假设被盗商品的价值是一个低于30000美元的5位数，当讯问人员提到这一特定数字时，或许他会得到一个坚决的否定性回答，如“当然不是”。然后，讯问人员应该降低大约1/3的数量，并问犯罪嫌疑人是不是20000美元。犯罪嫌疑人对此问题的回答估计还会是“没有”，但与原来提及较大数目时相比语气已经没有那么坚决了。而后，讯问人员进一步减掉5000美元将数额降至15000美元，对此犯罪嫌疑人可能会用不太肯定的语气回答说：“不可能吧，没那么多。”这个时候，讯问人员应当开始以1000美元为级依次递减。如果依次提问为是否是14000美元、13000美元、12000美元和11000美元，犯罪嫌疑人回答仍然是“没有”，那么讯问人员应该用略带恼怒的语气说：“难道只有10000美元？”犯罪嫌疑人的回答应该会有点拘谨和犹豫，可能会说："甚至也没那么多。"这就表明被盗物品的数额大约为 10000 美元。对于这类案件，讯问人员应当牢记这样一个事实：一个人若是在一段时间里多次盗窃并且每次盗窃后都立即将"赃物"处理掉，那么他自己可能也不清楚实际上偷了多少东西，犯罪嫌疑人可能确实会以为自己所偷物品的价值只有 10000 美元，但实际上损失可能是他所认为的 2 倍。

在案件中使用这种数字减级的"紧张峰测试法"（peak of tension）讯问技巧时，讯问人员应仔细观察嫌疑人的肢体动作——在椅子上辗转反侧、抖掉裤子上的灰尘、不断交叉又放开腿、抠指甲、摸戒指或其他物品。这类动作和犯罪嫌疑人的言语反应一起，可以被视为犯罪嫌疑人准备作自我归罪陈述的一些迹象。

当对无罪者与有罪者使用一个夸大的数字提问其究竟盗窃了价值多少的财物时，两者的不同反应也是值得参考的。例如，可能会出现如下的回答："这不可能！他们那里总共也没有这么多!"这种回答不会出自无罪者口中，无罪的人几乎总会气愤地回答说："我没有偷任何东西!"

当讯问人员在工作中使用这种技术时，有几个重要的相关因素。首先，涉嫌一系列失窃案的人往往很受同事欢迎，而且可以利用职权发给或者让同事们拿走公司的财物，或者默许他们违反公司的制度。这种"乐善好施"的背后是一强烈的、不可告人的动机——试图避免可能出现的其他雇员告发其违法行为的情况，如违反各种公司制度或者甚至他自己实施的盗窃行为。这种人会手里拿着商品、工具或其他物品对新员工说："来，你把这个拿回家。"如果这位新员工回答"但这是盗窃啊"或者其他具有类似效果的言辞，他的回复往往是这样："这家公司很有钱。如果你不带点东西回家就真的是笨蛋了，其他所有的员工都这么做。"但在极个别的情况下，这种努力也会适得其反。那位员工可能会因为良心受到谴责而向雇主坦白他自己的错误，同时也一并揭发了他所知道的其他员工的错误行为。

其次，在雇员作为主要的盗窃犯罪嫌疑人被讯问的过程中，讯问人员应当设法让犯罪嫌疑人知道，他们已了解到其他员工也有比较轻的盗窃行为。这种告知有利于获取犯罪嫌疑人对较大数额盗窃行为的坦白供认。

再次，在对涉及大量现金或商品的系列损失进行调查时，建议先讯问那些新员工，告诉他们："你们周围有个人是个大窃贼，是到了该去制止他的时候了。"新员工往往比那些曾经实施过盗窃的老员工更容易供认自己的错误行为，而且他们会比较乐意揭发那些他们所知道的实施更严重盗窃行为的人。

但是，讯问人员必须对轻易得到的、有关新员工对自己轻微错误的供述进行谨慎的评估，因为这个新员工有可能自己也盗窃了大量的财物，而且不排除他通过作出轻微错误的供述或指认一个大窃贼，来转移对他自己重大盗窃行为的怀疑。因此，当一个人并未受多少压力就很快地作出供认了时，讯问人员必须考虑其真实性。一名优秀的讯问人员会考虑犯罪嫌疑人作出供述时是否仓促，以及他的表情神态如何。被迫作出的供述比自愿作出的供述要加可靠，后者很可能是在企图掩盖更为严重的盗窃行为。

这种“夸大其词”的主题还可以用于夸大犯罪嫌疑人实施犯罪的意图。例如，对一名入室盗窃的犯罪嫌疑人可以说，在同一个居民区内有一个强奸犯，让居民惶恐不安，而侦查人员正在关注这样一个可能性，即那个入室盗窃的犯罪嫌疑人可能与那个强奸犯就是同一个人。夸大犯罪意图的另一个例子是，指出那个入室盗窃的犯罪嫌疑人很可能就是曾试图放火烧掉被盗的房屋的人。通常这里使用的心理学原理是，当与更严重的犯罪行为相比较时，可以减小犯罪嫌疑人脑中所认为的其实施犯罪行为的严重性。换言之，这里要传达的含义是让犯罪嫌疑人知道自己并不是个那么坏的人。

主题7：向犯罪嫌疑人指出其罪行的严重后果和继续实施犯罪行为徒劳无益。

许多犯罪行为人在其犯罪职业生涯中可能都有过转瞬即逝的改变现状的渴望或改过自新的想法。对于青少年犯罪、初次犯罪或处于犯罪生涯早期阶段的成年人而言，这种体会特别真切。这种感受会在罪犯处于失败阶段的时候清楚地表露出来，也就是当他被指控有罪或被逮捕并因此不得不面对要为其犯罪活动还债的残酷现实的时候。在这个阶段，犯罪嫌疑人对关于其犯罪行为的后果和继续实施犯罪行为徒劳无益的评论会变得非常敏感，尤其是当犯罪行为并不是那种特别严重的犯罪，犯罪行为人也不是精于系列犯罪并具有与警方打交道的丰富经验的惯犯时更是如此。在这种情况下，从自己的切身利益出发，他可能会相信（无论是否是暂时的），在“游戏的开始阶段”就被抓是一件好事，因为这一经历有助于让他避免在以后遇到更大的麻烦。以一起盗窃案为例，讯问人员可以这么说：

你知道如果你继续这样干下去的后果，是吧？这一次你拿到钱的数量相对比较少，但下一次就会拿更多，而后你将会频繁地做这种事。最终你会发现，用枪指着别人来获取你所要的东西更容易也更刺激。然后在某一天，当你把枪口紧紧顶着某个人的腹部时，你会感到兴奋不已并扣动扳机。你会逃离现场并尽力躲避警方的追捕。但最终你会被抓获，然后受到审判。虽然你的父母和亲属会在这期间竭尽全力并倾其所有来使你免受极刑，但在这一切都结束后，你的下半生可能还是得在监狱里度过。因此，现在是急刹车的时候了——还为时不晚。还要记住这一点，乔，你知道平均每次抢劫能抢到多少钱吗？大概只有18美元。为了这倒霉的18美元，一个人就得拿自己的生命去冒险。这完全是疯了，乔，这世上还有更好的生活方式。

只要有可能，建议讯问人员依据犯罪可能会达到的严重程度来指出当前这一犯罪行为相对而言是微不足道的。例如，在一起入室盗窃案中，讯问人员可以对嫌疑人这么说：

乔，那天晚上发生的全部事情只是拿走了那一点点钱。但是，如果你继续这么做下去，某天晚上你认为某户人家没人在，就会爬窗户进去，但屋子里实际上是有人在家的，而且他拿着一支枪或一把刀朝你走过来。你为了保住自己的性命，你夺过了他手中的枪或刀且不得不用在了他的身上；或者，你自己并没有杀人，但最终你可能也会被某人杀死或者终身残疾。你企图侵犯的某个受害者或者警察，都有可能会对你这样做。我来告诉你一个有关这方面的真实的案例。[此处讯问人员可以引入有关自己曾经审讯过的犯罪嫌疑人或可能是自己亲身经历的“第三者主题”。]当我还是一个小孩的时候，我的邻居中有两个小伙子总会做些华而不实的事情。他们衣着华丽，并经常和周围最漂亮的女孩约会。然而，他们中的任何一人都没有工作，而他们的家庭也没有钱去支撑他们过那样的生活。这个谜团在后来的某个晚上被解开。一个曾经两次被人抢劫的酒馆店主决定为下一次袭击做好准备。当我所说的这两个小伙子走进这家酒馆时，店主就怀疑他们别有用心，于是就藏到隔墙后面，他已在那儿放好了一把枪。当这两个家伙拿手枪逼迫出纳员交出现金时，店主开枪把这两个人都打死了。如果他们刚开始盗窃时就被抓住，还是有机会挽救他们年轻的生命的。乔，现在你可能还不能完全意识到这些，但像你这样早点被抓就可能避免像他们那样的事情发生在你的身上。现在就悬崖勒马吧，以免为时过晚。

当接受讯问的青少年或者成年人并非惯犯，或没有涉及严重的犯罪时，可以这样说：

每个人都会犯错，而我们都能从这些错误中受益。任何人只要稍微用点脑子，都会把这些错误当作将来行事的教训。而且，归根到底，司法系统也是如此——给某个家伙一个教训，寄希望于他能改过自新。乔，如果你不承认自己当下的错误，并认为自己能蒙混过关，那么你以后一定会惹上更大的麻烦，可能那时你已没有改正的机会了。警察也许会在你入室盗窃或抢劫的时候把你打死，你可能最后就直挺挺地躺在认尸房的大理石地面上了。会让你母亲伤心欲绝的是，她只能去认尸房通过大脚趾上的标签认领你的尸体，而你的尸体除了脑袋里的子弹外什么也没有了。

上述案例中讲述的这些审讯的方法是为了使罪犯感到他事实上是十分幸运

的，因为他们躲过了更严重的麻烦。一旦在脑子里形成了这种念头，那么嫌疑人就可能变得愿意坦白有关自己当下罪行的真相。

这种审讯技术的正当性与有效性之基础或许可以这样解释——许多罪犯对其继续犯罪的行为会带来最终的后果都有一定的意识。此外，当一个罪犯发誓将改过自新的时候，那通常不过是他当时的想法。或许这正是指出继续其犯罪道路的严重后果和徒劳无益能对嫌疑人产生影响的原因。

（四）非情感型犯罪嫌疑人的审讯步骤

如前所述，非情感型犯罪行为人在审讯中会试图避免变得情绪化。事实上，他会让自己免受讯问人员的言语及行为的影响。这种自卫的方法常常使得前面所讨论的那些同情性主题在单独使用时无法奏效。

从心理学上讲，非情感型罪犯会把审讯看作一场与讯问人员之间的耐力竞赛，即用他自己的意志力来对抗讯问人员的毅力。对于这种类型的罪犯而言，失去尊严或感到窘迫在某种程度上会被看作与失去工作或被送进监狱一样严重。无论讯问人员多么真诚或可靠，非情感型罪犯都倾向于对任何提供帮助或寻求其信任的人持怀疑态度。正因为如此，使用表示同情、夸大犯罪事实或谴责他人等审讯主题都不大可能说服犯罪嫌疑人说出真相。

策略 1——设法使犯罪嫌疑人承认其在案件的某些次要方面撒谎。

犯罪嫌疑人若是对正在调查中的案件的某些次要方面撒谎并被揭穿，那么在审讯中他就会处于不利地位。此后，当嫌疑人试图让讯问人员相信他是在说真话的时候，讯问人员都可以提醒他不久前还撒了谎。但是，在任何情况下，讯问人员都不要对犯罪嫌疑人说：“你曾经对我撒过谎，因此你还会再次对我撒谎。”对犯罪嫌疑人撒谎的提醒应当以事实陈述的方式表达，而不应当以训斥谴责的方式，否则就有可能导致犯罪嫌疑人产生对抗的态度。

这是关于该策略的一个简单案例，一名被指控猥亵儿童的男性犯罪嫌疑人向讯问人员否认他曾见过那个孩子。在这种情况下，讯问人员应当尽力让犯罪嫌疑人承认见过那个孩子或与这个孩子交谈过。讯问人员可以这样说：“乔，毫无疑问你曾经和那个孩子待在一起，而且你还和她交谈过。这么做没有什么问题！即使你给她糖果，甚至是摸摸她的头也是没有任何问题的。乔，她跟你说了什么？”

如果乔是有罪的，那么他可能会认为通过承认曾与那个孩子交谈过就可以避免受到对他的任何进一步怀疑。此后，讯问人员可以继续使用其他合适的技巧，如谴责那个孩子（这里要回到先前讨论的那些技巧）。

在运用这一技巧的时候，讯问人员应该在脑中牢记一点：有时候，在某些情况下，在犯罪的某些次要方面说谎的人并不是实施该犯罪行为的人。下面举一个案例予以解释。在一起谋杀案中，受害人是一名已婚妇女，调查发现犯罪嫌疑人也已结婚，但与受害人存在着不正当的关系。当在审讯中犯罪嫌疑人被问及凶杀案发时他在哪里时，他给了一个不在场的证明，但很快就被证明是谎言。这使得侦查人员更确信他是凶手，为此其中的一名侦查人员对他使用了肉刑以获取有罪的供述。他没有作出认罪供述。但是，后来有一名具有专业技能和职业道德的讯问人员，通过努力去查清犯罪嫌疑人提供这个虚假的不在场证明的原因，最终让犯罪嫌疑人说出了实情：在凶杀案发生的时候，他正和另外一个已婚妇女在上床。这就是他先前给出虚假的不在场证明的原因。换句话说，他说谎是为了避免暴露自己最近的不检点行为。第二个不在场证明被证实是真的。

无论何时，只要犯罪嫌疑人就案件有关的问题所作的陈述看起来都是实话，但又不愿意说明案发时自己身在何处，讯问人员就可以说："乔，如果你在那个时候所做的事情事实上与犯罪无关，那么我想对你说的是，你对我说的一切我都会为你保密。我对你的个人私事没有兴趣。所以，请告诉我案发时你在哪儿?"［自然，无罪者回复的任何内容都应当保密!］

下面这个案例表明，一个人可能会在犯罪的主要方面进行坦白，却会对某些特定的问题撒谎。正如前面描述的讯问人员进行"初步准备工作"的案例，在该案中，警方接到一名送货的货车司机的报案，声称他帮老板收的货款被抢走了。考虑到该司机的一般行为以及某些其他因素，警方怀疑他报的是假案，而且是他自己私吞了那笔钱。最后他承认，虽然确实发生了抢劫，但是只有一小部分钱被抢走了，因为为了避免发生不测之事，他早就把已经收到的大部分货款藏到了车里。但是，在抢劫发生之后，他决定偷走剩下的那部分钱并占为己有。

在实践中，另外一个与本策略相关且必须牢记的问题是：调查数额特别巨大的一次性盗窃案时（例如，使用旧票据从银行金库盗窃 25000 美元），一个承认自己曾偷拿很少或者很多钱的员工犯罪嫌疑人不大可能是正在调查的巨额盗窃案的罪犯。相反，真正的罪犯几乎不会主动承认任何小额盗窃甚至是任何类型的错误行为，因为他们深知自己拿走那笔巨额财物是犯罪，担心任何微小的认罪都会导致人们对自己盗窃巨款的怀疑。这个一般规律的例外是那些涉及系列性损失的案件，如一个仓库在一段时间被连续偷拿了商品或者接连出现数额短缺。在这种类型的案件中，任何员工对于自己偷拿商品的轻微承认，对于确定其可能要对全部或大部分累积性损失负责都具有非常重要的意义。

策略 2——让犯罪嫌疑人承认自己曾身处犯罪现场或者曾与受害人或案件有过接触。

如果一个有罪的犯罪嫌疑人声称自己绝没有在犯罪现场，或否认与受害人有任何接触，那么想让他最终说出真相承认犯罪就变得更加困难——因为他不仅需要面对所实施的犯罪的相关后果，而且还要面对不得不承认自己在其他相关问题上撒谎的尴尬。因此，让犯罪嫌疑人接近犯罪现场或受害人通常有利于讯问人员。这样处理的最初尝试应该是在非指控性的询问阶段，就如本书第二部分讨论的那样。

这一技巧的基本效力可以用盘问某个被认为实施了错误行为，甚至是偷拿了某些不属于他的东西的小孩的情形来予以说明。如果该小孩承认自己在事情发生的时候在场或以前曾经看到过那件丢失的物品，那么让他接受全部责任就并非遥不可及了。例如，如果一个男孩被怀疑从其父母的卧室拿走了一些钱或一些物品，可以先这样问他："约翰尼，刚才你有没有看到我房间梳妆台上那张 1 美元的钞票？"如果他承认自己曾经看到过那张钞票，尤其是如果他承认曾捡起了那张 1 美元的钞票来瞧瞧，那么就可以进一步盘问他了。他承认看到过并接触过这张钱是迈向揭开真相的实质性步骤。

在对一起凶杀案件的审讯中，犯罪嫌疑人被指控刺死了一位给朋友临时照顾婴儿的 12 岁女孩，常规的主题未能引起犯罪嫌疑人的注意。该犯罪嫌疑人坚称，在凶杀案发生的时候，他正在距离案发现场几英里外的地方参加聚会，并且他不认识受害人。以下策略使得犯罪嫌疑人承认在凶杀案发生的那天晚上曾经到过受害人的家里，并在最终获取犯罪嫌疑人完整的有罪供述中到了至关重要的作用。

乔，再过一会儿，我就会考虑你没有作这起案子的想法了。但是，很明显的是你没有告诉我全部真相，你那天晚上见到了那个女孩。一位邻居认出了你就是那天晚上早些时候在那个女孩家门口停留的人（这些说辞只能是部分真实，邻居在那个晚上早些时候看到的人，只是对其基本特征的描述与犯罪嫌疑人相符）如果你是为了其他一些目的出现在那里，如问路，或者可能你想起你认识住在那屋子里的某个人并打算去问候那个人，那么你去那里的原因就可以有很多种解释。但毫无疑问的是，你曾经到过那里。那天晚上你在那间屋子里待了多久，几个小时或者只是一会儿？

在行为分析询问中提出诱导性问题，可以作为审讯中的可靠线索以证实犯罪嫌疑人在犯罪现场或者认识受害人。在这种询问中，可以用假设的措词方式提出问题（如"是不是有什么原因……"）。不过，在审讯中，讯问人员通常必须对该证据事实上是存在的或者很快就能获得该证据表现出更多的自信。讯问人员应当认真评估犯罪嫌疑人对于询问时提出的诱导性问题的行为反应。如果犯罪嫌疑人的回复是自信的否认，那么可能意味着在审讯时再次提出诱导性问题所暗示的证据事实会是个错误的选择。但是，如果犯罪嫌疑人的行为反应表明其对该证据是否可能存在缺乏自信或者并不确定，那么在审讯过程中，讯问人员可以用更确定的方式提出那同一个证据。

在下面的案例中，一位女性雇员在后来被她偷走的现金储蓄单上伪造了她的经理的签名，并偷走了那笔钱。在对她进行行为分析询问的过程中，讯问人员向她提出了一个诱导性问题，即文件鉴别人员鉴别出她就是伪造经理签名的那个人的可能性。虽然她最终否认了这种可能性，但是她在否认时的行为却明显地表现出她缺乏自信，且非常关心这样的证据是否存在。在审讯过程中，该犯罪嫌疑人已经因殴打他人而处于缓刑考验期，但仍拒绝说出真相。讯问人员决定要尽量让她承认伪造了经理的签名，并且使用先前诱导性问题中得以成功运用的同一个证据。

朱莉（Julie），我之前和你结束谈话后，刚走出这个房间，就有一份从犯罪实验室发来的传真正等着我。这份从文件鉴别人员那里收到的报告指出，存单上的签名确实是你的笔迹——而不是你的经理的。毫无疑问，你在储蓄单上签了他的名字。据我所知，可能是这种情况，当时经理不在附近，而你急着要这个，而且等不及了，所以你在取走存款之前写下了他的名字。如果事情是这样发生的，那么对于我收到的这份报告来说这个解释是十分重要的。你是否多次签过他的名字，或者这次发生的事情是不同寻常的？

一旦该雇员承认她伪造了她的经理的签名，她否认卷入这一切的戏法将很快土崩瓦解，此后不久她就承认了她的偷盗行为。这个案例以及前面那一个，包含了讯问人员明显的诡计和欺骗。规范这一策略的法律限制将在本书第十七章中进行讨论。如上所述，讯问人员可以在一定限度内合法地援引能够表明嫌疑人涉嫌犯罪的虚假证据。

策略3——讨论说出真相的好处。

在审讯的早期阶段，有罪的犯罪嫌疑人考虑的是他如何才能避免犯罪的后果。随着审讯的深入，有罪的犯罪嫌疑人接受了其犯罪已为人所知这样一个事实，并且开始考虑自己的未来。他是否会入狱或失去工作？他的朋友和家人将如何看待他？

虽然讯问人员不能通过指出可能得到宽大处理来获取犯罪嫌疑人的供述，但并没有相关禁令阻止讯问人员向犯罪嫌疑人指出如果他决定说出真相可能得到的好处。实质上，这些主题描绘了犯罪嫌疑人的生活可能还有光明的未来，但无论如何都不得提供宽大处理的承诺。

1. 指出犯罪嫌疑人将会接受对酗酒、吸毒或赌博成瘾的治疗（如果这是犯罪嫌疑人实施犯罪的背后动机），而且待他出狱之后，他将能够过上有所作为的生活。

2. 犯罪嫌疑人将有考取通识教育文凭（GED）的机会，还可能获得技术培训。这可以使他在将来找到一份薪水可观的工作，而他也不再需要通过犯罪来维持生活。

3. 犯罪嫌疑人将可以重新开始生活。他的判断错误导致其犯罪，但这也是他开始新生活、走一条与之前不同的人生道路的一次机会。

当使用一个以说真话会带来的好处为基础的主题时，讯问人员不得声称或暗示诸如药物治疗可以代替监禁或其他惩罚这样的说法。

策略 4——指出拒绝说出真相是徒劳无益的。

对于所有的罪犯，尤其是对于非情感型的罪犯而言，他们坚持着这样的信念：如果他什么都不说，就可以避免遭受其犯罪行为带来的任何后果。正如审讯程序的第一步中所讨论的那样，讯问人员在描述嫌疑人所犯罪行时必须表现出极强的信心。有时候，虽然仅仅表示确定犯罪嫌疑人有罪并不能克服有罪的犯罪嫌疑人拒绝说出真相的问题，但通过设计好的直接声明进一步强化这种信心是有必要的，这会使得犯罪嫌疑人认识到坚持拒绝说出真相是徒劳无益的。不过，作者想要澄清的是，在任何时候讯问人员都不要试图让那些声称回想不起自己是否实施了犯罪的人相信他肯定实施了该犯罪。不管怎样，一个无罪的犯罪嫌疑人即使并不能确定自己参与犯罪的可能性，也不会仅仅因为讯问人员对其有罪表现出很强的信心，甚至是用符合逻辑的陈述解释为什么继续否认不能当然地阻止有罪者承担其犯罪后果就轻易地供认有罪。

关于使用这种审讯技巧的第二个告诫也必须牢记于心。讯问人员不应试图这样劝说犯罪嫌疑人：不管他如何声称自己是无罪的，他都会被认定是有罪的并且会被判入狱。在这种情况下，审讯最终不可避免地都会面临犯罪嫌疑人将会被判多长时间这个问题（例如，“你想长时间待在监狱里还是只待一小段时间”）。这种类型的陈述被称为“用不可避免的后果来威胁”，这个问题将在本书第十五章和第十七章作全面的探讨。再次强调，现在提到的这个策略其目的仅仅是指出继续拒绝说实话是徒劳无益的。

对于讯问人员而言，这一策略的核心部分是“反对利己”（against self-interest）。也就是说，讯问人员不应表现得急于要获得犯罪嫌疑人的供述或者给犯罪嫌疑人留下为了破案必须取得口供这样一种印象。恰恰相反，讯问人员应该把审讯作为给犯罪嫌疑人的一个机会，让犯罪嫌疑人可以站在自己的立场上解释整个事情或者说出其实施犯罪的原因。我们中的大多数人都曾遇到过高压推销员，即那些立刻就能被看出来只是对获取销售佣金感兴趣的人。我们往往看不起这种人。一位娴熟的销售员在推销时会对自己的产品称赞有加，但与此同时会提供一些购买其产品的巧妙理由，给顾客明确地留下购买与否的选择权取决于顾客自己这样的感觉。销售员通过去除因顾客购买其产品的决定所得到的个人利益而在顾客的心目中极大地增加了其产品所能够提供的好处，这样交易可能很快就能达成。

实现这一目标的其中一个方法可以是向犯罪嫌疑人透露一些已经为侦查人员所掌握的各种能证明其有罪的信息片段或证据的不同方面，然后问嫌疑人："乔，如果你自己得到这些不利于某个其他人的信息或者证据，你也会相信他就是作案人，不是吗?"无须等待犯罪嫌疑人的回答，讯问人员应当继续说道："无论你是否承认参与了犯罪，对于我来说没什么区别，证据自己会说话！我把时间花费在你的身上，唯一的原因就是想给你一个机会来解释为什么会发生这种事情。"然后，讯问人员可以提出各种可能导致犯罪嫌疑人实施犯罪的"可接受的理由"。

在其他情况下，像下面这样陈述有助于引导犯罪嫌疑人的逻辑推理：

吉姆，我不需要有人来告诉我他们做了什么事情，好让我知道是他们做的。直接到州立监狱里和那些囚犯们聊天，他们当中有99%的人会告诉你他们是无辜的。难道你认为这个州99%的重罪犯都是被一群由与他们同样的人组成的陪审团错误定罪的吗? 被告人被认定为有罪都是严格根据向陪审团12名成员提交的证据来判定的。陪审团并不需要有人来告诉他们是他们实施的犯罪，以便让陪审员投有罪票。现在我和你谈话的唯一原因是，我认为值得给你一个机会让你从自己的立场上解释整个事情。[继续表示同情的主题]

逐步向犯罪嫌疑人灌输一种紧迫感，能够产生向其指出继续拒绝交代真相是徒劳无益的这样一种效果。这种陈述可以在一定程度上参照下面的话：

乔，正如我之前说的，调查结果清楚地表明就是你（导致了你妻子的死亡）。我到这儿来和你谈话的唯一原因是，我觉得如果我处在你的位置，我会想要在最终报告里加些内容进去。我的上司为了这份报告一天到晚都在烦着我，无论里面有没有你的解释，我都得在今天下午5点钟把这份报告放到他的桌子上。我无法告诉你有多少次我已经给了某些人一个说实话的机会，但他们认为只要自己守口如瓶，就什么事都没有了。但两三天以后他们打电话给我说想要解释那些事情——但是，到了那个时候已经太晚了，因为我已经把报告交上去了。

如果正在被调查的犯罪行为是由两人或多人实施的，接受讯问的犯罪嫌疑人也推测到或知道自己是唯一一个被羁押的人或者是最先被盘问的人，那么讯问人员按照下面的思路和犯罪嫌疑人交谈将会有助于审讯：

乔，你和我一样都知道，所有像这样涉及两个人或多个人共同作案的案件，早晚都会有人供认的，在这起案件里，你应该是那个先认罪的人。所以在其他那些家伙留下你背黑锅之前，让我们先走一步。可别让他第一个开口，把责任都推到你身上。在那种情况发生前，我们会相信你所说的。人们总是会相信那个最先讲话的人。但是在他说了之后，就不大可能有人相信你说的话了，即使那时候你可能说的绝对是实话。

通过挑起犯罪嫌疑人本来就存在的对同伙最终可能坦白的担忧，讯问人员再次让犯罪嫌疑人感到了一种说实话的紧迫感。换言之，虽然该嫌疑人现在决定不说实话，但无论如何他的同伙最终都会把他牵扯进来。这种特别的主题能够同时实现两个目标。初步和即时目标是马上让犯罪嫌疑人坦白；另一个目标则是为讯问同案犯（们）而使用下一个主题中的“挑拨离间”策略奠定基础。

策略5——当共同犯罪人都接受讯问且前面描述的主题没有效果时，使用“挑拨离间”策略。

当两个或多个人共同实施了犯罪行为且后来都被逮捕并接受讯问时，每一位参与者往往都害怕其他人会坦白。就个人而言，他们每个人都会对自己逃避侦查和拒绝认罪的能力充满信心，但是他们中的任何一个人对于其他共同犯罪人是否有能力这么做，甚至是否愿意这么做并不持有类似程度的信心。他们心中最担心的是其中一个人为了得到某种特别照顾而供认有罪这种可能性。

这种共同犯罪人之间的害怕与互不信任可以作为“挑拨离间”这一有效审讯技巧的基础。但是，由于这种策略在很大程度上只是讯问人员的虚张声势，所以应被视为最后的手段，只有在其他可能的策略都无法达到预期目的时候才能使用。

一般而言，有两个基本方法可以用于挑拨共犯之间的关系。讯问人员可以只是暗示，也可以明确地告知某个犯罪人其同伙已经认罪。无论何种情况，有两个基本规则都是需要遵守的，虽然这些规则也有例外：①将犯罪嫌疑人隔离开来，使他们相互间既无法见面，也不能听到（有一种特殊情况是例外，将在后面讨论）；②让那些偶犯、从犯或者帮助犯相信其他同犯已经供认有罪——简单地说，就是将该策略用于那些比较容易上当的人。不过，有时也有必要使用相反的步骤。例如，首犯或许是更容易上当的人，因为他们担心，如果自己不先认罪，那么某个意志薄弱的人先认罪后，他自己可能就得“背黑锅”了。讯问人员必须以案件的具体情况为基础来判断作出何种选择。

如果某个共同犯罪人看起来很稚嫩——年轻的初犯对可能使用的讯问计谋并不熟悉——可以用简单的方式来进行暗示。例如，在审讯完第一个人后马上将犯罪嫌疑人带进审讯室并告诉他：“那个家伙试图撇清自己，你怎么样？打算把事情说清楚？我并不打算告诉你我所知道的你在这件事中扮演了什么样的角色。我不想教你怎样说话，然后让你只是点头表示同意。我想看看你是否愿意没有顾虑地说出真相。我想听听你是怎么说的——直接从你的嘴里说出来。”在很多情况下，这种劝告都能促使犯罪嫌疑人坦白。

这种暗示的策略可以通过戏剧化的方式增加其效能。下面介绍一个例子，这是本书作者之一多年来在多起案件中使用这种方法的一个实例。在讲述这个以及后面的其他案例时，假设讯问人员将要或者已经适当地向被羁押的犯罪嫌疑人提供米兰达警告。当犯罪嫌疑人处于非羁押状态时是无须提出这一警告的。此外，在非羁押性案件中，法律规定并没有限制进行“戏剧化暗示”的时间，但法律规定对于实际上被拘捕的人必须“毫不迟延”地提交给地方法官审查。而且，尽管对于大部分讯问人员而言都无法获得与前述相同或近似的物质条件或环境，但相关讲述仍然说明了“戏剧化暗示”的潜能。复杂环境并非先决条件，在非常简单的场景中也能达到同样的目的。

对一起入室盗窃案件的调查清楚地表明，犯罪行为是由两个犯罪嫌疑人共同实施（这里称为A和B）的，且这两名嫌疑人都由同一个讯问人员进行讯问。此外，侦查人员已经对两人实施了盘问，但均未成功，然后报告称两个人都不大可能会供认有罪，特别是那个被推测为主犯的A。两人都被带至一间宽敞的候审室坐下，里面有一名正忙着打字的秘书。这名秘书已经知晓接下来她将要扮演的角色。

犯罪嫌疑人A被带进审讯室，这个审讯室与候审室的门相连。对A的审讯并不成功，除了更加确信A是有罪的。讯问人员将A带回候审室，然后与B一起进入审讯室。对B的审讯同样毫无结果，而且讯问人员更加相信B也是有罪的。讯问人员把B留在审讯室里并独自走进候审室，在那儿他命令秘书：“请带上你的笔和记录本进来！”（或者他也可以向秘书做手势以达到那个效果）这个命令同时让A看到，但这个方式很自然，A看不出是在演戏给他看。秘书接着拿上几只笔，将她的速记本往回翻几页——所有这些都在A的视线内——然后起身离开向审讯室走去。过了一段时间后（时长与实际供述所需时间一致），秘书回到候审室，在A的视线内，开始打印那些似乎是在她进去的那段时间里速记的口供。几分钟后，她停下来并询问坐在A旁边的警官：“那个男人（指A）的名字怎么拼？”（如果名字很简单，那么应该询问他的地址或其他基本信息）在得到答复后，她应该继续打字。打完字后，她打印那份“陈述”并起身朝审讯室走去。此后，她又空着手回到自己的桌子前，假装开始她日常的秘书工作。

在大概15到20分钟以后，讯问人员进入候审室并与A一同回到审讯室（审讯室被空出来，B被带到其他房间里）。在A坐下来后，讯问人员说道：

"好了，你想为自己说点什么吗？"这个时候，A 认罪了，因为讯问人员给他一种其共犯已经招供的印象。即使 A 没有立刻招供，讯问人员还可以继续对 A 进行讯问，如果 A 问到 B 说了什么，讯问人员可以告诉他："不用管他说了什么，你告诉我发生了什么，我需要的是从你的嘴里知道这些事。"

当实施一系列犯罪的犯罪嫌疑人有多人时，如多起抢劫，他们当中的一个人已经对这些案件中的一起或两起作出了供述，这一供述就可以有效地用于获取其他犯罪嫌疑人关于所有系列案件的供述，即使第一个供述人只是参与了他供认的那一两起案件。讯问人员可以通过使用下面的这些技巧来套出更进一步的供述。

准备好第一份供述后（如果时间允许，应该以书面供述的形式进行），讯问人员应当根据这份供述中提到的共犯来挑选下一个接受讯问的犯罪嫌疑人。讯问人员手持这份书面供词（或是口头供述的笔录），告诉第二个犯罪嫌疑人，他手上拿的这个就是其他某个同伙的供词。然后问犯罪嫌疑人乔："你不想说点什么吗？好为自己争取些利益吧。"如果乔对此作了含糊的否认或者表现出探询的眼神，讯问人员应该说："我会帮你开个头，剩下的你来告诉我。"这时，讯问人员只能透露一丁点信息——只需要让犯罪嫌疑人觉得这不是唬人就足够了。但犯罪嫌疑人很可能只对之前提到的那起共同犯罪承认有罪，这时讯问人员接下来应该说："嘿，那你参与的其他案件呢？"除了第一份供述里包含的那一两起犯罪，犯罪嫌疑人可能又会承认另外的一起或几起罪行。讯问人员若是觉得这个犯罪嫌疑人可能已经说出了他所做的或者所知道的事，就应当简要地写下其供述并让其签名。然后，这份供述可以用于审讯剩下的犯罪嫌疑人（们），就像使用第一份供述那样。

本书的作者之一曾将前述技巧用于多起案件，并在其中一起案件中查清了由 5 名年轻人实施的相当数量的系列犯罪行为。这些犯罪包括入室盗窃、抢劫，甚至在抢劫后强奸一些受害人。

下面通过一个案例说明可以使用的其他类型的暗示方法。在该案中一对父子涉嫌犯罪，但他们一直坚持称自己是无辜的，即使是分开讯问也是如此。在这种情况下，讯问人员可以和那位父亲说："好吧，如果你们说的都是实话，就像你说的那样，那么这儿有一张纸和一支笔，你给你儿子写个便条，告诉他你已经说出真相，而他也应该坦白。你不需要说任何其他话。"讯问人员应该一边这样说话，一边认真观察犯罪嫌疑人的行为和面部表情。如果他一直拖延不回答，或者含糊其辞地回答，这就能进一步确定他在撒谎，因为如果他和他的儿子没撒谎，那么他应该不会拒绝或者不愿意写这样的便条。犯罪嫌疑人因此而处于两难境地，这可能导致其同意给儿子写便条并签字。然后，当这个条子被送到儿子手上的时候，他的动作、面部表情和言语反应都将具有借鉴意义。如果他是无辜的，他会沉着且自信地用具有这种效果的话回答：“我所说的都是真话，我父亲也一样。我不知道你们想怎么样。为什么你们不干脆把他带到这里?”如果这两个人都是有罪的，往往很快就能得到儿子的有罪供述。如果儿子是有罪的且招供了，那么接下来他的书面供词就可以展示给他的父亲看，或者讯问人员也可以让这个儿子口头向其父亲叙述其在已签名的供词中所交代的犯罪事实。

下面这个案例就很好地说明了，最好在向犯罪嫌疑人提供声明以证明同伙已经坦白的时候使用一定的声音效果；否则，讯问人员就会让自己陷入众所周知的困境中，同时会使该声明受到排斥。几年前，本书的一个作者曾讯问过两个男孩（两兄弟），他们涉嫌实施了一系列入室盗窃案件。他们每个人都坚决否认曾参与了任何犯罪行为，包括否认致使他们被拘捕的那起案件，讯问人员把这起案件当作当时讯问的主要目标。最后，那个弟弟承认参与了一起入室盗窃案件。他说他只是帮助其他犯罪人——他的哥哥，将一些盗窃得来的赃物扔到河里。在得到这一信息后，讯问人员将审讯转向了另外一个犯罪嫌疑人。这一次，为了让当哥哥的犯罪嫌疑人相信他的弟弟已对所有盗窃罪行作出了彻底供述，讯问人员这样说道：“好了，你的弟弟已经全都跟我们说了，现在让我们看看你能不能澄清你自己了。”由于犯罪嫌疑人看上去对讯问人员说的话无动于衷，所以讯问人员继续说道：“为了让你知道我没有骗你，我问你，因为你觉得事情太棘手，就和你的弟弟把那些铜器沉到河里，对这件事你怎么解释?”犯罪嫌疑人立刻笑了，说道：“你这是在忽悠我，我弟弟不会这样说，因为这不是真的。”讯问人员对弟弟所说的丢弃铜器的事非常有信心，相信是真的，所以他决定让那个弟弟当着哥哥的面复述一次那些话。在对质的时候，两兄弟对于谁说的是真话这个问题吵起架来。不过没多久，弟弟就说他把这件事记错了——他把这起案子记成另外一起了，并且把他哥哥和另外一个人记混了，然后把和他一起偷铜器的那个人的名字、身份都说了出来。不过，他还暗示他哥哥参与了其他几起入室盗窃案。在面对这样的供述时，哥哥也承认了自己的罪行。

在这个案件中，讯问人员传达了错误的信息，那个哥哥有足够的理由相信这只不过是个虚张声势的骗局。他自然也不会受到这种话的影响。在任何情况下，当讯问人员将自己猜测的不准确的细节作为证据出示给犯罪嫌疑人以证明其同伙已经坦白时，也会是一样的结果。

无论何时，在尝试更直接的骗局时——也就是，无论何时，犯罪嫌疑人在被切实地告知其同伙已经坦白的时候，讯问人员必须注意不要使用任何声称是来自其同伙所说的话，否则听到这些话的相关人员会发觉讯问人员所说并不准确，并因此将之视为讯问人员在胡乱猜测和撒谎。一旦讯问人员犯了这样的错误，整个骗局就会被暴露，此时再继续使用“挑拨离间”的策略肯定就是徒劳无功的了。而且，讯问人员会被作为欺骗者曝光，此后无论做什么都不再可能获得犯罪嫌疑人的信任。因此，除非讯问人员对于以共犯陈述的名义提供给犯罪嫌疑人的所有犯罪细节的准确性都非常肯定，否则最好只限于使用一般性语言。

前述的预防性措施有个例外，即下面这种案件情形：已经明确得知某个犯罪嫌疑人在共同犯罪中起次要作用。在这种情况下，讯问人员可以告诉这个犯罪嫌疑人，其他犯罪行为人已经把策划犯罪，或者实际开枪或者犯罪中的其他类似方面的罪责归咎于他。同时，讯问人员还可以补充说：“我并不认为事实是如此，但他就是这么说的。如果这不是真的，那你可以告诉我真相。”通过这种方法，讯问人员可以避免由对他的骗局带来任何曝光的危险，因为他已经承认了这些话有可能是虚假的。

除了使用“挑拨离间”的技巧外，还有一个基本的有效手段就是，向罪犯强调在实施犯罪时他扮演的角色罪责较轻，就像在前面讨论过的“谴责同案犯”中阐释的那样。

（五）适用于青少年犯罪人的主题

在对青少年犯罪嫌疑人的审讯中，之前讨论过的那些有关讯问成年犯罪嫌疑人的原则及诸多案例也同样适用于青少年犯罪嫌疑人。不过，还有另外一些审讯主题及指导原则专门适用于青少年犯罪嫌疑人。

在准备对青少年犯罪嫌疑人进行讯问的时候，讯问人员应当尽量从该案的侦查人员那里了解有关犯罪嫌疑人背景的所有能够获知的信息，如侦查人员所观察到的父母关系及整体态度。青少年犯罪人通常都缺乏适当的来自于父母的教导、关爱或亲情。讯问人员了解到这些实际情况将有助于审讯的开展。

正如本书前面所述，在评估青少年的行为反应时应当谨慎。由于身心不成熟，并且缺乏相应的价值观与责任感，青少年犯罪嫌疑人表现出来的行为症状不一定可靠。无论如何，他们都应得到谨慎的对待。

讯问人员可以使用的一个主题是，所有的青少年都精力充沛、焦躁不安，但其经历则相当简单，因此，必须考虑到他们犯错误或者做出一些违反道德及法律的错误行为是自然倾向。这也是司法系统将成年犯罪人与未成年犯罪人分别处理的原因之一。汽车保险公司对青年司机收取的责任险费率要高得多就反映出了这种差别。例如，人们认为一个 26 岁的男人已经学会了如何去控制自己的行为，而不再像他 17 岁时那样唯我独尊，所以，他的保险风险系数要小得多。

另一种主题可以基于当下青少年需要面对很多诱惑展开，因为酒精和毒品的获取太容易。而且还有一个现实是，在很多情形下，青少年的父母均外出工作，留下孩子独自在家，因此实际上根本不存在对这些孩子的监督和教导。这样的条件与环境使得青少年比以前的同龄人更容易犯错误。

讯问人员在讯问青少年犯罪嫌疑人的时候，可以如前面所讨论的那样，将责任归咎于其他人（假设犯罪嫌疑人的父母不在场）。讯问人员也可以将犯罪嫌疑人的行为归咎于其家庭生活及不断的困难。下面的这些话或许可以解释这种技巧的运用。一名涉嫌抢劫杀人的青少年，他也确实遭遇了很多讯问人员所提到的经历：

乔，你的经历和很多孩子一样，而且我自己在儿时也曾遇到过和你一样的困难。你本来是父母双全，但是在你 10 岁的时候，你的父亲死了，然后一切就变了。你的母亲还得照顾其他几个孩子，生活十分拮据。你不得不尽自己所能外出挣钱糊口。无论你得到多少钱或者食物，你都得与你的母亲和兄弟们分享。孩子就是孩子，你可能很快就不得不去偷别人的东西，否则你就什么也没有。你在还是孩子的时候就养成了这种习惯，而且这种事看起来很简单，然后这件事就发生了（指的是正调查的犯罪）。如果你的父亲还活着，他就能照顾你，支撑全家的生活所需，这件事就不会发生在你身上。如果他还活着，可能你今天也不会待在这间屋子里。社会应当受到谴责，因为在你父亲去世以后，社会没有通过某种方式帮助你可怜的母亲，否则你也不会形成这种习惯了。

如果是出于犯罪嫌疑人的父母一方或双方都酗酒、有毒瘾或某种其他的原因，使犯罪嫌疑人在小的时候疏于管教，在这种情况下讯问人员可以这样说：

我非常能够理解如果在我家出现那种情况将会发生的事情。没有人做饭，甚至可能没有人关心我的死活。难怪你最后变成这个样子。你所过得生活比孤儿还不如。孤儿们有各种形式的良好家庭环境，但你却没办法得到其中的一种，因为你被认为已经有了一个家，有父亲和母亲。但你实际上并没有，这就是你现在面临这个麻烦的原因。

讯问人员还可以谴责犯罪嫌疑人儿时生活的居民区没有提供能够替代不良行为的适当活动。换言之，居民区里没有像棒球或篮球那样的活动，甚至没有任何公园设施，这些促使他非常容易地在那些有违法行为的同龄人的压力下加入了他们，并一起做那些违法活动。他没有其他的选择余地。

在提出任何一个这些主题的同时，应当告诉青少年犯罪嫌疑人，尽管有这样的背景经历，但他必须着手在造成更严重的后果前约束并纠正自己的行为。这里有必要使用前面所描述的那些策略，即指出继续实施相对较轻微的犯罪行为会产生的严重后果并且是徒劳无益的。

青少年犯罪人有一个相当独特的特征：他们偏好使用第二自我防卫法（alter-ego defense），声称知道实施该犯罪行为的人。但在要求他具体描述那个人的时候，有罪的犯罪嫌疑人的常有反应会清楚地表明那个所谓的罪犯不是别人，而正是他自己。对于任何这样的声明，讯问人员都应当保持高度警觉。

一些州通过成文法规定，在对青少年犯罪嫌疑人进行讯问时，其父母或监护人必须至少有一人在场（关于这一问题的法律将在本书第十七章中讨论）。依据这一要求，讯问人员在盘问青少年犯罪嫌疑人之前，应该花一些时间与其父母进行交流。在这一环节中，讯问人员应当采取一些积极的方法并向父母强调，与孩子交谈的唯一目的是查明事实真相。讯问人员还应当强调，他对于查明孩子应负的责任和孩子是无辜的具有同样的兴趣。讯问人员还应当告诉该父母存在着需要进行讯问的事实基础，讯问人员可以在不泄露所有已知情况的前提下，向父母提出一个或几个需要进行讯问的理由。

在处理与明显过分偏袒子女的父亲或母亲的谈话时，讯问人员应主要强调三点：①没有人指责或者认为父母在教育培养孩子上有过失；②所有的孩子都曾经做出过一些令父母失望的事；③每个人——包括讯问人员和父母，都在年轻的时候做过一些不应该做的事。一旦讯问人员为了从孩子那里查明真相而有效地获得了父母的配合与支持，那么随后的任何询问或讯问都会容易得多，尤其是在该父母打算留在审讯室内的情况下。

讯问人员应当告知审讯过程中在场的父母尽量克制说话，将自己限定为旁观者。应当安排该父母坐在为观察员设置的靠边的椅子上，就像本书第五章介绍的那样。然后，讯问人员应当着手开始进行审讯，就像只有他和犯罪嫌疑人单独在一起一样。在讯问中，不仅要使用那些专门适用于青少年犯罪嫌疑人的主题，而且还要使用前面讨论过的适用于成年犯罪嫌疑人的那些主题中的适当内容。

下面的案例阐述或许有利于进一步明确如何对青少年犯罪人使用某些审讯主题。在一个常规工作日的午后不久，有人在一家公司的仓库里纵火，一大堆纸制品因此被烧掉。由于作案人事先拆掉了仓库顶棚上的灭火系统，以至于火灾在一些员工能够用灭火器将其扑灭之前就蔓延开了。随后的调查锁定了一名17岁的员工，他父亲是这个公司的经理。这位父亲被人们描述为一个拼命工作的企业管理人，据说儿子与父亲的关系不太令人满意。讯问人员根据这个桀骜不驯的年轻人与他只顾工作的父亲之间形成的冷淡关系制定了主要的讯问主题。讯问人员尤其打算将关注的焦点集中到犯罪嫌疑人的父亲花费了过多的时间和精力在自己的事业上而牺牲了他这个17岁儿子的个人发展上。讯问人员所使用的话语大致如下：

吉米（Jimmy），顽固的犯罪分子与被误解的孩子之间有一道分界墙，前者毫不在乎他人的生命和财产，后者则是因为有些失去控制而被卷入了某种毁坏行为。如今你就站在这条分界墙上摇摇欲坠，可能倒向这边也可能倒向另一边，现在是你选择最终倒向分界墙哪一边的时候了。事实上，你现在还有机会解释你做这件事（纵火）的原因并说明这件事发生的时候你脑子里的真实想法，这将决定你的最终着陆点。

青少年由于体验到不确定的情感和叛逆感而使他们和父母争执不休，这种情况并不少见。同样常见的是，事业心强的父母可能会忽略孩子所体验到的这种不确定感。有时候，几乎将全部精力集中在事业上以竭尽全力满足孩子们物质需要的父母，可能会在不经意间忽略了他儿子或女儿的情感需求。在这些情况下，很容易就能理解一个被父母遗忘的孩子的感受，也就能理解他为什么想要做些极端的事情来获得父母的关注。一个青少年承受这种压力并持续一段时间之后，他就有可能以类似这样的方式作出反应，就像你做的一样，吉米。

人们在判断时总是会犯错，当你决定通过做这件事来让你的父亲站出来关注你的时候，你就错了。但关键的问题是，你做这件事是出于恶意想要设法杀死某个人呢，还是事实上你仅仅是由于绝望的冲动，想通过做这件事来尽量获得你父亲对你的尊重？

向你的父母承认你犯了错误，这可能是件困难的事，但你应该考虑一下未来的情况，当你面对某些人的虚假指控时，你需要让你的父亲相信你说的话。话说回来，如果你现在不解决这件事情，消除他们对你的怀疑，你又怎么能够让人相信你呢？此外，想想将来，当你成为一名孩子父亲的时候，如果你的孩子也陷入这种麻烦中，你能期望你的儿子或女儿对你说实话吗？如果不能，你又如何能够指望在将来信赖他们呢？你不应该虚伪，相反你应该树立起你希望你的子女将来能够保持的那种诚实标准。

虚伪的人和本质上诚实的人之间的区别在于，后者有足够的勇气在被抓住错误的时候站出来说出事实真相。虽然每个人在生活中都有一些“秘密”，但只有坚强的人才能说出相关真相。

一个人的家庭关系是其要维系的东西里最为重要的，现在你和父母的关系显然出现了问题。人们有时候会伤害自己最爱的人这个事实在现在这种情形下得到了证实。当你的父亲一门心思都放在工作上的时候，他附随的漠不关心对你造成了伤害。你是真的爱他，但除了无意识的伤害外，你不知道有什么方法能够唤起你所渴望的父亲对你的关心。但是千万不要继续活在谎言里，让这件事长久地破坏你的家庭关系。

这个时候，犯罪嫌疑人开始哭泣，当他抬起头来看向讯问人员的时候，讯问人员提出了选择问题："你做这件事是出于恶意而设法杀死某人，还是出于对你父母的爱才设法借此得到他们的重视呢?"犯罪嫌疑人回答道："爱。"

在讨论剩下那些步骤之前，笔者再次强调前面所说的内容，即讯问人员无须严格按照本书中所呈现的顺序来使用这些审讯步骤。事实上，在任何给定的案件情况下都不可能这么做，因为审讯初期阶段的各种发展可能要求调换那些剩下的推荐步骤的顺序。此外，有些时候也许不得不把2个或多个步骤混合在一起使用，这样看起来似乎就只体现为一个步骤了。因此，组成第二步的那些主题在讯问期间将不得不一次又一次地被反复使用。换言之，在这种性质的书中，对各种策略和技巧进行划分和归类，让它们每一个看起来就像是自我支持和相互独立的，这是不可能的——它们全都是相互联系的。然而，它们又不可避免地必须分别讨论，否则任何对它们的讨论都将是杂乱而令人迷惑的。因此，讯问人员在着手开展审讯的时候必须发挥自己的独创性。本书内容只能作为一系列基本原则使用，而不能将其作为一套固定不变的、僵化的规则。

预防性措施：

我们可以对青少年作一个儿童期（1—9岁）和青春期（10—15岁）的大体区分。尽管这两类人都有为避免承担其做错事所带来的后果而说谎的动机，但他们在心理层面上的水平是截然不同的。我们的一般建议是，在审讯中对于10岁以下的孩子不应使用积极的劝导技巧（各种主题、选择性问题）。这个年纪的孩子对于暗示非常敏感，而且会积极地取悦权威者。讯问人员与孩子之间的相互作用应当限于围绕事实信息和以简单逻辑为中心的问答环节。虽然这个年龄段的孩子普遍具有非常好的记忆能力，但其记忆是具有选择性的，所以讯问人员在根据前后不一的回忆认定其是否撒谎时必须谨慎。在审讯这些低龄群体方面最主要的困难是，这些孩子的社会责任感尚未成熟并且不能理解未来所面临的后果是何概念，他们生活的重点只围绕在"此时此刻"的概念中。

另一方面，大部分青少年已经养成了社会责任感并达到这样一种程度：他们知道如果承认犯下了严重罪行就得遭受某些未来的后果。为此，对这个年龄段的群体或许要使用包含了某些积极劝导的对抗性审讯。劝导策略的程度应当根据孩子心智的成熟度，而不是根据犯罪的严重性来决定。

当一个孩子被拘禁且讯问人员向他宣读了米兰达权利警告时，就会出现一个问题，即这个孩子是否有能力理解并自愿放弃这些权利。一个10岁以下的孩子肯定是不能完全理解放弃米兰达权利的含义的。较为年轻的青少年同样也可以归入这一类。当向一个先前从未与警察打过交道的15岁以下的未成年人宣读米兰达权利警告时，讯问人员应当仔细地与对方谈论并详述那些权利（而不仅仅是复述一遍）以确保他能理解那些权利的含义。如果解释该权利的尝试没能成功，那么就不应该在那个时候进行审讯。对那些有智力障碍或心理障碍的人亦是如此。

法庭通常是支持在审讯中对没有智力障碍的成年犯罪嫌疑人使用欺骗手段的。在欺骗策略方面，最有说服力的欺骗策略显然是提出能够暗示犯罪嫌疑人犯罪的虚假证据。正如我们在本书第十五章所说的那样，在审讯一个社会成熟性低的青少年犯罪嫌疑人或者一个心智不健全的犯罪嫌疑人时，应当避免使用这种技巧。这些犯罪嫌疑人可能并没有勇气或信心去挑战这样的证据，而且根据犯罪的性质，如果警方告诉他们的证据明显地表明他们实施了犯罪行为，那么犯罪嫌疑人或许会对自己是否可能犯罪变得迷惑。

对供述可信性的最终检验是补强证据。像“我射杀了约翰逊（Johnson）先生”或者“我强迫苏茜·亚当斯（Susie Adams）和我发生性关系”这样的认罪，也可能是出自一个无辜的未成年（或成年）犯罪嫌疑人。这些有罪承认只有在被下面所述的信息补强后才是有用的证据：①犯罪嫌疑人提供的其有意保留的犯罪信息；②直到犯罪嫌疑人供述之后警方才了解到的信息，且该信息随后被证实。

六、第三步——对付否认

（一）处理原则

获得犯罪嫌疑人的招供通常来说并非易事。确实很少会出现这样的情况——一个有罪者在听到对他提出正面的有罪指控时说：“好吧，你把我抓到了，那事就是我干的。”不管有罪还是无罪，犯罪嫌疑人在开始时通常会否认自己犯罪。他们可能会说“不，我没干这事儿”或者类似的表述，也可能用故意的动作以达到相同的效果。否认本质上是回复了讯问人员的指控是错误的，这暗示了犯罪嫌疑人拒绝相信、承认或者认可控告的合法性。对于讯问人员而言，这个否认的阶段是审讯中最为关键的阶段之一。除非能够娴熟地应对这种否认，否则讯问人员后面的努力可能都是白费力气。

下面提到的这种儿时的经验表明了熟练巧妙地应对犯罪嫌疑人否认的重要性。两个孩子因为打坏一个玩具水枪而发生争吵。其中一个孩子说：“你弄坏了我的枪！”另一个说：“不，我没弄坏！”“就是你弄坏的！”“不是我！”然后两人继续叫喊。从理论上来说，胜利属于最后一个喊出声的孩子，但事实上，在这种口水仗里是不会有赢家的。同样的情形常常真实地存在于刑事案件审讯中——双方进行着一场毫无意义的口水仗。

因此，第三步的一个重要的目标是阻止犯罪嫌疑人陷入不必要的否认，这种否认不但会转移讯问人员的主题，还分散了随后劝说犯罪嫌疑人说出真相的努力。而且，对于讯问人员而言，理解审讯的基本原则是非常重要的。这个原则就是，有罪的犯罪嫌疑人越是否认涉嫌犯罪，他坦白真相的可能性就越小。这种人之本性的原则不但适用于讯问过程中，而且在讯问以前同样存在。一个有罪的犯罪嫌疑人如果已经向他的妻子、父母和朋友否认其犯罪，那么相较于那些从未做过这种预先否认的人，他最终坦白真相的可能性很小。简单地说，如果讯问人员允许有罪的犯罪嫌疑人在讯问中进行各种否认，那么让犯罪嫌疑人最终坦白真相会困难得多。

我们来看看另一种儿时的经历——一个孩子直觉性地否认自己所犯的错误在相当程度上是受到了父母训斥的影响。例如，“如果你再干那样的事，你知道会有什么后果”。同样的，在成人世界，也会有很多社会因素促使人们否认错误。事实上，有些因素甚至会导致犯罪嫌疑人直接拒绝回答任何问题——例如，具有宪法性反对自我归罪特权的权利意识，以及司法机关确立的在审讯被警方羁押的犯罪嫌疑人之前必须告知其有权保持沉默并且他所说的一切都将可能被用作不利于他的证据。其次，成年人也能够从自身的经历或者他人的经历中得知，在很多案件中，否认有罪能够使犯罪嫌疑人成功避开那些不利的结果，而承认有罪的后果则相反。

基于前面所述的原因以及其他一些原因，讯问人员不应当被犯罪嫌疑人否认对他的指控所扰乱，即使该案的情况清楚地表明犯罪嫌疑人看上去明显应该承认有罪。讯问人员应该认识到犯罪嫌疑人否认有罪是正常的。

审讯过程中的第三步之所以重要还有其他原因。根据犯罪嫌疑人否认的性质和持续性，讯问人员可能会相信犯罪嫌疑人事实上就是无辜的并打算结束审讯阶段。在某些情况下，犯罪嫌疑人的否认可能预示着其间接参与了正在被调查的犯罪，如具有犯罪意识或可能其涉嫌类似的但与本案无关的犯罪。简而言之，犯罪嫌疑人否认的性质和程度（或者缺乏这些）形成了讯问人员如何进行后续审讯的重要基础。

在质证阶段，被告方的证人可能会尝试这样描述审讯的这一阶段：由于讯问人员努力阻止犯罪嫌疑人否认自己有罪，所以无辜的被告无法说出真相。必须明确的是，犯罪嫌疑人并不会因提出否认而遭受身体上的约束，相反，这些步骤被用于礼貌地劝说嫌疑人不要否认犯罪。而且可以强调一点，在审讯时，无罪的嫌疑人是不会关心社交法则的，他会急切地陈述他的案子；只有有罪的嫌疑人才会允许讯问人员对他的否认置之不理，因为他知道自己在说谎。

（二）处理程序

1. 直接的正面指控后的否认。

讯问人员应当预料到，犯罪嫌疑人对有罪的首次否认是紧随在正面指控（第一步）之后的，也就是犯罪嫌疑人被指控实施了正在调查的犯罪行为之后。讯问人员应该用确定的术语直截了当地告诉犯罪嫌疑人，如可以这样说："我们调查所得的结果明确地指出那个闯入杰森珠宝店的人就是你。"然后，讯问人员应当停顿 3 至 5 秒，在此停顿期间，如果犯罪嫌疑人对此作出否认，则应该认真听取并观察犯罪嫌疑人否认犯罪的方式。这可以使讯问人员及早地明确犯罪嫌疑人可能是有罪的还是无辜的。

提出直接的正面指控之后，讯问人员应该忽略掉犯罪嫌疑人脆弱的否认；这种脆弱的否认只是代表了犯罪嫌疑人遵循着这样一种对付审讯的心理策略，即"如果我被指控干了这事，我就否认"。无须过多关心犯罪嫌疑人作出的这种否认，讯问人员应该马上着手作过渡性陈述以确立讯问的目标（例如，找出犯罪嫌疑人实施犯罪的原因）。

但是，如果犯罪嫌疑人针对直接的正面指控提出更加有力的、更强硬的否认，讯问人员应该像我们介绍的过渡性陈述那样重申自己对于犯罪嫌疑人有罪的信心。下面的对话可以解释这一过程：

Q：乔，我的材料夹里有我们的全部调查结果。毫无疑问，你就是那个放火的人！我想在这个早上和你坐下来谈谈，以便把这事说清楚，好吗？

R：这太疯狂了，我没有放火！

Q：正如我所说的，乔，我们的调查结果清楚地表明确实是你干的，但是现在最重要的事情是确定当时导致这件事发生的情况究竟是怎样的。不久前，我和一个男人进行了谈话，他因为在他自己家里放火而被调查。[以第三人主题继续]

之所以忽略脆弱的否认而回应更加有力的否认，原因在于：首先，讯问人员暗示了他能预料到犯罪嫌疑人会否认，而且他不会白费口舌地去回应。这种不容反驳的回答具有能够制止这类犯罪嫌疑人进一步否认的效果。然而，对于这种更加有力的否认，讯问人员无法确定是来自一个无罪的犯罪嫌疑人还是一个有罪的犯罪嫌疑人。讯问人员重申对犯罪嫌疑人有罪的信心能够得到两个理想的效果：①如果犯罪嫌疑人是无辜的，那么从讯问人员的立场上来说是不会犯错的，无罪的犯罪嫌疑人会非常积极地证明讯问人员的指控是错误的；②如果犯罪嫌疑人在说谎，那么讯问人员的回答表明了对犯罪嫌疑人有罪非常有信心，任何成功的审讯中都要求有这种自信。

2. 主题展述期间的否认。

提出初次正面指控（第一步）后，在整个主题展述期间（第二步），讯问人员应当向犯罪嫌疑人表达这样的态度和立场：对本案的调查已清楚地表明他是有罪的，如今讯问人员和他交谈的唯一目的是确定犯罪时的具体情形并听取他自己关于实施犯罪的解释（或者是讯问人员可能提出的任何过渡性陈述）。

一旦讯问人员提出某个主题并开始展述这个主题，在处理犯罪嫌疑人的否认时，有三个主要目标：

(1) 提前预见犯罪嫌疑人会说出否认。

(2) 阻止犯罪嫌疑人说出脆弱的否认。

(3) 评价犯罪嫌疑人说出的否认。

由于这些目标代表了第三步的精髓，所以其中每一步都将单独讨论，并在每个阶段介绍具体的推荐步骤。

(三) 提前预见犯罪嫌疑人会说出否认

需要指出的重要一点是，在提出否认前，诚实的犯罪嫌疑人和虚伪的犯罪嫌疑人的行为往往是不同的。一般而言，诚实的犯罪嫌疑人会用直接的方式表达自己的否认，并向讯问人员展示适当的非言语线索以反映对他们自己口头声明的信心。在犯罪嫌疑人打算否认参与正在调查的犯罪案件时，欺骗性否认往往先于言语性或非言语性线索而为讯问人员所预见。

1. 即将作出否认的非言语性暗示。

在非言语层面，说谎的犯罪嫌疑人通常会在表达否认前使用“打断性动作”。如此界定其名称，是因为这种动作被普遍认为是想要让说话者知道如下这一信息的社交信号：“嘿，轮到我说话了，我有话要说！”诚实的嫌疑人在表达他的否认前很少热衷于这样的非言语性动作——他们的否认是真实的，他们没有感觉到有必要以礼貌或恰当的社交方式提出否认。

为了更为直观地想象打断性动作，讯问人员可以设想自己在和一位同事交谈。这位同事主导了谈话，他似乎没完没了地讨论他的假期如何或者他的儿子在体育方面取得的成绩。你想要说些什么但又不想在打断你的朋友时表现得那么明显地，你很有可能会通过向这位同事传递非言语性暗示来达到目的，以表达你想说话。

其中一种非言语行为，就是在说话前像演说者一样在两人之间伸出手。有时候可以将一只手的食指放在另一只手的手指上，以这种姿势表示希望提出具体的异议。

犯罪嫌疑人在否认前常常在椅子上把身体往前倾。犯罪嫌疑人初次在心理上准备好表达言词性否认并这么做时，可能只会在椅子上把身体稍微往前倾。

犯罪嫌疑人会努力与说话的对方建立起“目光接触”。而在正常的交谈中，倾听者会把自己的眼神集中在说话者的嘴上。当犯罪嫌疑人将他的目光上移并盯着讯问人员的眼睛时，这意味着他正在寻求允许其说话的机会。

最后，犯罪嫌疑人可能会张开嘴巴，深吸一口气，待讯问人员主题停顿时，把他的话说出来。他这种说话的意愿应当引起讯问人员的警惕。

这些非言语性症状——伸出手、身体前倾、试图目光接触以及张开嘴巴——以上任何一种动作都表明犯罪嫌疑人想要打断这个主题。说谎的犯罪嫌疑人不会为了坦白而打断讯问人员，他们打断讯问人员是为了否认。这张照片（参见图 13-3）描述了一名犯罪嫌疑人正在使用的打断性动作。

图 13-3 打断性动作

2. 即将作出否认的言语性暗示。

无罪的犯罪嫌疑人在主题展述阶段打算口头否认自己涉嫌犯罪时，几乎不会显露出征兆。他们打算说话时会有一些普通的非言语性迹象，如在做一些手势或手臂移动的同时摇头或身体在椅子上往前倾。但是，犯罪嫌疑人通常不会给出即将进行否认的任何言语线索。相反，他们只会说出这样的话："我没干这事儿！"而且没有任何开场白。

有罪的犯罪嫌疑人则可能用"许可性短语"作为否认前的开场。犯罪嫌疑人知道，他预备提出的否认只是个谎言，所以得通过请求允许其说话来提出否认。下面这些话所描述的就是请求允许插话的常见短语：

- 我可以说一句话吗？
- 能让我向你解释一下吗？
- 让我告诉你一些事情好吗？

常出现在虚假否认之前的其他言词性陈述或许可以形容为恳求性话语，如"但老实说，长官"、"请允许，长官"、"我明白您所说的话的意思，但是……"。

（四）阻止犯罪嫌疑人说出脆弱的否认

在说出请求允许插话的语句或恳求性话语之后，犯罪嫌疑人将会强行补充道：“我没干这事！”讯问人员应该尽量设法阻止这种情形发生。所以讯问人员的责任是及时意识到犯罪嫌疑人将要说出“请求允许插话”的迹象，然后一旦听到这些话，就应当立即用其他话题插入以吸引其注意力并阻止其说完否认的话。这种话语首先应当包括一个用强调性语气称呼的犯罪嫌疑人的名字（例如，“乔”！），然后接着说，“在你说任何其他话之前，让我先来解释一下这事的重要性”或者“吉姆！听着，我想让你明白这一点”。

为了强调讯问人员对自己所持立场的信心，上面提到的言语性主张应当配合讯问人员做出的适当的非言语性动作。首先，他应当把头转向犯罪嫌疑人的另一边，拒绝与犯罪嫌疑人的目光接触。这种社交动作表示讯问人员对犯罪嫌疑人想要说的话不感兴趣，而且具有能够阻止犯罪嫌疑人把话说完的效果。同时，讯问人员可以举起手来做一个公认的“停下”手势。这能进一步坚决地表明讯问人员的信心。最后，讯问人员在继续他的主题的时候，可以朝着犯罪嫌疑人稍微向前挪动椅子。另外一种控制谈话局面的策略是，讯问人员可以改变自己说话的嗓音语调，如提高说话的音量，在一些情况下也可以用轻柔的语调；此外，变换说话的语速也能改变话语所强调的含义。图 13-4 说明的是讯问人员在与犯罪嫌疑人说话时做出的非言语性回复动作，“丹（Dan）！听我把话说完，我所说的非常重要”。

图 13-4　阻止脆弱的否认

这样的话语，如“乔，在你说任何话之前，让我解释一下这事的重要性”，通常能够阻止有罪的犯罪嫌疑人说完他的否认陈述。在讯问人员谈论了“重要性”之后，犯罪嫌疑人随后会陷入沉默，此时讯问人员应当立即转回来继续展述他之前的主题。在讯问人员继续展述主题的过程中，犯罪嫌疑人通常会试图在谈话中再次作出否认。当有罪的犯罪嫌疑人试图再次使用“请求允许插话”的短句提出否认时（例如，“我只说一点可以吗”），讯问人员应当立即打断犯罪嫌疑人的话并建议他“给我点时间”，因为讯问人员所要说的内容非常重要。表 13-2 中展示的对话可以说明这一过程。

表 13-2　第三步中的对话要素

<table>
<tr><th colspan="2">实际对话</th><th>要　素</th></tr>
<tr><td colspan="2">讯问人员：乔，我们调查的结果清楚地表明，上星期闯入杰森珠宝店的那个人就是你</td><td>正面指控</td></tr>
<tr><td colspan="2">乔［停顿片刻后］：你觉得……我会做这种事吗</td><td>犯罪嫌疑人在行为性停顿时的初次否认</td></tr>
<tr><td rowspan="2">讯问人员：</td><td>乔，这是毫无疑问的。现在我想要做的是和你一起坐下来，看看我们能不能搞清楚这件事情</td><td>再次陈述指控</td></tr>
<tr><td>你知道的，乔，在这种情况下，对于我们而言，最重要的事情是了解导致这种事情发生的原委。现在，我知道你自从去年失去工作以后生活有多困难。这种方式……</td><td>主题展述</td></tr>
<tr><td colspan="2">乔：能让我说句话吗</td><td>用于说出否认的许可性短语</td></tr>
<tr><td rowspan="2">讯问人员：</td><td>［打断乔的话］乔，你先听我说一下，我需要让你知道这事的重要性</td><td>阻止否认</td></tr>
<tr><td>乔，在当前的经济形势下，通货膨胀和失业正在毁掉很多人的生活，我们经常看到像你这样的人犯这样的错误。你看，乔，我知道，你如果不是觉得已经走投无路，你是不会做出这样的事情的。你的家庭……</td><td>回到原主题并阻止其进一步否认</td></tr>
<tr><td colspan="2">乔［打断讯问人员］：如果你让我说话，我会告诉你发生了什么事</td><td>请求允许说出否认</td></tr>
</table>

续表

实际对话	要　素
讯问人员：乔，让我把话说完，因为我知道你承受的压力很大，你得解决家里的食物账单、支付租金、为孩子们买衣服	阻止其再次否认并回到主题
乔［打断讯问人员］：我明白你说的，但是……	请求允许说出否认
讯问人员［打断乔的话］：听我把话说完，因为对你来说明白这些是非常重要的［继续主题］	阻止其再次否认并回到主题

这种类型的交锋在讯问的初期阶段可能会多次重复。通常讯问人员的回复能够阻止有罪的犯罪嫌疑人说出否认的话，这种回复可能是肢体动作，如“停止”的手势、提及犯罪嫌疑人的名字，或者提到讯问人员所说的话的重要性。但是，在某些情况下，仅凭这些策略还是无法阻止犯罪嫌疑人说出否认有罪的话。在这种情形下，讯问人员可能需要逐步升级他回复的话语，即在所说的话语中暗示对方将会提出更多的有罪证据，如“乔，我还没说完呢！在你作出任何解释之前，让我告诉你所有的事情（或者，告诉你，我们收集到的对你不利的证据恰好就在这儿）”。

有罪的人通常会有兴趣听取讯问人员讲述整件事情以及有兴趣去了解讯问人员已经掌握了多少关于自己的情况，以便对当下自己面临的形势作出评估。因此，在讯问人员说将有更多的有罪证据出场时，大部分有罪的犯罪嫌疑人会安静下来。

一般来说，这种技巧要么可以终止有罪的犯罪嫌疑人的否认企图，要么至少能够在继续审讯时减少犯罪嫌疑人否认的频率。讯问人员也将因此能够挫败犯罪嫌疑人通过说“我没有做那事”这样的抗议来对付讯问。有罪的犯罪嫌疑人很快就会意识到否认实施犯罪的企图是徒劳无益的，并且不能阻碍或终止讯问人员查明事实真相的步伐。作为结果，有罪的犯罪嫌疑人往往会改变策略，以努力达到控制谈话的目的。在这个时候，讯问人员应当转入第四步（克服异议）。

正如早前所述，无罪的犯罪嫌疑人在讯问人员初次提出正面指控时，一般会作出直接的、诚恳的、自然的否认。然而，为了将判断错误的风险降至最低，讯问人员在短期内仍然应当继续假定该犯罪嫌疑人可能是有罪的。需要再次强调的是，此处所关注的是针对这些犯罪嫌疑人的怀疑是有合理证据或者有把握有罪的。换言之，讯问人员在指控某人实施了犯罪行为前，至少应有合理根据相信该人确实犯下了此罪行。此外，这里所推荐的策略均没有诱导一个无罪的人作出有罪供述的倾向（这一点在前面的第一步中已经详细叙述过）。

在强行插入否认前，无罪的犯罪嫌疑人通常不会让讯问人员的谈话持续太长时间。正如前面提到的那样，无罪的犯罪嫌疑人与有罪的犯罪嫌疑人不同，他们不会使用请求允许的话语作为否认的开场；相反，他们会明确地表达这种意思："你错了！我没干这事！"但是，讯问人员还是应该尽力阻止犯罪嫌疑人的否认，就像对付那些表现出有罪症状的人一样。

在大多数情况下，无罪的犯罪嫌疑人是不会允许讯问人员阻止他们否认的。事实上，随着讯问的深入，无罪的犯罪嫌疑人否认的强度和频率都会不断增加。无罪的犯罪嫌疑人会变得愤怒且固执，他们经常会用不允许讯问人员说话的方式来尝试控制讯问的进程，直到他们已经说清楚自己没有实施正在调查中的犯罪行为。

在对付某些具有特定文化背景或心理承受能力较低的犯罪嫌疑人时，这种一般的"无罪型"的对抗方式也有例外。有些无罪的犯罪嫌疑人出于种族、环境或内在特性（如年龄）的原因对权威心怀尊敬（或者畏惧），因此对他们而言，很难肆意地用强硬或不礼貌的方式作出否认。而且，他们可能会逆来顺受地任由讯问人员阻止其作出否认的尝试。当讯问人员展述主题时，他们看上去似乎是在认真地听取讯问人员讲话，甚至会点头以明确地表示同意。只有当讯问人员最终提出会使其入罪的问题时，他们才会否认自己涉嫌犯罪，或者最后才会用以下措词表达其挫败感："这是什么样的谈话啊——这完全是一面之词！"此时，这种人似乎才是真正地被触怒了，因此作出的否认很真诚。但是，这种态度的形成往往会比较缓慢。

（五）评价犯罪嫌疑人说出的否认

先前讨论的阻止犯罪嫌疑人进行否认的过程并非总是能够成功。虽然这一方法适用于所有的无罪型否认，但仍有许多有罪的犯罪嫌疑人还是通过不懈的努力说出了他们的否认。

第三步的最终目标是评估那些犯罪嫌疑人说出来的否认，并针对否认作出有效地回应。为此，讯问人员必须仔细地、准确地评估犯罪嫌疑人的否认实际上说的是什么。就此而言，讯问人员或许能够从否认中洞悉应当如何继续进行讯问。除了与有罪否认相对应的广义的无罪否认外，讯问人员需要对该否认的强度与内容进行评估，因为这将有助于他知晓如何最佳地处理这些否认。

1. 来自于无罪的犯罪嫌疑人的否认。

在审讯过程中最容易识别的否认是那些来自于无罪的犯罪嫌疑人作出的。通常这种犯罪嫌疑人对讯问人员的初次指控（第一步）的反应是自然、直接且强硬地否认自己有罪。他可能直言或者以其他方式表明自己对这种有罪指控的愤怒和敌意，甚至可能因此而辱骂讯问人员。无罪的犯罪嫌疑人在初次否认时会“用眼睛直视”讯问人员或身体在椅子上往前倾，表现出一种强硬甚至是进攻性的姿态。他作出否认的言语内容可能是这样的：“你错了。如果你觉得是我做了像那样的事情，那你肯定是疯了！”

随着讯问人员继续使用过渡性陈述和展述主题，无罪的犯罪嫌疑人进行否认的征兆变得愈加明显。犯罪嫌疑人并不说话，但变得越来越激动和专注（明显是在感情上参与到审讯中了）。同时，他试图否认的行为变得更加频繁和固执。最终，犯罪嫌疑人也会使用非言语性姿势，就和讯问人员用“停止”手势打断否认一样作出否认。这些姿势包括身体前倾、伸出手、在讯问人员想要说话时看向别处。紧接着，可能展开口水战并且无罪的犯罪嫌疑人会赢得胜利。这些都是无罪否认的重要标志，需要强调的是：当讯问人员使用前面提到的策略试图阻止否认，而犯罪嫌疑人在口水战中获胜且讯问人员变成安静的倾听者时，应当着重考虑犯罪嫌疑人是无罪的这种可能性。

无罪的犯罪嫌疑人通常会用明确、清晰的话语来强调他的否认。他们的否认通常包含了这样的描述性语言，“我没有谋杀任何人”或者“我没有在工作中偷任何钱”。在说这些话的时候，无罪的犯罪嫌疑人的眼神会传递受伤害或愤怒的表情，看上去就像一个被严重侵害的人。此外，在审讯过程中，他们极少有人能够越过这个否认有罪的阶段，他们会固执地坚持自己的立场，并拒绝同意讯问人员继续展开一个其他无法质疑的讯问主题。

2. 来自于有罪的犯罪嫌疑人的否认。

从脆弱的辩解式否认，到固执但缺乏令人信服理由的否认，有罪否认的范围极为广泛。通过否认的内容我们可以认定它是否来自于有罪的犯罪嫌疑人。通常从犯罪嫌疑人在第一步（正面指控）中的初次反应，就能明显地看出其有罪与否。一种常见的对正面指控的欺骗性回复是用下面这种提问的方式，如“为什么你认为是我干的”、“你确定吗”、“怎么可能会这样”或者“确实是这样吗”。第二种常见的对直接的正面指控的欺骗性回复包含了有条件的或增强语气的短语。这种回答的例子有，“对着我母亲的坟墓，我发誓我从没有干过这种事”、“尊敬的先生，我已经告诉你事实的真相了”或者“上帝能够证明，这件事我一点都不知道”。

面对他们所犯罪行的指控，一些有罪的犯罪嫌疑人会采取防御的姿态并作这样的陈述，“我知道这种事会发生”或者“你就只是来抓我，我是被陷害的”。这种防御策略最具启发性的例子或许是犯罪嫌疑人在面对性骚扰案调查时所展现出来的虚假供词。在被讯问人员告知其供词明显是在撒谎后，犯罪嫌疑人面带微笑离开椅子，与讯问人员握握手，以文明的方式说道：“好了，我想你是不会相信我的，很高兴能和你谈话，但我必须去见我的律师了。”然后尽量迅速地离开了询问室。

根据我们的经验，无罪的犯罪嫌疑人在被错误指控后根本不会急于离开询问室——事实上，他们会坚持让讯问人员确实弄清楚真相。这是真的，甚至是在讯问人员暂停了讯问（在下一部分将会介绍的方法）并专门告诉他其他的犯罪嫌疑人将会被追捕之后，他们仍会这么做。如果不能实质性地确保自己不会再被当作犯罪嫌疑人，无罪的犯罪嫌疑人是不想离开询问室的。

在主题展述的过程中，通过犯罪嫌疑人对描述性语言的回避，可以识别出该否认是否来自于有罪的犯罪嫌疑人。在“我没干那事”或“我没有拿那些钱”的这种欺骗性否认的前面可能会有一个表明接受所谈论的主题的话语，如“我知道你所说的是什么意思，但是老实说，我当时甚至就没在那个地方”。仅犯罪嫌疑人承认与主题概念相关的事实这一现象就可以认为这暗示了他是有罪的——无罪的犯罪嫌疑人则更可能会质疑主题概念，“即使我拖欠了债务，那又有什么不同呢？我生平从未抢过任何人”。同样，欺骗性否认可能包含了致歉的话，如“我给您带来麻烦实在是对不起，但是老实说，我真没干这件事”。

有罪的犯罪嫌疑人在作言语性否认时，通常会连带做出一些非言语性动作，如避免与讯问人员的眼神接触、无精打采地耷拉在椅子上、从讯问人员身边移开椅子，或者不断地变换姿势，包括时而交叉或不交叉双臂和腿。审查评估犯罪嫌疑人在否认中的副语言行为，通常能够揭示出其虚假否认的本质。就这点而言，欺骗性的否认可被认为是软弱的或者恳求性的。那些以恳求的方式说出来的话就是典型的有罪表征，如“噢，真的吗？先生，请你一定要相信我”。那些用温和的或顺从的方式说出来的否认，同样也缺乏能够从无罪的犯罪嫌疑人那里听到的典型的强硬和坚定。

有罪的犯罪嫌疑人作出的某些否认，是直接针对那些对其不利的主张中的一些细节方面的，这种否认的就是“特定否认”。这种否认的例子有，“我没有偷1400美元”、“那把枪不是我的”、“我甚至不认识那位女士”、“我当时并不在那个酒吧里面”这些否认看起来非常强有力，看起来似乎具备无罪的犯罪嫌疑人作出的否认的一些特征。但是，具有重要意义的是，这些话并未否定他与犯罪有关，而只是否认了犯罪的某些细节。在第一个例子中，犯罪嫌疑人可能偷了1350美元或1500美元，可能刚好不是1400美元。在第二个例子中，犯罪嫌疑人使用的枪可能是偷的，也可能是属于他的同伙——他只是否认了对这支枪的所有权。在第三个例子中，犯罪嫌疑人并没有否认强奸，而只是否认他认识受害人。在最后一个例子中，犯罪嫌疑人并未否认参与抢劫，他可能只是负责望风或是驾车逃走的司机。

3. 有效应对犯罪嫌疑人说出的否认。

下面介绍的应对犯罪嫌疑人说出的否认的方法应当被视为普遍原则。这一原则所提供的建议性方法已多次被证明是有效的。从根本上讲，讯问人员处理犯罪嫌疑人说出的否认的方法取决于诸多要素，包括与犯罪嫌疑人建立融洽关系的程度、不利于犯罪嫌疑人的证据之强度，以及讯问人员的个性特征。

（1）起因不明的坚持不懈的否认。当讯问人员无法阻止犯罪嫌疑人否认，并且在某种程度上还无法确定犯罪嫌疑人是否有罪时，以盗窃案为例，讯问人员可以采用一种非常有效的办法，即向犯罪嫌疑人提出他是否愿意赔偿被害人的损失。除了那些非常特殊的案件情况，无罪的犯罪嫌疑人是不会同意赔偿被害人的全部损失的，甚至任何部分损失也不会同意赔偿。但是，一个有能力或者有无限潜能赔偿任何损失的有罪的犯罪嫌疑人却很可能愿意这么做。因此，讯问人员应当向犯罪嫌疑人提出如下关于是否愿意向被害人赔偿损失的问题："乔，这个家伙（或公司）有权利要求归还那些钱，让他拿回这些钱你看怎么样?"无罪的犯罪嫌疑人可能会回答说："我知道他有权这么做，但我没偷那些钱!"有罪的犯罪嫌疑人则可能会犹豫一会儿，思考如何回答，然后才会说："不。"但他的回答看起来似乎有些不大确定，似乎在权衡这么做的利弊；或者他可能会立即回答说："好吧，我愿意看到他得到赔偿，尽管我没拿这笔钱。"①

在某些情况下，当一个一般的盗窃犯或贪污犯同意赔偿丢失的金钱时（如1000美元），为了使确定犯罪嫌疑人有罪的结论更有把握，讯问人员应当这样说："嗨，你愿不愿意赔偿另外那笔损失，就是500美元那笔?"（此处讯问人员提到的是一笔虚构的损失，而且这笔损失的总数或价值一定要小于前面提到的实际损失。）在这种情况下，犯罪嫌疑人可能会回答说："不，我不愿意!"然后讯问人员追问："为什么不愿意呢?"犯罪嫌疑人典型的回答是："因为我没拿那笔钱!"根据犯罪嫌疑人最初同意补偿真实损失的这一回答，可以证实他就是偷拿那笔钱的人这一推断是合理的。于是，讯问人员应当继续尝试展述一个适当的主题以使犯罪嫌疑人最终承认他的犯罪行为。

无论讯问人员的态度和语言如何，无罪的人都会坚定不移地坚持否认有

---

① 无论什么时候讨论赔偿问题，讯问人员与那些尤其是代表雇主行事的人或其他遭受经济损失的私人受害者，都必须小心避免作出带有这种效果的任何陈述——如果犯罪嫌疑人作出补偿（任何数目），那么就不会向执法机构提交关于这个问题的报告或正式控诉。这样做在某些司法辖区是违反成文法规定的。例如，伊利诺伊州刑法典的第32-1节（Ch. 38, Il. Rev. Stats.）就包含如下这种关于"私了犯罪罪"的条款："以接受他人的任何报酬或者向他人提供任何报酬作为交换条件，不对犯罪人进行起诉或在起诉被告人时给予帮助，该人的行为构成私了犯罪罪。"这种行为可被处以500美元的罚金。

罪。但是，有罪的人则可能试图通过表达协助查明案情的意愿来取悦讯问人员，但同时又否认自己是实施此犯罪行为的人。例如，犯罪嫌疑人可能会说："好吧，你想知道的事情我会告诉你，但我真的没有干那件事！"因此，讯问人员应当意识到这种类型的回答是犯罪嫌疑人有罪的一种表现，而认识到这一点对审讯有重要帮助。此处犯罪嫌疑人表现出的心理因素和那些在盗窃案中愿意赔偿受害人损失的犯罪嫌疑人非常相似。

在某些情况下，讯问人员这样处理会比较恰当：在审讯阶段向犯罪嫌疑人提供一个接受测谎检测以使其能够证实自己是"清白"的机会。[①] 讯问人员可以说："我现在就可以为你安排一次测谎检测。"犯罪嫌疑人对此的反应可能有助于讯问。如果犯罪嫌疑人同意且看起来愿意尽快接受测谎，这通常暗示着他可能是清白的。然而，在某些情况下，有罪的犯罪嫌疑人在开始的时候也会同意接受测谎，因为他认为这个提议只是吓唬人的把戏。无论会发生哪种情况，只要有可能，讯问人员就应当尝试让犯罪嫌疑人同意接受测谎。不过，如果要进行测谎检测，在讯问活动和测谎之间应当保持合理的时间间隔。

在讯问人员提出测谎检测的建议后，有罪的犯罪嫌疑人往往会设法逃避或者至少是设法推迟进行测谎，他们可能会说这样一些评论性的话，"我不打算接受测谎检测，他们说这种测谎检测经常出错"或者"等一下——我需要先和我的律师商量一下"。这种性质的回复通常有力地表明了犯罪嫌疑人是有罪的。不过，那些了解测谎人员的能力对于测谎检测结果具有重要影响的无罪的人也可能会拒绝接受测谎检测，他们会因此而坚持要求先了解一下有关测谎人员的情况。

在犯罪嫌疑人拒绝接受测谎检测之后，讯问人员可以指出他这种拒绝的归罪意义（至少对该犯罪嫌疑人会产生这种效果）。这种做法与纯粹的建议接受测谎或接受催眠一样，目的都是尽量了解真相，通常能很好地促使有罪的犯罪嫌疑人坦白供述其罪行。

当犯罪嫌疑人坚称自己是无罪的，而讯问人员又无法或不愿意为其安排测谎检测时，讯问人员可以告知犯罪嫌疑人测谎将会在不久之后的另一场询问中安排进行。犯罪嫌疑人回到家后，会将其接受讯问的经历告诉其配偶、其他家庭成员或朋友，他们可能会极力劝说他接受测谎检测以证实自己的诚实和清白。如果犯罪嫌疑人对这一建议采取推脱的态度，他的配偶或亲友可能会就此生疑，进而坚持犯罪嫌疑人应当胸怀坦荡地说出真相，并承诺他们将会给予他

---

① 代表私人企业工作的调查人员应当注意1998年实施的《联邦雇员测谎检测保护法》中设置的法律限制。确切地说，不能要求一名私营雇员接受测谎测验，除非：该问题涉及雇主的金钱损失，并且该雇主有合理的理由怀疑此雇员应当为这笔损失负责。

支持。这种情况时常发生。此外，即使没有任何人的鼓励，良知的纠结或即将被证实有罪的心理斗争，也会促使有罪的犯罪嫌疑人回过头来找讯问人员并坦白其罪行。

对于讯问人员而言，接下来的步骤最好是再次对该犯罪嫌疑人进行询问。通常由于上面提到的各种因素，犯罪嫌疑人在返回接受第二次询问以及随后进行的审讯之后，很快就会供认自己的罪行。一旦讯问人员决定对犯罪嫌疑人实施第二次询问，那么下面所说的步骤则必须牢记在心：首先，最终目标是要让犯罪嫌疑人回到询问室。为了达到这个目的，讯问人员必须让犯罪嫌疑人在离开时是“友好的告别”，并且留下刺激其回来的因素。下面介绍的话语已被证实能够有效地鼓励犯罪嫌疑人回来接受第二次询问：

听着！乔，我最不希望发生的事情是，无辜的人为其没有做过的事情而受谴责。我们还要对很多人进行询问，同时我还在等着罪证实验室的两个结果。你告诉我你和这件事根本没有任何关系。我接受你的说辞并视其为真相，我会推迟上交报告的时间直至我们完成了所有的调查。下一步可能还需要你再回来和我们谈一谈，解释一下我们在调查中的新发现，你愿意回来，是吧?

通过引出犯罪嫌疑人同意回来的社交承诺，讯问人员在后来联系犯罪嫌疑人并安排第二次询问时会处于更好的优势地位。在提醒犯罪嫌疑人回来接受询问的承诺时，讯问人员可以为第二次询问制造一个假的借口，如“有一些细枝末节需要弄清楚”。

（2）可能出自无罪的犯罪嫌疑人的否认。当讯问人员感觉到犯罪嫌疑人有可能是无罪的时候，他应当开始减缓语气并减弱言辞中的指控性质。与其在问话中关注犯罪嫌疑人是否实施了犯罪行为，还不如软化指控，指出犯罪嫌疑人可能事实上并未实施犯罪，只是在某种程度上与该案有关，或许只是对案件有所了解，或者是因为包庇犯罪嫌疑人而被认为是罪犯。这种“逐步降低”指控力度的过程应当谨慎进行，同时讯问人员应当继续评估犯罪嫌疑人的言语及非言语行为。另外，讯问人员还应当寻找线索，看犯罪嫌疑人是否实施过其他性质相对较轻的犯罪，因为这种犯罪行为能够引起对他实施被控主要罪行的怀疑。例如，在一件涉案金额为 5000 美元的贪污案件中，讯问人员应当考虑是否有可能是犯罪嫌疑人偷了与本案无关的较小数额的金钱，这可以解释犯罪嫌疑人在就那 5000 美元被询问时的初步阶段所呈现出的有罪行为症状。

讯问人员可能会发现扩大讯问的范围是明智的，如犯罪嫌疑人提供虚假的不在犯罪现场证明可能是出于与正在调查的案件无关的个人原因。或许犯罪嫌疑人提供虚假的不在场证明是为了避免暴露其不检点的言行而被迫为之，如犯罪嫌疑人在提问中被问到的案发时间可能正和配偶以外的其他伴侣在一起。讯问人员还应当探究犯罪嫌疑人实施了某些与正在被调查的案件类似但又无关的其他犯罪的可能性。

当犯罪嫌疑人在审讯中所表现出来的言语及非言语行为看起来很诚恳，并且暗指其并未涉嫌正在调查中的案件时，讯问人员不要立即告诉他不需要对其进行任何后续的审讯，仅需要告知犯罪嫌疑人，由于他对讯问人员的配合，问题已基本了解清楚，但还需要寻找其他线索以便充分证明其无罪。同样，如果讯问人员相信犯罪嫌疑人是有罪的，但又不能使其越过审讯的否认阶段，那么讯问人员应当告诉犯罪嫌疑人，为了尽量核实犯罪嫌疑人的真实情况，讯问将会继续进行。

（3）来自于有罪的犯罪嫌疑人脆弱的、有条件的或者辩解式的否认。关于何时回应犯罪嫌疑人那些脆弱的否认，讯问人员有多种选择余地。所有告知犯罪嫌疑人的话语都应包含这一句，即他的罪行已经是毫无疑问的。然后，讯问人员应尝试将犯罪嫌疑人的注意力从有罪还是无罪重新引导回说明讯问的目的上来（例如，想了解嫌疑人是哪一种人），下面的对话阐述的就是这种尝试：

S（犯罪嫌疑人）：但是，尊敬的先生，对于这件事我什么都不知道。

I（讯问人员）：乔，毫无疑问，这件事就是你干的。这已经发生了，你无法改变它，我也无法改变它。我现在和你谈话的唯一原因是想要了解你是个什么样的人。我并不认为你具有犯罪的头脑，这从你事先精心策划此事数月，但直到第二次才搞定就可以看出来。我认为你本质上是个正直的人，你的行为与性格并不相符。这正是我们需要确定的事情。[回到主题]

一些犯罪嫌疑人不会满足于简单的被告知其犯罪是毋庸置疑的——在决定坦白真相前，他们想要知道有哪些不利于他们的证据。再者，进入犯罪讯问程序的大部分案件并没有能够确定犯罪嫌疑人有罪的压倒性证据，而这正好是进行审讯的原因——努力获得这种确凿的证据。对于许多有罪的犯罪嫌疑人而言，在决定如实供述其罪行之前，他们必须确认讯问人员已经知道真相或者很快就会知道。在这种情况下，讯问人员必须就是否在讯问中亮出证据作出决定。

在讯问过程中，有罪的犯罪嫌疑人作出否认的动机之一是评估讯问人员所掌握的案件事实。因此，一旦讯问人员拿出了证据，他就为犯罪嫌疑人提供了方便，因为犯罪嫌疑人会立即准确地知道案件事实在多大程度上对他不利，他就会拥有切实的东西进行抨击和辩解。基于这一原因，讯问人员在拿出某个特定的不利于犯罪嫌疑人的证据之前必须仔细考虑使用该证据的策略，以便在使用后能够克制犯罪嫌疑人的顽固否认。

前面所述假定的前提是，讯问人员并未掌握关于犯罪嫌疑人有罪的明确、令人信服的证据。如果讯问人员实际上拥有能够证明犯罪嫌疑人犯罪的初步证据，那么在审讯的这个阶段提出其中的一些证据就能够产生良好的效果，就能够克制犯罪嫌疑人固执的否认。

但是，正如前面提到的那样，很多审讯往往并没有能够清楚地证明犯罪嫌疑人就是该案罪犯的实物证据。因此，讯问人员或许只能提出情况证据（间接证据）用于“证明”犯罪嫌疑人实施了犯罪。在许多案件中，最能表明犯罪嫌疑人有罪的莫过于讯问人员对犯罪嫌疑人在询问期间行为的分析。因此，当一个犯罪嫌疑人回答“嗨，先生，我在我母亲的坟前发誓，我对那件事毫不知情”的时候，讯问人员不大可能通过向犯罪嫌疑人解释他的不在场证明看起来很不充分并且他的非言语行为与那些隐瞒信息的人相一致，来说服犯罪嫌疑人坦白真相。

如果讯问人员决定在讯问过程中展示证据，那么初次尝试应该通过暗示来完成。下面这段来自讯问中的对话阐释了这一技巧。该案在调查中的争点是某酒店保险柜内的600美元被盗。讯问人员在审讯前从调查中得知，犯罪嫌疑人在盗窃时是使用酒店经理的钥匙打开保险柜的，盗窃得手后将钥匙丢弃在警钟座处。此外，装钱的信封被丢在保险柜附近的垃圾桶里。在讯问的这个阶段，犯罪嫌疑人作出的否认很脆弱但很固执。

S：但老实说，我甚至就没有见过那些钱。我不知道为什么你会认为是我偷的。

I：听着，萨姆，我们知道你用玛吉（Margie）的钥匙打开了那个保险柜，并且我们知道你拿到钱后把钥匙扔到警钟座那里。这些我们都已经查清楚了。我们还知道你从保险柜里取了钱之后，去掉了装钱的信封，并把信封扔到了大厅那边的垃圾桶里——所有的这些我们都知道。我们所不知道的是你是如何拿到钥匙的，这很重要……［回到主题］

此时犯罪嫌疑人的否认被打断了，在15分钟之内，他彻底交代了自己的盗窃行为。在讯问过程中，讯问人员从未提出任何不利于犯罪嫌疑人的证据，只是含糊不清地说自己知道某些事情。在此期间，讯问人员也没有说自己是如何知道的，只是强调自己知道了。在任何犯罪中，讯问人员都能确定犯罪嫌疑人已做过的一些具体的事情。这种暗示技巧只需简单地告诉犯罪嫌疑人讯问人员已经知道他做的这些事情，而无须解释是如何知道或为什么知道的。

一些有罪的犯罪嫌疑人却不会满足于讯问人员这样的说法：“我们知道你在她的公寓内处理掉了那把刀。”他们会要求知道此证据的具体情况。在这种情况下，讯问人员有两种选择。第一种是完全逃避拿出书面证据证明这一问题(将在下一节介绍)，第二种是捏造一个回答。向犯罪嫌疑人展示一个完全虚假的证据应当是讯问人员为了说服犯罪嫌疑人坦白真相而做的最后努力了。需要牢记的是，有罪的犯罪嫌疑人清楚地知道自己在犯罪时做过什么和没做过什么。例如，讯问人员欺骗说在犯罪现场找到了犯罪嫌疑人的指纹，而犯罪嫌疑人知道自己当时戴着手套。在这种情况下，讯问人员丧失了他的可信度，想要获得犯罪嫌疑人的供认是不大可能的。

虽然普遍来说，对有关犯罪嫌疑人犯罪的证据进行言语性撒谎是可接受的，但使用这一技巧是存在风险的。在出示这种证据前，讯问人员应当仔细考虑与犯罪嫌疑人建立起的融洽关系的程度、可能存在的证据，以及讯问人员“推销”存在证据这种的能力。对这些原则的任何误判都会导致这一技巧产生相反的效果，并强化犯罪嫌疑人的抗拒。此外，如果犯罪嫌疑人的态度是坚称自己因为醉酒而不记得是否实施了犯罪行为，则不能使用能够表明犯罪嫌疑人实施犯罪的虚假证据。因为在那种特殊情况下，使用引入的证据让犯罪嫌疑人承认自己的罪行可能会引发争议。正是因为这些原因，讯问人员只有在尝试采用其他阻止犯罪嫌疑人持续但脆弱无力的否认失败之后，才能考虑在讯问中引入虚假证据。

(4) 特定的否认。如果犯罪嫌疑人的否认被认定为特定否认（对犯罪某些细节方面的否认)，那么有效地处理该否认将会有助于说服有罪的犯罪嫌疑人说出真相。特定否认通常能够告诉讯问人员，哪些是犯罪嫌疑人在犯罪时没有做过的。因此，在某件盗窃案中，当一名犯罪嫌疑人作出如下特别否认时——“我没有那些钱”，讯问人员应当围绕这一事实指出主题：犯罪嫌疑人明显非常需要钱来支付账单或是其他不寻常的消费，这就是他不再有那么多钱的原因。

讯问人员回复特定否认的方法与将在第四步中介绍的回应犯罪嫌疑人异议的方法相似。从根本上说，讯问人员应当认识到一点，即如果将特定否认孤立地看，那么它可能是真实的陈述。因此，任何争论该否认正确性的尝试都只会遭到犯罪嫌疑人的进一步抵抗。下面例子所示的回复来自于一名被指控入室盗窃的犯罪嫌疑人：

S：我没有闯进那个房子里！[门没锁，因此不存在强行进入]

如果讯问人员强烈地驳斥，“毫无疑问就是你干的，现在让我们把事情都弄清楚”，犯罪嫌疑人会立即意识到讯问人员的证据是不正确的或是薄弱的，然后就会进一步加强他的否认。在这种情况下，了解真相的可能性就变得很渺茫。

讯问人员回复上述这种特定否认的一个更为有效的方法是，采用有限承认犯罪嫌疑人陈述的是真实的方式。例如，可以这样说："恰好我也是这么看的！我不认为你是破门而入，我觉得是门本来就开着或门没有锁。如果你是通过撬门或破窗闯入房子里，那就是说你可能犯下数十起入室盗窃案了。但我不认为是我们现在说的这起。"［继续该主题］

第二种回复留下了各种开放式的可能性，如房子本身并没锁门，或者是犯罪嫌疑人的共犯闯进了屋子，犯罪嫌疑人只是简单地尾随跟进。从这个案例中学习到的教训是不要驳斥特定的否认，在狭义上，他们所表示的很可能是真实的陈述。

（5）来自于有罪的犯罪嫌疑人强烈的、固执的否认。在阻止那些确信有罪或者能够合理确定其有罪的犯罪嫌疑人的否认时，如果各种表示同情和理解的策略都已被证实是无效的，那么讯问人员可能要考虑使用所谓的"红脸和白脸"（friendly-unfriendly）的技巧了。这种技巧既可以由两名讯问人员共同进行，也可以由一名讯问人员单独实施。

以下是两名讯问人员协作进行的应用程序：讯问人员A，在整个审讯期间使用了同情和理解的方法后，对犯罪嫌疑人继续说谎表示遗憾后离开。讯问人员B走进讯问室继续讯问，通过指出他那令人厌恶的性格或行为来贬损犯罪嫌疑人。（或者B也可以在A未离开房间时进去，然后B开始努力劝说A不要为这种令人厌恶的家伙浪费时间，于是A假装因犯罪嫌疑人拒绝说出真相而感到非常受伤，继而离开房间）

讯问人员B（"唱白脸"的那位）在询问室里待上一会儿之后，讯问人员A（"唱红脸"的那位）再次进入询问室并斥责B的不友好行为。A要求B离开询问室，B走出了询问室的门，离开时假装流露出对犯罪嫌疑人和A都很厌恶的表情。然后，A恢复他所使用的友好、同情的讯问方法。

在某一案例中，一名侦探扮演"红脸"，另一名警长则扮演"白脸"，这种技巧的使用结果非常有效。警长在表演完其"白脸"的角色后离开了房间，这名侦探则说：

乔，我很高兴你什么事情都没告诉他。他对谁都那样——不仅仅是像你这样的人，他对这个部门里的人也都一样。如果你告诉我真相，就会让他感到羞愧，是时候让他学上一两次应该如何为人处世了。

这种"红脸和白脸"讯问技巧如此有效的心理学原因在于，两种方法的对比有助于强化"红脸"友好、同情的态度，并因此而使该方法更加有效。讯问人员必须牢记的是，在运用这种"红脸和白脸"的讯问技巧时，第二个讯问人员（"唱白脸"的）只能通过言语来谴责犯罪嫌疑人，无论如何都不能滥用体罚、威胁及其他违法方法虐待犯罪嫌疑人。

尽管这种“红脸和白脸”的讯问技巧常常由两个人实施，但一个讯问人员也能扮演这两个角色。事实上，笔者认为，由一名讯问人员实施是运用这种技巧更为有效的途径。当讯问人员一人分饰两个角色时，他可以突然从椅子上站起来，并对犯罪嫌疑人说道：“乔，我本来还以为你本质上是个正派且可敬的人，但事实上显然并非如此。见你的鬼去吧！如果你想通过这种方式离开这儿，我一点儿也不在乎！”以此方式装作出不耐烦和不友好的样子。而后，讯问人员再次坐回椅子上，沉默的短暂停顿后说道：“乔，你的所作所为就算是圣人也没耐心了。但是我猜你这么做是有一定原因的。”或者，讯问人员甚至可以就失去耐心的表现而表示道歉说：“对不起，这是我第一次像这样失去理智发火。”然后，讯问人员可以再次使用过去使用过的表示同情的方法，上述发火前的努力构成了使用此法的基础。此时，由于讯问人员前后表现的反差较大，犯罪嫌疑人会觉得讯问人员的同情和理解的态度更具有感染力，进而会使其处在一种更容易坦白的心理状态中。

这种“红脸和白脸”的方法特别适用于对那些礼貌但冷漠的犯罪嫌疑人进行讯问。这种犯罪嫌疑人对于讯问人员的问话只是点头，似乎是同意讯问人员的话，但除了否认有罪以外，再也不会作任何回应。对于这种类型的犯罪嫌疑人而言，讯问人员的态度从友好到不友好，再回到友好的变化，有时能使犯罪嫌疑人的态度发生转变，从而有可能对讯问人员查明真相的努力作出比较积极的回应。

（6）对犯罪嫌疑人试图离开审讯室的回应。一个没有被拘禁的犯罪嫌疑人有权选择在任何时候离开询问室。此外，讯问人员不能通过身体约束阻止犯罪嫌疑人离开。这种行为常常能在有罪的犯罪嫌疑人身上看到，且发生的概率相较于无罪的犯罪嫌疑人要大得多。有罪的犯罪嫌疑人想离开询问室，目的是减少自己必须进一步对讯问人员撒谎的焦虑感。

一旦犯罪嫌疑人离开椅子并走近询问室门口，讯问人员应当继续对着空椅子说话。首先，讯问人员甚至不应认为犯罪嫌疑人已经起身离开了椅子，同时他也不能起身离开自己的椅子。这样做是为了迫使犯罪嫌疑人做下一步动作——通常是推开房门，然后离开。

在对着空椅子持续说话 30 秒或 60 秒后，讯问人员应当转向犯罪嫌疑人，礼貌地要求他坐下来以便把问题都搞清楚。在许多案例中，经过这一步骤后，犯罪嫌疑人都会坐回来并最终坦白。这张照片（参见图 13-5）表现的就是在讯问中犯罪嫌疑人站起来时讯问人员的回应。

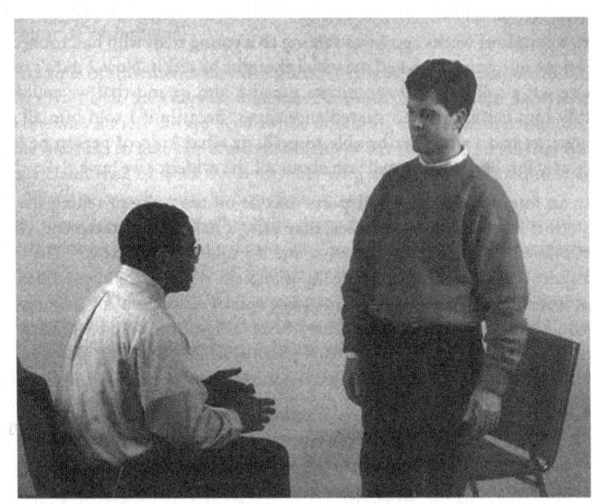

图 13-5　当犯罪嫌疑人起身离开椅子时，讯问人员应当继续坐着

4. 对其他可能是欺骗性陈述的回应。

说谎的犯罪嫌疑人可能会摒弃否认，直接提出更多的问题，如“你有什么证据证明那事是我干的”或者“是什么让你认为是我做了这事”。这些都只不过是伪装后的虚假否认。无罪的人不会要求知道对其不利证据的证明力。在听到这类要求时，讯问人员应当避开犯罪嫌疑人想要讨论具体证据的怂恿。相反，我们建议讯问人员对这样的请求敷衍过去。

在这方面，成功的技巧是向犯罪嫌疑人解释，在调查的这个阶段讨论具体的证据是违反部门规章的。犯罪嫌疑人与讯问人员之间的对话可以参照下面的例子：

S：你有什么证据证明那事是我干的？

I：吉姆，我并不打算坐下来一点一点地告诉你我们所掌握的所有不利于你的证据，因为我所属的部门不允许我这么做。将来在合适的时间、地点，我们会告诉你的。到时候我们的检察官会向你展示相关的实物证据、法医证据和间接证据，并用这些证据锁定你。这不是现在我要和你谈的事情。我和你交谈的唯一原因是确定为什么会发生这件事。[回到主题]

针对这种情况还可以使用另一种策略，即展述第三者主题以支撑讯问人员关于为何不能揭露证据的言论。提出这一主题可以参照下面的例子：

布莱恩（Brian），两个星期前，我和一个抢劫加油站的年轻男子谈话，他曾一度问我为什么我认为是他作的案。当时，我不能告诉他是他的室友打电话来告发他的，而且我们通过视频监控录像很容易就确定是他。而且如果我告诉他我们掌握的所有证据，就没办法评估他是个什么样的人了。这也是为什么我不能告诉你我们所掌握的全部证据的原因。

在讯问中，一些犯罪嫌疑人可能处在濒临坦白的阶段，但是为了逃避被惩罚的结局，作为最后一搏，他们可能会与讯问人员讨价还价。通常他们会这么说："如果我告诉你这事是我干的，对我会产生什么后果？"讯问人员必须意识到，一旦犯罪嫌疑人说出这种讨价还价的话，那么他已经决定要坦白供认了。此时，为了得到供述而试图与持这种心态的犯罪嫌疑人达成某种协议是不明智的。相反，讯问人员应该继续诱使犯罪嫌疑人作出彻底的坦白供认，而不要提及任何可能的宽大处理。下面的对话来自于对某个提出讨价还价的犯罪嫌疑人的讯问：

S：如果我告诉你这事是我干的，对我会有什么结果？

I：吉姆，我没有职权告诉你会发生什么。我不能告诉你如果你在这里坦白对你将会有什么样的结果，因为我没有那个职权，但我不打算欺骗你。我唯一的职责就是收集所有的证据并将其移交给我的上司。我的报告会在今晚5点放到他的桌子上，报告里可能有也可能没有你作的解释。我希望在报告里能够说这是你第一次干这种事，但我不能把它写进我的报告里，除非这是事实。

一些有罪的犯罪嫌疑人会作出把真相告诉其他某个人的许诺以逃避坦白供认。这是一种拖延策略，很少有犯罪嫌疑人会遵守他的承诺。本书的一位作者在其早期的职业生涯中，曾代表损失预防部讯问过一个犯罪嫌疑人。在做了大量工作劝说犯罪嫌疑人坦白真相后，犯罪嫌疑人说道："听着，对于整个这件事我感到非常糟糕，现在我要穿过马路去告诉（防损调查人员）事情的真相。"在那个时候，犯罪嫌疑人在没有作出供述的情况下就被打发走了。防损调查人员接到电话，说犯罪嫌疑人很快就会在他们那儿坦白供认。然而过了一会儿，防损调查人员回电话说，犯罪嫌疑人来转了一圈儿但坚称自己是无辜的，说自己并没有参与那起犯罪。

简单地说，当犯罪嫌疑人许诺会在后面的某个时间点坦白时，讯问人员应当对这个要求置之不理并继续进行审讯。下面的对话阐述了如何使用此方法：

S：我会说出真相的，但在这之前我要和我的妻子谈一谈。①

I：兰迪（Randy），如果你想告诉你妻子这件事的话，这完全取决于你。

① 尽管这一点应当是显而易见的，但在羁押性审讯期间，犯罪嫌疑人提出的与其律师交谈的具体要求应当得到尊重。

就我而言，这是你和你妻子之间的事。我的问题是，我必须完成我的报告，而现在如果你不配合我就没法完成。[继续主题]

有罪的犯罪嫌疑人为了逃避其犯罪责任而作出的最后一种样本性说法是，宣称他们记不起来自己实施过犯罪行为。依据我们的经验，声称记忆力不好的情况几乎总是发生在讯问人员获得彻底坦白时（第八步）。当犯罪嫌疑人不想面对其罪行的难堪或者不愿意进一步自证其罪时，他可能会声称自己不记得为什么捅了被害人、在抢劫时说了什么，或者他用偷来的钱购买东西的确切信息。

但是，很少有这样的案件，即犯罪嫌疑人在供述任何罪行之前就告诉讯问人员，自己可能实施过犯罪但回忆不起来曾做过这件事。为了防范可能出现的胁迫内化型供述（将在本书第十五章介绍），讯问人员应当避免任何以犯罪嫌疑人不具备回忆其犯罪的能力为中心的主题（如醉酒、压抑、多重人格等）。相反，这种陈述应当被作为异议来处理，正如下面对话所阐释的那样：

S：你说这事是我干的，但我发誓我真不记得做过这事。你不觉得有什么东西把它从我的记忆里隔绝开了吗？

I：乔，我相信现在你肯定无法准确地回想起这件事的某些部分，这是人之常情。但另一方面，我知道你记得很多那晚上发生的事情。这是我所关心的——所有你能记起的事情。我认为现在最重要的问题在于，你在做这件事的时候，是否提前策划了数月，还是只是一时兴起就干了这事。[继续主题]

七、第四步——克服异议

（一）处理原则

那些意识到只是作出简单的否认是徒劳无用的有罪的犯罪嫌疑人，可能会求助于改变策略以便通过掌握讯问情势的主动权来劝阻讯问人员认为其有罪的信心。在一般情况下，这种改变表现为提出一种关于指控错误的理由。尽管这个理由远不能证明犯罪嫌疑人是无罪的，但是，有罪的犯罪嫌疑人提出这个理由是希望能够借此支撑他的否认并使讯问人员忙于争论这点，从而转移讯问人员对相关主题的注意力。这种类型的陈述或许可以称为“异议”（objection）。例如，在一起持枪抢劫案件中，犯罪嫌疑人的异议可能是这样的：“我不可能做那种事，我没有枪！”有罪的犯罪嫌疑人提出这个异议是希望讯问人员会为此与他争论，进而能够让他通过表达言语性意见来减少焦虑感。

作出否认是无罪的犯罪嫌疑人和有罪的犯罪嫌疑人都会使用的本能的防御性策略。但是，异议代表的是一种攻击性策略，而且几乎完全出自于有罪的犯罪嫌疑人。审讯程序的第四步包括把异议当成嫌疑人应该坦白的原因并转为己用。

关于讯问人员处理异议的方式，辩护律师可能会主张，讯问人员利用当事人自己的言论对当事人不利。在劝说犯罪嫌疑人的过程中使用符合逻辑和合理的陈述并不违法，而且讯问人员应该公开承认，他确认被告人的陈述就是一个借口而非否认，因此，他将被告人的借口纳入到他的主题中去。打个比方，一名犯罪嫌疑人声称在其女朋友被谋杀的那个晚上，他正在家里看电视。在讯问过程中，讯问人员出示了犯罪嫌疑人邻居的陈述，这份陈述表明犯罪嫌疑人在声称看电视的那个时间里把车开出了行车道。讯问人员肯定会在允许的范围内告诉犯罪嫌疑人，由于他提供的不在场证明实际是在说谎，因此证明他有可能涉嫌此谋杀案。

（二）处理程序

无论何时，只要犯罪嫌疑人诉诸提出异议的方式，就清楚地表明，到目前为止讯问人员的努力已得到了理想的效果。此外，犯罪嫌疑人从否认到提出异议的转变也是其隐瞒真相的一个明显迹象。相反，无罪的犯罪嫌疑人通常会固执地仅仅坚持否认，他们认为根本没有必要对此加以渲染。无罪的犯罪嫌疑人会认为，说“我没干这事”这句话就完全足够了。

在审讯过程中，讯问人员有这样一种倾向，即将异议与否认同等看待，并用同样的方法来处理。那就是，讯问人员会阻止犯罪嫌疑人说出脆弱的否认，如果否认浮出表面，他们就会评估该否认的可信度。如果否认是典型的骗人的东西，讯问人员会重申其确信犯罪嫌疑人有罪。

讯问人员必须意识到的是，犯罪嫌疑人提出异议意味着其思维模式与单纯地作出否认实施了犯罪是不一样的，因此，讯问人员不应当阻止犯罪嫌疑人说话，而应当放任其说出他的异议。这样做的原因在于，异议会为讯问人员展述讯问主题提供有用的信息。讯问人员与其劝阻犯罪嫌疑人提出异议，不如让他说出异议，然后驳倒它。

在继续介绍驳斥犯罪嫌疑人异议的详细方法之前，考察一名高效的汽车推销员说服一位自己原本不情愿买车的潜在客户时的用语是大有益处的。事实上，一些推销人员也把这种技巧称为“克服异议”。

一个人走进一家汽车销售展厅并开始查看一辆特定的汽车。如果此时推销员说“我看您对这辆 SUV 有兴趣”，顾客可能回答说“我只是随便看看”，那么这笔交易就不大可能有结果，因为此时这一对话导致了否认。即使推销人员和潜在，顾客之间有了下面这段有限的对话后，仍有可能出现上述情况：

SP（推销员）：您知道，我们正在给那款车打 500 美元的折扣，这已经是最后一个星期了，这真的是很合算的买卖。

C（顾客）：我只是随便看看。

SP：您喜欢什么样的配件装置？我们可以把它们全部装到这辆车上，这样您今天就能把它开回家了。

C：我只是随便看看。

但是，假设这位潜在的买主开始提出不购买的原因（异议），接下来的对话可能就会像下面这样继续下去：

C：虽然有折扣，但我还是负担不起。

SP：我明白您的意思，但您看，过了这星期，不仅要取消这一折扣，而且我们这儿所有的车子还将全面涨价10%，你就再也看不到像这样的价钱了。请到这儿来，看看有什么我能为您效劳的。

C：可是即使我买得起这辆车，我也对能够比这辆车有些不同的选择更感兴趣。

SP：没问题，我们这个地方有50多辆汽车。我们来看看能不能把您喜欢的配件装置都装配在一起，这样您今天就能把它开回家了。

C：好吧，我们可以谈一谈，但我没说我会买，我必须先和我的妻子商量一下。

SP：好的，我保证她一定会喜欢的。不如现在给她打电话，让她过来看看？

显然，这已经向成功交易迈出了一大步。通过使用类似的策略，讯问人员可以驳斥那些有罪的犯罪嫌疑人在面对指控时提出的异议。讯问人员的讯问也是一种做交易的过程——向犯罪嫌疑人推销说出真相的理念。

在讯问的这个阶段有三个具体目标。首先，是识别出犯罪嫌疑人的陈述是一种异议，如果这个异议还未完全说出来，就让犯罪嫌疑人说完。其次，讯问人员应当鼓励犯罪嫌疑人提出异议。最后，通过将异议纳入审讯主题的方式转化异议。每一个步骤都将单独介绍。

1. 识别异议。

有些异议会直率地表达出来。例如，在对一名盗窃案件的犯罪嫌疑人讯问时，他可能会直截了当地说，“可是我在银行存有钱”或“只要我愿意，我随时都能从我父母那儿要钱”。在其他情形下，犯罪嫌疑人可能会使用“引导性短语”作为说出异议的前奏。他们可能会使用这样的表达形式，“我不可能做那种事”、“我不会做那样的事情”、“那是根本不可能的”、“那太荒谬了”或者“我怎么可能做过那种事情呢”。

由于讯问人员处理犯罪嫌疑人试图作出否认时所用的方法差异明显，正好与处理异议所使用的方法相反，因此讯问人员必须仔细听清犯罪嫌疑人所说的话。正如前面所介绍的，讯问人员需要阻止犯罪嫌疑人作出否认，但应当鼓励并延长犯罪嫌疑人说出异议。

在听到这种引导性短语时，讯问人员应当向犯罪嫌疑人提出如下这样的问题以寻求其更详细的阐释，如“为什么你不能干这种事呢”或“为什么这会是荒谬的”。这样做的意义与汽车推销员允许潜在的顾客表达他自己不购买汽车的异议的原因相类似，讯问人员可以据此而搞清楚该异议的具体性质。

犯罪嫌疑人提出的大部分异议可以归纳为下面这三种类型：

（1）情感型——“我太胆小了（或很紧张），以至于我没法做这种事”、“我爱她”、“我喜欢我的工作”、“我从未伤害过任何人”、“做这种事情我会得不偿失”。

（2）事实型——“我甚至根本就没有枪”、“那天我根本不在那个地方”、“我甚至根本不认识他”、“那是不可能的，因为那里的安保措施很好”；“我甚至根本不知道如何去做这种事”、“我不缺钱，我的账户里有5000美元呢”或者“我根本就不知道那个保险箱的密码”。

（3）道德型——“我是个虔诚的天主教徒（或新教徒、犹太教徒等），那种事情是违背我们的宗教信仰的”、“这与我所受的教育是相背离的”或“干这种事的人肯定有病。”

2. 鼓励提出异议。

前面所提到的那些话都是些软弱无力的解释，即使在那些部分是真实的情况下也是如此。在任何情况下，讯问人员都不要就此言论与犯罪嫌疑人进行争辩，也不要表露出任何惊讶或愤怒的迹象，而是应当表现得似乎早有预料。这种反应会对犯罪嫌疑人产生抑制效果，使犯罪嫌疑人感觉到他说错了话，或者至少感觉到自己所说的话是无效的。

下面——仍以持枪抢劫案的犯罪嫌疑人为例——说明的是讯问人员就犯罪嫌疑人对指控提出的异议而进行的不恰当且无效的争论：

I：你说那很荒谬，为什么，乔？

S：因为我根本就没有枪。

I：你肯定有枪，而且那天晚上你还使用了那支枪！

S：嘿，我刚说了我没有枪，我从没买过或者拥有过枪。你觉得我有枪，那就证明给我看？

I：瞧瞧，小伙子，那天晚上你使用就是你那支该死的枪，别装得像多聪明的人似的！

S：我没有枪，烦死了！

这种类型的相互争论使得犯罪嫌疑人在审讯中占据了上风，同时还让他通过谈话缓解了被抑制的焦虑感。它使讯问人员处于防御性的守势地位，并会导致讯问人员必须克服许多不必要的敌意和挫败感。

与前面讯问人员的表述相反，恰当的回复应当是对犯罪嫌疑人的异议表示理解或赞同，如“我希望那是真的”、“我很高兴你提到了那些”、“我早就希望你那样说了”、“我当然理解你所说的东西”或者“我知道那可能是真的”。

3. 转化异议。

在鼓励犯罪嫌疑人说出异议后，讯问人员应立即努力转化犯罪嫌疑人异议的含义，并立刻返回审讯主题。表 13-3 以一起持枪抢劫卖酒商店的案例，说明了讯问人员与犯罪嫌疑人之间应当采用的对话形式。

表 13-3　第四步中的对话要素

实际对话	要　　素
讯问人员：乔，我不认为这是你的主意或者是你事先策划好了的。我觉得，你和你的几个同伴走进那家卖酒的商店，看到没有什么顾客，你的同伴之一叫你过去拿些钱，你刚好不知道如何制止这件事并走过去，你们带着枪和其他东西，然后事情就这么发生了	主题展开
犯罪嫌疑人：但这是很荒谬的	
讯问人员：为什么说这是荒谬的，乔	继续跟进
犯罪嫌疑人：因为我根本就没有枪	提出异议
讯问人员：我很高兴你提到这一点，乔，因为这告诉我这么做不是你的主意，是你的一个同伴叫你进去，递给你那支枪，然后整个事情就发生了。你知道的，乔，如果你自己确实拥有一支枪并且那晚带着它，准备在有人妨碍你时杀了他，这是一回事。但是，如果是其他的家伙把枪塞到你手里，而且只是为了吓唬其他人，那就又是另外一回事了…… [继续进行对话]	克服了异议：通过对异议表示同意和理解，以及通过指出如果异议不是真实的话，它的负面情况是怎样 继续展开主题

第四步（克服异议）的另外一种模式是这样一种案件情形，即犯罪嫌疑人在讯问人员已经展述其所选审讯主题的要点后才提出异议。假设正在调查的案件涉及某街区范围内的一系列入室盗窃案。尽管在这些案件中并没有涉及性犯罪行为，但讯

问人员告诉正在被讯问的犯罪嫌疑人说，这个地区最近发生了几起强奸案，且两名年轻的女性受害者对攻击者的描述与犯罪嫌疑人的外貌相似。此时，犯罪嫌疑人会说："但我从来没有做那样的事，因为我一进房间就被吓坏了。"讯问人员随即表示同意并开始讨论这个虚构情节的消极方面，就像是真的一样：

我相信这是真的，乔，因为如果你不害怕你就有能力做任何事情，甚至是那些强奸案。但事实上，你害怕了，你不是那种爬窗去攻击女孩子的人，你只是想到那里去弄些东西换钱用，因为生活让你只能孤注一掷。我知道这些日子你过得有多艰难……［继续展述主题］

有时候，讯问人员会碰到难以处理的异议，或者难以将其转化为主题展述中的资料。例如，在一起猥亵儿童案中，对于犯罪嫌疑人提出的异议，讯问人员就不适宜表示接受或同意。例如，犯罪嫌疑人可能会说："我从未做过像那样的事情，因为所有做那种事的人都是性变态。"对于这种异议，讯问人员的回答应该是一般性质的，这种回答或许可以描述为一种"纯粹的声明"，如"完全正确，乔，难道你不明白么，这正是为什么我们要搞清楚这件事的原因"。事实上，这种声明仅仅是讯问人员避开异议的一种手段。这对犯罪嫌疑人而言根本没有什么意义，但它会给犯罪嫌疑人产生这样一种印象，即讯问人员希望听到犯罪嫌疑人的这种陈述，而这一结果又与犯罪嫌疑人在自己提出异议时所希望产生的效果背道而驰。此时，有罪的犯罪嫌疑人常常不能充分理解并质疑讯问人员所说的话，因此讯问人员可以继续回到审讯主题上。

避开那些难以处理的异议的另一种方法，是使用下面这样的回复，如"我想那是可能的，乔，但让我告诉你这一点……"或者"那可能是真的，乔，但重要的是……"下面这一猥亵儿童案中的讯问对话很好地阐述了讯问人员是如何避开并克服一个难缠的异议的：

I：我曾多次见过人们在酒精的作用下做出一些他们本不会去做的事情，包括我自己。

S：但我从没干过那种事，因为做那种事的人都是变态狂。

I：完全正确，乔，难道你不明白吗？这正是我们为什么要查清此事的原因，因为我不希望有任何人认为你是那种人。我知道，你在清醒的时候是绝对不会做这种事情的。那些在清醒的时候做出这种事的人才是真正有问题的人。但我们每个人在喝醉后都会做一些完全与自己性格不符的事情，就像你说的这件事。我知道这不像你平日的行事风格。这件事的发生是由于你自己当时处于不正常的状态中……

在审讯过程中，如果犯罪嫌疑人提出多重复合性的异议，那么他可能就是有罪的。正如前面所提到的，无罪的犯罪嫌疑人通常会固执地坚持他们否认有罪的陈述。如果某个无罪的人准备提出异议，一般会出现在在讯问之初，而不会是在多次试图否认有罪之后。此外，一般而言，来自于无罪的犯罪嫌疑人的异议几乎总是含有事实性信息，如“我不可能干出那种事——整个晚上我都在工作”。

在审讯的这个阶段，如果有罪的犯罪嫌疑人的异议已经得到讯问人员的恰当处理，甚至已被讯问人员用作其应当坦白供认的原因，则犯罪嫌疑人可能会对讯问情势变得不确定甚至退缩。这一进展要求讯问人员使用审讯程序的第五个步骤。

八、第五步——获取并维持犯罪嫌疑人的注意力

（一）处理原则

正如前面所提到的，大多数有罪的犯罪嫌疑人都不会在一开始就宽心安坐，并允许讯问人员在提出讯问主题的过程中控制整个谈话。犯罪嫌疑人可能会否认涉嫌犯罪（第三步）或提出异议（第四步）。如果讯问人员成功地阻止了犯罪嫌疑人的否认并转化了犯罪嫌疑人的异议，那么对于那些不想坦白的犯罪嫌疑人来说，还剩下一个重要的策略（除了援引其享有的米兰达权利或离开讯问室）——在审讯中出现心理退缩并忽略讯问人员的主题。

我们都能说出我们在心理抵触某个说话的人时的情形。或许是在学生时代，当我们对老师教授的某一课程内容不感兴趣时，就会允许自己在课堂上昏昏欲睡。即使是在面对面的社会交往中，当其他人用无聊的言辞占据整个谈话时，我们会发现自己开始“走神”并思考一些其他的事情以逃避这令人厌烦的谈话。

有罪的犯罪嫌疑人在使用言语无法改变讯问人员对其有罪的信心并放弃这种努力后，如果有必要，他可能会连续几个小时维持一种情感游离状态，目的是尽力抵制坦白供认。基于此，对于讯问人员而言，识别心理退缩的症状并使用特定的技巧维持犯罪嫌疑人对主题的注意力是非常重要的事情。①

需要着重指出的是，被指控犯罪的无罪的犯罪嫌疑人是不会出现心理退缩情况的。这种反应与任何一个意识到自己可能错误地遭受严重后果的人之本能是完全相悖的。假设讯问人员没有威胁无罪的犯罪嫌疑人，或者提供宽大处理的承诺，无罪的犯罪嫌疑人将仍处在审讯过程中的否认阶段，也可能会出于挫败感和感到愤怒，通过离开讯问室或援引其米兰达权利的方式来终止讯问。

---

① 某些有罪的主体在审讯伊始，在对其进行直接、正面的指控后立即出现了心理退缩，这些个体在受到任何威胁的情况下都会形成这种反应，因为这种反应在过去逃避来自父母、老师或执法部门的惩罚时是有效的。

（二）处理程序

1. 识别处于此讯问阶段的犯罪嫌疑人。

那些在心理上对讯问人员的主题失去兴趣的犯罪嫌疑人通常是安静的。他的思考会转向内心并不再与讯问人员互动——包括言语上及思想上。他也不再满怀信心或毅力地与讯问人员进一步争论自己是无罪的。犯罪嫌疑人基本上会安于在一旁坐着，并允许讯问人员继续他自己滔滔不绝的独白。在这个心理退缩期间，犯罪嫌疑人可能关注的是其犯罪后果，或者更可能是一片茫然，此时讯问人员所说的话就像背景音乐，一直存在但没人刻意去听。

由于目光接触是一个人与他人进行思想交流的标志，因此，一般来说，在心理退缩期间犯罪嫌疑人是不会与讯问人员建立目光接触的。典型的表现是，犯罪嫌疑人会仰首望天或看向一边（不会向下看），而且他的眼神看起来非常茫然。犯罪嫌疑人的面部表情也是明显的无精打采或心不在焉。犯罪嫌疑人的眉毛、前额和嘴巴会固定不变——这上面没有记录下关于犯罪嫌疑人情感与思想的任何变化。

犯罪嫌疑人在心里退缩期间会呈现出多种不同的姿势，最为常见的一种是非正面合作。更确切地说，他会转向一边或另一边，从而避开讯问人员。犯罪嫌疑人会频繁地交叉跷腿，但脚只会有小幅度的摆动。犯罪嫌疑人偶尔会交叉抱臂。更有可能的是一只胳膊呈支撑状，手放在头上以固定头部。总之，心生退缩之意的犯罪嫌疑人，其言语、思想及非语言动作都是比较固定的，正如下面这张照片中所表现的那样（参见图 13-6）。

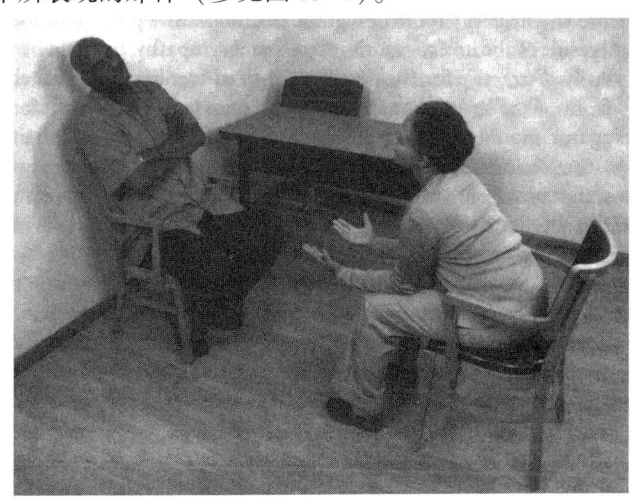

图 13-6 退缩的犯罪嫌疑人

2. 座椅接近。

一旦讯问人员识别出犯罪嫌疑人在审讯中处于心理退缩状态，讯问人员获取犯罪嫌疑人注意力的一个有效技巧就是移动自己的椅子使身体靠近犯罪嫌疑人。正如本书第五章所介绍的，人与人之间的身体离得越近，心理也越近，这是公认的事实。实际上，当讯问人员利用人际距离学以更亲密、更靠近的方式展述主题时，对于犯罪嫌疑人而言，他很难去避开讯问人员的主题。

在审讯开始的时候，讯问人员应当坐在距离犯罪嫌疑人大约四英尺的位置。一旦犯罪嫌疑人出现心理退缩的迹象，讯问人员就应当慢慢地挪动椅子靠近犯罪嫌疑人。讯问人员向犯罪嫌疑人靠近的身体动作应当是一个渐进的、不引人注目的过程，而且看上去应当是讯问人员的兴趣和同情的自然结果。讯问人员突然抬起椅子并直接放到犯罪嫌疑人面前，似乎准备要“鼻子对鼻子”地对质谈话，这种动作会分散注意力，既不合适也没有必要。

讯问人员首先应当把自己的身体移到椅子前面的边缘，上身向犯罪嫌疑人倾斜。这种姿势的改变立即缩小了讯问人员与犯罪嫌疑人之间的距离。此后，讯问人员应当以渐进的方式拉动自己的椅子向犯罪嫌疑人逐步移动。

在向前移动椅子的时候，讯问人员不应把注意力放在移动椅子上面并暂停谈话。讯问人员应当继续说话并保持与犯罪嫌疑人的目光接触，不要在移动椅子时向下看。在讯问人员靠近时，有罪的犯罪嫌疑人对于讯问人员的话语会增加警惕，但通常不会意识到这是由于讯问人员的身体接近而造成的。犯罪嫌疑人只会感觉到或察觉到他在说谎时变得越来越不自在。

讯问人员在考虑移动、靠近犯罪嫌疑人之前，应当对情势进行仔细评估，因为任何过早的动作都会毁掉先前营造的氛围。一般而言，只有在犯罪嫌疑人没有直视讯问人员、处于安静的状态并已经作出过否认犯罪和提出过异议时，才能以这种方式接近犯罪嫌疑人。

讯问人员在逐步移动椅子接近犯罪嫌疑人时，应当仔细监视犯罪嫌疑人对空间接近的行为反应。任何防御性的行为，如建立更牢固的屏障、犯罪嫌疑人的椅子向后移动或者是挑衅的面部表情，都在提醒讯问人员应当保持距离。建立更近的空间之目的既不是为了恐吓犯罪嫌疑人，也不是为了显示自己的权威地位来压制对方。如果犯罪嫌疑人察觉到上述任何一种动机，都将会陷入一种“或战或逃”的本能反应：回到否认有罪阶段（战），或者终止讯问（逃）。再次强调，讯问人员建立空间接近的目的是保持犯罪嫌疑人的注意力并在情感上更靠近犯罪嫌疑人。

3. 建立目光接触。

目光接触是表示关注的最可靠的社交标志之一——要么接受，要么逃避。

作为培训班的参加者，大多数人都有过这样的经历：老师在课堂上提问点名时，不想被叫到的参与者会马上往下看，仿佛在看他们的笔记以查找正确的答案。他们有意地避开老师的注视，清楚地传达了这样的信息："我不想和你交流，请不要叫我的名字。"但想要回答老师问题的参与者则有着完全不同的行为。他们会尽力注视老师的眼睛，甚至可能会举起手以获得老师对他们更多的关注。他们非常清楚地表达了想要和老师交流的愿望。

从这种常见的个人经历来看，接下来的讯问原则就应该很明显了：如果犯罪嫌疑人并未看向讯问人员，也不与讯问人员说话，那么在审讯的这一阶段，用语言质问要求犯罪嫌疑人"看着讯问人员的眼睛"既不合适也不起作用。相反，讯问人员可以用更巧妙的方法来制造非言语性联系。

讯问人员在移动椅子靠近犯罪嫌疑人时，应该将其身体置于犯罪嫌疑人视线之内。事实上，讯问人员应该尝试在盯着犯罪嫌疑人眼睛的同时提出他的讯问主题。如果犯罪嫌疑人变换姿势，让自己的目光远离讯问人员，那么讯问人员应当再次逐渐调整自己的姿势以便与犯罪嫌疑人建立起相互凝视。

在试图建立目光接触时，可以使用与接近犯罪嫌疑人时一样的预防性方法。如果犯罪嫌疑人以消极的方式回应讯问人员的尝试，讯问人员应该立即停止这种尝试并继续其主题。过一段时间之后，在向犯罪嫌疑人提出了一些主题概念之后，讯问人员可以再次尝试与犯罪嫌疑人建立目光接触。

4. 使用视觉教具。

在审讯的这个阶段，对于讯问人员而言，还有一个技巧能有效地保持犯罪嫌疑人的注意力，同时也有利于建立目光接触，即使用视觉教具。在一般情况下，这种教具不应以照片的形式出现。例如，讯问人员不应向犯罪嫌疑人展示犯罪现场的照片，因为这可能会暴露一些只有有罪的人才知道的信息。同样，向犯罪嫌疑人展示恐怖的尸检照片会抵消讯问人员辛苦建立起来的同情和理解的态度。

不过，讯问人员可以出示或谈及一些实物证据，如武器、脚印的石膏模型，或者在犯罪现场发现的使用过的弹壳。这么做的目的并不是加强讯问人员对犯罪嫌疑人有罪的确信（这一目的应当在第三步中已经完成了），而是为了吸引犯罪嫌疑人对讯问人员的陈述予以注意的目光。

在许多场合中（特别是在性犯罪和贪污案件中），使用视觉教具是有益的。讯问人员可以告知犯罪嫌疑人，他可以通过坦白真相来给自己做一场精神手术——这一手术就如同癌症患者切除或者破坏受损的组织一样重要而且必需。为此，讯问人员可以在一张纸上画个圆圈，在圆圈的边缘划分出一个小区域，并告诉犯罪嫌疑人：事实上，这个划分出来的部分代表着他思想与灵魂中被污染的组织，如果不治疗或不除掉，它将会继续扩散并导致其他的或许比之前更为严重的犯罪。然后，应当继续告诉犯罪嫌疑人，实施这一必不可少的精神手术只有一个途径，也只能由他自己来完成——那就是坦白真相。

在杀人或强奸案中，如果已知犯罪嫌疑人在实施犯罪时是在酒精的影响之下，讯问人员应当在纸上画两个相同的圆圈代表正常情况下行为和情感之间的平衡，并向犯罪嫌疑人强调，在正常情况下，我们的情感不会战胜行为。接下来再画第二个图，在这个图中，代表情感的圆圈比代表行为的圆圈大得多。然后，向犯罪嫌疑人解释，当一个人受酒精影响时，情感的驱动被严重地放大并会达到压倒和控制行为的程度。

5. 提出反问。

正如在第二步中所描述的那样，讯问人员打算把讯问主题变成犯罪嫌疑人的独白。但是，当犯罪嫌疑人因为心理退缩而停止这种独白时，有一种技巧可以有效地维持犯罪嫌疑人在心理上对讯问主题的一些关注，即提出反问。提出反问的原理是我们都习惯于对问题作出回复。从孩童时代的早期开始，我们就知道父母、老师的提问，书面考试时的问题都需要回答。在某种程度上，问题就是要求回答的。在审讯的这个阶段使用反问，能够刺激犯罪嫌疑人对赞成或不赞成前述原则作出内在决策。

在下面的例子中，使用反问是为了在审讯的第五步中维持犯罪嫌疑人的注意力和兴趣。

布莱恩，我知道有时候说真话是很困难的，但我们都曾犯过错，不是吗？我不认为你在之前的人生中从未做过像这样的事情。在那方面，你有点儿像小学里的学生。回想你在小学的时候，老师会要求你在考试的时候使用铅笔，对吗？这么做的原因是，橡皮擦可以把铅笔写的字擦掉，以便让正在学习的学生可以更正他们的错误。好的，即使是成年人，我们仍然还会犯错的，不是吗？我知道我自己并不完美，我不能因为某些人犯了错误就严厉地批评他们，只要他有改正错误的意愿。改正错误的第一步就是承认错误，这点你同意吗，布莱恩？

正如这个例子所阐释的那样，讯问人员并不必然需要通过使用反问来诱使犯罪嫌疑人作出言语性承认。事实上，在审讯的这个阶段，强迫犯罪嫌疑人作出口头承认很可能会导致其否认。相反，此时的反问是作为引发犯罪嫌疑人深思的“精神食粮”（food for thought）推出来的。讯问人员应当注意寻找表示认可的细微征兆，如点头或交换目光接触。

下面的这种反问对讯问有小孩的犯罪嫌疑人（尤其是女性）非常有效。

朱莉（Julie），我不知道你是不是真的很好。但我知道你家里有两个小孩，我猜你是个很好的母亲。你很爱他们，细心地照顾他们并教给他们道德价值观。至少我认为你是这样的。我不认为你是那种会教导孩子只要不被逮住，就可以去偷去抢的母亲，不会的。我确信你会教育他们如果做错了事情，就一定要坦白，不是吗？但是作为父母，你应该知道，自己做个好的榜样才能给孩子产生最好的影响。但现在你给你的孩子树立了什么样的榜样呢？你知道真相最终会水落石出的——事实上总是这样。当你回头看今天时，你会反问自己，我给孩子们树立了一个什么样的榜样呢？我是在教导他们在犯错误时撒谎？还是在教导他们应当承认错误，坦白真相？我确实相信你是个好母亲，想把你的孩子培养成诚实的人，有所作为。但是，如果你自己都没有为孩子树立一个恰当的榜样，这一目的将很难达到，你同意我的话吗？

就像最后一个反问的句子那样，讯问人员可以提出与犯罪嫌疑人父母、配偶或者任何犯罪嫌疑人尊重或看重的人相关的审讯主题。下面这个例子阐述了使用方法：

兰迪，我知道你想自己解决这件事情。这不是世界末日。仅仅在这个星期，我就已经和其他三个人进行了谈话，他们都做了类似的事情。所以，你不可能是这个世界上第一个这样与女孩接触的人。这种事经常发生！我想你脑子里想的是你的父母或朋友会如何看你所做的这些事。你得记住，无论如何你的父母都是爱你的。我确信，在你长大后，你和任何孩子一样，不会做什么取悦你父母的事情——但他们仍然爱你，他们是这样的吧？对父母来说，真正难过的是当他们知道自己的儿子犯下了错误却不愿意坦白承认错误。在这种情况下是很难建立起信任的。但是，兰迪，这才是你最终想要的，不是吗？为了让人们能够再次信任你。我们今天应当把事情真相搞清楚，否则他们是不可能再次相信你的。

对犯罪嫌疑人的反问应当提到犯罪嫌疑人正面的人格特质或他的现实期望。基于心理原因，讯问人员不应当在问题中提到犯罪嫌疑人想要避免的可能出现的实际后果。提到实际后果的不恰当问题的例子如，“你真的认为自己会在法庭上获胜吗”、“你希望有犯罪记录伴随着你的余生吗”或者“你认为像你这样的年轻人会在监狱里待多长时间”。讯问人员提起的这些实际后果很容易让犯罪嫌疑人想到：如果决定坦白，他将会面对的是什么。

九、第六步——处理犯罪嫌疑人的消极情绪

（一）处理原则

在第五步结束时，讯问人员应当已经与犯罪嫌疑人建立起了能够满足需要的融洽关系。因而，如果犯罪嫌疑人是有罪的，那么他会变得谨慎而安静。同

时，犯罪嫌疑人会变得更加愿意倾听，部分原因在于他越来越多地意识到欺骗并不能获得预期的效果。刚开始的时候，犯罪嫌疑人可能会装出一副失败者的姿态——垂头丧气、肩膀下垂、双腿发软、目光呆滞。一般而言，有罪的犯罪嫌疑人看上去似乎是情绪低落和沮丧不已的。在这个阶段，讯问人员应当开始将精力集中在所选主题的核心上面，同时为可能提出的将在第七步中予以介绍的选择性问题奠定基础。

（二）处理程序

1. 陈述的内容。

讯问人员先前只是提出了犯罪嫌疑人实施犯罪的可能原因，并且用设计好的美化言辞为其在心理上开脱罪责提供了理由。现在，讯问人员应当开始在该主题的总体框架内提炼那些理由，把他的言语性陈述集中在隐含于该主题中的某个特定的基本理由上。由于涉案事实简单，下面关于这一步骤的例子非常有用，而且同样的原则可以适用于性质更为严重的案件，如抢劫杀人案。一名犯罪嫌疑人因涉嫌偷拿其雇主的钱而被讯问，讯问人员可以按照下面的思路展述主题：

乔，我知道，在当今这种经济条件下维持收支平衡有多困难。你的所有薪水都必须精打细算地用以支付我们都需要的那些基本生活开支——食物、房子、车子及其他必需品。但是，最近这几年物价上涨得快，与过去相比，买同样的东西得花更多的钱，而且看起来我们为之工作的雇主忘记了这一点。我们仍然月复一月地领着不变的工资，没能随着物价的上涨而得到我们所需的加薪。很快，像你这样正直的人就会发现自己已经处于入不敷出的境地，并开始琢磨应该如何才能保持家庭收支的平衡。然后有一天，有人在匆忙下班时偶然忘记把钱收起来，面对这种诱惑，你开始屈服了，尽管在这之前你一直能够抗拒这种诱惑。压力变得令人无法忍受，在一瞬间，你屈服了，作出了错误的判断并干出了这样的事。我们都面临着这样的压力，而且不得不挣扎度日以维持收支平衡。

只要犯罪嫌疑人感兴趣，讯问人员就应当继续展述这一特定的主题，即使他实施盗窃行为的目的是买酒或毒品，或者是赌博，或者是满足因他自己的娱乐等而使其合法收入负担不起的开支。在此过程中，讯问人员必须按照此前描述的方法来处理犯罪嫌疑人的否认与异议。

当犯罪嫌疑人陷入消极情绪时，讯问人员应当移动并靠近犯罪嫌疑人（如果此前还没有靠近的话），以便再次将犯罪嫌疑人的注意力吸引到该主题上。然后，当犯罪嫌疑人开始表现出将要认输的迹象时，讯问人员应当专注于犯罪嫌疑人的陈述，集中分析其实施盗窃的可能存在的核心理由，如下例所示：

乔，我确信当时你的脑子里想的全是你家的账单，而这笔钱似乎正好能够解决你的问题。看起来这也是唯一的解决办法，也许是你家里的某个人病了需要做手术，或者是由于你没办法照顾而需要医疗看护，而你又不能袖手旁观。因此，当这笔钱出现在那里时，看上去陷入绝境的情况能够得到解决。

讯问人员设计并提出关于盗窃动机的各种理由，目的是为在第七步中讨论的犯罪嫌疑人回答选择性问题做准备。在向犯罪嫌疑人提供每一种理由的时候，讯问人员必须仔细观察犯罪嫌疑人接受或不接受的行为症状，以判断犯罪嫌疑人对其提出的关于实施犯罪行为的理由予以接受的可能性。

此时，对于讯问人员而言，继续表示有利于促使犯罪嫌疑人坦白供认的理解和同情非常重要。讯问人员在重复和重申实施犯罪的原因时，穿插这样的话是合适的：如果犯罪嫌疑人是自己的兄弟（或父亲、姐妹等），讯问人员也会建议他们坦白真相。讯问人员还可以劝导犯罪嫌疑人为了自己的良知、精神信仰或者高尚的道德，以及“为了所有相关的人”而说出真相。

在非羁押性审讯过程中，在这个阶段提醒犯罪嫌疑人他是自愿到此参加审讯的这一点通常是很有用的。这可当作促使犯罪嫌疑人说真话的动力，在之后的庭审中对讯问人员也是有利的，即讯问人员可以证明，在犯罪嫌疑人坦白供认前不久，他已经提醒犯罪嫌疑人有权随时离开。下面是这种陈述的典型示例：“乔，今天没有人强迫你到这儿来和我谈话。你知道门没有关，你随时可以离开。事实是，你选择进来和我谈论这件事，告诉我你对所发生的事情感到抱歉并且想要解决这个事情。如果你是个顽固的罪犯，你甚至不会同意和我见面。但事实上你现在到这儿来，告诉我你想要坦白真相。”

在鼓励或劝说犯罪嫌疑人说出真相的时候，讯问人员必须避免使用那些构成非法许诺或威胁的表达，因为这种表达可能会在庭审时遭到异议。不过，概括性的话，如“为了你的良知”或者“为了所有相关的人”等用语属于讯问人员可以使用的范围。

“为了所有相关的人”，这种说法本身可以有多种解释，而且它有助于让犯罪嫌疑人说真话。它能让犯罪嫌疑人想起受害人及其家庭所遭受的痛苦，或者那些受犯罪人行为影响对其他人造成的伤害。因此，在审讯中简单地提到这些后果是明智的，目的是让犯罪嫌疑人产生更加懊悔的情绪。

“这是唯一正直且可敬的做法”，这种说法构成了对犯罪行为人的质疑，它要求犯罪嫌疑人亮出一些证据来证明自己的正直和可敬。这种说法尤其适用于性犯罪案件中。在这种犯罪案件中，如果犯罪嫌疑人不作有罪答辩，受害人就不得不出庭经受这样的折磨——公开讲述自己被侵犯的犯罪细节。在这种情况下，讯问人员可以询问男性犯罪嫌疑人是否愿意让他自己的姐妹或母亲像受害人那样必须出庭，有时候这种方法是有用的。如果犯罪嫌疑人碰巧提到自己是个宗教信徒，讯问人员可以利用这种潜在的心理弱点，和他讨论他所信奉的某个特定宗教的教义。在提问中，讯问人员可以指出，除非犯罪嫌疑人对犯罪问题说出了真相，否则他信仰宗教这种事实毫无意义。同样，如果犯罪嫌疑人属于某个共济会，可以用该共济会的名义促使他坦白。如果讯问人员能够说出他自己或自己的父母、好友也属于同一个教会或共济会，因此了解并欣赏犯罪嫌疑人在此情形下的道义责任，那么对讯问也是很有好处的。

在一起性谋杀案件中，讯问人员了解到犯罪嫌疑人有一个病弱的母亲，可以用如下这些话语唤起他的“正直”：“乔，母亲——尤其是像你母亲那样的人，是世上最善解人意的人。她真正关心的是你这么做的原因，那也正是我们都想要了解的——原因。你的母亲，尤其有权了解这件事。”在这样一起案件中，犯罪嫌疑人最终回答道：“如果我能先和我的母亲谈一下，我会告诉你们整件事情的来龙去脉。”讯问人员答应了他的要求，并告诉犯罪嫌疑人他会派一辆车去接他母亲，但是，仅仅在犯罪嫌疑人提出会见其母亲的要求后的几分钟内，他就彻底坦白供认了。

在审讯的这个阶段，还可以考虑使用另外一种被称为角色互换的策略。这种策略的内容是，将犯罪嫌疑人置于决策者的位置上，他必须对两个犯了同样错误的人作出处理决定。正如下面的对话所阐释的，第一个人说了真话，第二个人则因质疑别人对他的怀疑要求证明他的错误：

乔，咱们假定你现在是本地一所高中的理科教师，你为你所在的班级出了一份考试试卷。在考试中你发现有两个学生作弊，是你亲眼看见——毫无疑问他们是在作弊。因此，你叫来第一个学生并问他：“查理（Charlie），为什么你要在我的考试中作弊？”查理解释说，他的父亲威胁他说如果这门科学考试没考好就要修理他，这就是他作弊的原因。接着你叫来第二个学生并问他：“唐（Don），为什么你要在我的考试中作弊？”唐看着你的眼睛说道：“你认为我作弊，那你就拿出证据来证明啊！”

角色互换可以通过对犯罪嫌疑人提问来得出结论，如“你更尊重那一个人”或者“在这两个学生中你更愿意听谁的”。如果犯罪嫌疑人没有大声地回答，讯问人员可以替他回答：“难道你不会更尊重那个愿意向你说实话的第一个学生吗？”

2. 讯问人员的态度。

在审讯的这个阶段，在作出上述陈述的时候，讯问人员的语调应该是最为真诚的。讯问人员说话的速度应当放缓，或许应当比之前努力说服犯罪嫌疑人接受其解决问题的真实目的时更为平静。讯问人员的语调也应该是富有感染力的，为了传递其所说内容的重要性，有些时候可以用听起来有些结巴或时断时续的方式说出。在头脑中想象一下著名演员吉米·斯图尔特（Jimmy Stewart）。在某个非常感人的场景中，他能用类似的副语言行为向正在观看的观众传达这些情感。

讯问人员在接触犯罪嫌疑人的目光时，应该是柔和且温情的。有些时候，讯问人员适合在说话时低头看地板，用以再次表达其努力调动犯罪嫌疑人的情绪。神职人员在劝慰刚刚失去亲人的家庭成员时，通常会使用温柔的语调，并低下头，双手合十放在胸前。他所代表的正是真诚的典范。

在审讯的这个阶段，讯问人员应当已经移动了椅子与犯罪嫌疑人保持一英尺左右的距离。结合上述建议，讯问人员自己可以假装低头弯腰，这对审讯是有有益的。犯罪嫌疑人通常会参照讯问人员的姿势而予以效仿。

3. 识别犯罪嫌疑人屈服的征兆。

讯问人员应当继续使用上面提到的步骤直至犯罪嫌疑人表现出一些屈服的身体征兆，到那个时候就应当立即实施第七步（提出选择性问题）。从第五步中的心理退缩到出现屈服的征兆，犯罪嫌疑人行为的这种变化暗示着他正在为是否说真话而作心理斗争。如果讯问人员忽略了这些征兆并继续展开主题，那么将有可能失去通过提出选择性问题而获得犯罪嫌疑人首次承认有罪的机会。

下面描述的这些表示屈服的征兆有可能各自独立出现，也有可能几个同时发生。

（1）手臂与双腿姿势的改变。

表示屈服的一个症状是犯罪嫌疑人放下腿或手臂形成的屏障，基本上不再跷腿或者放下手臂置于身体两侧。这种防御性程度较小的姿势暗示着犯罪嫌疑人在精神上已经准备向讯问人员“敞开心扉”。在心理退缩阶段，犯罪嫌疑人出现某种配合性姿势的情况并不少见，如手撑着下巴甚至捂住嘴巴。手的移动，如犯罪嫌疑人或许会把手置于脸颊的一边，尤其是把手从脸部移开，同样表明犯罪嫌疑人打算“敞开心扉”。

（2）默认。

当犯罪嫌疑人默默地点头对讯问人员的主题概念表示同意时，传达的是这样一种信息：他已在内心接受了讯问人员的说法。如此一来，犯罪嫌疑人在心理上就处于可以向其提出选择性问题的理想精神状态了。

（3）变换姿势。

犯罪嫌疑人改变姿势试图直面讯问人员，这是他已经做好了要说真话的心理准备的明显迹象。这种改变可能是犯罪嫌疑人身体转向讯问人员或者小心地向讯问人员前倾身体。如照片（参见图13-7）所示，典型的表示屈服的姿势就是垂头丧气。

图 13-7　垂头丧气

(4) 目光接触的变化。

表明犯罪嫌疑人正在考虑说出真相的最可靠的表征可以通过观察其面部表情得知，尤其是目光接触。正在仰望天花板或看向一边的犯罪嫌疑人突然收回目光往下看地板就是屈服的表现。这种目光往下的改变表明犯罪嫌疑人正处于一种“情绪丰富”的状态中，并经历着重要的情绪波动。

在审讯的这个阶段，另外一种需要仔细检视的关于目光接触的改变是流泪或眼睛湿润，其表征可能是犯罪嫌疑人用手捂住眼睛或者用手擦眼泪。有时候，哽咽或抽鼻子也有可能意味着犯罪嫌疑人处于哭泣的边缘。

当从表面上看出犯罪嫌疑人准备开始哭泣的时候，讯问人员不要离开房间，不能给犯罪嫌疑人“哭个够”的机会，得到这种机会的犯罪嫌疑人很可能会坚强起来并回到否认有罪的阶段。当犯罪嫌疑人开始哭泣时，讯问人员应当对他表示同情并鼓励他通过自己的努力来摆脱困境。哭泣是一种缓解压力的情感宣泄方式，它也是犯罪嫌疑人已经屈服并准备坦白供认的一个好征兆。犯罪嫌疑人的这种情感爆发正是表明其感到悔恨不已的证据，并且通常被认为是犯罪嫌疑人内心负罪感的暴露。讯问人员的积极态度能够使犯罪嫌疑人感觉到自己在这个时候应该坦白了。

有时候，女性犯罪嫌疑人会把哭泣当作一种花招来使用，或者当作最后一搏，试图用不诚实的方法获得讯问人员的同情。这种“操纵性”的哭泣在审讯的早期最有可能看到，典型的是在否认阶段。基本上，含着泪的否认只不过是先前提到的、常常在有罪的犯罪嫌疑人那儿听到的“恳求性”否认；或者，在某些情况下，其代表着一个发脾气耍性子的成年人的装腔作势的行为。

通常男性犯罪嫌疑人的哭泣相当于一种承认，它表明讯问人员可以进入如下谈话：

你知道的，乔，对于男人而言，今天这种困境是会让人感到非常羞愧以至于哭不出来的，只能把一切憋在心里。他们害怕哭出来，这也是患心脏病的男人比女人多的原因。乔，看到你流眼泪我很高兴，因为这表明你在意这个事情并且想要把它说清楚。

如果讯问人员批评正在哭泣的男性犯罪嫌疑人，那么将会出现完全相反的效果。例如，讯问人员责备犯罪嫌疑人的行为（用类似这样的话：“得了，乔，别像个小孩一样，你杀他的时候可没哭，不是吗?”），这样可能会使处于意欲说出真相临界点的犯罪嫌疑人放弃。

十、第七步——提出选择性问题

（一）处理原则

一些女性服务员擅长鼓励顾客点甜品。顾客点甜品对她们是有利的，因为账单越多小费就越多。一名不熟练业务的女服务员可能会这样问顾客：“您今天需要点些感兴趣的甜点吗?”如果她是真的毫无技巧，就会在提出上面那个问题后再提出这样的请求：“还是您已经吃好了?”显然，这样的技巧是不大可能产生太多甜点订单的。

有经验的女服务员会用给出选择的方式描述甜点，在认真观察顾客的行为后，把她的下一个问题集中在最有可能的两种产品上。然后她会问顾客：“今天要点什么，馅饼还是蛋糕?”使用这种策略更有可能得到订单。

尽管用定甜品和供认犯罪来作比较可能有些不公平，但两者所包含的原理是相似的。某人一旦在一定程度上作出了表态，那他很可能就会作出决定。这恰好是在审讯中提出选择性问题所要达到的目的。通过一个单方面的承认，能够为有罪的犯罪嫌疑人提供说出真相的机会。

所谓选择性问题，就是向犯罪嫌疑人提出两种关于实施犯罪的可能的解释以供其选择。这是一种保全颜面的技巧，它使得犯罪嫌疑人在开始说出真相时的心理负担要小一些。例如，在一起涉嫌盗窃的案件中，可以这样问犯罪嫌疑人：“你是把那些钱花在酗酒、毒品、女人和派对上了？还是你需要这笔钱来摆脱家里的困境?”讯问人员鼓励犯罪嫌疑人接受后面这种解释。如果犯罪嫌疑人接受了钱被用于帮助其家庭的说法，那么他会明白这种承认无异于坦白，而且他仍需面对犯罪所带来的后果。不过，这种选择性问题在给予他说真话机会的同时保全了其颜面。

在某些情况下，除了可以保全颜面外，选择性问题还能刺激犯罪嫌疑人说出真相。这种被创造出来的动机其实是犯罪嫌疑人内心的担忧，即如果他对犯罪时的情况没有说真话，其他人可能会认为事情更为严重，尤其是犯罪嫌疑人会担心他的家人、朋友或同事将会如何看待他的犯罪行为。正如随后所强调的那样，无论何时，讯问人员都不能说如果其中一个选择是真的，犯罪嫌疑人对于其犯罪行为就可能或者将会因此而受到较轻的惩罚。

辩护律师可能会质疑选择性问题的使用，争辩说讯问人员只给其当事人提供两个选择，他的当事人被迫自证其罪。讯问人员应当解释已经给予了被告人三种可能的选择。他既可以接受讯问人员所给予的其中一个选择，也可以像经常发生的那样，两个都拒绝。而且，讯问人员肯定没有强迫犯罪嫌疑人接受备选选择中的任何一个。这种策略用于犯罪鼓励嫌疑人接受其中一个选择，但无论如何，在犯罪嫌疑人赞成一个选择性问题是真实的过程中是不存在强迫的。当在法庭上被问到选择性问题的使用时，讯问人员这样解释是非常有利的——提出选择性问题的目的仅仅是引出犯罪嫌疑人的初步承认有罪。自此以后，可以通过提问流程，让被告人提供有关其犯罪的细节，并最终构成完整的有罪供述。

（二）处理程序

1. 挑选选择性问题。

讯问人员应当始终牢记这样一个事实，要求罪犯坦白供认其罪行对于罪犯而言是个很高的要求。首先，对任何人来说，“坦白供认”自己任何形式的错误都不是容易的事。此外，在刑事案件中，犯罪嫌疑人可能非常清楚说出真相后会带来的那些特定的严重后果——被判监禁甚至死刑。因此，应当让犯罪嫌疑人在坦白时尽可能轻松些。为此，讯问人员应当避免提出一些全面承认有罪的问题，如“你杀了他，对吗”、“你强奸了她，是吗”、“你开车撞了他，对吗”或者“告诉我这件事的一切，乔”。任何像这样的提问都会让犯罪嫌疑人回想起他犯罪时那令人恶心的场景——受害人的尖叫、从伤口中喷溅而出的鲜血、被抛到汽车前盖上或被拖到街边的行人尸体。不要期望任何犯罪嫌疑人会脱口而出地供认全部罪行；讯问人员应当减轻犯罪嫌疑人的这种被折磨感。正如伟大的奥地利犯罪侦查学家汉斯·格罗斯在其著作《犯罪侦查学》中写到的那样：“期望任何人都能勇敢而直率地供认自己有罪，无疑是残忍的，或者说是一种心理上的误区……我们必须为坦白铺路，使其供认容易化。”①

① H. Gross, *Criminal Investigation*(1907), 120.

在为特定的犯罪嫌疑人挑选恰当的选择性问题方面，我们的意见如下：

（1）制定恰当的选择性问题，既不能对犯罪嫌疑人作出宽大处理的承诺，也不能用必然发生的后果威胁犯罪嫌疑人。在使用选择性问题时，应当遵循以下准则：

• 选择性问题中不得提及任何法律指控。违反该准则的选择性问题是不恰当的，如“你打算杀死她吗？这意味着你是一级谋杀而且要被判终身监禁。还是当时你正处在激愤的状态下？这样的话你可能只是过失杀人”。这名犯罪嫌疑人基本上已被告知，如果他供认自己是过失杀人而非一级谋杀，他所面临的指控会降级。在这个案件中，恰当的选择性问题应该是这样的：“你是不是从结婚那天起就打算这么做了？还是因为碰巧吵架而一时冲动做了这种事？”后一种提问没有提及任何可能的后果，而且在此之后，犯罪嫌疑人也不能合法地辩称他坦白供认的目的是获得减轻的量刑。

• 不能用必然发生的后果威胁犯罪嫌疑人。犯罪嫌疑人必须能够拒绝讯问人员提出的两个选择性问题，而无须担心因该决定产生的不利后果。在审讯过程中，这些不利后果常常被当作必然的结果用以威胁犯罪嫌疑人。换句话说，就是要么坦白供认要么承受这种不利后果。在非羁押性讯问中，用必然结果来威胁犯罪嫌疑人的不恰当的选择性问题是这样的：“你是愿意配合我并供认罪行，还是想让我把你关到监狱里，在里面待上两天或三天？”犯罪嫌疑人所面临的选择是要么坦白供认要么失去自由，讯问人员并未给他这样的选择——在无须面对真正消极结果的情况下可以拒绝那两个选择性问题。在这个案件中，恰当的选择性问题可能是这样的：“你对发生这种事感到抱歉还是你对此并不关心？”

另外一个关于用必然发生的结果来威胁犯罪嫌疑人的不恰当的选择性问题的例子是：“如果你不交代你对你女儿所做的性行为，你的孩子就会被带走，而且你将再也见不到她。”决定供认具有可采性的准则之一是，犯罪嫌疑人的有罪供述必须在本质上是犯罪嫌疑人自由意志的结果。如果坦白的动力是为了避免入狱坐牢或者是为了能够见到其子女，犯罪嫌疑人的陈述显然是被强迫的结果。在这一点上，可以遵循的一个很好的法则是，在说明犯罪的某些方面的时候使用替代性选择。（例如，“是你强迫你的女儿触碰你赤裸的阴茎，还是她主动这么做的”？）

• 选择性问题中不得作出宽大处理的承诺。法院始终坚持一个规则——伴随着宽大处理的承诺得到的坦白属于非法获取。因此，下面这种选择性问题是不恰当的：“如果你之前已经多次作案，这是一回事。但若这是你第一次作案，我可以向检察官解释，替你想想办法。”在审讯过程中引入法律术语（可能的指控、法官或检察官）不仅在心理上是不恰当的，而且仅仅是提到法律问题就有可能招致犯罪嫌疑人要求给予实际或可感知的宽大处理的承诺。在提出上面所说的选择性问题时，恰当的方法是：“如果你之前已经多次作案，这是一回事。但若这是你第一次作案，那么确定这一点将会非常重要。”

（2）选择性问题必须基于犯罪嫌疑人确实实施了正在被调查的罪行来进行假设。换言之，如果犯罪嫌疑人接受了选择性问题，就必定代表其承认犯罪。因此，这样提问一个因涉嫌驾车枪击而正在被讯问的犯罪嫌疑人是不合适的：“是你开的那枪吗？或者你知道是谁干的？”在这种选择面前，开枪的那个有罪的犯罪嫌疑人肯定会接受后者，因为这样他可以逃避其犯罪后果。在这种情况下，讯问人员在审讯中已经花费了大量的时间用以引导犯罪嫌疑人作出非归罪性陈述，如果此时讯问人员还得就有关犯罪主体的问题与犯罪嫌疑人再次对峙，审讯很可能会多持续几个小时，而这可能导致在胁迫的背景下作出的任何后续的归罪性陈述被排除证据资格。需要再次重申的是，这个选择性问题的两边都必须代表着承认有罪的选择，即当犯罪嫌疑人接受其中任意一边时都会导致其承认参与了犯罪。例如，“你是认真瞄准了那个小男孩，还是只是胡乱开枪”？

（3）在挑选选择性问题时，首先应当考虑讯问人员已经使用的主题。选择性问题应该是这个主题的自然延伸。它将讯问人员强调的，尤其是在第六步中强调的主题的核心内容集中到一个问题里。例如，在向一名涉嫌贪污的犯罪嫌疑人提问时，讯问人员可能已经使用了犯罪嫌疑人最初只是想短期内借用这笔钱的主题。然后，他可以提出这样的选择性问题：“乔，你是打算把那笔钱长期占有呢？还是只是打算借用并计划以后归还？”

在讯问一个入室盗窃的犯罪嫌疑人时，主要的主题是将责任归咎于同案犯，由该主题自然延伸出来的选择性问题可以是这样的：“整件事都是你的主意吗？你是策划者，策划了每个细节？还是某人告诉你这么做的？”在对儿童性侵害案件中的犯罪嫌疑人审讯时，可能使用了减少被其性侵害的受害人的数量为基本主题。在此情形下，选择性问题应该是这样的：“拉里，我们这里正在查看数以百计的孩子，你对你曾接触过的孩子几乎都做了那种事？还是这个总数会少很多，不超过500个，对吗？”

（4）选择性问题的焦点通常集中在犯罪嫌疑人实施犯罪行为的原因上，但也没有必要必须局限于这些犯罪要素。选择性问题的焦点可以是犯罪的某些细节，最好是案件发生之前或之后的某些细节。“细节”问题应当以与正在调查的犯罪相关的行为或事件发生的地点、时间、过程为基础，但就时间或空间而言，与案件主要事实的发生有一定差距。例如，在一起持枪抢劫案件中，选择性问题可以是："枪是你自己带去的呢？还是你的某个同伴给你的？"在一起强奸案件中，犯罪嫌疑人否认自己曾经见过受害人，恰当的问题应该是这样的："在事情发生以前，你和她在一起待了很久，还是只待了几分钟？"在一起纵火案件中，选择性问题可以是："你用的是火柴还是打火机？"

（5）依据犯罪性质和犯罪嫌疑人在审讯期间的态度，建议有些时候使用"单向"选择性问题。例如，"你对此感到非常抱歉，对吗，乔"？犯罪嫌疑人可能对此毫无悔意这一负面可能性虽未明说，但对犯罪嫌疑人而言，其存在的含义是非常明显的。

一般而言，尽管选择性问题可能指向犯罪的某个细节，或者可能具有"单向"性质，但最为有效的选择性问题形式仍然是采用实施某行为的理由。这种有效性是基于人们在普通的、日常的、非犯罪经历中的基本原理，即一个人如果在承认某种行为的时候被允许解释其这么做的理由，那么他就比较容易承认自己所犯的错误或任何形式的不当行为。同样，在刑事案件中，如果犯罪行为人在承认时能够有机会为其行为进行解释或辩解，那么他就会比较容易坦白自己的罪行。选择性问题正好能够给犯罪嫌疑人提供这样的机会。

在适当的心理时机提出选择性问题有许多优点，它比要求或诱使犯罪嫌疑人彻底或全面地承认其罪行更为有效。首先，通过深入探究犯罪的地点、时间、过程、原因等细节问题，讯问人员能够有效地表现出他对犯罪嫌疑人有罪更加确定，否则他不会对这些犯罪细节感兴趣。这本身就能够削弱犯罪嫌疑人对说出真相的抵触心理。其次，这种类型的问题具有令人满意的震慑要素。它能在关键时刻让犯罪嫌疑人猝不及防，极大地刺激犯罪嫌疑人已被唤起的说真话的冲动。再次，当犯罪嫌疑人被提问时，会感到不得不坦白供认，但是又不愿意一次性承认全部罪行，那么涉及犯罪原因的问题就给犯罪嫌疑人提供了一个这样的机会——犯罪嫌疑人可以先承认有罪，或者将承认有罪与任何其在意的借口或解释结合在一起，以努力减轻自己良心上的压力，而且还可以让讯问人员相信他的罪行事实上并没有那么可恶或不可饶恕。最后，盘问犯罪细节暗示着讯问人员对犯罪嫌疑人持非常同情的态度。这会给犯罪嫌疑人形成这样的印象：讯问人员对获得有罪供述并非十分感兴趣，相反，对查明和了解犯罪行为人实施犯罪的原因，或者对了解促成犯罪行为实施的环境和条件很感兴趣。

2. 提出选择问题。

在使用选择性问题时，讯问人员必须记住，他需要通过明显的对比来表达两种截然不同的选择。例如，"乔，这是你第一次干这种事吗？还是在这之前发生很多次了"？换言之，正如仅仅问犯罪嫌疑人"你确实做了这件事，对吗"所产生的后果一样，不要期望用这样的方式提问犯罪嫌疑人就会完全供认罪行。

讯问人员在提出选择性问题的时候，应当避免使用任何会让犯罪嫌疑人再次回忆起那令人恶心的、带有谴责情感的措词。例如，在一起强奸案中，讯问人员应当避免使用这样的表达："这是你第一次强奸女孩，还是之前已强奸过很多个女孩?"相反，提问应该这样措词："像这种事情是第一次发生，还是以前曾经发生过很多次?"用"这种事情"指代犯罪行为，犯罪嫌疑人会知道讯问人员指的是什么的。

在某些案件中，当说到选择性问题的"否定"一面时，可以使用严厉或描述性的语言。例如，讯问人员可以这样提问："你抢劫那个小伙子是因为你喜欢干这种事，可以从吓唬人这种事情上得到极大的乐趣?还是由于你急需钱花而碰巧做了这种事情?"通过使用"抢劫"和"这种事情"两个反差极大的词，能够鼓励犯罪嫌疑人接受选择性问题中更富有同情心的"肯定"一面——在近乎绝望的情况下实施抢劫。

在首次提出选择性问题时，犯罪嫌疑人可能拒绝发表任何评论，在这种情况下，除非犯罪嫌疑人的行为反应暗含了全部否定的意思，否则讯问人员应当以基本相同的形式再重复一次该问题。如果出现后一种情况，讯问人员应该引入和发展其他选择性问题。

如果犯罪嫌疑人多次拒绝选择性问题中肯定的一面，则可能表明所使用的选择性问题是不恰当的。在对一起涉嫌盗窃 1150 美元的案件进行调查时，讯问人员向家中有一个年轻儿子的女性犯罪嫌疑人提出如下选择性问题："你拿走那些钱，是花在毒品上，还是用来接济你的儿子?"每一次讯问人员提到"是为了你的儿子，对吗"，犯罪嫌疑人的否认都会变得更坚决。但当选择性问题变成"你从公司还拿过其他的钱?还是这只是你的第一次"时，她欣然地承认了这是她的第一次。在第八步中，当被问及钱用于何处时，她泪流满面地回答："海洛因。"

当讯问人员向犯罪嫌疑人提出选择性问题时，简单地提出问题然后等待犯罪嫌疑人回答是不够的。讯问人员应当鼓动犯罪嫌疑人在两个选项中选择一个。这可以通过使用肯定和否定的"支持性说明"来实现。

肯定的支持性说明即讯问人员强调他相信的那个正确选择，这一选择看起来在道德上可以被原谅，或者至少表现的是在社会上不那么令人厌恶的犯罪理由。讯问人员应当告诉犯罪嫌疑人，如果那个肯定的选择是真实的，那么他在一定程度上能够被理解。

否定的支持性说明描绘的是一幅令犯罪嫌疑人不安的画面，如果否定的选择是真实的，讯问人员可以富有感染力地说（指否定性的选择）："如果这是你那样做的原因，那么我甚至不想再和你进一步谈话，因为这意味着我今天真是看错你了!”

支持性说明应当以一个诱导性问题作为结尾，这个问题要求能够用一个字来回答，或者通过点头来表示接受两个选项中罪责较轻的那个。在适当的情况下，使用支持性声明还应当附带一些表示理解和同情的姿势，如轻拍对方的肩膀。这种诚恳的表示与运用支持性说明的恰当时机结合在一起，成为这一特殊环节成功的关键。

一般来说，在提出肯定与否定的支持性说明上需要花费至少几分钟时间。但是，这种技巧的关键在于以引导的方式提出肯定或否定的选择。下面这个例子用简化形式阐述了这一过程：

- 选择性问题：乔，这笔钱你是用来支付家里的账单了，还是被你用来赌博了？
- 否定的支持性说明：你看起来不像是那种会为了赌博而做这种事的人，如果你是那种人，我也不会愿意在你身上浪费时间，但我确实觉得你不像那种人。
- 肯定的支持性说明：我相信你拿这笔钱是为了你的家庭，为了支付家里那些账单。这种事情即使一个正直的人也可能会做，如果他考虑到他的家庭的话。
- 提出诱导性问题：你是为了家庭的缘故才那样做的，对吗？乔。

为了更好地阐述否定的和肯定的支持性声明之间的相互转换，请看下面介绍的选择性问题，在该案中，一名职员被人持枪抢劫并射杀：

乔，我想在这里发生的事情是这样的，你用你的枪指着那个职员，看起来他的动作很缓慢，故意让你一直待在卖酒的商店里。我猜你听到了警笛声，你知道警察随时都会到那儿。在那一刻，你只想尽快离开那个鬼地方，所以你催促那个职员快一点。为了让他知道你是认真的，我相信你的目的只是想射伤他——你知道要打他的肩膀。但是你很紧张，枪失了准头，所以你最终打中了他的胸部。乔，这一点非常关键。当你扣动扳机的时候，你只是打算稍微让他受伤，还是说你瞄准的就是他的心脏？你只是打算打伤他的，对吗？乔。

支持性说明的一个重要组成部分是关注犯罪嫌疑人的心理，在其他选择可能被认为是应当受到谴责的情况下，看其是否拒绝接受较合情理的选择。例如，讯问人员可以这样说：“如果你想让你的家人和朋友都相信你是个不诚实的人和永远不能被信任的人，那么我的建议就是，你什么都不要说!”这种暗示意味着刺激有罪的犯罪嫌疑人接受那个肯定选择。换言之，有罪的犯罪嫌疑人能够充分理解接受任何一个选择问题都代表着他承认有罪，也能理解随之而来的犯罪后果。不过，即使是最顽固的罪犯也会采取积极的行动来维护自己的尊严和名声，哪怕以坦白为代价，而这种坦白极有可能导致其被监禁。

虽然只是猜测，但对于一些犯罪嫌疑人来说，这可能是一种在提出选择性问题的过程中出现的一种重要心理因素，即有罪的犯罪嫌疑人接受肯定选择是为了反驳其含意，使其他人相信另一个否定选择。有人可能把这一过程称为“被害人综合征”。几乎每一个有罪的犯罪嫌疑人或多或少都会觉得自己也是个受害者——通过他对行为刺激问题的反应以及在询问或讯问时的坦率直言可以明显地看出来。在审讯的这个阶段，有罪嫌疑人内心或许希望坦白，但他的理智仍让他想要逃避犯罪所带来的后果。一旦讯问人员提出选择性问题，有罪的犯罪嫌疑人可能就会意识到其他人会误解其承认罪行背后的实际情况，并且就会有强烈的愿望去纠正、澄清这个问题——不要被其他人误解。

无论如何，如果犯罪嫌疑人接受了那个更合情理的选择性问题，那么通过选择性问题提供给犯罪嫌疑人的供述动机就不应当以宽大处理为基础。让我们来看看本书一位作者注意到的一个真实案例，这是一个提出不恰当的选择性问题的例子。讯问人员对犯罪嫌疑人在其工作地点纵火一事进行审讯。提出的选择性问题是这样的：

比尔（Bill），如果你只是因为对你的雇主感到愤怒而一时冲动做了这件事，我可以只以损坏财产罪追究你的刑事责任，这样的话事情还不会那么糟。但另一方面，如果你和我玩硬的，什么都不说，那也挺好的。那样的话，我会以一级纵火罪追究你的责任，这个罪名将会被判处15年监禁。比尔，你想要的是什么——损坏财产罪还是一级纵火罪？这个选择权在你。

在这种情况下，一个无罪的犯罪嫌疑人可能会被说服而提供虚假的承认有罪供述，因为否定的选择性问题使用了明确的判处监禁的威胁。不过，让我们看看下面这个例子是如何恰当地提出选择性问题的。“比尔，是你在全城放火吗？那样的话你就要对数十起纵火案负责了。还是你只是出于太愤怒才这么做，这是你第一次做这种事，之前从未做过？这是唯一的一次，对吗？”在此情形下，无罪的犯罪嫌疑人不会轻易地对正在调查中的纵火案负责，也不会轻易地对审讯中提到的任何其他案件负责。但这却成为有罪的犯罪嫌疑人说真话的供述动机——他知道自己只是作了正被调查的那起纵火案，但他不想让别人都相信他应当为全城的纵火案负责。

对比否定选择中明显的表示不认可的含义与肯定选择中更能得到理解的情形，产生的反差效果应该通过所有三个层次的沟通来实现。当提出否定的选择时，讯问人员应当使用描述性语言、贬低的语调，以及判断性的非语言行为。而在讨论选择性问题中肯定的、更能得到理解的那一面时，应该使用相反的行为。我们尝试用下面这个案件的笔录来阐释这种相互作用，在该案中一个年轻的男孩因为涉嫌刺死他的邻居而被讯问：

马克（Mark），我认为她只是对你的行为有一些误解并且对这个情况反应过激了［同情的、礼貌的态度］。但我可能搞错了。如果那天你走进她的屋子根本就是打算杀死她，那么我认为你这就是非常卑鄙的了，我现在试图弄清楚这个问题不过是在浪费你我的时间［嗓音更大，出现骂人的粗话、严厉的面部表情、劈手的动作］。但我不认为是这样。我觉得发生这事只是一时冲动，而且你对此感到后悔［同情、温柔、充满暖意的眼神］。不管你是否感到难过，我都认为你对你所做的事情是非常后悔的，对吗［同情的语气］？

此时，犯罪嫌疑人说道："是的。"

第七步常常是审讯成功的关键。就像很多销售人员一样，他们擅长推销产品的好处，却不能"达成"买卖。许多讯问人员在这个阶段根本不知道应当怎样去引导犯罪嫌疑人作出认罪供述。事实上，在许多失败的审讯中，如果使用选择性问题及其支持性说明很可能会获得令人满意的结果。

在下面这个案例中，犯罪嫌疑人杰克（Jack）刺死了与他分居的妻子及三个孩子。这次讯问清楚地阐释了选择性问题的价值。请注意一个犯罪细节：讯问人员使用的主题是，任何一个男人的忍耐都有极限，该犯罪嫌疑人本来可能是出于一片好意去妻子的公寓，但他越是试图讲道理，他的妻子就变得越不可理喻。于是，讯问人员说道：

杰克，你是个诚实正直的人，而且我确信你是想要公正地对待你的妻子。就像所有正常的人一样，你为了和你妻子商量离婚和财产分配的问题而去她的公寓里找她。但是，可能是她开始和你吵了起来，她变得那么疯狂且不可理喻，以至于最后把你推到餐桌上。现在，如果你被推到餐桌边，她高声叫喊让你见鬼去吧，而你的手摸到了一把刀，于是你不假思索地用了它。我能理解你，我能很轻易地看出事情是如何发生的。这是一种情况，但是，如果你是花时间在几个抽屉里翻找到一把刀然后使用了它，那情况就不同了。如果事情是这样的，那我就不想和你进一步谈下去了。但是，如果那把刀是在桌子上而不是在抽屉里，而且当时她正用手指戳你的脸，对着你尖声叫喊，随后你的手碰到了刀，于是你不假思索地用它刺向你的妻子。那样的话，我完全能够理解事情是怎么发生的。杰克，现在告诉我刀是在桌子上还是在抽屉里？我相信它是在桌子上而不是在抽屉里，杰克，对吗？我相信你没有必要在乱七八糟的抽屉里翻找刀子！杰克，刀子究竟是在桌子上还是在抽屉里？这是最重要的一点，杰克，它是在桌子上还是在抽屉里？

在多次提出选择性问题——"在桌子上"还是"在抽屉里"，并且指出他所作的这个选择的重要性后，犯罪嫌疑人最终嘟囔着说："桌子。"这是犯罪嫌疑人的初次承认和坦白的开始（后来该犯罪嫌疑人透露实际上他是在抽屉里找到那把刀的）。

在本案中，很重要的一点是，讯问人员始终没有提及那几个孩子的死亡。心理上的释罪开脱借口只是指向了那位妻子。显然，这几个孩子在这场悲剧中是不应当受到谴责的。在审讯时，如果在审讯主题中给他们设定受谴责的责任，只会对审讯产生相反的效果。

（三）结论

选择性问题代表着主题展述的高潮。整个第六步的审讯，讯问人员都是在尽力坚持用极富同情的独白来解释犯罪嫌疑人实施犯罪行为的原因（主题），本质上是在这之中指出其道德上可接受的理由。这种对审讯的控制，本质上是为了让犯罪嫌疑人确信，讯问人员相信其是有罪的并能有效地应对他提出的任何抗拒。不能忽视的一点是，在审讯过程的前三个步骤中，讯问人员需要注意察觉无罪的犯罪嫌疑人展现出来的行为。

在第六步中，一旦犯罪嫌疑人表现出顺从的症状，讯问人员应当将主题精简成一些核心要素，并引入选择性问题。这个选择性问题是将两个可能的犯罪方面进行对比，在提出的两个方面中，其中一个方面比另一个方面明显更加不可理喻，而且也更应受到谴责。鼓励犯罪嫌疑人接受更能被人理解的那个选项。

经验最丰富、技巧运用最熟练的讯问人员获得有罪供述的概率只有大约80%。对于剩下的这20%，要记住的是，有证据或其他调查结果已经表明他们可能是有罪的，这非常重要。此外，这20%的不接受选择性问题的犯罪嫌疑人，在审讯的早期已经做出了典型的有罪的犯罪嫌疑人所具有的行为。换言之，即使在这一组数据里并非所有的人都是有罪的，但大多数犯罪嫌疑人会拒绝接受选择性问题，这个概率是非常高的。讯问人员必须接受这样一个事实，即在合法进行的审讯中，并非每一个有罪者都会坦白。

鉴于这一事实，讯问人员必须意识到，为了从真正有罪的犯罪嫌疑人那里获得有罪供述而作的前述努力，无论如何也不会轻易地导致无罪者作出有罪供述。说得更确切些，没有哪个智力正常、思维能力正常的无罪者会仅仅因为讯问人员拿一个不太理想的情况与比较理想的情况相比较并鼓励他接受，就承认自己犯罪。有罪的犯罪嫌疑人愿意接受选择性问题的深层原因来自于他想坦白的基本渴求，同时想要保留体面，再加上他必须要反驳否定性选择的这样一种心理暗示。虽然有罪者与无罪者都渴望避开惩罚，但无罪者对于实现这一目标的动力更强。在没有具体的威胁与承诺的情况下，当向无罪者提出反差很大的实施犯罪的理由时，无罪者肯定不会轻易地对某个罪行承担责任。无罪者就如同那20%的被审讯的有罪犯罪嫌疑人一样，他们会拒绝任何一个选择并坚称自己是无辜的。

十一、第八步——让犯罪嫌疑人口头陈述各种犯罪细节

（一）处理原则

在描述犯罪审讯的电影里，一旦犯罪嫌疑人“崩溃”，讯问人员就往后一靠然后说道：“好啦，把一切都告诉我吧。”接下来，犯罪嫌疑人就开始提供所有的细节和详尽的有罪供述，而且常常是当着多个讯问人员的面。但这纯粹就是虚构的。

在真实的审讯过程中，若有必要，讯问人员应当掌控整个谈话并达到使嫌疑人很乐意坐下来倾听的程度。在接受选择性问题的时候，犯罪嫌疑人只是承认了犯罪。讯问人员现在需要做的是把犯罪嫌疑人引入到谈话中并让他彻底坦白。由于接受自己罪行的全部责任而产生的心理冲击，犯罪嫌疑人对于提供构成坦白供认的必要细节会存在抗拒心理。因此，讯问人员必须在犯罪嫌疑人身上花费大量的耐心，允许犯罪嫌疑人用他自己的步调叙述犯罪细节。这是一个需要循序渐进努力完成的阶段。一旦诱使犯罪嫌疑人作出彻底的坦白，那么通常而言，让另一个当事人见证犯罪嫌疑人的坦白则是非常明智的。

（二）处理程序

1. 强化陈述。

当犯罪嫌疑人接受讯问人员提出的选择性问题中的一个选项时，他实际上已经作出了自己有罪的承认。接下来，第八步的目标就是把这种承认（这只是倾向性地证明犯罪嫌疑人有罪）扩展成法律上可接受的、证实性的坦白供述，这种供述能够揭示该犯罪行为的实施环境情况和细节。

正如在第七步中所讨论的，选择性问题及其支持性说明所用的措辞应当能让犯罪嫌疑人只需点头或一个字的回答即可表示其接受其中一个选项。在犯罪嫌疑人接受选择的那一刻，对于讯问人员而言非常关键的一点是，应当立即着手要求犯罪嫌疑人进一步深入讨论犯罪细节。如果犯罪嫌疑人在接受其中一个选择后，讯问人员给人留下一种不确定或犹豫不决的印象，那么会给犯罪嫌疑人一个撤回其陈述的机会。因此，讯问人员应当通过使用强化陈述来鼓励犯罪嫌疑人继续深入叙述除接受选择之外的犯罪细节问题。例如，“好的，这和我想的一直是一样的”或者“我认为案件情况就是那样的”。

如果讯问人员并不相信犯罪嫌疑人作出的选择是真实的，不建议他在这个特定的时候向犯罪嫌疑人指出这一点。不过，纠正犯罪嫌疑人选择的答案应当

在他初次对其犯罪行为作出整体性描述之后进行（这种方法将在本章的后面介绍）。

讯问人员在使用强化陈述的时候，应当做出看起来像是在和犯罪嫌疑人分享宽慰的样子，同时应当平静地直视犯罪嫌疑人，用提问来要求他提供额外的与犯罪行为相关的细节。例如，“那些钱你还有剩余吗”、“你以前还干过像这样的事情吗”或者“你曾有和别人说过这件事吗”。这种类型的初步问题应当避免探究犯罪中难以讨论的敏感领域，如真实动机、犯罪计划所涉及的程度或者共犯的名字。此外，所提的问题应当能让犯罪嫌疑人用简短的言语来回答。在此，我们的目的仅仅是让犯罪嫌疑人更进一步供述其实施的犯罪行为。

2. 扩展一般性的有罪承认。

一旦犯罪嫌疑人彻底认罪，讯问人员就应当开始通过向犯罪嫌疑人提问的方式来扩展其有罪供述，具体做法就是要求犯罪嫌疑人对提问做出稍长的回答。这些问题应当避免使用带有感情色彩的谴责性的专业术语，如刺、强奸、抢劫、性骚扰。讯问人员可以提出的可能的问题样本，如“然后发生了什么事”或“接下来发生了什么”。一旦犯罪嫌疑人开始谈论他的罪行，讯问人员的问题就应该努力扩展对该犯罪行为的一般性描述。在坦白的初始阶段向犯罪嫌疑人提出的问题应该简单、明了，尽可能让犯罪嫌疑人做出一个简短的描述性回答，而不是简单地同意讯问人员的话。第七步中讨论的那个案件就是一个实例，在该案中，丈夫杰克涉嫌刺死他的妻子及三个孩子。当杰克含糊地说“桌子”用以回复这个选择性问题——“刀子是在桌子上还是在抽屉里”时，讯问人员立刻用强化性陈述附和了他：“很好，杰克，这和我想的一样。”接下来的对话如下：

Q：然后发生了什么？

R：［短暂停顿后］我对她做了那件事。

Q：你用什么做的这件事？

R：那把刀。

Q：那把刀你用了几次，杰克？

R：好几次。

Q：那把刀砍到她身体的哪个部位？

R：胸部。

Q：你都是从后面砍她的吗？

R：不是的。［讯问人员已经知道该案的实际情况是，她受到的刺伤只是在前面，但有好几处。她被刺的具体次数这一细节应当留待稍后再提问，那时犯罪嫌疑人已能够比较容易地说出他所估计的受害人被刺刀数了。

同时，讯问人员还应当在心中牢记，由于犯罪嫌疑人当时处在疯狂的状态中，因此他可能并不清楚自己刺向妻子的具体刀数。]

Q：然后发生了什么？

R：孩子们在哭。

Q：那你是怎么做的？

R：我把他们放到盆里去了。

Q：什么样的盆？

R：浴盆。

Q：然后你做了什么？

R：我在他们身上用了那个东西。

Q：杰克，你在他们身上用的是什么？

R：那把刀。

Q：然后你怎么做？

R：我本想用那把刀自杀，但我没有勇气，于是我就跑了。

Q：那把刀你是怎么处理的呢，杰克？

R：我把它留在浴室里了。

Q：留在浴室的什么位置？

R：和他们一起在浴盆里。

至此，讯问人员已经使犯罪嫌疑人杰克全面承认了谋杀行为。讯问人员接下来应当继续详细地探究实施该犯罪行为当时的具体情况，以及犯罪嫌疑人在实施犯罪行为之前和之后的行为。现在，讯问人员可以首次使用那些描述充分、具有归罪性含义的词语了，比如刺（或者，在其他案件中可以是开枪、盗窃、抢劫、入室盗窃等），以便这些词在被用于正式的书面供述时，犯罪嫌疑人能够习惯他们。此时，讯问人员还应当提问犯罪嫌疑人（在本案中是杰克）关于他刺死他妻子的方式以及所刺刀数等更多的细节问题。

在诱使犯罪嫌疑人作全面供述的初始阶段，犯罪嫌疑人可能并没有做好心理准备来讨论其犯罪的某些方面。当问及难以讨论的问题时，犯罪嫌疑人可能会简单地不回答。更常见的是，犯罪嫌疑人会说自己想不起来或不知道当时的具体情况。讯问人员不应当追究这些敏感领域的问题直到后面，他应该转到其他问题上，如“你记得接下来你做了什么吗”？

在扩展一般性有罪承认时，讯问人员应当避免制作任何书面笔录。因为这样做可能会阻止犯罪嫌疑人继续坦白供认。基于同样的原因，如果讯问人员至此还未制作记录，那么在这个时候他也不应使用录音机或摄像机——那是第九步中应该做的事。

3. 引出得到补强的口供。

犯罪嫌疑人对一般性有罪承认作出叙述以后，讯问人员应当回到犯罪的开始，并尝试挖掘那些能够被进一步调查所证实的信息。他应该从犯罪嫌疑人那里寻找犯罪的所有细节以及犯罪嫌疑人作案后的活动。需要特别寻找的是那些只有有罪的人才会知道的事实（例如，有关凶器或赃物藏匿地点的信息、进入建筑物的方式、纵火时所用助燃物的类型、受害人当时穿着衣服种类等）。

在挖掘补强信息的时候，讯问人员必须确定这些细节信息没有以某种方式为犯罪嫌疑人所知，如通过提问过程、新闻媒体或者看到犯罪现场照片。在这一点上，我们建议，在调查的早期，案件调查的负责人应该就什么样的证据不能告知公众以及所有的犯罪嫌疑人作出决定。这些信息应当书面记录在案卷中，以便使所有讯问人员都注意到哪些信息是不能公布的。

最好的佐证应当以新证据的形式出现，且在该有罪供述之前从未被了解，但能在不久后得到证实。在进行审讯之前，讯问人员必须考虑应该寻找哪一种类型的独立的补强信息。比如，谋杀凶器或犯罪嫌疑人的血衣现在的隐匿之处、赃物被销往何处，以及犯罪嫌疑人与谁讨论过自己实施的犯罪行为。

在审讯过程的这个阶段，讯问人员可能会回到选择性问题阶段，用以获得初步的有罪承认。如果讯问人员认为选择性问题不能代表所有真相，那么在这时候讯问人员就应当努力从犯罪嫌疑人那里获得更正，因为犯罪嫌疑人此时的心里正处于忏悔的状态，但在此之前作这种更正是不明智的。通常在这个时候，大多数犯罪嫌疑人对于任何问题都会尽可能地如实回答。换言之，在通常情况下，一旦犯罪嫌疑人开始招供，那么他会一直继续下去，除非讯问人员变得生硬粗暴，用无礼的态度伤害了犯罪嫌疑人，或者带其他人进入询问室侵犯了犯罪嫌疑人的隐私，或者带了电子设备进入询问室用以记录谈话。当然，这个规则也有一些例外，有罪的犯罪嫌疑人会出于多种原因而不愿意充分、彻底地公开其犯罪的情况。

可以再次以杰克杀害其妻子和孩子一案为例来说明。杰克接受了杀人的刀子是在餐桌上的选择。如果讯问人员认为那把刀实际上是在抽屉里面，而且犯罪嫌疑人认真寻找并挑选出这把他打算使用的刀，那么纠正犯罪嫌疑人原来的选择就变得很重要了，因为只有这样才能证明犯罪嫌疑人的真正目的和意图。讯问人员应当向犯罪嫌疑人正面提出自己相信刀是在抽屉里。他可以使用第二组选择性问题达到目的，在第二组选择性问题中，刀在抽屉里的选项变得更容易为犯罪嫌疑人所接受。例如，“杰克，先前你说刀是在桌子上而不是在抽屉里面。但是，杰克，现在的重点是了解所有的真相。我们知道那把刀并不在桌子上，我想知道的是那把刀是否只是你在抽屉里找到的，还是说是你自己带过去的，一直打算要用它。好了，杰克，那把刀是在抽屉里找到的，还是你带过去的？是在抽屉里，对吧”？

如果讯问人员的想法是正确的，刀子是在抽屉里而非桌子上，那么犯罪嫌疑人在初次听到这种说法时，会看起来显得很不自然，可能目光会往下看地面、不停地变换姿势或者在椅子上挪动。对于讯问人员而言，这种欺骗性的非言语行为是一个明显的表征，可以据此要求犯罪嫌疑人承认刀是在抽屉里而不是在桌子上这样一个事实。

为了进一步说明纠正犯罪嫌疑人选择某个错误选项的方法，让我们再来看一个案例。在该案中，一个男人被指控猥亵幼女，他将手指塞入该女孩的阴道内。正如第二步中讨论的那样（展述主题），讯问人员可以展述这样的主题——受害人的父母也有过错，因为他们没有给予女孩应有的慈爱与关心。讯问人员在进入选择性问题阶段时可以这样说：

阿特（Art），你只是摸了摸她的下身，还是把手指伸进了她的身体？我相信你只是稍微用手摸了摸她的下身，然后马上停止了。我知道谁应该为此事负责。是那个小女孩的母亲，她放任自己的女儿像这样四处乱跑。阿特，告诉我你的手指是一直放在里面，还是只不过用手摸了摸那里？你是尽你所能地把手指伸进去，还是仅仅摸了摸？你只是摸了摸她下面，对吗？

犯罪嫌疑人点头表示肯定后，意味着讯问人员迫使犯罪嫌疑人说出了真话，然后需要继续查明该犯罪行为的细节问题。此后，讯问人员应当纠正犯罪嫌疑人先前对选择性问题的非真实回答，可以这样说：

阿特，我知道你准备说出全部真相，这非常重要。但我肯定你确实把手指放进她身体里面了。当你把手指放进她身体里面的时候，你是打算伤害她，还是只想看看她的反应？我知道你并不打算伤害她，你是一直把手指放进去，还是只进去了一点？阿特，我想听实话。你的手指进入她的身体多少，全进去了还是只进去一点？

犯罪嫌疑人可能会回复说：“只进去了一点点。”此后，讯问人员应该问道：“是放进去到手指的第一个关节还是第二个关节？”然后，他应当让犯罪嫌疑人在自己的手指上比划一下进去的准确长度。在这起猥亵儿童的案件中，如果犯罪嫌疑人一开始说的他只是摸了摸受害人这种说法是真实的，那么他是不会允许讯问人员对其作进一步的盘问的，并且他会坚决地否认除了“摸”以外的任何行为。

4. 让口供得到见证。

在初步诱导犯罪嫌疑人作出口头供认时，审讯室里只能有讯问人员和犯罪嫌疑人，这点非常重要。任何其他第三人在场都可能阻碍犯罪嫌疑人供述其犯罪的细节问题。但是，当讯问人员已经满意地获得了有关犯罪行为的全部细节之后，确定找个其他人作为口供的见证人是合适的。在这种情况下，讯问人员应当告诉犯罪嫌疑人自己要离开审讯室一会儿，但很快就会回来。然后，他得确定一个人作为犯罪嫌疑人承认有罪的见证人。这件事必须毫不迟延地完成，否则，犯罪嫌疑人就会有时间重新考虑自己所说的话，并有可能决定翻供。

为犯罪嫌疑人的口头供认找见证人的目的有两个：①在犯罪嫌疑人向两个人——而不是一个人——供述了自己的犯罪行为之后，他已经如此全面地认罪了以至于他不太可能拒绝提供书面供词并在上面签字；②万一犯罪嫌疑人拒绝提供正式的书面供述或在上面签字，将有两个人——讯问人员与见证人——能够在法庭上证实该犯罪嫌疑人确实作了口头供认有罪这一事实。这比讯问人员单独一个人的证词更具法律效力。

讯问人员在与见证人一起回到审讯室之前，应当告诉见证人犯罪嫌疑人所作供述的内容，以及与讯问人员一起进入审讯室后应该做些什么。还应当告诉见证人的是，在开始时不要讲任何话，由讯问人员来完成所有的事情。此外，讯问人员应当吩咐见证人站到一边，与犯罪嫌疑人的座位相邻，直视讯问人员而非犯罪嫌疑人，然后，讯问人员对见证人叙述犯罪嫌疑人所作供述的基本要点。图 13-8 说明的是讯问人员、见证人与犯罪嫌疑人的相对位置。

图 13-8　见证犯罪嫌疑人的供认

在见证犯罪嫌疑人供述时，没有必要再次让犯罪嫌疑人复述一遍犯罪细节，因为这样做会加重犯罪嫌疑人的负担，而且犯罪嫌疑人可能会随之重新评估自己的处境并翻供。因此，在和见证人一起进入审讯室后，讯问人员应当这么说："这是史密斯（Smith）警官，他和我一起负责处理这起件案件。"在这种简短的介绍后，讯问人员应当向见证人（史密斯警官）重复一遍犯罪嫌疑人口供的基本要点。为了阐释这种方法，仍以先前描述的那起杀妻案为例。讯问人员可以说："杰克说上星期他用刀刺了他的妻子，都是因为一时冲动才导致了整件事情的发生，没有任何事前预谋。他说，事实上，那天他之所以来到他妻子的公寓里，是因为他的律师让他收集一些有关离婚的材料，然后他的妻子先挑起了争吵。他还告诉我，他之所以拿刀刺孩子们是因为他们一直在哭，而他却不知道该怎么办。他还说他本来打算给自己扎上一刀，但最终没做成，然后离开了。"在讯问人员说完这些话之后，见证人应根据讯问人员先前吩咐的内容向犯罪嫌疑人提出几个确定性的问题。接下来的对话如下：

Q：好的。杰克，刚才________先生（讯问人员的名字）告诉我的全部都是真的吗？

R：是的，是真实的。

Q：杰克，在去那个公寓前你是否就已经打算做这件事了？

R：没有，警官。那只是碰巧，我甚至不敢相信会发生这种事情。

Q：在你刺你的妻子和孩子的时候，有没有其他人和你在一起？

R：没有，就我一个人。

让见证人提几个问题的目的在于，让犯罪嫌疑人把已经对讯问人员说过的话又当面向见证人描述一次。比起仅由讯问人员向见证人转述供述的内容，这样做具有更高的效力。

在某些情况下，见证人还可以发挥辅助性讯问人员的作用，他可以通过提出一些更为广泛的问题来引出那些没有被主审员揭露出来的细节。比如，在一起雇员盗窃案中，见证人可以向犯罪嫌疑人提问除了已承认的盗窃案之外的公司的其他被盗案件。

在犯罪嫌疑人彻底供述后，见证人应当离开讯问室，讯问人员则应该着手获得完整的书面供词。有关书面供词必备的基本要点和适当的程序方面的考量将在第九步中讨论。

在首次听到犯罪嫌疑人口头承认有罪后，如果讯问人员感觉到，当自己出去找证人时，让犯罪嫌疑人独处有可能会使其改变主意，那么他应当在离开房间前的任何一个时段先获得一份简短的、手写的、带有犯罪嫌疑人签名的供词。

十二、第九步——将口供转换为书面供词

（一）处理原则

正如在审讯过程的前八个步骤中所阐述的，审讯不是针对犯罪嫌疑人自身

或其他人的心理咨询会，而是借以鼓励犯罪嫌疑人为自己的行为承担全部责任，让他明白自己的想法与其可恶的行为间的关系，并因此相应地进行纠正。要达到这样的目标需要数周甚至数月的治疗——对讯问人员而言就像是无法拥有的奢侈品。

简单地说，审讯代表的是讯问人员说服犯罪嫌疑人对声称其涉嫌的罪行说实话的一种努力。如果花费太多的时间在这种努力上，辩护律师可能会主张说这是胁迫，因此审讯必须在一个较短的时间内完成。正因如此，一旦犯罪嫌疑人已经说了实话，而现在反应过来自己决定这么做可能带来的后果，他很有可能会翻供——如果是在作出供述后不久。当然，在临近开庭的日子，他的辩护律师指出这份供述对他的案子有多么不利时，也会出现这种情况。

因此，讯问人员不但必须努力使犯罪嫌疑人的供述以法庭能够采信的文件形式保留下来，还必须让这份供述经得起法庭的审查与辩护律师的质疑。第九步包含了将口供转换为书面供词的程序与法律上应当考量的因素。

（二）处理程序

1. 书面材料的重要性。

许多供认有罪的罪犯后来都会否认自己有罪，并声称他们从未认罪，或者声称他们是在体罚、威胁或者宽大处理的承诺下被逼迫或被引诱才供认有罪的。有时候，刑事案件的被告人甚至到了这种地步——说他没有看过书面供词或者没有人向其宣读过供词就被强迫在上面签了字，或者说他是被强迫在一张空白纸上签字，上面所显示的内容全都是后面加上去的。

在一个警察职业深得社会公众尊敬和信任的社区或司法管辖区里，这种性质的虚假声明是相当容易推翻的，检方甚至只凭非书面的、无录音录像的口头供词，以及很少的补强证据就能让法庭作出有罪判决。但是，在大多数案件中，想要认定犯罪嫌疑人有罪要困难得多，而且书面供词或者录音录像供词的效力也远远优于口头供词。当供述以书面形式固定下来时，控辩双方之间的争论焦点就不再是法庭或陪审团是否应该相信警方或被告人的口头证词。书面供词还能对公诉方提出的被告人确实作了有罪供述这一观点给予相当大的支持。

尽快将口头供述转换为书面供词并让犯罪嫌疑人签名是非常重要的。在犯罪嫌疑人作出口头供述的第二天早上，甚至几个小时后去做都有可能已经为时已晚，因为供认者可能已经反应过来，认识到供认有罪的法律后果并翻供。因此，在准备并获得带有犯罪嫌疑人签名的书面供词时没有时间可以浪费，应当立即进行。如果时间和条件都不允许速记，甚至无法写下详细的供词，那么讯问人员应当写出或用打字机打出犯罪嫌疑人口头供述的要点——即使只有两三句话的长度——然后拿给供认者签字。一旦被告人自己签字确认有罪，那么无论这种供述有多简单，都能减少其拒绝写下更详细的有罪供词并签字的可能性。

许多本来供述得很好的案子都失败了，就是因为讯问人员认为第二天早上或者在几个小时后再来提取书面供词和签字会有足够的时间，然而最终他们会发现，到那时罪犯已经改变主意否认有罪了。所以，安全的做法是，毫不耽误地获得某种形式的签名供词，这绝对是有必要的。供词的形式甚至可以是用以解释其为何犯罪而写给亲戚、朋友或雇主的暗示性便条或信件。这种文档可以用于防范犯罪嫌疑人在作出正式的、有签名的供词前改变主意或者予以否认。

除了在获得犯罪嫌疑人书面认罪这方面应当避免时间上的延迟以外，获取口供，甚至是获得完整的书面供词本身，都应当在原审讯室里进行。换成另一个地方，即使是在隔壁的房间，都有可能对犯罪嫌疑人产生心理影响进而撤回已有的口头供认。

2. 进行宪法权利警告。

在羁押性讯问中，讯问人员在讯问或询问开始前已经向犯罪嫌疑人宣读了米兰达警告［由米兰达诉亚利桑那州（*Miranda v. Arizona*）一案确立的］。尽管如此，建议讯问人员在提取书面供词的时候应当再重复一遍，并提及这样一个事实——犯罪嫌疑人先前已经收到了警告并放弃了自己的权利。提到这一点的目的在于进一步证明该警告已在被要求的时间内告知了犯罪嫌疑人，而且宣读的时间是在任何提问之前，而不仅仅是在接受正式供述的时候。然后，由于犯罪嫌疑人有权在任何时间要求恢复此前他所放弃的这些宪法权利，所以在供述中包含此警告本身就能够证明犯罪嫌疑人直至在书面供词上签字之时，一直都处于弃权状态。此外，在这个阶段，由于犯罪嫌疑人已经作了口头供述，所以他不大可能因为在书面供词中加入了米兰达警告就拒绝签名。犯罪嫌疑人现在的心理因素，与询问或讯问开始前讯问人员要求其放弃米兰达权利时占上风的心理因素相比，已经有明显的不同。

用打字或手写的方式获得书面供词并让供述者签名时，通常可以使用打印好的表格。其开头文字应当如下所示：

在被问及下述犯罪行为前，我已被告知有权保持沉默，我所说的一切都将可能用作不利于我的证据，我享有获得律师辩护的权利，如果我负担不起律师费用，可以免费为我提供一名律师。但是，我现在不仅愿意说出相关案情真相，而且我还愿意提供这份书面陈述。

如果供述者告诉讯问人员他不愿意作供述或不愿意在上面签字，或者要求会见律师，讯问人员必须停止进行任何进一步的提问或记录。不过，犯罪嫌疑人之前所作的口头供述仍然可以作为证据使用（美国联邦最高法院的一个判例，其效力将在本书第十七章讨论①）。

在讯问开始时，如果向警方提供口头供述的供认者处于非羁押状态，警方就无须向其宣读米兰达警告。但是，如果犯罪嫌疑人在提供书面供词并签字后即将被羁押，那么作为一种预防措施，讯问人员应当在开始提取书面供词时，按照刚刚介绍的形式与方法向犯罪嫌疑人宣读该警告，包括弃权的声明。

如果犯罪嫌疑人即将被释放并且很可能稍后会被逮捕（经过进一步调查证实了其供述或者获得了逮捕令之后），就不需要要求其放弃米兰达权利。此外，私人安保人员是没有必要向犯罪嫌疑人宣读该警告的，除非该安保人员被赋予了完全的警察职权或者正在与警方合作，而且该犯罪嫌疑人处于羁押状态（支持该主张的法律依据将在本书第十七章介绍）。

3. 书面供词的制作与形式。

制作书面供词可以使用问（由讯问人员提出问题）答（供述者回答）形式，也可以使用由供述者叙述的形式。这种书面供词可以是手写的，也可以是讯问人员用打字机打出来的，或者是由速记员记下来后再转录成打印的方式，或者使用电子设备记录。

大部分检察官青睐问答式的供词，其他一些则喜欢以叙述的方式制作的供词。或许最好的方法是采取折中方案，即犯罪的开头与结尾部分由讯问人员用提出具体问题的方式引出，而犯罪的具体细节由供述人以叙述的方式交代。比如，可以先提问犯罪嫌疑人的姓名、是否有为人所知的绰号，他的住址、年龄、工作地点，他能否理解和读懂英语（在某些情况下），他到达犯罪现场的时间，当时与他在一起的人的姓名；然后，讯问人员继续提问，直至问题涉及犯罪的时间和地点时，可以这样问犯罪嫌疑人："接下来发生了什么事？"此后，只要犯罪嫌疑人有条理地叙述所发生的事情且没有离题，讯问人员就应当允许他继续讲下去。如果犯罪嫌疑人说话犹豫或者看上去所叙述的事情颠三倒四，那么讯问人员可以插入性地提出一些具体的问题以使犯罪嫌疑人能够条理清楚地继续讲清楚整件事情。但是，同时也应当允许犯罪嫌疑人说一些与案件本身无关的话，因为正是这些看似无关的话能够被看作证明犯罪嫌疑人自愿供述的证据。

在犯罪嫌疑人供述完事情的主要经过后，讯问人员可以再次使用提出具体问题的方式，如"然后你到哪里去了"或者"你什么时候到那里的"。提出具体的问题也能够揭示出那些先前在犯罪嫌疑人叙述中被忽略的事实。

除了上述提到的优点，用问答形式记录供词还便于审判法庭在向陪审团宣

① *North Carolina v. Butler*, 441 U. S. 369 (1979).

读供词前删除他们认为有必要删除的特定部分。讯问人员的所有提问都应使用简单明了的词语，并且要“切中要害”。使用冗长复杂的问题以及对这种问题的可能回答都会使供词材料的影响力大幅度降低。

无论在何种情况下，都不得要求供述者向公证人、治安法官或其他接受供词的人宣誓。这种做法被一些法院看作一种强制逼供，它会使供词失去法律效力。

在某些情况下，讯问人员可以先让速记员用手写的方式记录供词，或者用速记打字机记录下供词，而后转录成打印的供词，并念给供述人听或让他自己阅读，然后签名。有些讯问人员包括本书作者，都认为女性速记员比男性速记员要好些，她们同时也要作为见证人在供词上签名。在犯罪嫌疑人作虚假声明指控讯问人员有暴虐行为或其他不正当行为时，女性速记员是反击这种指控的有力保证。因为陪审团一般不会相信在实施这种不正当行为时女性会是参与者或旁观者。事实上，一名男性辩护律师一旦得知速记员是一名女性时，有时候他就会彻底打消作这种虚假声明的想法。换言之，同样的供词，由女性速记员记录和整理比起由男性速记员或打字员制作，作为证据时更为无懈可击。在性侵犯案件中，如果供述者因女性速记员在场而感到尴尬进而不好意思供述其犯罪过程，讯问人员应该告诉供述者，这位女速记员已经听过数百次这种类似的供述，而且比起他可能要讲的恶劣得多。

被安排记录供词的速记员应当在进入询问室前简要地了解案情，如犯罪嫌疑人的姓名以及其他类似的信息。讯问人员应当示意速记员坐到犯罪嫌疑人的旁边，而不是坐在他的前面，避免与讯问人员交谈或者提出任何问题，除非需要让讯问人员或犯罪嫌疑人说话大声些或慢些，或者需要重复某些内容，以便能够足以听清楚并记录下双方所说的话。

为了在宣读书面供词时对陪审团产生良好的心理影响，建议讯问人员在供述开始的时候就向供述者提出一个能够要求其承认自己实施了该犯罪行为的问题。这一步可以在初步提问犯罪嫌疑人姓名、住址、年龄等情况后实施。[例如，“关于菲斯特和梅恩（First and Main）大街那家商店着火一事，你知道是谁放的火吗”？回答：“是我放的火。”] 在犯罪嫌疑人承认有罪后，讯问人员可以用进一步的预备性问题继续提问，以引导供述向主要案情发展，并要求犯罪嫌疑人叙述事情发生的具体情况和细节。

在供词中一开始就是犯罪嫌疑人承认有罪的供叙，这会使得该供词在法庭上一经宣读就能立刻引起陪审团对它的兴趣。它从一开始就让陪审团清楚地知道所宣读的是一份有罪供述，此后陪审团成员们就会更加关注这份供词随后所揭示的案件细节。在供词中先行承认有罪的另一个优点在于它对供认者本人会产生影响，已经在供词中作出如此认罪的犯罪嫌疑人不大可能在继续讲述案件细节时畏缩不前。

供词中案情的细节不仅要包括犯罪行为本身的细节，如日期、时间、地点、动机、方式等，还应当包括供述者在犯罪前后曾到过的地方，以及遇到过或交谈过的人的姓名。在某些情况下，讯问人员还应当要求供认者描述当时他所穿的衣服，因为在受害人或证人作法庭辨认证词时，这可能是个非常重要的因素。

在提取供词的过程中，询问室里除了供述者、讯问人员和速记员外，不应有其他人在场。除了前面讨论过的保障隐私方面的心理原因外，还有一个令人信服的法律因素：在某些司法管辖区，如果被告人主张在获取他的口供时存在不恰当的方法，则每一个参与讯问或提取供词的人都必须作为证人出庭作证。这一规定明显加重了公诉方的负担，但其能够避免而且也应该避免。

即使是在讯问人员自己书写或打印供词的那些情况下，也无须让第三人在场实际见证其制作或签名。供述人只需事后向见证人（们）承认该书面供词及签名均是其自愿作出的即可。

打字记录供词的人应当避免在供词结尾留下供述人签名栏，原因有两个：①这种签名栏暗含着太过强烈的法律意味，供述人可能会因此而拒绝在供词上签名；以及②即使供认者拒绝在供词上签名，没有签名栏的供词的效果看上去也要比那些有签名栏而无签名的供词好得多。无签名的供词也可以作为证据使用，只要讯问人员能够证明该供词准确地记录了被告人所说的话。再者，即使这种供词遭到否定，先前的口头供认依然可以使用。

（1）使用易读和易理解的语言。在提取供词的过程中，讯问人员必须自始至终地注意保证供词的内容易于为读者或随后那些不了解案情的听者所理解和采用。讯问人员经常忽略这些，以至于没能意识到虽然在他们看来这份供词非常清楚明了，但对于其他人而言则很可能是含糊不清的，包括将要听审此案的法官或陪审团。例如，当一个人对其强奸罪行为作口头供述，承认他干了“那件事”的时候，负责提取书面供词的讯问人员完全能够理解供述者的意思，但是对于其他人而言很可能完全不明白“那件事”是什么意思。还有，当供述者说他在“那个地方”和“那个晚上”放了一把火时，对案情没有其他独立知识的人对于理解供词中“那个地方”或“那个晚上”所指代的确切含义是会感到困惑的。此外，如果供词用语含混、含义不明，法官可能会完全拒绝使用。

澄清语义不明的词语和短句的方法是打断供述者的讲话并提出问题，让其解释意义不明的词句。例如，在强奸案件中，如果供述者说干了“那件事”，讯问人员可以提问，“你说的‘那件事’是什么意思”或者“你说的‘那件事’，指的是性交吗（或者其他与犯罪嫌疑人所说的词意思相同的术语）”？在纵火案件中，讯问人员可以这样提问犯罪嫌疑人，“你说的‘那个地方’是什么意思”或者“你说的‘那个地方’是不是指市里菲斯特与梅恩大街拐角处的那栋房子”或者“‘那个晚上’你是指什么意思”？还可以问，“你说的‘那个晚上’是指今年7月10号晚上吗”？再者，陈述中使用的语言应当清楚地界定行为的法律性质。例如，在盗窃案件中，应该用“偷”而不是“拿走”。在强奸案件中，应当使用“强迫性交”而不是“发生性行为”。

（2）避免使用诱导性提问。在一份供词中，如果讯问人员所说的话占了大半篇幅，而犯罪嫌疑人大多回答“是”或“不是”，这种供词比起那些讯问人员扮演次要角色而主要由供述者叙述提供信息的供词，其说服力与效力都差得多。因此，讯问人员让供述者自行叙述案件的细节是非常重要的，要做到这一点，讯问人员应当避免或者至少是最大限度地减少使用诱导性问题。

为了阐释这一点，假设某人正在供述其谋杀行为。已知的事实是犯罪所用的枪被扔到了某座房子下面。供述者已经提供了有关犯罪的各种细节，讯问人员准备询问他那支枪是如何处理的。在这个阶段，有些讯问人员可能会这样说，“然后那支枪被你扔到那座房子下了，是吗”——这种问题仅仅需要回答“是”即可。而对于法官与陪审团而言，通过提出非诱导性问题让供述者回答关于这支枪的细节问题更具有说服力。例如，“然后你如何处理那支枪的”——这个问题要求供述者自己说出相关的细节信息。

非诱导性问题的优点除了前述之外，还要考虑另一个因素。讯问人员可能会遇到这样一种情况——虽然这种情况的发生极为罕见——在得到供词后，讯问人员反而对供词的可靠性有所怀疑。特别是当讯问人员怀疑供述者患有某种精神疾病，且可能没有实施过他所承认的犯罪行为时。在这种情况下，讯问人员会发现根据某些已知的案情事实来判断供词的真假是相当保险的，而且通常都能做到，除非在审讯过程中这些事实是被讯问人员通过诱导性问题透露给供述者。换言之，以前述的那个假设案件为例，要查清的是枪在房子下面这个问题，如果讯问人员这样提问犯罪嫌疑人“那把枪你是如何处理的”，犯罪嫌疑人回答“我把它扔到那座房子下面了”（事实上枪确实是在那里被找到的），那么该供述可信度就比较高。如果讯问人员提问：“然后你就把刀扔到那座房子下面了，是吗？”供述者只是简单地回答“是的”，那么讯问人员这样取得的供词就值得怀疑了。

还有另外一个案例说明了不要向犯罪嫌疑人透露任何犯罪细节的好处。在这个案件中，一名老妇人在她家的厨房里遭到残忍地性侵害并被杀死。犯罪嫌疑人在承认该犯罪行为时是如此爽快，以至于讯问人员不得不怀疑该供述的真实性。幸运的是，没有人告诉犯罪嫌疑人关于本案的犯罪细节，如受害人伤口的准确类型、一些特定物品被丢弃的地点，也没有人对犯罪嫌疑人描述过厨房本身的情况。但犯罪嫌疑人准确地说出了上述各种细节，包括对厨房情况的准确描述，这很快就打消了讯问人员对供述可靠性的怀疑。如果讯问人员在犯罪嫌疑人供述前就透露了这些信息，这件案子就会给讯问人员带来相当多的麻烦了。

(3) 使用供述者自己的语言。在制作书面供词的过程中，讯问人员不应修饰供述者自己所使用的语言。供词中所使用的语言应该是供述人的原话，否则，法官与陪审团是不会愿相信这些供词是源自被告人的，如被告人所受教育可能只是小学三年级，而供词中却使用了大学毕业生这种水平的语言。同样，在性侵害案件中，书面供词应当使用供述人自己的词汇，讯问人员不要试图去“清理”这些词句。例如，假设供述人那些粗俗的语言能准确地描述性行为，讯问人员就不应用“性交”、“阴道”、“鸡奸”这样的词语去代替供述人使用的语言。根据同样的思路，如果犯罪嫌疑人打算自行书写供词，讯问人员也不应在其拼写任何单词时给予帮助，即使他要求也不能同意。讯问人员应当告知犯罪嫌疑人尽其所能拼写正确。

(4) 提关于个人履历的问题。在法庭上，被告人可能主张其供词中的内容是别人让他说的——是讯问人员“教我这样说的”。若想有效地应对这种指控，比较好的预防措施是或多或少地在供词中加入一些只有罪犯本人才知道答案的与案件无关的问题。比如，可以提问犯罪嫌疑人他所就读的小学名称、他出生的地方或医院，或者其他类似的信息。但是，在运用这种方法时必须注意避免提问一些供述人自己都不能确定答案的问题（例如，他小学校长的名字）。

当供词中包含这种准确的个人信息时，公诉人可以将其指出来作为证据证明供词中所包含的这些信息事实上确实就是被告人提供的，而不仅仅是重复讯问人员所告诉的话。

有时候，供词应当能够反映出这样的一个事实——警方已经给予了满足犯罪嫌疑人上卫生间、吃东西、喝东西等诸如此类的生理需要的机会，尤其是在对他的审讯持续了数个小时的情况下。基于类似的原因，如果犯罪嫌疑人要求获得常规药物（胰岛素、心脏病类药物等），那么在供词中体现出讯问人员允许犯罪嫌疑人服用常规药物是非常有用的。在某些情况下，查清犯罪嫌疑人是否在讯问前的 12 小时内有过吸毒或饮酒行为也是非常重要的。因为，如果被告人后来在法庭上宣称，他在作所谓的供述时受到了毒品或酒精的影响，上述做法就变得非常重要了。

（5）有意制造并由供述人更正的错误。有意地在供词的每一页中掺杂安排一到两处错误是个不错的做法，如人名或街道名称的错误，其中原因基本上与上述将个人的履历资料融入到供词中相同。这些错误将会在向供述人宣读供词或供述人自己阅读供词时，由供述人更正。任何类似的错误都必须由供述人本人亲笔更正，并且要在更正内容旁的页边空白处写下自己名字的缩写或签名。在法庭质证的时候，供述者面对这种带有更改内容的供词，他若是想否认在签名前看过这份供词，就会有相当大的难度。

（6）阅读供词并签名。讯问人员逐字逐句地照着供词复印件大声念给供述者听，同时让供述者查阅供词原件是可取的做法。当读到前述有意掺杂到供词中的错误时，犯罪嫌疑人通常会要求讯问人员更正。但是，为了保险起见，讯问人员必须在心中牢记这些错误，如果犯罪嫌疑人忽略了这些错误，那么讯问人员就可以就此提出问题。

除了在更正处的旁边写下名字缩写或签名外，还应当要求犯罪嫌疑人在查阅完或听完供词后在每一页内容的底部写下“同意”二字。然后，在供词的结尾写上这样一句话：“我已经看过我的这份__页的供词，其内容属实。我所作的供述出于自愿，没有任何人对我进行威胁或给予许诺。”然后是犯罪嫌疑人的签名。

在供词上签名时，讯问人员不应该说：“在这里签名。”从心理学上看，最好用手指着签名的位置说，“把你的名字填在这儿”或者“在这里写上你的名字”。因为“签名”这个词隐含的法律色彩太过浓厚。

犯罪嫌疑人如果在供词上签名时犹豫不决，讯问人员可以告诉他，他所说的那些案情只有作案人才会知道，而且他已经承认自己所陈述的内容是真实的，关于这点，讯问人员和速记员都可以证实。另外还可以告诉犯罪嫌疑人，他的签名证明他具有诚意，并且配合了侦查工作的进行。

如果供述者是个文盲，那么让他在打印好的供词上签字或画押（打×）意义就不大了。不过，在审判时，一份没有签名的书面供词也是有用的。法庭允许讯问人员出庭作证，证明那份供词不仅准确地代表了被告人所说过的话，而且被告人在听完讯问人员宣读该供词后承认其内容完全属实。在这种情况下，公诉人最好让记录供词的速记员作为证人出庭，因为速记员能够根据其速记笔录直接作证。

在供述者是文盲的案件中，还有一种可能使用的方法，即对其供述进行电子记录。

（7）见证人。在大多数情况下，只要被告人没有反对将口头供述转换成书面供词，他也会愿意在除讯问人员外有一个或多个见证人在场的情况下签字。

但是正如前面所述，最好还是在提取书面供词时保持隐私性。此外，当其他人特别是着制服的警察，明显是为了见证签名而进入房间时，犹豫不决、摇摆不定的供述者有可能会拒绝签字。

书面供词事实上并不需要任何证人签字，这样要求的目的只是想让某人对签字进行认证——有人可以证明他看见了被告人签名并承认供词是属实的。证明被告人自愿供述且该书面供词在签名前已向被告人宣读或他自己阅读，是讯问人员的职责所在。

在考虑所有这些有关书面供词的各种问题时，有一点事实必须牢记于心，即口头供述与书面供词一样都是能够被法庭采用的证据，两者唯一的区别在于，通常人们认为，有签名的书面供词其价值与可靠性更高。

（8）只需要一份书面供词。讯问人员应当一直努力提取全面而完整的书面供词，以满足该供词在法庭上用作证据的需要，但这并不必然意味着供词必须很长。实际上，如果讯问人员掌握了制作供词的基本要点，普通的犯罪可以而且也应当只用几页纸就能描述清楚。一份篇幅相对较短，但内容完整的书面供词要比那些充斥着废话和大量无关事实的供词具有更强的说服力。还有一个重要的原因是，供词中包含的信息越多，如果某些信息被证实不太准确（如时间、事情发生的次序、谈话的内容等），就越容易被辩护律师攻击。

如果讯问人员制作的书面供词不合适，那么负责公诉的检察官就不得不再制作一份。这种复制行为可能会增加公诉方在法庭审判中的困难，因为辩护律师可能会要求查阅第一份供词，并试图夸大和利用两份供词间的差异，即使这种差异很微小。事实上，无须辩护律师进行任何推动，陪审团自己也会作出对公诉方不利的推论。

当讯问人员不熟悉如何提取合适的书面供词，或者没有时间和条件这么做的时候，一种恰当的选择是，只是简要写下犯罪嫌疑人承认实施了犯罪的陈述并让他签字，或者也可以让犯罪嫌疑人自己书写供词。然后让公诉检察官制作一份包含全部案件细节的供词。

在书面供词后来才被认为是不合适的情况下，如缺少某些关键的案件细节，讯问人员应当制作一份全新的、完整的供词，而不是仅仅补充第一份供词。这将有助于最大限度地减少因为每一份供词都需要依赖对方的完整性而产生的冲突与法律困难。

无论是讯问人员还是公诉检察官，在评估一份书面供词时都应当考虑到这样一个事实，即一个供述者在承认主要罪行后，可能会在一些犯罪的次要问题上撒谎，这种情况相当普遍。例如，一个谋杀犯可能会否认在杀死女性受害人之前与该女性有过某种性行为，但有证据清楚地证明他在杀人前与被害人有过性接触。犯罪嫌疑人撒谎的原因是，在他心目中，强奸行为本身比杀人行为更加可恶。因此，不能因为供述者的口供与这种间接证据之间存在矛盾就怀疑他作的有罪供述。本书第十五章将介绍其他类型的错误信息，这些错误信息包含在其他方面具有可靠性的供述中。

为了最大限度地减少供述者在某些案件次要问题上说谎的程度与可能性，讯问人员在把口头供述转换成书面供词之前（第八步），应当让供述人自己叙述所有的犯罪细节。如果供述者看起来对某些相关信息可能作了虚假供述或者有所隐瞒，那么讯问人员此时应当尽力查明全部真相，而不是等到制作书面供词时再做这个工作。

如果书面供词是由获得口头供述的讯问人员以外的某个人负责提取的，或者由于第一份供词存在缺陷或瑕疵而必须重新提取供词，那么第二名讯问人员（如公诉检察官）自己应当先全面熟悉案情及有关犯罪嫌疑人的所有可知情况。此后，一般来说，在试图将口供转换成书面供词前，他应当与犯罪嫌疑人进行单独谈话并听取犯罪嫌疑人的供述。通过这种方式，讯问人员可以熟悉犯罪嫌疑人，并因此能够在将口供转换为书面供词时为提问犯罪嫌疑人做出更好的准备。

虽然作者曾提到公诉人行使职权提取第二次或最终供词的程序，但必须牢记他们可能会遇到的难题——如果之后的情况需要，公诉人就得作为证人出庭，证明该供词是真实的。这种情形特别容易出现在较小的社区，那些地方可能只有一名检察官。法院非常不赞成检察官在自己提起公诉的案件中以见证人的身份出庭。

（9）每份供词仅限于一起犯罪。当犯罪嫌疑人供述两起或多起犯罪时，每一起犯罪都应当分别提取供词，除非这些犯罪在时间、地点或其他条件上关系都非常密切，以至于提到其中一次犯罪就必须涉及其他犯罪。例如，犯罪嫌疑人供认了几起抢劫案和几起入室盗窃案，或者一起抢劫案和一起入室盗窃案，一般来说，每一起犯罪都应当分别提取供词。该做法的例外情况是，当几个人同时被抢劫，或者犯罪嫌疑人在入室盗窃时还抢劫了房子的住户，或者某人遭绑架后又被杀害。在这些情形下，犯罪行为之间的联系如此密切，以至于几乎没有可能在描述其中一个犯罪行为时不提及另外的一起或多起犯罪行为。但是，如果犯罪嫌疑人在星期一晚上抢劫了约翰·琼斯（John Jones），而在星期三晚上又抢劫了弗兰克·史密斯（Frank Smith），那么情况就不一样了。在描述这两起案件中的任何一起时都无须提及另外一起案件。此外，法庭认为向陪审团提供被告人正在审理中的犯罪行为以外的其他犯罪行为的证据是不恰当的，因为这会使陪审员受到固有的偏见的影响。当然，也有例外情况，在法庭上可以允许提交另一起或另外几起犯罪的有关证据以证明本案的动机、故意等，但那些情况与供述人并无实际联系。因此，在提取书面供词或录音供词时，应当对每一起犯罪都分别处理。

基于类似的原因，供词中不应当含有任何有关犯罪嫌疑人之前曾经被逮捕或被定罪，或者曾对其进行测谎检查（或者他拒绝测谎检查）的事实。供词在被法庭采纳作为证据之前，必须把这些内容从供词中全部删除。

（10）实物证据、照片和现场草图。当供词中提到一件犯罪凶器，该凶器已经被发现而且是可用的（无论是在制作书面供词时还是之后），应当就这个凶器本身作一个单独的补充陈述。该凶器应当向犯罪嫌疑人展示，并提问他这件凶器是否就是他所使用的那个。在犯罪嫌疑人作出肯定回答之后，应当要求犯罪嫌疑人在这件凶器上做个辨认标记——如他名字的缩写。然后应当准备一份书面供述，犯罪嫌疑人只需在上面写下这些内容并签名："这支0.38英寸口径（科尔特式）的转轮手枪（或刀子）的柄上带有我的姓名缩写（J. B）。上周一，2011年3月14日，我正是用这支枪（或者这把刀）在哈姆雷特（Hamlet）市的菲斯特和梅恩大街交汇处抢劫并射杀（或者刺杀）了约翰·琼斯。"这种陈述可以写在一张卡片上并与该凶器系在一起。

这种类型的单独陈述可能比那些融入供词本身的类似陈述具有更好的效果，因为后者会打断叙述案件经过的连续性。其次，如果这件凶器是带血的刀子或其他类似的工具，在提取书面供词时向犯罪嫌疑人展示这种证据有可能导致他不太愿意继续供述。此外，在向陪审团宣读供词时，因辨认凶器造成的这种停顿可能会干扰叙述案件事实经过的条理性。

犯罪现场的照片也可以作为补充陈述的基础。例如，如果一张照片既显示了纵火案中起火点的位置，又显示了用来装助燃剂的容器，则讯问人员可以要求犯罪嫌疑人在照片上指出它们，并且在每一处的旁边标明序号。然后，讯问人员应该要求犯罪嫌疑人在照片的背后或者一张单独的、可以与照片粘在一起的纸上写下这些话："在这张位于菲斯特和梅恩大街的房子的内景照片中，A是我点火的地方，B是我装汽油的桶。"然后，应该让犯罪嫌疑人在这种陈述上签名。

如果没有可用的照片，在有些情况下，可取的做法是让供述者自己绘制一张犯罪现场草图，图中应包括特定物体的位置以及具有重要意义的事件发生的地点。与使用照片一样，现场草图也应当要求犯罪嫌疑人作相应陈述并签名。

下面提到的案例很好地阐述了让犯罪嫌疑人绘制犯罪现场草图的价值。一名老年隐士被谋杀，凶手为了掩盖罪行而放火烧掉了受害人居住的小屋。六年以后，本书的一名作者在讯问一个犯罪嫌疑人时得到了他对此案的供述。讯问人员要求该犯罪嫌疑人绘制一幅该小屋的草图——包括床、炉子及其他物品的位置。犯罪嫌疑人在绘制的草图上标明了这些物品的位置，与侦查人员案发后立即在现场拍摄的照片完全一致。作为证明供述人有罪的深层证据，现场草图具有极高的价值。

4. 保障供词的效力。

（1）保存速记笔录。虽然在法庭上想要攻击按照前述方法制作并签名的书面供词很难，但在有些情况下，有必要传请原先将速记笔录制作成书面供词的速记员以证人身份出庭作证以驳斥被告方的异议。反驳对方异议唯一的方法就是让速记员向法官和陪审团宣读原始速记笔录。因此，将这些速记笔录保留至法庭审判结束是明智的做法。

（2）记录获取口头及书面供词时的相关条件和环境。案件的审判通常是在犯罪嫌疑人供述后的几个月才开始，讯问人员可能会被反复盘问有关提取供词时的条件和环境。为应对这种可能发生的情形，讯问人员绝不能仅仅依靠记忆。因此，应当在笔录中记下当时的情况，如宣读米兰达警告、审讯的起止时间，供述者签名的时间，供述见证人的姓名，还有关于询问室整体条件的信息，尤其是室内的灯光布置及大概温度等情况。

（3）对供述人进行照相和身体检查。在某些地区，辩护律师喜欢使用一种常见的辩护方法，即竭力证明警方在获取供词时使用了“酷刑逼供”（third-degree）的审讯方法。如果时间和条件允许，在提取供词后对供述人进行拍照是大有益处的。照片不仅应当包括供述者的正面照，还应当包括两边的侧面照。不过，这种照片不应当让犯罪嫌疑人摆固定姿势拍摄，在犯罪嫌疑人与他人交谈时或抽烟时拍摄会更好一些。

此外，在预计到辩护方在比较重要的案件中会使用这种辩护策略时，最好对供述者进行身体检查，以便在法庭审判时证明供述人身上没有任何伤痕或其他所谓的使用“酷刑逼供”的审讯方法形成的证据。

（4）取得供词并非侦查的终结。很多侦查人员认为，只要获得了犯罪嫌疑人的有罪供词，侦查工作就可以终结了。但这种情况即使存在，也是很罕见的。在法庭审判时，无其他证据证实的供词，其效力比起那些有通过调查确认的证据支持或证实的供词远小得多。例如，假设一个已经供述有罪的杀人凶手交代了其购买杀人所用刀具的时间和地点。他还指认了一个加油站，在那里他得到了一把卫生间的钥匙并在卫生间里冲洗了他带血的双手，并且交代说在离开加油站的时候意外碰到了一个熟人。在获得这些供词后，讯问人员应当立即去调查有关购买刀具的情况。如果卖家还记得这笔交易，应当要求他提供一份证词并签名。这样有助于保证他在审判时的合作，此外还减少了他作为辩护方证人出庭否认存在这笔交易的危险。基于相同的原因，侦查人员还应该询问那名给犯罪嫌疑人卫生间钥匙的加油站服务员，并提取书面证词。这名服务员有可能看到过犯罪嫌疑人手上的血迹，而犯罪嫌疑人可能会因为手上的血迹而向该服务员作出过具有重要意义的解释。然后，侦查人员还应当对犯罪嫌疑人所说的那名熟人进行询问并提取书面证词。

一份有这些材料支持和证明的供词将远比单纯只有一份供词本身要有价值得多。此外，在很多情况下，在获得犯罪嫌疑人的供述后，侦查人员通过彻底的调查会发现足以证实犯罪嫌疑人有罪的证据，这使得公诉人没有必要再使用被告人的供词。在一些情况下，侦查人员会发现，在供述后进行的调查中获得的信息与犯罪嫌疑人的供述之间存在着细小的矛盾之处，这种情形并不少见，但侦查人员应当与公诉人一同审议在法庭上处理这种矛盾的最佳方案。

在谋杀及其他严重的犯罪案件中，通过供述后的调查，发现并获得了许多能够证明犯罪嫌疑人有罪的压倒性的物证和间接证据后，该司法辖区的公诉检察官应当提前做好准备，防止被告方可能提出被告人患有精神疾病这样的答辩理由。为此，公诉检察官应当立即安排对被告人的亲属和朋友进行询问，让他们自己表达对被告人精神状态的看法（例如，被告人精神是否正常、被告人的头部是否受过伤等），在提取这些陈述作为证词时应让被询问者在上面签名。在案件的这个阶段，犯罪嫌疑人的亲友们可能比在审判阶段时更容易说真话。

另外一个值得公诉人重点关注的问题是，在法庭上尽量不使用被告人供词的可行性。很多公诉人都持这样一种观点，如果其他证据已经能够充分证明被告人有罪，无论这些证据是在供述前还是供述后获得的，最好依据这些证据提起公诉，而不要将供词当作公诉意见的主要部分来使用。不过，如果供述者选择出庭作证陈述，该供词可以用来反驳或质疑供述者。

公诉人在证明被告人有罪时不使用其供词作为证据的主要原因在于，使用供词的做法会导致供词及提取供词的讯问人员被辩护方攻击，虽然这种攻击可能是毫无根据的，但它会转移陪审团的注意力，让陪审团不再关注公诉方展示的物证及间接证据所具有的意义和价值。但是，每一个案件都存在它自己不同的问题，因此，公诉人在是否使用供词作为证据这方面并不需要固守成规。

5. 供认之后的询问。

当一个人供认了自己的罪行之后，他通常会愿意甚至是急于与讯问人员作深入的交谈——全面地讨论他所遇到的麻烦。供述者通常也会愿意讨论他作出供述的原因，甚至到了愿意回答讯问人员某些特殊问题的程度，如讯问人员获取口供所使用的特殊技巧对他产生的影响。此时是讯问人员丰富自己的知识和提高技能的一个绝佳机会。因此，作者建议，只要时间和条件允许，讯问人员就应当进行一次供述之后的询问。这将是一次在诸多方面都能得到丰厚回报的经历。

首先，讯问人员从一个已经供认的罪犯那里学到的东西，可以更好地用在对其他人的审讯上，尤其是在那些所犯罪行为类似的罪犯身上。其次，这种供述后的询问能够让讯问人员对人性有更加深刻的认识，而这是通过任何其他途径或来源都无法了解到的，可以说这一点甚至更为重要。此外，讯问人员了解得越深入，他就会越同情和理解各种犯罪行为和犯罪分子。最终，讯问人员会培养出一种不会“仇恨”任何人的心态——无论那个人实施了什么样的犯罪行为。这是进行有效审讯最为重要的要求。犯罪分子往往能够凭直觉分辨出讯问人员是否具有这种心态，而且他们会发现，在面对那些善解人意、具有同情心的讯问人员时，与缺乏这些素养的讯问人员相比，他们会更加容易交流并坦白供认自己的罪行。

一个人若是希望自己成为一个高明的讯问人员，他无须担心培养这种理解和同情的态度会“软化”自己的性格并最终因此而妨碍自己使用那些已经掌握的特殊技巧。这种情况是不会发生的——至少不会是理解和同情的心态造成的后果。在作者所认识的讯问人员中，没有任何一个优秀的讯问人员因为培养了这种心态而降低了审讯的效果。相反，这种心态的培养还提高了讯问人员的审讯技巧。

多年来，在很多场合，本书作者曾多次实施过供述后的询问。事实上，前述许多审讯技巧都是以供述后的询问所获得的信息为基础发展起来的。本书作者甚至曾一度坚持这种做法到了询问死囚的程度——在为本书的前身（1942 年版）收集案件材料时。在被执行死刑的前几天，这名强奸杀人犯在他的牢房里接受了询问——唯一的目的是查明他为何供认了自己的犯罪行为。在那间死囚牢房里，这名罪犯给本书作者上了一堂关于审讯的最有价值的课，这堂课的内容本书是作者从其他任何途径都未曾接受过的。本书作者的“老师”非常“称职”，他曾经实施了一系列强奸案并最终发展到杀死被害人的地步。讯问人员在他认罪的那个晚上没有机会开展供述后的询问，但这个机会最终在对犯罪人的审判结束后出现了。在法庭上，辩护人以被告人有精神病为由进行辩护，但未成功。因而在审判后，罪犯已经能安然地面对那个等待着他的命运了。谈话间他不仅直率而且坦诚，具体指出并讨论了各种对说服他供认有罪影响最大的审讯技巧。他还向讯问人员提供了许多信息，这些信息为讯问人员所用，并形成了一项新的审讯技巧，这种技巧在其他类似案件的使用中取得了很好的效果。

在速记员打印书面供词期间，讯问人员可以进行供认后的询问。除了节约时间这一因素外，还因为这样做能够在这一阶段一直占据供述者的思维，以避免出现供述者改变态度并翻供或者拒绝在供词上签名的可能性。

供述后的询问应当由包括下列问题的提问组成：

（1）在刚才的询问过程中你考虑最多的是什么？

（2）你是否曾试图说些什么或做些什么来误导讯问人员？

（3）对于你而言，你在说实话时需要克服的最大障碍是什么？

（4）讯问人员有没有说一些话或做些什么不同的事情让你比较容易说出真相？

（5）在询问过程中，讯问人员有没有说一些话或做什么行为曾让你暂时不愿说出真相呢？

（6）在讯问人员让你说出真相的行为与言辞中，最有意义的是什么？

（7）对于今天这次针对你的询问，你有没有什么其他的意见或看法？

6. 用电子方式记录供述。

在本书第五章中我们已经讨论过使用电子方式记录审讯与供述的价值。如果犯罪嫌疑人的供述是以电子方式记录的，那么在提取供词时应当遵循的指导原则与上述原则一致。毫无疑问，以电子方式记录审讯与供述具有极大的价值，尤其是在证明讯问人员在审讯中没有任何不恰当的言论及行为，或者犯罪嫌疑人已经了解其权利并且是在理智的情况下放弃了他的权利等方面。[①] 此外，已有11个州明确要求对审讯和犯罪嫌疑人的供述做电子记录，而且许多执法部门已经自发地采纳了用电子方式记录对犯罪嫌疑人的审讯活动以及犯罪嫌疑人的供述的建议。[②]

---

① 请访问莱德公司的网站：www.reid.com，浏览案件的详细列表，这些案件说明了使用电子方式记录审讯的价值。

② Sullivan, T. and Vail, A. (2009). Recent Development—The Consequences of Law Enforcement Official's Failure To Record Custodial Interviews As Required By Law（《最新发展——执法官员没有按照法律的要求对羁押性询问进行记录的后果》）, *Journal of Criminal Law & Criminology* 99: 215-234.

第十四章　给审讯人员的一些建议

讯问人员永远都不要忽视这样一个事实：当犯罪行为人被要求坦白承认犯罪的时候，其实是在与他做一笔很大的交易，供认意味着可能失去人身自由甚至生命。此外，对于大多数人而言，承认自己的错误通常都是很困难的，即使是承认一个没有惩罚性后果或者社会污名的简单错误。我们没有合乎逻辑的理由来指望犯罪行为人应该会毫不犹豫且毫不勉强地供认，尤其是在审讯时案件中可证实的有罪证据很少或者没有的情况下。因此，讯问人员必须要极富耐心。在某些其他类型的警察工作（如现场调查）中，他们强烈希望尽快完成工作，这可能是一个优点，但是这一特点在审讯中是绝对不可取的。

一、运用耐心和毅力

一旦犯罪嫌疑人觉察到讯问人员没有耐心，他会因此而受到鼓舞从而继续坚持欺骗。犯罪嫌疑人会形成这样一种态度：如果他坚持，讯问人员很快就会放弃。不耐烦的情感因素会干扰讯问人员良好的判断和推理能力，而判断和推理能力恰恰是其手头工作所需要的。急躁可能会导致愤怒，在这种情况下，讯问人员可能会将个人情感带到本应完全专业性的工作任务中。愤怒可能会产生威胁使用暴力或者直接使用暴力，这会危及无辜人的健康和安全，或者导致从有罪的人那里获得的口供在法律上不能作为证据采信。

讯问人员不仅必须要有耐心，而且耐心还必须显示出来。在大多数情况下，这样做有利于使犯罪嫌疑人明白，讯问人员有“大把大把的时间”。他甚至可以明确地表达出这个意思（在一些性质不太严重的案件中，讯问人员应该表现出相反的印象——这些案件不值得花费大量的时间和精力，我们有更加重要的任务需要去完成）。

成功审讯的另外一个主要的必备品质是毅力。在这方面，讯问人员遵循下面的经验法则可能会有所帮助：每当你感到气馁并且准备放弃的时候，绝对不要结束审讯，再坚持一会儿——只需要 10 或者 15 分钟。作者已观察到许多案例，就在讯问人员准备放弃，或者确实已放弃了他的努力的时候，罪犯供认了犯罪事实，或者在后来承认当时已经决定供认。这种事情发生的原因在于，在通常情况下，当讯问人员变得气馁的时候，恰逢犯罪嫌疑人充分意识到继续撒谎是无用的。

在这些“额外的时间”里，讯问人员应当将注意力集中在案件的主要方面。此时，漫无目的、无关紧要的谈话是徒劳无效的。

当讯问人员感到已经穷尽了所有可能的讯问技巧时，在许多情况下，让犯罪嫌疑人在询问室里单独待一会儿是有帮助的，但是，应当在离开前告诉他：“仔细考虑一下，乔（Joe），几分钟后我会回来。”讯问人员回到询问室后，应该坐下，然后以类似“好吧，乔，考虑得怎么样了”这样的话作为恢复审讯的开场白。犯罪嫌疑人在独处的时候，他可能会进行大量的思考，而且或许会得出结论，即眼下是讲真话的时候了。

关于毅力，讯问人员应当在心中牢记：很多时候，那些看起来目中无人、“强硬”并且不可能坦白供认的犯罪嫌疑人，比那些看起来相当顺从而且“容易”交谈的犯罪嫌疑人实际上更容易受到有效讯问的影响。对于讯问人员来说，在考虑毅力这一建议时，这样一个事实不能忽略，即他们没有进行不合理的长时间审讯的特权，这一点非常重要。过于持久的审讯所产生的供述不能作为证据使用（参见本书第十五章）。

1. 当被问及“如果我说出真相，我会怎么样”时，不要作出任何承诺。无论什么时候，如果接受审讯的犯罪嫌疑人提出这样的条件或者问道：“如果我告诉你是我做的这件事，你认为我会进监狱吗？”在任何情况下，讯问人员都不应该提出关于如果犯罪嫌疑人供认犯罪事实就会减少其犯罪后果的任何可能性，也不应该提出任何利诱条件。任何这样的答复都有可能会使接下来的供述的法律效力归于无效，因为宽大处理的承诺，特别是伴随有不可避免的后果的威胁的承诺，会诱使无辜者供认犯罪。下面的会话说明了对犯罪嫌疑人所提问题的不当回应：

犯罪嫌疑人：如果我告诉你是我做了这些，我会怎么样？

讯问人员：乔，如果你说出真相，我认为法官会非常积极地看待你的表现，可能会考虑对你处以缓刑，甚至可能仅仅是监管。但是，如果你现在不承认，法官会根据我们所掌握的证据行事，他可能决定把你当成一个典型，判处你最长的监禁刑——而选择权在你手里。

讯问人员应当意识到，每当犯罪嫌疑人提出这类问题时，实际上也就是他要开始供认了。因此，讯问人员的回答应该像下面这样：“乔，我不能告诉你会发生什么。我没有资格说，我没有这样的职权。而且，如果我对你作出任何承诺，那会是不公平的。乔，我的建议是说出真相——现在就说。当然，如果你认为你有一个应得的休息，请和地方检察官或者法官商量。”在这之后，讯问人员应当立即提出详细的问题，譬如犯罪嫌疑人在何地、何时、如何或者为什么做出正在讨论的行为。

通过建议的方式回应犯罪嫌疑人提出的“我会怎么样”的问题，将使讯问人员展示出一个令人印象深刻的公平对待的态度。如果罪犯后来试图以口供是被承诺和被诱导的结果为由而要求予以排除，讯问人员就可以真诚地叙述前面的观点以确保自己处于有利的地位。

2. 避免将审讯集中在“帮助”犯罪嫌疑人上面。在审讯过程中，在向犯罪嫌疑人表达同情和理解的时候，对于讯问人员来说，很容易作出这样的陈述，即他愿意以某种方式“帮助”犯罪嫌疑人。这种陈述可能是以模棱两可的方式表达的，如“我想在这件事情上帮你做些事”或者“我不能帮助你，除非你先帮助我”。在其他情况下，对帮助的提及则有可能相当具体，如“如果你告诉我发生了什么事，我可以让你得到心理帮助”或者“如果你在这方面跟我合作，我可以让你在成瘾方面得到帮助”。有些法院已经裁定，这样的陈述代表了一个暗示性的宽大处理承诺，所以，讯问人员应当尽量保持避免任何提及“帮助犯罪嫌疑人做些事”的表达。

关于较好（better）和最好（best）这两个词汇的类似规则已经制定。像这样的陈述，如“你告诉我事情的真相比较好”或者“对你自己来说，现在能做的最好的事情就是说出真相”，都暗示了用供述换取可能的宽大处理。在本书第十七章中，我们讨论了关于此种表达方式的具体法院判例。

讯问人员不应当提出与犯罪嫌疑人的罪行处罚相关的任何可能的积极奖励或者收益。但这并不妨碍讯问人员就犯罪嫌疑人对他自己的看法发表评论，或者对其他人对犯罪嫌疑人可能的看法发表评论。因此，下面的说法都是被允许的，因为其中都没有暗示可能的宽大处理：

- 把这事放在脑后，这样它就不会让你夜不能寐。
- 为了每一个与此相关的人的利益，请说实话。
- 你已经走了很长的一段人生路，不要让这样一个简单的错误困扰你接下来的生活。
- 你是唯一能说出关于这件事发生的真实原因的人。
- 没有你的解释，人们会相信任何他们想相信的。

3. 当犯罪嫌疑人已经向先前的第一个讯问他的讯问人员再三否认过他有罪时，无论何时，只要情况允许，对于某件其他的、性质类似但与本罪不相关的犯罪，他也应当被认为是有罪的。讯问人员应当尽全力阻止犯罪嫌疑人再三说出否认有罪，因为这些否认会使犯罪嫌疑人以后更难说出真相。换句话说，实际上，再三声称自己是无辜的犯罪嫌疑人会发现自己很难告诉讯问人员，“我一直在向你和其他讯问人员撒谎，但是现在我将告诉你真相”。基于心目中的这种考虑，当被要求去审讯某一个被认为有罪但却一再否认自己有罪的人时，讯问人员应当首先去尝试获得犯罪嫌疑人关于另一个罪行的供述，此罪尽管不相关但类似，并且他目前也被怀疑实施了此罪。例如，如果一个人被认为实施了盗窃罪，如在某个学校、办公室或者医院偷窃一个钱包，但他一再否认实施了这起犯罪。相比较而言，让他说出关于偷窃其他钱包的事实，比让他承认其曾经一再否认的犯罪事实要容易得多。基于这种理由，讯问人员应该首先集中精力获取犯罪嫌疑人对某个其他罪行的供述，此罪与本罪类似但与本罪无关，是在同一或者某个其他的学校、办公室或者医院实施的。在获取了之前的犯罪的供述后，讯问人员就可以继续针对正在讨论的主要罪行进行讯问。

4. 对于愚钝的、未受过教育的犯罪嫌疑人的审讯，讯问人员应当采用类似于讯问一个小孩的相关不法行为时通常所采用的心理层次。审讯这类犯罪嫌疑人遇到的问题与审讯其他类型的犯罪嫌疑人遇到的问题不同。在一些重要方面，处理这种类型的罪犯所采用的心理层次，应当类似于讯问实施了不法行为的孩子时所使用的心理层次。

一般而言，这种类型的犯罪嫌疑人通常会沉浸于某种有效的表演性行为中。他有能力使用这种行为骗取一名没有经验的讯问人员相信他已经说出了真相。另一个特点是，这种类型的犯罪嫌疑人通常不会显现出某种可以察觉到的欺骗迹象，虽然这些迹象在讯问人员审讯其他类型的犯罪嫌疑人时是很有帮助的。此外，愚钝的、未受过教育的犯罪嫌疑人通常能够坐下来非常平静地倾听讯问人员所说的内容，甚至会同意似的点点头——但是随后会作出诸如这样的评论：“我理解你正在说的内容，但是关于这件事，我什么都不知道。”

讯问人员审讯这种类型的犯罪嫌疑人时，会面临一些特殊的困难，因为他可能已经形成了一种扭曲的道德观或者伦理价值观，这种道德观或者伦理价值观是围绕其自身的生活经历形成的，而不是基于一个包含各种社会道德观的更宽广的视野而形成。像个孩子一样，这种类型的犯罪嫌疑人认为世界都围绕着他，而且他会认为，因为他有残疾，所以从本质上来说，其他人的作用就是帮助他走出困境。尽管这些犯罪嫌疑人明白是非，但他们或许不能够充分理解犯罪行为所带来的严重后果，甚至不知道那些后果所代表的真正意义。简而言之，他们在撒谎时，不会显著地感受到对后果恐惧。在被审讯时，他们不会感受到犯有刑事犯罪的一般犯罪嫌疑人那种典型具有的同等程度的内疚、自责或者羞愧。应当指出的是，在大量的备有证明文件的虚假供述案件中，此类犯罪嫌疑人的心智能力非常有限。对此问题本书第十五章有更为详细的讨论。

对于这种类型的犯罪嫌疑人，有必要用简单明了的表达方式与其交流。必须注意语调，因为柔和的声音可以使他进入一个相对宁静的状态，以至于他或许会不注意听取讯问人员正在说的内容。事实上，讯问人员可能不得不采取戏剧性的音调和手势，有时候甚至可能有必要假装出一定的不耐烦。

当愚钝或者未受过教育的犯罪嫌疑人恰好是一个少数种族或者团体的成员时，讯问人员绝对不能作出贬损该种族或者团体的言论，即使是开玩笑也不可以。也不能假定一个人的态度、日常行为甚至犯罪行为是由于肤色或者民族所致。相反，讯问人员应该且能够始终凭着良心，称赞其种族或者团体中的某位杰出人士，并建议犯罪嫌疑人应当尝试与那个特定的人所确立的典范行为保持一致。如果讯问人员本人熟悉其提到的那名典范人物，他应该通过进一步强调此人所具有的难能可贵的品质的方式使犯罪嫌疑人了解这一事实。

综观对只拥有底层文化背景、愚钝、未受过教育的犯罪嫌疑人的审讯，讯问人员必须始终保持一个明确的态度，尽量不要在关于犯罪嫌疑人是否有罪的态度上表现出动摇，或者突然变得温和起来，除非存在明确反映其诚实的行为迹象。这仅仅是个关于罪犯是如何、何时、在何地或者为什么做正在讨论的行为的问题。这类罪犯在实施犯罪行为时通常是受到情感驱使而一时冲动引发的，情绪在其中发挥了关键作用。为此，对于这种类型的犯罪嫌疑人，需要注意的重点应当放在他做出此行为所可能具有的道德方面的正当理由上。换句话说，在夜盗案件中，讯问人员可以责怪一下房主没有锁住天井的门，这种场景会营造出一个让人无法抗拒的诱惑；在强奸案件中，讯问人员可以责怪是被害人引诱犯罪嫌疑人以及被害人取笑他；在杀人案件中，讯问人员可以责怪是由于被害人的行为致使犯罪嫌疑人情绪失控。

对于这种类型的犯罪嫌疑人，讯问人员应当预测到辩护律师会努力排除他所作的全部口供，理由是犯罪嫌疑人特别容易受讯问人员有说服力的工作的影响。然而，从另一方面来看，确实有许多愚钝、未受过教育并且来自于低层文化背景的人实施了犯罪行为。讯问人员必须格外小心地避免设计使用任何旨在说服这样的一名犯罪嫌疑人（或者任何犯罪嫌疑人）是他实施了犯罪的主题或者讯问技巧，尽管他声称没有实施犯罪的记忆，或者没有受到明确后果的威胁或者从宽处理的承诺。上述每一个都是用于质疑或挑战这种类型罪犯口供的有效性的常见辩护意见。

二、对证人和其他潜在的线人的审讯

支撑前面所描述的针对犯罪嫌疑人和罪犯的审讯技巧的基本原则，一般来说，同样适用于涉及审讯证人和其他潜在线人的案件。

1. 潜在的合作证人或者线人。

这里有一个讯问潜在的合作证人或者线人时所涉及的基本心理因素的例证。尽管这个示例描述的是对一起车祸的调查，但它所形成的原则同样适用于谋杀案或者其他类型犯罪的调查。

一些警察似乎从来就没有能力找到目击者，而另外一些警察则几乎没有困难。前面一种类型的警察会用肩膀在人群中挤过去，他会大声喊“有人看到这起事故吗”、“你呢”、“你呢”，他差一点就要驱赶人群了，自然只能发现很少的目击者。他在向同伴报告时会说，“没有任何目击证人。我从人群中穿过四次，问了每一个人，但是没有人看到这起事故”。一名灵活的警察则是使用他的智慧，而不是他的肺活量。他默默地为工作东奔西走。或许他会发现一位健谈的人——在大多数事故中，至少能发现一名这样的人。“你好，女士，”他说，“我的理解是你说你看到了这起事故，对吗?”“为什么?没有，警官，”她答道，或许是因为警察挑中她而感到受宠若惊，“我没有看到，但是那边带灰色帽子的人刚才告诉了我事故的全部经过。事故发生时，他正好在。”警察接近那个人时仍然很有礼貌，但增加了点儿轻快、公事公办的条理性。他仔细设计好问题。他没有说“你看到这起事故了吗”，而是说，“对不起，先生，你介意告诉我关于这起事故您所看到的吗”?这名警察在寻找目击证人时几乎没有遇到困难。

他仔细聆听了他们对事故的描述。然后，如果他们愿意作出书面陈述，他将给他们提供笔记本和铅笔，并要求他们为所写的内容签字。如果他们没有书面陈述，他会将陈述记录下来并大声读给他们听，然后让他们签字。如果他们拒绝签字，他不会坚持。他们仍然是他的目击证人，如果随后有审判，当他们出现在庭审的证人席上时，他需要他们的善意作证。

简而言之，优秀的讯问人员经常会间接地寻找他的目击证人。他会找到知道某个其他的看到了事故的人。如果有可能，他会获取该证人的名字，然后通过名字找到他。他性格温和且有礼貌。在要求证人作出书面陈述及在书面陈述上签字，或者仅仅在陈述笔录上签字时，他会积极提出自己的问题，而不是消极地。他不会说：“你不会在这上面签字吗?请。”而是将铅笔递给证人并说：“请在这里签上您的名字。这会使我们的调查得以完成。”如果证人不想签字，讯问人员应该高兴，而不是怨恨。

除上述要点之外，在询问证人的时候，讯问人员应该坚持遵从以下的一般准则：

• 鼓励证人通过叙述的方式讲述相关情况，然后提出具体问题进行澄清。在证人的叙述过程中，如果讯问人员插入过多的问题，可能会打断证人流畅的思路。

• 为了使不愿作证的证人放松，在接近证人时，要将其作为次要的信息来源。讯问人员可以说："有人已经告诉我所发生的事情了，你能告诉我你所看到的，来帮助证实他们的说法吗?" 人数多总是意味着具有更高的安全性，证人或许会更加直截了当地相信已经有其他的人自告奋勇地提供了信息。

• 通过插入如下评论给予证人支持和鼓励，如"很好"、"这对我们很有帮助"或者"看起来你的记忆力真好"。

• 将证人与其他人分开，保护证人免受尴尬。不要强迫证人在其他人面前揭露私事（例如，他出现在该地区的原因），也不要强迫证人提供任何虽然可能是准确的，但与其他人所说内容相矛盾的信息。

• 在证人全部陈述完之前，不要问证人任何私人信息（例如，名字、住址或者电话号码）。大多数证人面临的最大恐惧是"参与进来"。讯问人员能够极大地缓解这种恐惧，方法是：在询问证人的个人身份信息之前，将证人的观察所得收集完整。

• 避免提出暗示了所寻求的信息的诱导性问题（例如，是这辆带有白顶的黄色汽车吗）。提出的问题应当是开放性的，且应当符合证人的语言表达和理解能力。

• 对证人及证人不得不说的内容表现出兴趣。避免任何讽刺、批评或者表现出任何愤怒、敌意。

• 避免使用情绪性的刺激词语，如杀人、谋杀或者强奸。

• 要有耐心。如果证人感觉到讯问人员正在开始变得不耐烦，他可能会停止说话。

• 用示意图进一步确认细节。

• 注意区分事实和推论。

• 注意证人表现出来的言语和非语言行为症状。这些症状可能表明一个正在讨论的领域需要进一步探讨，或者有些事情证人并没有完全坦诚。

• 注意那些可能抑制证人说话意愿的因素，如担心可能会暴露他以前的违法行为，或者担心他在本地区的存在会引起其尴尬。因此，讯问人员应当使证人放心，他们只对其所见所闻感兴趣。

2. 不愿意作证的证人或者线人。

尽管讯问人员在获取信息时通常很少面临困难，这些信息一般来自于犯罪的证人，或者是掌握某种从其他来源得来的信息的人，但是有实例证明，证人或者潜在的线人会试图隐瞒他所知道的有关另一犯罪的任何信息。在对这样的人进行讯问时，下面的建议应该有助于获取所需的信息。

(1) 向愿意但害怕的证人或者其他潜在的线人保证，他不会受到罪犯或者罪犯的亲属、朋友的伤害；以及如果警察的保护变得有必要，他们会得到警察的保护。在一定的条件和情况下，证人或者潜在线人可能想帮助警察，但因为害怕受到来自罪犯或者罪犯的亲属、朋友的报复，而不愿帮助警察。在这些情况下，给讯问对象提供如下的保证是合理可取的：

• 如果证人或者线人的行为是善意的，且没有任何自私的动机，如想通过提供信息获取报酬或者企图对罪犯报私仇，极少有因此类动机而发生的报复行为。针对这一点，这样讯问对象是明智的：他是否知道在任何一起案件中，诚实的法庭证人或者诚实的警官或者检察官曾随后受到罪犯或者代表罪犯利益行事的其他人的伤害。

• 信息将会被保密，并且只要条件允许，如来自证人或者线人的法庭证词可能不是必要证词时，罪犯和其他人将永远不会知道他们与警方的合作。

• 如果有必要让证人在法庭上作证，证人先前的合作将不会被警方揭露，因为证人将会被传唤。如此一来，证人可以证明其作证的行为是根据法庭的命令实施的。

• 如果证人非常期望或者认为有必要，将会向证人安排充足的警卫。

为了使这类型的证人与警方适度合作，讯问人员可以在运用上述讯问技巧的同时，向该证人指出如下内容：他若不作证，那么如果该证人或者该证人的一名家庭成员成为该犯罪的被侵害对象时，同样不要指望任何人会为他作证。此外还应告诉证人，作为一名社区公民，与警方合作是他的义务，这点通常会起到对其影响深刻的效果。

如果这些建议都没有引套出所需的信息，有意愿但害怕作证的证人或者其他潜在的线人可以被视为实际的犯罪嫌疑人，用接下来描述的方式处理。然而，诉诸这种方法通常是不必要的。

(2) 当证人或者其他潜在的线人为了保护罪犯的利益或者因为反社会或者反警察而拒绝合作时，讯问人员应该设法打破证人和罪犯之间的攻守同盟，或者指控证人的罪行，并且继续审讯他，仿佛他实际上已被看作罪犯。有时候，通过使证人相信罪犯背信弃义，而警察正在尝试保护他，能够打破证人和罪犯之间的攻守同盟。例如，在讯问作为罪犯情妇的证人时，可以告诉她，罪犯对她不忠，又爱上另一个女人，同时应该向她说出那个女人的真名或者假名。通过这种方法，可以诱导她改变对讯问人员请求她提供有用信息的态度。有时候，通过向证人或其他潜在的线人耐心地指出他的观点是不合理且不健全的这种方式，有可能改变其反社会或者反警察的态度。然而，在这种情况下，通常需要采取更为有效的措施。

讯问人员需要考虑这样一种因素，这种类型的讯问对象可能将对其自身利益和福利的保护置于高于所有其他人的最高地位。当所有其他的方法都失败后，讯问人员应该指控此人实施了犯罪（或者在某种程度上牵涉其中），仿佛事实上认定他已经参与了犯罪，并继续对其进行审讯。这样一来，面临虚假指控的证人或者其他潜在的线人可能会产生作证动机：放弃继续保护罪犯的努力，或者放弃继续反社会或者反警察的态度。

如前所述，在心中牢记此点是明智的：有时候，犯罪的报告者——一名“证人”——或许实际上就是罪犯。在某些情况下，甚至应当将其作为一个例行程序，应该审查重要证人陈述的准确性和真实性。例如，如果证人声称，在犯罪前不久某人和他在一起，或者在犯罪发生前一刻他在某个地方，讯问人员就应当审查此陈述的真实性。否则，企图掩盖罪行的罪犯仅仅通过将自己描绘成证人就有可能成功地逃避侦查。

第十五章 真实供述与虚假供述的区分

在死刑案件中，供述对陪审团的影响非常大，以至于辩护律师会试图要求排除口供的证据资格，以避免遭到辩护不力的指责。虽然有法律保障被告人在法庭上有权驳斥其被公开的供述是非自愿或者非真实的，但是，早在虚假供述成为无罪被告人的不利证据之前，虚假供述就应当被识别出来。因此，判断供述是真实还是虚假的责任最终还是落实到获得供述的讯问人员身上。

对于警方的讯问，一位众所周知的批评家在公众面前发表演说时指出，在他审查供述的几年时间里，他既看到过无强迫的、可靠的供述，也看到过来自于警察确信有罪但却是无辜的人的口供。这位批评家还表示说，如果他将这些口供向听众席上的每个人分 10 份，让观众把这些供述分为两类，那么会有 5 份供述为真，5 份供述为假，每个人都能够精确地区分出来。① 或许从理论上讲，真实供述和虚假供述之间的区分很明显。但是，在实际工作中，每年需要在证据排除听审程序中花费数以万计的小时来解决的正是这个问题。

毫无疑问，讯问会导致从无罪的犯罪嫌疑人那里获得虚假供述。然而，已报道出来的关于虚假供述的发生率则差异甚大。② 即使是对警方讯问持批评态度的评论家，也认为大多数供述都是真实的。因此，这一问题的重点是研究那些或许能够帮助讯问人员识别出可能是虚假的那些供述所具有的特性。

---

① Ofshe, R. (1996). I'm Guilty If You Say So. In D. S. Connery (ed.), *Convicting the Innocent* (pp. 95-108). Cambridge, MA: Brookline Books.

② 这方面最为极端的例子是说“警察是例行公事地套出口供”。参见 Leo, R. & Ofshe, R. (1998) The Consequences of False Confessions: Deprivation of Liberty and Miscarriages of Justice in the Age of Psychological Interrogation. Journal of Criminal Law and Criminology 88,429-496。相反的是，一些研究声称虚假供述极为罕见。参见 Blair, J. (2005). What Do We Know About Interrogation in the United States? *Journal of Police and Criminal psychology* 20 (2), 44-57。在此文中作者指出，“然而，对讯问、逮捕、定罪进行全国性评估，每年由于虚假供述而被错误定罪的错误率为从低至 10 件（占所有定罪案件的 0.001%）到最高的 840 件（占所有定罪案件的 0.4%）之间”。

如果精确定义虚假供述的构成将会使这个问题进一步复杂化。参见 Blair, J. (2005). A Test of the Unusual False Confession Perspective: Using Cases of Proven False Confessions. *Criminal Law Bulletin* 41 (2) 126-144。

对于识别虚假供述来说，直接查看供述本身或许具有很强的吸引力。但是，基于心理学和法律上的原因，供述不应当与产生它的讯问活动分离开。为理解可能导致虚假供述的原因，我们将从查看各类虚假供述开始。接下来将介绍影响口供是否出于自愿和是否可靠的因素，以及证实口供的重要性。本章结尾介绍了关于虚假口供问题的调查研究综述，以及法院如何看待有关虚假供述的专家证言问题。

一、虚假供述的种类

（一）强迫顺从型供述

对强迫顺从型供述（coerced compliant confessions）的指控产生于犯罪嫌疑人声称自己供认是为了得到有帮助的回报。这种回报包括允许回家、尽快结束长时间的讯问或者避免皮肉之苦。回顾20世纪发生的350个审判案例，在这些案例中涉案人坚称自己是无辜的，其中49个案例（占总数的14%）可能存有虚假供述。在这49个可能存有虚假供述的案例中，强迫顺从型供述是最主要的类型（占45%）。[①]

一名14岁的帮派成员向我们讲述了一个关于强迫顺从型供述的案例。他在药物的影响下用枪射中了他最好的朋友的头部。在对他的讯问过程中，他一直坚称自己是无辜的，直至讯问人员用电话簿殴打他。在无法忍受疼痛后，他“屈服”了，带领讯问人员指认了他藏匿的枪支。

就像上述示例一样，并不是所有的强迫顺从型供述都是虚假的。然而，即使口供内容毫无疑问确实是真实的，但如果该口供系非法获取，它依然会被排除，不会作为证据使用。强迫顺从型供述涉及的问题并不在于供述内容是否是真实的，而在于什么样的动机促使犯罪嫌疑人作出了供述。与供述连在一起的仅存的动机或诱因不能违背犯罪嫌疑人的“自由意志”，亦不能使他的供述不自愿。事实上，唯一真实的“自愿”供述，是犯罪嫌疑人独立于任何警察提问而提供的供述。[②]

因此，几乎所有可靠的供述都是警察提问——时常是讯问——的结果。所以，讯问过程必须为犯罪嫌疑人选择说出真相提供一些诱因或者动机，而且应

---

① Reported in Bedau, A. & Radelet, M. (1987). Miscarriages of Justice in Potentially Capital Cases. *Stanford Law Review* 40, 21-179.

② 参见 *State v. Perez*, No. 2009 AP 2773-CR, 2010 WL 3860630, at *4 (Wis. App. Oct. 5, 2010)（该案指出：尽管与自愿调查相关，但仅凭警方的虚假陈述并不会导致被告人的陈述是非自愿的）。在权衡了佩雷斯（Perez）的个性特征和警察所使用的谎称存在归罪证据的警察策略后，法庭认定佩雷斯的供述是自愿的。

当有法律允许的用来说服犯罪嫌疑人供认的诱因。当然，也有一些诱因是法律不允许的，因为它们容易导致无辜的人认罪。

（二）自愿型虚假供述

罪行未被警察掌握的罪犯极少会去自首和供认自己的罪行，这是自我保护的本能体现。讯问人员应当带着高度怀疑的态度去看待任何一个因“良心受到折磨”而作出的供述。特别是那些众所周知的极为恶劣的罪行，与犯罪无关的人站出来供认是他干的是很平常的。贝多（Bedau）和拉德勒特（Radelet）的研究报告指出，34%的虚假供述属于这一类型。

下面是一个自愿型虚假供述（voluntary false confessions）的案例。一所高中报案称，一个乐队房间里的电子设备被人入室盗窃了。一名学生过来告诉警察，另外一名学生炫耀自己曾经盗窃过。这名炫耀的学生随后被叫来询问，他欣然承认并愿意为入室盗窃承担责任。然而，他供述中包含的有些信息与犯罪活动不相符，而且他无法说出电子设备现在的状况，给出的解释也很牵强。随着案件的深入调查，警察发现这个学生绝不可能参与入室盗窃并偷走电子设备。后来，这名学生说他提供虚假供述的动机是为了打动他的女朋友。

在有些这类案例中，自愿提供虚假供述的人存在潜在的器质性或者功能性精神障碍。① 在其他一些案例中，自愿的虚假供认可能源于其他正常人努力使自己被警察处以暂时拘留，以实现其他故意设计的目标。例如，有这样一些可能的目标：有人只是想寻求返回其实施犯罪的州或者社区的免费途径；在其他一些案件中，有人的目的或许是想被监禁起来，无论是短暂的还是相对较长时间的，以躲避警察将他们列为更为严重犯罪的犯罪嫌疑人。一个知道是谁真正实施犯罪的犯罪嫌疑人，可能为了保护一个爱的人而自愿出来供认。也有一些案例，自愿提供虚假供述的唯一动机是供认者试图得到关注和尊重，就像上面介绍的那个学生为了打动女友而承认从学校盗窃的案例一样。鉴于以上实例，我们重申，若要相信一个未经讯问便提供的口供需要非常谨慎，除非有确凿的证据证明供述是真实的。

（三）强迫内化型供述

如果讯问人员成功地说服一个无罪的犯罪嫌疑人，使他相信自己犯了罪但是已经不记得，这种虚假供述可以称为强迫内化型供述（coerced internalized

---

① 与自愿型虚假供述有关的精神疾病包括精神病、内源性抑郁症、孟乔森综合病症。关于后者的研究综述，参见 Abed, R.(1995). Voluntary False Confession in a Munchausen Patient: A New Variant of the Syndrome? *Irish Journal of Psychological Medicine* 12 (1),24-26。另见 Redlich, A.(2004) Law & Psychiatry: Mental Illness , Police Interrogations , and the Potential for False Confession. *Psychiatric Services* 55,19-21。

confessions）。这种情况在文学作品中被称为“记忆不信任综合征”① 或者“错误记忆综合征”。根据贝多（Bedau）和拉德勒特（Radelet）的研究，这种类型的供述占虚假供述的21%。

有三类犯罪嫌疑人可能会声称错误记忆会影响他们口供的可信度。第一类是自愿提供了可信赖的口供，但是急于破坏口供有效性的有罪的犯罪嫌疑人。第二类是犯了罪但是合理地记不得实施了犯罪的犯罪嫌疑人。即使犯罪嫌疑人在供述期间表示愿意承担其犯罪所应承担的责任，但他的供述必须被视为不可靠的，因为口供不是来源于对事实的回忆。最后一类是因为失忆而无犯罪记忆的无罪嫌疑人，但是在讯问过程中，他被讯问人员成功地说服他确实实施了犯罪。

对于选择撤回其供述的有罪的被告人来说，提出他的供认是由于强迫内化而形成的主张是一种诱人的辩护方式。不像强迫顺从型供述，被告人必须提出讯问人员为了获得口供使用了威胁或者许诺的方法，对于强迫内化型供述而言，被告人需要做的全部就只是提出自己在供述时相信自己是有罪的主张。作为一种辩护策略，这与在公诉人证据确凿的案件中被告人提出“短暂的精神错乱答辩”相类似。

用于支持强迫内化型供述发生率的最常引用的例子是1986年的汤姆·索耶（Tom Sawyer）案。② 索耶的邻居被发现裸死在她自己的床上，系被人勒死。由于在初次询问过程中索耶表现出的行为“举止紧张”，他被列为犯罪嫌疑对象。经过一整天的工作后，索耶被传唤去警察局作正式的陈述。询问从下午4时开始，最后以他的供认结束。接下来是第二天早上8时对他进行的测谎检查。在对他提问的过程中，索耶透露说他有焦虑症和10多年的酗酒史。通过匿名戒酒者协会的治疗，他在过去的12个月一直保持清醒。在接受以“为什么汤姆不记得谋杀”为重点的讯问后，索耶接受了谋杀罪的指控。在供述的过程中，索耶指出，由于他使用的修脸润肤露中含有酒精，这可能造成了某种酒后暂时性失忆（post-alcoholic-related blackout），自己一定在这期间实施了谋杀行为。作为供认的一部分，他也提到了犯罪的具体证据，如他通过阴道和肛门对被害人进行性侵害，以及将被害人的菜刀从犯罪现场拿走的事实。然而，随

① Gudjonsson , G.（2003）. *The Psychology of Interroagtions and Confessions: A Handbook.* West Sussex, England: John Wiley & Sons, Inc. Gudjonsson, G. & MacKeith, J.（1982）. False Confessions-Psychological Effects of Interrogation: A Discussion Paper. In Trankell, A.（Ed.）, *Reconstructing the Past: The Role of the Psychologist in Criminal Trials.* Stockholm: P. A. Norstedt and Soners Forlag.

② Reported in Ofshe, R.（1989）Coerced Confessions: The Logic of Seemingly Irrational Action. *Cultic Studies Journal* 6（1）, 1-15.

后的尸检显示，被害人没有遭到性侵害。此外，知情者称菜刀在谋杀案发生前就已失踪。因为部分错误的证据，索耶的口供被排除了。①

（四）不存在的供述

不存在的供述（The Nonexistent Confessions），是由犯罪嫌疑人作出的不接受因实施犯罪行为而产生的后果的陈述。虽然陈述中可能包含归罪信息，如虚假的不在场证明、承认具有作案的机会或进入过现场，或者对归罪证据的解释不合理，但是没有犯罪嫌疑人承认实施了犯罪行为的陈述、无意识流露或者其他的表述。

下面这个案例可以阐释这种不存在的供述。一个小的服装零售店老板的存款被盗。被盗当时只有 2 个员工在场工作。报告存款被盗的员工是一名管理人员，在店里工作已有一年多。另一个员工在店里仅仅工作了几个月，而且比管理人员要年轻一些。基于这些调查事实，警察询问了这名年轻的员工。经过 20 或 30 分钟的询问，她屈服了并说道："听着，我会把钱还回来，但是我没有偷!"尽管进行了更多的努力，但讯问人员最终没能说服这名员工承认是她偷了丢失的钱。

由于年轻的员工没有供认，有人建议，如果没有其他理由能够排除这名管理人员的犯罪嫌疑，应当对这名管理人员进行测谎检查。可是，这名管理人员的测谎检查结果显示其在撒谎，经过随后的讯问，这名管理人员对她实施的盗窃行为进行了全面供认。她在供词中亲笔写道，店里的钱已经被她偷走了好几个月，她一直担心自己的盗窃行为会被发现。她认为，通过"安排"年轻员工被告知零售店被盗，老板自然也会将盗窃行为怪罪到年轻员工身上。

最终被证明无辜的年轻员工当然不算供认，而且她偿还被盗资金的意愿不能被认为是虚假的供述。与之类似，如果后来证明被告人确实是无辜的，而且被告人从未供认过，坚称自己无辜的被告人即使同意作出认罪答辩也不能称之为虚假供述者。

二、供述的自愿性

（一）强迫

正如前面所指出的，讯问后的供认没有心理学意义上的完全自愿。在使用自愿的法律特征时，一个常见的概念就是"压制犯罪嫌疑人的自由意志"（o-

① 应当指出的是，法官排除索耶口供的依据是强迫和违反了犯罪嫌疑人的米兰达权利。

verbearing the suspect's free will)。[①] 但问题的关键在于，在通常情况下，很难判断出讯问人员的言语、举止或者行为是否压制了犯罪嫌疑人的自由意志。每个犯罪嫌疑人都必须区别对待，而且必须充分考虑犯罪嫌疑人以往与警察打交道的经历、智力、精神稳定性和年龄等相关因素。

为了阐释“压制犯罪嫌疑人自由意志”界限不清的特性，下面以一个入室盗窃的犯罪嫌疑人为例。在讯问过程中，警察向犯罪嫌疑人出示了以下犯罪事实信息：在受害者家中发现了犯罪嫌疑人的指纹，在犯罪嫌疑人的公寓中搜查出了受害人家中被盗的物品，一个监控摄像头拍摄到犯罪嫌疑人曾携带被盗财物进入他自己的公寓。在出示了大量的犯罪物证的情况下，犯罪嫌疑人坚持自己无辜的自由意志会被削弱吗？在压倒性的证据面前，任何有理性的犯罪嫌疑人都会意识到别无选择只能供认。但是，以犯罪嫌疑人的自由意志被压制这个理由而辩称应该将犯罪嫌疑人有关入室盗窃的供述予以排除就很荒谬了。

这个案例说明，从广义上说，压制犯罪嫌疑人的自由意志应该包括认知元素，强迫的法律本质需要有实际的或者威胁的身体行为。这些策略包括伤害犯罪嫌疑人或威胁犯罪嫌疑人会受到伤害。如果讯问人员用不可逃避的现实后果（例如，“我们有这些证据，你会坐牢是毫无疑问的。问题是要坐多长时间”）威胁犯罪嫌疑人，也可能是类似的说法。警察的宽大处理承诺，如保证犯罪嫌疑人供认后会面临较轻的后果，也可能属于强迫供述的范畴，因为这涉及自由离开或者刑期较短这样的身体活动。

在心理上，与伴以威胁的承诺相比，单独的宽大处理承诺对一个人决定供认的说服力要小得多。也就是说，警察采用不恰当的方式告诉犯罪嫌疑人，因为他是初犯而不会去坐牢，在一般情况下，这种说法不会充分激发犯罪嫌疑人供述的欲望。然而，当这种承诺与威胁相伴，如“假如你只是坐在那里，什么都不说，我不仅会以此罪控告你，还会控告你妨碍司法罪，妨碍司法罪包含判处强制性监禁刑”，那么犯罪嫌疑人就有了实实在在的供述动机。由于这种刺激会导致无辜的人供认，因而是不恰当的。

作为一条普遍性指导准则，在那些强调实际后果的讯问中，整个讯问过程不允许使用话题中包含威胁或许诺的策略。实际后果会影响犯罪嫌疑人的身体

---

① 具有讽刺意义的是，“压制一个人的意志”这一概念没有心理学基础。假如一个人可以自由选择——任意的选择——他仍然拥有自己的意志。参见 the amicus curiae brief filed by the American Psychological Association in *Connelly vs. U. S.*, U. S. 85-660 (March 1986)。

或者情绪健康、[①] 个人自由（如逮捕、监禁或坐牢）或者财务状况（例如，失去工作或支付巨额罚金）。应当强调的是，仅仅在讯问期间讨论实际后果并不构成强迫。[②] 只有讯问人员通过使用威胁或许诺，将讲明实际后果作为诱使犯罪嫌疑人供认的杠杆时，才会构成强迫。长期以来，我们的立场一直是，这种容易导致无辜人供认的讯问刺激是不恰当的。

有一个明确是由于强迫才获得口供的案例，一名女性因涉嫌盗窃老板的钱而受到审讯。三名下了班的男警在晚上作为这名女性所任职公司的安保人员对她进行了讯问。他们让这名女性坐在一个小房间里，盯着她，故意露出他们的武器。三名警察轮流向她提出指控性问题，包括让她去坐牢的威胁，但是她依然坚称自己是无辜的。一名警察说，如果她不供认，他们就会在镇上散布她是小偷的谣言，她就再也不能工作了，这使她产生了供认的动力。此时，她同意在一名警察已经写好的口供上签字。

在因盗窃被解雇后，这名女性以非法拘禁和非法解雇控告她的雇主。随后有人联系我们代表老板提供专家证词。不用说，在审查案件后，我们不能为这一供述的自愿性进行辩解。我们不知道这名员工是否偷了钱，但这三名警察获取口供的方式是不合理的。

（二）允许使用的供述激励

讯问的目的是了解真相，并说服那些讯问人员确信其在涉嫌的犯罪上说谎的犯罪嫌疑人说出他们所实施的犯罪的真相。能够实现这一目的的唯一方法就是让犯罪嫌疑人相信，说出真相他会获得某种好处。一般的人至少需要短暂地意识到这样做可能会获得好处时，才会违背自己的利益行事。在讯问过程中，为了让犯罪嫌疑人说出真相，讯问人员可以提供给犯罪嫌疑人很多种可能的利益。但是，绝对不能说出犯罪嫌疑人将要面对的实际后果。这样就不容易导致无辜的人供认有罪。这些利益包括：

- 通过减轻犯罪嫌疑人实施犯罪的负罪感，使犯罪嫌疑人内心减压。
- 犯罪嫌疑人会因为有勇气面对现实，而受到他人的尊敬。
- 通过说出真相，犯罪嫌疑人可以从自己的错误中吸取教训，避免以后犯下更为严重的罪行。
- 说出真相，其他人就不会相信与犯罪嫌疑人或者他的罪行相关的事情，

---

① 一名在中东地区工作的犯罪调查人员透露了一个威胁犯罪嫌疑人情绪健康策略的案例。在讯问前，要求犯罪嫌疑人完成一个书面的心理测试。讯问的要点是犯罪嫌疑人的测试成绩表明他处于精神崩溃的边缘，只有供认才能避免精神崩溃。此外，如果犯罪嫌疑人不供认，将会依据测试结果将其送往精神病医院。

② *United States v. Dominaguez-Gabriel*, 09 CR 157 RPP, 2011 WL 1545105 (S. D. N. Y. Apr. 25, 2011).

那些事情不是真实的（例如，犯罪是嫌疑人的典型特征，或者他是一个贪婪或者刻薄的人）。

对于有些犯罪嫌疑人，以上列举的激励因素不可能给他们说出真相提供足够的动力。事实上，许多犯罪嫌疑人可能需要更多切实的激励才会决定说出真相。这些激励可能包括以下的内容：

• 一个报复动机：犯罪嫌疑人相信通过歪曲或隐瞒某些与他犯罪相关的信息可以“击败体制”。

• 一个信念：无论供述与否，他都有可能承担后果。但若是主动供述，他还可以按照他的喜好来解释犯罪的整个发生过程（例如，向他提供一个可以接受的犯罪动机或者最大限度地减少犯罪的预谋性）。

• 一个信念：如果他充分合作，供认并且为自己的罪行感到后悔，会获得轻判。

为了获得具有可采性的口供，讯问人员应当重点考虑通过合法的方式来表达促使供认的激励诱因。如果讯问人员直接告诉犯罪嫌疑人，“听着，乔(Joe)，如果这是你第一次做这种事，我会告诉法官，并确保他给你判个缓刑”，法官通常会排除这样的口供。这样的陈述明显表达了宽大处理的承诺。相反，如下这样的陈述是可以接受的：“乔，如果这件事情的发生是由于一时冲动，在我的报告中包含此内容很重要。”在这个案例中，允许犯罪嫌疑人对为什么说出真相很重要作出解释。犯罪嫌疑人可以选择前面提到的任意诱因，以解释为什么讯问人员的报告中含有他的解释会很重要。这里的关键在于，是犯罪嫌疑人通过自己的思维过程想到此原因。或许更为重要的是，这种模糊的陈述不会使无辜的人相信供述对他是最为有利的。

有些当代讯问的反对者认为，在直接向犯罪嫌疑人作出威胁或许诺的陈述与模糊的陈述之间从性质上进行区分的意义不大。一名作者把这种模糊的陈述称作“实际上是用语用意义（pragmatic implication）的方式来表达威胁和许诺”。[①] 它的逻辑链如下：①威胁和许诺可能会导致虚假供述；②模糊的陈述可以被理解为一种威胁或许诺；因此③模糊的陈述会导致虚假供述。

这一观点的谬误之处在于对“威胁和引诱”这一概念的界定，当它们与犯罪嫌疑人决定供述相关联的时候，并不是每一个产生好感的想法都是“引诱”的结果，也不是说每一个焦虑状态都必然是“威胁”的结果。例如，如果在杀人案件的讯问过程中，讯问人员将责任归咎于受害人惹怒犯罪嫌疑人而使其情

---

① Kassin, S. & McNall, K. (1911). Police Interrogation and Confessions: Communicating Promises and Threats by Pragmatic Implication. *Law and Human Behavior* 15, 233-251.

绪失控，这种说法会使有些犯罪嫌疑人相信他们可能会受到轻判吗？讯问人员使用的同情和理解的方法会暗示一些犯罪嫌疑人，法官也会理解和同情他们吗？① 讯问人员故意避免提及消极后果会让一些犯罪嫌疑人相信他们的犯罪后果没那么严重吗？事实上，这些问题中的任何一个我们都不能确切地回答，但是我们不得不承认有些犯罪嫌疑人会有产生这种想法的可能性。然而，需要提出的更为重要的问题是，一名无罪的犯罪嫌疑人可能会产生这些想法并因此而供认吗？对此，答案显然是“否定的”。

所有具有说服力的努力都集中在一个基本概念上：向合适的人说了合适的话。因为说服需要解释和可感知的特征，它必须面向正确的受众者才会有效。广告商每年要花费一大笔钱用以鉴别某种特定产品的潜在购买者的特征，以确定哪些对象会被说服以及向其传递哪些信息。例如，研究人员可能会发现，牙膏广告的“合适”目标是那些相对来讲受过良好教育、单身、乐于约会并且在意自己外表的人。现有信息难以说服此类形象以外的人购买这款牙膏。这种差异引出了说服过程中的一个极其重要的因素：一个人的期望和倾向大大地影响了其接受模糊信息的方式。

为了理解暗示和直接陈述的信息之间的区别，必须记住，无罪和有罪的犯罪嫌疑人在讯问过程中有着完全不同的期望和倾向。因此，当他们接触到同样的模糊信息时，他们会作出不同的理解。如果讯问人员告诉无罪的犯罪嫌疑人解释实施犯罪的原因很重要，可以肯定，该犯罪嫌疑人会推翻讯问人员的所有前提，并解释无论怎样他都没有参与犯罪。但是，确切地听到同样信息的有罪嫌疑人则会针对为什么说出真相可能很重要这句话而开始考虑各种可能的好处。由于无罪和有罪的犯罪嫌疑人之间存在本质区别，在讯问过程中，如果在

① 在州诉帕克（*State v. Parker*）一案中，南卡罗来纳州的上诉法院表示，“几乎没有罪犯会在没有任何讯问的情况下，有动力完全自愿地向警察供认……因此，几乎总是可以说是警方的讯问导致供认……众所周知，警察在获取犯罪嫌疑人的供述时，可能使用了一些心理策略…… 这些策略或许对犯罪嫌疑人决定供述发挥了一定的作用，但是，只要供述决定是犯罪嫌疑人自己权衡各种矛盾因素的结果，供述就是自愿的”。“讯问人员一方表现出的过度友好具有欺骗性。在某些情况下，结合其他一些策略，这可能会制造出一种犯罪嫌疑人忘记了对他提问的人是其对手的氛围，进而促使犯罪嫌疑人作出通常只会对朋友，而不是对警察才会作出的承认。” *Miller v. Fenton*, 796 F. 2d at 604 (3d Cir. 1986), cert. denied, 479 U. S. 989, 107 S. Ct. 585, 93 L. Ed. 2d 587 (1986). “不过，‘好人’（good guy）方法被认为是一种允许使用的讯问策略。” *Id.* [尽管讯问人员的“支持、鼓励方式……的目的是赢得（上诉人的）信任并使他在供认时感到舒服一些，这一供认仍然具有可采性”。] 另见 *Beckwith v. United States*, 425 U. S. 341, 343, 96 S. Ct. 1612, 48 L. Ed. 2d 1 (1976)（在此案中，讯问人员对犯罪嫌疑人持同情的态度，但供认具有可采性）；*Frazier v. Cupp*, 394 U. S. 731, 737-38, 89 S. Ct. 1420, 22 L. Ed. 2d 684 (1969)（在此案中，在讯问人员同情性地指出“是被害人先动手打架的”之后，犯罪嫌疑人开始供认，该供述是自愿的）。

讯问人员的说服努力中没有明确地说出用宽大处理的许诺来换取口供，或者没有明确地说出如果不供述就会遭到不可避免的伤害来威胁，他们对讯问人员这种暗示性的说服努力会有不同的反应。

总之，语用意义这一概念是毫无意义的，除非能够证明无罪的犯罪嫌疑人可能会把讯问人员的陈述理解成为一个具有重要意义的激励因素（例如，宽大处理的承诺、必然后果的威胁或者不可避免的身体伤害威胁），进而导致虚假供述。但现在完全没有资料、经验或者统计数据支持这样的说法，事实上，法官也驳回了这一理论。①

（三）胁迫

为了评估讯问对于犯罪嫌疑人是否是自愿供述所产生的可能影响，需要假定犯罪嫌疑人的心理和生理功能都是正常的。当疲劳、戒毒、饥饿、口渴或者其他生理需要是犯罪嫌疑人供述的主要刺激因素（primary incentive）时，可能会受到讯问行为构成了胁迫（duress）的权利主张。

提前控制一名对海洛因上瘾的犯罪嫌疑人，直到犯罪嫌疑人有毒瘾复发的迹象时才开始讯问，这可能就是一个可以以胁迫为由而提出辩护主张的例证了。如果讯问人员还作出承诺，若犯罪嫌疑人供认就对其采取美沙酮疗法，这会大大强化构成胁迫的辩护主张。在考虑胁迫时，必须考虑身体不舒服的严重程度。例如，一名犯罪嫌疑人声称，自己直到供认以后才被允许吸烟，这不是证明存在强迫的有力论据。

支持构成胁迫主张的最常见理由就是讯问的时长。讯问接近非自愿供述所要求的胁迫程度的时长，需要单独界定。在这方面可以遵循的准则是，讯问人员是否是故意拖延讯问，并将孤立犯罪嫌疑人作为“突破其意志”的讯问策略。如果犯罪嫌疑人被故意地安排在较远的地方而无法接触他人，并且在讯问间隙中长时间独处，这种构成胁迫的辩护主张就很难反驳。类似的，如果采用

---

① 在人民诉本森［*People v. Benson*（2010）］一案中，加利福尼亚州第三区上诉法院驳斥了有关实际上是暗示这一理论的前提。在此案中法院作出如下认定：

“在本案中，侦探罗德里格兹的确告诉了被告人‘在……之间有很大区别……有人受伤且试图开枪射人’然而，侦探们没有作出承诺或者表示，被告人的合作将获得宽大处理或者较轻的指控。没有就较轻指控的具体好处作出过承诺，甚至没有讨论过。（侦探们的）通常说法是，杀人时不同的情形对于刑罚结果而言会有‘很大的不同’，但或许可以乐观地说，这种说法并不构成实质性的欺骗性。”［*People v. Holloway*（2004）33 Cal. 4th 96，117.］杀人时的不同情形可能会导致差异很大的刑罚后果这种一般性说法不构成实质性的欺骗。指出谋杀的帮凶可能比开枪者的情况要好些，此种说法也不是欺骗。［People v. Garcia（1984）36 Cal. 3d 539，546-547.］另外，加拿大最高法院建立了用以评估宽大处理承诺的替代性指导准则（a quid pro quo guideline），换句话说，只有为换取口供而向犯罪嫌疑人明确提出宽大处理这样的说法才是被禁止的。另见 *R. v. Oikle*,（2000）SCC，38。

组合讯问法，即一名讯问人员讯问犯罪嫌疑人数小时后，由第二名“新”的讯问人员换班来继续进行讯问并使犯罪嫌疑人供认，这种方法也可能会被认定为胁迫。

许多作出了供认的有罪嫌疑人在被讯问数小时后会声称：“压力太大，以至于我会说任何可以结束讯问的话。”对于普通的犯罪嫌疑人，恰当地实施持续三四个小时的讯问，当然不会达到构成胁迫所需的那种精神悲痛或肉体痛苦的时间长度。但是，如果夹杂着对身体的强迫，即使是30分钟的讯问也可能在事实上达到胁迫的程度。下述指导准则可以用来评估胁迫的主张是否成立：

1. 犯罪嫌疑人的行为能够解释讯问时间过长吗？例如，在第一次作出自我归罪的陈述前，犯罪嫌疑人说出了关于案件的一系列不同版本吗？8个或10个小时内坚称自己无辜且没有作出任何自我归罪陈述的犯罪嫌疑人，不会提供任何能够用来解释讯问过程漫长的原因的行为举止。

2. 犯罪嫌疑人采取了身体上或口头上的行动来寻求生理需求的满足吗？如果是这样，这些要求遭到拒绝或者被用作获得供认的手段了吗？（例如，“你供认后，就可以用哮喘吸入器了”。）没有提出这种口头要求或作出身体努力以结束讯问的犯罪嫌疑人，就会处于弱势地位。在此情况下，只有在回首过去并在脑海中回顾讯问以后，或者与律师在一起的时候，犯罪嫌疑人才会断定讯问条件是无法忍受的。

3. 存在针对犯罪嫌疑人的不供述就拒绝其基本的生理需求的威胁吗？（例如，“不供述，你就不能离开这里——不管需要多长时间”。）

（四）小结

可以作为证据采纳的口供，必须在本质上是犯罪嫌疑人自由意志的产物。所有产生口供的讯问都包含有刺激诱因。不易导致无辜的人供认犯罪的刺激是法律上允许使用的，其他的刺激诱因则是不允许使用的，如威胁犯罪嫌疑人的身体健康。

至于可以用于解释那些刺激信息的感知性选择，在讯问过程中如何表达这些激励就构成了一个重要的基础。一个直接的陈述，如“倘若你现在不供认，我这就把你关起来，直到你供认为止”，这种陈述基本上没有给犯罪嫌疑人留下解释的空间，不管他是有罪还是无罪，都不得不相信自己会因为沉默而承受不利后果。但下面这样的陈述就不会产生那样的情况：“如果这件事情你没有提前进行长时间的规划，那么它的发生是由于一时冲动，我想把这些内容写进我的侦查报告中。”虽然这种模糊的陈述可能会使有罪的犯罪嫌疑人感知到供认的某种好处，但是，对于听到与此相同信息的无罪的犯罪嫌疑人而言，他不会轻易作出在某种程度上虚假供认犯罪事实是对他最为有利的决定。

三、口供的可信度

供述的自愿与否是一个法律问题，它独立且不同于口供可信与否。非自愿的供述有可能是真实的，也有可能虚假的。然而，为了让口供值得信赖，犯罪嫌疑人对参与犯罪的承认必须是真实的。在这一节中，我们将看到自愿型供述、强迫内化型供述、诡计和欺骗的影响，以及心理障碍或心智能力减弱对供述可信度的影响。本节最后将以有助于判断口供是否可信的指导准则作为结束。

（一）自愿型供述

对自愿型供述（如未经任何讯问获取的供述）的可信度应该持怀疑态度。一个内心真正感到内疚的供述者，会表现得像一个因良心不安而身心崩溃的人，这是由此人所供述的罪行决定的。或许除了精神病人以外，虚假供述者容易表现得颇为平静。虚假供述者欣然承认犯罪的所有要素，并且完全接受因罪行而产生的那些悬而未决的后果——简而言之，主动、自愿、真实供述的人会表现出情绪上的波动和懊悔的表情，而虚假供述者则缺乏情绪波动和懊悔的表情。

检查自愿型供述或者看起来像精神病人的供述的真实性的方法之一就是介绍一些虚构的犯罪情节，然后看犯罪嫌疑人是否把它们当作与犯罪有关的真实事实来接受。这种策略的前提是案件真相还没有向媒体和大众公开。正如在本书第十三章所述，正是因为这些原因及其他注意事项，讯问人员应当控制这些被披露的信息。

下述指导准则能够为评估自愿型供述的可信度提供帮助：

1. 审查犯罪嫌疑人的供述动机。几乎所有的真实的自愿供述者都能明确表达出一个驱使他们供述的具体且合理的动机。例如，一名交通肇事逃逸的犯罪嫌疑人，他的妻子从当地新闻节目的报道中了解到肇事逃逸之事，而且知道她丈夫的车的前端最近有损坏，在被他的妻子初步质问后，这名犯罪嫌疑人自首了。相反，如果是一名自愿提供虚假供述的人，在谈到为什么在这一天和这个时间决定作出供认时，他倾向于含糊地回应。他的解释可能是出于犯罪后良心不安或者他觉得自己应该受到惩罚。

2. 如果供述者将自己的罪行首先告诉了自己所爱的人，这会是典型的如实供述。事实上，心爱的人经常有助于说服犯罪嫌疑人站出来供认。但是，如果犯罪嫌疑人在先前有机会将他的罪行告诉其家人、朋友或者牧师，但他却只向警方调查人员供认，这种供述就值得怀疑。

3. 当犯罪嫌疑人可以提供独立的补强证据时，其供述自然必定是真的。例如，在日本发生的一个发狂的男人的真实案例中，他开枪杀死了自己的妻子和三个孩子，之后将尸体放到自家的车里，拉到了警察局，并且坦白了自己的罪行。这个案例提供了接受此人口供的实质性的补强证据。但是，如果犯罪嫌疑人除了说“是我干的”之外不能提供任何补强证据，其供述的可信度就应当受到质疑。

（二）强迫内化型供述

被告人辩称他们的口供是虚假的这一频率在增加，其理由是，在讯问过程中，他们被讯问人员说服了，对于正在调查的犯罪他们肯定是有罪的。换句话说，他们声称自己是错误记忆（faulty memory）的受害者。

错误记忆是我们所有人都熟悉的基本概念。例如，两个成年兄弟或姐妹在讨论孩童时一同度过的同一假期，其中一个误将其他假期中的事件归结为正在讨论的假期中，然后通过扭曲回忆，最后使两人都错误地将那个事件与错误的假期联系在一起。毫不奇怪，在低刺激动机的情况下，大脑会发生错误回忆已经得到证实。请看一个实验室研究的例子，在该实验中，用证据来说服大学生们他们按过了一台电脑键盘上的 ALT 键，事实上他们并没有按。① 讯问的反对者经常用此项研究来证明强迫内化型供述会发生。然而，从在事实上没有按键的情况下，说服一个人不小心按了一个电脑键，到在事实上没有犯罪的情况下，说服犯罪嫌疑人承认故意杀害了自己的邻居或者猥亵了邻居的孩子，这在逻辑上是一个巨大的飞跃。

在处理强迫内化型供述的诉求时，需要考虑三个重要的先决条件。第一个先决条件是，犯罪嫌疑人必须在某种程度上相信他可能已经实施了犯罪。为了说明这一概念，读者可能会问，“昨晚我杀死了隔壁邻居但却不记得了，这可能吗”？绝大多数读者会否认这种可能性。在一起关于一个真实的强迫内化型供述者的案件中，这种自我怀疑的倾向表明了某种超越单纯缺乏自信或自尊的潜在精神病理学——通过内省，犯罪嫌疑人必须相信他有能力实施犯罪行为。第二个先决条件是，读者必须解释记忆消失的原因。这可能涉及酒精或者药物引起的记忆中断、多重人格障碍，或者神经紊乱造成的失忆症发作，如癫痫。最后一个先决条件是，为了让犯罪嫌疑人最终接受他不记得的所犯之罪的责任，讯问人员必须在讯问过程中打下基础。

按顺序考虑这些先决条件，当然会使有些无罪的犯罪嫌疑人看上去可能有动机，其他一些人甚至会有倾向去实施正在调查的犯罪。此外，有些人确实患

① Kassin, S. & Kiechel, K. (1996). The Social Psychology of False Confessions: Compliance, Internalization, and Confabulation. *Psychological Science* 7(3), 125-128.

有产生周期性健忘症的精神或身体健康问题。这些条件中的两个条件同时在一个犯罪嫌疑人身上发生的可能性是极小的，但并非难以置信。在这种情况下，讯问人员绝不能累加第三个先决条件，即暗示犯罪嫌疑人即使他不记得那么做过，他也是实施了犯罪的。

尽管这个观念在本书中经常提及，但是仍值得重申——任何时候，讯问人员都不应当去尝试说服自称不记得犯罪的犯罪嫌疑人承认有罪。对犯罪嫌疑人有罪表现出高度自信并不会导致无辜的人供认，但是作出旨在说服自称无犯罪记忆的犯罪嫌疑人必须对其犯罪负责的陈述则完全是另外一回事。

没有这些标准，法官就会持极端怀疑的态度看待被告人声称的强迫内化型供述。但是，任何供述可信度的最终检验标准是包括口供本身在内的补强证据的证明力和种类。

（三）通过欺骗获得的供述

在本书中介绍的许多讯问技巧包含欺骗和假装。为了说服有罪的犯罪嫌疑人违背自身利益去坦白认罪，讯问人员可能不得不虚伪地夸大其相信犯罪嫌疑人有罪的自信，同情犯罪嫌疑人的处境，向犯罪嫌疑人或其罪行表达远非真实的情感。讯问人员可能会为实施犯罪提出一个明知道不真实却体面的动机。在一些案件中，讯问人员可能会提出虚假的暗示，或者直截了当地说，有证据证明犯罪嫌疑人与犯罪有关。

正如这些例子所示，欺骗表现为一种连续的虚假陈述，范围可以从举止和态度的欺骗到表示存有相关证据的彻底谎言。后面这种行为已经受到众多批评。特别是，讯问的批评者认为，向犯罪嫌疑人谎称存在有罪的证据可能会导致无罪的犯罪嫌疑人作出虚假的供述。①

需要回答的重要问题是，面对相反的证据，为我们未做过的事情承担责任是不是人类的本性。通过检查销售清单，顾客可能发现店员在同一项上圈了两次。在这种情况下，顾客当然会怀疑证据（如销售清单），而不是为没有买的东西付款。当国税局的信件显示纳税申报表有错误而纳税人知道这不会发生时，他一定会怀疑证据，而不是支付要求补交的税款。普通公民面对所谓的他知道自己没有做的事情的“证据”时，会表示愤怒。

---

① 这种观点在如下著作中得到强烈表达：Kassin ,S. , Drizin, S. , Grisso, T. , Gujonsson, G. , Leo, R, & Redlich, A. (2010). Police-Induced Confessions: Risk Factors and Recommendations. *Law and Human Behavior* 34(1),3-38。另见 Perillo, J. & Kassin, S. (2010) Inside Interrogation: The Lie, The Bluff and False Confessions. *Law and Human Behavior* 1-11-11. doi:10.1007/s10979-010-9244-2 Key: citeulike:7773904。另见 Kassin, S. (1997). The Psychology of Confession Evidence. , *American Psychologist* 52(3),221-231。此外，在英国使用的询问技巧中，即被称为和平模式［the PEACE Model(Prepare and plan; Engage and explain; Account; Closure and Evaluate)］的询问技巧中，禁止在证据方面向犯罪嫌疑人撒谎。

这些普通案例的后果相对较小。但同样的原理适用于更大的案件，虚构证据会让犯罪嫌疑人卷入可能遭受数年牢狱之灾的犯罪中。虚假地告诉一名无辜的强奸案的犯罪嫌疑人，DNA 证据明确地指出他就是强奸犯，这种虚假的说法会使一个无辜的人突然瘫坐在椅子上，并判定供认是对他最为有利的吗？告诉一个无辜的杀人犯，在搜查他家时发现了杀人凶器，犯罪嫌疑人会把头埋到双手里，并且供认自己的罪行吗？当然不是！

不顾犯罪嫌疑人的无辜声明，用这种虚假的说法去说服嫌疑人，他会被认定为有罪并会被判处监禁；讯问人员告诉犯罪嫌疑人，如果他以坦白供认来合作就会得到宽大处理。在上述这些情况下，无辜的人可能决定供认就变得更加合理了——其原因不是因为提出了虚构的证据，而是因为该虚构证据佐证了不恰当的讯问方法（换言之，就是使用了必然后果的威胁以及宽大处理的许诺）。①

我们很明确，在讯问过程中仅仅引入虚构的证据，不会导致无辜的人供认有罪。与自己是无辜的认知相比，明知自己没有犯罪的犯罪嫌疑人会更看重和相信所谓的证据，相信这种说法是很荒谬的。在这种情况下，人类自然的反应是对讯问人员表示愤怒和不信任。实际结果是犯罪嫌疑人会更加坚定维持自己清白的决心。这就意味着讯问人员不能使用任何先前提到的容易使无辜的人供认的不当讯问方法。当然，这种说法也假定了犯罪嫌疑人在精神、情感或者智力上没有受损。

关于在讯问过程中引入虚构的证据，我们提供如下这些建议：

1. 在讯问过程中引入虚构证据存在一种风险，即有罪的犯罪嫌疑人可能会察觉到讯问人员是在虚张声势，以致会使讯问人员的信任和诚意因此造成重大损失。因为这个原因，我们建议将此策略当作最后的努力。显然，在讯问早期阶段引入证据，不管真实的还是虚构的，都有缺点。

2. 此策略不能用于那些承认自己可能已经实施了犯罪的嫌疑人，即使他没有关于他实施犯罪的具体记忆。在这种情况下，引入这种虚构证据可能会导致其他人认为，讯问人员企图说服犯罪嫌疑人事实上确实实施了犯罪。

3. 在讯问社会成熟性低的年轻犯罪嫌疑人，或者心智能力较弱的犯罪嫌疑人时，应当避免使用此种方法。如果警察告诉他们，有证据清楚地表明他们犯

---

① 有两项研究表明，这不是对导致正常人作出虚假供述的证据的不当表述，而是胁迫行为，如用伤害进行威胁以及作出宽大处理的许诺。参见 Blair, J.（2005）. A Test of the Unusal False Confession Perspective：Using Cases of Proven False Confessions. *Criminal Law Bulletin* 1（2），126 - 144。另见 Blair, J.（2007）. The roles of interrogation, perception, and individual differences in producing compliant false confessions. *Psychology, Crime & law* 13(2),173-186。

了罪，这些犯罪嫌疑人可能没有毅力和信心质疑这种证据，而且根据犯罪的性质，他们会对自己可能参与了该犯罪感到困惑。

（四）心理因素对口供可信度的影响

有研究表明，在讯问过程中供认与不供认的犯罪嫌疑人之间的心理差异是可以识别出来的。[①] 这些差异似乎是内在的，与社交或者经济上的差异相反。对 182 项讯问活动的研究发现，诸如年龄、种族、性别或经济背景的变量不能预测讯问结果。[②]

供认与不供认的犯罪嫌疑人之间存在的基本的内在心理差异几乎不是一个令人惊异的发现。事实就是，犯罪嫌疑人坦白供认是由于其容易受到所用讯问方法的影响，或者有点粗心或者有点倒霉（例如，在他的车里起获了被盗财物），这丝毫不会影响其承认口供的决心。虽然这可能有些不公平，与那些把整个讯问过程当作一场游戏的犯罪嫌疑人相比，那些对自己的罪行有更深的内疚和焦虑感的有罪嫌疑人更有可能作出供述。刑事司法系统中有一个很好的关于这种不平等的例子，即有前科的犯罪嫌疑人可能比初犯更会利用他们的米兰达权利。

需要重点指出的是，研究调查这些特征的对象完全由被认为是有罪的犯罪嫌疑人组成，而不是由在被讯问时具有相同内在特征的无罪的犯罪嫌疑人组成。毫无疑问，有些有罪的犯罪嫌疑人抗压能力低、缺乏自信，更容易形成对他人的依赖。这些人中的一部分人可能有法律认可的精神病或人格障碍。然而，还有一个研究人员也没有解决的问题，即这些心理特点中的任一特点是否能为关于他们可能导致虚假供述提供一个有意义的预测。

这是一个令人遗憾的现实，即某些对犯罪行为感到内疚的人也患有冲动控制障碍和物质滥用症状的人格障碍。当这些人中的大多数人供认时，他们的口供就代表了真相。因此，仅仅有心理障碍的存在就必然导致虚假供述，这种观点是没有根据的。虽然在某些情况下，潜在的精神病理学可能会导致虚假供述，但在讯问过程中必然发生的其他情况也会促进虚假供述的形成（如强制或胁迫）。

当然，有些犯罪嫌疑人因为患有严重的精神疾病，而使其成为本质上不可靠的信息源。例如，有明显幻觉、错觉或重度心理障碍的人。明显智障且不能

① Gudjonsson, G. (2003). *The Psychology of Interrogations and Confessions: A Handbook.* West Sussex, England: John Wiley & Sons, Inc. 另见 Gudjonsson, G. (1989). Compliance in an Interrogative Situation: A New Scale. *Personal Individual Differences* 10(5), 535-540。

② Leo, R. (1996). Inside the Interrogation Room. *Journal of Criminal Law and Criminology* 86(2), 266-303.

分辨是非的人也属于这一类。但是，在精神能力没有严重减弱的情形下，虚假供述和潜在精神病理学的因果关系并不紧密。下面以一个无精神病史且达到平均智商（IQ）的14岁小女孩为例。

这名14岁的小女孩有些时候为一对老年夫妇照看孙子。在小女孩去过几次之后，有一天，老奶奶发现自己卧室里的一些珠宝丢失了，随即报警。当晚，在小女孩父母不在家的情况下，经小女孩同意，警察搜查了她的房间和衣物，并未发现丢失的珠宝。小女孩被带到警察局接受讯问。根据小女孩的描述，讯问人员告诉她，由于她是未成年人，她的犯罪记录将终身保密，而且在供述笔录上签字也是避免给父母带来社会丑闻的唯一办法。小女孩接受了讯问人员的建议，在供认笔录上签了字。供认笔录中仅显示，小女孩承认，“我，……确实在房间里偷了两个翡翠耳环……”。但没有任何证据能佐证其“口供”的真实性。

这名女孩从来没有向包括警察在内的任何人承认过她偷了珠宝。为了达到那种效果，她只是在准备好的讯问笔录上签了字。她的签字导致了有罪答辩和法院监管。没有人知道小女孩是否真的偷了这珠宝。不过，犯罪嫌疑人年少或易受说服技巧的影响，不在我们的讨论范围之内。此次讯问在性质上含有明显的宽大处理许诺（例如，封存犯罪记录）和威胁（例如，如果不供认，就会有社会丑闻)。此外，这是一个不存在供述的例子。一个签了字的陈述——“我偷了”——不能构成口供。

回顾关于虚假供述的逸闻趣事报道可以发现，有心理障碍的犯罪嫌疑人占很大比例。① 具有法律承认的智障的犯罪嫌疑人缺少自信，且有过自信心削弱的经历。在很多情况下，这样的犯罪嫌疑人会高度尊重权威，且有不当的自我怀疑经历。如果这些特点真的存在，任何一个特点都可能使犯罪嫌疑人在面对有力的说服时容易提供虚假供述。② 相反，这类犯罪嫌疑人不会是一个熟练或者自信的说谎者，而且往往会因为讯问人员简单的提问就能说出真相。如果讯问人员认为指控性的讯问有必要，则应当慎重使用劝诱性的讯问方法，并优先

---

① 必须注意到，为了说服法官排除口供，辩护律师可能会把完全正常的当事人说成是患有精神障碍的人。因为这种陈述或具有此效果的证人证言随后将会记录在案，因此此案会被列入由拉德勒特、贝多、里奥、奥费西和其他人编写的奇闻轶事报告中。在最近过去的10年间，出版了许多列举有虚假供述案例的书，包括一些涉及有限精神能力的个人的案例。参见 Warden, R, & Drizin, S.（2009）. *True Stories of False Confessions.* Evanston , IL: Northwestern University Press. and Leo, R.（2008）. *Police Interrogation and American Justice.* Cambridge, MA: Harvard University Press。

② 实验室基础研究支持这样的说法，与十五六岁的孩子或者年轻的成年人相比，十二三岁的孩子更有可能错误地承认过失。Redlich, A & Goodman, G.（2003）. Taking Responsibility for an Act Not Committed: The Influence of Age and Suggestibility. *Law and Human Behavior* 27(2), 141-156.

选用简单逻辑来说服犯罪嫌疑人说出真相。讯问人员应当用心获取某些补强信息，以证明这类犯罪嫌疑人作出的陈述的可信度，而且应当使用类似于从年轻的犯罪嫌疑人那里获取口供的方式进行调查。

四、口供的补强

（一）补强的类型

本章一直都在强调对口供的适当补强——因为补强是衡量口供可信度的最好措施。法官或者陪审团非常信服那些包含只有犯罪嫌疑人才知道的信息的口供，但是有很多因素会影响口供的细节和准确性。讯问人员必须充分考虑这些因素，尤其是将犯罪嫌疑人的签名口供作为衡量其供述可信度的主要证据时。

口供中可能包含三种类型的补强信息。第一种可称为附属的补强证据（dependent corroboration），包括故意不向所有犯罪嫌疑人和媒体公布的犯罪信息。换句话说，只有侦查员和真正实施犯罪的嫌疑人才会知道这些信息。附属的补强信息的例子包括，被盗货币的面额、纵火案件中的起火点、杀人案件中被害人受伤的部位及性质，或者杀人案件中凶犯使用的凶器种类。

到达犯罪现场后，负责的侦查人员应当决定什么样的信息需要保密，并在案卷材料中加以记载。做出这种正式记录文件的原因是为了反驳辩护律师在法庭上的提问，如“有没有可能，在你讯问我的当事人时，因为你的疏忽，而向他透露了这些信息”？如果这些信息有文件可以证明，侦查人员就可以更加自信地反驳律师所提的问题。

附属的补强证据确实存在一个弱点，即这些信息有时候会被无意识地透露给无罪的犯罪嫌疑人。例如，在一起明显的抢劫案中，一群佛教徒僧侣发现被枪杀。在讯问过程中，警察获取了四个犯罪嫌疑人的口供，但他们最终都被证明是无辜的。① 已证实为虚假的四个犯罪嫌疑人的口供中，含有一些犯罪现场的具体细节，而这些细节应当只有真正有罪的犯罪嫌疑人才能知道。无罪的犯罪嫌疑人怎么能知道这些细节呢？部分原因是由于在漫长的讯问过程中，讯问人员大量地使用了犯罪现场照片，以致犯罪嫌疑人已将犯罪现场记住或内在化。②

---

① Reported in Leo and Ofshe, “Consequences of False Confessions”. 参见 Leo, R. & Ofshe, R. (1998). The Consequences of False Confessions: Deprivation of Liberty and Miscarriages of Justice in the Age of Psychological Interrogation. *Journal of Criminal Law & Criminology* 88, 429-496。

② 在讯问过程中向犯罪嫌疑人出示令人毛骨悚然的犯罪现场照片，极少是恰当的。这样做的假定目的是提高犯罪嫌疑人对其犯罪行为的内疚感。然而，这种做法更常见的效果是，这种恐怖的犯罪现场照片会提醒犯罪嫌疑人其所犯罪行的严重性，并因此而强化犯罪后果，还会泄露犯罪现场的细节、被害人的状况以及应该对犯罪嫌疑人保密的其他细节。

第二种类型的补强信息可以称为独立的补强证据（independent corroboration）。这类证据描述了直到犯罪嫌疑人供认才知道的，并且得到侦查人员独立证实的犯罪信息。这类补强证据的例子包括，被证实了的谋杀凶器的位置，被盗财物的重新发现，或者对犯罪嫌疑人作案前后活动的查证。每个侦查人员不仅应该努力发现口供中存在的独立的补强证据，也应该去实地验证这些证据。一旦这类信息被记录下来，辩护律师将很难反驳。

不幸的是，并不是所有的犯罪都能提供明显的或者可证实的独立的补强证据。在一起强奸案中，受害人称和她约会的人撞破了她公寓的房门，脱下她的衣服，强奸了她两次。犯罪嫌疑人公开承认撞破了门（但属意外，是努力想跟受害者说话的结果），并且承认（在受害人的请求下）脱了部分受害人的衣服。由于没有 DNA 或者其他物证，与受害人之间发生性行为的这一供述，本质上可以归结为“我确实做了”。在这种情况下，讯问人员能够做什么来证实口供的可信度呢？

在这类案件中，或许可以发现独立的补强证据信息。例如，对受害人的语言威胁，或者犯罪嫌疑人的手放在了受害人的喉咙处。然而，在这起特殊的案件中，受害人只是说她在喝醉的时候衣服被脱了，同她约会的人和她发生了性关系。除非犯罪嫌疑人对犯罪进行详细描述，侦查人员没有任何其他信息可以证实犯罪嫌疑人的供述。这可以称为合理的补强证据（rational corroboration）。构成合理的补强证据的要素包括接受因实施犯罪行为而产生的个人责任的陈述、如何作案的细节描述、实施犯罪的原因，以及或许还有犯罪嫌疑人作案后的感受。换句话说，通过评估所描述行为是否合理来评估口供的可信度。这是最弱的补强证据形式，法院会以最严格的形式对其进行审查。

在这种情况下，讯问人员应该寻求获得一些能够提高口供可信度的关于犯罪的琐碎细节。例如，一名入室盗窃犯供述道，他用脚踢穿房主的前门时，脚被门板卡住，摔倒在门廊前。虽然除了破碎的门板，没有其他办法能够证实他的叙述，但这不同寻常的描述让他的口供增加了可信度。就这一点而言，讯问人员不仅要在书面供词中记录犯罪的法律要件，还应记录一些反映人性的因素（human elements）。几乎每一个作出真实供述的犯罪嫌疑人都能告诉讯问人员一些关于其犯罪的独特的事情或难忘的事情，包含这种自然产生的信息的口供，其可信度会大大增加。

（二）补强证据的精确性

要求犯罪嫌疑人作出的口供中包含的所有信息都是绝对真实的，显然不合乎情理，不如要求犯罪嫌疑人承认参与犯罪是真实的。没有实际参与过犯罪讯问的人可能无法理解，为什么有罪的犯罪嫌疑人会在实施了犯罪这一方面说真话，却会隐瞒与犯罪有关的其他一些信息，甚至会在犯罪的某些方面撒谎。最为常见的是，有罪的犯罪嫌疑人在供述中会为了隐瞒其犯罪的真实动机而撒谎。

在猥亵儿童犯的真实供述中可能含有如下几个方面的准确信息，如性侵害发生的房间、与孩子独处大致的时间长度、诱使孩子承诺不会将他们之间的“秘密”告诉任何人的陈述。然而，当问及他对孩子实施的具体的性行为时，犯罪嫌疑人可能提供的细节较少。他可能承认摸了女孩的阴道，自己赤裸的阴茎也碰了她的嘴唇，但性接触基本构成以外的事情可能很少细说。这是因为犯罪嫌疑人正处于供述阶段（参见本书第十三章，第八步），虽然他愿意讨论其罪行，但会有选择地说。可以预见的是，他会避开当面承认感到尴尬或困难的细节。如果讯问人员试图通过提出具体的问题来确定、证实他的罪行，届时他可能会通过最大限度地减少自己的一些行为或者声称不记得的方式来撒谎。再次以猥亵儿童案为例，的确很少有供述者会这么说：“我操控这个年轻女孩让她脱掉衣服，将我勃起的阴茎强制放到她的嘴里，直到射精且享受到只能跟孩子才能达到的高潮为止。”可采纳的口供不应该要求包括这样的细节。

除了尴尬，在供述时，有罪的犯罪嫌疑人有更多切实的其他动机去撒谎。①例如，一个涉嫌抢劫的犯罪嫌疑人可能在抢劫用枪从哪得来的问题上撒谎，以防将自己卷入偷枪的入室盗窃案中。在供述时，犯罪嫌疑人可能会为了保护驾车逃逸的共犯，在如何离开现场的问题上撒谎。盗窃犯可能会在如何花费盗取的钱上撒谎。例如，抢劫的部分现金可能用于付账，但是其余的已经用于购买毒品。在供述中，犯罪嫌疑人会顺便解释说所有钱都已用于付账或还债。在涉嫌团伙强奸的供述中，犯罪嫌疑人可能会承认强迫受害者进行性行为，但是会在选择受害人或绑架受害人时谁起主导作用上撒谎。

极少有犯罪嫌疑人会在供述中完全供出所有的事实真相。对于口供的内容不能以偏概全，口供中可能缺少某些细节，甚至含有部分虚假供述，但不能据此判定整个供述都是虚假的。然而，法官在判定是否采信某个特定的口供时，会将重点放在补强证据上面。因此，讯问人员为了保证口供的可信度，必须尽一切合理的努力去发掘口供中能够用作补强证明的信息。

在迄今为止的已有研究基础上，我们提出下面这些指导准则用以帮助鉴别口供的真假：

1. 在供述几天或几周以后才翻供的人，其之前的口供很可能是真实的。经

① 关于这些动机的补充说明，参见 Cassell, P. (2000) The Guilty and the Innocent: An Examination of Alleged Cases of Wrongful Conviction from False Confessions. *Harvard Journal of Law & Public Policy* 22 (2): 594-595。

过了值得关注的一段时间以后才翻供的，是有罪的犯罪嫌疑人急于准备法律辩护的典型做法。除了所谓的强迫内化型供述案件外，无罪的犯罪嫌疑人在供述的时候知道其供述是虚假供述。① 一旦讯问的威胁消除，无罪的犯罪嫌疑人肯定会公开谴责审讯并翻供，将自己的清白告诉任何乐意倾听的人。因此，如果犯罪嫌疑人在供认后与家人或所爱之人见面后没有翻供，但在供认后某个时间见过律师之后又翻供的，其翻供内容是值得怀疑的。

但是，根据犯罪嫌疑人供认后立即翻供这一现象却并不能得出任何结论。正如我们在讯问的第九步（参见本书第十三章）所强调的，有罪的犯罪嫌疑人在供认后立即翻供的并不少见，即使让他在供述后独处很长时间才要求其在书面供词上签字。无罪的犯罪嫌疑人在供认后立即翻供的同样不少见。所以无论如何，供认后很快翻供这一现象不能给供述内容的正确性提供任何指导。

2. 应当仔细审查犯罪嫌疑人对其提供虚假供述所作的解释。除了翻供这一事实本身，法官必须意识到，在讯问过程中一定发生了使无罪的犯罪嫌疑人供认的事情。向犯罪嫌疑人询问在讯问中发生了什么或者讯问人员说了什么致使他提供虚假供述，这并非不合理。虚假供述的成因是判定供述正确性的关键性决定因素。

有罪的犯罪嫌疑人的典型做法是以感觉为借口，而不是具体的陈述或者行为（例如，“我感到除了供认别无选择”、“我只是告诉了他们想听的”或者“我已经迷糊了，不知道自己说了什么”）。但是，确实提供了虚假供述的犯罪嫌疑人应该能够明确说出这样做的特定原因。这类原因包括威胁犯罪嫌疑人的健康、明确承诺给予宽大处理的说法，或者向有罪的人提供保护来获得供述。

根据我们的经验，事实上绝大多数翻供都是从实施了犯罪的人口中获取的值得信赖的陈述。然而，下面的案例阐释了一个被撤回的供认确实是虚假的情形。一名男子在新年晚会上被枪杀身亡。当警察赶到现场时，主人 16 岁的儿子主动站出来并自愿承认杀人行为，并提供了与犯罪现场相吻合的细节。男孩被控谋杀。最终，在与他的公设辩护律师谈论此事时，小男孩解释道，他亲眼目睹父亲枪杀了受害者。男孩说，他父亲说服他作出供认，因为他是未成年人，他不会怎么样，但如果父亲供认，男孩就会无家可归，没有食物和衣服。辩护律师安排这名男孩接受测谎检查，检查结果表明他所说的是真实的。然后安排这位父亲接受测谎检查，但在测谎检查开始之前，这位父亲便供认了。这位父亲后来对杀人罪指控作出了有罪答辩。在这个案例中，犯罪嫌疑人对作出

① 声称提供了强迫内化型虚假供述的犯罪嫌疑人如果要翻供，他会在作出供认之后经过一段时间进行。毕竟在供认的时候，他的立场是相信自己是有罪的。

虚假供述的解释特别清晰合理。

3. 应当对没有任何具体补强证据的口供持怀疑态度。对仅仅承认参与了犯罪，但不包含额外细节的口供应当持怀疑态度。此时，应当考虑三个问题：

- 是讯问人员无法套出这类信息吗？
- 是犯罪嫌疑人不能提供这类信息吗？
- 是犯罪嫌疑人拒绝提供这类信息吗？

在前两种情况下，这种陈述可能是我们前面所提到的“不存在的供述”，恰当的做法是不要给予其证据那样的效力。在第三种情况下，尽管犯罪嫌疑人曾经作出了第一次供认，但有罪的犯罪嫌疑人可能担心自己进一步被牵连到案情中，经过再次考虑后，转而决定不再配合讯问进程。在这种情况下，讯问人员或许能对缺少补强证据作出可信的解释，但是有一个明显的问题：是什么导致犯罪嫌疑人在承认“是的，是我做的这事”之后不久，却又拒绝进一步讨论其罪行呢？我们的经验是，如果一名有罪的犯罪嫌疑人能够被说服承认是他实施了犯罪行为，随后他也会愿意讨论其罪行的细节，至少能在一定程度上可以。

4. 对于一个真正的认罪者而言，接受其犯罪的全部责任但忽略特定的情感细节，尤其是将其归咎于记忆缺失，这种现象并不少见。许多有罪的犯罪嫌疑人都在供述过程中声称，不记得犯罪的某些情节。① 因为声称记忆的缺失可能会有利于犯罪嫌疑人的部分行为（例如，他不愿意透露赃款或赃物的藏匿地）。但是，有罪的犯罪嫌疑人合理地不能回忆起犯罪的全部细节，尤其是在承认某种特定的精神创伤或情感型犯罪时，也是有可能的。

很多因素会抑制有罪的犯罪嫌疑人在供述中回忆犯罪具体细节的能力。其中，最常见的是在作案时受到毒品或酒精的影响，或者距离案发已经过去了数月或几年。此外，在作案时犯罪嫌疑人会因紧张、愤怒或者激动而产生注意力偏离。这些偏离会使犯罪嫌疑人的大脑只存储某些专注的记忆，而忽略外围的、次要的事情。在极为严重的犯罪行为中，天生的防御机制能够解释正当的记忆丧失，因为犯罪嫌疑人内心抑制了某些不愉快的记忆。

一项研究显示，有26%的被判谋杀罪或者非预谋杀人罪的男性犯罪人声称他们不记得实施了犯罪。其他研究表明，有25%~65%的定罪谋杀犯对与他们犯罪的相关情节存在一定程度的记忆缺失。② 大多数专家赞同许多所谓的对暴

---

① 这种说法不应该与前面讨论过的强迫内化型供述相混淆，在强迫内化型供述中，犯罪嫌疑人在作出承认之前的立场是，“如果确实是我实施了这起犯罪，但我不记得这样做过”。

② 参见 Taylor P. & Kopelman M. (1984). Amnesia for Criminal Offenses. *Psychological Medicine* 14, 581-588; Schacter, D. (1997). *Searching for Memory: The Brain, the Mind, and the Past.* New York: HarperCollins。

力犯罪的记忆缺失是虚假的，但是，如何从伪装失忆的案件中鉴别出确实有部分记忆缺失的案件，专家还没有达成普遍一致的意见。

期望所有有罪的犯罪嫌疑人描述出从计划到实施再到犯罪后的行为的全部犯罪细节，是不合理的。由于诸多原因，犯罪嫌疑人可能仅仅是不愿意或不能够提供所有的细节。但是，当犯罪嫌疑人接受其犯罪行为的个人责任时，口供中应该包含足够的补强证据信息，以证明犯罪嫌疑人确实是在讲真话。

口供中包含的错误的补强证据信息需要根据是否存在合理的动机来评估。如果缺乏合理的动机，错误的补强证据确证可能就意味着供述是虚假的。犯罪嫌疑人提供错误的补强证据最为常见原因是实现其他的目的。涉嫌强奸的犯罪嫌疑人可能会对当前讨论的犯罪中的作案手法撒谎，其目的是不使自己在其他的自己尚未被列入嫌疑犯的强奸案件中被暴露。为了尽量保护向其提供保险柜密码的共犯的身份，从保险柜盗走现金的犯罪嫌疑人可能会对事先得到保险柜组合密码的行为进行撒谎，声称自己发现保险箱未上锁。同样，强奸犯可能声称自己在酒吧遇见了受害人，事实上是他跟踪受害人离开酒吧，并在停车场绑架了她。

如果口供中包含最终被证明是虚假的特定的犯罪细节，而这些细节从情感上讲是难以披露的，这表明存在这种可能性：犯罪嫌疑人或许仅仅是同意了讯问人员作出的暗示，其供认并非是犯罪嫌疑人自然回想所形成的结果。例如，在一个杀人案中，假设警察最初认为作案动机是性，犯罪嫌疑人口供中包含与被害人性交的内容，但是此信息随后被犯罪实验室的证据驳倒，即根本没有发生任何性接触。产生这样的疑问就是合理的：为什么有罪的犯罪嫌疑人会错误地供认这些原本是错误的关于犯罪的情感和亲密的细节的呢？这一疑问的言下之意是，包含这种高度敏感的信息是受到了讯问人员的暗示，而法官将不得不考虑口供中包含的其他归罪信息可能也是虚假的。

在相反的情况下，犯罪嫌疑人的口供中并未包括情感因素，这当然并不意味着是虚假的供述。在前面的案例中，假设犯罪嫌疑人仅仅供认将受害者杀害，并且提供了杀人的补强证明细节。但随后的犯罪实验室报告显示受害者死前曾遭到性侵，这一事实本身并没有降低犯罪嫌疑人杀害受害人的供述的可信度。事实上，这正是有罪的犯罪嫌疑人在真实可信的口供中，试图隐瞒的信息类型。

5. 在真实的口供中，犯罪嫌疑人的供述与受害者的陈述之间存在不一致是常见的。由于诸多原因，有罪的犯罪嫌疑人供认的犯罪活动与受害人向警察叙述的多少有些不同。除了已经提到的尴尬或者注意力偏离等因素，必须记住的是一个正常的受害者有时会夸大某些行为，或者为了使自己更符合真实受害者的“模型”而捏造一些事实。

我们已经遇到过很多的案件，犯罪嫌疑人承认受害人90%的陈述，但强烈否认另外的10%。部分否认是偶然的，如谁拉开了受害人裤子的拉链、强奸后是否有报复威胁的言语，或者抢劫者是步行还是骑自行车离开现场。一言以蔽之，不能为了支持犯罪嫌疑人对犯罪行为承认的准确性，而要求受害人的叙述与犯罪嫌疑人的供述之间完全吻合。

这条指导原则不仅适用于受害人或目击者的陈述，也包括犯罪嫌疑人的供述与犯罪现场之间存在一些不一致。犯罪嫌疑人告诉警察勒死年轻女孩的绳子在他的汽车后备箱里，犯罪实验室将发现的绳子与杀人工具相匹配。然而，犯罪嫌疑人对受害人的衣服描述不准确。受害人被发现时身穿白色T恤和黑色牛仔裤，但犯罪嫌疑人却在口供中称，受害人身穿褐色运动衫和蓝色牛仔裤。在这种情况下，错误的补强证据绝不应当降低口供的可信度。

此类差异或许能够通过心理学家所说的“情绪一致性”（mood-congruent）信息提取理论来解释。据专家称：“经历过创伤的人几乎总能很好地记住经历的核心，但是，如果出现了记忆失真，那很可能会涉及特殊的细节之处。”①

6. 当犯罪嫌疑人向警察提供的多个供述版本之间存在着本质区别时，应当对口供持怀疑态度。通常在这种情况下，警察发现犯罪嫌疑人最初的口供不能得到案件已有事实的证实，所以警察就会重新讯问犯罪嫌疑人以获取新的供述，或者是获取与已知事实能够相符合的口供。例如，在福诺克四水兵案件中，一名无罪的被告人总共向警察提供了7个不同版本的口供。②

（三）小结

本章开篇引用了一名社会心理学家的观点：正常的人能够容易地辨别出真实供述和虚假供述，并告诫性地指出，区分真实供述和虚假供述这一任务比这名心理学家所说的要困难得多。辨别口供可能的可信度，显然需要分析犯罪嫌疑人所作供述的内容和讯问时的环境，以及犯罪嫌疑人作出此供述的内在因素。由于承认犯罪是违背人的生存本能的，所以如果出现了虚假供述，必然有致使它产生的原因。如果辩护专家不能特别地确定引发或者可能引发犯罪嫌疑人作出虚假供述的条件、状态、客观环境，那么不管供述是否充分，承认其因犯罪而导致的个人责任的已签字口供都有可能被采信。

在每一起案件中，讯问人员都应该尽力获取包含独立的补强证据以及/或者附属的补强证据的口供。然而，必须记住的是，大多数有罪的犯罪嫌疑人最

---

① Schacter, D. (1996) *Searching for Memory: The Brain, the Mind, and the Past.* New York: Basic Books.

② PBS Frontline documentary. (2010). The Confessions.

初会否认自己犯罪的这一本能，同样也会导致在其供认中包含缺失或错误的信息。如果要求犯罪嫌疑人的口供与犯罪现场、被害人的陈述完全吻合，或者每一个细节都被彻底核实，那么这将会引发大多数口供无效。相反，在法庭上判定口供的可信度时，要考虑影响口供的所有因素，来实现利益平衡。

下面列举了一些可以用于评估犯罪嫌疑人口供可信度的参考因素。当然，下面所列这些因素并不齐全，而且每一起案件都必须以讯问和口供周围的“整体情况”来评估犯罪嫌疑人口供的可信度，但是尽管如此，也应该仔细考虑这些因素：

1. 讯问时犯罪嫌疑人的状态：

a. 身体状况（包括吸毒并且/或者酗酒）；

b. 心智能力；

c. 心理情况。

2. 犯罪嫌疑人的年龄。

3. 犯罪嫌疑人之前与执法部门打交道的经历。

4. 犯罪嫌疑人的语言理解能力。

5. 审讯的时长。

6. 犯罪嫌疑人口供的详细程度。

7. 口供与罪行的补强证明程度。

8. 目击证人在场对讯问和口供的影响。

9. 讯问时犯罪嫌疑人的行为表现。

10. 处理犯罪嫌疑人生理需求所作的努力。

11. 任何不当讯问手段的使用。

本书中概述的讯问过程，通常被称为“莱德方法”，全面且完整地遵守了有关可接受的讯问做法的所有司法准则和判例意见。虚假供述产生的根源并非讯问方法所致，而是由于在讯问过程中诸多其他因素的介入，最为常见的就是用伤害进行威胁以及/或者作出宽大处理的许诺，而这是违反本书中所描述的最佳讯问做法的。

五、关于讯问的研究

不存在调查实际讯问的有效性或可靠性的对照实证研究。解决这些问题唯一有价值的方法就是，对性格和背景本质上相同的真实个人使用同样的讯问方法进行讯问。如果已知样本中有一半的犯罪嫌疑人是无罪的，而另一半犯罪嫌疑人是有罪的，那么可以通过统计，分析得出讯问方法对作出供认的无辜者和有罪者这两种人产生的效力。这种方法不仅非常不切实际，而且明显违背美国心理学会制定的伦理研究标准。

因此，关于讯问实践的统计必须间接地收集。在刑事审讯领域中，现有的研究方法可以分为以下三类：

- 轶事式报告法：这个方法可以为支持某些假设而选择性地收集数据。
- 实验研究法：用模拟的情形来研究一个特定现象发生的概率（例如，记忆错误或被暗示性）。
- 调查法：通过观察、审阅卷宗或自我总结报告来收集实际讯问或口供中的数据。

轶事式报告法在用于证实某些事情可能发生方面比较有作用。例如，10 名病人死于同样处方药的病例，可以用来证明此药是危险的，不应该在市场上流通。虽然这类报告可能会产生巨大的情绪影响，但是它们无法揭露出事件发生的频率，因为研究样本是选择性的。相反，如果在服用同样药物的 1000 名病人中随机抽取样本，其中 30%的病人死亡，这就是一个有意义的统计。选择使用轶事式报告法主要就是因为它似乎会支持一个潜在的假定，而这种假定可能有或不可能有任何统计学上的意义。

轶事式报告法在建立事物间的因果关系上有所欠缺。在之前的案例中，虽然确实有 10 名服用此药的病人死亡，但并不意味着是该药物导致的死亡。这种收集数据的方法无法控制独立或非独立变量，以帮助确定是什么导致或影响某种特定的结果。

最后，轶事式报告法的一个内在弱点是无法确定基本的真相。例如，在一些虚假供述的案例中，研究人员如何证明任何一个给定的口供确实就是虚假的呢？我们在本章前面的部分引用了一个涉及 350 个误判的轶事式报告。当研究人员花费大量时间解释他们是如何确定这些人的清白时，一个反对者争辩道，许多被认为无罪的犯罪嫌疑人很可能都是有罪的。[①]

一位名叫理查德·奥费西（Richard Ofshe）的社会心理学家为已经供认的案件提供辩护词，他围绕假设是伪供的逸闻趣事建立了一个他的证词平台。在奥费西与他人合作的一项研究中，他确认了 60 个可能的虚假供述。[②] 其中 34 个据说被证明是虚假供述，18 个被推测为虚假供述，8 个被认为具有虚假供述

---

① Marksman, S. and Cassell, P. (1988) Protecting the Innocent: A Response to the Bedau-Radelet Study. *Stanford Law Review* 22(2), 121-161.

② Ofshe, R. & Leo, R. (1998). The Consequences of False Confessions: Deprivation of Liberty and Miscarriages of Justice in the Age of Psychological Interrogation. *Journal of Criminal Law and Criminology* 88, 429-496.

的高度可能。[①] 尽管这60个案例的发生时间跨越了24年（这期间美国警方获取了成千上万份供述），但奥费西坚持认为这60个案例证明了“因警方引发的虚假供述不断地发生”。此外，本书作者认为，引发虚假供述是因“非法使用心理讯问手段”所导致这一结论没有任何依据。因为，没有尝试对这种可变因素作客观评估，更别说做统计测试。

关于虚假供述的趣闻报告对于不知情的观众具有情绪上的感召力。然而，他们并不了解虚假供述发生的真实频率和引发虚假供述的原因。除了有些犯罪嫌疑人有虚假供述的历史，这种趣闻报告本身不能为得出关于虚假供述的任何结论提供科学依据。

实验室研究试图在可控的环境下重现现实生活中发生的事情。这些研究的一个重大缺陷是，在实验室中不可能再现出现实生活中一个人在面对严重后果时的动机刺激，如同犯罪嫌疑人在真实讯问（见本书第九章）中那样。在伦理上，实际讯问中针对有罪的犯罪嫌疑人和无罪的犯罪嫌疑人的动机刺激控制程度，不可能在实验室内复制。尽管如此，打算对讯问现象进行研究的实验室研究已经开始了。

在先前描述的一项研究中，调查人员证实了：被测试者在面临遭受不具有重要意义的消极后果时，可能会被说服相信他们自己错误地按下了电脑键盘上的ALT键。[②] 另一项研究表明，在回忆表格中被删除的单词时，参与实验的大学生们出现了重大的错误。[③] 这些研究试图支持强迫内化型供述的广泛性和可能性。但是，就连一个朴素的观察者也能意识到，因无法回忆表格中被删除的单词的实验者和一个如果认罪可能面临判终身监禁的犯罪嫌疑人之间的内在动机的差异性。

实验室研究法的另一个弱点是他们无法重现真实的讯问现场活动。在一项研究中有这样一个典型案例能够说明此问题。研究人员称，在讯问中向犯罪嫌疑人谎称掌握了他有罪的证据会促使无罪的犯罪嫌疑人供认。[④] 该研究使用了欺骗的模式，指示参与者（大学生）在完成一项特定任务时不要帮助另外一个

---

① 保罗·卡塞尔（Paul Cassell）重新审视了这些案件中的一部分，认为这些被告人很可能是有罪的。参见 Cassell, P.（2000）. The Guilty and the Innocent: An Examination of Alleged Cases of Wrongful Conviction from False Confessions. *Harvard Journal of Law and Public Policy* 22(2), 526-603。

② Kassin, S. & Kiechel, K. (1996). The Social Psychology of False Confessions. *Psychological Science* 7 (3), 125-128.

③ Bem, D.（1966）. Inducing Belief in False Confessions. Journal of Personality and Social Psychology 3 (6).

④ Perillo, J. & Kassin, S.（2010）. Inside Interrogation: The Lie, The Bluff and False Confessions. *Law and Human Behavior* 1-11-11. doi:10.1007/s10979-010-9244-2 Key: citeulike:7773907

人（同伙）。在一半的案例中，当同伙寻求参与者的帮助时，参与者提供了帮助。随后所有的参与者因帮助同伙而受到指控。结果是，无辜的参与者都没有供认，但有 87%的有罪参与者确实供认了他们的罪行。

在第二组实验中，无罪的参与者和有罪的参与者各占一半，这些参与者不仅被控告欺骗，同时还被告知，房间里隐藏的一个摄像头最终能证明他们是有罪的或者是清白的。在这种情况下，93%的有罪参与者以及 50%的无罪参与者都供认了。

对于实际从事过讯问的任何人而言，这一结果毫无意义。在模拟讯问过程中所使用的程序范围内就可以发现其中的原因。事实证明，这些无辜的参与者根本没有供认帮助过其他的人。相反，他们签署了一份准备好的能达到那种效果的陈述。此外，最重要的一点是，这些参与者被告知：如果隐藏的摄像头证明他们无罪，那么签署供述不会给他们带来任何麻烦。据研究，这些参与者被告知“别浪费时间，赶快签字”后，几乎所有的有罪嫌疑人和一半的无罪嫌疑人都这样做了。

如果在实际的犯罪讯问中使用了这种讯问方法，那么应当毫不犹豫地排除这种供述。通过许诺犯罪嫌疑人“如果将来新的证据能够证明犯罪嫌疑人无罪，那么供述不会成为不利于他的证词”来诱使犯罪嫌疑人签署准备好的供认，这无疑会使法庭的良知受到震惊（在本书第十七章中将会讨论口供可采性的合法标准）。换句话说，在这项研究中，无罪参与者相信签署供述不会有任何消极后果受到了操控。这种方法仅次于让犯罪嫌疑人签署空白供述书后，再由讯问人员填写供述书的内容。重申一下，实验室的研究结果不能推广至实际情形中，除非他们能重现现实生活中在讯问和询问过程中所发生的一切情况。

也许是出于伦理上的考虑，很多实验室研究在处理刑事讯问时存在这样一种距离感，供研究的现象与实际事件联系太小，以至于无论有多少报道出来的统计学意义，留给我们一个问题是：“这证明了什么?”这方面的一个例子是 S. 卡辛（S. Kassin）和 K. 麦克纳尔（K. McNall）进行的一研究，该研究调查了不同讯问方法对被认为是有罪的或应当承担责任的人的影响程度。卡辛和麦克纳尔让学生们阅读针对一个谋杀犯罪嫌疑人的 5 份不同的讯问笔录。在第一份讯问笔录中，讯问人员明确许诺从宽处理。在第二份中，威胁犯罪嫌疑人会受到严厉判决。在第三份中，指责了受害人。在第四份中，犯罪被嫌疑人被错误地告知在作案工具上发现他的指纹。在第五份中，不含有上述情形。阅读完每一份讯问笔录后，学生们都会对犯罪嫌疑人可能被判刑期的长短提出自己的意见。①

研究人员发现的具有重要意义的是：在学生们相信受害人对谋杀负有责任的情况下，判决不会那么严重。关于现实生活中将责任归咎于受害人这种讯问主题告诉我们什么呢？这项研究的作者认为，源于此类主题的被理解为宽大处理的许诺会通过“语用含义”的方式导致假供。

通过评价数据得出的统计数字极易受评估者偏见的影响。可以预见到，与大学生或者辩护律师相比，法官和警方讯问人员更有可能对讯问活动持不同观点。正如这些研究的作者所正确指出的：“由于我们的研究结果是以大学生作的推论为依据，大学生们属于参与相对较少但受过高等教育的观察者，我们还需确认真正的犯罪嫌疑人能否得出类似的推论。”

实验室研究的根本问题是无法将这些研究发现推广至现场情形。例如，仅仅因为在实验室里可以使用“语用含义”，并不表明在实际讯问中同一现象发生的任何确定性甚至概率。在讯问过程中无罪的犯罪嫌疑人和有罪的犯罪嫌疑人之间的重要区别在于他们各自的动机。无罪的人会积极避免因自己未犯的罪行而受到错判，反之，有罪的犯罪嫌疑人会积极地寻找心理上或者实际的补救措施，以减轻与自己所犯罪行有关的后果。在讯问领域的实验室研究无疑会继续进行，但就其本质而言，其固有的不足无法解答实际现场讯问中的相关问题。

调查可能是提供讯问效果的原始数据的最佳来源，因为它们有可能记录讯问的现实世界实际发生了什么。在解释调查结果时，有许多重要的注意事项。首先是研究的样本。一个小样本（例如，小于120）或者一个受限制的样本（2个或3个警察局）会极大地限制将这些调查结果推衍至所有讯问的能力。尤其是当样本不是随机采集的时候。也就是说，带有目的的努力或不可避免的情况会排除或包含某些确定的数据。

客观收集的数据在本质上大部分是有效的。客观的统计数据不需要解释，且经过了确凿的验证。例如，一名犯罪嫌疑人放弃米兰达权利或者不放弃，在庭审时试图翻供或者不翻供，犯罪嫌疑人作出认罪答辩或者不认罪答辩，等等。

由于调查数据很容易受研究者偏见的影响，为支持一个特定假设，调查中仅凭主观印象的数据会削弱能够得出的结论。仅凭主观印象的数据的范例包括讯问人员是否“唤起犯罪嫌疑人的自尊心”或者“试图使其罪行最小化”。在

---

① Kassin, S. & McNall, K. (1991). Police Interrogations and Confession: Communicating Promises and Threats by Pragmatic Implication. *Law and Human Behavior* 15(3), 233-254.

评估仅凭主观印象的数据时，减少偏见的一个办法是，让许多不同的人对评估作出判断或解释。例如，如果3/4的评估者赞成，则讯问人员在讯问过程中对犯罪嫌疑人表示同情和理解，比研究者独自作出此评估有更大的价值。

如果以随机且具有代表性的方式收集调查数据，就能够最大可能地洞察现实生活中的口供需要重点考虑的因素。R. 里奥（R. Leo）博士进行了一项此种研究，他调查了从3个城市的警察局获取的182份讯问记录。① 在被分析的这些案例中，没有报道出一个随机样本中的虚假供述。然而，他的确指出，有2%的讯问涉及强制手段。②

另一项调查数据涉及阿拉斯加州和明尼苏达州的112名讯问人员，他们曾接受了莱德询问和讯问法的培训。这些讯问人员在过去2年内总共获取了3162份口供。这些口供可能全部或部分使用了莱德询问和讯问法，审判阶段只排除18份，占总数的0.56%。③

研究的焦点是现阶段的警察讯问实践，而不是可能的关于虚假供述的逸闻趣事报道或者关于“警察讯问”的实验室虚构。调查结果表明，通过讯问获取的绝大多数口供并非强迫取得，且被当作具有可采性的证据采纳。但这并不是表明我们忽略了关于可能的虚假供述这一问题，而是恰当地保留了这一问题。④

六、结论

毫无疑问，讯问人员会诱使无罪的犯罪嫌疑人承认他们没有实施过的犯罪。强迫顺从型供述是最为普遍的虚假供述。虽然自1966年以来，米兰达规则的颁布和对讯问人员的培训确实减少了“酷刑逼供”事件的发生，但在实践中滥用讯问方法的现象一直持续到21世纪。这些策略和方法已经被法院警告，并明确作为排除口供的根据。然而，一小群心理学家和社会学家想通过说服法院排除那些使用“复杂的心理”（psychologically sophisticated）讯问方法获取的口供，以扩大排除口供的依据。

在我们看来，他们为支持复杂的心理讯问方法经常产生虚假供述的说法而

---

① Leo, R. (1996). Inside the Interrogation Room. *Journal of Criminal Law and Criminology* 86, 266-303.

② 里奥研究列举了10个他认为构成了强迫的可能情形。如果任何一种情形出现，他都将讯问视为强迫。他的诸多判断标准明显是有问题的，如未能宣读米兰达权利、讯问时间持续6小时以上，或者犯罪嫌疑人的意志似乎被压服时。

③ 尽管这些口供被排除的具体理由不是在调查期间得出，但是受访对象的补充笔录表示，有些口供被排除是因为米兰达问题或者电子笔录的强制性要求。

④ Jayne, B. (2004). Empirical Experiences of Required Electronic Recording of Interviews and Interrogations on Investigators' Practices and Case Outcomes. *Law Enforcement Executive Forum* 4(1).

引用的研究，并没有为支持这一观点提供具有实质性的证据。相反，我们的经验表明，如果根据本书提供的准则使用这种讯问方法，能够极大地减少无罪的犯罪嫌疑人作出供认的风险。

在依据本书中所教授的方法实施的讯问过程中，无罪的犯罪嫌疑人的自我保护本能，足以让他维持自己的清白。无罪的犯罪嫌疑人接受自己根本没有实施过的犯罪行为的责任，强烈表明在讯问中使用了不当的劝诱，如威胁和宽大处理的承诺，或者剥夺了犯罪嫌疑人的生理需求。

评估口供可信度的一个关键问题是，"是什么促使犯罪嫌疑人作出了供认"。有一些刺激诱因确实比其他因素更有可能导致虚假供述。此外，供述本身的性质也能提供有用的见解。除了仅仅接受个人的犯罪责任，不包含补强证据信息的口供本身就表明在套取犯罪嫌疑人的供认过程中存在使用不当劝诱手段的可能性，而且这种口供可能也是虚假的。

关于虚假供述的研究几乎没有为法官判定一个特定口供的真假提供明确的方向。总结本章中所介绍的研究结果可以看出，虚假供述确实会发生，但是即使在判定讯问中出现了"强迫"，虚假供述也很少发生。最后，心智能力减弱或患有精神疾病的犯罪嫌疑人更有可能提供虚假供述。

七、法庭上的虚假供述问题——专家证人的证词

通常在排除证据的听证会上，辩护方会提供专家证人在这一问题上的证词以及在虚假供述问题上的相关情况。在很多情况下，专家描述的讯问过程与本书所勾勒出的讯问过程截然不同。① 下面的内容摘自理查德·里奥（Richard·Leo）博士作出的关于威斯康星州诉布伦丹·戴西（Brendan Dassey）的一件口供有争议案件的报告，它代表了大多数辩护专家描述的讯问过程。②

---

① 在2007年的州诉戴西（State v. Dassey）一案中（*State v. Dassey*, Cir. Ct. WI, 2010, Case No. 06 CF 880），16岁的戴西因在2005年10月31日杀害海尔贝克（Halbach）而被判定一级故意杀人、性侵和分尸。在上诉程序中，戴西的新辩护律师和西北大学错误定罪中心声称，戴西原来的律师辩护不充分，并且称因为戴西向警察的供述是受到了强迫，应该将其供述排除。法官拒绝了对戴西谋杀海尔贝克一案进行重新审判的要求。参见 Herald Times Rep, Dec. 16, 2010, at A01，在 2010 WLNR 24850431 也能查阅。

② 奥费西博士在州诉塔普构（State v. Tapke）一案中［State v. Tapke, No. C-060494, 2007 WL 2812310, at *6(Ohio App. Sept. 28, 2007)］所作的证词可以作为典型案例。在此案中，奥费西博士证明，作为莱德讯问法的一部分，"……警察学会的做法是通过一系列的建议传递信息……该理念传达的认识是，这是一项公开的协议，但是永远不会明确说这有一个协议"。然后，他继续针对侦讯问人员会告诉犯罪嫌疑人的内容举例："你不是一个性爱狂魔；你是一个需要治疗的人。你不是作为性犯罪者去监狱，而是得到一些治疗。"正如在本文详细阐述的，恰恰相反的是，我们不让讯问者作任何涉及惩罚、威胁或者轻判许诺的陈述。

A. “羁押性讯问的唯一目的是套取口供。当代美国讯问方法设计的目的是说服知道自己有罪的理性人改变自己最初否认有罪的决定，进而选择供认。”

B. “成功讯问的第一步是让犯罪嫌疑人对自己的处境感到绝望。讯问人员向被他抓住的犯罪嫌疑人传达这样一种信息：不作出自证其罪的供认就绝不可能摆脱审讯，他的未来命运已经确定了——无论犯罪嫌疑人作出否认或者声称自己是清白的，他终将会被逮捕、起诉、被判有罪，并最终被监禁。”

C. “成功讯问的第二步是向犯罪嫌疑人提供促使其供认的诱因——理由或者设想的情形，这些诱因会建议犯罪嫌疑人，如果他供认出关于罪行的一些说法，他就会得到某种个人的、道德的、社区的、程序的、实体的或者其他形式的利益。”这类诱因主要有三种形式：

• 低档的诱因，是指人际或道德诉求，讯问人员运用人际或道德诉求说服犯罪嫌疑人，供认后他会感觉好一些。

• 系统性诱因，指讯问人员在讯问中使用的，让犯罪嫌疑人将注意力集中于刑事司法系统的处理过程和结果的诉求，目的是让他得出这样的结论：如果他供认，刑事司法系统中的相关工作人员可能会对他的案子作对其有利的处理。

• 高端的诱因，是指直接沟通的诉求，如果犯罪嫌疑人遵从讯问人员的要求并供认，他将会受到较轻的处罚、较短的监禁刑期，并且/或者得到警察、公诉人、法官或陪审团的某种形式的宽大处理。

这明显是将讯问过程中的讯问方法描述成了非法的，如果使用会导致口供被排除。它肯定没有描述本文详细提到的莱德的九步讯问法（莱德方法）。事实上，这种对讯问过程的描述，和辩护专家提供的诸多其他描述一样，包含了许多我们专门强调的不恰当而且永远不能使用的做法。

一开始，我们就旗帜鲜明地反对讯问的目的是套取口供的观点。在本书第一章我们提出了如下观点：

讯问的目的本应是了解事实真相。讯问的目的是套取口供，这是一种常见的误解。不幸的是，有时讯问那些无辜的犯罪嫌疑人，只有当他们被控告有罪之后才能明显看出他的清白无辜。如果犯罪嫌疑人因其在讯问中的行为或解释被排除了嫌疑，那么讯问一定会被认为是成功的，因为通过讯问了解了事实真相。

正如前面所阐释的，在描述讯问过程的时候，专家证人经常说，讯问的第一步是让犯罪嫌疑人相信他的处境是无助的。这完全是错误的观点。在本书中（在我们研讨班的培训资料中也提到）我们多次提到，告诉犯罪嫌疑人他要面临不可避免的后果是不恰当的。事实上，我们在本章中提到的多个无辜的人作出虚假供述的案例，其原因就在于讯问人员说服犯罪嫌疑人相信，即使他否认也要遭受惩罚的后果。

对于讯问过程的第二步主题发展阶段，每一个成功的讯问肯定要向有罪的犯罪嫌疑人提供一个真实或者可感知到的好处，以促使其说出真相。这是有说服力的沟通的基础。

正如本章及关于讯问和供述法的第十七章所述，我们的法院早就认识到有利的许诺或者不利后果的威胁可能会导致无辜的人作出供认。例如，向犯罪嫌疑人承诺如果供认就可避免漫长的刑期，或者威胁犯罪嫌疑人如果不供认就会遭受身体痛苦。这些威胁和许诺正符合辩护专家对所谓的“高端诱因”的描述。这些高端诱因显然是不当的，我们要告诉讯问者永远不能用。

前面描述的“系统性诱因”是为了创造一种环境而设，在这种环境中犯罪嫌疑人可以得出一个结论或者产生一种希望：如果他供认，或许能得到刑事司法系统对其有利的处理。从讯问人员的角度来看，这当然是值得做的。但是，讯问人员不能向犯罪嫌疑人提及或者暗示，他可以用说出真相来换取对他更加有利的处理。但是，让犯罪嫌疑人自己得出结论，说出真相或许能在某种程度上对自己有利，这完全是合法的。①

为了让犯罪嫌疑人相信说出真相或许是对他有益的，莱德方法利用了人性的基本原则之一：也就是，犯罪嫌疑人以某种方式辩解其犯罪行为的正当性(例如，指责受害人、指责共犯、因醉酒、因经济压力、隐瞒犯罪背后的真实动机、与其他更为恶劣的行为相对比)。在主题发展（第二步）过程中，我们应当对犯罪嫌疑人的罪行表示理解，并为犯罪嫌疑人犯罪提供道德上的理由和借口。此主题的目的是强化有罪的犯罪嫌疑人在脑海中已有的他自认为的实施犯罪的正当理由。听到此讯问主题的有罪的犯罪嫌疑人很有可能会得出这样的结论，“讯问人员是对的。我确实有一个抢劫那家商店的好理由。我不是一个坏人，我确实需要那些钱帮助我的家人摆脱困难。如果讯问人员能够理解我为什么抢劫那个地方，其他人或许也可以理解”。

---

① *R. v. Oikle*, [2000] 2000 SCC 38 (Can.). 另见 R. v. Amos, [2009] 202 C. R. R. (2d) 106, Ⅱ19 (Ont. S. C. J.)。在此案中，安大略省高等法院作出了如下说明：

讯问犯罪嫌疑人时，警察淡化或者最小化他们所涉嫌的犯罪活动的道德责任，这种做法毫无疑义或者说并不令人反感。在这些（讯问人员）将被告人的道德责任最小化以及其他类似的笔录事例中，我没有发现任何不适当的情形。讯问人员从未向犯罪嫌疑人暗示供述会导致法律后果的减少或者最小化。那些问题无论在哪儿都不会将犯罪责任最小化，达到奥克尔（Oickle）和其他权威人士所指的应当予以排除的程度。使用这些话语“这是你诉说自己故事的机会”，具有“此时是你的可信度最高的时候”这种效果的陈述，以及向被告人断言若是照这样走下去，十个月后在审判时由于他已和律师谈过，他就不会如此可信了，以及其他类似情况，讯问人员是在试探被告人的智力和良心。

未经历将自己的犯罪行为正当化这种过程的无罪的犯罪嫌疑人，不会把自己与讯问人员的主题联系起来，而会拒绝讯问人员为其建议的正当化理由。当向其提出主题时，大多数无罪的犯罪嫌疑人会坚持否认参与了犯罪。

当讯问人员提出选择性问题（第七步）时，主题讯问达到了高潮，选择性问题为犯罪嫌疑人提供了两种关于犯罪某一方面的选择，这两种选择都是对犯罪行为的承认。例如，“你提前几个月计划做此事，还是仅仅是一时冲动”或者“你偷钱是为了买毒品和酒，还是你需要它照顾你的家人”。

通过使用选择性问题向犯罪嫌疑人提供的可感知利益是双重的：首先，通过阐述犯罪有“好的理由”，犯罪嫌疑人希望他能得到更多的考虑和理解。其次，犯罪嫌疑人可能不想让别人认为有关他或者其罪行的一些事情是真实的（例如，他为犯罪准备了几个月，或者他把钱用在了购买毒品和酒精上面）。当然，在提供选择性问题的时候，犯罪嫌疑人始终都有第三种选择，即两种选择都是不对的——他没有实施犯罪。

八、法庭上的虚假供述问题——法院判决

对于本章所讨论的问题，法院的观点是，法庭通常会拒绝专家出于多种原因而提供关于虚假供述的证词。其典型原因包括：

在多伯特（Daubert）一案的听证会上，理查德·奥费西博士的专家证词提到，不存在可以测试出虚假供述的方法，也没有可以判断出关于虚假供述的错误率的方法。在这个研究领域，由于缺乏任何可靠的预测虚假供述何时可能发生的测试形式，其结果就只有在确定了口供是虚假的之后才能分析该虚假供述……审判法院在认定奥费西博士提出的庭审证词依据多伯特一案的标准不具有可采信上，没有出现错误。[*State. v. Lamonica*，2009 - 1366（La. App. 1 Cir. 7/29/10）；44 So，3d 895，906-07.]

理查德·奥费西博士的证词没有提供充分的证据证明，专家得出其结论所依据的基本原理能够为在此领域工作的社会学家和心理学家普遍接受。因此，他预测的证词即在讯问被告人阿吉利斯·罗萨里奥（Argelis Rosario）的过程中使用了心理强迫，他认为，这样会引诱一个人虚假供述，此证词不符合专家证言可采信的弗赖伊（Frye）标准。[1] [People v. Rosario，862 N. Y. S. 2d 719，726（N. Y. Sup. Ct. 2008）（citation omitted）.]

从本质上讲，军事法官发现奥费西博士有关胁迫讯问的理论并非出于严谨

① 1923年，美国哥伦比亚地区上诉法院在审理弗赖伊（Frye）一案中确立了弗赖伊规则：“推论得出鉴定结论所依据的理论技术必须是业已充分建立并在它所属的专业领域内获得普遍的接受。”（引自有道词典，译者注。）

的科学分析或者科学测试，而是奥费西博士自己对一组特别选定的案件进行的主观评价。举个例子，在某一点上，奥费西博士证明了，他关于某些警方的讯问方法对虚假供述危险性的影响的理论，就像太阳每天都要升起这一事实一样直观。本质上，他认为我们未必能证明两者之间的因果关系，但是我们只知道它是如何起作用的。［Id. at 5, Record at 1202. *U. S. v. Wilson*, No. NMCCA 200300734, 2007 WL 1701866, at ＊4 (N. M. Ct. Crim. App. Feb, 13, 2007) (citation omitted).］

一家初级法院认定，“里奥（Leo）博士的证词不会在陪审团决定文特（Vent）是否作了虚假供述上给予明显的帮助”。审判法院的法官也“因某一事实感到困惑。此事实是，没有办法量化或者测试里奥博士关于某些手段可能导致虚假供述的结论。他还得出结论，陪审员会了解到有些人确实作了虚假供述，通过提问和辩论可以得出此观点”。［*Vent v. State*, 67 P. 3d 661, 669 (Alaska Ct. App. 2003).］

在这里对多伯特一案进行分析具有特殊意义，里奥博士没有形成一个关于虚假供述可以被测试的、受到同行审查的或者可以判定错误率的具体的理论或方法。里奥博士对虚假供述的研究是他们被确定为虚假供述后对虚假供述进行的分析。如果是庭审前的证据，里奥博士的专家证言中并没有包含：有助于评估乌登（Wooden）口供可信性的可靠的科学原理或者陪审团可理解范围外的任何内容。审判法庭没有滥用其拒绝采用里奥博士证词的自由裁量权。［*State v. Wooden*, No. 23992, 2008 WL 2814346, at ＊4, 6, 2008-Oh-3629 (Ohio Ct. App. July 23, 2008).］

法官得出结论，索尔·卡辛（Saul Kassin）的证词不符合拉尼根（Lanigan case）案确立的要求。我们同意，就像法官所说的，卡辛承认其观点没有得到普遍接受，需要进一步测验，还不是“科学知识”的一个主题。他自己公开发表的作品之一也承认这一事实。因此，他提出的关于某些讯问方法之前曾产生过虚假供述的证词，既不符合普遍接受的标准，也不符合拉尼根一案确定的可信性标准。法官并未滥用其在拒绝卡辛教授证词上的自由裁量权。［*Commonwealth v. Robinson*, 864 N. E. 2d 1186, 1190 (Mass. 2007).］

“如果专家意见中含有的推断和结论，可以由事实实验者像目击者一样简单且明智地得出，此专家意见不会被采纳”……如果陪审员容易理解被告关于其为何作虚假供述的证言，审判法官可能会排除有关虚假供述的专家证言。［*People v. Martinez*, No. B196971, 2008 WL 803403, at ＊3 (Cal. Ct. App. Mar. 27, 2008) (citation omitted).］

基于我们对证词的评估和对影响科学理论可信性的凯利（Kelly）因素的使

用，我们发现上诉人未能满足他所承担的责任，即通过明确且有说服力的证据证明赖特（Wright）博士的证言可靠并因此而与案件相关。赖特博士（在虚假供述方面）的证言不能帮助陪审团理解证据或者判断事实争点。［*Munoz v. State*, No. 08－07－00325－CR，2009 WL 2517664，at ＊7（Tex. App. Aug. 19，2009）.］

在人民诉克鲁斯（*People v. Crews*）（2008年2月）一案中，辩护人试图让所罗门·富勒洛（Solomon Fulero）博士作为虚假供述问题上的专家证人。法院认为，一个人是否作出了虚假供述并不取决于专业知识或者科学知识，或者不在于普通培训或智力范围内的技能，所以没有必要求助于专家证词。［*People v. Crews*, No. 2353A－2006，2008 WL 199887，at ＊2（N. Y. Co. Ct. Jan. 24，2008）.］法庭也拒绝了索尔·卡辛博士的争辩。索尔·卡辛博士在他的一篇论文中写道，在这一领域陪审员需要专家证词提供帮助的原因有三个方面：

一是大众化的常识让我们相信口供，供认是一个深深地违背了自身利益的行为。（大部分人认为他们绝不会承认他们没有实施的犯罪，他们难以想象在什么情况下一个人会这么做。）

二是人们通常不擅长识别谎言。

三是不像其他类型的口头陈述，警察诱出的口供已被为了劝说而设计的引出口供的讯问过程所腐蚀，即使口供是虚假的。

法院认为，这些原理对于陪审员需要接受这一主题上的专家证词毫无说服力。提出的原因忽略了我们对抗制司法制度所依据的根本基础。如同已经讨论过的，刑事陪审团的指示法官会明确考虑，这些是陪审员们完全有能力评估的领域。这些被卡辛博士引用的问题和观点，是交叉询问执法机关证人的潜在领域，执法机关证人就可采性或者口供进行作证。

在人民诉纳尔逊［*People v. Nelson*（2009）］一案中，州最高法院支持了审判法官的决定，即不允许布鲁斯·弗鲁姆金（Bruce Frumkin）博士使用古德琼森受暗性量表（Gudjonsson Suggestibility Scall，GSS）来评估证明被告人虚假供述的受暗示性。审判法官认定："这个测验不是一个判定一个人承认犯罪的受暗示性的有效的、可信赖的测验。在谋杀案发生将近三年之后，进行了一个本质上是非自传性主题的测试，法官认为很难接受将这样的测试作为证据提交。法官进一步表示，在被告人被讯问受暗示性的问题上，在伊利诺伊州没有任何一个法院允许将古德琼森受暗示性量表提交给陪审团。因此，法官得出结论，古德琼森受暗示性量表不符合依据弗赖伊案确立的可采性标准。"［*People v. Nelson*, 922 N. E. 2d 1056，1078（Ill. 2009）.］

可以确定的是，在很多案例中，法院认为听取专家对虚假供述问题上的意见很重要。[①]在美国诉麦金尼斯（*U. S. v. McGinnis*）（2010 年 8 月）一案中，美国陆军刑事上诉法院同意上诉人的主张，“军事法官在拒绝辩护人在强制执法方法领域寻求专家的帮助上滥用自由裁量权，可能会导致虚假供述”。[*U. S. v. McGinnis*, No. ARMY 20071204, 2010 WL 3931494, at *1（Army Ct. Crim. App. Aug 19, 2010）.]

① 参见 *People v. Cason*, 2007 WL 891292(Cal. App. 2007)；U. S. v. Belyea, 159 Fed. App´x 525 (4th Cir. 2005)；*Boyer v. State*, 825 So. 2d 418 (Fla. Dist. Ct. App. 2002)。

第十六章 口供的证明

即使讯问人员实施了恰当的讯问，并且小心遵守了所有的法律要求，作证行为依然会使人感到焦虑。这种焦虑主要源于对未知的恐惧。想到辩护律师的工作就是质疑控方证据的可信度，即使是一名能力出众的侦查人员也会经常在自己的头脑中产生关于法庭上可能发生的事情的恐惧情绪。但是，这些担忧几乎都是不必要的。

对于讯问人员来说，准确理解在法庭上他的角色是证人很重要。与专家证人截然相反，讯问人员通常是作为一名普通证人作证的。这意味着讯问人员必须将其证言限制为已知的事实，而不能下结论。所有证人的专有职能就是教育法庭，而帮助公诉人证明被告人有罪并不是讯问人员的任务。讯问人员如果设法使自己成为一个“好”的控方证人，就给自己施加了过度的压力。一个好的证人是将真相有效地传达给法官和陪审团的人。为尽量获得一个有罪裁决而弥补控方证据的弱点或者掩盖另一个讯问人员的错误，并不是证人的职责或任务。

正如实施一次恰当的询问涉及的远不止简单地提出一个主题性问题一样，提供有效的证词也不仅仅是讲真话，而是一种讲求学问的技能。为了更加有效地表达真实证词，本章提供了一些方法。我们的立场很明确：为口供作证的讯问人员应该如实回复公诉人和辩护律师的问题。然而，由于我们的对抗式司法制度，辩护律师会企图歪曲事实并使陪审团产生误解；讯问人员作证的经验越丰富，其证词越有效。举一个简单的例子，在交叉询问过程中，辩护律师可能会问证人：“在没有任何真实证据可以证明我的当事人有罪的情况下，你就对他进行了讯问，这是真的吗?”考虑如下这三种答复：

R（回复）1：是的，我认为你可以这么说。

R2：先生，当时我根据可用的证据，采取了合适的行动。

R3：不，那不是事实。

虽然这些答复看起来是矛盾的，从“是”到“不是”，但是没有一个是虚假的答复。原因是，辩护律师的问题中包含模糊词语“真实的证据”。欺骗的行为症状当然是真实证据，就如同指纹、目击者或者笔迹证据是“真的”一样。此例说明，律师提出的许多问题可以用多种真实的答案予以答复。然而，在向法官或陪审团准确描述讯问的条件和情形时，与其他答复相比，其中一些真实的答复不太令人满意。

在前面的例子中，第一种答复当然不可取，因为辩护律师会辩称，由于缺乏“真实的证据”，在这种情况下实施讯问在某种程度上是不当的。第二种答复明显是证人一方作出的防御性答复，一定会留下不良印象。第三种答复驳斥了“基于行为反应讯问犯罪嫌疑人是不恰当的”这种毫无根据的观点。这是向法官和陪审团传递真实信息的“最好”答复。因此，下面讨论的大部分内容关注了证人在作证时对可能的真实回应的选择。

一、作证准备

（一）准备好适当的证明文件

在对杀人犯罪或者其他严重犯罪的调查中，获得口供数月甚至一年之后才审判的情况并非少数。讯问人员可以预料到，其记忆的准确性会因为时间的流逝被全面质疑。就这一点而言，根据事件发生时做的书面笔录来提供证词是最有效的。中国有一句古老的谚语，“好记性不如烂笔头”（最微弱的油墨优于最好的记忆）。任何走向证人席的笔录都会被披露，所以讯问人员应当确保笔记中只包含与辩护人分享后他会感到舒适的信息。

就讯问而言，讯问人员的笔录中应当反映如下问题：

- 有没有告知米兰达权利？如果已宣读，是谁在什么时候宣读？
- 如果没有告知米兰达权利，有没有告知犯罪嫌疑人，他没有被逮捕而且可以自由地离开？
- 询问开始和结束的时间？
- 讯问开始和结束的时间？
- 有没有满足犯罪嫌疑人的生理需求？睡眠？食物？药物？卫生间？
- 讯问开始时犯罪嫌疑人的心理状态？
- 讯问中使用的主要主题是什么？
- 犯罪嫌疑人最终承认了什么选择性问题？
- 主动说服何时停止（第七步的结束）？
- 犯罪嫌疑人在讯问过程中有什么样的行为举止？
- 谁见证了供认？

为了达到交叉询问的目的，辩护律师会广泛地依赖两个文件：书面供词和警察报告。关于书面供词，讯问人员应当密切关注我们在讯问过程的第九步所提供的建议。特别是辩护律师会寻找诱导性问题、犯罪嫌疑人通常不会使用的语言，或者被告人可能不知道自己所签署的内容的证据，或者辩护律师可能暗示，在被告人签署了相对平和的陈述后附加了其他信息。

对于警察报告，两名讯问人员报告之间的细微矛盾，都有可能被作为重大阴谋或者严重不称职的证据在法庭上提出，这些矛盾包括：何时告知米兰达权利、讯问过程中谁在场，或者相关事件的顺序等。所以，当两个或者更多的讯问人员就同一案件撰写报告时，每个讯问人员都应当在出庭前仔细阅读其他讯问人员的报告。发现的任何矛盾都应该用符合真相的方式解决。如果提交了补充报告，讯问人员能预料到，在交叉询问期间，辩护律师会攻击原始报告中撰写的随意性。然而，与两个不同的报告明显表明一个或者两个证人都在说谎的暗讽相比，这些指控在法庭上解决起来要容易得多。

关于准备，警察应该始终记得，因为在场，所以他对犯罪嫌疑人的讯问及周围情况的了解比辩护律师多。此外，讯问人员比大多数律师知道更多的讯问实践。这些知识应该能够增强讯问人员在作证时的信心。

（二）审查证词

可以将在法庭上提交证词作是学校课程的期末考试。证人被期待为知道所学的一切，并接受通过测试来审查其对这些知识掌握的不足。为了在期末考试中取得好的成绩，需要按照学校的要求进行准备和研究，作证时也是如此。讯问人员一旦了解到案件即将开庭审判，就应该审查其书面报告和其他可能的证据。这些证据应该以下面的方式进行有序编排，即他可以迅速地定位日期、时间、人物姓名以及律师可能问到的其他信息。

作为庭前准备的一部分，讯问人员也应当会见将他作为证人在法庭上引入的公诉人。在会见期间，讯问人员应当坦率地告诉公诉人他对案件的担忧，这很重要。了解到案件弱点的公诉人将会为在法庭上处理这些事情做更加充分的准备。没有律师喜欢审判过程中的意外。如果讯问人员在告知犯罪嫌疑人米兰达权利之前，问了几个初步的问题，公诉人需要知道这些问题。如果在讯问中的某一时刻，讯问人员的搭档进入房间，用不可避免的后果威胁了犯罪嫌疑人，这需要引起公诉人的注意。

最后，讯问人员应当与案件中的其他证人讨论案情，尤其是在书面报告中可能没有记录的观点。一名讯问人员可能将犯罪嫌疑人供述后的状态描述为沉默不语和安静，但另一名讯问人员可能将同一犯罪嫌疑人描述为懊悔和感到内疚。我们不建议讯问人员在描述犯罪嫌疑人时使用同样的形容词。事实上，如果他们使用相似的词语但提供不同的描述会更加可信。分享此类性质的信息的重要性在于预测辩护律师的问题。例如，“巴克利先生，如果我告诉你杰恩

(Jayne) 先生之前对被告人心理状态的描述与你的描述大不相同，这会让你吃惊吗”? 有准备的证人知道其他证人证言的本质，所以可以满怀信心地回答道，“当然会，因为我们都在那里，我们看到的是同样的”。

二、法官对证人的看法

尽管背景和经历各有不同，或许正因为如此，陪审团往往非常善于挖掘问题和评估证据。因为“他们从未去过那儿”，而将陪审团看成无法理解讯问人员所面临的困难的门外汉，显然是错误的。在审判过程中，在任何评议开始之前，陪审员的主要任务就是理解证人的证词和评估此人的可信度。

(一) 作为对方当事人证人的认知

虽然与辩护人相比，讯问人员的职责与公诉人的联系更加密切，但是在法庭上，讯问人员不应该将自己视为公诉人的代理人。如果警察证人听起来急于证明公诉人的主张，这对陪审团来说其意图过于明显，证人会失去可信度，并被认为有偏见甚至不诚实。我们建议讯问人员在法庭上假设自己处于中立的立场，他不应试图将自己的证言倾向于支持控诉方或者质疑辩护方。

对于每个被传唤的证人来说，控诉方和辩护方将他们卷入了拔河比赛，证人处于中间。与担心讯问人员的信誉甚至担心其在侦查部门内未来的职业前景相比，公诉人对确保定罪更感兴趣。例如，希望许多证人能够证明，忠诚通常留在了法庭的门外。同样，辩护人将会使用各种策略，试图使证人“陷入”矛盾的陈述中，或者质疑证人的可信度。讯问人员避免这两种情况的唯一途径就是拒绝参与到对抗制司法系统中。

在作证时，讯问人员唯一应当关注的是法官或者陪审团是否完全理解律师提出的问题。将自己与公诉人独立出来显然是讯问人员的优势，这么做的最有效方式是适当地不同意公诉检察官提出的建议，并公开承认辩护人提出的某些事项。大多数认罪案件取决于一个核心要素（例如，被告人是否真的供认，或者口供是否合法获取），公诉人和辩护人都将提出相关问题以努力支持他们的立场和观点，适当地同意或者不同意这些主张不会对证据的证明效力产生实质性损害，反而会增强证人的可信度。

(二) 证人在证人席上的风度

前文已经指出，对于证人而言，其在法庭上所说的内容不如他们的表达方式那样重要。不幸的是，与看上去自信、坚强和确信的说谎证人相比，焦虑、散漫和精神恍惚的讲真话证人更不可能被人相信。证人必须意识到，律师早就知道的是：法庭是律师们精心导演一部戏剧的舞台，在戏剧里证人在陪审团眼前展开他们的故事。陪审团代表这一作品的观众，证人成为表演者。在这个精心构造的舞台上，证人需要符合陪审团心目中讲真话的人的形象。

证人的服装是陪审团评估的第一个因素。如果提供证词的证人穿着格子西装外套并打着条纹领带，却穿着褪色的牛仔裤和网球鞋，那么无论他的证词多么真实，都会立传递出这样的信息：他不关心自己的工作或者他在刑事司法系统中的角色。参与卧底工作及未刮胡子的证人应该立即让陪审团知道，他现在的形象并非其典型形象。大多数律师穿着800美元的西服去法院，并且让他们的被告人也穿类似的衣服，这并非偶然事件。陪审团会将个人卫生联系到是否在意出庭，将服饰联系到证言的完整性和真实性。因此，讯问人员在作证当天应该穿他最好的西服，将自己装扮成成功自信的形象。他的鞋应该锃亮，领带笔直，并扣上领扣。女性讯问人员应该穿职业装。

证人衣服的颜色和质地也影响着陪审团对证人的印象。深色，如蓝色、黑色或者棕色，会让人在心理上联系到权威和权力（典型的制服颜色），因此不如较轻色调可取。衣服的质地也会有心理上的影响。质地，如尼龙、人造丝或者皮革等，会传达一种“请勿靠近，我很自私”的信息。宽松的面料，如羊毛则传达相反的信息：“我平易近人且很坦率。”

（三）态度

证人应该表现出自信、真诚和专业的态度。他不应该使自己看起来自以为是、傲慢或者好争辩。辩护律师会迅速注意到“无所不知”的证人，并且会诱导证人，向他提供足以自取灭亡的希望。常见的辩护策略是指责在听证席上的讯问人员，希望讯问人员发脾气。在这种情况下，律师在终结辩论期间会告诉陪审团：“你们看到了，在法庭上全是证人的情况下，他还对我采取攻击性行为——你们能够想象单独处在一个小房间里，他对我的当事人做了什么吗?”

证人绝对不应与辩护律师争吵，这样做就像对着墙打网球。打网球的人可能会有很多有效的回击，但不可避免的是，墙总是赢家。比起证人能够回答的问题，律师可以奢侈地提出更多的问题；或者在证人不在场时，于终结辩论期间评论证人的举止。因此，应当始终避免配合辩护律师进行口头争辩。

非言语的表达，如自鸣得意的微笑或者眼睛转动，或者副语言行为，如一声叹息或者在回应前不当的大笑，就像与辩护律师口头争辩一样不可取。每个这样的行为都会向陪审团传达这样一种信息，即证人认为自己比辩护律师优越。这样的行为很有可能会使陪审团对辩方产生同情，对证人产生敌意。

不论是否有人身攻击，证人都应当使法官和双方律师认为其是有礼貌的。辩护律师可能会对证人质疑，试图让他有所防备或者慌乱不安。在这种情绪状态下，证人可能会作出错误陈述，或者思维混乱。然而，如果证人始终保持镇静，给人的印象是礼貌的且关注于陪审团对其证词的理解，辩护策略就会以失败而告终。证人表现得彬彬有礼，并且似乎想和对方律师合作，法官或陪审员在心理上很难做到不喜欢这样的人。然而，证人在回应无耻的辩护要求时，即便说的完全是真相，但如果证人表现得自以为是或者傲慢，法官或者陪审团也会厌恶他优越的态度，并且倾向于不信任他的证词。

证人不应该表现出匆忙或者焦虑。多数普通人会认为紧张是撒谎的一个迹象。快速陈述且似乎急于离开证人席的证人会传递出这样的信息，即他感到不舒服并有可能隐瞒了信息。如果证人有意识地放慢说话的速度，包括语句间适当的停顿，给人的整体印象就是镇定且轻松地回答了律师的问题。

证人在作证期间，应当轻松恰当地向法官作出陈述。请看律师提出的下列问题：

Q（问题）：你提出讯问主题的原因是，你想让犯罪嫌疑人相信，如果他供认此罪，后果会有一定程度的减轻，这是真的吗？

R（回复）：事实上，存在着多种原因……

Q：杰恩先生，是真的还是虚假的。你提出主题是希望犯罪嫌疑人相信供认后的结果会较轻吗？

R：法官大人，这个问题不能以是或者不是来如实回答。我可以作一个叙述性回答吗？

法官的职责就是确保证人提供真实的证词，他肯定会同意证人要求作出叙述性的回答的请求。

三、证人对提问的行为反应

律师们没兴趣对证词的真实性作临床评估。他们不会试图让对方证人放松或者建立起基线行为。与此完全相反，他们会试图使证人感到难受，并使其在证人席上承受压力。这些压力引起的非言语行为，可能会使陪审团误以为证人在撒谎。

当对被试者的行为作临床评估时，仅在两个人之间发生最小的干扰和互动的情况下，我们会强调评估一个人在一个封闭环境内的行为的重要性。法庭绝不是一个封闭的环境。但在庭审时，证人处于众人关注的中心，可能有几十个人对其进行判断，每个人都会审查他在作证过程中所展示的每一个字和非言语行为。此外，证人要充分意识到，法庭书记员会永久记录下证人所说的每一个字。正因为这些原因，即使是最诚实的证人，在作证时也可能表现出焦虑的症状，而这可能会被人误以为是说谎的迹象。所以，随后的建议是，帮助证人形成一定的行为习惯或者行为模式，这些行为和习惯有助于提高证人作证时其证词被理解的可信度。

（一）非言语行为

非语言行为通常发生在超前意识层面，在某种程度上，我们经常会过于专注一些其他的事项，以至于没有意识到自己的非言语行为所传达的信息。就此而言，这有利于让其他同事观察证人的非言语行为并向其提供反馈。证词录像带为评论证人在证人席上的非言语行为提供了很好的机会。

1. 姿势。

证人坐在椅子上首先应该呈现出一种放松的姿势，避免与恐惧相关的死板、僵硬的姿势。虽然证人在回答一般性的背景问题时，可以呈现为跷二郎腿的姿势，但在回答涉及证词的重要部分的关键性问题时，双脚都应该放在地上。强烈的恐惧通常会导致僵硬的姿势，即被试者在二十或三十分钟内一直保持一个姿势，这在讯问人员作证时应当避免。交叉或者不交叉腿，偶尔身体前倾，两手相握、摊开或者自在地放在椅子的扶手上，都是合适的。姿势的变化应该看起来舒适流畅；证人应该避免在回答问题前或者在回答过程中对姿势作出迅速、显而易见的改变。回答重要问题或者直接提供证词时，证人应转向陪审团，或者在没有陪审团时转向法官，在通常情况下这会很有效果。要想使直接证词能够为法官或者陪审团考虑采信，证人在回复过程中应该与这些听众建立起眼神交流。在交叉询问过程中，证人通常应该面对辩护律师直接回答。当被问及似乎不恰当的问题，或者证人不确定如何回答时，他应该避免转向公诉人，因为这会被视为在寻求帮助。交叉询问的本质是对之前所提供证词的质疑，证人自信而独立地面对挑战者很重要。

2. 手和脚。

证人应该使法官或者陪审团能看到自己的双手。证人将手放在膝盖上或者藏在桌子下面，表示其在言语回答上缺乏自信。证人回答时应该避免手接触面部，特别是捂住嘴或者眼睛。适当的远离（阐释者）身体的手势有利于加强口头陈述的可信度和实质说服力。倘若证人没有充分使用此方法，会传递一种回答问题是事先经过了彩排并且不真诚的信息。

根据证人席的安排，律师或者陪审团或许能看到证人的脚。证人应避免脚的重复颤动或者踢踏，因为这或许标志着潜在的焦虑。仅在膝盖对膝盖的交叉腿时，颤动才最有可能发生，这就是将双脚保持平放于地面的另一个原因，尤其是在作证的早期阶段。

（二）言语行为

在法庭审判过程中，言语行为发挥着不相称的沟通作用。上诉法官裁决要求庭审记录仅包含话语。陪审团在评议期间的不同意见通常依据制作的陈述来解决，不同证人的证词之间的矛盾将以所用语言为根据。法庭在审判过程中对口语的强调，应该使证人意识到，答复时所用的语言极其重要。

因在证人席上“犯错误”而表现出的总体焦虑和恐惧可能被陪审团视为欺骗的言语行为症状。此外，律师提出问题的措词或许会使证人对什么是诚实的回答产生不确定或者怀疑。在这方面，证人应该轻松自在地要求律师澄清问题，或者针对问题中涉及的概念举出具体的例子。当问题中含有模糊概念时，证人可以适当地要求律师明确界定他如何使用此概念。应当牢记下面的建议，并在提供证词时注意到。

（1）建立一个迟延回答问题的模式。讯问人员知道，拖延回答问题的犯罪嫌疑人通常是在为构想最可信的答案而故意拖延时间。同理，为使答案不误导别人，证人有时候必须就如何最好地构思出答案作出决定。许多专家证人使用的一种策略是建立一个推迟所有回复的模式，即每次回答前都有一个短暂的沉默。除了为构想最佳答案“争取时间”，这种拖延也会给陪审团形成这样的印象：证人在回答时经过了深思而且真诚。此外，在问题被回答前，这段时间的沉默也为检方反对不适当问题提供了机会。

证人应当避免提前为律师所提问题的指向做准备，并且对问题提前回应。虽然提前回应可能是因为生气或者愤恨，但是陪审团可能将其理解为证人想尽快结束正在讨论的问题而作的防御性努力。

（2）避免听起来像排练过的回复。任何证词都存在的固有问题是，一旦正式告知证人将要作证，预测某些问题并在心理上预演对这些问题的回答是人类的本性。虽然这个过程不可避免，但是证人应该牢记，提供提前预演过的回复被认为不如自然答复可信。以下建议旨在最大限度地减少作证时发生的回复的不可避免的预演性质。

在书写报告或者公开陈述时，警察有自己的语言。他们不会“给犯罪嫌疑人戴上手铐，让他们坐到巡逻车的后座”。相反，他们会“抓住犯罪嫌疑人，将其逮捕，并用手铐约束他，然后将犯罪嫌疑人押送至运输车上”。这种“警察语言”清晰又简洁，是在书面报告中表述行为的有效方式。然而，这些语言在法庭上使用时也传递出缺乏与真实性相关的自然性。

例如，一名声称被强奸的受害人用以下方式描述了性攻击：“这名男子未经我同意或许可，将勃起的阴茎插入我的阴道。重复抽插后，他射出精液并将其阴茎拔出，然后他穿上内裤和长裤，步行离开了现场。”听到这样描述的讯问人员，当然会对这位受害人的诚实或者心理健康产生怀疑。但是，同一讯问人员在法庭上可以用如下方式作证：

我在10点07分向其宣读了米兰达权利规则，在我的搭档在场的情况下，他口头告诉我，他明白他的权利并决定放弃其权利。当时，他自愿签署了米兰达权利弃权书，我们履行了法律手续。

听到这个描述，陪审团得出的结论或许很容易与讯问人员听到强奸案受害人预演过的陈述时得出的结论相同。下面的陈述传递了同样的信息，但是因为更自然而听起来真实：

大约在10点，我向他宣读了宪法权利，然后我问他，是否愿意在律师不在场的情况下与我交谈，他说愿意。就在那时，他签署了表明他放弃他的权利的表格。我的搭档见证了这些。

讯问人员也应该意识到对未简化的否认作出解释。对质疑性问题偶尔使用未简化的否认或许是适当的：“杰恩先生，在讯问过程中你用会坐牢的判决来威胁我的当事人，是否是真实的?”“不，我没有。”然而，如果大部分的回答都用未简化的短语，会使回复听起来像是排练过的。

与排练过的回复相关的常见行为是“列表”。当在心理上为预期的问题准备答案时，大多数人会针对该问题想出多种可能的答案。几乎在每一种情况下，都有一个做某事的主要原因。讯问人员应当用主要原因来回答。下面的对话举例说明了列表的危险：

Q：你很清楚我的当事人已经连续16个小时保持醒着的状态，为什么你依然决定讯问他?

R：嗯，第一，在我看来他不是非常困倦；第二，这是一桩要案，我们认为我们必须依据所掌握的信息立即采取行动；以及，第三，我只是做了队长让我做的。

这样的回答打开了辩方追求的所有大门，从讯问人员通过“非常困倦”所表达的意思，到在另一个方向上侵害了犯罪嫌疑人的权利。但下面的答复为辩方提供的帮助就会少很多：

我们在夜里11点30分首次将约翰逊（Johnson）先生拘捕，根据经验，我知道如果在拘捕后立即开始讯问，犯罪嫌疑人最有可能说出真相。

在自然回复包罗万象的问题的过程中，广泛的否认，如“绝对不会”、“没有时间”或者“从不，一点也不”明显与真实性更加相关。然而，这些相同的回复在不同的情境下会表达不同的意思。在预期的陈述中，这些回复会被理解为一种强化否认的形式，对否认的强化更多地表明是在欺骗。所以，我们建议避免如此广泛的否认，除非它们确实自然地出自于意料之外的控告，在这种情况下，伴随着的副语言和非言语行为会明确地支持证人证言的真实性。下面是不适当的、预演过的广泛否认的例子：

Q：在事实上他没有关于实施犯罪的记忆的情况下，你和我的当事人谈话，使他相信他自己在这起案件中是有罪的，这是真的吗?

R：这绝对是无稽之谈！

以上回应听起来像是排练过，且具有一定的防御性。对辩护律师的问题更加可信的答复应当是以平静但坚定的态度作出陈述："不，先生，那不是真实的。"证人回答这一指控时自信、沉着的态度会给陪审团留下这样的印象，即辩护律师的问题很奇怪，或许甚至是他在每一个审判中都会例行提问的问题。

（3）不要将你的回答进行不必要的具体化。有些证人为说出事实真相太过努力，反而在说的过程中失去信用。证人应该仔细听清律师的问题，不要提供超越其所提问题的信息，包括可能的解释。下面的对话可以作为例子说明：

Q：你曾经接受过实施询问或者讯问的正式培训吗？

R：嗯，是的，我受过培训。那是我多年前参加的，虽然只有三天的课程，但讲解了这两个方面的主题。

在此例中，证人本应该只回答"是的，我受过培训"。之后，由律师进一步提问，以查明培训时间的长短或者在多久前接受的培训。

在考虑如何准确回答律师的问题时，需要遵循的最好规则是仔细听清律师问的是什么，然后仅仅回答所问的内容。证人不应当预测问题可能的指向。下面是一个不适当回答的示例：

Q：你向被告人宣读米兰达权利了吗？

R：嗯，没有立即宣读，但是，最终我向他宣读了。

在此情形下，如果证人没有一上来就预测接下来的问题，律师或许不会去追究迟延宣告米兰达权利的问题，这时应该只回答事实，即"是的，我宣读了"。

（4）避免记忆修饰语。记忆修饰语，如"我相信"、"据我所知"、"在目前的情况下"及"据我回忆"，会削弱证人陈述的效果。在有些情况下，记忆修饰语适宜包含在答复中，如证人被要求回忆发生在数月前的相对较小的事件时。但是，当证人确信他的证词时，不应该使用记忆修饰语。

如果讯问后犯罪嫌疑人立即供述，需对讯问的具体内容制作书面文件，上述内容重申了制作书面文件的价值。在审判日期最后到来时，讯问人员可以肯定地说明某事发生了或者没有发生。

（5）避免闪烁其词的回复。尤其是在交叉询问期间，当辩护律师试图使证人承认在讯问期间发生了某些不当的事情时，证人可能会给人闪烁其词的印象。以下是一连串闪烁其词回复的典型示例：

Q：被告人只是为了结束讯问而说了些什么，对吗？

R：我不能代表被告人。

Q：但是有没有可能他只是为了离开那个房间才作出供述？

R：他从没告诉过我这些。

Q：但是你承认存在这种可能性。

R：我不是一个能猜出别人想法的人，你应该去问他。

这些闪烁其词的答复给人的印象，显然是被告人事实上确实为了结束讯问而作出了供认。在这方面，采用下面的答复可能会取得更好的效果。

Q：被告人只是为了结束讯问而说了些什么，对吗？

R：他从来没有为了终止讯问而说什么或者做什么。

Q：但是有没有可能他只是为了结束讯问而供述？

R：在我看来，不是。他说出真相后，变得非常轻松，我们谈论了他的生活、他的家庭以及他的工作，包括他的犯罪行为。没有迹象表明他急于离开。

四、直接证词

在直接作证的过程中，证人应该使法官和陪审团有效了解询问和讯问过程中的主要方面。证人应当记住，直接询问过程中引入的任何问题都会遭受交叉询问，因为控方已经打开了这一问题的大门。

如果可以预见辩方律师会提出讯问技巧方面的问题（例如，强迫内化型供述），那么控方会因为在直接询问过程中以恰当的角度先引入此概念而受益。通常明智的做法是在直接询问中由专家证人解决这些技术性问题，而不是由获取口供的讯问人员来解决。原因之一是专家在受到挑战的领域内更有见识，也因为专家的地位，在交叉询问过程中会给予其更大的回旋余地。一位独立的专家对某个概念解释后，紧接着由现实的讯问人员对讯问进行与专家先前的证词相符合的描述，这些会使陪审团在心理上感到更有说服力。

在一个直接供述的案例中，下列问题是样本，为口供的可采性奠定了基础。所列答复仅仅是建议。在实际作证过程中，证人应以符合特定讯问环境和事件的方式进行回复。

- 你第一次会见被告人是什么时候［日期］？
- 在你提问（被告人）任何归罪性问题前，是否告知了他米兰达权利？
- （如果是）是他自愿放弃那些权利吗？［出示放弃米兰达权利的表格。］
- （如果不是）为什么不向他作出米兰达权利警告？
- 你是否告诉过他，他未被逮捕且可以自由地离开？
- 你会见他时，被告人的心理和身体健康状况如何？［引入主题数据表。］
- 描述一下你与被告人谈话时的房间环境？
- 在谈话过程中，谁和你在场？

• 你为什么选择与被告人单独谈话？［证人会援引隐私对套出真相的重要性。］

• 描述谈话的性质。［证人描述由非指控性问题组成的询问。］

• 与被告人之间的询问何时结束？

• 询问后，你是否进行了讯问？

• 讯问的目的是什么？［试图从被确信在说谎的人那里套出真相。］

• 在询问期间，你为什么认为被告人向你撒谎？［如果可能，证人应该引用客观依据，如前后矛盾的陈述。在没有客观依据的情况下，证人可以作出如下回复："根据询问其他犯罪嫌疑人的经验得出此观点，其他犯罪嫌疑人后来证实在询问过程中说了谎。"］

• 讯问从何时开始？

• 简要描述你所使用的讯问过程。［典型的答复可以是："我以直接指控其有罪开始。由于被告人没有对陈述给予任何（强烈的）否认，我和他谈论可能会致使他决定实施犯罪的原因。最后他告诉我，抢劫不是他的主意，是他的朋友说服他加入抢劫。"］

• 被告人初次认罪大约在什么时间？

• 描述一下被告人告诉你实施抢劫不是他的主意后发生了什么。［例如，我返回到非指控性的问答形式，从他口中获得了他愿意讨论的抢劫细节。］

• 被告人以某种形式签署了这份口供吗？［"是的，他告诉我关于抢劫的细节后，我记录下他告诉我的内容，在向他宣读了这些记述后，他签字并承认这是真实且自愿的口供。"］

• 请向法庭宣读被告人签字确认的口供。

• 你如何知道被告理解他所签署的内容？［"我逐字逐字地读给他听。在这过程中，他修改了供认中的两处。他将这两部分划掉，更正后在更改处用姓名的首字母签了名。"］

• 与被告人在一起的任何时候［日期］，你有没有告诉他，如果他认罪就可以获得轻判或者其他形式的宽大处理？

• 与被告人在一起的任何时候［日期］，你有没有以不认罪就会遭受身体伤害来威胁被告人？

众所周知，在排除证据的听证会上，口供会受到攻击，所以在直接询问的过程中，预测辩方会提出的一些问题通常是有益的。这能使法官首先从控方的角度来考虑这些问题，并且可能分散辩方所希望产生的"冲击值"。视情况而定，以下问题或许适合在直接询问期间解决。

• 在你所讯问的人中，供认的人大约占多少百分比？［辩方认为讯问方法在心理上太具迷惑性，以至于几乎每个人都会供认。较低的百分比将有助于反驳辩方的此观点。]

• 你是否曾经从后来被证明是无罪的人那里获得过供认？[此问题中的关键概念是证明无罪所需的证据水平。仅仅是口供被排除或者已供认的被告人被判无罪并不能证明是虚假供述。]

• 你是否曾讯问过无罪的犯罪嫌疑人？[如果是，讯问人员应该公开承认。大多数经验丰富的讯问人员都讯问过。]

• 那些讯问的结果如何？[“那个人不再被视为犯罪嫌疑人，调查转向了其他可能的犯罪嫌疑人。”]

• 根据你的经验，在讯问过程中，无罪的犯罪嫌疑人是否会与有罪的犯罪嫌疑人的回答不同？[“那是当然。无罪的犯罪嫌疑人会坚定执着地否认，在一定程度上不再听我的指控。有罪的犯罪嫌疑人在讯问过程中会更加谨慎。如果他们确实否认，那么否认也会很弱而且很容易被搁置一旁。他们对大部分时间由我开口说的状况很满足。”]

• 在讯问过程中，你是否移动你的椅子以便在身体上更靠近被告人？[“是的，我移了。我移近他是为了表达我陈述中的同情和真诚。”]

• 在讯问过程中，你究竟有没有向被告人撒谎？[“我确信撒谎了。说服一个人说出真相经常需要作出不完全真实的陈述。”]

• 给我列举一个在讯问中你作出的不真实陈述的例子。[“我告诉被告人，我感觉从根本上他是一个诚实的人，但此罪与他的个性不符。”]

• 在被告人如实供述后将面临的可能后果方面，你究竟有没有向他撒谎？
[“没有，一点也没有。”]

• 为什么没有关于这场讯问的电子记录？[“我们局还没有在任何询问室安装隐蔽式记录设备。”]

五、交叉询问

在交叉询问期间，证人应当准备解决与讯问相关的具体话题，包括提供常用术语的定义，这些定义可以提前在本书中找到。只要机会适当，证人应该使用被告人“说出了真相”这种措词，而不用供认这种术语，并且应当将“讯问”描述为“谈话”。同时，在讨论被告人罪行的时候，还应该使用描述性词语或者法律术语。

以下是适用于有关供述的任何证词的对话样本。这些回复只是建议性的，讯问人员应当相应地修改它们，以符合供述的具体情况。

（一）关于供述的动力

Q：在讯问过程中，为了使被告供认，你说了什么和做了什么？

R：我没有为使被告人供认而说或者做任何事情。他自由地选择说实话。

Q：是什么使他决定供认？

R：我不知道是什么特别的事情促使他产生说实话的动机。可能是很多事情。

Q：什么样的事情可以使他决定供认？

R：有些人一旦说出真相会感到如释重负。其他人只是厌倦对他们所做的一切撒谎。有些犯罪嫌疑人则可能为了挽回在家人或者同事面前的面子而承认。

（二）关于虚假供述的可能性

Q：警察经常从无罪的犯罪嫌疑人处套出虚假供述，是真的吗？

R：不，我不知道有能支持这种说法的任何研究。根据我个人在警察岗位上的工作经验，我也不同意这种说法。

Q：但是你同意警察曾套取过虚假供述么？

R：当然。

Q：你如何知道这不是虚假供述？

R：被告人能提供只有犯罪人才知道的犯罪信息。

Q：你怎么知道这一供述是自愿的？

R：因为我确实没有说或者做任何容易导致无罪的人供认的事。

（三）暗示与公诉人共谋

当控方的指控很强，但是被告人却坚称自己无辜时，常见的辩护理论是控方，或者更具体地说，是警察“设陷阱”陷害了被告人。这些主张的范围可能从捏造证据到获取虚假供述。为了说服陪审团接受这一理论，辩方会试图抓住控方证人说谎。谎言或许与对犯罪嫌疑人的实际讯问毫无关系，但是证人一旦撒谎，即使是无关的问题，也为指控其普遍存在的腐败打开了大门。

下面是为了利用证人正面回复的含义来诱使证人说谎而设计的问题。证人应该识别这种“伎俩”并把它作为自己的优势，以防自己被视为一个敌对的证人。

Q：为演练今天在法庭上的证词，你以前是否会见过公诉人？

R：我确实会见了检察官［名字］，还告诉他我在此案中的证词。但是，并非是为了证词的预演。

Q：在作证前，你是否与其他讯问人员聚在一起策划你的证词？

R：我确实为审查我们的回忆而会见了其他的讯问人员。但是，我们并未策划我们的证词内容。

Q：无论如何，为了获取此案的口供，警察局和你有相当大的压力，对吗？

R：由于此案备受瞩目，我当然能感受到媒体的压力和本局设法解决此案的要求。但是无论如何，任何时候都不存在获取此案口供的任何指令或者压力。

这些是辩护律师为对证人的可信度进行“试水”的标准问题。在重大案件中，证人应当假定辩护律师已经彻底调查了讯问人员以往办理的案件，而且知道大量关于讯问人员的私人生活情况。在这种情况下，律师可能会提问关于以往获取虚假供述的问题、被排除的口供问题，或者甚至关于可能影响讯问过程中判断力差的因素的问题，如针对讯问人员未能升职或者遭公民投诉的问题。虽然其中的一些调查可能会被法官驳回，但是证人应当准备好如实回答向自己提出的所有问题。

（四）提出假设性问题

当证人作证的方式与辩护理论不一致时，为动摇证人的立场，辩护律师可能会提出假设性问题。这些问题可能是附有前缀的陈述，如“是否有可能……”，或者作为一种假定的情形提问，如“考虑一种可能的事实……”。在同意有些事情可能发生时，证人必须保持警惕，因为在终结辩论的过程中，辩护律师可以将可能性转变成较大可能性，并最终转变成确定。相反，在某些情况下，“是否有可能”类型的问题显然涉及真正的可能性，证人应该承认所提建议是可能的，但并非很可能。在下面的对话中，律师首先尝试质疑证人在评估人类行为的领域内的培训，然后寻求对所建议可能性的同意。

Q：你有心理学或者犯罪学的研究生学位吗？

R：没有。

Q：所以你不是人类行为方面的专家，对吗？

R：在提出人类行为的专业意见方面，我没有被许可或者被认可。

Q：所以，由于缺乏正式的培训，你不知道此口供是否是虚假的？

R：这不正确。我已经接受过关于我工作的许多领域中的正式培训，包括询问和讯问在内。

Q：但是否有可能，因为你没有心理学或者犯罪学的学位，而没有识别出虚假供述？

R：根据我所了解到的信息，可能会有一些我没有识别出来的虚假供述。但是，因为我参与了此特殊供述的每个方面，我坚信这是真实的。

在律师为证人发表评论、设定一个假设的情况时，经常操纵并不类似于实际讯问的小因素。在接下来的例子中，律师将讯问主题描述为提供“减轻处罚的情节”。这当然不是真实的。主题提供了“道德上的正当理由”。所以，在回答假设性问题时，让律师进一步明确界定被提出来的讯问情形，通常是有益的。下面的对话对此进行了举例说明：

Q：假设，讯问人员在讯问过程中向犯罪嫌疑人描述了减轻处罚的情节，你不认为犯罪嫌疑人可能会相信他将会受到不太严重的处罚吗？

R：那取决于减轻处罚情节是如何表达的。

Q：那好，我们假定，讯问人员告诉犯罪嫌疑人，因为被害人激怒犯罪嫌疑人并致使他的行为失常，所以被害人应当受到谴责。在这种情况下，犯罪嫌疑人不会相信如果他承认那个情节，他可能会受到一些宽大处理吗？

R：不，他仍然承认了谋杀，我想，谋杀是一个有严重后果的重罪，这是常识。

（五）使用诱惑方法

辩护律师或许会通过提出其他证人或者其他来源的信息可能与他的证词相矛盾的方式来诱惑证人。提出这种问题的方式通常是："如果……会让你大吃一惊吗？"在这种情况下，证人应该仔细听，明确律师所提内容，然后适当地回复。下面的对话对此进行了举例说明：

Q：如果在犯罪嫌疑人所说的犯罪时间，我们在离犯罪现场三英里外的地方找到两个证人，你会感到惊讶吗？

R：如果这两个证人是犯罪嫌疑人的朋友或者亲戚关系，我不会感到惊讶。

Q：为什么你对讯问的描述与你的搭档不同？

R：我们所见所闻相同，所以我们的描述在本质上应该是相同的。如果在你的头脑中有一个特别的差异，我乐意解决这个问题。

（六）小题大做

辩护律师可能会发现证人证词与报告或者口供中所包含的信息之间有小的矛盾。然后，辩护律师会试图将这个错误或者疏忽夸大，以努力迫使证人采取防御措施。当这种性质的错误出现时，讯问人员应该公开承认它们。下面的对话对此进行了举例说明：

Q：犯罪嫌疑人的口供表明他步行离开现场，但是证人却声称作案人是骑自行车离开的，你如何解释这一明显的矛盾？

R：在我们的谈话过程中，他告诉我他是步行离开现场的，所以我就记录下来了。对此矛盾，我没有解释。

Q：你早前证实你是独自进行讯问的，但是被告人告诉我，在房间里还有另外一名侦查人员，在你之前的陈述中，你是否撒谎？

R：没有，我告诉你的是事实。在整个讯问中都是我单独和被告人在一起。在他供认后，我带另一个警察进来为口供作见证。

Q：在你的书面报告中，你没有提到试图给在家或者在工作的被告人的母亲打电话，但是你证实你确实作了这种努力。这些信息为何不在你的报告中？

R：在我写报告时，我没有意识到这在审判时是一个重要问题。现在回想起来，我希望已将此信息记录在报告中。但是，我确实曾经给被告人的母亲打过电话，先打家里号码，后打工作号码，这些都是事实。

六、结论

鉴于我们的对抗式刑事司法制度，辩护律师经常试图影响法官或者陪审团对被告人的看法。他们把当事人梳洗干净，理一个专业的发型，买一套保守的西装，以使他不符合犯有被指控之罪的人的视觉形象。为了排除口供，辩护律师可能试图让他的当事人以意志薄弱、自信心低落的形象出现，这样的人很容易受到误导和恐吓。绝大多数有罪或者无罪的犯罪嫌疑人不符合这些特点。尽管如此，辩护律师的职责就是质疑讯问的可信度并尽力让口供被排除。

正如本章中一些证言实例所例证的，扎实掌握了讯问方法和技巧的讯问人员才有能力对直接询问和交叉询问过程中的问题作出更好的回复。已经获取了口供的讯问人员对其所使用讯问方法的合法性或者可容许性不确定，最容易受到辩方的质疑（或者说，按理说是这样）。

毫无疑问，在庭审时最大的风险是，相信犯罪嫌疑人肯定有罪的讯问人员最终证实为套取口供使用了不当的讯问手段。在毫无事实根据的假定下进行讯问最有可能套取到虚假供述，同时这样的口供也会被排除。专业的讯问人员了解规制讯问活动的法律规定和基本原则，他们依赖的一般性原则是："在此讯问过程中，我所说的或者我所做的会不会易于导致无罪的人供认？"

第十七章　与审讯和供述相关的法律

一、导论

在侦破案件的过程中，对犯罪嫌疑人的审讯以及犯罪嫌疑人的最终供述，二者之间具有不可分割的密切关系。关于审讯的法律规定与关于供述的法律规定之间具有类似的关联，为了保障犯罪嫌疑人的宪法性权利以及为案件的公诉提供坚实的证据支撑，讯问人员必须掌握与审讯和供述相关的实用法律知识。

审讯和供述都必须遵守联邦最高法院、联邦法院及州法院制定的关于保障个人的宪法性权利的一系列规则的严格要求。侵害不被强迫自证其罪权以及违反正当法律程序获得的供述将不被法庭采信，不仅如此，这类行为还会导致侦查人员为侦破案件所作的艰辛努力付之东流。因此，就审讯而言，讯问人员必须遵守联邦最高法院在米兰达诉亚利桑那州（*Miranda v. Arizona*）一案中制定的，此后被称为米兰达规则的规定，[①] 在对犯罪嫌疑人进行羁押性审讯之前对其履行米兰达规则中规定的告知义务，以保证所取得的供述在法庭上具有可采性。

在本章中，我们将对与审讯和供述相关的法律以及为保障讯问人员取得的供述的有效性而必须遵守的指导原则进行简要概述。

二、宪法性权利

（一）米兰达警告

在米兰达诉亚利桑那州一案中，美国联邦最高法院规定警察在开始审讯被羁押的犯罪嫌疑人之前必须告知其一系列警示性权利并获得犯罪嫌疑人恰当的弃权声明书。需要告知的权利，正如大多数美国人所熟知的大部分法律题材的影视剧作品中所描述的那样，包括如下内容：

- 你有权保持沉默。

---

① *Miranda v. Arizona*, 384U. S. 532, 86 S. Ct. 1602, 16L. Ed. 2d 694(1966).

● 如果你说任何话，你所说的一切都可以在法庭上用作指控你的证据。

● 你有权咨询律师，并且你有权要求律师在全部讯问过程中在场。

● 如果你无法支付聘请律师的费用，如果你需要，我们将为你指派一名律师。

然而，在米兰达警告中设定的权利并不需要逐字逐句地说明。[①] 法院承认米兰达警告的“充分有效替代”也可作为被告人作出的任何陈述具有可采性的前提。[②]

事实上，在佛罗里达州诉鲍威尔（*Florida v. Powell*）一案中，最高法院认可了关于米兰达警告的一些变通做法，承认对犯罪嫌疑人表明其“有权在回答（警察）提出的任何问题之前与律师进行交流”，并且告知其“（你）有权在询问过程中在你需要的任何时候使用这些权利”，这种说法笼统包含了米兰达警告中所列举的一系列权利，可以作为米兰达警告的充分有效替代，因为它向犯罪嫌疑人充分地表达了在审讯过程中会见律师的权利。[③]

（二）“讯问”的界定

出于贯彻米兰达警告的目的，最高法院将讯问的含义界定为“不仅包括警方明确地提问，而且包括警察（不同于那些一般参与拘捕和羁押的警察）作出的明知能够合理可能地引出自我归罪回复的一切言语和行为”。[④]

虽然提出一个关于犯罪嫌疑人有罪与否的问题是审讯的组成部分，然而在

---

① 米兰达规则并非要求的是一种“护身咒语（talismanic incantation）……以满足其约束作用”。*California v. Prysock*, 453 U. S. 355, 359-60, 101 S. Ct. 2806, 2809, 69 L. Ed. 2d 696(1981). 在审讯过程中没有提及关于咨询律师的权利的表述并不会削弱米兰达警告的有效性，但是讯问人员应当遵循可获得的警告卡的要求。United states v. Warren, 10-1598, 2011 WL 1496986（3d Cir. Apr. 21 2011）（强调重点）.

② *Id.*, at 476, 86 S. Ct., at 1629(emphasis added). 另见 *Duckworth V. Egan*, 492 U. S. 195, 198, 109 S. Ct. 2875, 2878。该案认为，如下的忠告性警告具有与米兰达警告同样的约束力：

“1. 在作出这一陈述之前，我被告知我有权保持沉默，并且我所说的任何话可能或者将会被用作不利于我的呈堂证供。

2. 在回答任何问题之前，我有权咨询我自己选择的律师，并且如果我要求，在我作出任何陈述的时候律师可以在场或者在与任何警察谈话的整个过程中保持律师在场。

3. 在我作出任何陈述的过程中，或者在任何类似谈话的过程中，我可以随时要求停止并且要求聘请一名律师。

4. 在任何谈话过程中，我可以拒绝回答任何深入的问题并保持沉默，据此终结谈话。

5. 如果我不聘请律师，政府将会为我指派一名律师。”

③ *Florida v. Powell*, —U. S. —, 130 S. Ct. 1195(2010).

④ *Rhode Island v. Innis*, 446 U. S. 291(1980).

某些条件和特定情境下，提出某些特定的问题并不要求必须进行米兰达警告。①

与被羁押的犯罪嫌疑人提出的问题相反，警察提出的“切入审讯的提问”和“试探性提问”,② 如“你知道自己为什么在这里吗”或者“你知道我为什么会坐在这里吗”③，这类问题在性质上被认为是讯问。但是，如果犯罪嫌疑人自己询问被拘捕的原因而讯问人员说“你自己应该清楚”，随后犯罪嫌疑人作出了供认，这样互换之后的交流并非讯问。④

功能相当的检验标准。

法院在判断警察对被羁押的犯罪嫌疑人的讯问言行是否违反米兰达规则时，有时候会运用“功能相当的检验标准”。在布鲁尔诉威廉姆斯（Brewer v. Williams）一案的判例中,⑤ 警察以涉嫌诱拐儿童和谋杀的罪行拘捕了威廉姆斯。威廉姆斯行使了米兰达规则赋予的权利并表明他已经聘请了律师。警察告诉威廉姆斯他们希望在大雪覆盖犯罪现场之前找到孩子的尸体，于是威廉姆斯告诉了警察尸体所在的位置。⑥

最高法院认为威廉姆斯的陈述是符合功能相当的检验标准的讯问，他在作出自我归罪的供述之前具有获得律师帮助的权利。因此，无论是他的供述还是警方找到尸体这一事实均不属于具有可采性的证据。⑦

在罗得岛州诉英尼斯（*Rhode Island v. Innis*）一案中，一名警察在持械抢劫的犯罪嫌疑人被捕后在场的情况下向警车中的另一名警察谈论道，他希望在附近学校的孩子们碰巧发现被犯罪嫌疑人丢弃的武器之前找到这件武器。于

---

① 参见 e. g., *People v. Savage*, 102 Ill. App. 2d 477,242 N. E. 2d 446(1968)。（一名男子自愿走入县行政司法官办公室总部，双手举过头顶说：“是我做的，是我做的，逮捕我吧，逮捕我吧。”行政司法官助理问他做了什么，他回答，“我杀了我的妻子。”行政司法官助理问：“你用什么武器杀的?”他回答：“用斧子，这就是我想说的。”在进一步讯问之前，司法行政官助理带着该男子来到了他家，进行了不涉及讯问的一些现场调查，在起居室的地上发现了被害妻子的尸体，头部和颈部受到严重创伤，旁边搁着一把斧子。）

② 参见 e. g., *United States v. Hackley*,636 F. 2d 493(D. C. Cir. 1980); *State v. Branch*, 298 N. W. 2d 173（S. D. 1980）; *United States v. Downing*, 665 F. 2d 404(1st Cir. 1981)。

③ 参见 *People v. Lowe*, 200 Colo. 470,616 P. 2d 118(1980)（“知道为什么”一类的提问属于审讯）。

④ 参见 e. g., *State v. Ladd*, 308 N. C. 272,302 S. E. 2d 164(1983)。（被告人在警察敲其家门的时候被告知自己将被拘捕，他问：“为什么抓我?”警察回答：“你心里清楚。”被告人说道：“好吧，但是请别弄醒我的家人，我不希望他们知道。”）*United States v. Guido*, 704 F. 2d 675(2d Cir. 1983)（犯罪嫌疑人要求并了解了犯罪的具体情况，随后作出了供认）。

⑤ 430 U. S. 387(1977).

⑥ *Brewer v. Williams*, 430 U. S. at 387.

⑦ 威廉姆斯的有罪判决后来得到维持，理由是被害儿童的尸体将会被发现，即使他没有供述抛尸地点，也符合“必然发现”规则。

是，犯罪嫌疑人供述了武器所在的位置。[①] 最高法院认为这种情形不是符合功能相当的检验标准的讯问。

在运用功能相当的检验标准进行审查时，法院会作出不同的判断结果。在美国诉班尼特（*States v. Bennett*）一案[②]中，一名警察向被捕的犯罪嫌疑人谈论说他的车中有枪支。法庭认为警察的谈话不属于功能相当的讯问，并认为被拘捕的犯罪嫌疑人承认持有枪支的供认可以作为其在州际间运输禁止性武器这一犯罪行为的可采性证据。然而，在一起涉嫌毒品交易的案件中，警方在被拘捕的人身上搜查出了一些粉末状的物质，然后暗示性地就粉状物向犯罪嫌疑人提问“这是什么”。同一法庭认为这种提问构成了讯问。[③]

讯问人员使用的诸如“说实话”、“诚实点”一类的劝勉性用语是审讯的组成部分。[④] 同样的，在不经过米兰达警告及犯罪嫌疑人放弃相应的权利之前，要求在押的犯罪嫌疑人接受测谎检查，这构成了审讯，但这样做是不被允许的。[⑤]

对于向在押的犯罪嫌疑人出示犯罪现场证据或警方的侦查报告是否属于功能相当的讯问，不同的法院根据功能相当的检验标准作出了不同的认定结果。一些法院认为“出示证据”并不是功能相当的讯问,[⑥] 而其他一些法院则认为“出示证据”的行为构成了讯问。[⑦]

围绕是否需要向犯罪嫌疑人进行米兰达警告或者告知其有权保持沉默或有权会见律师这一问题，针对的是在押的犯罪嫌疑人。对于出示证据的约束，并不涉及未被拘捕的犯罪嫌疑人或者放弃权利的被拘捕的犯罪嫌疑人。

在美国诉戈麦斯（*United States v. Gomez*）一案[⑧]中，联邦侦探逮捕了涉嫌毒品犯罪的共犯戈麦斯，并向其宣读了米兰达警告。戈麦斯要求会见律师。一名联邦侦查人员建议戈麦斯，他可以不回答任何问题或者不说任何话，但告知戈麦斯，他可能需要考虑与政府合作才有可能获得轻判。[⑨]

---

① *Innis*, 446 U. S. 291(1980).

② 626 F. 2d 1309(5th Cir. 1980).

③ *Harryman v. Estelle*, 616 F. 2d 870(5th Cir. 1980).

④ *State v. Finehout*, 136 Ariz. 226,228,665 P. 2d 570,572(1983); 另见 *United States v. Warren*, No. 10-1598,2011 WL 1496986.

⑤ *People v. Johnson*, 671 P. 2d 958(Colo. 1983),681 P. 2d 524(COlo. 1984).

⑥ *State v. Grisby*, 97 Wash. 2d 493,647 P. 2d 6(1982); *States v. Mclean*,242 S. E. 2d 814(N. C. 1978); *Vines v. States*, 285 Md. 369,402 A. 2d 900(1979).

⑦ *People v*, *Ferro*,63 N. Y. 2d 316, 472 N. E. 2d 13(1984),cert. denied,105 S. Ct 2700(1985); *In re Durand*, 206 Neb. 415,293 N. W. 2d 383(1980).

⑧ 927 F. 2d 1530(11th Cir. 1991).

⑨ *Gomez*, 927 F. 2d at 1533.

第十一巡回法庭认为这名侦探在戈麦斯要求会见律师之后对其作出的评论构成了进一步的讯问，而且就发生在戈麦斯要求与政府合作之前，这影响了戈麦斯“启动”交谈及合作意愿的自愿性。在英尼斯一案之后，法院认为，基于米兰达规则的目的，“讯问”可以是警方应当合理知道的易于促使被告人作出自我归罪回复的一切言论或行为。因此，戈麦斯随后作出的自我归罪陈述在庭审中被排除了。①

伊利诺伊州诉珀金斯（*Illinois v. Perkins*）一案②涉及对发生在1984年伊利诺伊州圣路易斯东郊的一起未能侦破的谋杀案的秘密侦查。1986年，服刑人员唐纳德·查尔顿（Donald Charlton）向警方报告他在格雷汉姆（Graham）监狱的一名狱友劳埃德·珀金斯（Lloyd Perkins）可能是该案的凶手。听取了查尔顿的报告后，警方掌握了以前没有了解到的有关谋杀案的细节，随后在珀金斯的监舍中安置了一名秘密的政府侦查人员。珀金斯因其他案件的指控而入狱，他所作的陈述暗示了他在警方正在侦查的案件中的嫌疑。联邦最高法院认为，秘密执法的探员在向狱中的犯罪嫌疑人提出将会导致其作出自我归罪陈述的问题之前并不需要进行米兰达警告。“当一名在押人员与另一名他所信任的狱友自由交谈时，有关‘警察主导的氛围’和强制的要素是不存在的。”③

（三）关于“在押”

1. 在押的含义。

依据米兰达规则的规定，只有在犯罪嫌疑人“在押”的情况下，审讯人员才必须对其作出米兰达警告。换句话说，犯罪嫌疑人接受的是“在押审讯”时才需要对其进行的米兰达警告。最高法院对在押审讯的界定是：“在一个人被羁押或者以任何其他特定形式被限制了行动自由的情况下，由执法人员对其进行提问。”④ 但是，羁押并不必然意味着犯罪嫌疑人会被带到警察机构进行提问，最高法院确认了州和联邦法庭裁定确立的规则：犯罪嫌疑人在自己家中或其他地方接受讯问属于在押审讯。⑤

同样，当犯罪嫌疑人在未被羁押并且自愿提供相关信息的情况下，警察也

① *Gomez*, 927 F. 2d at 1539.

② 496 U. S. 292, 110 S. Ct. 2394, 110 L. Ed. 243(1990).

③ 496 U. S. at 296, 110 S. Ct. at 2397.

④ *Miranda*, 384 U. S. at 444.

⑤ 参见 e,g, *Orozco v. Texas*,394 U. S. 324(1969)（在犯罪嫌疑人卧室里进行的羁押性讯问）；*Mayberry v. State*,600 S. E. 2d 703(Ga. App. 2004)（被告人躺在警方的担架上作出的陈述构成羁押性讯问）。

无须告知其米兰达规则中的相关权利。[①] 法院认为，如果犯罪嫌疑人未被羁押，即便他已在警察机构里，如果他并没有被限制人身自由，也不能称为“在押”。[②] 另外，即使某人已经成为侦查的重点关注人员（“重点关注规则”），但如果他没被羁押，警察也不需要对他进行米兰达警告。不仅如此，讯问人员关于犯罪嫌疑人是否处于在押状态的个人看法与其实际情况没有关系。[③] 但是，如果个别的一些州有更为严格的宪法性要求，只要州的规定与联邦法律不存在矛盾，他们会要求只要犯罪嫌疑人成为侦查的重点关注人员，警察就需对其进行米兰达警告。[④]

例如，在查韦斯诉马丁内斯（*Chavez v. Martinez*）一案中，最高法院认为，审讯人员在对一名因警察射击而受伤入院治疗的犯罪嫌疑人提问之前未对其进行米兰达警告，并不违反犯罪嫌疑人的宪法性权利，因此犯罪嫌疑人不能以此为理由针对该审讯人员提起公民权利之诉。该犯罪嫌疑人并未受到犯罪指控，他对提问的回答也没有被用于刑事诉讼程序中。[⑤]

---

① State *V. Quick*, 334 S. W. 3d 603(Mo. App. 2011)（涉嫌儿童色情的犯罪嫌疑人在他的公寓里接受询问并作出了自我归罪陈述，这不属于羁押）；*Morales v. United States*, 866 A. 2d 67(D. C 2005)（警方讯问被告人时在她自己家中不构成羁押）；*Pennsylvania v. Bruder*, 488 U. S. 9, 11, n. 2, 109 S. Ct. 205, 207, n. 2, 102 L. Ed. 2d 172(1988)；*United State v. Teemer*, 394 F. 3d 59(1st Cir. 2005)（当警方实施先行逮捕时，首先应要求未被羁押的乘客离开汽车）；State v. Guzman-Gomez, 690 N. W. 2d 804(Neb. App. 2005)（被告在医院向警察作陈述时视为未被羁押）.

② *Oregon v. Mathiason*, 429U. S. 492(1977)（入室盗窃的犯罪嫌疑人自愿到警察局会见警察，被告知他没有被拘捕，他在一间没有上锁的办公室里向警方作出了没有强迫的陈述）；*California v. Bebeler*, 463 U. S. 1121（1983）（在该案中，涉嫌杀人的犯罪嫌疑人同意配合警方，自愿与警察一起来到警察局，他作完简要陈述后被允许离开，5 天后被拘捕）；*State v. Edwards*, 299 Conn. 419, 11 A. 3d 116（2011）（在该案中，涉嫌谋杀的犯罪嫌疑人自愿与警察一起来到警察局，他被告知可以随时自由离开，随后他说他“粗暴”对待了一名 10 个月大的婴儿受害者）.

③ 参见 e, g, *Minnesota v. Murphy*, 465 U. S. 420, 431, 104 S. Ct. 1136, 1144, 79 L. Ed. 2d 409(1984)（对于非在押的犯罪嫌疑人而言，只是把侦查重点关注到他这一事实不会引发米兰达警告的需要，而且，缓刑监督官实施的了解案件情况的行为及其意图对于案件的处理结果没有实质性影响）；*Beckwith v. United States*, 425 U. S. 341(1976)（在涉嫌骗取退税的犯罪嫌疑人的家中和办公场所进行讯问时，国内税务局的探员不需要对犯罪嫌疑人作出米兰达警告）。在斯坦斯伯里诉加利福尼亚州(*Stansbury v. California*)[511 U. S. 318, 114 S. Ct, 1526, 128 L. Ed. 2d 293(1994)] 一案中，联邦最高法院在一份全体法官同意的意见中裁定，讯问人员具有关于被告人羁押状态的主观意见，但如果没有明确表示出来，这就与羁押讯问这个问题没有关系。

④ 允许州依据联邦宪法对警方的行为施加比那些基本要求更为严格的限制，但是，如果联邦最高法院专门作出了禁止性规定，则州不得对警方的行为施加比联邦宪法性法律更加严格的限制。*Oregon v. Hass*, 420 U. S. 714, 719（1975）. 在该案中，警方在被告人明确表示他请律师的目的只是为了控告的目的之后获得了他的有罪供述，最高法院认为，尽管这种情况违反了俄勒冈州宪法关于在任何刑事指控中不得强迫自证其罪的规定，但被告人作出的自我归罪陈述具有可采性。

⑤ *Chavez v. Matinez*, 538 U. S. 760, 123 S. Ct. 1994(2003).

2. 非在押讯问 vs. 在押讯问。

在对非在押的犯罪嫌疑人的讯问（在这样的审讯中不要求米兰达警告）过程中，引发了一个问题，即非在押讯问的情况是否能够升级成为需要进行米兰达警告的在押审讯的问题。比如说，假定一名犯罪嫌疑人作出了自我归罪陈述或者表示愿意说出他自己是如何犯罪的，那么审讯人员是否应该打断他的陈述，对其进行米兰达警告呢？对最高法院在米兰达警告中的意见分析表明，一旦非在押的犯罪嫌疑人已经在作自我归罪陈述或者已经表达了要进行供述的意愿时，不应当打断他以便他能作出一个完整的供述。而且，不应当有在那个时候阻止讯问人员提出与犯罪相关细节问题的法律障碍。[①]

得出上述结论最重要的依据是，米兰达规则是建立在宪法第五条修正案基础之上的，即任何人不得被强迫自证其罪。法院在米兰达一案中的意见清楚地表明，其关注的是犯罪嫌疑人被羁押（或者通过其他方式剥夺了他的人身自由）后的审讯。法院认为，为消除因羁押而形成的强制性氛围，犯罪嫌疑人才会被告知他有权保持沉默。

当一名非在押的犯罪嫌疑人接受审讯时，他并未处在法院认为的因拘捕而形成的强制压力之下。当犯罪嫌疑人作出自我归罪陈述或者表达供述意愿时，仅仅是审讯人员将作出拘捕决定这一事实并不构成需要对其进行米兰达警告的强制。

还有另外两个可以用以与该情况作比较的情形，在这两种情形下，许多上诉法院认为米兰达警告是不必要的。第一种情形是，当犯罪嫌疑人走进警察局或走近某个警察，表示他愿意供述某项犯罪时，不必急着进行米兰达警告，相反，警察应当聆听犯罪嫌疑人的供述并就案件相关细节进行提问，不要用米兰达警告作为开始来打断犯罪嫌疑人的陈述。在这样的情形下，强制的因素是不存在的。

另外一种类似的情形是，警察对那些只是被作为侦查重点怀疑人员但没有

---

① 下面这些引用来自于联邦最高法院在米兰达（384 U. S. at 478）一案中的意见，与此问题密切相关：

总的来说，我们认为，当一个人被羁押或者被以任何其他具有重要意义的方式剥夺了人身自由……并被审讯时，反对自我归罪的特权就会受到威胁［作者增加了强调］。但在处理通过审讯获得的陈述时，我们并不支持排除所有的供认。在执法活动中，供述仍然具有合理的存在基础。在没有任何强迫影响下，自由、自愿作出的所有供述当然可以被作为证据采信。对于一个在押的人而言，反对自我归罪特权的关键意义并不是在没有米兰达警告和律师帮助的情况下他能否被允许与警方谈话，而是他能否被审讯。法律并没有要求警察阻止一个走进警察局并说出他想供认的犯罪事实的人，或者打断一个打电话给警察的人向警察所作的供述或者任何其他他希望作出的供认。宪法第五修正案没有为任何形式的自愿供述设置障碍，自愿供述的可采性不会受到我们今天作出的裁决的影响。

打算立即将其拘捕的犯罪嫌疑人进行提问。最高法院也已明确作出了说明，并特别规定了侦查重点怀疑对象并非是否给予米兰达警告的标准，羁押才是这一标准。如果法院认为在非在押人员进行有罪陈述或表达供述意愿之前也应当进行米兰达警告，那么将犯罪嫌疑人区分为重点侦查对象与真正羁押也就没有太多实质意义。认为列为重点对象并非进行米兰达警告之标准的判例，通常是那些涉及未经米兰达警告就作出了供认的案件。

尽管没必要通过启动米兰达警告来打断非在押人员正在进行的口头供述，但是，我们建议在准备书面供词的时候，应当在供词开始的部分插入一段书面的米兰达警告，内容如下：

我已被告知我有权保持沉默；我所说的一切都可能会被用作指控我的证据；我有权获得律师帮助；如果我负担不起律师费用，政府将会免费为我指派一名律师。尽管如此，我仍然自愿作出以下书面陈述。

3. 羁押中断意味着米兰达警告的失效。

一旦在押的犯罪嫌疑人要求会见律师，他在后续的警察审讯中为回复警察套取信息而作出的任何放弃权利的表示则都是非自愿的。即便羁押有中断，这一假定也是真实的。在爱德华兹诉亚利桑那州（Edwards v. Arizona）一案①中，犯罪嫌疑人在家中被拘捕并被告知了米兰达警告。爱德华兹开始向警察作出供述，但随后他停止了供述并要求会见律师。警察停止了对爱德华兹的讯问并将其押入了县监狱。第二天，警察再次对爱德华兹进行了米兰达警告，这一次爱德华兹没有要求会见律师并作出了供述。爱德华兹的供述在法庭上被采纳为不利于他的证据，他被判有罪。

然而，联邦最高法院推翻了对爱德华兹的有罪判决，并解释道，“被指控人选择与警方的交涉只通过律师进行这种意愿的完整性”必须得到保护，② 保护的方式是“阻止警察用纠缠的方法促使犯罪嫌疑人放弃他先前所主张的米兰达权利”。③ 然而，在马里兰州诉沙驰尔（*Maryland v. Shatzer*）一案④中，最高法院则认为爱德华兹判例中的假定并不适用于这种情形：某一罪犯正因某一罪行而处于服刑期，他因某个与正在服刑的罪行不相关的罪名被讯问，并被给予了米兰达警告。具体到该案中，在审讯过程中，沙驰尔主张要求会见律师，随后他被押回了普通监狱中继续服刑。两年半之后，侦查人员重新启动了案件的调查工作，在讯问时对沙驰尔进行了米兰达警告，沙驰尔放弃了会见其律师的

① *Edwards v. Arizona*, 451 U. S. 477, 479, 101 S. Ct. 1880, 1885, 68 L. Ed. 2d 378 (1981).

② *Patterson v. Illinois*, 487 U. S. 285, 291, 108 S. Ct. 2389, 101 L. Ed. 2d 261 (1988).

③ *Michigan v. Harvey*, 494 U. S. 344, 350, 110 S. Ct. 1176, 108 L. Ed. 2d 293 (1990).

④ _U. S. _, 130 S. Ct. 1213 (2010).

权利，并向警方作出了自我归罪陈述。在作出了自我归罪陈述后，沙驰尔会见了律师。后来，沙驰尔受到审判，他的供述得到采纳并被判有罪。

马里兰州上诉法院推翻了这一判决，认为沙驰尔的供述应当根据爱德华兹判例被排除，并认为仅有的两次讯问之间经过的两年半时间这一事实并不构成爱德华兹判例所确立的“羁押中断”之例外。

最高法院再次推翻了上诉法院的判决，并自此决定“羁押中断”的时长为十四天。最高法院解释说，将沙驰尔放归普通监狱的做法构成了米兰达规则所要求的羁押中断，因为犯罪嫌疑人已经获得了足够的时间“重新适应正常生活，与朋友和律师交流，并摆脱了早前因羁押而造成的强制性阴影的影响”。①

（四）获得律师辩护的权利

在押的犯罪嫌疑人如果特别表示或者通过其他方式表明自己不愿接受讯问，显然是行使了其不被强迫自证其罪的宪法权利。即便在米兰达判例之前，这也是所有犯罪嫌疑人的合法权利。当然，自米兰达判例之后，基于米兰达规则，如果犯罪嫌疑人声明他想会见律师，则不能再讯问，直到他声明放弃这一权利才能开始审讯。在犯罪嫌疑人要求会见律师之后继续进行讯问的后果不仅包括自犯罪嫌疑人提出会见律师要求之后获得的自我归罪陈述会被排除，而且包括可能会遭受到依据《美国法典》第 42 编第 1983 节（42 U. S. C. Section 1983）以及宪法第五修正案所规定的宪法权利提起的民权诉讼。在库珀诉杜普尼克（*Cooper v. Dupnik*）一案中，联邦上诉法院第九巡回法庭认为，该案中的审讯人员故意忽视犯罪嫌疑人反复提出的会见律师请求，对这名涉嫌强奸的犯罪嫌疑人的残酷审讯可引起关于宪法性权利的诉讼。②

但是，关于何种声明才能构成要求会见律师的权利请求这一问题又产生了，在一些案例中，一些犯罪嫌疑人在审讯后宣称其作出了“功能相当”的要求会见律师的声明。犯罪嫌疑人提出与律师之外的人交谈的请求不能被视为主张了米兰达权利。例如，法院已作出了一些相关判决意见：要求与父母或其他亲属的会面、与缓刑监督官的会面，或与在押同案犯的会面都不能等同于要求会见律师。

在一些案例中，犯罪嫌疑人在受到米兰达警告之后作出了含有“律师”等

① *Shatzer*, 130 S. Ct. at 1223. “将沙驰尔放归普通监狱构成了米兰达规则中所要求的羁押的中断，基于有罪判决对罪犯的合法监禁不会产生爱德华兹判例中那种具有正当性的侦查羁押所带来的强制性压力。当以前被监禁的犯罪嫌疑人放归普通监狱后，他们回归到了他们习惯了的环境和日常事务中——他们重回了在试图进行的审讯之前的对生活有一定控制的状态，他们的持续羁押与之前他们在审讯中不愿意合作之间的关系相对而言不那么密切。当沙驰尔回归到他的常态生活后，羁押性讯问所具有的‘内在固有的强制性压力’也就没有了。” *Shatzer*, 130 S. Ct. at 1223-1225.

② 963 F. 2d 12 20 (9th Cir. 1992).

字眼的模糊表达，如“也许我需要一个律师”或“也许我需要律师，但这并不会让事情好起来”。[①] 在1994年的戴维斯诉美国（*Davis v. United States*）一案中，联邦最高法院认为除非犯罪嫌疑人清楚且明确地主张其会见律师的权利，否则警察不需要停止讯问，甚至没有必要对其是否会见律师作出进一步的确认。[②] 在该案中，犯罪嫌疑人说：“或许我应当与律师谈谈。”之后，警察澄清性地问他其是否需要一个律师。随后他说自己并非真的要求会见律师并作出了自我归罪陈述。后来，犯罪嫌疑人又要求获得律师帮助，并声称先前的讯问应当在他含糊其辞地提出会见律师时就停止。法院认为他的有罪供述具有可采性。法院还认为如下一些说法是模棱两可地提出了会见律师的要求，如“要是现在我想先见见我的律师”、[③]“我需要与某个人谈谈，我不知道我是否需要一个律师”、[④]“或许我需要与律师谈谈”。[⑤] 另一方面，“我确实需要一名律师……与他会见交谈，为我……”这样的说法被法院视为明确地提出了会见律师的要求。[⑥]

基于戴维斯判例，作者认为，在犯罪嫌疑人含糊地提出会见律师的要求后，讯问人员明智的做法是向他这样回复：“这取决于你，你需要律师还是不需要律师?”如果犯罪嫌疑人说“是的”，则不要再进行任何询问；如果犯罪嫌疑人说“不”，并且表达了谈话的意愿，则讯问人员可以继续向他提出与正在调查的案件相关的问题。[⑦]

在犯罪嫌疑人就是否放弃米兰达权利而使用了模糊语言的情况下，讯问人员为了澄清其含义会向犯罪嫌疑人提出问题，法院通常认为这种情形下的提问是可以的，并且这种问题本身也不构成强制。新泽西州的一家法院考察了如下一段涉嫌谋杀的犯罪嫌疑人与拘捕他的警官之间的对话，这段对话发生在犯罪嫌疑人在警察局签署了放弃米兰达权利声明之后。

阿尔斯通（Alston）先生：我感觉自己好像签署了一份放弃生命的声明。

穆罕默德（Muhammad）警官：不，不是这样的。

阿尔斯通先生：难道我不应该请一位律师在这儿吗?

---

① 参考案例：*United States v. Lame*, 716 F. 2d 515 (8th Cir. 1983)（后面的陈述并不是一个要求获得律师的请求，而是一个弃权行为）。

② 512 U. S. 452 (1994).

③ *Cornelison v. Motley*, 2010 WL 5321951 (6th Cir. 2010).

④ *Blakeney v. State*, 29 So. 3third 46 (Miss. App 2009).

⑤ *Scott v. Epps, et al.*, (U. S. N. D. Miss. 2008).

⑥ *Carr v. State*, 934 N. E. 2d 1096 (Ind. 2010).

⑦ 对于模棱两可的声明需要予以澄清的解释性案例是 *Tompson v. Wainwright*, 601 F. 2d 768 (5th Cir. 1979)。还可参见 *State v. Moulds*, 105 Idaho 880, 673, . P. 2d 1074 (1983)。

穆罕默德警官：你想请个律师？

阿尔斯通先生：不，我是请你帮忙。我不想……我只是……我想请你帮忙。

穆罕默德警官：对不起，我做不到。

阿尔斯通先生：警官，如果我想请个律师来这儿与我在一起，我怎么才能够让一个律师来这里？

穆罕默德警官：这就要看你自己了。如果你想请律师，我们就暂停讯问，然后你去请律师。这就是为什么刚才我们要清楚地告诉你关于你的权利，而且你放弃了你的权利。如果你想现在暂停讯问，那么我们也会暂停。你希望我们这么做吗，阿尔斯通先生？

阿尔斯通先生：我已经深陷囹圄，快完了，是吗？

穆罕默德警官：什么快完了？

阿尔斯通先生：我是不是已经走上绝路，快完了？

穆罕默德警官：你得回答你是不是要求我们暂停讯问让你去请律师。

阿尔斯通先生：我已经回答了。

穆罕默德警官：你想请律师吗？不请——这是你的答案吗？

阿尔斯通先生：等上法庭了我再请吧，我想。

穆罕默德警官：你现在想继续回答我的问题——我的提问吗？

阿尔斯通先生：当然。为什么不呢？

随后被告人便作出了他为了“摆脱被害人”而开枪射杀了被害人的供述。①

整个询问过程，包括对犯罪嫌疑人宣读米兰达警告、以上对话和犯罪嫌疑人的供述，总共持续了 24 分 41 秒。法院认为，讯问人员对犯罪嫌疑人所提问题的回复是对犯罪嫌疑人聘请律师权和可以要求暂停讯问权的正确表述。这名警官所提的问题没有超出澄清问题所允许的范围，而且被告人的陈述，在澄清其先前陈述的时候，并没有主张其聘请律师的权利要求；相反，他提出的请求是寻求来自警方的建议，他这么做所伴随的关于获得律师的假定前提是，他明白如果他选择要求获得律师，他完全可以主张这项权利。②

即使在犯罪嫌疑人明确提出会见律师的情况下，警察也并非总是要被迫停止对犯罪嫌疑人的讯问。在 1991 年麦克尼尔诉威斯康星州（*McNeil v. Wisconsin*）一案中，最高法院认为，犯罪嫌疑人在传讯答辩程序中援引宪法第六修正案要求获得律师，在任何情况下，不能阻止警察对与该罪行无关的其他罪行的

① *State v. Alston*, 204 N. J. 614, 10 A. 3d 880 (2011).

② Id. at 887.

讯问。[①] 最高法院中占据多数的六名大法官认为，宪法第六修正案关于有权获得律师帮助的规定具有罪行特定性，对此权利的行使只适用于犯罪嫌疑人行使该权利所针对的某一特定罪行。此外，也不会自动援引米兰达规则要求适用于讯问的宪法第五修正案所规定的会见律师的权利。

在印第安纳州的一个案例中，警方对一名涉嫌谋杀的犯罪嫌疑人进行了米兰达警告，犯罪嫌疑人签署了弃权声明，随后警方对其进行了讯问。之后犯罪嫌疑人再次要求会见律师，警方便暂停了讯问，将犯罪嫌疑人送回了羁押他的监舍。犯罪嫌疑人询问警方，他被控以何种罪名，警方告知他涉嫌谋杀罪。犯罪嫌疑人回答说："我认为这指控是错误的。"警方告诉他，他们不能在没有律师在场的情况下与犯罪嫌疑人谈话，但犯罪嫌疑人说他愿意在没有律师在场的情况下继续谈话。法院认为，警方在询问之前已经详尽地对犯罪嫌疑人进行了米兰达警告，并确认了他明确地了解自己的权利，警方在重新开始讯问的时候对于他的权利仍然进行了有效的提醒，这足以确保他对获得律师帮助权的放弃是基于警方恢复了询问。[②] 警察应当在律师到达警察局的时候告知在押的犯罪嫌疑人。[③]

（五）权利的放弃

如前所述，米兰达警告要求，为了保证讯问的顺利进行，在押犯罪嫌疑人必须有效放弃讯问人员给他的警告中所包含的宪法性权利。[④] 除非讯问人员已经对其进行了米兰达警告，否则犯罪嫌疑人将不会被认为放弃了他的宪法性权利。法院认为，只有在"明知且理智"的情况下，犯罪嫌疑人才能放弃这些宪法性权利。[⑤]

作为一般原则，在犯罪嫌疑人有效主张了他的权利之后，讯问人员就不能开始进一步的谈话。[⑥] 另一方面，如果先前主张了米兰达权利的犯罪嫌疑人改变意愿，不再坚持其米兰达权利，并表示愿意与侦讯人员进行沟通，则可以开始新的谈话。[⑦]

但是，如果没有进行米兰达警告并且在羁押之前就获得了犯罪嫌疑人的权

---

① 501 U. S. 171, 111 S. Ct. 2204 (1991).

② *Murpby v. State*, 941 N. E. 2d 568 (Ind. 2011)（未公开，不能引用）.

③ *State v. Stoddard*, 206 Conn. 157, 163, 537 A. 2d 446 (1988); *State v. Mitchell*, UWYCR08374011, 2011 WL 726113 (Conn. Super. Ct. Feb. 3, 2011)（未公开的意见）.

④ *Miranda* 384 U. S. at 476.

⑤ Id. at 444.

⑥ *Michigan v. Mosley*, 423 U. S. 96, 96 S. Ct. 321, 46 L. Ed. 2d 313 (1975).

⑦ 被告人最初主张了他的米兰达权利，后来再次联系警察，明知且理智地放弃了他的权利。People v. Rivera, 947 N. E. 2d 819 (Ill. App. Ct. 2011)，重审驳回（Apr. 25, 2011）。

利声明，则羁押后获得的任何陈述通常将会被排除。在密苏里州诉西伯特（*Missouri v. Siebert*）一案[①]中，最高法院判定通过所谓的“两步审讯法”[②]获得的供述无效。在该案中，西伯特患有残疾的儿子在熟睡中死亡。西伯特担心她会因为对于她儿子的死负有疏于照看的责任而受到指控，而且当她的另外两个儿子及朋友进行关于烧毁她的活动房屋以隐瞒她儿子死情的讨论时她也在场。为了避免西伯特置其子于不顾的情况被发现，这家人着手烧毁了活动房屋。同时，一个生活在这个家庭的、与事情无关的、名叫唐纳德（Donald）的患有精神疾病的18岁男孩也被烧死。为避免承担责任，西伯特没有让其儿子参加。5天后，警察拘捕了西伯特，但没有告知其米兰达权利。在警察局，一名警官对西伯特进行了30至40分钟的讯问，获得了“这个计划是为了让唐纳德在火灾中死去”的供认。随后警官让西伯特休息了20分钟，返回后对其进行了米兰达警告，西伯特签署了弃权声明。然后，警官重新开始了对西伯特的审讯，用在米兰达警告之前获得的陈述质问她，西伯特重复了她的供认。

地区法院在审判中排除了西伯特在米兰达警告之前作出的供述，但采纳了她在米兰达警告之后作出的供述，西伯特被判定为二级谋杀罪名成立。在上诉程序中，基于俄勒冈州诉埃尔斯坦（*Oregon v. Elstad*）判例，[③]西伯特的有罪判决得到确认。在后面这一判例中，最高法院认为，未得到米兰达警告的犯罪嫌疑人，在就家中与警方简要交换意见的过程中作出的归罪性陈述并不会导致其在得到米兰达警告之后作出的完整供述无效。

但是，最高法院推翻了这一有罪判决，其认为：由于审讯几乎是连续进行的，因此西伯特的第二次供述本身就是无效的第一次供述的直接产物，应当被排除。最高法院认为这一案件与埃尔斯坦判例不同的原因在于，警方不是故意不履行米兰达警告义务。

---

① 542 U.S. 600, 124 S.Ct. 2601 (2004).

② 法院指出，通过接替性的、没有警告和警告之后两个阶段来获取供认的审讯技巧与一个全国性的警察培训机构所教内容是一致的：

例如，警察法律协会指出：“警察可以使用两步审讯法……在米兰达警告之前的审讯过程中，警察可以在任何时候，通常是在被拘捕人已经供认后，警察随后向其宣读米兰达警告并要求获得弃权声明。如果被拘捕人放弃了他们的米兰达权利，警察就可在法庭上使用任何后续取得的自我归罪陈述。”——警察法律协会：《伊利诺伊警察执法手册》，第83页（2001.01—2003.12）。这一建议的结果是先行讯问在实践中有些盛行。从一些关于这一方法使用情况而报道出来案例中可以发现，被审讯人有时会服从警方的部门政策要求。

法院在一系列详细的附注中解释道，警察培训中所教导的关于审讯犯罪嫌疑人时机的趋势，包括查阅上述这本教材之前的版本，与法院一样，并不赞成警察法律协会所推动的这种两步审讯法（参见Siebert, 468 U.S. at 610-11, notes 2,3）。

③ 470 U.S. 298, 105 S.Ct. 1285, 84 L.Ed.2d 222 (1985).

另一方面，最高法院指出，当警察适当地告知了犯罪嫌疑人他的权利并得到了犯罪嫌疑人的弃权声明时，则取得了使供述被法庭采纳的“实质通行证”。[①]

放弃权利的形式。

尽管米兰达一案的判决意见没有规定警方从犯罪嫌疑人那里获得其放弃相关权利所必需的方式或形式，但在后面的北卡罗来纳州诉巴特勒（*North Carolina v. Butler*）一案[②]中，最高法院认为放弃权利并非必须通过书面形式。在该案中，巴特勒口头放弃了沉默权和讯问时律师在场权，但他拒绝签署书面形式的弃权声明。最高法院认定，尽管他拒绝签署书面声明，但口头的弃权已经足够了。[③]

基于最高法院在达克沃斯诉伊根（*Duckworth v. Eagan*）一案[④]和北卡罗来纳州诉巴特勒一案，以及米兰达判例本身中所表达的观点，米兰达警告及放弃权利的形式应当简化已经成为共识。因此，我们建议，警告的内容可以用口头用语这样表达：“你有权保持沉默，但你所说的一切都将用作针对你的呈堂证供；你有权获得律师，如果你无力支付律师费用，你可以免费获得律师帮助。”之后应当适当地停顿一段时间以便犯罪嫌疑人对这段警告作出回应，然后对犯罪嫌疑人说：“我们想让你跟我们说说这件事（专指这一正在调查的案件），怎么样？”[⑤] 如果犯罪嫌疑人明确表示或通过其他方法表示愿意进行谈话，甚至可

---

① Siebert, quoting *Berkemer v. McCarty*, 468 U.S. 420, 433, n. 20, 104 S. Ct. 3138, 82 L. Ed. 2d 317 (1984).

② *North Carolina v. Butler*, 441 U.S. 369 (1979). 还可参见 *State v. Murphy*, 91 Ohio St. 3d 516, 747 N.E. 2d 765 (Ohio 2001)（一旦警方向犯罪嫌疑人宣读了米兰达警告，犯罪嫌疑人在了解其权利后自由地与警察交谈，即使没有正式的弃权声明，仍可视为犯罪嫌疑人含蓄地放弃了其权利）。

③ 441 U.S. 369 (1979). 另见 *State v. Clark*, 592 S.W. 2d 709 (Mo. 1979)（被告人通过自由地交谈和回答问题放弃了沉默权）；*State v. Shifflett*, 508 A. 2d 748 (Conn. 1986)（拒绝签署书面的弃权声明，但积极的行为表明犯罪嫌疑人是明知和理智地放弃了保持沉默的权利）。

④ 492 U.S. 195 (1989).

⑤ 1987 年，最高法院对科罗拉多州诉斯普林（*Colorado v. Spring*）一案［479 U.S. 564 (1987)］作出了裁定。在该案中，犯罪嫌疑人因认为警方的审讯只会针对他较轻的犯罪行为而同意放弃了米兰达权利。在他就较轻的犯罪行为作出了自我归罪陈述后，警察将话题转向他涉嫌谋杀的案件并进行了审讯。但是，在这之前警察没有告诉被告人审讯将会涉及该谋杀案指控。后来被告人对杀人案作出了有罪供述。法院认为，被告人对米兰达权利的放弃并不会因为他错误地认为审讯只会针对较轻的犯罪（联邦武器犯罪方面的指控）这一事实而无效。法院直接否定了“要求警察向犯罪嫌疑人提供一系列信息去帮助他维护自身权益，决定回答什么问题”的说法。法院认为，那种标准的警告在所有的案件中对于适用米兰达警告都是适当、清楚的。

以通过点头来表示同意，那么讯问人员就可以着手开始讯问了。[①] 如果犯罪嫌疑人明确表示不愿谈话，或者用非言语行为表示不同意，如用摇头来表示不同意，或者表示他想与律师会见，那么讯问人员就不能开始讯问。

建议使用前面提到的口头形式进行米兰达警告和权利放弃，作者认为，这不仅与最高法院已有的观点相吻合，而且也符合公平正义的要求。尽管米兰达判例禁止劝说犯罪嫌疑人放弃沉默权和律师帮助权，但它也没有要求警察去说服犯罪嫌疑人行使这些权利，而这些对于已经如此频繁使用的书面弃权程序和例行的警告是具有实际影响的。[②]

如前所述，在一些案件中，犯罪嫌疑人放弃权利的方式是模棱两可或者非确定性的，出现这种情况时，审讯人员就应当进一步提问以明确犯罪嫌疑人的真实含义和想法；但是，需要注意的是避免跨越进入讯问的界限，只有犯罪嫌疑人明确放弃米兰达权利或者能够合理地推断他已弃权之后，讯问才能进行。[③]

（六）沉默权

正如前面所阐释的，米兰达规则要求告知犯罪嫌疑人他“有权保持沉默”，但是，最高法院近年来认为，犯罪嫌疑人事实上的沉默并不代表其行使了沉默权，相反，这代表了他同意接受审讯。在伯格布斯诉汤普金斯（*Bergbuis v. Thompkins*）一案[④]中，法院认为，在一场3小时的讯问中，被告人在前2小时45分钟内的沉默并不足以表达他行使了沉默权，因为被告人从未声明他要保持沉默或者他不想与警察谈话。法庭发现被告人在审讯过程中，并未有任何时候

① 在一起“点头表示同意”的案件中，科罗拉多州最高法院的说明如下：“在法律上，与普通生活事例一样，在有些案件中，当事人的肢体动作表达出来的含义比其言语要多，在我们看来，这个案件就是如此。”*People v. Ferran*, 196 Colo. 513, 591 P. 2d 1013 (1978). 还可参见 *Bliss v. United States*, 445 A. 2d 625 (D. C. App. 1982)。在人民诉威廉姆斯（*People v. Williams*）一案［464 N. E. 2d 1176 (Ill. App. 1984)］中，警察向有四个犯罪嫌疑人的犯罪团伙作出了米兰达警告，他们的点头同意被认为是适当的弃权形式。

② “不要求侦查人员去劝说被告人需要请律师。”*Delap v. State*, 440 So. 2d 1242, at 1248 (Fla. 1983), cert. denied, 104 S. Ct. 3554. 在一起联邦案件中［*United States v. Duke*, 409 F. 2d 669, 670-671 (4th Cir. 1969)］，法院宣称：“米兰达规则并未要求执法官员支持或者建议犯罪嫌疑人拒绝合作。只要犯罪嫌疑人被清楚地告知并且明确地理解他没有必要与警察交谈，他在决定自己是否要交谈之前可以咨询律师，以及如果他决定交谈，他可以在交谈时要求一名律师在场，米兰达规则所有的要求就得到了满足。”

③ 可参见以下案例所示：*Kennedy v. Fairrnan*, 618 F. 2d 12 1/2 (7th Cir. 1980)；*United States v. Charlton*, 565 F. 2d 86 (6th Cir. 1977)；*State v. Weinacht*, 203 Nebr. 124, 277 S. W. 2d 567 (1979)。

④ 130 S. Ct. 2250, 176 L. Ed. 2d 1098 (2010) 重审驳回，08-1470, 2010 WL 2889133 (U. S. July 26, 2010).

说过他要保持沉默、他不愿意与警方交谈或他需要会见律师。[①] 在讯问大概进行到第 2 小时 45 分钟时，讯问人员问汤普金斯："你相信上帝吗?"汤普金斯看着讯问人员，"双眼噙着泪水"说："是的。"讯问人员问："你向上帝祷告吗?"汤普金斯说："是的。"讯问人员接着问："你祈求过上帝原谅你开射杀那个男孩吗?"汤普金斯回答"是的"并移开了目光。汤普金斯拒绝作出书面供词，讯问在 15 分钟后结束。

在上诉时，汤普金斯辩称他"通过在相当长的时间里什么也不说的沉默形式来主张了他的沉默权，因此讯问人员应当在他作出有罪供述之前就停止讯问"。[②] 最高法院否定了他的这一辩解，认为原因在于：

如果因为犯罪嫌疑人一个模棱两可的行为、不作为或者声明就要求审讯人员停止讯问，那么将会迫使警察依据犯罪嫌疑人含混不清的目的作出困难的决定，并且面临着"如果猜错了"就会导致供述被排除的不利局面。对这种情况下的自愿供述予以排除，将会在打击犯罪活动方面给社会公共资源带来沉重的负担。[③]

（七）同意接受讯问

讯问人员在开始讯问之前必须从在押犯罪嫌疑人那里获得弃权。如果讯问人员没有遵循米兰达警告，那么从犯罪嫌疑人那里获得的供述将会被排除，无论供述是否是犯罪嫌疑人自愿作出的。[④] 但是，对于讯问没有被羁押的犯罪嫌疑人而言，则不必进行米兰达警告。

如同杜纳威诉纽约州（*Dunaway v. New York*）一案[⑤]中遇到的情况一样，在犯罪嫌疑人同意被带往警察局或者他自己自行前往警察局的情况下，就能够避免出现供述的可采性问题，因为同意被带到警察局或自行前往警察局的行为强烈地表明了被讯问人待在警察局不是米兰达警告所要求的那种"在押"。在该案中，一家比萨店老板在抢劫既遂中被杀害。负责调查的侦查人员收到一条来自警方线人的线索，暗示是杜纳威作案。侦查人员询问了这名线人——一名服刑人员，但没有得到申请逮捕令逮捕杜纳威所需的"足够证据"。[⑥] 尽管如此，侦查人员还是要求警察"找到"（pick up）杜纳威并把"他带回来"

---

① 在持续 3 小时左右的讯问过程中，尽管汤普金斯（Thompkins）作出了一些有限的言语性回复，如"是的""不""我不知道"，以及偶尔也通过点头进行交流，但在大部分时间里他都保持了沉默。*Thompkins*, 130 S. Ct. at 2256-2257.

② 130 S. Ct. at 2260.

③ Id., at 2260.

④ *Miranda*, 384 U. S. at 444.

⑤ 442 U. S. 200, 99 S. Ct. 2288 (1979).

⑥ 442 U. S. at 203, 99 S. Ct at 2251, 60 L. Ed. 2d at 824.

(bring him in)。[①] 3名侦查人员在杜纳威的邻居家中找到了他并将他监禁起来，但没有告诉他他已经被拘捕了。警察用警车将他带回警察局总部，并将他关进一间审讯室。在审讯室里，审讯人员在向他进行了米兰达警告之后对他进行了讯问。杜纳威放弃了获得律师辩护权，最终作出了有罪供述。[②]

最高法院认为，杜纳威的供述不具有可采性，因为警察在没有实施拘捕所需要的合理根据的情况下扣押杜纳威，事实上污染了后续的审讯程序。[③]

(八) 米兰达判例中的其他注意事项

1. 迟延将被拘捕人提交给司法官员。

实施拘捕的执法人员在将被拘捕人提交给法庭，即将其带到一名法官面前的过程中，不得有不合理的迟延。任何不适当的长时间羁押或者超过特定的州成文法限定的羁押期限，都有可能导致供述在法庭上被排除。

禁止迟延将被拘捕人提交给司法官员的法律已经很成熟了。历史上，州和联邦法律都要求实施拘捕的人员在合理的情况下尽可能快地将被拘捕者提交给治安法官。[④] 设置这一"提交"要求的目的是防止"秘密羁押"，以及将其作为一种告知犯罪嫌疑人被控罪名的途径。[⑤]

在麦克纳布诉美国（McNabb v. United States）一案中，最高法院审查了一系列针对拘捕后将被拘捕人提交法官的规则进行法典化的联邦法规，规定"有权实施拘捕的执法人员有义务将被拘捕者提交给距离最近的司法官员进行听审"。[⑥] 当时，联邦侦查人员在审讯几名涉嫌谋杀的犯罪嫌疑人时违反了此规定，在将犯罪嫌疑人提交给治安法官之前他们对这些人的羁押审讯持续了数天，在犯罪嫌疑人做出了供认之后，他们也只是将作出了供认的犯罪嫌疑人提交给治安法官，最终这些犯罪嫌疑人被判有罪。[⑦] 最高法院认为，这些供述因不合理的迟延提交而不具有可采性。

就在麦克纳布判例之后不久，国会通过了联邦刑事诉讼规则5（a），将数个关于拘捕后提交的成文法规汇编入一部法律之中。[⑧] 在最初制定的时候，该

---

① Id.

② 442 U.S. at 202-03, 99 S. Ct. at 2251-52, 60 L. Ed. 2d 824 (1979).

③ *Dunaway*, 442 U.S. at 216.

④ 参见 *County of Riverside v. Mclaughlin*, 500 U.S. 44, 61-62, 111 S. Ct. 1661, 114 L. Ed. 2d 49 (1991)。

⑤ Id., at 60-61, 111 S. Ct. 1661; McNabb v. United States, 318 U.S. 332, 63 S. Ct. 608, 87 L. Ed. 819 (1943).

⑥ 318 U.S., at 342, 63 S. Ct. 608 (citing, inter alia, 18 U.S.C. § 595 1940 ed).

⑦ 318 U.S., at 334-338, 344-345, 63 S. Ct. 608.

⑧ 参见 *Mallory v. United States*, 354 U.S. 449, 452, 77 S. Ct. 1356 (1957)。(将第五条规则描述为"言简意赅的重述，这种重述与先前的一些联邦成文法规定相比并没有实质改变"。)

规则要求："负责实施拘捕的执法人员，或者没有令状而实施拘捕的人员，在获得依据控诉而签发的令状后，应当在拘捕后将被拘捕人送至能够获得的、最近的司法长官或任何其他就近的法律授权官员处，以提交因违反美国法律而受到犯罪指控的人，不得有不必要的迟延。"① 这一规定演变至今，其基本内容得到了保留："在美国境内负责实施拘捕的人必须将被告人送交给治安法官，不得有非必要的迟延。"②

麦克纳布判例和联邦刑事诉讼规则 5（a）在阿普肖诉美国（*Upshaw v. United States*）一案③中都得到了运用，最高法院认为该案中被告人的自愿供述不具有可采性："在麦克纳布案件中，我们认为要求将被羁押人及时提交给最近的负责羁押的治安法官的基本目的是防止执法人员对受到犯罪指控的人进行'秘密审讯'。"④ 阿普肖一案的结果说明，即便口供是自愿作出的，如果经过了不合理的迟延才提交给法官，也不具有可采性。⑤

最高法院在马洛里诉美国（*Mallory v. United States*）一案中再次运用了联邦刑事诉讼规则 5（a），认为拘捕后经过 7 小时作出的口供不可采，因为在将犯罪嫌疑人提交给治安法官之前存在"不必要的迟延"。⑥ 法庭重申了制定这一规则的原因并进一步解释道：为了进行审讯而迟延正是典型的"不必要的迟延"。⑦ 这一反对迟延提交的规则即著名的麦克纳布-马洛里规则（McNabb-Mallory Rule），它规定在联邦案件中，违反联邦刑事诉讼规则 5（a）关于立即提交给治安法官的规定，在羁押期间获得的供述不具有可采性。⑧

在科利诉美国（*Corley v. United States*）一案⑨中，美国联邦最高法院认为："第 3501 节修改了麦克纳布-马洛里规则，但并没有取代它。"依据第 3501 节（c）小节修改后的规定，地区法院在排除某一供述的时候，必须查明犯罪嫌疑人的供述是否是在被拘捕后 6 小时之内作出的（除非更长的迟延提交是"由于交通运输方式不便或者距离最近的治安法官过远这种合理的因素"）。如果供

---

① Fed. Rule Crim. Proc. S(a)（1946）.

② Fed. Rule Crim. Proc. S(a)(1)(A)（2007）.

③ 335 U.S. 410, 69 S.Ct. 170, 93 L.Ed. 100（1948）.

④ Id., at 412, 69 S.Ct. 170（quoting McNabb at 344, 63 S.Cr. 608）.

⑤ 335 U.S. at 413, 69 S.Ct. 170.

⑥ 354 U.S., at 455, 77 S.Ct. 1356.

⑦ Id., at 455-456, 77 S.Ct. 1356；还可参见 Mclaughlin, 500 U.S., at 61, 111 S.Ct. 1661（Scalia, J. 大法官持不同意见）。（在普通法中很明确的是，一旦被告人被抓获，影响迟延合理性的唯一要素并不是实施进一步审讯的迫切需要这类事项，而是实施逮捕的侦查人员能否尽快达到治安法官那里。）*Upshaw*, 335 U.S. at 414, 69 S.Ct. 170.

⑧ *United States v. Alvarez-Sanchez*, 511 U.S. 350, 354, 114 S.Ct. 1599, 128 L.Ed. 2d 319（1994）.

⑨ _U.S._, 129 S.Ct. 1558（2009）.

述是在6小时之内作出的，则具有可采性，在符合其他证据规则的情况下，只要供述是“自愿作出的……其证明力由陪审团来判定”。但是，如果供述是在提交给治安法官之前作出的，并且超过了6小时的羁押期限，则法庭必须依据麦克纳布-马洛里规则确定的原则来判定这种迟延是否是不合理的或者不必要的，如果是不合理或者不必要的，则应当对此供述予以排除。

2. 过早的或重复的警告。

除了法律特别规定有必须进行米兰达警告的阶段,[①] 讯问人员通常不需要进行米兰达警告，直到正式开始询问。[②] 如果犯罪嫌疑人没有进行辩解，如“我是出于正当防卫才杀人的”，那么犯罪嫌疑人对被捕不发表言论的事实可在法庭审判时用于反对他自己，但必须是在犯罪嫌疑人为自己作证的情况下。[③]

重复进行米兰达警告可能会造成审判时证据的可采性问题。例如，在约翰·辛克利（John Hinckley）因射杀罗纳得·里根总统而被捕之后，一名特勤局（Secret Service）特工和当地警察在2小时内向辛克利不必要地重复了3遍米兰达警告。[④] 辛克利表明他已经收到了米兰达警告并且了解其内容，他要求与律师谈话。讯问人员没有继续对其进行讯问。辛克利由于违反暗杀总统法律而被拘捕。但是，执法人员在将辛克利移送到联邦调查局的办公室后向其进行了第四次米兰达权利警告。辛克利在联邦调查局给他的弃权声明上签字，但并没有放弃在会见律师之前保持沉默的权利。尽管如此，辛克利回答了各种各样的关于其“背景情况”的问题。[⑤]

华盛顿特区地区法院认为这些从辛克利口中获得的关于“背景情况”的信息不能作为证据使用，因为它们是在辛克利提出会见律师要求的情况下继续讯问而获取的。[⑥] 辛克利最终因精神失常的原因而被判无罪。

重复进行米兰达警告通常是基于希望被讯问人能够在多次接受米兰达警告之后能够改变拒绝谈话的主意或者放弃会见律师的要求，事实上，这种多次警

---

① 路易斯安那州有宪法性规定（Article I, Section 13），要求在拘捕的时候进行米兰达警告。

② 在靠边停车（a traffic stop）盘问中不需要进行米兰达警告，在这种盘问中，警察会提出一些例行性问题进行盘问，警组成员必须将警车上的警灯闪烁起来以确保停下来的和正在行进中的人员和车辆的安全。*People v. Havlin*, 947 N. E. 2d 893 (Ill. App. 2011). 还可参见 *Berkemer v. McCarty*, 468 U. S. 420. 104 S. Ct. 3138 (1984)。

③ 参见 *Jenkins v. Anderson*, 447 U. S. 231, 100 S. Ct 2124, 65 L. Ed. 2d 86 (1980)（被告人在被捕前的沉默在审判时可以用作质疑其可信性的证据）。还可参见 *Doyle v. Ohio*, 426 U. S. 610, 96 S. Ct. 2240 (1976)。

④ 525 F. Supp. 1342 (D. C. 1981), aff'd 672 F. 2d 115 (1982).

⑤ *Hinckley*, 525 F. Supp at 1352.

⑥ *Hinckley*, 525 F. Supp at 1354.

告会累积发展成促使犯罪嫌疑人放弃先前已主张的权利。例如，在人民诉哈莫克（*People v. Hammock*）一案[①]中，犯罪嫌疑人接受了米兰达警告并要求会见律师。之后，警察和州助理检察官向犯罪嫌疑人进行了一些“新形式”的警告，最终犯罪嫌疑人作出了供述。根据他自己的供认，犯罪嫌疑人被判有罪，但上诉法院在二审中作出了改判，因为犯罪嫌疑人的认罪供述是在他已经提出了会见律师要求之后的不当情况下作出的。[②]

在向犯罪嫌疑人进行了米兰达警告且犯罪嫌疑人已经放弃其权利之后，不需要重复进行米兰达警告，除非考虑到自第一次警告之后经过的时间已经过长，如经过了一天或更久。[③] 讯问人员也不需要在犯罪嫌疑人弃权之后，转而针对另外一起无关的犯罪行为进行讯问时重复米兰达警告。[④]

3. 米兰达警告的公共安全例外。

在纽约州诉夸尔斯（*New York v. Quarles*）一案[⑤]中，最高法院针对米兰达规则创制了一个公共安全的例外。米兰达规则要求执法人员在讯问在押的犯罪嫌疑人之前必须告知其享有沉默权和获得律师帮助权，公共安全的例外允许执法部门出于保护警察和公共安全免受潜在侵害的有限目的，在告知犯罪嫌疑人个人权利之前询问他一些问题，犯罪嫌疑人对这些问题的回答可以在法庭上用作针对犯罪嫌疑人的证据。这一例外已经扩展到了即使犯罪嫌疑人主张了其获得律师权的情况下，也可以向其询问这类问题。[⑥]

公共安全例外的制定目的是保障执法人员和社会公众的安全。因此，当警察询问未受羁押的犯罪嫌疑人他的住处是否有可能伤害到警察的东西时，如果犯罪嫌疑人的回答是“我有一把左轮手枪，我已找到它了”，[⑦] 则这一回答在法庭上具有可采性。公共安全的例外包含了一系列确保警察安全所必需的问题，只要这些问题：①“与保护警察或公众免受任何迫切危险的客观、合理需要相

---

① 121 Ill. App. 3d 874,460 N. E2d 378 (1984).

② Id., at 880. “设想我们的宪法权利和保障能够在事实上被我们所有的公民平等享有，我们作为法官，就必须确保那些犯罪嫌疑人不会仅仅因为这样的因素而放弃他们的宪法权利和保障：碰到了需要对抗的经验丰富却冷漠无情的执法官员，或者过分热衷于获得有罪判决而不关心犯罪嫌疑人的宪法权利和保障的助理检察官。”

③ 在米兰达警告之后，经过了六小时的时间，在被告人供认之前不需要进行新的警告，即使在被告人在供认之前受到了他最初作出的虚假陈述的质疑这种情况下。参见判例 *Commonwealth v. Martinez*, 458 Mass. 684,940 N. E. 2d 422 (2011)。

④ *Berghuis v. Thompkins*, _U. S. _130 S. Ct. 2250, 176 L. Ed. 2d 1098, 131 S. Ct. 33, 177 L. Ed. 2d 1123 (2010).

⑤ 467 U. S. 649, 104 S. Ct. 2626 (1984).

⑥ *United States v. Mobley*, 40 F. 3d 688 (4th Cir. 1994) cert denied, 131 L Ed 2d 1005, 115 S Ct 2005.

⑦ *Lamb v. State*, 251 P. 3d 700 (Nev. 2011).

关”，以及②“在性质上不是调查性的或者不仅仅是为了从犯罪嫌疑人那里获取证人证言而设计的”。[①] 尽管公共安全例外覆盖的范围比较“狭窄”，但它并不依赖于对公众安全和警察安全进行区分。相反，对它的限制条件来源于“使之正当的紧急情况”以及在这两类问题之间的区分：“对保护警察自己的安全或社会公众的安全所必需的问题和仅仅是为了从犯罪嫌疑人身上获取证人证言而设计的问题。”[②]

例如，当警方试图确定一名被绑架者的位置而审讯一名他们有合理根据怀疑实施了这起绑架案件或者知晓被害人位置的犯罪嫌疑人时，适用公共安全的例外就是有必要的。时间的紧迫性是关键要素。如果犯罪嫌疑人拒绝和警方谈话，而这可能是由于他接受了米兰达警告和弃权要求后作出的决定，随之产生的在确定被害人位置方面的迟延就可能导致生命损失。[③]

公共安全的例外也可以适用于这种情况：当警方在执行拘捕的时候，对于曾携带枪支的犯罪嫌疑人问道：“枪在哪里?”这种提问的主要目的是了解武器的去向，以保护警察和其他人员的安全。[④]

由于持续受到恐怖主义的威胁，联邦立法机构将公共安全的例外扩大到了适用于审讯恐怖主义犯罪嫌疑人。2010 年，美国国会众议院通过了一项扩大夸尔斯公共安全之例外的改革，将其扩大至涉嫌恐怖主义活动的人。这项改革提出：

> 对于与恐怖主义活动相关的人员，如果是基于合理怀疑该人知晓对公共安全具有其他威胁的信息而进行审讯，未经米兰达警告的讯问所取得的供述可在法庭上作为指控其犯罪的证据使用。[⑤]

4. 米兰达警告的私人保安例外。

米兰达警告明确限定于“由执法人员发起的讯问”。因此，如果私人保安依据其作为普通公民而享有的拘捕权利拘捕了一个人，在对其讯问时，通常并

---

① Id., citing *United States v. Estrada*, 430 F. 3d 606, 612 (2d Cir. 2005) (quoting *United States. v. Newton*, 369 F. 3d 659,677 (2d Cir. 2004), and Quarles, 467 U. S. at 658-59 & n. 8, 104 S. Ct. 2626).

② *Quarles*, 467 U. S. at 658-59.

③ *People v. Manning*, 672 P. 2d 499 (Colo. 1983).

④ *State v. Roadenbaugh*. 234 Kans. 474, 673 P. 2d 1166 (1983); *State v. Hein*, 138 Ariz. 360, 674 P. 2d 1358 (1983).

⑤ H. Res. 1413, 111th Cong. (May 27, 2010). 尽管还没有形成立法，但是 FBI 指示其特工在审讯对公共安全具有迫切威胁的“现行恐怖主义分子”时不需要对其进行米兰达警告，恐怖主义威胁的重大性和复杂性证明了这样处理的合理性。参见《纽约时报》“针对恐怖主义犯罪嫌疑人实施推迟的米兰达警告”, March 25,2011, p. A16。

不需要进行米兰达警告。① 私人安保人员只有在以下情况中才被要求进行米兰达警告：①州的成文法或地方条例授予他们行使与警察相同的权力时；②正式警察在业余时间兼职担任（“兼差”）私人保安为私人服务时；③私人保安与警察合作履行警察调查职能时。②

类似的，缓刑考察官员对缓刑犯无须进行米兰达警告。在明尼苏达州诉墨菲（*Minnesota v. Murphy*）一案③中，墨菲是一名缓刑犯，因一名治疗顾问向缓刑考察官揭发墨菲放弃了一个治疗项目而被招来讯问，墨菲承认了一起强奸谋杀案。法院认为墨菲向缓刑考察官的供认具有可采性，墨菲并未处于“受米兰达规则保护”的羁押状态。④

5. 未进行米兰达警告的补救措施。

如果审讯人员因误以为没有必要而未对犯罪嫌疑进行米兰达警告，可以采取弥补措施避免错过审讯时机。在早前讨论过的俄勒冈州诉埃尔斯坦（Oregon v. Elstad）一案⑤中，警察带着犯罪嫌疑人涉嫌入室盗窃的拘捕令状前往犯罪嫌疑人父母的住处，在犯罪嫌疑人的母亲认可后，她向警察指明了埃尔斯坦所处的卧室。在埃尔斯坦换好衣服后，其中一名警察将他带到客厅，另一名警察与埃尔斯坦的母亲一起待在厨房。与埃尔斯坦一起坐在沙发上的警察问他是否知道警察来找他的原因，埃尔斯坦说他不知道。警察问埃尔斯坦是否认识这起案件的被害人，埃尔斯坦说他认识，并且说他听说过这起案件。警察回复埃尔斯坦认为他参与了这起入室盗窃案，并问他知晓这起案件中的什么情况。埃尔斯坦回答道：“我当时在那儿。”警察当时没有继续追问任何其他问题，另外也没有试图弄清埃尔斯坦参与这起案件的性质和参与程度。

警察将埃尔斯坦带回警察局并通过宣读标准的米兰达警告卡片告知了他相关权利。然后警察问埃尔斯坦是否理解其权利，他回答说“是的”并在放弃米兰达权利的表格上签了字，随后作出了书面供认。

初审法院驳回了埃尔斯坦提出的排除其书面供词的动议，认为这一供述是自由和自愿作出的，在米兰达警告之前的认罪情况没有污染随后作出的供述。但是，俄勒冈州上诉法院推翻了初审法院的认定，认为：警方违反米兰达规则

---

① *People v. Deborah C.*, 30 Cal. 3d 125, 177 Cal. Rptr 852, 635 P. 2d 446 (1981); *People v. Ray*, 65 N. Y. 2d. 282, 480 N. E. 2d 1065 (1985).

② ld.; 还可参见 *Pratt v. State*, 9 Md. App. 220, 263 A. 2d 247 (1970)。

③ 465 U. S. 420 (1984).

④ Id. 还可参见 *People v. Racklin*, 195 Cal. App. 4ch 871 (Cal. App. 1st Disc. 2011)（米兰达警告在缓刑撤销听证中不能适用）。

⑤ 470 U. S. 298, 105 S. Ct. 1285 (1985).

从埃尔斯坦那里获取的认罪陈述对其之后的供述具有强制性影响，尽管在他后面作出供认之前存在着米兰达警告及其弃权的事实。

最高法院再次推翻了上诉法院的认定，认为：曾经对没有警告且没有强制性的讯问作出过回复的犯罪嫌疑人，在被给予了必要的米兰达警告之后，并非没有资格放弃他的权利并作出供认。[①]

6. 允许对无关的案件进行审讯。

在麦克尼尔诉威斯康星州（*McNeil v. Wisconsin*）一案中，最高法院认为，被告人在第一次出庭时主张了他的律师帮助权并不代表他在另一起未被指控的犯罪行为中也自动地主张了他的米兰达权利。[②] 被告人“可能非常愿意在没有律师在场的情况下就其所关心的很多事情与警察交流，但不愿意就被指控的事项与警察交流”。[③]

麦克尼尔受到发生在威斯康星州西艾利斯（West Allis）的持械抢劫案指控，他没有要求聘请律师，但在保释听证中有一名公共律师代表他进行辩护。在狱中等候针对他在西艾利斯的持械抢劫犯罪行为的正式指控期间，麦克尼尔接受了警察就发生在威斯康星州卡利多尼亚（Caledonia）的一起谋杀案及相关犯罪行为进行的讯问。警察对麦克尼尔进行了米兰达警告，他签字放弃了相关权利并对其在卡利多尼亚实施的犯罪作出了自我归罪陈述。后来，麦克尼尔因为在卡利多尼亚实施的犯罪被正式指控，他提出了排除他作的有罪供述的审前动议，但被驳回并被判定有罪。在上诉程序中，对他的有罪判决得到维持。当时，威斯康星州最高法院需要确认如下这个问题：“被告人因受到犯罪指控在最初出庭时主张了其获得律师帮助的权利，但其效果是否延伸至警察对另外一项无关的、未被指控的罪行的审讯中？”威斯康星州最高法院对这个问题的回答是“否”。

联邦最高法院认为，宪法第六修正案所规定的权利不会自动地适用于某一特定的犯罪，只有对抗制司法程序启动后才会产生。[④] 因此，麦克尼尔针对在西艾利斯实施的持械抢劫案行使权利，并不妨碍他针对在卡利多尼亚实施的犯罪作出认罪陈述，即使在作出陈述的当时他还没有受到此案的指控。作为一项政策，法院拒绝宣称对宪法第六修正案权利的主张意味着被拘捕人行使了米兰达警告中的权利：

① *Elstad*, 470 U.S. at 314; *Siebert*, *supra*, p. 405.

② *McNeil v. Wisconsin*, 501 U.S. 171, 111 S. Ct. 2204, 115 L. Ed. 2d 158 (1991); *Flamer v. Delaware*, 68 F.3d 710 (3d Cir. 1995).

③ *McNeil*, 501 U.S. at 178.

④ 501 U.S. 171, 111 S. Ct. 2204(1991).

如果犯罪嫌疑人只愿通过律师来与警方交流而不希望与警方直接交流，他可以在警方给他作米兰达警告的时候直接告诉警察。如果警察在没有法律顾问在场的情况下与其进行交谈，犯罪嫌疑人很有可能会觉得自己在“受折磨”。因为他知道交谈的主题不会是那项他已经提出要求获得律师帮助的罪名，而且，他也无法在没有律师在场的情况下拒绝警方对他进行关于以前任何其他话题的讯问。但是，这一提议规则的确会严重妨碍执法的效力。[①]

三、法律允许使用的讯问技巧

（一）供述自愿性：历史沿革

在早期讯问实践中通过滥用强制力从被指控人那里榨取口供的做法，导致了某些关于供述可采性的预防性规则的发展。[②] 一个基础性的规则是，供述在被用作证明被指控人有罪的证据之前，必须先确认这一供述是被指控人自愿作出的认罪，或者供述必须是在不会被合理地认为其可信性受到质疑的情况或场合下获得的。这一规则就是著名的用于判断供述可采性的“自愿性-可信性”规则，它被联邦和各州法院广泛使用，直到最高法院为联邦法院系统确认了更为严格的麦克纳布-马洛里规则，并就此修改了各州法院对供述可采性的传统惯例。

麦克纳布-马洛里规则首先禁止了不合理地迟延提交起诉报告，它也要求通过审讯获得供述必须具有自愿性。麦克纳布-马洛里规则的效力一直沿用到1968年，直到国会颁布了《1968年综合控制犯罪与街道安全法》，[③] 该法试图推翻米兰达规则并结束了麦克纳布-马洛里规则在联邦法院的适用。该法第3501节要求联邦法院法官认可刑事被告人供述的可采性，只要供述是自愿作出的即可，即使被告人没有收到米兰达警告。[④] 第3501节中的（a）小节和（b）小节被设计为取消了米兰达规则的效力。（a）小节规定：“在美国或哥伦比亚特区提起的任何刑事指控中……，供述……只要是自愿作出的，都应当采信为证据。”（b）小节列举了法院评估口供自愿性时应当考量的若干因素。（c）小节专门针对麦克纳布-马洛里规则，规定：如果法官能够认定被拘捕被告人的供述是自愿作出的，并且是在被拘捕后6小时内作出的，则该供述不应当仅仅

---

① *McNeil*, 501 U.S. at 180.

② J. H. Wigmore, *Evidence in Trials at Common Law*, 3d Ed. (Boston: Little, Brown, 1940), Section 822, 865, 2266.

③ Omnibus Crime Control and Safe Streets Act of 1968, Title II § 701 (a), 82 Stat. 210.

④ 作为国会通过的法案，该法第3501节只适用于联邦刑事诉讼程序以及哥伦比亚特区的刑事诉讼程序。

因为被告人被迟延提交给地方法官就被排除。[①] 该小节还规定了 6 小时时间限制的例外情况，即考虑到交通运输方式和距离而不能在规定时间内抵达最近的地方法官属于“合理的迟延”。[②]

在美国诉阿尔瓦雷斯－桑切斯（*United States v. Alvarez-Sanchez*）一案中，最高法院根据《1968 年综合控制犯罪与街道安全法》判定，在被告人因州政府的毒品指控被拘捕与将他提交给治安法官接受后续的联邦政府指控之间存在迟延，但这种迟延并不要求排除被告人作出的自我归罪陈述，这一陈述是指在被告人因州政府的指控而被羁押期间向联邦侦查人员作出的供述。[③]

然而，在 2000 年的迪克森诉美国（*Dickerson v. United States*）一案[④]中，最高法院认为《1968 年综合控制犯罪与街道安全法》违反了宪法，试图推翻米兰达规则。法院坚定地支持将米兰达规则视为一条宪法性规则，其效力不能被成文法取消。在最近的科利诉美国（*Corley v. United States*）一案[⑤]中，最高法院确认了麦克纳布－马洛里规则，推翻了一个定罪判决。在该案中，在犯罪嫌疑人被拘捕和审讯的时间与他被移交给联邦当局的治安法官的时间之间经过了 29.5 小时。最高法院认为：“如果没有麦克纳布－马洛里规则，在将犯罪嫌疑人带到公开的法庭之前，联邦当局的侦查人员可能会毫无限制地对犯罪嫌疑人进行长时间讯问”，“羁押性的警方讯问，从本质上来说，对被讯问人具有隔绝性和压迫性，会导致那些没有实施犯罪的人作出有罪供述”。[⑥]

1. 可信性和免受强制。

在 20 世纪 40 年代，法院对口供“自愿性”的解释是免受强制，在判定是否自愿时会考虑讯问的持续时间。例如，在阿什克拉夫特诉田纳西州（*Ashcraft v. Tennessee*）一案[⑦]中，被告人因涉嫌谋杀他的妻子而被拘捕，警方断断续续地对他进行了 36 小时的审讯之后得到了他的供认。田纳西州最高院确认了对阿什克拉夫特的有罪判决。联邦最高法院推翻了对阿什克拉夫特的有罪判决，法院认为：在长达 36 小时的讯问期间，被告人被单独拘禁且不允许睡觉或休息，这种讯问因具有“内在强制性”而违背了“正当程序。”联邦最高法院还指出，为保障供述具有可采性，供述必须是可信的并且没有受到“内在强制”。

---

① §3501（c）.

② Id.

③ 511 U.S. 350, 114 S.Ct. 1599（1994）.

④ 530 U.S. 428（2000）.

⑤ _U.S._, 129 S.Ct. 1558（2009）.

⑥ *Dickerson*, 530 U.S. at 435, 120 S.Ct. 2326, 147 L.Ed.2d 405.

⑦ 322 U.S. 143, 64 S.Ct. 921（1944）.

无论警察的讯问活动对某个特定的被告人产生了什么样的影响，也不论被告人的供述是否可信，在上述这种情况下获得的供述都是不可采的。① 甚至对于没有威胁行为但时间长度为 5 小时的审讯，最高法院也认为所获得的供述是不可采的。在哈利诉俄亥俄州（*Haley v. Ohio*）一案②中，最高法院推翻了对一名 15 岁男孩的有罪判决，这名男孩受到了数名警察交替轮流进行的长达 5 小时的讯问，尽管没有使用任何强迫、威胁或许诺。③ 法院认为警方对哈利的审讯具有“内在强制性”，同时指出，在任何案件中，如果有无可争辩的证据“表明”警方的讯问使用了强制手段，有罪判决应当被推翻，“即使没有被告人的供述可能也存在足够的证据将被告人起诉给陪审团”。[补充强调]④

然而，1949 年联邦最高法院重新定义了“自愿性”，放弃了阿什克拉夫特一案中确立的“内在强制性”检验标准，转而支持早期州法院系统使用的关于供述可采性的自愿性-可信性检验标准。⑤ 在数年内，在 1951 年至 1952 年的加列戈斯诉内布拉斯加州（*Gallegos v. Nebraska*）一案⑥和史翠柏诉加利福尼亚州（*Stroble v. California*）一案⑦中，法院重新提出了自愿性-可信性检验标准。在加列戈斯案中，法院认为“就正当程序对审判前的供述的影响来说，能够接受的标准就是他们的自愿性”。⑧ 在加列戈斯和史翠柏这两起案件中，法院拒绝直截了当地将在提讯中因“不必要地迟延”获得的供述宣布为不合法，而是认为这种迟延仅仅是判定供述是否具有自愿性的诸多因素之一。⑨

2. 综合全案情势。

在 1957 年的菲克斯诉亚拉巴马州（*Fikes v. Alabama*）一案⑩中，对于供述可采性的评估法院提出了“综合全案情势”（the totality of the circumstances）考量的方法。法院裁定一名未受过教育的人在超过 10 天羁押期间的间歇性讯问中作出的供述不可采，在羁押期间他与其他在押人员隔离，并被阻止与试图探望他的父亲和律师会见。法院认为“综合全案情势”这一行为超出了可以容忍

---

① *Ashcraft*, 322 U.S. at 154.

② 332 U.S. 596, 68 S.Ct. 302 (1948).

③ *Haley*, 332 U.S. at 598.

④ Id., at 599.

⑤ *Watts v. Indiana*, 338 U.S. 49 (1949); Turner v. Pennsylvania, 338 U.S. 62 (1949); and *Harris v. South Carolina*, 338 U.S. 68 (1949).

⑥ 342 U.S. 55 (1951).

⑦ 343 U.S. 181 (1952).

⑧ *Gallegos*, 342 U.S. at 65.

⑨ Id., 342 U.S. 55; 343 U.S. 181.

⑩ 352 U.S. 191 (1957).

的界限。

在斯潘诉纽约州（*Span v. New York*）一案[①]中，最高法院似乎放弃了结合全案情势考量，转而赞同自愿性-可信性检验标准。作为正当程序的要求，最高法院似乎准备把相同的“文明准则”施加到州法院系统，这一准则已在麦克纳布-马洛里（*McNabb-Mallory*）案之后施压于联邦法院系统和联邦执法人员。

社会之所以痛恨使用非自愿的供述，并不仅仅是因为其固有的可信性问题，还有更为根深蒂固的价值观：警察在执法过程中必须遵守法律，否则，生命和自由最终会在使用非法的方法将那些被认为是罪犯的人定罪的执法活动中受到与犯罪活动本身一样的危害。[②]

后来，在1991年的亚利桑那州诉富米兰特（*Arizona v. Fulminante*）一案[③]中，联邦调查局的某个线人安排一名联邦服刑人员去套取一起犯罪中与他被指控罪名无关的供述，法院认为这一行为存在强迫性。联邦调查局的线人答应为富米兰特提供保护，避免其因为作证而被另一位被判谋杀儿童罪的服刑人员伤害。法院认为显然富米兰特的供述动机是出于对身体伤害的恐惧，这种恐惧就是缺少自称他“朋友”的联邦调查局的线人的保护。

在罗杰斯诉里士满（*Rogers v. Richmond*）一案[④]中，关于供述可采性的标准，法院发布了一个明确的州法院适用的“一般检验标准”，认为供述可采与否应当取决于“政府执法人员的行为是否压服了（犯罪嫌疑人的意志自由）使其不能自由地作出供述与否的决定”，[⑤] 并且这个问题的答案“与被指控人事实上所述是否属实完全无关”。[⑥]

在科伦贝诉康涅狄格州（*Culombe v. Connecticut*）一案[⑦]中，最高法院回到了自愿性检验标准，认为在州法院系统中判断供述可采性的“终极标准”是“200年以来在盎格鲁-美国人法院中唯一明确确立并保留下来的：自愿性检验标准”。[⑧]

最高法院适用于判断供述是否自愿的标准的变化，反映了过去这些年来州和和联邦地区法院在运用这一确切的检验标准时具有相当大的不确定性。即便在最简单的案件中，对供述自愿性的判断也是微妙的：“自愿性”并不等同于

---

① 360 U. S. 315 (1959).

② Id. at 320-21.

③ *Arizona v. Fulminante*, 499 U. S. 279 (1991).

④ 365 U. S. 534 (1961).

⑤ Id.

⑥ Id. at 544.

⑦ 367 U. S. 534 (1961).

⑧ Id.

“自愿提供的”：

严格适用（我们用于判断供述自愿性的标准）实质上就会要求排除所有的羁押性讯问结果，因为当一个人被监禁、独自面对配有武器的执法人员的审讯，且没有律师或任何其他人员在场给予他道义上的支持时，则几乎不存在可以被看作真正“自由”选择作出的供述。这一准则就是不要过分严格……在任何情况下，只有极为少见的自我归罪陈述、羁押或其他程序会被认为是犯罪嫌疑人自愿的，即便其中一部分是讯问人员给予其完全自由而产生的结果。[①]

3. 对青少年的讯问及行为能力问题。

米兰达规则适用于对青少年犯罪嫌疑人的讯问，并没有特别的法律规定青少年犯罪行为人在审讯程序中享有不同的特权和适用不同的程序。[②] 在判定青少年所作的供述是否具有自愿性时，法院会综合考虑全部情况，包括被讯问人在接受审讯时的年龄、智力、背景、经历、行为能力、受教育程度和生理状况，羁押的合法性和持续时间，讯问的持续时间，以及讯问人员是否存在包括威胁、许诺在内的生理和精神虐待等情况。[③] 在 J. D. B. 诉北卡罗来纳州（*J. D. B. v. North Carolina*）一案中，最高法院裁定认为，只要警察在审讯时知晓青少年的年龄或者客观上其年龄特点对于理性的讯问人员而言是明显的情况下，分析米兰达警告羁押的合法性时，年龄是一个辅助因素。[④] 法院指出，青少年很有可能认为被警察审讯是一种非常恐怖的经历，因而从米兰达规则的目的来看这种情形可以被看作“羁押性的”，对于成年人而言这种情形则不属于“羁押”。从这个意义上说，警察必须考虑青少年的个人情况，如果难以评估，可以对其进行米兰达警告。

其他法院指出，在考察青少年供述自愿性这一问题时，在警察局进行审讯的氛围所具有的“内在强制性”就是一个重要因素。[⑤] 考虑到上述因素的综合情况，法院认为一名智商 62、心理年龄 9 岁的 15 岁少年对谋杀案作出的供述

---

① *United States v. Rutledge*, 900 F. 2d 1127, 1129 (7th Cir. 1990).

② 《联邦青少年犯罪法》[The Federal Juvenile Delinquency Act (18 U. S. C. A. §§ 5031-5042)]对于在联邦刑事司法系统中与青少年犯罪相关的处理规定了各种例外。

③ 参见 e. g. , *People v. Gilliam*, 172 Ill. 2d 484,500, 218 Ill. Dec. 884,670 N. E. 2d 606 (1996)。

④ *J. D. B. v. N. Carolina*,_ U. S. _, No. 09-11121,2011 WL 2369508 June 16, 2011).

⑤ 参见 e. g. , *State ex rel. E. T.* , 2009-67 La. App. 3 Cir. 5/6/09, 10 So. 3d 1264 writ denied, 2009-1245 La. 7/1/09, 11 So. 3d 498。（该案中的犯罪嫌疑人是一名青少年，在作出供认前的一星期他刚满 11 岁，将要读完四年级学业。他对实施严重乱伦的关键供述不是在知情并自愿的情况下作出的，讯问时没有关心其利益的适格成年人在场，也没有关心其利益的适格成年人在他放弃米兰达权利和承认犯罪之前向他解释该权利的含义；维护青少年权益的成年人之间存在利益冲突，因为同时需要维护被害人权益；其继父对其权益的维护存在疑点，因为他是被害人的生物学父亲；没有记录表明有成年人试图维护未成年人权益；有证据显示侦查人员的行为对青少年供述产生的影响高度可疑。）

具有可采性,[①] 一名18岁青年作出的供述也具有可采性,[②] 尽管讯问人员向犯罪嫌疑人谎称鉴定意见呈阳性，并且谎称在被害人钱夹上发现犯罪嫌疑人的指纹。

被羁押的青少年犯罪嫌疑人可能会采用与成年犯罪嫌疑人同样的方式放弃米兰达权利。在费尔诉迈克尔（*Fare v. Michael C.*）一案[③]中，警察向一名16岁的被告人进行了米兰达警告，然后开始审讯。尽管被告人要求会见他的监护人，但并没有要求聘请律师。最高法院认为被告人要求会见监护人的请求并不等同于要求会见律师，结合全案情势考量，犯罪嫌疑人是放弃了与律师会见的权利。[④]

除了本案中的特殊原则外，迈克尔一案确立了针对警方审讯青少年犯罪嫌疑人的普遍准则。大多数法院在说明针对这类案件会运用“综合全案情势”的方法判断口供自愿性之后，作出了如下评论：

与成年犯罪嫌疑人是否放弃他的权利相比较，对于青少年犯罪嫌疑人是否放弃他的权利这一问题，将他们区分我们看不出任何有说服力的原因。综合全案情势，实际上它要求对审讯相关的所有情况进行调查。包括评估青少年的年龄、经历、受教育程度、家庭背景和智力情况，以及去调查他是否具有理解给予他的米兰达警告的含义、他享有的宪法第五修正案权利的性质，以及放弃这些权利的后果的能力。[⑤]

与上述准则相对照的检验标准是马萨诸塞州最高法院在一起案件中确定的，该案涉及一个17岁的青少年弃权后口供的效力问题。法院认为弃权后口供的效力问题取决于“全案的整体情况——包括被指控人的个人特征和审讯的具体细节”。[⑥] 换言之，青少年的年龄是但只是需要考虑的因素之一。

尽管大多数法院对于青少年犯罪嫌疑人不能放弃米兰达权利的问题倾向于适用固定的准则,[⑦] 但一些州法院适用了“利益相关的成年人因素”或“利益相关的成年人规则”，这种规则经常出现在州成文法当中，要求一定年龄之下

---

① *Vance v. Bordenkircher*, 692 F. 2d 978 (4th Cir. 1982), cert denied, 464 U. S. 833 (1983).

② In re D. A. S., 391 A. 2d 255 (D. C. Ct. App. 1978).

③ 442 U. S. 707 (1979).

④ Id., at 727-28.

⑤ 442 U. S. 707 at 725.

⑥ *Commonwealth. v. Williams*, 388 Mass. 846, 448 N. E. 2d 1114 (1983). 也可参见 *In Re M. A. C.*, 761 A2d 32 (D. C. 2000)（智商低于64，独自面对审讯，并未导致一名15岁的犯罪嫌疑人作出的供认不具有可采性）。

⑦ *Quick v. State*, 599 P. 2d 712 (Alaska 1979); *State v. Hunt*, 607 P. 2d 297 (Utah, 1980); *Dutil v. State*, 93 Wash. 2d 84, 606 P. 2d 269 (1980).

的青少年（16、17 或 18 岁）不具有放弃米兰达权利的能力，除非向他提供了一名“利益相关、足够理智的、独立的成年人”用以咨询，[①] 或者在讯问时有父母、监护人或律师在场。[②]

在人民诉伯内斯科（*People v. Bernasco*）一案中，伊利诺伊州最高法院认为由一名智商为 80、在九年级辍学的 17 岁青少年作出的夜盗窃供述不可采。[③] 法院总结道，根据心理医师的专家证言，在警方向其作出米兰达警告时，该犯罪嫌疑人没有能力“明知且理智”地放弃米兰达权利。

印第安纳州的一个法院认为，一名警察在学校兼职做安保人员但身着城市制式警服、在学校负责人在场的情况下，将一名青少年扣留并盘问他关于使用毒品的问题，即使最后这名青少年受到指控，也不需要对他进行米兰达警告，因为这种讯问是出于“教育”的目的，而且学校的环境也不具有强制性。[④]

除了少数州的成文法要求，以及除了少数州法院建立了特殊的规则之外，上述讨论过的规定和判例，对青少年犯罪嫌疑人的审讯方式基本上与对成年人的审讯相同（参考本书第十三章对青少年的保障）。例如，一名 12 岁的犯罪嫌疑人接受讯问，警察向他宣读了米兰达警告，他无障碍地理解其内容并与警察交流，讯问记录中没有迹象表明这名犯罪嫌疑人缺乏理解沉默权的智力或能力，法院维持了对他犯入室盗窃罪和盗窃罪的判决。[⑤] 在所有案件中适用的基本指导准则是，讯问人员做的或者说的任何东西不可能导致无辜的人作出有罪供认。

法院在审查供述自愿性时会考虑犯罪嫌疑人是否具有成熟的判断力。在加列戈斯诉科罗拉多州（*Gallegos v. Colorado*）一案[⑥]中，最高法院推翻了一名 14 岁少年犯的谋杀罪有罪判决，该判决的依据是被告人在没有父母或监护人陪同

---

① *In re G. O.*, 191 Ill 2d 37 (2000), *In re Marvin M.*, 383 Ill App. 3d 693, 890 N. E. 2d 984 (2008); *Lewis v. State*, 259 Ind. 431, 288 N. E. 2d 138 (1972); 也可参见 *Massey′ v. Indiana*, 267 Ind. 504, 371 N. E. 2d 703 (1978)（被告人实施武装抢劫时只有 17 岁、在向缓刑监督官作出自我归罪陈述时已过了 18 岁生日，没有要求父母或监护人来提供咨询）; Cf. *Commonwealth v . Williams*, 470 A. 2d 1376 (Pa. 1984)（综合全案情势检验标准决定了青少年放弃权利及其供述自愿性的效力）。

② 参见 e. g., *In re Jerrell* CJ., 283 Wis. 2d 145, 699 N. W. 2d 110 (2005)（没有通知一名 15 岁青少年的父母，剥夺了他接受来自父母的建议和意见的机会）; *People v. Westmorland*, 372 Ill. App. 3d 868, 866 N. E. 2d 608 (2007)（排除了一名 17 岁青少年的供述，因为没有联系到青少年的父母）; *People v. Saiz*, 620 P. 2d 15 (1980)（撤销了一名 16 岁青少年被告人涉嫌谋杀的有罪判决，因为供认是在其父母不在场的情况下作出的）。

③ 562 N. E. 2d 958 (1990).

④ *State v. CD.*, No. 55A01-1007-JV-342, 2011 WL 1640164 (Ind. App. 2011).

⑤ *State v. F. G. H.*, 152 Wash. App. 1058 (Wash. Ct. App. 2009).

⑥ 370 U. S. 49 (1962).

的情况下受到审讯而作出了有罪供认。大多数法官认为，被告人“无法理解其供认的法律后果的原因在于，他缺少来自于能够保护其宪法性权利的人为他提供建议，以及在他发现自己身处困境时，他缺少关于他应当采取的对策方面的帮助”。[①]“来自成年人的建议能够使他在面对讯问人员时不那么弱势。”[②] 法院确立了保护青少年的一般准则，使其避免受到没有法律顾问或其他“友好成年人顾问”在场的情况下进行的审讯。[③]

犯罪嫌疑人行为能力和精神状态稳定性的下降可能会对供述自愿性造成影响。在史密斯诉达克沃斯（*Smith v. Duckworth*）一案中，被告人患有持续性的精神不稳定，曾在数家机构接受治疗。[④] 他被羁押了 30 天而没有受到指控，而且他一直与在他早前的陈述中牵涉的一个犯罪团伙的成员共同羁押。在供认后 5 个星期的庭审中，他被认定为没有能力参加，然后他被放在政府设立的精神病医院强制治疗了 6 年。美国上诉法院第七巡回法庭认为，供述自愿性不能仅依照精神状态的稳定性来判断，但是被告不良的精神状态会使他更容易屈从于警方讯问策略和技巧的精神强制。

在过去几年中，已经有很多法院强调了行为能力的重要性——下面是他们作出的一些决定：

在美国诉肯尼（*States v. Kenney*）一案[⑤]中，新泽西州高级法院、上诉法庭支持了初审法院的意见，认为智商为 65 的被告人所作的供述具有可采性。[⑥]

在州诉格里芬（*State v. Griffin*）一案[⑦]中，田纳西州刑事案件上诉法庭认可了初审法院采信被告供述的判决。上诉法庭认为：“综合全案情势考量，尽

---

① Id. at 54.

② Id. 法院的这种态度导致了一些州采用了与青少年相关的“成年人顾问-父母”制度，诸如前面提到的一些州。

③ Id.

④ 910 F. 2d 1492 (7th Cir. 1990).

⑤ 2009 WL 196196 (N. J. Super. A. D. 2009).

⑥ 另见 e. g. , *Sweet v. State*, 210 Ark 20 (2011)（受到抢劫罪指控、具有轻度智力障碍的犯罪嫌疑人自然作出了供认，受到错误拘禁得到了支持，因为犯罪嫌疑人理解其权利并且没有受到警方的强制）；*United States v. Vinton*, 631 F. 3d 476 (8th Cir. 2011)（智商在边缘线、有吸毒史、不能阅读或书写的犯罪嫌疑人作出的供述具有自愿性；犯罪嫌疑人在之前的其他场合和警方打过交道并且熟悉警方的办案流程）；*Collins v. Gaetz*, 612 F. 3d 574 (7th Cir. 2010)（智商为 63，因动脉瘤造成大脑物理损伤的被告人的供述有效）。在上诉程序中，第七巡回法庭确认了有罪判决，认为柯林斯完全能够理解警方和检方对其作出的米兰达警告，满足了米兰达警告的要求：

“米兰达警告体现了获得真实供述的意愿和保护我们最为根本的权利需要之间的平衡。为了有效维持这种平衡，我们并不要求刑事犯罪嫌疑人理解放弃其权利的全部后果，也不要求其必须在利益最大化的基础上作出决定。”

⑦ 2009 WL 4642604 (Tenn. Crim. App. 2009).

管被告人有轻微的智力迟钝，但当警方向他进行米兰达警告时他仍有能力理解他的米兰达权利。”

在人民诉哈里斯（*People v. Harris*）一案[1]中，法院认为，虽然被告人被诊断为患有偏执型精神分裂症，但她放弃米兰达权利的决定确实是明智和理智的。

在州诉摩西（*State v. Moses*）一案[2]中，法院认可了初审法院的决定，没有排除被告人的供述。摩西曾经辩称，综合全案情势来看，有学习能力障碍的学生在没有父母陪同的情况下作出的陈述不应当被作为证据使用。

然而，必须注意的是，尽管有这些法院作出了上述这些判决，仍有相当比例的、得到证实的虚假供述是由这些行为能力较弱的犯罪嫌疑人作出的，因此在审讯这类人的时候，需要格外注意对相关信息进行核实（参见本书第十五章）。

在人民诉摩尔（*People v. Moore*）一案中，警察在雪中发现了受伤的被告人的孩子之后，审讯了被告人。[3] 被告人最初否认他有孩子。当侦查人员指出在他家墙上发现了他孩子的照片后，他改变了说法，改口说他和他的妻子都对可卡因成瘾，所以他们把孩子遗弃在走廊里。后来他又改口，只确认最初告诉警察的说法。

伊利诺伊州上诉法院认定该供述是自愿的，认为供述并不会仅仅因为被指控人在作出供述时受到毒瘾的影响就不具有可采性。在本案中，有证据证明被告在作出供述时处于平静状态。法院指出：“很难想象一个意志自由被压制的人能够编造出关于他孩子的故事，并且能够迅速地改编故事用以回复某个特定的问题，其目的是针对关于他孩子的证据来调整他自己的回复。”

在通常情况下，法院认为如果被告人能够理解如下这些内容，他作出的弃权行为就是明智的：他能够拒绝与向他提出问题的人交谈或者在提问开始后他有权要求停止讯问；向他提问的人不是他的朋友，而是试图证明他是有罪的警察或其他执法人员；他有权要求并获得一名律师的帮助；他可以不必支付律师

① 2010 WL 2625767 (Cal. App. 1 Dist. 2010).

② 702 S. E. 2d 395 (S. C. App. 2010).

③ 567 N. E. 2d 466 (1st Dist. 1990).

费用。[①] 只有当有证据证明被告人甚至不能理解米兰达警告所包含的最基本的内容时，法院才会认为他放弃权利的决定是缺乏理智的。例如，在被告人的英语运用能力很差以至于觉得警察一直在说着令人费解的话的情况下。[②]

（二）宽大处理的许诺

尽管有许诺宽大处理会导致供述无效的一般规定，但某些特定种类的许诺是被法律认可的。这方面的一个典型例子是，许诺向法官推荐较少的保释金或者向法官反映犯罪嫌疑人在调查过程中很合作。在美国诉哈里斯（United States v. Harris）一案中，管辖第七巡回审判区的美国联邦上诉法院裁定："警察在讯问中使用一些小的欺骗伎俩无伤大雅。"[③] 该法院还认为："警察在获取口供的过程中可以向犯罪嫌疑人提出减少指控，所以提出宽大处理的许诺并非强制。"尽管如此，讯问人员应当遵循的安全做法是避免作出任何许诺，除非是明显无害的许诺。

在审讯实践中，类似"你最好还是招了吧"这种表述已经不仅成为了被指控为构成了威胁的对象，而且在许多案例中都因为这种表述接近宽大处理的许诺而受到了质疑，并且导致随后取得的供述无效。与威胁一样，即使是较低程度的宽大处理的许诺，也会产生诱导无辜的人作出有罪供述的效果。这样的讯问策略和技巧是有风险的，尤其是在那些已有较强的情况证据证实，或者恰好有比较确凿的目击证人指认犯罪嫌疑人就是罪犯的情况下。在此类情况下，一个较轻量刑的许诺会使犯罪嫌疑人认为承认较轻的罪名可能比遭受更加严厉的惩罚的风险要更为合算。

判例法认为，在考量紧随"最好"这一字眼产生的供述的有效性时，应当区分讯问人员是否暗示了宽大处理的许诺。大多数判决意见倾向于认为这样的

---

① 参见 e. g. , *Smith v. Mullin*, 379 F. 3d 919, 933-34 (10th Cir. 2004)（患有精神疾病的被告人在这种情况下可以作出理智的弃权意思表示，即"他能够理解警察的角色和刑事指控的内容"、"能够理解警察提出的问题"，以及之前有过被拘捕并在监狱服刑的前科）；*Henderson v. DeTella*, 97 F. 3d 942, 948-949 (7th Cir. 1996)（被告人智力低于平均值但能够理解指控的性质，最初他拒绝交谈，被当作未成年人提起指控后，他的弃权声明被视为理智的）；*United States v. Frank*, 956 F. 2d 872, 877-878 (9th Cir. 1991)［一个对于美国司法制度完全不了解的纳瓦霍人（Navajo）理解他可以保持沉默，了解"辩护律师是一个帮助他的人"，而检察官"对其无益"，采纳他的陈述没有明显错误］。

② 参见 e. g. , *United States v. Alarcon*, 95 Fed. Appx. 954, 955-957 (10th Cir. 2004)（被告人经常为了避免尴尬和出于合作的需要而装作会英语，但实际上只懂得英文的"皮毛"）；*United States v. Garibay*, 143 F. 3d 534, 537-538 (9th Cir. 1998)（没有证据显示被告人懂得的英语会让他理解米兰达警告，并且有若干证人能够证实他只会说几个英语单词）。

③ 914 F. 2d 927 (7th Cir. 1990).

字眼本身并不会必然暗示了许诺，因此需要其他额外的因素证明是否存在许诺。[①]

讯问人员使用“最好”这一字眼时的语气和行为对于犯罪嫌疑人而言具有重要意义。例如，如果讯问人员使用友好的语气表述“最好”，并且同时伴随有轻拍犯罪嫌疑人的肩膀或某种其他令人舒服的肢体动作，检察官或法官对案件的处理是一般不会认为获取的供述需要排除。因此，仅凭一个词语本身并不能决定存在怎样的事实，所有的环境因素都应当列入考量范围。正如一家法院所指出的：“即便犯罪嫌疑人受到了满怀希望想法的影响，认为他将会受到宽大处理，但从法律上来讲，这并不会导致供述不具有可采性。”法院还认为：“并不是所有的劝诱因素都会导致供述无效，只有这种劝诱因素包含可能会导致错误供述的风险时才应当被禁止。”[②]

与包含“最好”这一字眼的表述相对比，劝勉犯罪嫌疑人“说实话”[③] 或者建议犯罪嫌疑人说出来后他会“感到好一些”[④] 这两种劝勉性的表达方式被法院认可，因为它们被认为是不会导致错误供述的。

同时，尽量最小化犯罪嫌疑人犯罪行为的道德严重程度也得到了法院的支持。在女王诉阿莫斯（*R. v. Amos*）一案[⑤]中，对于讯问人员尽量最小化犯罪嫌疑人的道德责任这种讯问策略和技巧，安大略高级法院进行了讨论，提出了如下意见：

警方在审讯过程中降低、最小化犯罪嫌疑人被指控罪行的道德责任并不是一件不当或令人反感的事。我们认为在本案和与之类似的其他案件中，侦查人员在讯问中最小化被指控人的道德责任并无不妥。侦查人员没有表示讯问对象在供述后会产生法律责任的减小或最小。在判例法的含义范围内，这种最小化讯问方法提出的问题根本不会达到排除口供的程度。在使用这类表述的时候：“这是你讲出你故事的机会”；具有“你现在说的可信度是最高的”这种效果的陈述；向被指控人指出，像这样走下去，在10个月以后审判的时候，由于

---

① 暗示会宽大处理的例子：*State v. Linn.*, 179 Ore. 499, 173 P. 2d 305 (1946)；*Kier · v. State*, 213 Md. 556, 132 A. 2d 494 (1957)。没有暗示宽大处理的例子：People v. Klyaczek, 305 Ill 150, 138 N. E. 275 (1923)；*People v. McGuire*, 39 Ill. 2d 244, 234 N. E. 2d 772 (1968)；*Frazier v. State*, 107 So. 2d 16 (Fla. 1958)。

② *State v. Nunn*, 212 Ore. 546, 321 P. 2d 356 (1958).

③ *People v. Hill*, 58 Cal. Rptr. 340,426 P. 2d 908 (1967). 但是，如果讯问人员在这种劝勉之外，额外补充说犯罪嫌疑人（在谋杀案件中）能够得到警方“为他效力”以及他也会得到“人民的支持”，这种劝勉的无害性质将会被抵消。

④ *People v . Jackson*, 168 Cal. Rptr. 603,618 P2d. 149 (1980).

⑤ *R. v. Amos* (2009) CanLII 63592 (ON S. C.).

他已经“与律师交谈过”，他所说的可信度不会像现在这么高了；等等，侦查人员是在针对被指控人的理智和良知采取相应的讯问方法。

在女王诉奥克尔（*R. v. Oickle*）一案①中，低层法院认为讯问人员对犯罪嫌疑人表示理解的举动不当地利用了犯罪嫌疑人的信任。加拿大最高法院不同意这一观点，认为：“从本质上来看，上诉法院批评了警察为获得犯罪嫌疑人的信任而采用温和的、安慰的方式讯问他们的做法。但警察的这种做法不会导致供述不可采。如果支持低层法院的观点将会向警察传递出一种负面信息：警察必须采用对立的、攻击性的讯问方法以保证他们没有试图获取犯罪嫌疑人的信任，以避免获得的供述被排除。”

在奥克尔一案中，另外一种讯问策略和技巧，即讯问人员减少犯罪嫌疑人所理解的犯罪后果的“最小化”策略也得到了讨论。在该案中，上诉法院认为讯问人员采用的将犯罪嫌疑人的罪行严重程度最小化的讯问方法实际上是在向其提供从宽处理的许诺。最高法院再次提出了反对意见，认为：如果警方的行为只是降低了犯罪行为道德上的罪过，在此范围内警方的行为没有问题。

与加拿大法院判决一致的是，美国法院在州诉帕克（*State v. Parker*）一案②中指出：讯问人员过分地表示友好可能构成欺骗。在一些情况下，讯问人员将这种技巧与其他讯问技巧组合使用能够营造出一种氛围，在这种氛围里，犯罪嫌疑人忘记了讯问人员处在与其相反的对立面，并因此很快便作出了通常不会向警察而只会向朋友才会诉说的供认［*Miller v. Fenton* 796 F. 2d at 604(3d Cir. 1986), cert. denied, 479 U. S. 989, 107 S. Ct. 585, 93 L. Ed. 2d 587(1986)］。然而，这种扮演“好人”的技巧被认为是法律允许的讯问策略和技巧。同样的是，尽管讯问人员采用“支持、鼓励方式的目的是获得上诉人的信任以及使他在作出供述时感觉舒服一些”，但通过这种方式获得的口供仍然是可采的。另外，在贝克威思诉美国（在 *Beckwith v. United States*）［425 U. S. 341, 96 S. Ct. 1612, 48 L. Ed. 2d 1（1976）］一案中，讯问人员采取同情的态度但口供仍然被认定为是自愿作出的；在弗雷泽诉卡普（*Frazier v. Cupp*）［394 U. S. 731, 737-38, 89 S. Ct. 1620, 22 L. Ed. 684(1969)］一案中，法院认为，在讯问人员“同情地告诉上诉人是受害者开始攻击的”之后上诉人开始作出供认，这种做法并不影响供述的自愿性。

告诉犯罪嫌疑人他面临的指控的性质——面临死刑的谋杀——以及他可以通过如实供述来拯救自己并不会导致供述无效。③

---

① *R. v. Oickle* (2000), 2 S. C. R. 3 (S. C. C.).

② 2008 WL 5381510 (S. C. App).

③ *Smith v. State* (2010) WL 3787576 (Tex. Crim. App.).

在人民诉万斯（*People v. Vance*）一案①中，法院认定“我们愿意听你说，并想办法帮助你出去”的表述并不是一种许诺。

在人民诉阿滕西奥（*People v. Atencio*）一案②中，法院裁定类似“想办法让事情往好的方向发展”、“我想帮你把问题尽量解决好”的表述并不构成宽大处理的许诺。

在美国诉多明戈斯-加布里埃尔（*United States v. Dominguez-Gabriel*）一案③中，美国纽约南区联邦地区法院驳回了这样一种观点：当讯问人员向被讯问人提到了他涉嫌罪名的严重性和会被判处长期监禁刑的可能性之后，又告诉被讯问人如果他合作就会有好处，这种讯问场景构成了强迫。

在人民诉加西亚（*People v. Garicia*）一案④中，法院认为虽然讯问人员明确地督促上诉人说实话并多次告诉他这么做是为他好，但是，如实供述会对他有利这类督促行为并没有超过法律允许的范围，因为讯问人员并没有将宽大处理的许诺附着到这种督促行为之上。

讯问人员说他将把犯罪嫌疑人“送进监狱”的表述会导致供述不可采。⑤同样，讯问人员说自己会尽最大努力去说服相关权力机构对犯罪嫌疑人作出豁免或降低罪刑的特定表述也会导致供述不可采。⑥

在雷德诉州（*Redd v. State*）一案⑦中，法院驳回了被告人提出的主张：“他的意志受到虚假的许诺和威胁的压制”——尤其是声称讯问人员告诉他“①如果他合作，他就不会在监狱里生活；②他们是来帮助他的；③以及他们

① 188 Cal. App. 4th 1182, 116 Cal. Rprr. 3d 98 (Cal. App. 2010).

② 2010 WL 1820185 (Cal. App. 3 Dist.)非官方正式发布。

③ 2010 WL 1915044 (S. D. N. Y.).

④ 2009 WL 2450673 (Cal. App. 2 Dist.)非官方正式发布。

⑤ *Hiltard v. State*, 406 A. 2d 415 (Md. Ct. App. 1979)；也可参见 *Stave v. Tardiff*, 374 A. 2d 598 (Me. 1977)。在这两起案例中，督促劝说讯问对象说出真相被认为是恰当的，但不能作出承诺：承诺犯罪嫌疑人如果他说出了真相就会减少针对他的指控罪行数量。

⑥ *People v. Martorano*, 359 Ill. 258, 194 N. E. 505 (1935). 事实上，暗示提供这种帮助也会导致供述结果的无效。参见 *Edwards v. State*, 194 Md. 387, 72 A. 2d 487 (1950)，在该案中，讯问人员向被指控人展示了一封来自于一名已决罪犯的信件，信中称：“下次你遇到一个聪明人时……就给他看这封来自另外一个有智慧的人的信，并且别忘了告诉他我由于没有听你的话而付出了什么样的代价。”

阿肯色州最高法院对于此处讨论的这种类型的许诺适用了严格的排除规则。在塔图姆诉州（*Tatum v. State*）[585 S. W. 2d 957 (Ark. 1979)]一案中，一名讯问人员说“他会尽一切努力”提供帮助导致犯罪嫌疑人的供述无效，并且最终导致加重的抢劫罪定罪被撤销，法院认为，即使本案还有其他充分的证据支持这项有罪认定，仍无法改变这一结果。在弗里曼诉州（*Freeman v. State*）[527 S. W. 2d 909 (Ark. 1975)]一案中，法庭声明：“政府承当的责任是表明这些被指控谋杀的嫌犯作出的陈述不是出于对奖赏的期望或者惩罚的恐惧，而是在自愿、自由和充分理解的情况下作出的。”

⑦ 2009 WL 4810190 (Tex. App. -Hous. 2009).

是唯一可以帮他的人”。上诉法院裁定：“讯问人员泛泛地告诉被告人他是来帮助他的而且他是唯一可以帮他的人，这种表达并不构成一个许诺所必需的‘如果-那么’这种关系。”

警察单纯地向犯罪嫌疑人提出建议是允许的。例如，警察向犯罪嫌疑人指出，诚实和如实供述将会有利于他，据此得到的供述会得到法院的采信。① 还有一些向犯罪嫌疑人作出的特定承诺也是允许的。例如，一名被告人在接受了测谎检测之后供述了一起三级性侵犯案件，尽管在接受测谎检测之前和作出供认之前，警察曾多次告诉被告人他有可能被判处缓刑，但这一供述仍被认为是自愿作出的。②

法院相当一致的意见认为，供述的有效性并不会因为讯问人员承诺向检察官或法院反映犯罪嫌疑人确实“很合作”而受到不利影响。1983 年，在马萨诸塞州最高法院的一起案件中，法院支持警察作出这种陈述。法院认为：“应当禁止的并不是反映被讯问人的合作态度，而是向被讯问人承诺这种合作态度将会有助于辩护或者带来较轻的判决结果。”③

无论何时，讯问人员在告诉犯罪嫌疑人会如实地向司法机关反映他的合作情况时，建议搭配使用这样的陈述和评论：“当然，我不能给你作出任何承诺，

① *People v. Spencer*, G042637, 2011 WL 683879 (Cal. Ct. App. Feb. 28, 2011)（未报道和公开）；还可参见 *Dunson v. State*, A11A0158, 2011 WL 1678400 (Ga. Ct. App. May 5, 2011)（提供获得与某种附属利益相关的法律咨询，这种承诺不会影响声明的可采性）；*State v. Featherbat*, 2011 UT App. 154 (May 12, 2011)（犯罪嫌疑人声称他理解这些权利，侦查人员提醒他说，他所作陈述将会被法官和检察官分享，犯罪嫌疑人对某些问题采用了沉默方式作为回复，这表明他明白对这些问题他不需要作出回答并且这样处理可能并不符合他的最佳利益，支持性裁决认为犯罪嫌疑人对米兰达权利的放弃是出于自愿的）；*Smith v. State*, 281 Ga. App. 91, 94(3), 635 S. E. 2d 385 (2006)；OCGA § 24-3-51（事实上是出于许诺附属利益的基础上所作的供述不应当被排除）。

② *United States v. Mashburn*, 406 F. 3d 303 (4th Cir. 2005)（警方关于“你可以通过承担责任和给予实质性协助来自救”的声明并不是宽大处理的许诺）. 也可参见：*People v. Ramos*, 18 Cal. Rptr. 3d 167 (Cal. App. 2004)（建议被告人在侦查阶段和警方合作将会在后面的司法程序中获益并无不妥）；*Getkate v. State*, 604 S. E. 2d 611 (Ga. App. 2004)（在询问过程中，警方侦查人员的说法是他们想了解真相，如果事实上被告人与未成年被害人的所有行为都是在双方同意的情况下实施的，而那正是他们希望听到的。警方的这种说法并不构成一个“有希望的利益”）。

③ *Commonwealth v. Williams*, 388 Mass. 846, 448 N. E. 2d 1114 (1983). 法庭参考了马萨诸塞州早前的一起判例，该判例声明，讯问人员可以笼统地向犯罪嫌疑人指出：“从过去的情况来看，与警方合作是法庭认可的有利因素。”关于法院支持警方向其报告的犯罪嫌疑人在讯问中合作的判例，也可参见：*People v. Eckles*, 470 N. E. 2d 623 (Ill. App. 1984), citing *People v. Hubbard*, 55 Ill. 2d 142, 302 N. E. 2d 603 (1973)。*State v. Finebout*, 136 Ariz. 226, 665 P. 2d 570 (1983)。在该案中，讯问人员告诉一个已经年满 18 岁的青年，他虽然已经超过了州成文法所规定的未成年人的法定年龄，但依然有可能接受未成年人法庭的审判，或者对他的谋杀罪指控降格为较轻的罪名，最终该犯罪嫌疑人自愿作出了供认。*State v. Biron*, 266 Minn. 272, 123 N. W. 2d 392 (1963).

但是我会将你的合作态度如实报告。”至少有一个法院赞同这种补充说明的积极意义。[①]

在审讯过程中，犯罪嫌疑人可能会问：“如果我告诉你是我干了这事，那我会被判什么刑？”或者问：“如果我告诉你真实情况，我会怎么样？”正如本书前面所述，我们建议审讯人员的回答是：“我不能回答你。我无权给你作出任何承诺，而且由我来告诉你将会受到什么样的处罚对你是不公平的。我建议你现在就说出真相，如果你认为你需要休息，那么你可以将来告诉检察官或法官。”

如果犯罪嫌疑人提出问题：“我会因为这事被判的最高刑罚是什么？”讯问人员如果知道就应当实事求是地告诉他。[②] 但是，更加安全的做法是建议犯罪嫌疑人去问公诉检察官，因为当犯罪嫌疑人这样提出问题的时候，他至少已经准备开始供述了，完全没有必要打断审讯，在后面的时间里陷入不必要的法律争论中。

一种通常被认为是法律允许的承诺是承诺保密。[③] 当犯罪嫌疑人将保守秘密作为其作出自我归罪供述的条件时，讯问人员可以作出保守秘密的承诺，有利于增强供述的真实性。承诺保密易于发生的案件情形最为明确清晰的例子是，犯罪嫌疑人提出条件：“如果我告诉你这些，你能保证不告诉我妈妈吗（或者某个其他的亲戚或朋友）？”在这种情况下，讯问人员可以正大光明地给予保密承诺，因为他显然没有必要将犯罪嫌疑人作出的陈述告诉除权力机关以外的任何人，除非庭审质证需要。

如果讯问人员向犯罪嫌疑人承诺，作为供认的交换，他将被释放或获得从宽处理的判决，尽管这种供述是“自愿”作出的，但这种供述是无效的。从历史上看，宽大处理的许诺常常会引起无辜的犯罪嫌疑人作出有罪供认。

（三）威胁

法律所要求的供述自愿性是供述作为证据具有可采性的前提，在考量这一法律要求时，应当首先注意到这样一个基本事实：在警察对犯罪嫌疑人进行的

---

① *People v. Bulger*, 382 N. Y. Supp. 2d 133 (App. Div. 1976).

② 有一起案例，讯问人员这样回答被认为是恰当的。在该案中，讯问人员的回答甚至伴随有为回报犯罪嫌疑人合作而作出了可能宽大处理的说明。该案是 *United States v. Reynolds*, 532 F. 2d 1150(7th Cir. 1976)。另见 *United States v. Guido*, 706 F. 2d 675 (2d Cir. 1983)。

③ *Commonwealth v. Edwards*, 318 Pa. 1, 178 Atl. 20 (1935); *Markley v. State*, 173 Md. 2d 309, 196 Atl, 95. (1938); *People v. Stadnick*, 207 Cal. App. 2d 767, 25 Cal. Rptr. 30 (1962). 另见 *Commonwealth v. Fournier*, 361 N. E. 2d 1294 (Mass. 1977)。一个早期的判例认为，不会告诉任何人这样的允诺是不允许的，因为它暗示的是一个不会被起诉的许诺。*White v. State*, 70 Ark. 24, 65 S. W. 937 (1901). 有趣的是，佐治亚州的成文法专门规定，因为承诺保密而作出的供认不应当被排除。

任何讯问中，审讯都不可避免地具有一定程度的“强制性”。正如联邦最高法院在 1977 年俄勒冈州诉马西森（*Oregon v. Mathiason*）的判例中所指出的：“警察对犯罪嫌疑人的任何询问都存在强制性，仅仅基于这一事实即可表明，警察是执法系统的一部分，而且最终可以致使犯罪嫌疑人受到犯罪指控。”①

目前，还没有法定的标准，这导致在警方的审讯过程中，犯罪嫌疑人感受到的被强迫的定义过于宽泛。能够达到适用于所有警察讯问行为的是绝对禁止标准，但这是负担不起的社会保障。

最为明确的将会导致供述无效的审讯实践标准是在审讯过程中向受到讯问的人直接施加身体强制或痛苦，因为无可争辩的事实是，这种性质的伤害会导致无罪之人作出有罪供述。变相的身体身体伤害也是一样的（例如，不合理的长时间持续讯问，尤其是由两名或两名以上的审讯人员交替进行的，或者在不合理的时间期限里剥夺被讯问人的食物、水或者上厕所的机会等方法）。

威胁实施身体伤害可能会有类似的效果——从无罪之人口中获得有罪供述。在州诉埃文斯（*State v. Evans*）一案②中，新墨西哥州最高法院对于构成威胁的标准提出了如下观点：

> 对于不可接受的强制性威胁和不会跨越界限的可接受的强制性威胁之间的关键性区别，判例法作出的界定标准是被指控人感受到的威胁的可信度和紧迫程度。那些被指控人能够感受到的真实可信的威胁被认为是不可接受的强制方法。另一方面，那些仅仅强调潜在的事实上的不利后果或者“郑重地告知事实真相”的威胁并不会被认为是不可接受的强制方法的特征（一个政府引起的备受争议的例子是，法院认为，警察威胁被告人说如果他不供认，那么法院将会“绞死你这个蠢驴”，这不会致使供述是非自愿的）。警察实事求是地告知被指控人涉嫌的犯罪行为的潜在不利后果在本质上并不是强制的。

在史密斯诉州（*Smith v. State*）一案③中，法院确认了被告人供述的可采性，尽管审讯人员告诉过他：“要么我让你被处判死刑，要么你坦白交代拯救你自己。”

在人民诉阿滕西奥（*People v. Atencio*）一案④中，法院采信了被告人的供述，驳回了被告人主张的受到了审讯人员的威胁。审讯人员告诉他唯一能救他的方法就是如实交代事实经过。法院表达了他们的观点：“宪法原则并没有禁止执法人员告诉被告人不应当在归罪性证据上说谎。”

---

① 424 U. S. 492 (1977).

② 10P. 3d 216 (N. M. 2009).

③ 2010 WL 3787576 (Tex. Crim. App. 2010).

④ 2010 WL 1820185 (Cal. App. 3 Dist. 2010).

另一方面，在州诉皮尔斯（*State v. Pies*）一案[①]中，法院认定被告人的供认确实是受到“不那么严重地将判入室盗窃的重刑的威胁以及供认后可能会得到轻判的许诺”而得出的结果，因此认为这一供述不具有可采性。

在雷维斯诉州（*Revis v. State*）一案[②]中，法院认为：“……讯问人员作出的任何指出雷维斯在撒谎或者指责他说谎的言论并不因超越适当的界限而变成威胁。”

在人民诉富恩特斯（*People v. Fuentes*）一案[③]中，一个加利福尼亚州的上诉法院排除了一份犯罪嫌疑人的供述，在该案中，在经过数次间断的长时间审讯之后，讯问人员告知犯罪嫌疑人如下内容之后获得了他的供认：

“你不关心你自己的自由吗？你会选择哪个？想在监狱里度过余生还是在监狱里呆个五六年就出来？你自己想想会选择哪个？哪个更好？一辈子在监狱？还是只是一些年？”被告人回复道：“我会老实交代的，我现在就说实话。”[④]

（四）欺骗

为了保证审讯合法且通过审讯获得的供述在法庭上具有可采性，警察和其他讯问人员在审讯过程中使用的技巧必须遵守如下规定：①确保审讯犯罪嫌疑人的机会是合法获得的；②避免使用暴力或威胁使用暴力、承诺宽大处理；③遵从法律规定。法院认为在获取口供的过程中使用一定程度的欺骗是可以允

① 2009 WL 3051754 (Table) (Iowa App. 2009).

② 2011 WL 109641 (Ala. Crim. App. 2011).

③ 2006 WL 2102898 (Cal. Ct. App. 2006)(未公开，不具有先例效力的观点). 另见 Commonwealth v. Novo, 442 Mass. 262, 812 N. E. 2d 1169 (Mass. 2004)，一名涉嫌一级谋杀的被告人作出了关于他女友2岁孩子死亡的供述被裁定不算坦白，在审讯中警方出于讯问技巧而反复告诫其“供还是不供”，具体而言就是告诉被告人不实的信息，如假如现在不说为什么会袭击那个儿童，陪审团就将永远不会听其辩解。法庭认定如果他不向警方供述案件事实他将没有机会是属实的，法庭这样的做法完全不合适。

④ Id at ＊5.

许的。[①] 在这类案件中，一般规则是法院会综合全案情势来考量供述的自愿性。[②] 法官会综合全案情势来判断“执法官员的行为是否达到了压服申诉人抵制意愿的程度，以及执法官员的行为所导致的供述是否是出于犯罪嫌疑人合理的理解能力和自由意志下的产物”。[③]

在莫兰诉伯比恩（*Moran v. Burbine*）一案[④]中，最高法院认为，警察没有告知犯罪嫌疑人律师试图与他会见，并且欺骗律师他们不会讯问犯罪嫌疑人，这并不会导致犯罪嫌疑人对反对自我归罪权、会见律师权或正当程序权的放弃无效。没有告知犯罪嫌疑人他的律师试图会见他，并不会导致他对会见律师这一宪法性权利的放弃无效：

我们承认“故意或非故意”地隐瞒信息确实是令人厌恶的道德问题，但是，只有这种隐瞒信息的行为剥夺了被告人对于理解他的权利的性质以及放弃这些权利的后果的能力而言所必不可少的知识，才会涉及弃权声明书的宪法性效力。由于被讯问人自愿决定讲话是在完全明知和理解米兰达规则的情况下作出的，因此只要警察表达米兰达警告所要求的信息，弃权声明书就是有效的。[⑤]

---

① 在法院作出的有罪判决中，至少有一部分供述是警察通过欺骗手段获得的，在布鲁尔诉威廉姆斯（*Brewer v. Williams*）[430 U. S. 387（1977）]一案中，非常虔诚的涉嫌谋杀的犯罪嫌疑人在听到“圣诞葬礼”演讲后作出了的供认；在俄勒冈州诉马西森（*Oregon v. Mathiason*）[429 U. S. 492（1977）]一案中，全体法官一致的意见（per curiam）认可了：警方虚假地告知犯罪嫌疑人在犯罪现场发现了他的指纹，犯罪嫌疑人随后作出的供认；在密歇根州诉莫斯利（*Michigan v. Mosley*）[423 U. S. 96（1975）]一案中，警方告知犯罪嫌疑人另外一个犯罪嫌疑人已经供出了他就是那个枪手，犯罪嫌疑人据此作出了供认，但实际上那是虚假的。

② 例如，可以参看这一案例：*Frazier v. Cupp*, 394 U. S. 731（1969），在该案中，弗雷泽作为涉嫌谋杀的罗尔斯的共犯被起诉。在两人均被逮捕后，警方虚假地告知弗雷泽，罗尔斯已经招供了。随着警方持续地讯问弗雷泽，他不愿意在没有律师帮助的情况下作出进一步供述。弗雷泽一度声明：“我认为在我说出更多的事实前我最好得到律师的帮助，否则我就会遇到比现在更多的麻烦。”但警察告诉他：“你不会遇到什么比现在更多的麻烦。”随后弗雷泽作出了全面且签名确认的供认。法庭认为，这和虚假陈述是有关系的，但是不能让他作出的在其他方面是自愿的招供变得不具有可采性。在达成这一结论的过程中，法庭是通过查验“全案情势”的方式来审查了涉及虚假陈述的材料。

③ *Robinson v. Smith*, 451 F. Supp. 1278, 1284-85（W. D. N. Y. 1978）. 这种检验标准的一种替代性说法是，犯罪嫌疑人的“意志是否受到控制”，或者犯罪嫌疑人的“自我控制能力是否受到损害”。*United States v. Velasquez*, 885 F. 2d 1076, 1089（3d Cir. 1989）, cert. denied, 494 U. S. 1017（1990）. 第三巡回法庭作出了说明，这种检验标准不应当是讯问人员是否是以欺骗的手段导致了供述，而应当是讯问人员所使用的讯问方法是否是如此地具有操纵性或强制性以至于剥夺了（被告人）作出自由、自主供述决定的能力。*Miller v. Fenton*, 796 F. 2d 598, 605（3d Cir. 1986）, cert. denied, 479 U. S. 989(1986).

④ 475 U. S. 412, 106 S. Ct. 1135, 89 L. Ed. 2d 410（1986）.

⑤ *Moran v. Barbine*, 475 U. S. 412, 423-24. 106 S. Ct. 1135, 1142, 89 L. Ed. 2d 410（1986）. 然而，在州诉斯托达德（*State v. Stoddard*）[206 Conn. 157, 163, 537 A. 2d 446（1988）]一案中，康涅狄格州最高法院认定，警方必须向正在受拘禁、讯问的犯罪嫌疑人提供这样的信息。

在科罗拉多州诉斯普林（*Colorado v. Spring*）一案[①]中，犯罪嫌疑人由于相信讯问仅仅针对的是一起较轻的犯罪，于是他同意放弃米兰达警告中的权利。但在斯普林承认了较轻的犯罪行为之后，警方开始讯问他一起与此案无关的以他为犯罪嫌疑人的谋杀案。在警方没有告知斯普林他们将要盘问他关于一起谋杀案的调查的情况下，斯普林供认了这起谋杀案（侦查人员所提的问题是斯普林是否曾经射杀过其他人，斯普林低下头并含糊地说，“我曾经射杀过另外一个家伙”）。最高法院认为，斯普林对米兰达权利的放弃声明并不因他错误地认为警察只会关注较轻的犯罪行为这样一个事实而无效，警察仅就审讯主题保持沉默并不会导致一份有效的米兰达权利放弃声明无效。[②] 在此案及伯比恩案中，法院还澄清了，除了基本的米兰达警告之外，警方并没有义务向犯罪嫌疑人告知对他最为有利的事情。

在合众国诉狄吉尔巴蒂斯塔（*Commonwealth v. DiGiambattista*）一案[③]中，审讯人员欺骗性地告知犯罪嫌疑人他在纵火案的在场证据已被视频监控录了下来，同时对犯罪嫌疑人的行为表示了同情，说他的行为是由于酗酒造成的。在狄吉尔巴蒂斯塔随后的供述中，他描述了他如何、在哪里纵火，这些供述与庭审证据完全相悖，供述中的一些其他细节最终也表明这是完全不可能的。[④]

马萨诸塞州最高法院利用“综合全案情势考量”这一检验标准指出，使用虚假证据并不一定导致供述被排除，但是法院倾向于审查讯问笔录，认为：如果缺少讯问笔录，法官应当指示陪审团慎重考虑被告人声称的虚假用证情况。法院最困惑的是讯问人员明确提到“法律咨询服务”，这种提法含蓄地告诉被告人，如实供述是获得“法律咨询服务”的恰当途径。换言之，如果他如实供述，就可以获得法律帮助而不是去坐牢。[⑤]

一些州法院按照欺骗行为的内容与案件事实的关系，将欺骗行为分为内在于（intrinsic）犯罪事实的欺骗和外在于（extrinsic）犯罪事实的欺骗这两种，并认为前者是在评估口供自愿性时应当考察的构成全案情势的一个因素，但是外在于犯罪事实的欺骗，“这是一种典型的且具有合理可能性会导致虚假陈述的欺骗，或者是一种典型的会影响被指控人不管是否真正犯罪而作出供述的欺骗，它在本质上应当被视为是具有强制性的，因此，这种欺骗已排除了将其作为分析口供自愿性时构成全案情势的因素”。例如，在州诉凯勒科尼奥（*State*

---

① 479 U. S. 564 (1987).

② Id. , at 576.

③ 813 N. E. 2d 516 (Mass. 2004).

④ Id. at 427-30.

⑤ Id. at 525.

v. Kelekolio）一案[①]中，法院解释了可接受的内在欺骗的例子，包括警方欺骗犯罪嫌疑人说谋杀案件中的受害人仍然活着，并提供了各种虚假的证人证言。[②]夏威夷法院列举了一些不可接受的外在欺骗的例子，包括承诺给予优待或者对法律原则进行错误解释。但是，其他一些法院得出了相反的结论，认为承诺不对另一起入室盗窃罪进行起诉等外在欺骗行为是可以接受的。[③]

一些法院还对口头欺骗性地虚假描述实物证据和捏造不存在的实物证据进行了区分，认为捏造实物证据违反了正当程序，因而在本质上是不可取的。例如，在州诉卡亚尔（*State v. Cayward*）一案[④]中，警察伪造了一份鉴定报告，证明受害者内裤上的精液来自于犯罪嫌疑人，警方在询问中出示了这份鉴定报告，犯罪嫌疑人随后作出了供述。法院坚持排除这一供述，认为“内在欺骗行为应当区分口头声明性欺骗和伪造书面证据的欺骗”。[⑤]

除此之外，还有一些法院的判例就审讯过程中的欺骗问题和讯问人员需要遵循的界限作出了阐释。在玛塔诉马特尔（*Mata v. Martel*）一案[⑥]中，法院采信了讯问人员“运用两个诡计”取得的供述。讯问人员告诉犯罪嫌疑人他唾液中采集的DNA样本与受害者内裤上精斑的DNA相符，而且受害者的姐姐曾经看到他与受害人发生性关系。与之类似的是，在人民诉加西亚（*People v. Garcia*）一案[⑦]中，法院也采信了犯罪嫌疑人的供述。讯问人员告诉犯罪嫌疑人错误的信息，声称：犯罪嫌疑人走向受害人，开枪射杀受害人，然后跑向他兄弟驾驶的货车乘车离开，这一作案过程有几个目击证人把他辨认出来了。事实上，支持起诉的目击证人只是证实了他们在枪响后所看到的作案人与犯罪嫌疑人的身体形状相似。

在关于审讯过程中欺骗问题的讨论中，法院在人民诉卢比奥（People v. Rubio）一案[⑧]中认为：“在形形色色的讯问技巧中，就犯罪嫌疑人与犯罪行为的联系说谎是最不容易造成供述非自愿的。……自然，这种欺骗行为可能会导

---

① 849 P. 2d 58, 73 (Haw. 1993).

② Id.

③ *State v. Aguirre*, 579 P. 2d 798, 801 (N. M. Ct. App. 1978), cert. denied, 580 P. 2d 972 (N. M. 1978).

④ 552 So. 2d 971 (Fla. Dist. Cr. App. 1989).

⑤ Id. 其他关于伪造证据导致口供不可采的案例包括，一盘关于一名侦查人员冒充成犯罪行为目击证人的录音带[*State v. Pattton*, 826 A. 2d 783 (N. J. 2003)]，以及企图支持在犯罪现场发现的一个橡胶手套带有犯罪嫌疑人DNA的一份犯罪实验室鉴定报告。*State v. Chirokvskcic*, 860 A. 2d 986 (N. J. Super. 2004).

⑥ 2009 WL 3485951 (N. D. Cal. 2009).

⑦ 2009 WL 2450673 (Cal. App. 2 Dist. 2009).

⑧ 2009 WL 2004058(Ill. App. 2 Dist. 2009).

致犯罪嫌疑人供述，但仅仅是这种欺骗与供述结果之间的因果关系并不构成强迫；如果这构成了强迫，那么可以说所有通过讯问而获得的供述都是非自愿的，因为‘通常总是认为是审讯导致了供述’。……因此，问题的关键并不在于审讯与供述之间的因果关系，而在于不当强迫行为的程度。如果（被告人）在本质上拥有‘自由且慎重选择供述与否的权利’，那么夸大针对他的有罪证据对供述自愿性造成的影响是微乎其微的……，因为这么做并不会导致他超出他自己对事实上有罪与无罪、辨别是非的能力而作出与之相悖的供述，而且不会超出他自己关于警察是否已经获得了足够将他与犯罪行为联系起来的有效证据的可能性的判断。换言之，欺骗行为并不构成对（被告人）在供认或保持沉默之间作出理性选择的意愿造成一种外在的强迫性的干预因素。”

在人民诉梅斯（*People v. Mays*）一案①中，法院认为：“在侦查人员的盘问过程中，在犯罪嫌疑人提出测谎检测的要求后，进行模拟的测谎、使用虚构的测谎结果并不会导致被告人作出非自愿的自我归罪供述……”在讨论该案的问题时，法院提供了如下意见：

正如在人民诉朱丹（*People v. Chutan*）一案中所总结的：在讯问过程中警方使用的审讯技巧本身并不会导致非自愿的供述，也不违反州或者联邦的正当法律程序规定。为什么这么说呢？是因为诡计本身并不必然地带有强制性。而且，除非警察实施强迫犯罪嫌疑人供述的行为，否则不会导致非自愿供述的结果。只要警察的虚构和隐瞒行为不是那种可能造成错误供述的行为，使用欺骗技巧得到的供述便是具有可采性的证据。因此，警察通常可以使用欺骗策略来骗取有罪的犯罪嫌疑人作出供述。来自于加利福尼亚州和联邦的众多判例确认了这种技巧的合法性：警察欺骗犯罪嫌疑人说他的同伙已经被抓获并且已经招供；警察暗示性地夸大已有证据的证明力；警察反复说谎，坚称他们掌握有将犯罪嫌疑人与杀人案件联系起来的证据；欺骗受伤的犯罪嫌疑人说他可能在到达医院之前就死去，因此在他还有这样的机会的时候应当说出真相；警察欺骗犯罪嫌疑人说枪弹残留物检测结果证明他有罪；尽管没有找到指纹，但警察欺骗犯罪嫌疑人说在逃逸的汽车上发现了他的指纹；警察欺骗犯罪嫌疑人说已有目击证人指认了他的犯罪行为。

在人民诉史密斯（*People v. Smith*）一案②中，警察告诉被告人“中子过失智力能力测试”（一个虚构的测试）表明他最近使用过枪支，法院认为警察的这种行为并不是不允许的强制性行为。此外，这个虚假说法只是获得了犯罪嫌

① 174 Cal. App. 4th 156, 95 Cal. Rptr. 3d 219 (2009).

② 40 CaL. 4th 483, 54 Cal. Rptr. 3d 245, 150 P. 3d 1224 (2007).

疑人的认罪，并没有诱使他作出全面供认。

在人民诉法尔南（*People v. Farnam*）一案①中，法院认为被告对抢劫和攻击伤害业主行为的供述是出于自愿的，尽管警察曾欺骗被告说在受害人的钱包上发现了他的指纹。

尽管法院一致认可讯问人员可以使用虚构证据的技巧，但讯问人员在使用这种技巧时应当格外小心。法院通常是在这种技巧不会导致虚假供述或非自愿供述的前提下才会认可其使用的必要性。然而，正如本书前面所提到的，欺骗技巧通常不能针对有严重智力缺陷的人或者儿童。

还有一个非常现实的问题在使用欺骗技巧的讯问过程中需要予以注意。例如，如果侦查人员欺骗犯罪嫌疑人说有目击者看见他在着火前从建筑物里面跑出来了，但是，犯罪实施过程的实际情况是，犯罪嫌疑人的同伙进入了建筑物，而他是留在外面把风，并没有进入犯罪现场。如此一来，这名犯罪嫌疑人就会知道警察是在欺骗自己，其结果就是讯问人员会失去犯罪嫌疑人的全部信任。

我们建议读者查阅他们所在的州法院及联邦地区法院的法律规定，以确定这些法院在其司法管辖区内所使用的特定规则，他们所使用的规则可能会与这里所列的案例有所出入。

（五）关于测谎的使用

尽管一般原则是测谎检测结果不能作为证据在法庭上使用，但是如果在押的犯罪嫌疑人同意接受测谎检测并放弃了米兰达规则的相关权利，那么在测谎检测之前、之中、之后作出的自我归罪陈述通常是可以作为证据被采信的。②

然而，在测谎检测过程中犯罪嫌疑人作出的陈述是否具有可采信，取决于在测谎检测之前的询问和测谎检测之后的审讯过程中是否存在任何暴力、威胁或者从宽处理的承诺。辩方律师对于测谎检测的证据是否应当被采信享有特权，目的是证明测谎过程是否被作为一种导致供述的强制因素。

四、总结

本章围绕与审讯和供述可采性相关的法律，对了解其历史沿革和当前情况的一般法律背景进行了总结，并列举了对相关法律发展趋势有代表性的一系列法院判例。正如在历史沿革一节中所述，随着时间的推移，法院会用各种方式

---

① 28 CaL. 4th 107, 121 Cal. Rptr. 2d 106, 47 P. 3d 988 (2002).

② 此问题的一个例外是 *State v. Johnson*, 193 Wis. 2d 382 (1995)（在考虑采纳自我归罪的陈述作为证据之前，测谎检测固有的强制性必须从后续的审讯中被明确地区分）。

对长期以来遵循的法律原则进行解释，因为法律是在不断变化的。笔者建议审讯人员通过学习本章获得对相关法律的基本知识，但是，如果适用的话，本章内容常常会与您所在的地方法院的判例、判例法，州或者联邦的成文法和规则，以及机构法律顾问的意见有所不同。

附录A　一起杀人案件中的行为分析询问

一起杀人案件中的询问

假设在去年的12月7日早上9点，玛丽·琼斯（Mary Jones）在其公寓中被发现因刺杀而身亡。所有的现场勘查情况都清楚地显示，这起杀人案发生在午夜前后，且没有证据证明存在暴力进入公寓的迹象。后续的侦查发现，最近一段时间以来，有人无意中听见玛丽和她的一名男性朋友吉姆·史密斯（Jim Smith）经常性地大声争吵，争吵的主要内容是关于玛丽和她的几位男性同事的关系问题。因此，似乎有充分的理由对吉姆·史密斯进行询问，但显然还没有理由对他进行拘捕。在询问的开始，侦查人员应当花上数分钟时间向这名犯罪嫌疑人提出一系列关于其背景资料的问题，如他的完整姓名、年龄、住址、目前的工作地点和一些其他问题，通过提出这些问题建立起他的行为基线并与他建立起融洽的互动关系。在这些初始性问题之后，侦查人员应当提出“知道为什么”的问题，如“你知道为什么叫你来这儿吗”或者“你知道为什么我们会在这里吗”。由于吉姆·史密斯认识玛丽，并且他很有可能看到或听说了她的死讯，所以如果吉姆·史密斯对这种“知道为什么”的问题的回复表现出不知晓或推诿逃避的态度，那么他的行为应当被视为可疑的。例如，如果吉姆声称他并不知道这次询问的目的，或作出诸如“我猜你们想谈谈玛丽最近发生的事”之类含糊其辞的回答，与他直白地回答“你们想查明是谁杀害了玛丽”相比，这样的回答应当被视为是比较反常的，后面的回复更具有出自一个无罪人之口的特征。

在“知道为什么”这样的问题之后，通常适于进行这样的问话：“吉姆，关于玛丽死亡的情况，我们已经询问过了许多人，得到的各种零散信息很快就会被收集整理出来。吉姆，如果你与玛丽的死有什么关系，你应该现在就告诉我们。”如果他的确与这一案件有关，那么这种看似并不正式的表述将给他一个机会去承认他牵涉其中。在几乎不可能发生立即认罪的情况下，侦查人员这样的表述将起到引发犯罪嫌疑人作出暗示其有罪或无罪的行为症状的作用。

如果吉姆与玛丽的死亡有关，他会用这样的言语回复侦查人员的问话："你的意思是，是不是我杀了她？不是。"伴随着言语上的反应，他可能还会有一些非言语的反应，如在他坐的椅子上挪动、避免眼神接触或者交叉手臂、跷二郎腿。如果吉姆是无辜的，他很可能会马上说出类似这样的话："我和她的死没关系！我爱玛丽。我从未伤害过她而且也不可能会伤害她。"当他说这些话的时候，他很可能会身体前倾、眼睛直视侦查人员，并使用恰当的手势强调他的重点。

侦查人员下一步需要做的是向吉姆提出一系列调查性问题，这些问题与他对这件事、被害人以及可能的犯罪嫌疑人所了解到的情况相关。如果吉姆是无辜的，由此给他提供了一个透露一些有用的信息的机会，如果他的回复被限定在对某些特定问题作出回答，这些信息可能是难以透露出来的。如果他是有罪的，他将会被置于一个易受攻击的、防御性的地位。他会作出一些评论，这些评论可能会是有罪的指征，或者会引出某种特定的提问思路。下面列出了一些在本案中需要提出的主要的调查问题。显然，依据犯罪嫌疑人对这些初始问题的回复，恰当的后续问题应当被提出。

不在犯罪现场或在现场

- 告诉我 12 月 6 日那天下午 6 点到你睡觉之前你所干的全部事情。
- 谁能证明你的行踪？
- 你最后一次见到玛丽是什么时候？
- 你有玛丽公寓的钥匙吗？
- 你在玛丽的公寓是什么时候？你是怎么去那里的（驾车，乘公交车还是步行）？

与被害人的关系

- 描述一下你和玛丽的关系。
- 玛丽是个什么样的人？
- 玛丽最大的优点和最大的缺点是什么？
- 所有情侣偶尔都会吵架。你和玛丽最大的分歧是什么？
- 按照从 1 到 10 的十分制，如果 1 代表最糟糕的情侣关系，10 代表最美好的情侣关系，你认为你和玛丽的关系能打几分？
- 什么样的改变可以让你们的关系到达 10 分？

习性嗜好

- 你之前是否因为涉嫌伤害其他人而受到问询？

- 你最近一次因生气而攻击他人是什么时候？
- 你最近一次与他人言语上的激烈争吵是什么时候？
- 你因为生气而对其他人做过的最糟糕的事情是什么？

判断力情况

- 12 月 6 日你是否饮酒了？
- 那天晚上你使用过若干毒品吗？
- 12 月 6 日那天有没有发生什么让你烦躁或者恼怒的事情？

下面的这一系列问题，应当与侦查人员的其他问题混杂在一起被提出，其目的是引发询问对象作出能够表明其有罪或无辜的行为反应。

吉姆，你为什么认为会有人对玛丽做出这样的事？

提出这个问题是为了查明犯罪嫌疑人对犯罪动机的认知。如果吉姆是有罪的，那么提出这个问题会让他面临一种两难的境地，因为实际上这个问题就是在问他为什么要杀死玛丽。为了努力掩盖他参与了此事的相关痕迹，对于这个问题的回复，他会犹豫不决或者作为一种拖延战术而重复这个问题，以便想出一个他认为可以接受的答案。在某些情况下，有罪的犯罪嫌疑人甚至会通过作出某种解释而暴露出其真实的动机，如“也许是因为一些争吵，也可能是因为那个人喝醉了或者吸了毒。”如果有罪的犯罪嫌疑人没有提供这样的辩解，那么他通常会这样回复：“我从没想过这个问题。”当一个人的配偶、家庭成员或挚友被谋杀了，他会很自然地去想造成该事件可能的原因或动机。与这样的言语反应相结合的是，有罪的犯罪嫌疑人还会通过各种各样的非言语的肢体动作流露出他的不安和对所提问题的担心和忧虑。

如果吉姆是无辜的，当他被问到谁会杀死玛丽这样的问题时，他可能会毫不犹豫地说，凶手一定是疯了，或者“我简直无法想象为什么有人要做这样的事情，在这个世界上，玛丽没有任何宿敌”。在作出这些评论的时候，他会保持直接的眼神交流并且可能会在座位上使身体前倾。

吉姆，在你和玛丽共同认识的人当中，你认为谁与玛丽的死不存在可疑之处？换句话说，在这些人当中，谁绝不可能做出这样的事来？

这个问题含蓄地邀请犯罪嫌疑人参与到侦查过程中以协助调查。如果吉姆是值得信赖的，他会轻松地指出他感觉可以排除怀疑的人的具体姓名，或者会担保某些人是不会与玛丽的死亡有关的。他将不会害怕排除对某些人可能参与此事的怀疑。如果吉姆是有罪的，他的回复可能会含糊其辞或不明朗。有罪的犯罪嫌疑人通常不希望排除任何一个人的可疑性，因为那样会缩小怀疑对象的范围以致查到他头上。因此，他们可能的回复会是："我不知道，很难说人们可能会做出什么。"同时，他们可能会在椅子上挪动或者做出其他类型的动作。

如果犯罪嫌疑人对这个问题的回复是唯有他自己可以被排除怀疑，不应当从这种回复中得出绝对确切的结论，但必须指出的是，这种类型的回复相比无辜者的回复来说，更可能是一种典型的在欺骗的犯罪嫌疑人的回复。无辜的犯罪嫌疑人通常会把他自己包含在他所确定的可以排除嫌疑的那些人之中，但罕有仅仅断定他自己是可以排除怀疑的。

吉姆，你认为谁有可能做出像对玛丽所做的那种事？

与上一个问题是为了排除对某些犯罪嫌疑人的怀疑相反，这个问题则是为了获取肯定性的信息。通过要求吉姆揭露他所怀疑的有罪的犯罪嫌疑人，侦查人员可以引发他作出与有罪或者无辜相关的重要且可靠的行为指征。这一点在多个犯罪嫌疑人之间彼此全部相识，其中一个可能实施了犯罪行为的案件中尤为准确。

有罪的犯罪嫌疑人通常不会揭发任何其他人的可疑之处，无论侦查人员付出多大的努力让他这样做。换句话说，当被问到"在你和玛丽共同认识的人当中，你认为可能是他们中的哪一个干的这事"时，吉姆可能会说"我不知道"或"我对此一无所知"。不论侦查人员说什么，此后他可能都会坚定不移地坚持不指出任何嫌疑人。

另一方面，如果吉姆是无辜的，在劝说之后，他可能会说出他怀疑的对象，即使他的怀疑没有坚实的基础或者仅仅是基于他不喜欢另外一个人或对这个人存有偏见。当第一次被问到这个关于他的怀疑对象的问题时，他可能会这样回复："我不知道，我不相信我所认识的任何人会做出这样的事。"然后侦查人员应该这样说：

吉姆，正如我所说，我现在没有和你讨论确切的信息或证据。毫无疑问，你认识的某个人牵涉到这件事。所以，在你和玛丽曾经认识的所有的人当中，你认为谁会做或者谁可能会做这样的事？现在我向你保证，我不会把你告诉我的任何内容泄露给这个人。我这么问的主要目的是给你提供一个机会，沿着这条思路分享你自己关于这件事的全部看法，这么做可以避免你什么都不说而让自己陷入嫌疑。如果你与这件事无关，我想知道确实如此而没有任何怀疑。因此，我现在问你，吉姆，你认为可能是谁做了这事？

如果吉姆是无辜的，这样的劝说将可能让他揭发出某个其他的嫌疑人。但是，如果吉姆是有罪的，而且之前他也没有提到过任何嫌疑人，那么他可能会维持他自己的态度，而不理会侦查人员的努力劝说。

吉姆，你认为对玛丽做这件事的人是她认识的人吗？

对于这起犯罪，无辜的犯罪嫌疑人会提供一个切合实际的解释（基于他对这起犯罪的了解）。如果犯罪嫌疑人了解案件的基本事实，可以预料，无辜的犯罪嫌疑人会通过回复欣然同意这种说法："我确信这是她认识的某个人干的。她的公寓没有被闯入的痕迹，所以一定是她让那个人进来的。她很谨慎，不会让一个完全陌生的人进入她的公寓。"

有罪的犯罪嫌疑人则会企图扩大侦查范围，并为侦破案件提出不合理的解决方案。如果吉姆是有罪的，他会这样回复这个问题："我认为有可能是玛丽认识的人干的，但她居住在安全状况非常糟糕的社区里，而且那里有一些变态尾随跟踪者和连环杀手。确实有可能是任何一个人杀了玛丽。"

吉姆，对于你因玛丽的死而被询问，你有什么看法？

无辜的犯罪嫌疑人将这次询问视为一次摆脱嫌疑并帮助侦查人员抓住真凶的机会。所以对于这一问题他的回复一般会表达一种积极的情绪，例如："我毫不介意这种询问。如果这有助于抓到杀害玛丽的凶手，我愿意做任何事。"如果吉姆是有罪的，则他会将这次询问当作查明他的犯罪行为的险恶经历。这样一来，有罪的犯罪嫌疑人就会倾向于对这次询问表达出负面或者矛盾的情绪。对于这种感觉的问题，有罪的犯罪嫌疑人的典型回复包括："这让我觉得自己好像是一个罪犯"、"这让我感到紧张和恐惧"、"不管怎样，我没有什么特别的感觉，我知道你们只是在完成你的工作"。

吉姆，你认为对玛丽做出这种事的人会有什么后果？

对于这个问题的回复，如果吉姆是无辜的，他可能会指出一些严厉的惩罚措施，如被关入监狱或者受到死刑惩罚。相反，如果他是有罪的，他会尽量避免回答这个问题。他可能会说"这不是我能说了算的"或者"我不是法官"，或者他会指出应当问问这个罪犯实施这起犯罪的原因是什么。作出这种逃避性回复的内在原因是，如果他建议一种惩罚措施，他事实上是在描述他自己会受到的惩罚。如果有罪的犯罪嫌疑人指出应当对罪犯施加严厉的惩罚措施，一些伴随着他的非言语行为将可能证明其回答的诚意是虚假的。

吉姆，你是否想过要伤害玛丽，即便你实际上并没有这么做？

如果吉姆承认他曾经想过伤害玛丽，这是在暗示其实施犯罪的可能性，即使在他这么承认的时候，他很可能会在说“是的”的同时，加上“但没有认真地想过”。如果吉姆是无辜的，他的回复可能会是一句简单的“没有”。即使吉姆之前曾经开玩笑地表示过可能伤害玛丽的想法，他也会这么回复。无辜的犯罪嫌疑人会将这个想法的问题理解为与处于调查中的事项直接相关，在这起案件中，就是杀害玛丽。

吉姆，告诉我你为什么不会做出像对玛丽做的这种事？

如果吉姆是无辜的，他会提到他个人的特点来排除他杀人的可能性。对于这个问题的回复，经常听到的无辜的犯罪嫌疑人的回答包括：“如果我曾经做过那样的事情，我会活不下去的”或者“我非常尊重生命，所以不会做出那样的事情”。相反，如果吉姆是有罪的，他可能会以第三人称回复这个问题，如“嗯，那样做是不对的”或“那是一起严重的犯罪行为”。一些有罪的犯罪嫌疑人在回答这个问题时，会提到将来的后果，如“我可不想去坐牢”。

吉姆，你愿意接受测谎检查来证明你给我讲的都是真的吗？

不管是有罪的还是无辜的犯罪嫌疑人，通常都会同意接受测谎检查。但是，如果犯罪嫌疑人在同意接受测谎检查时犹豫不决，这应当被视为是可疑的。在这个案件中，有罪的犯罪嫌疑人提出了某种不同意接受测谎检查的借口就很典型。这些借口包括贬低测谎的作用，如测谎的可靠性不高、法庭会拒绝采纳测谎结果，因为测谎结果作为证据而言被认为是不精确的。

当犯罪嫌疑人同意做测谎检查后，应该向他提出这样的问题：“如果你被问到关于杀害玛丽的问题，你觉得你的测谎检查结果会是什么样的?”有罪的犯罪嫌疑人对于这个问题的回复常常缺乏自信，或者对于他的能力能否通过测谎检查表现出不确定。他会用有限的自信来回复，如“哦，我希望这能证明我在说真话”。或者避免作出一个含义明确的回复，如找出的借口是他从来没有测过谎所以他不知道测谎的原理是什么，或者会说他即使在说真话的时候也会紧张。甚至他会说他可能通不过这个测试，并补充说他有一个朋友没有通过这个测试，尽管他那位朋友确实是讲了真话。在回答这个问题的时候，有罪的犯罪嫌疑人的不自信往往会表现为不敢进行眼神接触、刻意掩饰的肢体动作或者做出其他能够就减轻焦虑感的行为举止。而无罪的犯罪嫌疑人在被问到这个问题时会自信地预测出自己是在讲真话的结果，比如会说“这应该能证明我在说实话，因为我和玛丽的死亡没有任何一点关系”。在作出回复的过程中，无罪的犯罪嫌疑人还会保持直接的眼神接触，甚至还会在椅子上使身体前倾。

在任何情况下，侦查人员在建议询问对象接受测谎检查的时候，应当尽量避免让犯罪嫌疑人产生被迫接受测谎检查的感觉。测谎建议应当采用假定的方式提出，以便让犯罪嫌疑人明白测谎这一建议只是一种邀请或者只是一个建立起信任的机会方，这一点很重要。对于犯罪嫌疑人表流露出来的想做测谎检查的意愿，无论何时，只要侦查人员无法确定他是有罪的还是无辜的，最终为他安排一次测谎检查是较为妥当的。

吉姆，你曾与你的家人（或好友）谈到过玛丽的死吗？

经验表明，如果吉姆是有罪的，对这个问题他或许会说“我没有”。他不仅仅是想要隐藏玛丽死亡这一事实，因为他预计将会受到问询，而且他也是为了防止被家人或者朋友在他是否卷入这个事件的问题上刨根问底。他会对他没有向他的家人和朋友披露这件事进行解释，其理由是，他不想因为这事而引起他们的忧虑和担心。如果吉姆是无辜的，他可能已经向家人和朋友讨论过这个事情，并且将会向侦查人员承认这个事实。另外，他可能还会讲述那些人听到这个事情时的反应。

只有在必要的时候，有罪的犯罪嫌疑人才会将玛丽死亡的这件事告知某个家庭成员或者关系密切的朋友。当犯罪嫌疑人表示他已经把正在调查的这件事告诉了他自己喜欢的一个人的时候，提出这样一个问题通常就会取得成效：“当你告诉你的家人（或朋友）时他们有什么反应？”无罪的犯罪嫌疑人可能已经发起过与他的朋友关于这起犯罪的会话，并且可能已经讨论过这起犯罪的某些细节。所以，无罪的犯罪嫌疑人对于“他们有什么反应”这一问题的回答将会揭示出更深层次的谈话内容，如“他很热心，同时也感到很难过，就像我以前那样。我们还讨论过可能是谁作的案以及案件发生的原因”。相反，有罪的犯罪嫌疑人对于“他们有什么反应”这个问题的回复通常只会披露出他们的谈话内容很浅显，或者只是顺带地提及这件事。对于这个问题，有罪的犯罪嫌疑人的典型回复是，“确实没怎么谈，只是他对这个事情是怎么发生的以及是谁干的有些好奇”。

吉姆，如果我们能够找出是谁对玛丽做出这样的事，你认为这个人可以被宽恕一次吗？

这个问题基本上类似于惩罚问题。讲真话的人几乎不会支持给予罪犯第二次机会。但另一方面，有罪的犯罪嫌疑人往往会对犯罪行为人表现出某些类型的仁慈或者对此不作出明确的表态。如果吉姆是在讲真话，他就会说类似于

“绝对不能宽恕！无论是谁作的案，他都应该被惩罚，就像他对待玛丽那样”的回答然而，如果吉姆是有罪的，他的回复或许是：“这很难说……”值得再次强调的是，为确定询问对象所说内容的可信性，伴随着他言语回复时的非言语行为症状必须得考虑。